国家社会科学基金青年项目『春秋楚国公族社会研究』

（项目号：13CZS007）资助

四川大学『双一流』出版经费资助

春秋楚國公族社會研究

李世佳 著

凤凰出版社

图书在版编目（CIP）数据

春秋楚国公族社会研究 / 李世佳著. -- 南京 : 凤凰出版社, 2021.8
ISBN 978-7-5506-3499-2

Ⅰ. ①春… Ⅱ. ①李… Ⅲ. ①贵族政治—研究—中国—春秋时代 Ⅳ. ①D691.7

中国版本图书馆CIP数据核字(2022)第025790号

书　　名	春秋楚国公族社会研究
著　　者	李世佳
责任编辑	王淳航
装帧设计	陈贵子
出版发行	凤凰出版社(原江苏古籍出版社) 发行部电话025-83223462
出版社地址	江苏省南京市中央路165号,邮编:210009
出版社网址	http://www.fhcbs.com
照　　排	南京凯建文化发展有限公司
印　　刷	江苏凤凰数码印务有限公司 江苏省南京市栖霞区尧新大道399号,邮编:210038
开　　本	880毫米×1230毫米　1/32
印　　张	21.375
字　　数	517千字
版　　次	2021年8月第1版
印　　次	2021年8月第1次印刷
标准书号	ISBN 978-7-5506-3499-2
定　　价	128.00元 (本书凡印装错误可向承印厂调换,电话:025-57718474)

序

学界多认为,中国是世界几大古老文明中唯一未曾中断过的文明,其鲜明特色中极为引人瞩目者,即在上古长期保持了浓厚的宗法血缘色彩。恩格斯在《家庭、私有制和国家的起源》这一历史唯物主义经典著作中提出了一个著名观点:“国家是文明社会的概括”,并且就国家形成的标志明确指出:“国家和旧的氏族组织不同的地方,第一点就是它按地区来划分它的国民。”[①]换句话说,早期文明或早期国家形成的首要标志即是地缘联系取代了血缘联系。恩格斯此说无疑符合他所掌握的早期国家尤其雅典国家的历史实际,但与中国早期文明或曰先秦时期的史实有所不合。这既揭示了人类社会历史发展的极为复杂性,又要求我们以严谨的新探索来发展历史唯物主义理论。

先秦尤其是在史料相对丰富的西周春秋时期,名曰宗族的父系血缘家族组织不仅长期存在,而且作为经济、政治乃至军事实体直接参与、构成了国家社会组织。此种情形,与雅典国家建立在地缘关系全面取代氏族血缘纽带的基础上迥然相异。正是就如此坚韧厚重的宗法血缘纽带,许多学者认为,国家形成标志中“按地区

① 恩格斯:《家庭、私有制和国家的起源》,《马克思恩格斯选集》第四卷,人民出版社 1972 年,第 172、166—167 页。

来划分国民”这一条不适用于夏商周三代。当然,这个问题还可以继续探讨。仔细审察周代社会历史,不难发现宗法血缘贯穿社会的同时,地域联系不仅与宗法血缘纽带交织并存,而且已于一定程度从政治形式上外在地超越了后者。周天子分封、褒封的“天下万邦”中,不仅封君姓氏多元多样,血缘多源,而且王朝及其领导的“天下”,从政治上直接超越和凌驾于为数众多的族邦,形成了最大规模的地域政治共同体,“尊尊”源于但已高于“亲亲”,体现了鲜明的早期文明特质。而按“天子建国”原则由周王陆续所封之国,也都无一例外地纷纷突破了公族血缘的狭隘藩篱,在姓氏血缘上形成多元并存的国、家格局。因此,我们认为,先秦国家建立的标志之一,就是在地缘、血缘纽带并存的时代背景下,地域或地缘联系虽然未能如雅典国家那样完全取代血缘纽带,但已经在一定程度上超越或高于血缘联系,居于主导地位,揭示了周代社会的早期文明性质。

但同时必须指出,随着周代宗法制度在天下的持续普遍推行,宗法血缘纽带在社会尤其国家制度中的地位作用达到了可谓登峰造极的境地:王朝——国——“家”三级政权,都同时披上了宗法血缘外衣。当时,不仅君主同时兼为君统、宗统之首,血统与政统合一,卿大夫之“家”这一级政权更直接以血缘组织的名义登上了政治历史舞台。显然,周代宗法血缘并非仅仅是原始残余,而是继夏商两朝之后,周代文明这一东亚大陆上空前巨大的共同体赖以存续的胶合剂,更是文明的发展演进所致,赋予周代文明以某种新的特质、形态。而在西周王朝尤其是其直接控制的王畿内部,由各宗族交互形成的国家组织中,王族无疑是核心或曰主干,构成了本支繁茂的强大体系。与之相应,在周王室分封、褒封的天下列国中,该宗法组织曰公族,公族及其本支体系同样成为了列国宗法社会的核心和主干。对于上述王族,尤其是先秦传世和出土文献中频繁出现的公族的定义，学者们的观点不尽相同。联系到在奠定晋文公霸业的城濮之战中，晋国公族充当了中军主力的《左传》记载，以及同书中"公族，公室之枝叶"之说，[①]我们认为，还是以《诗经·魏风·汾沮洳》郑玄笺所谓"公族，主君同姓昭穆也"近乎得之。易言之，公族即由列国始封君的后裔组成的宗法集团。在周代宗法分封制下，公族是国内社会地位最高、实力最强的宗法集团，是国君及公室赖以雄踞全社会之上的最重要的血缘靠山和社会基础，在政治上世袭最显要的官爵，经济上世袭占有最为众多的封地和人口，军事上则构成诸侯军队的主力和中坚。

东周时期，随着王室权威的旁落，"礼乐征伐自诸侯出"，按宗法分封制产生的列国公族，乘机发展膨胀，纷纷在文献中登上历史舞台，一些大国遂成为春秋天下的显要角色，因而成为春秋史研究的重要对象。特别是长期充当争霸主角的晋、楚公族，更是引人瞩目，他们不仅发挥了重要的国际国内影响作用，并形成了自身的鲜明特点，但又从宗法社会的主干核心地位出发，走向了迥然不同的历史归宿。自春秋初期著名的"曲沃代翼"事件后，晋国公族很快形成了对公室的严重威胁，公室系统内部矛盾的迅速激化，促使晋献公断然变法改制，"尽杀故群公子"和桓庄之族，[②]并"诅无畜群公子，自是晋无公族"。[③]由此成为定制，不仅严重打击了公族原有的核心主干系统，并在其后以部分公族远亲旧支和异姓贵族取而代之，成为与国君宗亲关系疏远的新贵。从社会历史的长时段宏观视角看，晋国这一超前而近乎极端的做法，与其时列国均按宗法分封原则优宠公室子弟和公族之制迥异，韩、赵、魏等新贵的不断

① 《左传》僖公二十八年、文公七年。

② 《史记·十二诸侯年表》。

③ 《左传·宣公二年》。

膨胀，使得晋国逐渐走上了君弱臣强、公室衰落的不归途，最终落入了与晋献公初衷适得其反的结局——公室国破家亡的三家分晋。

作为与晋国长期争霸天下的主要对手，楚国的情形则很不一样。虽然地处南土，楚国与周室关系似乎若即若离，有时甚至出现剧烈冲突，甚至跃跃欲试，试图“问鼎中原”，但仍然实行周代宗法分封制度。与此同时，楚国的公族（文献中因楚称王而有时又称王族）与晋、鲁等华夏其他诸侯国相比，也形成了自身鲜明的特点。比如，楚国公室与公族之间的矛盾自然不可避免，以至出现过若敖氏之乱等一时之动荡，但都能较快平息，既没有像鲁国那样架空公室，更没有像晋国那样引发大刀阔斧的断然改制，使公族遭遇灭顶之灾而一蹶不振。总之，春秋时期，宗法的弊端在楚国表现得相对不算激烈，总体上长期维持了君尊臣卑的格局。与此同时，公族支系也长期作为公室的有力支撑，保持了在宗法社会内的核心主干地位，因而几乎垄断了令尹、司马等政军要职。宗法政治体制的基本稳定，使得楚国能够终东周之世在长江流域持续发展，到战国中晚期几乎统一了广大长江流域，初县等新制也率先在这里孕育产生。

上述历史表象自然引起了学界的关注，随着一个时期以来楚地考古的长足进展，楚国历史文化也持续成为先秦史研究的热点领域，楚国公族研究则是其中非常重要的课题，围绕它已经产生了一系列成果，摆在读者面前的这本《春秋楚国公族社会研究》，就是其中颇有分量的一本专著。作者李世佳副教授自本世纪初成为川大研究生起，其硕士学位论文选题即以楚国历史为研究对象，此书则脱胎于他的博士学位论文。2012 年获得博士学位后，他又以之为基础申报获得了国家社科基金青年项目，结项前后又反复精心修改，算来已历时十余载，几易其稿，可谓年轻学人的心血之作。

书稿的修改撰写牢牢立足于传世文献、出土文献和考古资料，同时广泛研读学界既有成果，不仅充分占有以上学术信息，并能细致梳理，进而潜心吸收，取精用宏，在学术前辈和时贤的基础上，努力深化、拓展研究，进而提出己见，成绩可喜。如对楚国公族中举凡屈氏世系、楚人"芈"姓由来、楚公子践祚易名等若干相关重要问题，均能结合传世文献和清华简等近年出土资料，发覆创新。与此同时，作者又拓展视野，对"鬻熊子事文王"的古老传说、"连尹"等官名、包山楚简中所见"鄎"字及其地望、楚"棠"地望，以及对楚大师编钟、楚子弃疾簠和"爿言父"铜器的器主身份等一些列具体问题，都提出了自己新的见解，观点兼有理据，可成一说。上述创见，已多以论文形式见刊，这次汇集展示于此书，便于有兴趣的读者集中了解作者这些年来的探索和收获。相信本书面世后，将有助于楚国公族社会以及整个楚国历史文化研究的深化。

学术没有止境，书中难免会存在不足。作者向来为人谦虚，欢迎读者不吝指正。值得祝贺的是，作者最近再次申报获得了以晋国世族为研究对象的国家社科基金课题。希望和相信他通过严谨艰苦的新探索，届时将继续为学界提供令人欣喜的学术成果。

是为序。

彭邦本

2021 年 12 月 28 日于四川大学竹林村

目　录

绪　论 …………………………………………………………… 1

第一章　关于"公族"的几个问题 …………………………… 26

第一节　"公族"一词的定义 …………………………………… 27

第二节　楚称"王族"问题分析 ………………………………… 29

第三节　"公族"的划分 ………………………………………… 37

第四节　"公室"与"公族" ……………………………………… 43

第二章　楚国公族社会之演进轨迹 ………………………… 52

第一节　楚人"芈"姓的由来——兼谈楚君专称的"熊"氏 …… 52

第二节　楚之建国与《史记·楚世家》"鬻熊子事文王"解 ……………………………………………………………… 78

第三节　春秋楚国公族社会之兴盛与演进 ………………… 90

第三章　楚国公族社会下诸制考索 ………………………… 109

第一节　以公族为主的采邑制度探究 ……………………… 109

第二节　公族社会下所见楚国兵卒 ………………………… 131

第三节　春秋楚国公族未擅国柄论 ………………………… 169

第四节　楚国公族社会下的礼制文明 ……………………… 186

第四章　公族社会下之世族公族研究(上) ………………… 211

第一节　楚公族氏称考析 …………………………… 211
第二节　若敖氏之斗、成二氏 …………………………… 250
第三节　薳　氏 …………………………… 292
第四节　晋楚城濮之战所见“南河”解析 …………………………… 317
第五章　公族社会下之世族公族研究(下) …………………………… 327
第一节　屈　氏 …………………………… 327
第二节　景　氏 …………………………… 365
第三节　昭　氏 …………………………… 387
第四节　楚“屈子赤角簠”新研 …………………………… 420
第五节　湖北枝江出土“㸒父”铜器的新认识 …………………………… 430
第六章　公族社会下之公子公孙研究 …………………………… 441
第一节　春秋所见楚国公子公孙人物 …………………………… 441
第二节　楚系青铜器“楚子某”器相关问题研究 …………………………… 474
第三节　楚公子践祚易名相关问题研究 …………………………… 485
第四节　春秋楚公子群政治演进史 …………………………… 502
第五节　杨《注》蔡“邓”、楚“邓”辨析 …………………………… 509
第七章　楚公族社会下异姓情况分析 …………………………… 518
第一节　楚公族社会下异姓概述 …………………………… 518
第二节　春秋楚国异姓世族研究 …………………………… 520
第八章　战国时期楚公族情况简述 …………………………… 624
参考文献 …………………………… 627

绪　论

一、选题缘由

笔者之所以选择“春秋时期的楚国公族社会”作为研究对象，主要是基于以下的原因与考虑：

1. 以公族为主体之贵族，实可谓春秋政治与社会的核心。

春秋时代，是中国历史上的贵族政治时代，“各级国家政权机关中均由贵族担任要职，而不具有贵族身份的人则无法跻身高位”[①]，而诸国贵族的主体恰为公族，正如夏曾佑先生所揭示的那样：

> 春秋之世，天下皆封建，其君为天子之同姓者十之六，天子之勋戚者十之三，前代之遗留者十之一。国中之卿大夫，皆公族也，皆世官也，无由布衣以跻卿相者。[②]

---

① 马卫东：《春秋时期贵族政治的历史变迁》，长春：吉林大学出版社2011年版，第1页。

② 夏曾佑：《中国古代史》(上)，石家庄：河北教育出版社2000年版，第193页。

说法虽稍失之于偏颇，然而却点明了春秋政治的一个基本事实：公族是主宰当时社会政治的主要力量。

公族之盛，当起于西周后期[①]，而持续于整个春秋时代。遍数春秋时期诸邦国，大体上齐、鲁、宋、卫、郑、楚等国多用同姓公族，异姓较少。洛邑周王室亦是如此。即使晋国经历了“曲沃代翼”“骊姬之乱”等事件，异姓、异宗较多，然公族亦不在少数。彭邦本师在《从曲沃代翼后的宗法组织看晋国社会的宗法分封性质》一文中批驳了曲沃代翼后晋国宗法分封制被削弱的观点，考证晋国分封的卿大夫家族亦多宗法血缘组织。譬如，《国语・晋语四》载，晋文公继位后，“属百官，赋职任功……胥、籍、狐、箕、栾、郤、柏、先、羊舌、董、韩，实掌近官。诸姬之良，掌其中官。异姓之能，掌其远官”[②]，内庭姬姓充之，权大位重的十一氏近官当中，可确考为异姓的仅有董氏，栾、羊舌、韩氏属公族史有明载，其余诸氏，汉代以来典籍亦多定为姬姓，属公族[③]。

因此，深入研究春秋史，尤其是楚国历史与社会，公族贵族是一个很有意义的视角。

2. 研究处于社会政治核心地位之公族及其历史变迁有利于更好地理解春秋时代的政治特征。

春秋时代，是中国历史上一大变革时代，童书业先生言：“春秋

---

① 童书业著，童教英校订：《春秋左传研究》，北京：中华书局2006年版，第137—138页。童书业先生言：“周初封国，一般仅只一城市及其附郊之土地，即所谓‘国’也，大国盖有控制之一定区域。……至周初，国都之中除受封时之异姓大族外，公族恐尚未盛。”

② 徐元诰撰，王树民、沈长云点校：《国语集解》，北京：中华书局2002年版，第350页。

③ 彭邦本：《从曲沃代翼后的宗法组织看晋国社会的宗法分封性质》，《中国史研究》1989年第4期。

为一过渡时代,一切社会经济、政治制度、学术文化均开始发生变化。”[①]在诸种变化当中,最剧者莫过于政治制度。生活在春秋末年的孔子针对当时的社会政治演变趋势有一段精辟的概述,曰:“天下有道,则礼乐征伐自天子出;天下无道,则礼乐征伐自诸侯出。自诸侯出,盖十世希不失矣;自大夫出,五世希不失矣;陪臣执国命,三世希不失矣。”[②]清代学者顾栋高在《春秋大事表·读春秋偶笔》中申之,言:

> 《春秋》二百四十二年,时势凡三大变。隐、桓、庄、闵之世,伯事未兴,诸侯无统,会盟不信,征伐屡兴,戎、狄、荆楚交炽,赖齐桓出而后定,此世道之一变也。僖、文、宣、成之世,齐伯息而宋不兢,荆楚复炽,赖晋文出而复定,襄、灵、成、景嗣其成业,与楚迭胜迭负,此世道之又一变也。襄、昭、定、哀之世,晋悼再伯,几轶桓、文,然实开大夫执政之渐,嗣后晋六卿、齐陈氏、鲁三家、宋华向、卫孙宁交政,中国政出大夫,而春秋遂夷为战国矣。孔子谓自诸侯出,自大夫出,陪臣执国命,实一部《春秋》之发凡起例。

综合孔子、顾栋高之论,西周至于春秋时代之政治变迁大体上经历了王纲解纽、霸权迭兴、政由家门、陪臣执命四个阶段。于持续的社会动荡当中,“社稷无常奉,君臣无常位”[③],《史记·太史公自序》:“《春秋》之中,弑君三十六,亡国五十二,诸侯奔走不得保其社

---

① 童书业著,童教英校订:《春秋左传研究》,第310页。

② 杨伯峻:《论语译注》,北京:中华书局2009年版,第172页。

③ 杨伯峻:《春秋左传注》(修订本),北京:中华书局2009年版,第1519—1520页。

稷者不可胜数。”如此纷繁的政治形势，需要我们寻找一个好的切入点来加以深刻剖析，而公族贵族就是剧烈政治斗争之实际参与者与见证者，可以讲一部春秋史，即是一部诸国公族的活动史。

因此，研究春秋时期的公族贵族，有助于我们很好地把握周代政治变迁的历史脉络。具体到楚国公族贵族的研究，对我们整体理解楚国政治历史进程亦有着甚为重要的意义。

3. 楚国及楚文化[①]是东周列国及其文化中最重要者之一。

春秋战国时期，列国地理形势上犬牙交错，相互交织，晁福林先生认为可将诸国划分为四个不同的文化区域（文化圈），即“中原文化圈”“齐鲁文化圈”“秦晋文化圈”“楚文化圈”。而从文化史的角度看，霸权迭兴，诸国争斗，实际上就是各种文化争妍斗艳在政治上的反映[②]。

楚自西周初年鬻熊、熊绎创立楚国基业，迄战国末年为秦国所灭，国祚历时长达八百余年。立国之初，爵不过子男，“土不过同”，居丹阳，辟在荆山[③]一隅，位卑势弱，与巴、濮、邓一同被视作周之

① 关于“楚文化”，苏秉琦先生言：“楚文化就是‘楚’的文化。这个‘楚’有四个互相关联又互相区别的概念：第一，是地域概念；第二，是国家概念；第三，是民族概念；第四，是文化概念。作为一种考古学文化，楚文化的内容和特征还是一个有待探索的课题。……我们不能简单地说，楚地、楚国、楚族的文化就是楚文化。因为前边三者是因时而异的。”参见苏秉琦：《苏秉琦考古学论述选集》，北京：文物出版社 1984 年版，第 218 页。

② 晁福林：《霸权迭兴——春秋霸主论》，北京：生活·读书·新知三联书店，1992 年版，第 52 页。

③ 按，此时的荆山地望，《元和郡县图志·山南道二》谓荆山：“在县（南漳县）西北八十里。三面险绝，惟东南一隅，才通入径。”今人顾铁符先生观点同：荆山在今湖北省南漳县西八十里，这里地势险要。参见（唐）李吉甫撰，贺次君点校：《元和郡县图志》，北京：中华书局 1983 年版，第 530 页；顾铁符：《楚三邑考》，湖北省楚史研究会、武汉师范学院学报编辑部合编：《楚史研究专辑》，湖北省楚史研究会、武汉师范学院学报编辑部 1982 年联合出版，第 17—38 页。

“南土”。民国时期编修的《南漳县志·舆地志》谓这里山势峻峭，层峦叠嶂，气候严寒，草莽丛生，自然条件并非十分优越，故《左传》鲁昭公十二年(前530)称楚为:“筚路蓝缕以处草莽，跋涉山林以事天子。”至春秋时期，强势崛起于江汉平原而与北方强晋狎主斋盟，长期占据着争霸的历史舞台。至战国时期，“地方五千里，带甲百万，车千乘，骑万匹，粟支十年”[①]，借此得天独厚的条件，楚常为关东六国之纵长，与秦国抗衡、争胜，《战国策·楚策一》记载张仪之言:“凡天下强国，非秦而楚，非楚而秦。”

楚雄踞南方，中分天下，“抚有蛮夷，奄征南海”[②]，开疆拓土方五千里，大体上“南卷沅、湘，北绕颍、泗，西包巴、蜀，东裹郯、邳”[③]，在秦整合天下之前基本上统一了南部中国，是周代享有国祚时间最长，疆域亦最为广阔的泱泱大国之一。在这片广阔的疆域内部，楚人还创造了毫不逊色于中原文化的南方楚文明[④]，影响甚远，李学勤先生言:“楚文化的扩展，是东周时代的一件大事。春秋时期，楚人北上问鼎中原，楚文化也向北延伸。到了战国之世，楚文化先是向南大大发展，随后由于楚国政治中心的东移，又向东扩张，进入长江下游以至今山东省境。说楚文化影响所及达到半个中国，并非夸张之词。”[⑤]

楚国历史文化所蕴含的独特魅力，使得楚史、楚文化研究持续

---

① 何建章:《战国策注释》，北京:中华书局1990年版，第508页。

② 杨伯峻:《春秋左传注》(修订本)，北京:中华书局2009年版，第1002页。

③ 何宁:《淮南子集释》，北京:中华书局1998年版，第1060页。

④ 张正明:《楚文化史·导言》，上海:上海人民出版社1987年版，第1页。张正明先生言:“从楚文化形成之时起，华夏文化就分成了北、南两支:北支为中原文化，雄浑如触砥柱而下的黄河;南支即楚文化，清奇如穿三峡而出的长江。这北南两支华夏文化是上古中国灿烂文化的表率。”

⑤ 李学勤:《东周与秦代文明》，上海:上海人民出版社2014年版，第11页。

成为学术界关注的热点。

笔者的家乡并非在以湖北、湖南、河南、安徽为中心的楚地，而是在齐鲁文化所在地山东，然而楚史、楚文化的“奇谲浪漫”与“恢诡谲怪”[①]，深深吸引着我。自学生阶段就与彭邦本师、徐亮工师有过深入探讨与交流，同时开始收集楚史方面的材料。彭邦本师、徐亮工师又不断鼓励可依据自己的旨趣自由选作学业论文，硕士、博士毕业论文的写作，由于时间及个人功力所限，是两次不太成功的尝试，对春秋时期楚国公族的研究不够深入，有诸多重要问题尚未展开，大有深入挖掘的余地。故工作以来，继续对楚国公族社会进行深层次的研究，以期有所推进。

4. 从20世纪迄于今天，楚文化考古成果迭出，为本课题研究提供了大批珍贵的新材料。

国学大师王国维先生言：

> 吾辈生于今日，幸于纸上之材料外更得地下之新材料。由此种材料，我辈固得据以补正纸上之材料，亦得证明古书之某部分全为实录，即百家不雅驯之言亦不无表示一面之事实。此二重证据法惟在今日始得为之。虽古书之未得证明者不能加以否定，而其已得证明者不能不加以肯定可断言也。[②]

上段引文可以视作是“二重证据法”的开创宣言。“二重证据法”一经提出，遂在学术界产生深远的影响，学者纷仿效而广泛运用到学术研究实践当中且有所创新，其中，徐中舒先生在《徐中舒历史论

---

① 罗运环：《论楚文化的特色》，湖北省社会科学院组编，刘玉堂主编：《楚学论丛（第一辑）》，武汉：湖北人民出版社2011年版，第42页。

② 王国维：《古史新证——王国维最后的讲义》，北京：清华大学出版社1994年版，第2—3页。

文选辑·前言》中即云："我研究古文字学和先秦史，常以考古资料与文献资料相结合，再参以边地后进民族的历史和现状进行互证。"①迄今为止，将传世古籍文献与地下出土材料结合起来进行研究，仍是先秦史学研究方法的主流。以湖北、湖南、河南、安徽为中心的楚地，从古至今出土了大量的考古材料，尤其是青铜器与简册，这对我们的研究大有裨益。

近年来，楚地又有诸多重大考古发现，如河南南阳彭氏家族墓地、湖北随州叶家山西周墓地及随州文峰塔东周曾国墓地等出土的有铭铜器，极具学术研究价值。其中，叶家山西周墓地、文峰塔东周曾国墓地分别入选了 2011 年、2013 年的全国十大考古发现。这样一个新材料大发现的时代，用考古材料来进行史学研究，是一种幸事，更是史学工作者的一种责任。

二、研究思路与学术回顾

笔者的研究、写作思路大体可分为七部分：第一部分，是阐释"公族""公室"等相关概念，分析"公族"与"公室"的关系，并在前辈学者已有研究成果基础上，将公族划分为"世族公族"与"公子群（公子、公孙）"两个不同团体。第二部分，简述楚国公族社会源起、兴盛的演进轨迹。第三部分，分析楚国公族社会下的诸种制度，对楚国公族社会进行综合考察，内容涉及经济、政治、军事及礼制文化诸多方面。第四、五、六部分，递次分析楚国公族社会下的"世族公族"与"公子群"。第七部分，对楚国公族社会下的异姓任用情况进行总体归纳。

笔者将目前学界的研究现状，按照文章研究的大体结构，详述

① 徐中舒：《徐中舒历史论文选辑》，北京：中华书局 1998 年版，第 1 页。

如下：

1.“公族”的概念、划分及“公族”与“公室”的关系。

首先参考的是朱凤瀚先生《商周家族形态研究》(增订本)一书，“本书对商周家族形态及其演变系统做了深入研究，是史学界在此方面较早的一部专著，而且做出一定的发明、创新”[①]。全书在对商代、西周、春秋、战国四个历史阶段的家族形态作断代研究的基础上，揭示了家族形态的演进规律。

其中第三章《春秋家族形态》部分，对“公族”的概念有详尽分析，笔者从中得到很大的启发。将公族按其规模大小划分为“广义公族”与“狭义公族”两部分，前者“包括出自同一诸侯始祖的历代国君之后裔”，后者“是指同出一公的亲属成员，其初形是指国君在世时与其直系近亲组成的家族，一般以直系家族形态存在，亦即亲属组织意义上的公室”[②]。关于“公室”与“公族”的关系，尤其是在人员组成方面，朱凤瀚先生基于狭义公族的概念，认为公族的核心部分是公室。

在此问题上，尚参考马卫东先生的《春秋公族政治述论》一文，文中指出公族在演进、分化的过程中，产生了三个层次的亲属团体：时君的家族、公子之宗和别子之宗[③]。

又王准先生在《春秋时期晋楚家族比较研究》中考证：“公室与公族分别为本与末，说明公室与公族是区隔开来的，两者没有包含的关系。公族并未包含公室，两者是独立的。”[④]与朱凤瀚先生的

---

① 朱凤瀚：《商周家族形态研究·初版序》(增订本)，天津：天津古籍出版社2004年版，第2页。

② 朱凤瀚：《商周家族形态研究》(增订本)，第547页。

③ 马卫东：《春秋公族政治述论》，《社会科学辑刊》2009年第5期。

④ 王准：《春秋时期晋楚家族比较研究》，武汉：华中师范大学博士学位论文，2008年9月，第46页。

观点相左。

2. 楚国公族社会的演进。

楚公族系芈姓季连之后,《史记·楚世家》《世本·氏姓篇》《大戴礼记·帝系》等皆有明确记载。

芈姓,何光岳[①]、姜亮夫[②]、一之[③]、李玄伯[④]诸先生等皆认为"芈"与羊图腾崇拜有密切联系。熊氏,岑仲勉[⑤]、林维纯[⑥]、何光岳[⑦]诸先生观点类似,皆将楚王专用的"熊"字与图腾熊崇拜联系起来。

《史记·楚世家》"鬻熊子事文王"与楚之建国史。涂又光[⑧]、黄盛璋[⑨]、赵世纲[⑩]诸先生将"鬻熊子"理解为鬻熊的儿子。王光镐[⑪]、何光岳[⑫]二位先生释"子"为五等爵制中的子爵。段渝[⑬]、徐敏[⑭]先生认为鬻熊是以养子的身份服事周文王。又日本学者泷川

---

① 何光岳:《楚源流史》,长沙:湖南人民出版社 1988 年版,第 166 页。

② 姜亮夫:《国学丛考》,杭州:浙江大学出版社 2008 年版,第 21 页。

③ 一之:《楚人源于羌族考》,《青海民族学院学报》1981 年第 1 期。

④ 李玄伯:《中国古代社会新研》,上海:上海文艺出版社 1988 年版,第 34、83—108 页。

⑤ 岑仲勉:《两周文史论丛(外一种)》,北京:中华书局 2004 年版,第 60—61 页。

⑥ 林维纯:《关于屈原与楚王的姓氏及其它》,《学术研究》1983 年第 2 期。

⑦ 何光岳:《楚源流史》,第 168 页。

⑧ 涂又光:《楚国哲学史》,武汉:湖北教育出版社 1995 年版,第 53 页。

⑨ 黄盛璋:《楚的起源和疆域发展》,收入氏著《历史地理论集》,北京:人民出版社 1982 年版,第 405 页。

⑩ 赵世纲:《浅论楚文化的渊源》,楚文化研究会编:《楚文化研究论集(第三集)》,武汉:湖北人民出版社 1994 年版,第 69 页。

⑪ 王光镐:《楚文化源流新证》,武汉:武汉大学出版社 1988 年版,第 91 页。

⑫ 何光岳:《楚灭国考》,上海:上海人民出版社 1990 年版,第 2 页。

⑬ 段渝:《论周、楚早期的关系》,《社会科学研究》1986 年第 5 期。

⑭ 徐敏:《从祝融之兴到熊绎建国的再考察》,《中国社会科学院研究生院学报》1986 年第 3 期。

资言[①]及尹弘兵先生[②]，考证“子”为衍文，唐代以前的《史记》版本并无“子”字。笔者观点是“鬻熊子事文王”当中的“子”字当仅仅是对鬻熊其人的尊称；楚国建国，当始于鬻熊曾孙熊绎，然鬻熊对于楚人建国所作出的杰出贡献亦不可磨灭。

又日本学者安倍道子《关于春秋时期的楚王权——从庄王时代到灵王时代》[③]，对春秋中晚期的楚王、世族公族、公子群之间的互动关系有深刻剖析。

3. 楚国公族社会下的诸制考索。

楚国公族采邑制度。吕文郁先生《周代的采邑制度（修订本）》[④]一书，对西周王畿及春秋时期晋、齐、鲁三个诸侯封国的采邑制度作了综合、全面的考查，而关于楚的论述却极少。郑威先生《西周至春秋时期楚国的采邑制与地方政治体制》一文，可补吕文郁先生书中所缺。其文系统梳理了西周迄于春秋楚国诸多封地、采邑，如对于斗、薳、屈等世族采邑的地望有详细考证，指出“在西周至春秋中前期，楚国的采邑制发展一直较为缓慢，而在春秋中后期，由于不同楚王所施行政策的差异，造成了楚国地方政治体制的剧烈变动，采邑数量因此显著增多，并表现出新的发展趋势和特点”[⑤]。

---

① (汉)司马迁撰，(日)泷川资言考证，杨海峥整理：《史记会注考证》卷四〇，上海：上海古籍出版社 2015 年版，第 2082 页。

② 尹弘兵：《鬻熊史事解析》，《江汉论坛》2008 年第 5 期。

③ (日)安倍道子：《关于春秋时代的楚王权——从庄王时代到灵王时代》，湖北省楚史研究会、武汉师范学院学报编辑部合编：《楚史研究专辑》，第 244—263 页。

④ 吕文郁：《周代的采邑制度(增订本)》，北京：社会科学文献出版社 2006 年版。

⑤ 郑威：《西周至春秋时期楚国的采邑制与地方政治体制》，《江汉考古》2009 年第 3 期。

程涛平先生《春秋时楚国贵族对土地的占有及所受的限制》[①]一文,总结归纳了楚王限制贵族土地的诸种措施。

刘玉堂先生《楚国经济史》[②]、郭仁成先生《楚国经济史新论》[③]等著作,对于楚国的采邑制度也有专章论述。

关于春秋时期楚国公族政治权力问题,杨范中、祝马鑫二位先生合写的《春秋时期楚国集权政治初探》[④]、马卫东先生《春秋楚国政不下移原因新探》[⑤]、姜亮夫先生《三楚所传古史与齐鲁三晋异同辨》[⑥],皆指出春秋时代楚国王权强大,楚政并未下移至公族,并分析了其内因。

不少学者质疑上述观点,蒲百瑞先生《春秋时代楚国政体新探》一文,指出"从世袭制来看,楚王强有力的观点亦值得商榷,因为这种制度并不能保证产生强大的君主","世袭君主未必即位于成年,而幼主的出现往往导致摄政"[⑦]。

笔者正是在上述两种对立观点的基础上,重新审视楚国公族未擅国柄问题,且从经济、政治、军事、思想四个方面探究其内在缘由。

---

① 程涛平:《春秋时楚国贵族对土地的占有及所受的限制》,《中国社会经济史研究》1984 年第 2 期。

② 刘玉堂:《楚国经济史》,武汉:湖北教育出版社 1996 年版。

③ 郭仁成:《楚国经济史新论》,长沙:湖南教育出版社 1990 年版。

④ 杨范中、祝马鑫:《春秋时期楚国集权政治初探》,《江汉论坛》1981 年第 4 期。

⑤ 马卫东:《春秋楚国政不下移原因新探》,《郑州大学学报(哲学社会科学版)》2009 年第 3 期。

⑥ 姜亮夫:《三楚所传古史与齐鲁三晋异同辨》,姜亮夫:《姜亮夫全集八·楚辞学论文集》,昆明:云南人民出版社 2002 年版,第 122—148 页。

⑦ (美)蒲百瑞:《春秋时代楚国政体新探》,《中国史研究》1998 年第 4 期。

公族社会下的楚国兵制，重点分析了“私卒”当中的“若敖六族”，“王卒”当中的“二广”“东宫”，“县兵”当中的“申、息二师”。

公族社会下的礼制文明。杨华先生所著《楚国礼仪制度研究》一书[①]，按照传统礼学的方法，将楚地礼制分门别类进行研究，分别考察了冠礼、婚礼、丧礼、祭礼、宾礼、军礼、燕飨礼等，且特别注意将楚人礼制行为与中原地区进行对比。本书多有借鉴。

4. 楚国公族社会下之世族公族。

首先要确定何为“世族”，孙曜《春秋时代之世族》[②]、现代学者何怀宏先生《世袭社会及其解体——中国历史上的春秋时代》[③]，从经济、政治、文化层面等对“世族”这一概念有所界定。

具体到楚国世族当中的公族（笔者称其为“世族公族”），宋代学者程公说《春秋分记·世谱五·楚公子公族诸氏世谱》[④]，清代学者陈厚耀《春秋世族谱·楚世次图》[⑤]及顾栋高《春秋大事表·春秋列国卿大夫世系表·楚》，对于楚国世族公族的族源、世系、人物及其官职等有系统的梳理、归纳与分析。

段志洪先生《周代卿大夫研究》[⑥]第三章《春秋时期卿大夫阶层的发展》，递次论述了周、鲁、郑、宋、卫、晋、齐、楚、秦诸国卿大夫在春秋时期的兴衰变迁，其中《楚国政治的特点及其卿大夫》一节，

---

① 杨华：《楚国礼仪制度研究》，武汉：湖北教育出版社 2012 年版。

② 孙曜：《春秋时代之世族》，《民国丛书·历史地理类》第三编第 63 册，上海：上海书店出版社 1935 年影印本。

③ 何怀宏：《世袭社会及其解体——中国历史上的春秋时代》，北京：生活·读书·新知三联书店，1996 年版。

④ （宋）程公说：《春秋分记》卷一四，《四库全书珍本初集》经部 20 集，沈阳：沈阳出版社 1998 年版。

⑤ （清）陈厚耀：《春秋世族谱》，《文渊阁四库全书》第 178 册，台北：台湾商务印书馆 1986 年影印本。

⑥ 段志洪：《周代卿大夫研究》，台北：文津出版社 1994 年版。

内容涉及楚国诸多世族公族。

又李零先生《三闾大夫考——兼论楚国公族的兴衰》一文[①]，在考证楚官“三闾大夫”究竟为何职的同时，分析了楚国诸多世族公族的演进史。再者，钱杭先生的《周代宗法制度史研究》[②]，第八章《宗法与政权、宗法与政治的关系》第二节《显赫与卑弱：楚国一般宗族的命运》，分析指出楚国宗族“虽然占据了楚国政权机构的重要地位，但却没有成为重要的足以独霸一方的社会力量。这一点，与楚国整个精神风貌的性质和类型，不大容易形成牢固的血缘网络有极大的关系”[③]。

田成方先生《东周时期楚国宗族研究》[④]一书，将东周时期整个楚国宗族划分为“楚国公族”与“楚国外来宗族”两部分。在“楚国公族”部分分别论述了“薳氏”“屈氏”“若敖氏”“沈尹氏”“景氏”“昭氏”等世族的族源、世系、采邑及其兴衰等，对笔者本课题写作有重大的借鉴意义。

世族公族之“姓氏”方面，刘秉忠、李丽二位先生合写有《楚国公族姓氏考略》一文，追根溯源地分析了楚从始祖季连至于国灭所产生的所有公族姓氏，指出“楚国公族姓氏犹如一颗大树，干强而枝盛”[⑤]，而“部分楚国公族姓氏源头难觅，需进一步探究”[⑥]，总结分析了楚国公族姓氏的四大特点。

刘信芳先生《〈包山楚简〉中的几支楚公族试析》[⑦]一文，以出

---

① 李零：《“三闾大夫”考——兼论楚国公族的兴衰》，《文史》2001 年第 1 辑。

② 钱杭：《周代宗法制度史研究》，上海：学林出版社 1991 年版。

③ 《周代宗法制度史研究》，第 229 页。

④ 田成方：《东周时期楚国宗族研究》，北京：科学出版社 2016 年版。

⑤⑥ 刘秉忠、李丽：《楚国公族姓氏考略》，《江汉考古》1999 年第 1 期。

⑦ 刘信芳：《〈包山楚简〉中的几支楚公族试析》，《江汉论坛》1995 年第 1 期。

现在包山楚简当中的九百余个具体人名作研究对象，并将其与文献记载结合起来考察，析出其中的公族姓氏。

在公族姓氏方面还参考有宋代邓名世《古今姓氏书辩证》[①]、南宋郑樵《通志·氏族略》[②]、清秦嘉谟等辑《世本八种》[③]等。

楚国诸多世族公族姓氏中，笔者着重考察的是斗、成、薳（蒍）、屈、景、昭六大世族。

斗氏。传统说法是若敖熊仪生斗伯比，斗伯比为斗氏之祖。张君先生《楚国斗、成、薳、屈四族先世考》[④]一文，对于楚君若敖熊仪生斗伯比的说法提出质疑，论证充分。吴郁芳先生《楚史三题》[⑤]、田成方先生《东周时期楚国宗族研究·若敖氏》，亦有不同见解。

成氏。传统说法成氏直接源出于楚君若敖熊仪，与斗氏并立。罗运环先生《楚国八百年》[⑥]中指出成氏当为斗氏一分支。又来国龙先生考证，见于清华简《楚居》篇的"緹白（伯）"，"其实就是指春秋时期楚国四大公族中的成氏"[⑦]，将成氏族源又上推至于季连之子"緹白（伯）"。

薳氏。传统观点认为薳氏源于楚君蚡冒，李零先生《楚国族

---

① （宋）邓名世撰，王力平点校：《古今姓氏书辩证》，南昌：江西人民出版社2006年版。

② （宋）郑樵：《通志·氏族略》，杭州：浙江古籍出版社2000年版。

③ （汉）宋衷注，（清）秦嘉谟等辑：《世本八种》，北京：中华书局2008年版。

④ 张君：《楚国斗、成、薳、屈四族先世考》，河南省考古学会、河南省博物馆、河南省文物研究所编：《楚文化觅踪》，郑州：中州古籍出版社1986年版，第175—186页。

⑤ 吴郁芳：《楚史三题》，《荆州师专学报（社会科学版）》1996年第3期。

⑥ 罗运环：《楚国八百年》，武汉：武汉大学出版社1992年版，第172页。

⑦ 来国龙：《清华简〈楚居〉所见楚国的公族与世系》，武汉：武汉大学简帛中心 简帛网，网址：http://www.bsm.org.cn/show_article.php?id=1588，发表日期：2011-12-03。

源、世系的文字学证明》一文提出不同意见，依据《国语·郑语》的记载考定薳氏应源于楚君熊严的第三子“叔熊”[①]。

又 Axel Schuessler 的 *Minimal Old Chinese and Later Han Chinese: A Companion to Grammata Serica Recensa*[②] 一文，及宋华强先生《清华简〈楚居〉1—2 号释读》[③]又皆指出薳氏盖源于清华简《楚居》篇中所见的“遠仲”。

屈氏。传统说法屈氏源于楚武王，谭介甫先生[④]、唐嘉弘先生[⑤]均主是说。

张君先生《楚国斗、成、薳、屈四族先世考》一文否定了传统观点，提出“屈瑕为武王之弟”的新说法[⑥]。

赵奎夫先生《屈原与他的时代》[⑦]一书，第一章《屈氏先世与句亶王伯庸——兼论三闾大夫的职掌》中，新解《离骚》开题句“帝高阳之苗裔兮，朕皇考曰伯庸”，考证“伯庸”即是西周末年楚君熊渠长子句亶王熊伯庸，屈氏由句亶王而来。朱小丰先生《屈原身世考》一文，认为赵奎夫先生的观点：“可谓深入细致，发许多前人所未见。但对屈原身世之解，却显得穿凿附会，至失其真。”[⑧]

---

① 李零：《楚国族源、世系的文字学证明》，《文物》1991 年第 2 期。

② Axel Schuessler, *Minimal Old Chinese and Later Han Chinese: A Companion to Grammata Serica Recensa*. University of Hawai'i Press, 2009.

③ 宋华强：《清华简〈楚居〉1－2 号释读》注[14]，武汉：武汉大学简帛中心 简帛网，网址：http://www.bsm.org.cn/show_article.php? id=1391，发表日期：2011－01－15。

④ 谭介甫：《屈赋新编》，北京：中华书局 1980 年版，第 207 页。

⑤ 唐嘉弘：《释“莫敖”》，《江汉论坛》1984 年第 11 期。

⑥ 张君：《楚国斗、成、薳、屈四族先世考》，河南省考古学会、河南省博物馆、河南省文物研究所编：《楚文化觅踪》，第 184 页。

⑦ 赵奎夫：《屈原与他的时代》，北京：人民文学出版社 2002 年版。

⑧ 朱小丰：《屈原身世考》，《天府新论》2005 年第 6 期。

曾祥文先生《楚屈景昭三氏起源及其政迹考述》一文考证，屈氏是楚国王族的一个分支，然并非源于春秋时期的楚武王，其获氏立族可上推至楚国进入阶级社会之前[①]。

又杨采华先生《屈原身世及官职新说》一文从根本上否定上述诸多观点，指出屈原非楚国之公族，仅“楚之大姓而已”，“屈氏的起源可以追溯到夏商时代”[②]。

屈氏世系方面，今人吴静安先生《“帝高阳之苗裔兮，朕皇考曰伯庸”解——屈原先世考》[③]、何浩先生《春秋战国时期楚屈氏世系考述》[④]等皆有所整理，成员世次排序有同有异。

从宋代学者程公说《春秋分记》始，诸家在整理屈氏世系时于中间加入“子朱（或屈朱）”其人，今多数学者又指定“子朱”即是见于青铜铭文的“屈子赤角”。笔者正是在否定“子朱”属屈氏系“屈子赤角”的基础上重绘整个屈氏世系。

景氏，学界关注的焦点在于其族源。借助于考古材料，这一争议颇多的问题得到厘清。“景”，考古材料中作“竞”，1973 年湖北省当阳市季家湖地区出土有“救秦戎钟”，黄锡全、李森淼二位先生《“救秦戎”钟铭文新解》一文提出“竞坪王”即是“楚平王”的观点[⑤]，得到学界肯定。李零先生《楚景平王与古多字谥——重读“秦王卑命”钟铭文》一文进一步认为楚君卒后有多个谥号的传统，“竞坪王”中的“竞平”是双字谥，由“竞之定”又称为“竞平王之定”来看，

---

① 曾祥文：《楚屈景昭三氏起源及其政迹考述》（手稿），成都：四川大学硕士学位论文，1986 年。

② 杨采华：《屈原身世及官职新说》，《云梦学刊》1992 年第 6 期。

③ 载《南京师大学报（社会科学版）》1983 年第 1 期。

④ 载《中南民族学院学报（哲学社会科学版）》1984 年第 4 期。

⑤ 黄锡全、李森淼：《“救秦戎”钟铭文新解》，《江汉考古》2008 年第 2 期。

景氏当为楚平王后裔，氏称来源于楚平王的第一个谥号[①]。

昭氏，在湖北荆门包山二号楚墓所出竹简公布以后，昭氏的族源、世系诸问题得以解决。《包山楚简》整理者："卲(昭)王列于首位，祭祷的礼遇也最高，其次是文坪夜君、郚公子春、司马子音、蔡公子冡等。楚昭王于公元前515—公元前489年在位，墓主人为昭氏，按先秦时期有以先王号为氏的习惯，楚昭王当是昭阤这一支的始祖。"[②]

5. 楚国公族社会下的公子、公孙。

汇总文献资料中的楚国"公子""公孙"，所参阅的有《春秋分记·世谱五》《春秋世族谱·楚世次图》《春秋大事表·春秋列国卿大夫世系表·楚》等。

至于考古资料中提及的楚国公子、公孙，这方面的论文较多，有：张连航先生《楚王子王孙器铭考述》[③]、孔令远先生《王子婴次炉的复原及其国别问题》[④]、王恩田先生《跋楚国兵器王子反戈》[⑤]、陈昭容先生《故宫新收青铜器王子申匜》[⑥]、刘翔先生《王孙遗者钟新释》[⑦]、孙启康先生《楚器〈王孙遗者钟〉考辨》[⑧]等。

此外，楚系青铜器当中有多件"楚子某"器，如"楚子䙷簠""楚子适鼎""楚子弃疾簠""楚子夜鄰敦"等。器铭"楚子某"中之"子"字究竟所指为何，学界分歧较大。夏渌先生《铭文中所见楚王名字

---

① 李零：《楚景平王与古多字谥——重读"秦王卑命"钟铭文》，《传统文化与现代化》1996年第6期。

② 湖北省荆沙铁路考古队：《包山楚简》，北京：文物出版社1991年版，第13页。

③ 载《古文字研究》第24辑。

④ 载《考古与文物》2002年第4期。

⑤ 载《江汉考古》1989年第4期。

⑥ 载《中国文字》新25，1999年。

⑦ 载《江汉论坛》1983年第8期。

⑧ 载《江汉考古》1983年第4期。

考》一文认为“子”字代表“楚王”[①]。李零先生《楚国铜器铭文编年汇释》[②]、吴镇烽先生《金文人名汇编》(修订本)[③],皆考释“子”字代指“楚王子”。黄锡全先生《楚器铭文中“楚子某”之称谓问题辨证—兼述古文字中有关楚君及其子孙与楚贵族的称谓》[④]一文,指出“‘楚子某’并非楚王或者楚国王子,而应是楚之王子、王孙的后裔,属楚之贵族阶层,他们已另立新氏,其始祖为王子、王孙(或公子、公孙),即楚公族”。又何浩先生在《“王子某”“楚子某”与楚人的名和字》一文中考证,“楚子某”之称谓中,‘楚’字只是用以标明国属”,“‘子’字有突出显示身份尊贵的意味”,“‘楚’‘子’二字无从构成一个特有称谓,‘子’字只当与其后的人名连读,成为一种‘子某某’的格式”[⑤]。

笔者综合各说,将“楚子某”器暂归属于楚公孙器。

关于楚国公子群政治演进史研究,日本学者安倍道子《关于春秋时代的楚王权——从庄王时代到灵王时代》一文值得注意,文中提到若敖氏叛乱失败以后,使楚国家权力从“取自楚王的环绕形的世族政权”向“取自楚王的环绕形的公子群政权”转移[⑥]。“公子群”权力在楚共王时期达到一个顶峰。

6. 楚国公族社会下的异姓世族。

重点分析了楚国异姓世族当中的观氏、邓氏、养氏、彭氏、潘氏与伍氏。

---

① 夏渌:《铭文中所见楚王名字考》,《江汉论坛》1985 年第 4 期。

② 李零:《楚国铜器铭文编年汇释》,《古文字研究》第 13 辑。

③ 参见该书北京:中华书局 2006 年版,第 335 页。

④ 载《江汉考古》1986 年第 4 期。

⑤ 何浩:《“王子某”“楚子某”与楚人的名和字》,《江汉论坛》1993 年第 7 期。

⑥ 载《楚史研究专辑》,第 244—263 页。

观氏。源出古观国。本姓姚，原居住地在今山东西部范县附近，其在春秋时代成员的世系关系，《春秋分记·世谱五·楚公子公族诸氏世谱》《春秋世族谱·楚世次图》皆有所排列。

邓氏。源出古邓国，活跃在楚国政治舞台上的邓氏成员，文献记载有“邓廖”。又新见有“楚大师”钟[①]，系春秋早期器，学界讨论的焦点在于作器者的身份，周亚先生将此器命名为“楚大师登编钟”，即“登”为器主人之名，书写格式为：国名（楚）＋官职（大师）＋器主名（登），黄锦前先生观点同[②]。刘彬徽先生提出不同意见，认为：“（登）乃太师族氏称谓，后面二字‘辪（乂）慎’才是其名，全称为登（鄧，即邓）辪（乂）慎。这套编钟可定名为鄧乂慎编钟。”且“邓乂慎”其人当是“邓国贵族之仕于楚者”[③]。

养氏。楚在春秋早期灭掉姬姓养国后，为巩固当地统治秩序，旋以部分土地赏赐于嬴姓大臣，此嬴姓大臣以采邑名获养氏，为与原先的姬姓之养有所区别，别为鄴（养）氏。

彭氏。最近几年关于楚国彭氏的研究成果比较多，有：徐少华先生《彭器、彭国与楚彭氏考论》[④]、张丹先生《〈左传〉及楚简所见彭氏家族人物考》[⑤]、田成方先生《东周楚国宗族研究·外来宗

① 周亚：《楚大师登编钟及相关问题的认识》，《上海博物馆集刊》第11期，上海：上海书画出版社2008年版，第146—167页。

② 黄锦前：《楚系铜器铭文研究》，合肥：安徽大学博士学位论文，2009年，第194页。

③ 刘彬徽：《楚系青铜器研究续论》，《湖南省博物馆馆刊》第7辑，湖南：岳麓书社，2010年版，第183页。

④ 徐少华：《彭器、彭国与楚彭氏考论》，《古文字与古代史》（第二辑），台北：“中央研究院”历史语言研究所，2009年，第279—302页。

⑤ 张丹：《〈左传〉及楚简所见彭氏家族人物考》，《社会科学论坛》2011年第8期。又载张丹：《南襄盆地出土两周时期铭文研究》，武汉：武汉大学博士学位论文，2012年5月，第184—195页。

族·彭氏》[①]等，皆对楚国彭氏宗族作了有益的探讨，在三位先生已有研究基础上，笔者对春秋时期楚国彭氏再作补充整理。

潘氏。徐少华先生指出，楚国潘氏当是己姓番国贵族之仕楚者[②]。田成方先生提出新的看法："番国公族在春秋时期至少分出有三支：番伯(国君)、番仲、番叔。……潘崇、潘尪、潘党，均以'叔'字相称，三人都排行叔字的可能性较小，应是出自番国公族小宗番叔的缘故。"[③]

伍氏。学界关于其宗族来源有两种不同观点，刘信芳先生对包山楚简中所见"五"字进行了考释，指出"五"通"伍"，是楚之公族，伍氏宗族最著名者，莫过于春秋末年的伍子胥，伍子胥帅吴师入郢，楚几亡国，而楚国之所以"未绝伍氏，实因伍氏本为楚之公族"[④]。王洪强[⑤]、屈会涛[⑥]诸先生赞同伍氏为楚国公族的观点。又陈伟先生指出伍举娶于王子牟，"恐伍氏应起于庶姓"[⑦]。田成方先生观点同，认为伍氏非楚公族，且对于伍氏族源提出创新性观点，即楚国伍氏"或可能是陈公子佗(字五父)之后"，公子佗后人或为逃避陈国内乱，出奔至楚，遂为楚国伍氏[⑧]。

此外，学界对于伍氏重要成员棠君伍尚讨论亦较多，分歧集中

---

① 田成方:《东周时期楚国宗族研究》,第142—151页。

② 徐少华:《周代南土历史地理与文化》,武汉:武汉大学出版社1994年版,第132页。

③ 田成方:《东周时期楚国宗族研究》,第153页。

④ 刘信芳:《〈包山楚简〉中的几支楚公族试析》,《江汉论坛》1995年第1期。

⑤ 王洪强:《伍子胥思想研究》,武汉:华中师范大学硕士学位论文,2009年5月,第13页。

⑥ 屈会涛:《春秋时代的卿族政治》,上海:华东师范大学博士学位论文,2014年3月,第313页。

⑦ 陈伟:《楚"东国"地理研究》,武汉:武汉大学出版社1992年版,第192页。

⑧ 田成方:《东周时期楚国宗族研究》,第174—175页。

在两点：其一，楚国棠地地望所在；其二，“棠君”是否为楚国封君。

按照文章写作思路所整理的既往学术成果，大致如上所述。此外，尚有诸多重要的参考著作、论文尚未提及，或所述不够全面，再分类补充说明如下。

7. 春秋史研究方面论著。

发端于1935年，完稿于1941年，至今仍数次出版的童书业先生之《春秋史》，以霸权争夺为核心，精心搜集和考订春秋史史料，就专著而言，“言春秋者，考索之精，去取之慎，盖未有逾于此书者”①。文中多有借鉴书中观点之处。童书业先生另一部著作《春秋左传研究》②，全书包括《春秋左传考证》《春秋左传札记》两部分，特点是针对《左传》中某一具体史料，尽可能的搜集与之相关材料，展开论证，以小见大，对于春秋史诸多问题有自己独到的见解。

顾德融、朱顺龙二位先生亦合著有一部《春秋史》③，与童书业先生偏重考据有所不同，此书叙述成分多一些，且结合诸多考古材料。

相关论著尚有瞿同祖先生《中国封建社会》④、白国红先生《春秋晋国赵氏研究》⑤、赵晓斌先生《春秋官制研究——以宗法礼治社会为背景》⑥、吕西红先生《春秋时期宋国公族研究》⑦等。

---

① 童书业撰，童教英导读：《春秋史·吕(吕思勉)序》，上海：上海古籍出版社2003年版，第2页。

② 童书业著，童教英校订：《春秋左传研究》(校订本)，北京：中华书局2006年版。

③ 顾德融、朱顺龙：《春秋史》，上海：上海人民出版社2004年版。

④ 瞿同祖：《中国封建社会》，上海：上海人民出版社2005年版。

⑤ 白国红：《春秋晋国赵氏研究》，北京：中华书局2007年版。

⑥ 赵晓斌：《春秋官制研究——以宗法礼治社会为背景》，杭州：浙江大学博士学位论文，2009年4月。

⑦ 吕西红：《春秋时期宋国公族研究》，开封：河南大学硕士学位论文，2008年6月。

8. 楚地、楚国、楚民族及楚文化方面论著。

国别史研究。最具代表者有三，即张正明先生《楚史》①、罗运环先生《楚国八百年》②、李玉洁先生《楚国史》③，俱对楚国历史从传说时代到灭亡，作了详细的叙述与分析，各有其特点。其中，罗先生的《楚国八百年》，全书分为上、中、下三篇，层次分明，而具体到某个细小问题，亦有详细考证，颇见功力。

文化史研究。张正明先生的《楚文化史》④，可谓此研究领域的扛鼎之作。将楚文化的发展划分为"滥觞""茁长""鼎盛""滞缓"及"转化"五个时期，并论述了楚国在青铜冶铸工艺、丝织刺绣工艺、髹漆木雕工艺、老庄哲学、美术舞蹈等物质、精神领域所取得的杰出成就，再现了风采卓异的楚文化。又杨权喜先生《楚文化》一书，系统汇总了二十世纪楚文化考古的重要发现，深入分析了楚文化的概念、渊源、主要内容和研究现状等。

此外，王光镐先生《楚文化源流新证》，使用地下出土资料，综合考察了楚国历史文化遗留至今的十大疑案；马世之先生《中原楚文化研究》分析了楚文化中的中原因素；刘和惠先生《楚文化的东渐》、高至喜先生《楚文化的南渐》等，则研究的是楚文化向外延伸的问题。

又徐中舒先生《巴蜀文化初论》《巴蜀文化续论》两篇名作，有一部分内容谈到了楚、蜀交流的问题。

政治、经济研究。宋公文先生《楚史新探》，计收录文章二十篇，其中有十五篇集中讨论了楚官令尹，内容涉及令尹的释名、释

---

① 张正明：《楚史》，武汉：湖北教育出版社 1995 年版。

② 罗运环：《楚国八百年》，武汉：武汉大学出版社 1992 年版。

③ 李玉洁：《楚国史》，开封：河南大学出版社 1992 年版。

④ 张正明：《楚文化史》，上海：上海人民出版社 1987 年版。

义，东周时期楚国令尹人物序列考述，楚国令尹选拔的范围、条件与方式，令尹的内政权、外交权与军权，令尹权力所受到的制约等，为楚国政治制度史研究奠定了很好的基础。

顾久幸先生《楚制典章——楚国的政治经济制度》一书，介绍了楚国的政治经济制度，包括最初的国家、逐步完善的中央行政机构、别具一格的等级爵位制、君臣心中的法典等内容。

又关于楚国县制的文章较多，杨宽先生《春秋时代楚国县制的性质问题》一文，统计春秋楚县计有 17 个，“其中七个是灭亡小国而建成，六个是利用小国的旧都改建而成，另有四个是利用原有边境上的别都改建而成”，楚县具有“边防重镇”、县公由楚君在几个世族成员范围内挑选任命等特性，与采邑制相比而言更易于国君集权。徐少华先生《关于春秋楚县的几个问题》、殷崇浩先生《春秋楚县略论》、郑殿华先生《论春秋时期的楚县与晋县》等文，对楚县作了进一步的研究，各自提出新的见解。

历史地理方面研究。石泉先生《古代荆楚地理新探》、《古代荆楚地理新探·续编》，集中反映了其在荆楚历史地理方面的研究成果。徐少华先生《周代南土历史地理与文化》一书分为上、下两编：上编《列国地理与文化》，主要介绍了南阳盆地、淮河上中游两岸及淮北汝颍地区诸列国的地望及历史文化；下编《楚国北部疆域的发展和地理变化》，侧重分析楚国早期国家形势、后期北部疆域的拓展及楚多民族融合问题，从历史地理的角度对诸多问题有详细考证。

除上述外，此方面的论著尚有：陈伟先生《楚“东国”历史地理研究》、尹弘兵先生《楚国都城与核心区探索》等。

9. 考古材料方面论著。

青铜器及墓葬资料。楚系青铜器的研究专著不少，代表性著作有三，即刘彬徽先生《楚系青铜器研究》、邹芙都先生《楚系铭文综合研究》、黄锦前先生《楚系铜器铭文研究》。其中，刘彬徽先生

《楚系青铜器研究》是首部集大成者。全书共分为九章，主要分析了楚系青铜器的发现与研究、分期与年代、青铜器组合研究、青铜器的分类研究、青铜器的纹饰研究、铭文编年考述、青铜器与楚礼器的关系、楚系青铜器与他系青铜器的关系等课题，资料收集详实，提出诸多新颖观点。

近年来，楚地又出土了大量珍贵的两周时期铭文材料，如河南南阳彭氏墓地、湖北随州叶家山西周墓地及随州文峰塔东周曾国墓地等出土的有铭铜器，极具学术研究价值。

郭德维先生《楚系墓葬研究》，分析了楚墓的分区、分类、分期及典型楚器与典型组合问题。

出土简帛资料，使用最多者有以下两种：

其一，包山简。《包山楚简》一书，整理、考释了包山二号楚墓出土简牍。陈伟先生《包山楚简初探》，"在详细考释竹简文字的基础上，对简文所体现的楚国制度作系统的考察分析。在文字、制度两方面，都提出了新颖的见解"[①]。朱晓雪先生《包山楚简综述》，全面收集有关包山楚简研究成果，并系统研究包山楚简相关的各方面问题；重新编联竹简顺序，对简文进行新的分组，注重对新资料的运用，考释疑难字，继而根据最新成果编纂文字编[②]。巫雪如先生《包山楚简姓氏研究》[③]、许全胜先生《包山楚简姓氏谱》[④]，系统整理了包山简当中所见姓氏。

其二，清华简。目前《清华大学藏战国竹简(壹——拾)》皆已

---

① 陈伟：《包山楚简初探·序》，武汉：武汉大学出版社1996年版，第3页。

② 朱晓雪：《包山楚简综述》，福州：福建人民出版社2013年版。

③ 巫雪如：《包山楚简姓氏研究》，台北：台湾大学中国文学研究所硕士学位论文，1996年。

④ 许全胜：《包山楚简姓氏谱》，北京：北京大学硕士学位论文，1997年5月。

出版，其中，对本书参考价值最大者，莫过于《楚居》篇[①]。目前学界关于《楚居》篇的讨论，方兴未艾。陈民镇先生《清华简〈楚居〉集释》[②]一文，收录诸多学者论文。李学勤先生《论清华简〈楚居〉中的古史传说》[③]，将《楚居》篇所记楚祖"季连""鬻熊""熊绎"的史实传说与古籍文献作比较研究，考证《史记·楚世家》记载内容有部分错误。赵平安先生《〈楚居〉的性质、作者及写作年代》一文，指出"《楚居》是以楚公楚王的谱系为经，以居处迁徙为纬的综合体"，"作者应该是位史学家"[④]。此外，尚有李守奎先生《论〈楚居〉中季连与鬻熊事迹的传说特征》[⑤]、高崇文先生《清华简〈楚居〉所载楚早期居地辨析》[⑥]等文。

以上即是笔者按照写作思路，再依据一定的分类，所作的学术回顾。从所举学界已有研究成果来看，前辈们的研究是广阔且具体的，然而这并不等于说此课题没有继续进行讨论的必要，尤其是借助于最新考古材料，深入挖掘的潜力巨大。笔者兹谨抛砖引玉，在充分吸收前人研究成果基础上，为学界提供一部反映楚国公族兴衰的专著。

---

① 按，《楚居》系《清华大学藏战国竹简(壹)》9篇文献中的一篇，全文有简16支，是研究楚国历史地理及早期楚文化的重要史料。

② 陈民镇：《清华简〈楚居〉集释》，上海：复旦大学出土文献与古文字研究中心网站，网址：http://www.gwz.fudan.edu.cn/SrcShow.asp? Src_ID=1663，发表时间：2011－09－23。

③ 李学勤：《论清华简〈楚居〉中的古史传说》，《中国史研究》2011年第1期。

④ 赵平安：《〈楚居〉的性质、作者及写作年代》，《清华大学学报(哲学社会科学版)》2011年第4期。

⑤ 李守奎：《论〈楚居〉中季连与鬻熊事迹的传说特征》，《清华大学学报(哲学社会科学版)》2011年第4期。

⑥ 高崇文：《清华简〈楚居〉所载楚早期居地辨析》，《江汉考古》2011年第4期。

第一章　关于“公族”的几个问题

春秋时代的政治、经济社会体系中，“公族”成员占据着一个很重要的位置。

清代学者高士奇云：“按列国之卿，强半公族。如鲁，如宋，如郑，则并无他姓。齐、魏亦多公族。”即使是晋国卿族多异姓，“然栾氏、韩氏亦公族也”①。

现代学者朱凤瀚先生言，“公族是春秋列国贵族集团的主干”，“列国卿大夫家族多生于公族”，公族“为了争夺政治与经济权益又与公室相抗争，构成春秋社会矛盾的焦点，并成为社会形态发展转化的重要契机”②。

既然“公族”在春秋社会当中如此重要，那么对“公族”一词的定义、“公族”按照不同标准而进行的划分以及“公族”与“公室”的关系等问题展开详细的讨论，是很有必要的。

---

① 按，韩氏，是曲沃桓叔的后裔，《国语·晋语八》“其自桓叔以下，嘉吾子之赐”条下，韦昭注：“桓叔，韩氏之祖曲沃桓叔也。桓叔生子万，受韩以为大夫，是为韩万。”栾氏，《史记·晋世家》记载有“栾宾”，为晋靖侯庶孙，事曲沃桓叔。参见(清)高士奇：《左传纪事本末》卷三一《晋卿族废兴》，北京：中华书局 1979 年版，第 431 页；徐元诰撰，王树民、沈长云点校：《国语集解》，第 439 页；(汉)司马迁：《史记》卷三九《晋世家》，第 1638 页。

② 朱凤翰：《商周家族形态研究》(增订本)，第 432 页。

第一节　“公族”一词的定义

“公族”一词，在古代典籍文献中的出现频率是很高的，其中《国语·晋语七》载有晋中军将韩献子(韩厥)请老一事，如下：

> 韩献子老，使公族穆子(韩无忌)受事于朝，辞曰：“(晋)厉公之乱，无忌(穆子)备公族，不能死。臣闻之曰：‘无功庸者，不敢居高位。’今无忌智不能匡君，使至于难，仁不能救，勇不能死，敢辱君朝，以忝韩宗，请退也。”固辞不立。(晋)悼公闻之，曰：“难虽不能死君，而能让，不可不赏也。”使掌公族大夫。

以上韩献子、晋悼公的对话中，“公族”作为一个单一的词汇计出现两次，而其所指则不尽相同。其一，“公族穆子”指的是公族大夫韩无忌，杨伯峻先生解释说：“公族其官，穆其谥。”[①]其二，“无忌备公族”，韦昭注：“公族，同姓。”[②]

总结上文，则“公族”一词宜有两层内涵。

第一层：“同姓”。汉代学者郑玄也有相似解说，《诗经·魏风·汾沮洳》：“殊异乎公族。”郑玄笺曰：“公族，主君同姓昭穆也。”[③]顾名思义，指的是历代国君之同姓子弟，具体而言“指包括有历代国君之后裔(也就是历代国君未继位的庶子们的家族)在内

---

① 杨伯峻：《春秋左传注》(修订本)，第909页。

② 徐元诰撰，王树民、沈长云点校：《国语集解》，第412页。

③ (汉)毛亨传，(汉)郑玄笺，(唐)孔颖达疏：《毛诗正义》，(清)阮元校刻：《十三经注疏》(附校勘记及附语)，杭州：浙江古籍出版社1998年影印本，第357页。

的亲属集团”[1]。

第二层:“公族大夫”亦可简称曰“公族”。“公族大夫”一职,盖由来已久,《礼记·文王世子》:“庶子之正于公族者,教之以孝弟、睦友、子爱,明父子之义,长幼之序。”是西周初年即已有公族大夫之官,其执掌是教训公族子弟。又《左传》鲁宣公二年(前607):“初,骊姬之乱,诅无畜群公子,自是晋无公族。”杜预注:“无公子,故废公族之官。”孔颖达申之:“不畜群公子,故无公族。是公族之官掌教公之子弟也。”[2]

青铜器铭文中也多见“公族”一词,“公族”的两层内涵(“亲属集团”与职官“公族大族”)在青铜器铭文当中亦有所体现。现将青铜器中出现“公族”一词的铭文择要摘录如下:

(1) 中觯(《集成》[3]06514):王大眚(省)公族于庚,振旅,王易(赐)中马……王曰:用先。中埶王休,用作父乙宝尊彝。

(2) 师酉簋(《集成》04288):唯王元年正月,王才吴,各吴太庙,公族组釐入佑师酉,立中廷……

(3) 牧簋(《集成》04343):唯王七年十又三月既生霸甲寅,王才周,才师汓父宫,各大室,即位。公族组入右牧,立中廷……

(4) 番生簋(《集成》04326):丕显皇祖考,穆穆克慎乒德,严才上,广启乒孙子于下……王命□司公族、卿事、太史寮……

(5) 毛公鼎(《集成》02841):……命女兼司公族与三有司……

详析上5条铭文记载,除去第1条铭文所记“公族”系指“公之

① 朱凤翰:《商周家族形态研究》(增订本),第435页。

② (晋)杜预注,(唐)孔颖达疏:《春秋左传正义》,(清)阮元校刻:《十三经注疏》(附校勘记及附语),杭州:浙江古籍出版社1998年影印本,第1867页。

③ 中国社会科学院考古研究所编:《殷周金文集成(修订增补本)》,北京:中华书局2007年版。该书简称为《集成》,下文不再说明。

族”外，其他诸“公族”称谓，皆是“公族大夫”之简称。

本书所主要探讨的是第一层含义之“公族”[①]，即包括有历代国君（含时公）后裔在内的亲属集团。

第二节　楚称“王族”问题分析

“公族”这一称谓，具体到楚国，情况又稍有不同。

《左传》鲁成公十六年（前575）晋、楚两大强国战于鄢陵，由楚仕晋的苗贲皇向晋厉公献败楚方策，言：

> 楚之良，在其中军王族而已。请分良以击其左右，而三军萃于王卒，必大败之。

又鲁僖公二十八年（前632）载晋、楚城濮之战，《传》文云晋军行动：

> （晋）原轸、郤溱以中军公族横击之。

分析上引两条史料，日本学者竹添光鸿笺云：“中军王族与中军公族同句法。”[②]是春秋时代见于其他诸侯国之“公族”称谓在楚国转冠以“王族”之名。这种由“公族”到“王族”的称谓转换有其特定的历史渊源。

“公族”一词中，“公”字当是一种泛指。《左传》鲁昭公七年（前535）载：“天有十日，人有十等。下所以事上，上所以共神也。故王

① 按，本书中如无特殊说明，“公族”一词所代指的即是国君同姓子弟。

② （日）竹添光鸿：《左氏会笺》，成都：巴蜀书社2008年版，第1093页。

臣公，公臣大夫，大夫臣士，士臣皂，皂臣舆，舆臣隶，隶臣僚，僚臣仆，仆臣台。马有圉，牛有牧，以待百事。”细品此段记载，可知“公”宜是诸侯之统称，公、侯、伯、子、男五等爵诸侯例皆可称“公”。《尚书·秦誓》：“公曰嗟。”“公”者，秦伯也。《诗·硕人》：“覃公维私。”“公”，覃子也。《礼记·大射》：“公则释获。”大射者，诸侯之礼，伯子男皆包括在其中。《仪礼·大射仪》《仪礼·聘礼》等，五等诸侯皆称公，而《公食大夫礼》更以“公”名篇。

综上，凡诸侯国君皆可称“公”，“公”是一种统称、泛称。有时在本国内称“公”亦是一种尊称，《白虎通·号》：“伯子男臣子，于其国内，褒其君为公……心惧欲尊其君父，故皆令臣子得称其君为公也。”[①]因此，诸侯国君平时内外皆例可称“公”，然至诸侯国君卒时须复其原爵。以春秋诸国为例，宋国，公爵，《春秋》鲁隐公三年（前720）：“八月庚申，宋公和（宋穆公）卒。”晋、齐、卫诸国，侯爵，《春秋》鲁僖公九年（前651）：“甲子，晋侯诡诸（晋献公）卒。”十七年（前643）：“冬十有二月乙亥，齐侯小白（齐桓公）卒。”二十五年（前635）：“夏四月癸酉，卫侯毁（卫文公）卒。”郑、曹诸国，伯爵，《春秋》鲁襄公七年（前566）：“郑伯髡顽（郑僖公）如会，未见诸侯，丙戌，卒于鄵。”又十八年（前555）：“曹伯负刍（曹成公）卒于师。”许，男爵，《春秋》鲁宣公十七年（前592）：“十有七年春，王正月庚子，许男锡我（许昭公）卒。”邾、吴诸国，子爵，《春秋》鲁昭公元年（前541）：“六月丁巳，邾子华（邾悼公）卒。”又十五年（前527）：“十有五年春王正月，吴子夷末卒。”

实际上，对于中国历史上的西周及春秋时代是否存在及实行过如《春秋》经所载般等级井然的公、侯、伯、子、男五等爵制，学界

---

① （清）陈立撰，吴则虞点校：《白虎通疏证》，北京：中华书局1994年版，第66页。

有截然不同的两种观点。

顾颉刚、傅斯年、郭沫若[①]、杨树达[②]、陈槃[③]、赵伯雄诸先生持怀疑或断然否定的态度。顾颉刚先生指出：“自《春秋》《孟子》以至《王制》《周官》，无不曰爵有五等：公、侯、伯、子、男是也。而晚近研究金文日精，知此五名固曾皆以之称古代诸侯，然某一侯者之身亦可兼备众号，实无秩然五等之制。”[④]傅斯年先生考证：“五等爵之说旧矣，《春秋》《孟子》《周官》皆为此说作扶持矣。然《孟子》所记史实无不颠倒。《周官》集于西汉末，而《春秋》之为如何书至今犹无定论。故此三书所陈五等爵之说，果足为西周之旧典否，诚未可遽断。”[⑤]赵伯雄先生进一步申之：“从《左传》中所见的春秋时代的大中小国，是完全与公侯伯子男不相干的，这一方面说明春秋时代并不存在五等爵制，另一方面也说明，儒者创为理想化的五等爵制，实际上是接受了春秋时代存在着大中小三等邦国这样一种事实的暗示的”[⑥]，“所谓五等爵制在西周及春秋都是事实上并不存

---

① 郭沫若先生直接判定：“分封诸侯为五等之说，完全是东周以后的儒者所捏造。”参见郭沫若：《中国古代社会研究》，北京：人民出版社 1982 年版，第 265 页。

② 杨树达先生云：“余遍览彝器铭文，知铭文国君之名称不但与《春秋》歧义而已，即在彝铭本身，虽同一国君，彼此互殊者仍至多。”参见杨树达：《积微居小学述林全编・古爵名无定称说》，上海：上海古籍出版社 2007 年版，第 386 页。

③ 陈槃先生言：“春秋时代列国之所谓爵称，并无一定……五服五等之制，两周所无。”参见陈槃：《春秋大事表列国爵姓及存灭表撰异・后叙》，上海：上海古籍出版社 2009 年版，第 10—14 页。

④ 顾颉刚：《史林杂识初编》，北京：中华书局 1963 年版，第 20 页。

⑤ 傅斯年：《论所谓五等爵》，《傅斯年全集》第 3 卷，长沙：湖南教育出版社 2000 年版，第 22 页。

⑥ 赵伯雄：《周代国家形态研究》，长沙：湖南教育出版社 1990 年版，第 128—129 页。

在的"[①]。

杜正胜、瞿同祖、束世澂[②]、俞伟超[③]、王世民、陈恩林、赵晓斌[④]、马卫东[⑤]等先生则认为古代文献记载的五等爵制是可信的。杜正胜先生云："《春秋》的五等爵制是宗周旧礼无疑。"[⑥]瞿同祖先生将《春秋》经中所有关于诸侯爵称的称谓罗列起来，作统一分类比较，结论："（一）确有公侯伯子男五等爵位。（二）最要紧的是各国爵位的固定。例如宋永远称公；齐、鲁、卫等永称侯；郑、曹、秦等总是称伯；吴、楚等国总是称子（后楚、吴自称为王，系僭称非常法）；许永称为男。"[⑦]陈恩林先生通过考察先秦两汉文献亦肯定五等爵制[⑧]。又王世民先生以金文为第一手材料对五等爵制作细致分析，既注意各器物的年代和国别，又把诸侯的生前称号与死后追称区别开来，指出："金文中已有固定的五等爵制。"[⑨]

在两种对立观点中，笔者倾向于后者，诸侯五等爵制度确实在西周及春秋时期实行过，对此前辈学者多有论证，此不赘述。

---

① 赵伯雄：《周代国家形态研究》，第 134 页。

② 束世澂：《爵名释例——西周封建制探索之一》，《学术月刊》1961 年第 4 期。

③ 俞伟超、高明：《周代用鼎制度考（中）》，《北京大学学报》1978 年第 2 期。

④ 赵晓斌：《春秋官制研究——以宗法礼治社会为背景》，杭州：浙江大学博士学位论文，2009 年 4 月，第 59—69 页。

⑤ 马卫东：《春秋时期贵族政治的历史变迁》，长春：吉林大学出版社 2011 年版，第 32 页。

⑥ 杜正胜：《编户齐民——传统政治社会结构之形成》，台北：联经出版社 1990 年版，第 322 页。

⑦ 瞿同祖：《中国封建社会》，上海：上海人民出版社 2005 年版，第 51 页。

⑧ 陈恩林：《先秦两汉文献中所见周代诸侯五等爵制》，《历史研究》1994 年第 6 期。

⑨ 王世民：《西周春秋金文中的诸侯爵称》，《历史研究》1983 年第 3 期。

关于楚国的爵称，《史家·楚世家》载：周成王时，举文、武勤劳之后嗣，始封楚“以子男之田”。既然楚国有“子男之田”，则其最初的爵位应当不会高于子爵。再从《春秋》经绝大多数情况下称楚君为“楚子”来看，楚应该是子爵而非男爵。

楚君虽为子爵，然文献记载中其自身又有多次称王的特殊经历。

第一次发生在西周夷王之时，当是时王室衰微，诸侯或不朝，或相伐，楚君熊渠甚得江汉间民和，乃兴兵伐庸、杨粤，至于鄂。熊渠曰：“我蛮夷也，不与中国之号谥。”乃立其长子康为句亶王，中子红为鄂王，少子执疵为越章王，皆在江上楚蛮之地。周厉王（前876—前841年在位）执政，熊渠畏其伐楚，故去其王号。

第二次在楚君熊通（前740—前690）治楚时期，此时周王朝已经东徙洛邑，礼乐征伐自诸侯出，《史记·楚世家》记载，（熊通）三十五年（前706）楚伐随，欲周王室尊其爵号而观中国之政，“王室不听”，熊通怒曰：“王不加位，我自尊耳。”乃自立为王，是为楚武王。自是以降，历代楚国国君皆僭号称王，这也成为楚国政治的常态。

楚君称谓这种由诸侯爵称向王称的转变，检索西周至于春秋的金文资料，亦表现的十分明显。

就现有考古发现来看，西周时期的楚国青铜器数量较少，在仅有的几件当中，楚君皆称“公”，这与《春秋》经文称“子”有所不同。属西周时期的楚君青铜器有“楚公冡钟”“楚公冡戈”①及“楚公逆编钟”。

---

① 按，“楚公冡戈”，1959年湖南省博物馆在长沙市拣选而获得。关于此器及器铭的真伪，学界曾有争议，现已基本达成共识，此戈及器铭当系真品。参见高至喜：《“楚公冡”戈》，《文物》1959年第12期；于省吾、姚孝遂：《“楚公冡戈”辨伪》，《文物》1960年第3期；冯汉骥：《关于“楚公冡”戈的真伪并略论四川“巴蜀”时期的兵器》，《文物》1961年第11期；商承祚：《“楚公冡戈”真伪的我见》，《文物》1962年第6期。

1998年陕西省扶风县法门镇召陈村青铜器窖藏所出土的"楚公冢钟"(《新收》[①]0659),钲间铸铭计2行16字(又重文2):

楚公冢自乍(作)宝大林和钟,孙孙子子其永宝用。

依据铭文内容,钟为"楚公冢"的自作器。"楚公冢"其人,张亚初先生考证就是文献记载当中生活于周夷王、厉王时期的楚君熊渠,根据有二:1. 冢为家字的繁体字。家、渠声韵相同或相近。家是鱼部见钮字,渠是鱼部群钮字,可相通转。2. 从形制、纹饰和铭文字体讲,楚公冢钟具有很多明显的西周中期的特征。[②] 刘彬徽[③]、邹芙都[④]二先生观点同。熊渠称公,恰与《楚世家》所载其一度封其三子为王而旋又去王号的历史相吻合。

"楚公逆编钟",宋代就有出土,然原器与拓本皆失传,学者以前仅能借清代阮元翻刻的宋人拓本来进行研究,因字形失真而颇为费力。可喜的是1993年山西省天马—曲村北赵晋侯64号墓出土另一套"楚公逆编钟"[⑤],1号钟(《新收》0891)铭文如下:

---

① 钟柏生、陈昭容、黄铭崇、袁国华:《新收殷周青铜器铭文暨器影汇编》,台北:艺文印书馆,2006年版。该书简称为《新收》。

② 张亚初:《论楚公冢钟和楚公逆镈的年代》,《江汉考古》1984年第4期。

③ 刘彬徽:《楚系青铜器研究》,第287页。

④ 邹芙都:《楚系铭文综合研究》,第28页。

⑤ 山西省考古研究所、北京大学考古系:《天马—曲村遗址北赵晋侯墓地第四次发掘》,《文物》1994年第8期。按,关于"楚公逆编钟"为何会出现在晋侯墓地当中,学界有不同的认识,段渝先生认为是周宣王时方叔伐楚所得,后因晋侯伐戎有功,由周王室赐与晋穆侯。黄锦前先生观点不同,认为M64殉有车及兵器、车马器,并有"晋侯邦父"铭文铜器3件,发掘者推测"故M64墓主应系晋侯邦父本人",因此这套编钟应是楚公逆赠赗于晋侯(转下页注)

唯八月甲午，楚公逆祀氒先高祖考，夫(敷)工(供)四方首。楚公逆出，求氒用祀四方首，休多禽(勤)。钦融内(入)鄉(享)赤金九万钧。楚公逆用自乍(作)和齐锡钟百肆。楚公逆其万年寿，用保氒大邦，永宝。

以上铭文中的楚君“逆”，当是西周晚年的楚君熊鄂(前 799—791 年在位)①。

进入春秋，楚系青铜器铭文中楚君皆由“公”改称为“王”，举例如下：

(1) “楚王媵邛仲嬭南钟”(《集成》00072)，《考古图》载：“得于钱塘。”②系春秋中期偏早器，钲间铸铭计 3 行 27 字：

隹(唯)正月初吉丁亥，楚王媵邛(江)中(仲)嬭(芈)南和钟，其眉寿无疆，子孙永保用之。

说的是楚王为嫁到江国的仲芈作媵器。铭文中“楚王”所指为谁？郭沫若先生：“成王熊恽之妹有江芈者，或即此邛仲芈。……楚王殆即成王或其父文王也。”③无论文王(前 689—前 675 年在位)，抑

(续上页注)邦父之器。参见段渝：《楚公逆编钟与周宣王伐楚》，《社会科学研究》2004 年第 2 期；黄锦前：《楚系铜器铭文研究》，合肥：安徽大学博士学位论文，2009 年 5 月，第 151 页。

① 参见孙诒让：《古籀拾遗》，1888 年，第 7—9 页；(清)王国维著：《观堂集林(附别集)》，北京：中华书局 1959 年版，第 890—891 页；邹芙都：《楚系铭文综合研究》，第 31 页。

② (宋)吕大临等著：《考古图(外五种)》卷七，上海：上海书店出版社 2016 年版，第 114 页。

③ 郭沫若：《郭沫若全集 · 考古编 · 两周金文辞大系图录考释(二)》(卷八)，北京：科学出版社 2016 年版，第 355 页。

或成王(前671—前626年在位),皆生活在春秋早中期。

(2)“楚王領钟”(《集成》00053),原器现藏日本某私人所[1],有全形拓本流传在外,正面钲间与左右鼓部计有铭文5行19字:

隹(唯)王正月初吉丁亥,楚王領自乍(作)铃钟,其聿其言。

关于“楚王領”的身份,至今学界观点颇多,有郭沫若先生“楚悼王说”[2],刘彬徽先生“楚穆王说”[3],日本学者白川静先生“郏敖说”[4],董楚平先生“楚昭王说”[5],李零先生“楚灵王说”[6],何琳仪先生“楚王熊麇说”[7]等。其中,刘彬徽先生考证:“此钟正鼓部为相背的双龙纹……倒是和春秋早期的秦武公(前697—前678年)钟的同一部位纹样较为接近,但楚王領钟的龙躯内已有涡云形填纹,不见于秦武公钟。这种涡云形填纹为时代偏晚的特征……推定此钟的年代范围在公元前678—前600年左右。”可从,且借春秋时期楚王有践祚易名的习俗(详后),在此时间段内的楚君有成王、穆王、庄王,唯有穆王商臣即位后之名不见于文献记载,領或为楚穆王商臣之改名[8]。可从。

---

① 邹芙都:《楚系铭文综合研究》,第43页。

② 郭沫若:《郭沫若全集·考古编·两周金文辞大系图录考释(二)》(卷八),第361页。

③ 刘彬徽:《楚系青铜器研究》,第302页。

④ (日)白川静:《金文通释》,神户:白鹤美术馆,1964年版,第534页。对于白川静的说法,董楚平先生业已指出最大的问题在于楚君郏敖并未称王。

⑤ 董楚平:《〈楚王领钟〉跋》,《江汉考古》1995年第2期。

⑥ 李零:《再论淅川下寺楚墓》,《文物》1996年第1期。

⑦ 何琳仪:《楚王領钟器主新探》,《东南文化》1999年第3期。

⑧ 刘彬徽:《楚系青铜器研究》,第302页。

(3) “楚王熊审盂”(《新收》1809)。此器出土地点不详，器物现藏美国纽约大都会艺术博物馆，最先由李学勤先生在国内介绍[①]。器内底铸铭2行6字：

楚王熊审之盂。

李学勤先生指出铭文中的“熊审”即是楚共王(前590—前560年在位)[②]，且该器当作于楚共王晚期，“约前575—前560年之间”[③]。

除去以上所列铜器外，尚有“楚王熊悠盘”“楚王熊悠匜”，器铭中的“熊悠”系春秋晚期楚君楚昭王[④]；“楚王熊章钟(《集成》00083)”“楚王熊章剑”(《集成》11659)“楚王熊章戈”(《集成》11381)等，铜铭中提到的楚王熊章皆指的是楚昭王之子楚惠王；“楚王熊前鼎”(《集成》02623)当是战国晚期楚考烈王器[⑤]；又“楚王熊悍鼎”(《集成》02795)为战国末年楚幽王器。

综上所论，楚君在春秋时代业已称王。既然楚君自冠以王号则楚国之“公族”在楚人自己看来自然就是“王族”了。

第三节　“公族”的划分

“公族”作为一亲属集团，可据不同的标准而进行划分。

第一，按照规模大小及组织结构，朱凤瀚先生认为作为公之亲

---

①② 李学勤：《楚王熊审盏及有关问题》，《中国文物报・文物研究》1990年5月31日3版。

③ 刘彬徽：《楚系青铜器研究》，第309页。

④ 王辉：《也说崇源新获楚青铜器群的时代》，《收藏》2007年第11期；黄锦前：《楚系铜器铭文研究》，第11页。

⑤ 刘彬徽：《楚系青铜器研究》，第357—358页。

族的公族可以做广义与狭义两种理解[①]，“广义的公族”，与第一节当中所叙述的第一层含义之“公族”所指相同，即历代国君（含时公）之后裔在内的亲属集团。“狭义公族”指的是“在血缘上始出于同一国君的家族”，因为系源于同一国君，所以在大多数情况下他们是以源出国君之谥号为称的[②]。举例而言，《左传》鲁宣公四年（前 605）郑襄公（前 604—前 587 年在位）初践祚，即：“将去穆氏，而舍子良（公子去疾，郑襄公庶弟）。子良不可，曰：‘穆氏宜存，则固愿也。若将亡之，则亦皆亡，去疾何为。’”“穆氏”指的是郑穆公（前 627—前 606 年在位）的后裔，以《传》文考之，郑穆公之子计有十三人，除去郑悼公（前 605 年在位）、郑襄公外，子罕（公子喜）、子驷（公子騑）、子丰（公子平）、子游（公子偃）、子印（公子舒）、子国（公子发）、子良（公子去疾）的后裔在后世最为显著，形成七个势力强大的世族，他们掌握着郑国的政治，将国君的权力架空，史称“七穆”。“七穆”之外，又有公子嘉、子然、士子孔、子羽四人，“七穆”加上四人及其后裔，即组成整个“穆氏”，“穆氏”就是一个“狭义公族”。又《左传》鲁庄公二十三年（前 671）载：“晋桓、庄之族逼，献公患之。”引文中的“桓、庄之族”指的就是曲沃桓叔及其子曲沃庄伯之裔胄。

以上即是朱凤瀚先生对于“广义公族”与“狭义公族”的定义，二者之间的关系，一言概之，广义公族实际上即是“若干狭义公族之总和”[③]。

第二，“公族”按照其与诸侯国君血缘关系之亲疏程度，又可划分为不同的团体。《诗经·周南·麟之趾》记载：

---

① 朱凤翰：《商周家族形态研究》（增订本），第 434 页。

②③ 朱凤翰：《商周家族形态研究》（增订本），第 436—437 页。

麟之趾，振振公子，于嗟麟兮。

麟之定，振振公姓，于嗟麟兮。

麟之角，振振公族，于嗟麟兮。

此篇的主题是“以麟比王之子孙族人。盖麟为神兽，世不常出，所以兴比而叹美之耳”[①]。“公子”，杜预言“诸侯之子称公子”[②]，这一点学界认识统一，并无太大的异议，关键问题在于究竟应当如何训解引文当中的“公姓”与“公族”。现代学者程俊英、蒋见元两位先生在《诗经注析》一书中综合各方解说，对“公姓”训释言：“姓，孙子。《仪礼・特牲馈食礼》‘子姓兄弟’，郑玄注：‘所祭者之子孙，言子姓者，子之所生。’贾公彦疏：‘姓之言生也，云子之所生，则孙是也。’”[③]对“公族”训释曰：“诸侯曾孙以下称公族。公孙之子，支系旁生，各自成族，总括名之公族。”[④]解释得很透彻。也就是讲“公族”借血缘亲疏程度可划分为“公子”“公姓”（即公孙）“公族”（此特指除公子、公孙以外之公族）三个团体。

按，“公子”“公姓”（即公孙）“公族”（特指除公子、公孙以外之公族）的划分法有两点不妥之处。其一，公子、公孙从血缘上讲与国君的关系都是很亲密的，仅有一代之隔，或可把他们统归至一类；其二，作为划分主体的“公族”与子部分之一的“公族”（特指除公子、公孙以外之公族），命名有重复之嫌，不易辨别。

除去以上划分法外，马卫东先生云：“公族在其分化的过程中，

---

① 姚际恒著，顾颉刚标点：《诗经通论》，北京：中华书局1958年版，第30页。

② （晋）杜预注，（唐）孔颖达疏：《春秋左传正义》，第1734页。

③ 程俊英、蒋见元：《诗经注析》，北京：中华书局1991年版，第28页。

④ 程俊英、蒋见元：《诗经注析》，第29页。

产生了三个层次的亲属集团：时君的家族、公子之宗和别子之宗。”[①]“公子之宗”指的是新君践祚登基，先君家族中诸未立氏的公子、公孙，即新君的兄弟或侄男[②]。又《礼记·丧服小祭》记载：“别子为祖，继别为宗。”故“别子之宗”系指业已另立新氏的公族卿大夫。

又美国学者蒲百瑞先生在所撰文章中提出了公族“大宗”“小宗”的划分法[③]。此处之“大宗”“小宗”与周代宗法制度下的大、小宗有所不同。周代实行嫡长子继承制，“立子以贵不以长，立嫡以长不以贤”，天子、诸侯及卿大夫等所出之嫡长子，是为“大宗”，他们承袭着父辈之爵禄与土地财产等；其余诸子为“小宗”，不能承袭父辈官爵，且待其成年后要与大宗分割而另立门户。而蒲百瑞先生认为，在政府和社会结构密切相关的体制中，统治者的至亲[④]，为楚公族的大宗。从蒲百瑞先生对楚大宗世系按时代进行排列的情况来看，大宗主要包括两部分：王子与王孙（无嫡子与庶子之区别）。王子、王孙以外的楚王同姓，统统可划入小宗。

在上述学界已有研究成果基础上，我们认为“公族”应当主要包括两个部分：“公子群（公子、公孙）”与“世族公族”。

“公子群（公子、公孙）”，相当于蒲百瑞先生划分法当中的“大宗”。其成员身份从横向上来看是公子、公孙；而从纵向上讲，又有

---

① 马卫东：《春秋公族政治述论》，《社会科学辑刊》2009 年第 5 期；又载马卫东：《春秋时期贵族政治的历史变迁》，第 71 页。

② 马卫东：《春秋公族政治述论》，《社会科学辑刊》2009 年第 5 期。

③ （美）蒲百瑞：《春秋时代楚王宗族世系疏证》，武汉大学历史地理研究所编：《石泉先生九十诞辰纪念文集》，武汉：湖北人民出版社 2007 年版，第 290—315 页。

④ （美）蒲百瑞：《春秋时代楚王宗族世系疏证》，《石泉先生九十诞辰纪念文集》，第 292 页。

时君之子、孙与先君之子、孙的区别。其共同属性是皆为国君的直系亲属，且未获得一个新的氏族称号，是诸侯君位的潜在继承者，此点与业已立氏的公族有根本区别。《左传》鲁桓公十一年（前701），郑国大臣祭仲力谏太子忽（郑昭公）娶齐僖公之女文姜为妻，云：“必取之。君多内宠，子无大援，将不立，三公子皆君也。”“三公子”，指的是太子忽的同父异母之弟“子突、子亹、子仪”[①]。又《左传》鲁成公十六年（前575）记载，穆姜命其子鲁成公驱逐季孙、孟孙二氏，成公推脱，“姜怒，公子偃、公子鉏趋过，（穆姜）指之曰：‘女不可，是皆君也。’”由上两条史料足以说明“公子群”成员皆有继承君位的机会与权利，这与“世族公族”是截然不同的。

理解“世族公族”，需要首先对“世族”作一个准确的界定。从根源上讲，世族是周代宗法制与分封制的产物，孙曜言：“吾国春秋时代，各国大夫皆世袭守土，谓之世族，为当时各国实力之所寄，时代之重心也。”[②]顾名思义，世族一般指的是在宗法制度之下各诸侯国数代世袭官职、土地的卿大夫（或大夫）家族。现代学者何怀宏先生进一步提出了世族的标准：“在社会、经济方面具有支配地位，盘根错节，代代相传；在政治、文化方面也极为活跃，占据主导地位。”[③]世族的范围，“作为一国之主的君王诸侯的世系，自然不包括在我们所说的‘世族’之内，而士及庶人家族一般也称不上是这种有权势的‘世族’，所以，世族大致都是大夫家族”[④]。

公族成员转为世族，需要首先获得一个独立的氏称，其途径大致有三：第一种是以王父之字作为氏称。《左传》鲁隐公八年（前

① 杨伯峻：《春秋左传注》（修订本），第131—132页。

② 孙曜：《春秋时代之世族》，《民国丛书·历史地理类》第三编第63册，第1页。

③④ 何怀宏：《世袭社会及其解体——中国历史上的春秋时代》，北京：生活·读书·新知三联书店1996年版，第101页。

715)载:“诸侯以字为谥,因以为族。”杨伯峻先生解释说:“以字为族者,多用于公族。当时之制,诸侯之子称公子,公子之子称公孙,公孙之子不可再称公孙,乃以其祖父之字为氏。”[①]如郑国公子弃疾,是郑穆公之子,字子良,其子为公孙辄,其孙良霄即以良为氏。鲁孝公之子公子弬,字子藏,其孙以藏为氏。第二种以官名为族。谓以先世有功之官名为族姓,如司马氏、司空氏、司徒氏,宋之司城氏,晋之士氏、中行氏俱此类。第三种是以邑名为族。谓以先世所食之采邑以为族姓,如晋国的羊舍氏,《新唐书·宰相世系表》:“晋武公子伯侨生文,文生突,羊舍大夫也。……晋之公族食邑于羊舌……”[②]此外,晋韩氏、赵氏、魏氏,楚斗氏、屈氏、薳氏等,亦皆归于此类。

综上,公子、公孙以降之诸侯国君后裔一般情况下会获得一个专属的氏族称号,或以王父之字,或以官职,或以采邑之名,“既有土地、人民,世世相传,已属根深蒂固,而又皆迭柄各国之政权”[③],直至族灭抑或是被逐,这就形成了一个以公族成员为主体的世族集团。当然,并非所有的公族成员都能立族成为世族,是否得立除了与本国国君有着血缘上的关系之外,实际上还得依赖一些其他因素,例如功勋、个人品行以及恰到的时机等等。没有立族的、且与时君血缘关系渐远之公族,在社会经济、政治、军事等各方面的影响力可忽略不计,所以这类公族不是我们讨论的重点。

再者,如上所述,世族公族在本国内虽享有极高的地位与权力,有时候甚至能够专擅一国之政,废立国君,如鲁国的季孙氏、叔

---

① 杨伯峻:《春秋左传注》(修订本),第61页。

② (宋)欧阳修,(宋)宋祁撰:《新唐书》卷七一下《宰相世系表一下》,北京:中华书局1975年版,第2346页。

③ 孙曜:《春秋时代之世族》,《民国丛书·历史地理类》第三编第63册,第33页。

孙氏、孟孙氏，齐国的崔氏、庆氏，郑国的七穆，卫国的孙氏、宁氏，宋国的华氏、皇氏、乐氏、荡氏等，然却鲜有自立为君者。《左传》鲁襄公十四年（前559）载，卫国孙文子（孙林父）、宁惠子（宁殖）驱逐卫献公，献公奔齐，孙、宁二氏并未谋国君之位，而共立公孙剽为国君，是为卫殇公，杜预注：“穆公孙。”[1]又《左传》鲁昭公二十五年（前517），鲁季平子（季孙意如）逐鲁昭公出境，然亦未自立，尚遥奉昭公为君，待昭公在外流亡七年，至公元前510年，因病薨于晋国乾侯（在今河北成安、临漳、魏县三县之间[2]），乃立鲁襄公之子、昭公之弟公子宋为君，是为鲁定公（前509—前495年在位）。以上事例皆可佐证，“世族公族”成员不能如公子、公孙般享有君位的继承权。

第四节　“公室”与“公族”

“公族”与“公室”，二者之间存在着密切的联系，前已引述，公族“为了争夺政治与经济权益又与公室相抗争”，“构成春秋社会矛盾的焦点，并成为社会形态发展转化的重要契机”[3]。

一、“公室”的理解

要精确把握“公室”的内涵，须首先分析“室”字。

文献中的“室”字，在不同语境之中，其具体含义也有所不同，总体而言有如下几种：

---

① （晋）杜预注，（唐）孔颖达疏：《春秋左传正义》，第1957页。

② 马保春：《晋国地名考》，北京：学苑出版社2010年版，第97页。

③ 朱凤翰：《商周家族形态研究》（增订本），第432页。

(1)《左传》鲁文公元年(前 626):楚穆王在其师潘崇的佐助之下弑楚成王而践祚,“以其为大子之室与潘崇”。《史记·楚世家》载相同之事,云:“穆王立,以其太子宫予潘崇。”又《左传》鲁哀公元年(前 494):“昔阖闾食不二味,居不重席,室不崇坛……。”上述记载皆以“室”为宫室,这也是“室”之本义。

(2)《左传》鲁宣公十四年(前 595):“孔达缢而死……卫人以为成劳,复室其子。”杜注:“以有平国之功,复以女妻之。”[①]《左传》鲁襄公二十三年(前 550):“继室以其侄。”《国语·鲁语下》:“公父文伯之母欲室文伯,飨其宗老。”韦昭注:“室,妻也。”[②]上述记载“室”皆妻意。

(3)《左传》鲁成公二年(前 589):楚共王使申公巫臣出聘齐国,“巫臣尽室以行”。张正明先生考证,这室“大概包括家属、仆妾和细软财物”[③]。

(4)《左传》鲁成公七年(前 584):子重、子反怨申公巫臣,“及共王即位,子重、子反杀巫臣之族子阎、子荡及清尹弗忌及襄老之子黑要,而分其室”。杨注:“室恐指其一切财产而言,包括田地与奴隶。”[④]

(5)《诗经·周颂·良耜》:“以开百室,百室盈止。”郑玄笺:“百室,一族也。”[⑤]《孟子·离娄上》:“孟子曰:‘为政不难,不得罪于巨室。’”赵岐注:“巨室,大家也。”[⑥]“室”,又有血缘亲属团体的含义。

---

① (晋)杜预注,(唐)孔颖达疏:《春秋左传正义》,第 1886 页。

② 徐元诰撰,王树民、沈长云点校:《国语集解》,第 199 页。

③ 张正明:《楚国社会性质管窥》,张正明主编:《楚史论丛》(初集),武汉:湖北人民出版社 1984 年版,第 47 页。

④ 杨伯峻:《春秋左传注》(修订本),第 515 页。

⑤ (汉)郑玄笺,(唐)孔颖达疏:《毛诗正义》,第 602 页。

⑥ (清)焦循撰,沈文倬点校:《孟子正义》,北京:中华书局 1987 年版,第 493 页。

朱凤瀚先生概括言道:“公室”一词,可上溯至西周时期,青铜器铭文中业已出现,西周金文所见王朝卿士之“公室”含有亲属组织在内,又不是一个单纯的亲属组织概念,还包括有宫室等财产,有家臣以及仆佣、臣妾等奴隶,构成了一种以亲属组织为核心的政治、经济共同体。春秋列国“公室”与西周王朝卿士之“公室”范畴相近①。

实际上,朱凤瀚先生对“公室”划定的范畴囊括了上所罗列“室”之含义当中的第(3)(4)(5)条。

日本学者尾形勇对于“公室”从另一个角度进行考察,指出:把先秦时代的“公室”,仅理解为“公之室”,是不充分的;实际上,一国之内的诸世族(诸“家”)中,唯一的世族掌握了政权,冠以与“私”相对的“公”字,从而标榜与其它诸“家”不同的优越地位。可以说,“公室”正是以此为背景形成的用语②。

综上两说,“公室”既是把持国家政权、与“私室”相对之最高世族,又是经济层面的亲属共同体。

朱凤瀚先生又对公室组成人员的范围作了三条限定:

其一,“先君遗族自公孙后不在公室范围内”③。《左传》鲁成公十五年(当宋共公十三年,前576):“荡泽弱公室,杀公子肥。”公子肥是宋共公太子,属公室。荡泽,《世本》载:“宋威(桓)公(前681—前651年在位)子荡,生公孙寿,寿生司城意诸、生公及大司马虺,虺生司马泽。”④荡泽归于桓族,不属于公室范围。

① 朱凤瀚:《商周家族形态研究》(增订本),第443页。

② (日)尾形勇著,张鹤泉译:《中国古代的“家”与国家》,长春:吉林文史出版社1998年版,第235页。

③ 朱凤瀚:《商周家族形态研究》(增订本),第444页。

④ (汉)宋衷注,(清)秦嘉谟等辑:《世本八种·秦嘉谟辑补本》,第165页。

其二,“先君之公孙(时君之从父兄弟)不在公室内”①。《左传》鲁成公十六年(前575):“九月,晋人执季文子于苕丘。公还,待于郓,使子叔声伯请季孙于晋,郤犨曰:‘苟去仲孙蔑,而止季孙行父,吾与子国,亲于公室。’”引文中出现的“子叔声伯”,是鲁文公(前626—前609年在位)孙,鲁宣公胞弟叔肸之子,鲁宣公生鲁成公,据此成公与声伯是从父兄弟。依郤犨之言,欲声伯“亲于公室”,则“子叔声伯”本人显然不在公室之列。

其三,时君“同父兄弟亦不在公室内”②。《左传》鲁文公十四年(当齐昭公二十年,前613年):“(齐)公子商人骤施于国。而多聚士,尽其家,贷于公有司以继之。”意思是说齐国公子商人用尽家财以供养门客,家财不够,又向掌管公室财务的有司借贷。公子商人为“五霸之首”的齐桓公之子,齐昭公(前632—前613年在位)同父异母弟,业已有“家”,显非公室成员。又《左传》鲁定公十年(当宋景公十七年,前500年):“宋公子地嬖蘧富猎,十一分其室,而以其五与之。”“室”指的是家财,杨注:“据下文,知地为景公之庶母弟。”③公子地有归其本人自由支配的财产“室”,显示其“家财”不在公室范围内,本人亦不属“公室”。

综上三条限制,朱凤瀚先生得出结论:“公室内所含的亲属组织规模较小,只包括在位的国君即时君与其直系子孙。”④又马卫东先生将先君未立新氏的子孙亦归入公室范围⑤,与朱凤瀚先生观点相异。征于文献,宜以朱凤翰先生观点为是。

在诸先生已有研究基础上,笔者认为“公室”所囊括人员范围应有以下三个层次:一、国君,是公室的核心。二、国君之诸配偶,

①②④ 朱凤瀚:《商周家族形态研究》(增订本),第444页。

③ 杨伯峻:《春秋左传注》(修订本),第1582页。

⑤ 马卫东:《春秋时期贵族政治的历史变迁》,第71页。

依附于国君而存在。三、国君(时君)未获得新氏称的直系子孙及其配偶。在直系子孙中,最重者莫过于太子。

又谢维扬先生在《周代家庭形态》一书中提出了“国民集团”这一概念:

> 周代诸侯国的君主领有国氏。如晋文公称晋重,鲁僖公称鲁申,卫文公称卫武,蔡庄侯称蔡甲午,郑文公称郑捷,齐昭公称齐潘,宋襄公称宋王臣。某公是谥号,重、申、武、甲午、捷、潘、王臣等是私名,晋、鲁、卫、蔡、郑、齐、宋等是国氏,来自诸侯国的国名。……领有国氏的人,除诸侯本人外,还有他的配偶……都领有她们丈夫的国氏。在诸侯的男性后裔中,只有未立新氏的儿子或孙子能够领有国氏。……总起来说,领有国氏的人们只包括诸侯、诸侯的配偶、他们的未立新氏的儿子和孙子。①

“领有国氏的人们只包括诸侯、诸侯的配偶、他们的未立新氏的儿子和孙子”,从所囊括的人员范围来讲,谢维扬先生所提出的“国氏集团”概念与“公室”的内涵如出一辙。

以上对“公室”及其所囊括的人员范围作出了说明,以下再分析“公族”与“公室”的关系。

二、公室、公族关系论证

公族与公室的关系,笔者从以下两个方面进行考察。

第一,二者所包含的人员范围。

① 谢维扬:《周代家庭形态》,哈尔滨:黑龙江人民出版社2005年版,第151—152页。

学术界有两种截然不同的观点。朱凤瀚先生指出：公族，“其核心部分即是国君所在之公室”[①]，换言之，公室是公族范围内的一部分，公族包含着公室。《左传》鲁文公七年（前620）：“（宋）昭公将去群公子，乐豫曰：‘不可。公族，公室之枝叶也；若去之，则本根无所庇荫矣。’”又鲁昭公三年（前539）载有晋国叔向与齐国晏子的对话，叔向云：“晋之公室尽矣。肸闻之，公室将卑，其宗族枝叶先落，则公室从之。”依据诸如此类的记载，王准先生指出：

> 公室与公族分别为本与末，说明公室与公族是区隔开来的，两者没有包含的关系。公族并未包含公室，两者是独立的。[②]

依据基本史籍，我们认为公族与公室不是包含与被包含的关系，但也并不是毫无交集，二者在人员组成上应当既相互交织又有所区别。

首先，二者在人员组成上是有差别的。时君为“公室”的核心，那其是否在“公族”人员的范畴之内呢？公族是指包括有历代国君（含时公）后裔在内的亲属集团，人员范围是国君（含时公）之后裔，时君本身应当在“公族”范围之外。这里涉及到“宗统”与“君统”的关系问题，从宗法言，时公为国内所有公族大宗之长，自然属于公族；然他又是国君，在政治上超越了通常意义的宗法，亦即超越了公族这一范畴。再者，依附于国君而存在的国君诸配偶，无疑亦不在“公族”范围内。

其次，公族、公室虽然有区别，但并不是毫无交集。如时君未获得一个氏称的直系子孙照例归类于“公室”范围，这一部分人也

---

① 朱凤瀚：《商周家族形态研究》（增订本），第432页。

② 王准：《春秋时期晋楚家族比较研究》，第46页。

是国君后裔，为公子、公孙，是公族的一个重要组成部分。

第二，二者的互动关系上，公族对于公室具有两面性。

终春秋之世，公族是各诸侯国君对内治民、对外竞霸所凭恃的重要力量，其成员据有高的爵位，占有甚多的采邑土地，更是各诸侯国军队的重要兵源所在，从而为诸侯国君权力奠定了最广泛的社会基础。同时，他的存在也对君权、君位正常传袭构成严重的挑战与威胁，其强横擅权亦常为各诸侯国公室所忌惮。

遍数春秋诸国，公室与公族的关系，概括而言，大体有以下三种情况：

第一种情况：权夺于异姓。

以晋为例。晋自周武王子、周成王弟唐叔虞周初始受封，延续两百多年至公元前746年，晋文侯（前780—前746年在位）卒，子晋昭侯立，国内遂弗靖。昭侯别建文侯之弟成师于曲沃，号“曲沃桓叔”，晋始乱分为二，一都翼（今山西翼城东南），一都曲沃（今山西闻喜东）。经历六十七年的内讧，至《左传》鲁庄公十六年（前678），曲沃桓叔之孙、庄伯之子曲沃武公伐晋灭之，周僖王命以一军为晋君，始列为诸侯，实现了小宗代大宗之转变，是为“曲沃代翼”。晋武公代翼后二年而卒，子晋献公立。献公遂抑制晋国公族势力的发展，尽杀桓叔、庄伯之族，这是晋国公族遭受的第一次打击。随后晋国又发生“骊姬之乱”，太子申生自缢，公子重耳、夷吾出奔，于是晋“诅无畜群公子”。自献公以降，迄惠、怀、文、襄、灵诸世，晋国踵行此令而未有改易，严格限制公族子弟参与国政，国君之子、孙，除冢子之外，余者皆要遣送出晋，旅居异乡。且“乃宦卿之适（嫡）子而为之田，以为公族。又宦其余子，亦为余子；其庶子为公行”[①]，这就是“国无公族制度”。清代学者顾栋高云：

---

① 杨伯峻：《春秋左传注》（修订本），第665页。

> 晋以骊姬之乱诅无畜群公子。故文公诸子孙,雍仕秦,乐仕陈,黑臀仕周,无在本国者。惟悼公之弟扬干与其子公子慭二人见《传》,终不闻其当国秉政为卿。故通《经》无书晋公子来聘之事,而权夺于韩、赵、魏矣。①

晋国惩"曲沃代翼",又经"骊姬之乱",进而彻底否定公族子弟的做法,矫枉过正,实际上也使公室失去了血缘屏障,而异姓卿大夫日强,政权渐为异姓世族(中行氏、范氏、智氏、赵氏、魏氏)把持,终致韩、赵、魏三家分晋,晋国遂亡。

第二种情况:势落于宗藩。

以鲁、郑二国为例。鲁国公族中,季孙氏、叔孙氏、孟孙氏三家为最强,因皆系出于鲁桓公(前 711—前 694 年在位),故又名"三桓"。"三桓"实力当发端于鲁僖(前 659—前 627 年在位)、文(前 626—前 609 年在位)二公间。前 609 年,鲁文公卒,东门襄仲(公子遂)杀嫡立庶(鲁宣公),鲁君自此渐失国柄。前 591 年,鲁宣公卒,三桓将东门氏驱逐出境,掌控了鲁国政权。鲁襄公十一年(前 562),鲁作三军,三家"三分公室而各占其一",杨注:"盖鲁国之军,本为公室所有。今作三军,以三军改为季孙、叔孙、孟孙三族所私有。"②鲁昭公五年(前 537),三家又四分公室,季氏有二,孟孙氏、叔孙氏各一,"皆尽征之,而贡于公",国人仅向三桓纳征,再由三家转向鲁君进贡。至此,鲁君丧失了全部的军政权力,经济上也依赖"三桓","这样一来,鲁国实际已分成三国,鲁君不过保存了一个宗主的虚名和一部分的民赋而已"③。

① (清)顾栋高辑,吴树平、李解民点校:《春秋大事表》卷二三,第 1840 页。
② 杨伯峻:《春秋左传注》(修订本),第 987 页。
③ 童书业撰,童教英导读:《春秋史》,第 239 页。

郑国公室衰微，政权下移至“七穆”。所谓“七穆”，如前所述系郑穆公的七个儿子(子罕、子驷、子丰、子游、子印、子国、子良)后裔分别以王父之字为氏而形成的同出一源之七个世族。在春秋中后期，“七穆”更迭执政郑国。鲁宣公七年(前602)，子良始(后代为良氏)执政。鲁成公九年(前582)，子罕(后代为罕氏)执政。鲁襄公四年(前569)，子驷(后代为驷氏)执政。鲁襄公十年(前563)，子孔执政。过九年，子罕之子子展执政。又过十年，伯有(良氏)执政。后郑国内乱，伯有死，子展之子子皮执政，授权子产(国氏)。鲁昭公二十年(前522)，子产死，子太叔(游氏)执政。鲁定公五年(前505)，驷歂执政；十五年(前495)，罕达执政。鲁哀公十八年(前477)，驷弘执政。其后则入战国矣。

第三种情况：权无夺于异姓，而势又未落于宗藩。

“公族”与“公室”的第三种关系类型以楚、秦二国为代表，然两国具体情况又有所不同。

秦国未闻有异姓、同姓擅权之事，这与晋、齐、鲁、郑、宋、卫诸国态势迥异，究其原因，顾德融、朱顺龙先生指出：秦国在春秋之末时尚未出现代表封建势力与公室相抗衡的强大卿族，更谈不上卿族起来夺国君的权力①。童书业先生认为：“(秦)独不闻卿族专擅侵陵之事，盖其社会发展阶段尚较为原始也。”②可从。

春秋时代，楚国亦未出现权夺于异姓、势落于宗藩的政治局势，其原因又不似秦国般无卿族，当如何诠释此种政治现象，本书在第三章第三节《春秋楚国公族未擅国柄论》中会有详细论证。

---

① 顾德融、朱顺龙：《春秋史》，第368页。

② 童书业：《春秋左传研究》(校订本)，第302页。

第二章　楚国公族社会之演进轨迹

总体而言，春秋时期的楚国社会即是一公族社会，公族成员是当时社会活动的主要承担者，影响到社会的每一个具体领域。政治上，公族成员据有高位，伴王左右，出谋划策；军事上，对外征伐，灭人国家，拓土争霸；外交上，车毂相继，聘使往来，会盟修睦；经济文化上，享有采邑，讲礼有信，钟鸣鼎食……诸国家之事，非公族莫能决、莫能行。因此，一部春秋楚国史，即是一公族成员活动史，然楚国公族社会由发端、形成进而兴盛，也决非一朝一日之事，而必然有一个历史演进过程，此演进过程即是本章重点分析所在。

第一节　楚人"芈"姓的由来——兼谈楚君专称的"熊"氏

由于历史年代的久远，古史记载的简略，加之古籍中有关内容在抄、刻过程中的讹误，甚至有的文献记载本身就有谬误之处，以致追溯楚人的由来，暧昧不清，迄今为止学界有颇多争议，计有"东方说""西方说""土著说""中原说""关中平原说"等诸观点。我们回归史料本身，对传世文献及考古材料中楚人先祖世系作细致梳理，找出楚公族的嫡系楚先，或者说楚公族共同之"姓"及其出处。

一、传世文献及出土材料中关于楚人“芈”姓的记载

在此，宜首先着重强调一下“楚人（或楚族）”这一概念，王光镐先生指出：

> 楚国、楚地内包含的楚人，实则是一个“多元民族系统”。姑不论楚国曾先后兼并数十个邦国，这些邦国的遗民亦可称为“楚人”，即以楚国崛起于江汉，江汉土著居民亦不失为“楚人”主体因素之一部的情况看，其中的民族成分仍然相当复杂。①

我们所探讨的“楚人”，既未囊括“邦国遗民”“江汉土著”等楚国异姓，又不排斥业已降为平民的楚之同姓，当仅仅就楚公族（或称王族）集团而言。

楚人“芈”姓系当时社会的普遍认识，此点于史料记载当中屡见不鲜。

《左传》鲁昭公十三年（前529）载晋国中军将韩宣子（韩起）与叔向（羊舌肸）对于楚国的君位继承制度有所评论，云：“芈姓有乱，必季实立，楚之常也。”在韩起、叔向等外人看来，“芈”姓可代表楚国公室。

再者，古时女子生三月，命以名；至许嫁而笄，则不称名。出嫁之后有多种称呼方式，举例如下：

（1）排行“伯”（“孟”）“仲”“叔”“季”（“少”）＋父姓，如“孟子”“仲子”“伯姬”“少姜”等。

---

① 王光镐：《楚文化源流新证》，第3—4页。

(2) 父国之国名+父姓,如"齐姜""陈妫""秦嬴""晋姬"等。

(3) 夫国之国名+父姓,如秦穆公夫人"秦姬"。

(4) 丈夫之谥号+父姓,如郑武公夫人"武姜"、卫庄公夫人"庄姜"等。

(5) 夫家之氏+父姓,如"栾祈""棠姜""赵姬"等。

(6) 别为号谥+父姓,如"声子""戴妫""敬嬴"等。

据上,古时女子(出嫁者)虽然有多种称呼方式,然一般情况下其称谓的最后一个字为其父姓,即娘家姓。征于典籍文献及出土材料,楚公族出嫁女皆照例称"某芈"。

《左传》鲁僖公二十二年(前 638)载楚成王(前 671—前 626 年在位)伐宋以救郑,入飨于郑,"九献,庭实旅百,加笾豆六品。夜出,文芈送于军"。"文芈",嫁于郑文公(前 672—前 628 年在位),故称"文芈",楚公室女[1]。又《左传》鲁文公元年(前 626)载楚成王末年欲废黜太子商臣,商臣闻之而未察,告其师潘崇,潘崇建议:"享江芈而勿敬也。"杜预注:"江芈,(楚)成王妹嫁于江。"[2]

"楚王媵邛仲嬭南钟"(《集成》00072),系春秋中期偏早器,钲间铸铭计 3 行 27 字,如下:

隹(唯)正月初吉丁亥,楚王媵邛(江)中(仲)嬭(芈)南和

① 石泉主编:《楚国历史文化辞典》,武汉:武汉大学出版社 1996 年版,第 79 页。

② (晋)杜预注,(唐)孔颖达疏:《春秋左传正义》,第 1837 页。关于"江芈"的身份,《史记·楚世家》:"享王之宠姬江芈而勿敬也。"以"江芈"为楚成王爱姬,此说不确。据《史记·秦本纪》:"太史公曰:秦之先为嬴姓。其后分封,以国为姓,有徐氏、郯氏、莒氏、终黎氏、运奄氏、菟裘氏、将梁氏、黄氏、江氏、修鱼氏、白冥氏、蜚廉氏、秦氏。"据此,则江为嬴姓之国是可以确定的。江芈若为成王宠姬,则按照当时称呼方式宜曰"江嬴",然业已称为"江芈",明显是"芈"姓女子。参见(汉)司马迁:《史记》卷五《秦本纪》,第 221 页。

钟，其眉寿无疆，子孙永保用之。

嬭，郭沫若先生：“即楚姓芈之本字。”[①]古以伯、仲、叔、季作为家中子女行辈之称，“仲嬭”，说的即是“楚王的第二个女儿”[②]，“邛”即是“仲嬭”所嫁的夫家江国，整篇铭文意思是说楚王为其嫁到江国的次女作陪嫁媵器，祈祷其万福。

除去楚王之女称“某芈”外，其他楚诸公族成员之女亦要称“某芈”。

“王子申盏盂”(《集成》04643)，出土地现已不明。最早著录于清代阮元《积古斋钟鼎彝器款识》[③]中，现仅有器盖图像传世，内底铸铭计3行17字，如下：

王子申乍(作)嘉嬭(芈)盏盂，其眉寿无期，永保用之。

楚国有二个“王子申”：一为楚共王(前590—前560年在位)时期的申公、右司马，见《左传》鲁成公六年(前585)、襄公二年(前571)；一为楚昭王(前515—前489年在位)时期的令尹公子申，字子西，见《左传》鲁昭公二十六年(前516)、定公四年(前506)及哀公十六年(前479)。刘彬徽先生指出：“从此器的盖纽形制与填云纹的三角形纹来看，与下寺M_7的盏相近，应定为共王时的王子申。”[④]张连

① 郭沫若著：《郭沫若全集·考古编·两周金文辞大系图录考释(二)》(卷八)，第355页。

② 刘彬徽：《楚系青铜器研究》，第295—296页。

③ (清)阮元、(清)朱为弼编录：《积古斋钟鼎彝器款识(附稿本)》卷七，杭州：浙江古籍出版社2019年版，第427页。

④ 刘彬徽：《楚系青铜器研究》，第309页。

航[1]、邹芙都[2]二位先生观点同，“此器很可能是王子申为嘉嬭出嫁所作的媵器”[3]。

“楚季苟盘”（《集成》10125），春秋早期早段器，现藏吉林大学考古学院文物标本室[4]，盘内底正中铸有铭文 3 行 16 字（又重文 2），如下：

> 楚季苟乍（作）嬭（芈）尊媵沬盘，其子＝（子子）孙＝（孙孙）永宝用享。

“楚季”，氏称；“苟”，人名，《世本》：“楚季氏，楚若敖（前 790—764 年在位）生楚季，因氏焉。”[5]学界观点“楚季苟”为若敖少子“楚季”之后[6]。铭文大意是说楚季苟为其女作媵器盘用于陪嫁之用。楚季氏为楚国公族，其女照例称芈姓。

又有“楚屈子赤角簠”（《集成》04612），春秋中期偏晚器，1975 年发现于湖北省随州市涢水西岸之鲢鱼嘴地区[7]，器内壁、盖内铸铭文 6 行 29 字（又重文 2，器盖同铭），如下：

> 隹（唯）正月初吉丁亥，楚屈子赤角媵中（仲）嬭（芈）璜飤簠，其眉寿无疆，子＝（子子）孙＝（孙孙）永保用之。

---

① 张连航：《楚王子王孙器铭考述》，《古文字研究》第 24 辑。

② 邹芙都：《楚系铭文综合研究》，第 71—73 页。

③ 黄锦前：《随仲嬭嘉鼎补说》，《江汉考古》2012 年第 2 期。

④ 邹芙都：《楚系铭文综合研究》，第 37 页。

⑤ （汉）宋衷注，（清）秦嘉谟等辑：《世本八种 · 王谟辑本》，第 29 页。

⑥ 何浩：《季苟盘与楚季氏》，《荆州师专学报》1993 年第 4 期；石泉主编：《楚国历史文化辞典》，第 242 页。

⑦ 按，与“楚屈子赤角簠”同时出土的尚有鼎两件、戈头四件及“曾子原彝簠”“息子行盆”各一件。

说的是“屈子赤角”为他的次女“仲芈”作媵器，望其子孙繁昌，东汉王逸：“（楚武王，前740—前690年在位）生子瑕，受屈为卿，因以为氏。”[①]唐代林宝《元和姓纂》：“屈，楚公族芈姓之后。楚武王子瑕食采于屈，因氏焉。”[②]春秋战国时代楚国显赫公族屈氏其女出嫁亦要冠以“芈”姓。

合之，楚人芈姓系当时社会共识，兹需慎重思考的是楚人何以会以“芈”作为本族的族姓呢？

二、楚人“芈”姓为羊图腾崇拜说辨析

《说文解字》：“芈，羊鸣也。从羊，象气上出。与牟同意。”[③]又《史记·楚世家》“芈姓，楚其后也”条下，《索隐》：“芈，羊声也。”[④]以“羊声”训“芈”，诸多学者亦多从此点来考察“芈”姓，且将其与图腾羊崇拜乃至羌族联系起来。李玄伯先生指出：“姓实即原始社会之图腾”，“风姓图腾为凤……芈姓图腾亦为羊……。”[⑤]姜亮夫先生：“史载楚姓芈，以羊为图腾也。”[⑥]一之先生：“‘芈’，除楚姓外，即与羊有关……‘芈’本系羌人自称……楚王族本系羌人。”[⑦]何光岳先生：“羊叫声为咪咪，与羌族的以羊为图腾有密切关系，也可说

---

① 黄灵庚：《楚辞章句疏证》（增订本），北京：中华书局2018年版，第22页。

② （唐）林宝撰，岑仲勉校记：《元和姓纂（附四校记）》卷一〇，北京：中华书局1994年版，第1511页。

③ （清）段玉裁：《说文解字注》，北京：中华书局2013年版，第147页。

④ （汉）司马迁：《史记》卷四〇《楚世家》，第1691页。

⑤ 李玄伯：《中国古代社会新研》，上海：上海文艺出版社1988年版，第34、83—108页。

⑥ 姜亮夫：《国学丛考》，杭州：浙江大学出版社2008年版，第21页。

⑦ 一之：《楚人源于羌族考》，《青海民族学院学报》1981年第1期。

明楚之先,已混有羌族血统。”[1]

上诸多学者将楚人“芈”姓与羊图腾崇拜乃至羌族联系起来,似可商。

细考于青铜器铭文,“芈”姓之“芈”字主要有两种书写形式:

其一,作“嬭”,即“嬭”,字形由“女”“日”“爾”三部构成,见“楚季苟盘”(《集成》10125)“楚屈子赤角簠”(《集成》04612)“曾侯簠”(《集成》04598)“曾孟嬭谏盆”(《集成》10332)等。

其二,作“嬭”,即“嬭”,由“女”“爾”两部构成,无“日”字头,见“楚王媵邛仲嬭南钟”(《集成》00072)“王子申盏盂”(《集成》04643)“楚王領甗”(《铭图》[2]03358)等。

上楚姓“芈”之本字“嬭”“嬭”,爾声,或从女,或从女从日,皆与羊无涉。“嬭”“嬭”见于经传之所以皆作“芈”,当系同音假借[3]。

再者,无论是古籍文献抑或出土资料的记载,皆非常清楚地表明在楚国传统风俗文化中,楚人所崇拜的对象乃是凤与龙,而非羊,且以凤为主。《楚辞》中就有大量关于“凤”的记载,姜亮夫先生统计“凤”字凡二十四见[4],如《离骚》之“凤皇翼其承旂兮,高翱翔之翼翼”“魂乎归来,凤凰翔只”“众鸟皆有所登栖兮,凤独遑遑而无所集”;《九辩》之“凤愈高翔”“凤独遑遑”“凤皇兮安栖”“凤亦不贪”;《涉江》之“鸾鸟凤皇,日以远兮”;《大招》之“孔雀盈园,畜鸾皇只”;《怀沙》之“凤皇在笯”。

---

① 何光岳:《楚源流史》,第 166 页。

② 吴镇烽编著:《商周青铜器铭文暨图像集成(七)》,上海:上海古籍出版社 2012 年版,第 241 页。该书简称为《铭图》。

③ 李守奎:《〈楚居〉中的楚先祖与楚族姓氏》,《出土文献研究》第 10 辑;刘玉堂、曾浪:《楚先君名号与楚公族姓氏》,《民族研究》2019 年第 1 期。

④ 姜亮夫:《姜亮夫全集三·楚辞通故(第三辑)》,昆明:云南人民出版社 2002 年版,第 496 页。

又《尹文子·大道上》载有一小故事，如下：

楚人担山雉者，路人问："何鸟也？"担雉者欺之曰："凤皇也。"路人曰："我闻有凤皇，今直见之，汝贩之乎？"曰："然。"则十金，弗与。请加倍，乃与之。将欲献楚王，经宿而鸟死。路人不遑惜金，惟恨不得以献王。国人传之，咸以为真凰皇，贵，欲以献之，遂闻楚王。王感其欲献于己，召而厚赐之，过于买鸟之金十倍。

楚风俗文化重凤，此即路人欲以"山雉"献楚王的原因所在。楚王亦贵凤，故厚赐献凤之路人。据此可见，上至楚王下至庶人，皆以凤为尊。

征于考古资料，北至山东、河南，东达江苏、安徽，南抵湖南，西以川鄂为界，原楚国广阔疆域内出土的以凤为主题或者与凤有关的实物比比皆是，是同时代其他诸国所不能比拟的。举例而言，(1) 河南叶县出土有龙凤联体透雕玉佩①；(2) 河南信阳楚墓出土有大型连尾凤架鼓及金银彩绘凤龙棺②；(3) 安徽寿县出土有青铜凤像③；(4) 江陵天星观一号楚墓出土有虎座凤鸟悬鼓④；(5) 湖北江陵望山二号楚墓出土有龙凤纹铜尊⑤；(6) 江陵马山一号楚墓出

---

① 姜涛：《河南省叶县旧县 1 号墓的清理》，《华夏考古》1988 年第 3 期。

② 河南省文物考古研究所：《信阳楚墓》，北京：文物出版社 1986 年版，第 33 页。

③ 殷涤非：《关于寿县楚器》，《考古通讯》1955 年第 2 期。

④ 湖北省荆州地区博物馆：《江陵天星观 1 号楚墓》，《考古学报》1982 年第 1 期。

⑤ 刘彬徽：《江陵楚墓出土龙凤纹铜尊》，《江汉论坛》1980 年第 6 期。

土绣有凤斗龙虎图案禅衣[①]、三头凤绢面绵袍[②]等;(7)湖北荆门包山二号楚墓出土有凤鸟形双联漆杯[③]。……

凤之形象,在上诸出土发现中显得高贵富丽,凛然威武,较龙、虎形象为独尊。如"虎座凤鸟悬鼓",彩绘之凤扬首昂立,作引颈长鸣状,双足踏虎背之上,作为百兽之王的猛虎则呈驯服蜷卧样。又"凤斗龙虎图案禅衣","每幅图像长 28.5 厘米,宽 23 厘米,有一凤、二龙、一虎。凤举足展翅,气势轩昂。一足后翘,有腾跃之意;一足前伸,方攫一龙之颈;双翅奋扑,分别击中一龙、一虎之腰"[④]。又"三头凤绢面绵袍","三头凤与大花朵组成长条形图案。主凤颈项挺直,头部高昂,两眼圆睁面向观者。凤头高束大花冠……凤的两腿略弯作半蹲状,腹部圆滚似有所孕,其寓意当为生命的繁衍"[⑤]。

据上分析,楚人的图腾崇拜对象只能为"凤",且具有唯一性[⑥],故将楚人之"芈"姓与图腾羊崇拜乃至羌族联系起来,不妥。

---

①④ 张正明、滕壬生、张胜琳:《凤斗龙虎图象考释》,《江汉考古》1984 年第 1 期。

② 宋公文、张君:《楚国风俗志》,武汉:湖北教育出版社 1995 年版,第 483 页;皮筱蔚:《三头凤试释》,《江汉考古》1989 年第 4 期。

③ 湖北省荆沙铁路考古队包山墓地整理小组:《荆门市包山楚墓发掘简报》,《文物》1988 年第 5 期。

⑤ 宋公文、张君:《楚国风俗志》,第 483 页。

⑥ 按,张正明、宋公文等诸先生皆认同楚人以凤为图腾的观点。又马世之先生指出早先楚人的图腾崇拜对象决非一种,动物有"熊""羊""鱼",植物有"荆""桃",虚拟生物有"龙"与"凤"。宋公文先生反驳之,言:"楚人'原始'阶段的图腾崇拜也只能是'一个',不可能是两个或多种。楚人氏族阶段的这'一个'起源图腾就是凤而不是龙或其它。"参见张正明、滕壬生、张胜琳:《凤斗龙虎图象考释》,《江汉考古》1984 年第 1 期;马世之:《略论楚族先民的图腾崇拜》,湖南省楚史研究会编:《楚史与楚文化研究》,长沙:求索杂志社 1987 年版,第 254—268 页;宋公文、张君:《楚国风俗志》,第 507 页。

楚人“芈”姓之由，除去羊图腾崇拜说外，尚有其他观点。如岑仲勉先生认为“芈”姓来源于生活在伊朗高原西北、里海西南的米地亚人，“芈”，弥是反，《切韵》mjie，与“米地亚（Media，又称Madia）”对音相合[①]。主要从读音上分析楚人“芈”姓与米地亚的关系，终乏凿证，张正明先生即言：“西方米底（地）亚人一说，根据明显不足。”[②]

又新见刘玉堂、曾浪二位先生《楚先君名号与楚公族姓氏》一文，指出楚公族姓芈，而“鬻熊”之“鬻”乃“芈”之假借字，从米得声[③]，“芈”与“鬻”通用，可从，然讨论的系“芈”字向下的发展而非往上的追溯。

三、楚人“芈（嬭、孎）”姓与清华简《楚居》篇所见“鄂山”关系分析

回归史料本身，对传世文献作细致考辨，再结合最新出土材料，推测楚人“芈”姓或径由清华简《楚居》篇所载楚人嫡系先公季连之始居地“鄂山”而获，系以地名为姓，论证如下：

1. 陆终六子与季连系“芈”姓楚人之嫡系先公分析

战国时期楚国公族重要成员屈原在其所作的《离骚》中自称：“帝高阳之苗裔兮，朕皇考曰伯庸。”东汉王逸注：“高阳，颛顼有天下之号也。”[④]据此楚人最早始祖可上推至五帝之一的颛顼，这又

---

① 岑仲勉：《楚为东方民族辨》，收入氏著《西周文史论丛（外一种）》，北京：中华书局2004年版，第61页。

② 张正明：《荆楚族源通议》，《中南民族学院学报》1984年第1期。

③ 刘玉堂、曾浪：《楚先君名号与楚公族姓氏》，《民族研究》2019年第1期。

④ 黄灵庚疏证：《楚辞章句疏证》（增订本），第15页。

与《史记·楚世家》开篇所言“楚之先祖,出自帝颛顼高阳”相一致。《山海经·大荒西经》云:“颛顼生老童,老童生祝融。”[①]其中,祝融其人[②]在楚人心目当中,地位崇高,对其祭祀要求甚谨[③]。《左传》鲁昭公十七年(前525)云:“郑,祝融之虚也。”杜预注:“祝融,高辛氏之火正,居郑。”[④]《汉书·地理志下》亦云:“今河南之新郑,本高

① 关于“老童”在楚先当中的世次,史料记载有龃龉之处。分歧的焦点在于“颛顼”与“老童”之间是否有“称”一代。《史记·楚世家》:“高阳(颛顼)生称,称生卷章。”“卷章”即是“老童”,李学勤先生指出系因形近传抄而讹误。《左传》鲁昭公二十九年(前513)孔颖达疏:“《世本》及《楚世家》云:高阳(颛顼)生称,称生卷章(老童)。”《大戴礼记·帝系》所记与《山海经·大荒西经》同,无“称”一代,云:“颛顼娶于滕氏,滕氏奔之子,谓之女禄氏,产老童。”核之简册材料,在“颛顼”与“老童”中间,当无“称”一代。参见(汉)司马迁:《史记》卷四〇《楚世家》,第1689页;(晋)杜预注,(唐)孔颖达疏:《春秋左传正义》,第2124页;(清)王聘珍撰,王文锦点校:《大戴礼记解诂》,北京:中华书局1983年版,第127页;袁珂校注:《山海经校注》,上海:上海古籍出版社1980年版,第402页;李学勤:《论包山简中一楚先祖名》,《文物》1988年第8期。

② 按,关于祝融,《史记·楚世家》记载:“卷章(老童)生重黎,重黎为帝喾高辛居火正,甚有功,能光融天下,帝喾命曰祝融。共工氏作乱,帝喾使重黎诛之而不尽。帝乃以庚寅日诛重黎,而以其弟吴回为重黎后,复居火正,为祝融。”在《楚世家》中,祝融系指重黎、吴回兄弟二人,罗运环先生据《左传》、《国语·郑语》等相关史料考证,“作为楚先的祝融当指重黎”,可备一说。参见罗运环:《楚国八百年》,第37—41页。

③ 按,《左传》鲁僖公二十六年(前634)载:“夔子不祀祝融与鬻熊,楚人让之……楚成得臣(子玉)、斗宜申(子西)帅师灭夔,以夔子归。”夔国,徐少华先生考证:“由楚王族派分而来的一个芈姓小国,于周厉王时,楚熊挚嫡嗣被其叔父熊延代立后‘自窜于夔’所建,约公元前860年左右……古夔国的地望,……当在秭归老城以东、香溪汇入长江处的原香溪镇一带。”夔君只是不祀祝融,楚人便以为其行为属大逆不道而举兵灭人之国。参见徐少华:《夔国历史地理与文化遗存析论》,《中国史研究》2012年第2期。

④ (晋)杜预注,(唐)孔颖达疏:《春秋左传正义》,第2084页。

辛氏火正祝融之虚也。”[①]《左传》之“郑”即为《汉书·地理志下》之“新郑”，地望可确定在今河南新郑，由此可推知祝融及其后裔原先主要集中分布在中原一带[②]。

祝融后裔情况，《史记·楚世家》有祝融之子陆终生“六子”的记录：

陆终生子六人，坼剖而产焉。其长一曰昆吾；二曰参胡；三曰彭祖；四曰会人；五曰曹姓；六曰季连，芈姓，楚其后也。

《史记·楚世家》“陆终生六子”之事，当本源于《大戴礼记·帝系》、《国语·郑语》与之类似的记载，《大戴礼记·帝系》：

（陆终氏）产六子……其一曰樊，是为昆吾；其二曰惠连，是为参胡；其三曰篯，是为彭祖；其四曰莱言，是为云郐人；其五曰安，是为曹姓；其六曰季连，是为芈姓。

又《国语·郑语》：

……己姓昆吾、苏、顾、温、董，董姓鬷夷、豢龙，则夏灭之矣。彭姓彭祖、豕韦、诸、稽，则商灭之矣。秃姓舟人，则周灭之矣。妘姓邬、郐、路、偪阳，曹姓邹、莒，皆为采卫，或在王室，或在夷狄，莫之数也，而又无令闻，必不兴矣。斟姓无后。融之兴者，其在芈姓乎？

---

① （汉）班固撰：《汉书》卷二八《地理志下》，北京：中华书局1962年版，第1651页。

② 李学勤：《谈祝融八姓》，《江汉论坛》1980年第2期。

藉上引《史记·楚世家》、《大戴礼记·帝系》、《国语·郑语》"陆终六子"的三则史料，可知陆终长子昆吾，或名樊，已姓；次子参胡，或名惠连，斟姓[①]；三子彭祖，或名篯，彭姓；四子会(郐)人，或名莱言，妘姓；五子安，曹姓；六子季连，芈姓。"六曰季连，芈姓，楚其后也"条下，《索隐》引《世本》言："宋衷云：'季连，名也。芈姓所出，楚之先。'"[②]推寻宋衷之言，则楚人"芈"姓由季连始获，季连系"芈"姓楚人的嫡系男性先祖，为芈姓之祖，此点亦为楚人自己本身所认同。《左传》鲁昭公十二年(前530)记载有楚灵王(前540—前529年在位)与右尹子革(郑丹)的一段对话，如下：

> 王(楚灵王)曰："昔我皇祖伯父昆吾，旧许是宅。今郑人贪赖其田，而不我与。我若求之，其与我乎?"对(右尹子革)曰："与君王哉。周不爱鼎，郑敢爱田。"

杜预注："陆终氏生六子，长曰昆吾，少曰季连，季连，楚之祖，故谓昆吾为伯父。"[③]在楚灵王看来，季连实是其嫡祖，故称季连长兄为"皇祖伯父"。

又最新出版的清华简《楚居》开篇即言："季连初降於郻(騩)山，氐(至)于空(穴)竆(穷)。"之后再依次讲述楚人诸先公先王世次、居所及其变迁情况，迄于楚悼王(前401—前381在位)之世。《楚居》为何叙事从"季连"开始而非更早的"老童""祝融"诸人呢?李守奎先生指出很重要的一条原因为"季连是芈姓的祖先，《楚居》

---

① 唐嘉弘：《释"祝融八姓"》，《江汉论坛》1981年第3期。

② (汉)司马迁：《史记》卷四〇《楚世家》，第1691页。

③ (晋)杜预注，(唐)孔颖达疏：《春秋左传正义》，第2064页。

的作者把他当作楚人的直接远祖"①，汤漳平先生观点同："季连……楚人之所以为'楚'的直接源头。"②

概言之，季连是楚人自身所认可的嫡系先公，系芈姓之祖，"芈"姓这一代表楚人族属血统的标识仅与季连有直接联系，宜藉此点来深究楚人"芈"姓的真正由来。

又需慎重思考的另一个关键问题是，上引陆终之昆吾（樊）、参胡（惠连）、彭祖（籛）、郐人（莱言）、安、季连六子，分属己、斟、彭、妘、曹、芈六不同古姓，为何陆终六子同父而别为六姓呢？类似之事《国语·晋语四》载："黄帝之子二十五人……其得姓者十四人，为十二姓。姬、酉、祁、纪、滕、箴、任、荀、僖、姞、儇、依是也。"前辈学者对此问题多有研究，陈絜先生综合辨析诸家之说，指出诸说皆有破绽可寻，认为："随着氏族的分化，新的氏族会通过各种途径来获取氏族名号……有多少个新氏族就有多少个新的氏族名号也就姓……以族居地为姓可能就是主要方式之一……。"③此说可从，验之纪、斟、彭、妘、曹、芈六姓，以彭、曹二姓为例，彭姓，《史记·楚世家》"三曰彭祖（即籛）"条下，《集解》引虞翻之说云："名翦，为彭姓，封于彭城。"④又《国语·郑语》"大彭、豕韦为商伯"条下，韦昭注："彭即大彭，高阳氏后国，彭姓之祖，初国彭州。"即陆终三子彭祖（籛、翦）因彭城（彭州）而获彭姓。曹姓，《大戴礼记·帝系》"其五曰安，是为曹姓"一语，马世之先生解释

① 李守奎：《论〈楚居〉中季连与鬻熊事迹的传说特征》，《清华大学学报（哲学社会科学版）》2011年第4期。

② 汤漳平：《也谈〈清华简·楚居〉与楚族之渊源》，《中州学刊》2014年第6期。

③ 陈絜：《商周姓氏制度研究》，北京：商务印书馆2007年版，第30—31页。

④ （汉）司马迁：《史记》卷四〇《楚世家》，第1691页。

道:“安即晏安,陆终第五子,其早居地在今河南灵宝县东,史称‘曹阳’。”[①]即陆终第五子晏安因曹阳而获曹姓。因此,则楚人取嬭(芈)为姓,当与楚人嫡系先公季连之居住地名有关,尚有其他佐证可支持此论点。

2. 商周青铜器铭文所见从女作之古姓分析

嬭,或媥,皆从女,商周青铜器铭文中有诸多从女作之古姓,如姬、姜、姚、嬴、妫、姒等,见下:

姬——,见“师酉簋”,《集成》04288;

姜——,见“散车父壶”,《集成》09697;

姚——,见“姚鼎”,《集成》02068;

嬴——,见“伯卫父盉”,《集成》09435;

妫——,见“陈侯壶”,《集成》09633;

姒——,见“颂簋”,《集成》04332。

分析上诸古姓的由来,金良年先生言:“最初的姓,大都由地名转化而来。”[②]核之典籍,其说可信。《左传》鲁隐公八年(前715)载:“天子建德,因生以赐姓,胙之土而命之氏。”“因生以赐姓”条下,杜预注:“因其所由生以赐姓,谓若舜由妫汭,故陈为妫姓。”[③]孔颖达疏:“昔舜为庶人时,居于妫汭,其后因为氏姓,姓妫氏。武王克殷得妫满封之于陈,是舜由妫汭故陈为妫姓也。”[④]《尚书·禹贡》“锡土姓”条下,《孔传》:“天子建德,因生以赐姓,谓有德之人,

① 马世之:《中原楚文化研究》,第29页。

② 金良年:《姓名与社会生活》,西安:陕西人民出版社1989年版,第5页。

③ (晋)杜预注,(唐)孔颖达疏:《春秋左传正义》,第1733页。

④ 《春秋左传正义》,第1733页。按,《史记·陈杞世家》记载相似:“昔舜为庶人时,尧妻之二女,居于妫汭,其后因为氏姓,姓妫氏。”

生此地以此地名赐之姓以显之。”[①]换言之，商周古姓大都与先祖所生地或所居地之地名有直接联系，或径以地名为姓，如上引杜预、孔颖达所列举的妫姓，《元和姓纂》亦云：“帝舜之后。舜生妫汭，子孙氏焉。”[②]又《国语·晋语四》：“昔少典娶于有蟜氏，生黄帝、炎帝。黄帝以姬水成，炎帝以姜水成。成而异德，故黄帝为姬，炎帝为姜。”韦昭注：“姬、姜，水名。成，谓所生长以成功也。”[③]姬之得姓黄帝居姬水故也；姜之得姓炎帝居姜水故也。又姚姓，《说文解字》：“虞舜居姚虚，因以为姓。”段玉裁注：“舜母名握登，生舜于姚虚，因姓姚氏。”[④]又嬴姓，《史记·秦本纪》：“舜赐(伯益)姓嬴氏。”《通志·氏族略序》云：“居于嬴滨者赐以嬴。”[⑤]

再者，取男性先公居住地之地名作为本族之族姓的现象，于后进民族中多见。《辽史·国语解》述及唐宋时期我国北方的契丹族时，云：“耶律氏……有谓始兴之地曰世里，译者以世里为耶律，故国族皆以耶律为姓。”[⑥]作为契丹王室族姓的耶律氏，源出于“始兴之地”的地名—世里。又解放前夕，在今天我国云南省怒江州独龙江流域，生活有独龙族[⑦]，当时尚处于父系氏族公社时期，未有统一的族称，往往以其居住的地区或河流作为自己的名称，如“独龙”“迪麻”等。其个人命名方式多为：地名(家族名称) ＋ 父、母名 ＋

① (汉)孔安国传，(唐)孔颖达疏：《尚书正义》卷六《禹贡》，(清)阮元校刻：《十三经注疏》(附校勘记及识语)，杭州：浙江古籍出版社1998年影印版，第152页。

② (唐)林宝撰，岑仲勉校记：《元和姓纂(附四校记)》，第83页。

③ 徐元诰撰，王树民、沈长云点校：《国语集解》，第337页。

④ (清)段玉裁撰：《说文解字注》，第618页。

⑤ (宋)郑樵：《通志·氏族略》，第439页。

⑥ (元)脱脱等撰：《辽史》卷一一六《国语解》，北京：中华书局1974年版，第1534页。

⑦ 按，据2010年全国人口普查数据，独龙族现有人口约7 000多人。

本人爱称 ＋ 本名，如有名“孔当木·顶·阿克洽·松旺”者，“孔当木”，当地自然村名，以作家族标识；顶，父名；阿克洽，爱称，松旺，其人之名。

稽上妫、姬、姜、姚、嬴等诸例，继证之民族学材料，以衡“嬭(芈)”姓得姓之由，则从女作之楚人“嬭(芈)”姓，应亦源出楚嫡系先公季连的居住地名，因地名而获姓。

3. 清华简《楚居》“季连初降於郻山”分析

《楚居》：“季连初降于郻山。”“郻山”，整理者：“疑即騩山，《山海经》中有楚先世居騩山之说。《西山经·西次三经》云三危之山‘又西一百九十里，曰騩山，其上多玉而无石，神耆童居之’，郭璞注：‘耆童，老童，颛顼之子。’”①指出“郻”通“騩”，确然。“郻”，从畏声；“騩”，从鬼声，“畏、鬼楚简通用”②。李学勤先生申之：“郻山应是《山海经·中山经》内《中次三经》的騩山，也即《中次七经》的大騩之山，就是今河南新郑、新密一带的具茨山。”③将“郻(騩)山”地望确定在新郑、密县一带，恰与《左传》鲁昭公十七年(前525)所载“郑，祝融之虚也”相应，可从。

“郻(騩)山”又名“泰(大)隗山”，系上古名山，以神名为名，由来已久。《庄子·徐无鬼》载：“黄帝将见大隗乎具茨之山。”释文：“或云：大隗，神名也。……‘具茨’，……山名也。司马云，具茨，在荥阳密县东，今名泰隗山。”④《元和郡县图志》“密县”条下有相似记载，云：“大騩山，在县东南五十里。本具茨山，黄帝见大隗于具

---

① 清华大学出土文献研究与保护中心编，李学勤主编：《清华大学藏战国竹简(壹)》，上海：中西书局2010年版，第182页。

② 黄灵庚：《清华战国竹简〈楚居〉笺疏》，《中华文史论丛》2012年第1期。

③ 李学勤：《论清华简〈楚居〉中的古史传说》，《中国史研究》2011年第1期。

④ (清)郭庆藩撰，王孝鱼点校：《庄子集释》卷八中《徐无鬼》，北京：中华书局2012年版，第824页。

茨山，故亦谓之大騩山。”①

“降”字，守彬先生：“‘降’可解释为‘出生’……鄖山应该是季连的出生地或者最初得到的封地。”②即“鄖（騩、隗）山”及其附近区域系季连部族的生产、生活之地。

综上1、2、3条分析，有如下三层互相关联的推论逻辑：

（1）季连系芈姓楚人的嫡系先公，为芈姓之祖，芈姓作为楚人族姓由季连始获；

（2）陆终六子虽同父概因居地不同而别为六姓，加之商周青铜器铭文中从女作之古姓多以男性先公居地为名，推定楚人嬭姓当与楚人嫡系先公季连之居住地名有关；

（3）清华简《楚居》所见“鄖（騩、隗）山”为季连始居所，为上古名山，且为楚人沟通天地、神人的圣山（详下）。

又上古音中，鄖（騩、隗）字，从畏（鬼）声，影母，微韵（əi）；嬭字，从爾声，明母，脂韵（ei）。韵母部分，鄖、嬭二字属脂微合韵，读音相似，而先秦时期无论传世文献还是出土文献，都表明楚方言里脂微合韵的现象较为突出③；声母部分，明（微）母字、影母字在韵母相似的情况下，通假之例亦非独见，如“末”（明母）与“遏”（影母）“拇”（明母）与“毐”（影母）“网”（明母）与“枉”（影母）“妄”（明母）与“枉”（影母）等④。举“妄”“枉”为例，《楚辞》之《哀时命》：“摡尘垢

---

① （唐）李吉甫撰，贺次君点校：《元和郡县图志》卷五《河南道一》，北京：中华书局1983年版，第135页。

② 守彬：《读清华简〈楚居〉季连故事》，武汉：武汉大学简帛研究中心网站，网址：http://www.bsm.org.cn/show_article.php? id=1382，发表日期：2011年1月10日。

③ 谢荣娥：《秦汉楚方言区文献中的脂部与微部》，《长江大学学报》2007年第3期。

④ 李国：《〈说文通训定声〉通假字的声母（唇、牙喉音）研究》，北京：首都师范大学硕士学位论文，2009年4月，第19页。

之枉攘兮。”王逸注：“枉攘，乱貌。”[①]冯其庸按：“‘枉’读为‘妄’。《说文》：‘妄，乱也。’”[②]因此，即使单纯从上古音韵来看，鄋（䰢、隗）、嬭二字亦可通。

据上，概可推定楚人“嬭（芈）”姓，当源出于清华简《楚居》所见楚嫡系先公季连之居所“鄋（䰢、隗）山”，“嬭（芈）”通“鄋（䰢、隗）”，藉地名而获姓。

楚人取“嬭（芈）”字作为本族之族姓，除去以地名为姓外，尚有其他历史考量。

《说文解字》“姓”字条下，云：“人所生也。古之圣神人，母感天而生子，故称天子。因生以为姓，从女生，生亦声。”[③]“姓”字从女从生，表明了出生的血缘关系，清楚地说明同姓之人都是一位女性祖先的子孙，也是母系氏族社会同一血缘关系人群的标记，“所以姓在最初就是母系血缘关系的标志”[④]。而嬭字，《广雅·释亲》：“嬭，母也。”[⑤]《广韵》：“嬭，楚人呼母。”[⑥]至今湖北诸多地区尚存呼母为“嬭”的风俗，黄树先先生指出：19世纪70年代修的《黄陂县志》在“风俗”条下记录湖北黄陂人呼“母”为“二”，又《湖北方言调查报告》中记录罗田、广济、蕲春、阳新、大冶等地呼“母”为“异”，“二”“异”皆当为“嬭”之记音[⑦]。征于文献资料，季连之母，为鬼方

---

① 黄灵庚：《楚辞章句疏证》(增订本)，第2990页。

② 冯其庸、邓安世纂著：《通假字汇释》，北京：北京大学出版社2006年版，第337页。

③ (清)段玉裁：《说文解字注》，第618页。

④ 张淑一：《先秦姓氏制度考索》，福州：福建人民出版社2008年版，第6页。

⑤ (清)王念孙：《广雅疏证(附索引)》，北京：中华书局2004年版，第200页。

⑥ 周祖谟校：《广韵校本(附广韵四声韵字今音表)》，北京：中华书局2011年版，第271页。

⑦ 黄树先：《古楚语释词》，《语言研究》1989年第2期。

氏之女，《世本·氏姓篇》作“女嬇”[①]，《大戴礼·帝系》作“女隤”[②]，见于《汉书·古今人表》又作“女溃”[③]，其实一也。合之，“嬭”“媿（隗、騩）”“嬇”“隤”“溃”诸字读音皆似，加之“嬭”字在楚语当中又具有表母之意，疑楚人以嬭为姓，除去以地名为姓的因素外，尚有追念季连之母女嬇（隤、溃）之意。

四、历代楚君专用氏称“熊”字分析

《史记·楚世家》载：“季连生附沮，附沮生穴熊。其后中微，或在中国，或在蛮夷，弗能纪其世。周文王之时，季连之苗裔曰鬻熊……其子曰熊丽。”此记载中鬻熊系季连之远孙后裔[④]，至于中间究竟间隔多少世，已无法具考。

按之古籍文献，楚虽为“芈（嬭）”姓国，然楚君自鬻熊以降照例称“熊某”，“熊”字成为历代楚君的专用氏称，此点与其他诸侯本国

---

① （汉）宋衷注，（清）秦嘉谟等辑：《世本八种·孙冯翼辑本》，第15页。

② （清）王聘珍撰，王文锦点校：《大戴礼记解诂》，第127页。

③ 《汉书》卷二〇《古今人表》，第873页。

④ 按，出土竹简材料与《楚世家》的记载颇有龃龉，如包山简与新蔡葛陵简楚人祭祷“楚先”的次序排列中，在“老童”“祝融”之后，或为“鬻熊”、或为“穴熊”，以新蔡简为例，(1) 甲三，188、197：举祷楚先老童、祝䰟（融）、𡟰（鬻）酓（熊）各两牂。(2) 乙一，22：又祟见于司命、老童、祝䰟（融）、穴酓（熊），癸酉之日举祷告。(3) 甲三，35：[老]童、祝䰟（融）、穴酓（熊）芳屯一。据此，黄德宽、黄锡全、李家浩、陈伟等诸多学者皆考证指出“穴熊”即是“鬻熊”，又最新清华简《楚居》篇所载楚先公、先王中，“穴熊”下即是“熊丽（丽季）”，而《楚世家》中明言鬻熊生熊丽，二者比较似亦可证实“穴熊”“鬻熊”为一人的观点。参见宋华强：《新蔡葛陵楚简初探》，武汉：武汉大学出版社2010年版，第423—425页；黄德宽：《新蔡葛陵楚简所见“穴熊”及相关问题》，黄德宽、何琳仪、徐在国著：《新出楚简文字考》，合肥：安徽大学出版社2007年版，第275—285页；黄锡全：《古文字与古货币文集》，北京：文物出版社2009年版，第461—465页；李家浩：《楚简所记楚人祖先“鬻熊”与“穴熊”为一人》，《文史》2010年第3辑。

之姓即为国君氏称的情况迥异，如齐为姜姓国，国君称“姜某”；陈为妫姓国，国君称“妫某”；晋为姬姓国，国君称“姬某”等。

《史记·楚世家》所载春秋以前楚君世系：

鬻熊–熊丽–熊狂–熊绎–熊艾–熊黮┬熊胜
└熊杨–熊渠┬熊挚
└熊延┬熊勇
└熊严┬熊霜
└熊徇–熊咢

楚君若敖熊仪二十年，周幽王为犬戎所弑，周东徙，历史开始进入春秋时代。《楚世家》所载春秋时期楚君次序如下：

熊咢–熊仪–熊坎┬蚡冒熊眴
└武王熊通–文王熊赀┬庄敖熊囏
└成王熊恽–穆王熊领–庄王熊侣–共王熊审–┐
└康王熊招–郏敖熊员
├灵王熊虔
└平王熊居–昭王熊轸–惠王熊章

战国时期楚君之名不赘述。

关于楚君专用氏称“熊”字，诸多学者将其与作为图腾崇拜的动物熊结合起来。姜亮夫先生在《楚文化与文明点滴钩沉》一文中云：“此熊必为一种吉祥之别称，除以为图腾外，无他可释。”[①]岑仲勉先生：“王名带着熊字……熊也就是‘王’……北方认为‘熊’为兽之长。”[②]林维纯先生：“楚人对熊的崇拜，到了西周以后，便逐渐转

① 姜亮夫：《楚文化与文明点滴钩沉》，见氏著《楚辞学论文集》，第157页。

② 岑仲勉：《两周文史论丛（外一种）》，第60—61页。

化成为国君的尊号了……楚君以‘熊’冠以名前，是一种尊称。”[1]何光岳先生观点类似：“熊乃荆楚的一个图腾。”[2]

上诸多学者将楚王专用氏称“熊”字与图腾熊崇拜联系起来，可作进一步的探讨。

楚系青铜器中，经传所见作为楚君氏称的“熊”字，皆作“酓”，如“楚王酓审盏盂”（《新收》1809）、“楚王酓章钟”（《集成》00083）、“楚王酓璋戈”（《集成》11381）、“楚王酓忎鼎”（《集成》02794）、“楚王酓前鼎”（《集成》02623）等，王辉先生：“酓读同熊，侵蒸对转。”[3]张正明先生申之：“文献以‘熊’代‘酓’，一则是由于这两个字读音相近，二则是出于北方诸侯对楚人曾以禽兽视之的心理。”[4]

“熊”字，甲骨文作（《合集》1169[5]），从能，像猛兽之形，有大嘴、尖爪、巨足掌。《左传》鲁昭公七年（前535）“其神化为黄熊”条下，杜预注：“兽名，亦作‘能’。”[6]

“酓”字，甲骨文作（《合集》28097），金文作（“楚王酓章镈”《集成》00085），从酉从今，亦即“歙”字，今楷书作“饮”[7]。

“酓”“熊”二字虽属同声假借，然所代表的意义迥然不同，故经传所见楚君称“熊”氏当与图腾熊崇拜无涉。又张正明先生言：“楚

---

① 林维纯：《关于屈原与楚王的姓氏及其它》，《学术研究》1983年第2期。

② 何光岳：《楚源流史》，第168页。

③ 王辉：《古文字通假字典》，北京：中华书局2008年版，第344页。

④ 张正明：《楚史》，第36页。

⑤ 胡厚宣主编：《甲骨文合集》，北京：中华书局1982年版。该书简称为《合集》。

⑥ （晋）杜预注，（唐）孔颖达疏：《春秋左传正义》，第2049页。

⑦ 张世超、孙凌安、金国泰、马如森等：《金文形义通解》，中文出版社1996年版，第3497页。

君以畲(即饮)为氏,应与缩酒有关,是以职为氏。”[①]确然。

“缩酒”的“缩”字,本作“茜”字。《说文》释“茜”字云:“礼,祭束茅加于裸圭,而灌鬯酒,是为茜,象神歆之也。”段玉裁:“茜,读为缩。束茅立之祭前,沃酒其上,酒渗下去,若神饮之,故谓之缩。”[②]“茜”字从艸从酉,字意如段玉裁所言为束茅立于上,以酒自上浇下,用成束的苞茅来过滤酒中糟粕,酒汁遂渐渐渗透流至下面的酒罈里,使之成为飨神的清酒,这恰是缩酒祭祀天神仪式的真实写照[③]。

综上,“茜(缩)”字之内涵与“畲”字有高度的暗合。

在楚国历史发展当中,楚先及后世楚君在很大程度上承担了类似用束茅“缩酒”等沟通神人之交的职务工作。

楚地盛产苞茅,《管子·轻重篇》:“江淮之间,有一茅而三脊,贯至其本,名之曰菁茅……江淮之菁茅,坐长而十倍,其贾一束而百金。”黎翔凤按:“自尖至本,皆为三脊。”[④]又《史记·孝武本纪》:“江淮间一茅三脊,为神藉。”[⑤]菁茅,即茅之有毛刺者,古人拔此茅而捆束之,故曰包茅(亦称苞茅),常用于祭祀及一些重大活动中,故又名“灵茅”,称“神藉”。《周礼·天官·甸师》:“祭祀,共萧、茅。”[⑥]又《周礼·春官·男巫》:“男巫掌望祀、望衍授号,旁招以

---

① 张正明:《楚史》,第35—36页。

② (清)段玉裁:《说文解字注》,第757页。

③ 按,张正明先生言:直到现代,鄂西地区仍有缩酒的遗风,由巫师主持,办法是在地上先铺一层茅,在茅上加铺一层沙,把酒泼在上面,让它经过沙和茅的过滤下沥,也算是“象神歆之”。参见张正明:《楚文化史》,第19页。

④ 黎翔凤撰,梁运华整理:《管子校注》卷二四《轻重》,北京:中华书局2004年版,第1473页。

⑤ (汉)司马迁:《史记》卷一二《孝武本纪》,第475页。

⑥ 按,此处之茅,宜是白茅。参见杨天宇:《周礼译注》,上海:上海古籍出版社2004年版,第63页。

茅。”[1]又《史记·宋微子世家》:“周武王伐纣克殷,微子乃持其祭器造于军门,肉袒面縛,左牵羊,右把茅,膝行而前以告。”[2]周初分封,楚国有向周王室进贡苞茅的义务,这也就是“《周官》所说的‘祀贡’”[3]。在“国家大事,在祀与戎”的时代,苞茅作用甚大,故《左传》鲁僖公四年(前656),齐桓公率鲁、宋、陈、卫、郑、许、曹八国攻打楚国的理由,管仲代表齐桓公云:“尔贡苞茅不入,无以缩酒,寡人是征。”除去“苞茅”以外,楚尚需进贡其他方物。《左传》鲁昭公十二年(前530)记载楚臣子革(郑丹)之言:“唯是桃弧、棘矢以供御王事。”杜预注:“桃弧、棘矢以御不祥。”[4]桃弧,桃木弓;棘矢,棘枝箭,皆是古时祈祝禳福之物,《左传》鲁昭公四年(前538)记载藏冰,云:“其藏之也,黑牡、秬黍以享司寒。其出之也,桃弧、棘矢以除其灾。”上楚所进贡周王的方物苞茅、桃弧、棘矢等皆与古时祝巫祭祀、沟通神人以祈福攘灾有关。

除去进献沟通神人之交的方物外,楚君还经常要亲自主持此种活动,做神与人沟通之媒介。《国语·晋语八》载:“昔成王盟诸侯于岐阳,楚为荆蛮,置茅蕝,设望表,与鲜卑守燎,故不与盟。”岐阳之蒐,是周成王主政时期最重要的外事活动,《左传》鲁昭公四年(前538):“夏启有钧台之享,商汤有景亳之命,周武有孟津之誓,成有岐阳之蒐,康有酆宫之朝,穆有涂山之会,齐桓有召陵之师,晋文有践土之盟。”岐阳之蒐与钧台之享、孟津之誓等并列,是周成王王天下的象征。在如此重要的政治事件中,楚君(熊绎)做了两件事情,其一,“置茅蕝,设望表”,韦昭注:“置,立也。蕝,谓束茅而立

---

① 杨天宇:《周礼译注》,第372页。

② (汉)司马迁:《史记》卷三八《宋微子世家》,第1610页。

③ 葛志毅:《周代分封制度研究(修订本)》,哈尔滨:黑龙江人民出版社2005年版,第135页。

④ (晋)杜预注,(唐)孔颖达疏:《春秋左传正义》,第2064页。

之，所以缩酒。望表，谓望祭山川，立木以为表，表其位也。”[①]即实际操作了祭天享神的“缩酒”仪式。其二，“守燎”。《礼记·祭法篇》：“燔柴于泰坛，祭天也。”则“守燎”亦是祭天中的一项具体仪式，张正明先生言：“楚人崇奉火神，他们的酋长是正统的火师。为祭天而守燎的火师，要通晓巫术……派楚人的酋长（熊绎）做火师，那是再合适不过的了……熊绎这位国君实为酋长兼大巫。”[②]

综上所述，作为后世楚王专称的“熊（酓）”字，当是以职为氏，与楚人“绝地天通”的巫祝缩酒等活动有关。古时缩酒作为一种祭祀活动，为巫之专职，故用“酓”来表达楚人之神通；用以酒祭神人的“酋”字为氏，称“酓”氏。

实际上，我们似乎可以将楚人能够沟通天地、神人，有大巫之性质的本领，向上追溯至楚嫡系祖先季连时期。

《楚居》“季连初降于郻山”，“降”字，除去上述可理解为出生意外，整理者指出：“降，特指神的降临。”[③]证之古籍，“降”字确实经常与富有神性的历史人物或历史事件联系起来，具有深厚的历史内涵。《国语·周语上》：“昔夏之兴也，融降于崇山。”《诗经·商颂·玄鸟》：“天命玄鸟，降而生商。”《山海经·海内经》：“黄帝妻雷祖，生昌意。昌意降处若水。”

《楚居》篇中特用具有神圣性的“降”字来述说季连的活动，应该与巫祝职业活动有关。上古时期，在经过颛顼“绝地天通”的改革之后，“氏族首领往往同时执行巫师的职能”[④]，其职能主要是贯通天地，使神降地，或上天见神；巫祝能举行仪式请神自上界下降，

---

① 徐元诰撰，王树民、沈长云点校：《国语集解》，第430页。

② 张正明：《楚文化史》，第18—20页。

③ 清华大学出土文献研究与保护中心编，李学勤主编：《清华大学藏战国竹简（壹）》，第182页。

④ 童恩正：《中国古代的巫》，《中国社会科学》1995年第5期。

降下来把信息、指示交与下界；上天见神，则是通过举行仪式，巫师自己到上界去与神祖相会①。又最新见安徽大学藏战国竹简载："帝颛顼生老童……黎即祝融……融乃使人下请季连。"②"下请季连"即季连要至上天见神。上、下沟通的通道，姜亮夫先生指出："盖古酋长大君，皆宅高山而居，因以自高山而行下，在原始宗教信仰，以为大酋与天通，故凡自天下者，皆曰降，与陟为对举字。"③换言之，巫祝常以高山为媒介以陟降上下、沟通神人，如《山海经・海内西经》："有登葆山，群巫所从上下也。""鄢山"即为季连上天见神及上神下降的通道。

合之，作为颛顼后代的楚嫡系先公季连有两重身份：一为楚人之政治领袖，二为楚之大巫④，其通过陟降楚部族之神山"鄢山"来沟通天地、神人。

以上即是笔者对于与楚人有密切关联的"芈（嬭、嫲）""熊（酓）"二字的一些粗浅的理解。概而言之，从起源上讲，二字宜皆可追溯至季连时代。"芈（嬭、嫲）"字，源于季连始居地"鄢（騩、隗）山"，因地名而获，且与季连之母女嬇（隤、溃）有密切联系。而作为后世楚君专用的"熊（酓）"字，当是以职为氏，与楚人"绝地天通"的巫祝缩酒等活动有关，而楚人能够沟通天地、神人，有大巫之性质的本领，亦可向上追溯至楚嫡系祖先季连时期，"鄢（騩、隗）山"为其陟降上下、沟通神人的媒介。当然，经典不能任意乱改，然而在

---

① 张光直：《中国青铜时代》，上海：三联书店 1999 年版，第 261—265 页。

② 黄德宽：《安徽大学藏战国竹简概述》，《文物》2017 年第 9 期。

③ 姜亮夫：《楚辞通故（二）》，昆明：云南人民出版社 1999 年版，第 289 页。

④ 刘涛：《清华简〈楚居〉中所见巫风考》，上海：复旦大学出土文献与古文字研究中心网站，网址：http://www.gwz.fudan.edu.cn/SrcShow.asp?Src_ID=1558，发表时间：2011-06-19。

钩沉史实、力图还原历史真相过程中做这样一番的辨正，给出尽可能合理的解释还是必要的。

第二节　楚之建国与《史记·楚世家》“鬻熊子事文王”解

季连，系楚芈姓公族的嫡系先公，季连以降，楚人历史进入新的时期，即楚人开始了创建自己国家的历程。

关于楚之建国，学界有不同的见解：

1. “鬻熊建国说”

《史记·周本纪》集解引西汉刘向《别录》曰：“鬻子名熊，封于楚。”[①]《汉书·艺文志》：“《鬻子》二十二篇。名熊，为周师，自文王以下问焉，周封为楚祖。”[②]清宋翔凤《过庭录》：“惟刘向父子校中秘书，乃见鬻子有文王、武王、成王之问，知熊至成王时尚存。定熊自封丹阳。”[③]今人何光岳先生言：“楚族首领鬻熊，可说是楚国正式建国的始祖，他曾于商末和太颠、闳夭、散宜生等人，投归周文王，并任‘文王之师’。在陕西岐山县周原遗址出土的一批商末周初的甲骨文中，就有‘楚子来告’之辞。这个楚子正是鬻熊，说明他早在周文王时已被封为子爵，成为楚国第一个君主，故《史记·楚世家》称他为‘鬻熊子’。”[④]又孙重恩先生亦认为最早受周封者为鬻熊[⑤]。

---

① (汉)司马迁：《史记》卷四《周本纪》，第116页。

② (汉)班固：《汉书》卷三〇《艺文志》，第1729页。

③ (清)宋翔凤撰：《过庭录·楚鬻熊居丹阳武王徙郢考》，北京：中华书局1986年版，第156页。

④ 何光岳：《楚灭国考》，第1—2页。

⑤ 孙重恩：《楚始受封者——鬻熊》，《江汉论坛》1981年第4期。

2. “熊丽立国说”

《墨子·非攻下》有如下一段记载：

> 昔者楚熊丽始讨此睢山之间，越王繄亏，出自有遽，始邦于越，唐叔与吕尚邦齐晋。此皆地方数百里，今以并国之故，四分天下而有之。

清代学者毕沅：“‘讨’字当为‘封’。睢山，即江汉沮漳之沮。”①陈伟先生申之：“熊丽与越、齐、晋三国创始人并立，自当也是立国之君。”②

3. “熊绎受封说”

楚由熊绎建国，在《史记·楚世家》中有明确记载，云：

> 周文王之时，季连之苗裔曰鬻熊。鬻熊子事文王，蚤卒。其子曰熊丽。熊丽生熊狂，熊狂生熊绎。熊绎当周成王之时，举文、武勤劳之后嗣，而封熊绎于楚蛮，封以子男之田，姓芈姓，居丹阳。楚子熊绎与鲁公伯禽、卫康叔子牟、晋侯燮、齐太公子吕伋俱事成王。

从引文的内容可知，鬻熊之曾孙熊绎始受封于丹阳，此点也得到诸多学者认可。唐孔颖达引杜预《世族谱》：“楚，芈姓，颛顼之后也。其后有鬻熊，事周文王，早卒。成王封其曾孙熊绎于楚，以子男之田居丹阳。”③又《水经注·江水》引东晋袁山松《宜都记》曰：“秭归

① (清)孙诒让：《墨子间诂》，北京：中华书局2001年版，第152页。
② 陈伟：《包山楚简初探》，第171页。
③ (晋)杜预注，(唐)孔颖达疏：《春秋左传正义》，第1743页。

盖楚子熊绎之始国,而屈原之乡里也。……楚子熊绎始封丹阳之所都也。'"[①]今人徐俊:"熊绎非为袭位,而是第一个始受周封的楚国先君。"[②]又王光镐先生指出,周初所封建的异姓诸侯中,有一种是对先世遗族的分封,这一类的封国绝大多数是因故族而封,无非是授原有的部族以封爵而已,楚即属于此种情况。"早在鬻熊时楚已具有了一个独立部族的种种条件。故此,楚(熊绎)于成王时的受封,也是对既有部族的加封"[③]。

在以上三说当中,宜以"熊绎受封说"为是。

鬻熊在商末周初的社会大变革中,以一人之力率领其部族投奔周人,居功至伟。鬻熊以降,熊丽、熊狂应该尚处于艰苦的创业立国过程当中,楚族仅仅是在慢慢的积聚、发展。如上所引《墨子·非攻下》"昔者楚熊丽始讨此睢山之间",又清梁玉绳《史记志疑》:"'讨'疑作'封'。"[④]罗运环先生释为"治"[⑤],李玉洁先生释为"征讨"[⑥]。李说较确。言熊丽才开始征讨睢山,是楚人正在创业之明证,至熊绎乃是前辈功业的集大成者,得到周王室册封、承认,始建国。

再者,从古籍文献及出土材料来看,楚人自己心目当中,建国者亦是熊绎。《左传》鲁昭公十二年(前530),楚灵王(前540—前529年在位)云:"昔我先王熊绎,与吕伋、王孙牟、燮父、禽父并事康王,四国皆有分,我独无有。"又包山楚简中,简237等称鬻熊及

---

① (北魏)郦道元著,陈桥驿校证:《水经注校证》,北京:中华书局2007年版,第791页。

② 徐俊:《"鬻熊始受周封"刍议——与孙重恩同志商榷》,《江汉论坛》1982年第4期。

③ 王光镐:《楚文化源流新证》,第93—94页。

④ (清)梁玉绳:《史记志疑》,北京:中华书局1981年版,第1006页。

⑤ 罗运环:《楚国八百年》,第72页。

⑥ 李玉洁:《楚国史》,第39页。

其他先祖为“楚先”，然简 246：“举祷荆王，自熊绎以就武王，五牛、五豕。”①一称“楚先”，一为“荆王”，所说明的问题不言自明。

不过熊绎能够得以有建国之勋，很大程度上需归功于鬻熊、熊丽、熊狂三代楚先公的奔波勤劳。

以上论述中，有一条甚为关键的史料，即《史记·楚世家》“鬻熊子事文王”一语，究竟当如何解释“子”字，前辈诸多学者业已作过深入的分析，由于历史文献不足征，书间有阙，众说纷纭，莫衷一是。

迄今为止，前贤对“子”字的解释大致形成了六种不同的观点，现将其详细罗列、分析如下：

1. “儿子说”

涂又光先生言“粥（按，即鬻）熊子事文王，蚤卒”当中的“粥（鬻）熊子”，可理解为粥（鬻）熊的儿子②，所谓“鬻熊子事文王”其意是讲鬻熊的儿子在事奉周文王，且早卒。黄盛璋先生同，言：“鬻熊曾为周文王师，他的儿子事奉过文王。”③赵世纲先生亦云：“周文王时，楚人先祖鬻熊曾使其子入事周文王。”④

按，涂又光、黄盛璋、赵世纲等先生训“鬻熊子”为鬻熊的儿子，显然是望文生义而与史实不符。《史记·楚世家》本身有前后两段记载，前段先言：“鬻熊子事文王，蚤卒。”后段又载楚武王（前740—前690在位）之言，曰：“吾先鬻熊，文王之师，蚤终。”前后印照，易知“鬻熊子事文王”说的是鬻熊而非其子。此外，鬻熊之子其名为熊丽，这一点不仅见于《楚世家》，又见于《世本》、清华简《楚

① 朱晓雪：《包山楚简综述》，第 850 页。

② 涂又光：《楚国哲学史》，武汉：湖北教育出版社 1995 年版，第 53 页。

③ 黄盛璋：《楚的起源和疆域发展》，氏著《历史地理论集》，北京：人民出版社 1982 年版，第 405 页。

④ 赵世纲：《浅论楚文化的渊源》，《楚文化研究论集（第三集）》，第 69 页。

居》诸书。《楚居》载:“穴酓迟徙于京宗,爰得妣列,逆流哉水,厥状聂耳,乃妻之,生侸叔、丽季。”清华简整理者指出:“穴熊”,即鬻熊;“丽季”,即熊丽[①]。

2. “五等爵之子爵说”

何光岳先生云:“(鬻熊)他早在周文王时已被封为子爵,成为楚国第一个君主,故《史记·楚世家》称他为‘鬻熊子’。子爵,在周朝的封建官制中,是排在第四等的小封国。”[②]马世之先生也认为“子”是楚君的称谓,楚君鬻熊就是以“子”的地位归附于周的[③]。

上面诸学者所认可的“爵称说”也难令人信服。徐俊先生考证鬻熊附周事文王,当在商王帝纣囚周文王于羑里之前。文王为商所囚后,在“西伯之臣闳夭之徒,求美女奇物善马以献纣,纣乃赦西伯”,以及周武王伐商,“散宜生、太颠、闳夭皆执剑以卫武王”等一系列重大政治、军事行动中,均不见有鬻熊参加,说明其附周不久即“早卒”[④]。徐少华先生又指出:当是时,周文王虽然在四处网罗人材,加强周族自身势力的发展,为灭商王朝作准备,但其仍旧为商纣王之“三公”,称“西伯”,遵奉商王为天下共主,所以不管是从其身份、地位,还是当时的形势来说,都不大可能分封鬻熊为诸侯[⑤]。

再者,《楚世家》明载始至周成王才封鬻熊曾孙熊绎于楚蛮,封

---

① 清华大学出土文献研究与保护中心编,李学勤主编:《清华大学藏战国竹简(壹)》,第183—184页。

② 何光岳:《楚灭国考》,第2页。

③ 马世之:《中原楚文化研究》,第82页。

④ 徐俊:《“鬻熊始受周封”刍议——与孙重恩先生商榷》,《江汉论坛》1982年第4期。

⑤ 徐少华:《从包山楚简论楚之始封立国——兼论有关周原卜辞的年代和史实》,武汉:武汉大学简帛研究中心,网址:http://www.bsm.org.cn/show_article.php? id=75,发表时间:2005-11-13。

以子男之田，故同篇中的“鬻熊子事文王”之“子”不可理解为“子爵”。

鬻熊，在周初与太颠、闳夭、散宜生、辛甲并列，其地位当与四人相同。太颠等四人皆为周文王之臣而无爵称，鬻熊亦不可能独有。

3.“养子说”

周原甲骨有 H11：14，释文曰：楚伯迄今秋来西王其则。有 H11：83，释文云：曰今秋楚子来告父后□。段渝先生考证，两片甲骨相结合恰好说的是鬻熊归顺周文王之事。鬻子始来西土归顺周文王时，是以楚人部落族长身份到达的，所以 H11：14 甲骨辞称其为“楚伯”。又由于周文王按照周人习惯法收鬻熊为养子，故 H11：83 甲骨辞改其称呼为“楚子”，而不再记为“楚伯”。故“鬻熊子事文王”说的是“鬻熊以养子的身份服事周文王”[①]。徐敏先生观点与段渝先生类似，曰：“养子”风俗在一些后进民族中都有所保留，从后代史迹可以证诸前史：鬻熊子事文王，即鬻熊被（周）文王收为养子[②]。

“养子”或“义子”之说也与史实相抵牾。《周本纪》记载：

> 西伯曰文王，遵后稷、公刘之业，则古公、公季之法，笃仁，敬老，慈少。礼下贤者，日中不暇食以待士，士以此多归之。伯夷、叔齐在孤竹，闻西伯善养老，盍往归之。太颠、闳夭、散宜生、鬻子、辛甲大夫之徒皆往归之。

---

① 段渝：《论周、楚早期的关系》，《社会科学研究》1986 年第 5 期。

② 徐敏：《从祝融之兴到熊绎建国的再考察》，《中国社会科学院研究生院学报》1986 年第 3 期。

《集解》引刘向《别录》曰："鬻子名熊，封于楚。"[①]周文王礼贤下士，太颠、闳夭、散宜生、鬻熊、辛甲大夫等皆归附之。鬻熊能与太颠等人并列，亦当是很有名望的社会贤者。若鬻熊以养子身份服侍文王，便不可谓文王"礼贤下士"。

"养子说"的主要依据是周原甲骨 H11:14、H11:83 两片甲骨辞文。甲骨中的"楚伯""楚子"到底所指为谁，学界争议很大。李学勤、王宇信先生认为："楚是在周成王时受封，成王时期才有'楚子'……H11 本片卜甲应迟至成王之时。"[②]徐少华、舒之梅、吴永章等先生也认为周原卜辞中之"楚子"当即"楚子熊绎"，"楚"为国称，"子"是封爵；"楚子来告"，当是熊绎受封后，楚朝见周天子遗留下来的记录[③]。

4. "意动用法说"

丁有国先生指出："鬻熊子事文王"，说明鬻熊对周文王极为尊敬忠诚，像儿子事奉老子那样敬奉文王。所谓"子事"，在古代汉语中，是名词"子"作意动用法，即"像……那样"[④]。张正明先生亦言：所谓"子事文王"，意即事文王如子，这也表明鬻熊比周文王要年轻得多[⑤]。

说鬻熊像儿子一样侍奉周文王，也与《史记》所记载的周文王尊贤及鬻熊为周文王之师的基本史实相违背。

---

① 《史记》卷四《周本纪》，第 116 页。

② 李学勤、王宇信：《周原卜辞选释》，中山大学古文字研究室编：《古文字研究》(第四辑)，北京：中华书局 1980 年版，第 254 页。

③ 徐少华：《周代南土历史地理与文化》，第 237—238 页；舒之梅、吴永章：《从楚的历史发展看楚与中原地区的关系》，《江汉论坛》1980 年第 1 期。

④ 丁有国：《鬻熊是楚国先祖杰出的政治家》，《鄂州大学学报》2008 年第 6 期。

⑤ 张正明：《楚史》，第 26 页。

5. “衍文说”

日本学者泷川资言阐释到：“《艺文类聚》引是史无子字。”[①]即“子”为衍文。孙重恩先生亦据《艺文类聚·封爵部·功臣封》所引该段文作“鬻熊事文王，蚤卒”，考订出“子”是衍文，唐代以前的《史记》版本并无“子”字[②]。尹弘兵先生也赞同此说[③]。

“衍文说”的主要依据是《艺文类聚》所引《史记》无“子”字。考于《艺文类聚》，其所引《史记》详录如下：

> 《史记》曰：鬻熊子事周文王，蚤卒，当成王之时，举文武勤劳之嗣，乃封其后熊绎如楚。[④]

《史记》当中与之对应的原文记载是：

> 鬻熊子事文王，蚤卒。其子曰熊丽，熊丽生熊狂，熊狂生熊绎。熊绎当周成王之时，举文、武勤劳之后嗣，而封熊绎于楚蛮，封以子男之田，姓芈姓，居丹阳。

将上两段引文相互印证，明晰可知《艺文类聚》对于《史记》之记载有增有减，单是“鬻熊子事文王”一句，即增一“周”字，减一“子”字。故《艺文类聚》是在意引《史记》而非原文照录，其实此种引述法在古代并不少见。因此，泷川资言、孙重恩等认为唐代以前

---

① (汉)司马迁撰，(日)泷川资言考证，杨海峥整理：《史记会注考证》卷四〇，第2082页。

② 孙重恩：《楚始受封者——鬻熊》，《江汉论坛》1982年第4期。

③ 尹弘兵：《鬻熊史事解析》，《江汉论坛》2008年第5期。

④ (唐)欧阳询撰，汪绍楹校：《艺文类聚(上)》，上海：上海古籍出版社1965年版，第922页。

的《史记》版本并无“子”字,“子”是衍文之说并不成立。

6. “君(主)事文王说”

于海芹先生首倡此说,其最为关键的证据见于《左传》鲁襄公二十二年(前551)楚康王杀令尹子南(公子追舒)一事:

> 楚观起有宠于令尹子南,未益禄而有马数十乘。楚人患之,王将讨焉。子南之子弃疾为王御士……王遂杀子南于朝,轘观起于四竟。子南之臣谓弃疾曰:“请徙子尸于朝。”

“请徙子尸于朝”条下,杨伯峻注:“《广雅·释诂》:‘子,君也。’此指子南。子南之臣欲为弃疾偷盗子南之尸。”[①]于海芹先生在杨注的基础上,云:“令尹子南之家臣可称其主为‘子’,在此‘子’有‘君’‘主’的意思是很明显。稽以‘子南’之事,考于鬻熊,鬻熊率领楚族投奔周文王,当然可称文王为‘子’。在‘鬻熊子事文王’这一具体语境中,‘子’是名词做状语来修饰‘事’,说的是鬻熊以君礼臣事文王。”[②]

此说有以下几点疑问:其一,春秋时期家臣可以“子”来称呼其主,“子”当是对于主人的一种敬称,是否可直训为‘君’‘主’呢?尚缺乏依据。其二,将春秋晚期家臣之于其主与商末鬻熊之于文王曲为比附,是否恰当?其三,言“子”可名词作状语,于史无征。因此,于海芹先生的观点虽颇具独创性,然终乏凿证而不可从。

下面我们立足于文献资料,对“鬻熊子事文王”一语作出新的解读。

考于史籍,我们不难发现“鬻熊”有多重称谓。

---

① 杨伯峻:《春秋左传注》(修订本),第1069页。

② 于海芹:《〈史记·楚世家〉“鬻熊子事文王”解》,《才智》2010年第25期。

有时称为“鬻子”，如前所引《史记·周本记》：“太颠、闳夭……鬻子、辛甲大夫之徒皆往归之。”《列子·黄帝篇》：“粥（鬻）子曰：‘欲刚，必以柔守之；欲强，必以弱保之。’”①有时又称呼为“鬻熊子”，《风俗通义》卷一记载：“楚之先出自帝颛顼，其裔孙曰陆终，娶于鬼方氏，是谓女嬇……其六曰季连，是为芈。其后有鬻熊子，为文王师。”②《路史》卷一七：“伯禹定荆州，季芈实居其地，生附叙，始封于熊，故其子为穴熊。荆，楚名也。夏有楚狐父，厥后鬻熊子者，师臣西伯。”《诗传旁通》卷一四：“楚……其后鬻熊子者，师臣周西伯。”又《古经解钩沉》卷一七：“鬻熊子，蚤卒。”

与“鬻熊”又称为“鬻子”“鬻熊子”相对应的是其著作之名也有两个称谓。《汉书·艺文志·道家》：“《鬻子》二十二篇。”班固注云：“名熊，为周师，自文王以下问焉，周封为楚祖。”③《隋书·经籍志·道家》：“《鬻子》一卷。周文王师鬻熊撰。”④《新唐书·艺文志·道家》：“《鬻子》一卷。”⑤《鬻子》一书又称为《鬻熊子》，《宋史·艺文志·道家》：“《鬻熊子》一卷。”⑥

综上，“鬻熊子”时常是作为一个单独、完整的称谓而出现的。结合这样的结论，我们再来详析“鬻熊子事文王”这句话，中华书局1959年三家注《史记》版本之句读法如下：

---

① 杨伯峻：《列子集释》，北京：中华书局1979年版，第29页。

② （汉）应劭撰，王利器校注：《风俗通义校注》，北京：中华书局1981年版，第28页。

③ 《汉书》卷三〇《艺文志》，第1729页。

④ （唐）魏徵撰：《隋书·经籍三》卷三四，北京：中华书局1973年版，第1000页。

⑤ （宋）欧阳修、宋祁撰：《新唐书》卷五九《艺文三》，第1514页。

⑥ （元）脱脱等撰：《宋史》卷二〇五《艺文四》，北京：中华书局1977年版，第5207页。

周文王之时，季连之苗裔曰鬻熊。鬻熊子事文王，蚤卒。

在中华书局的句读法中，“鬻熊”与“子事文王”之间是顿开的，主语是“鬻熊”，“事”为谓语，“子”是状语来修饰谓语“事”，“文王”是宾语，这样的句读方法我们认为是错误的。正是由于这种错误的句读法，也给准确把握“鬻熊子事文王”的蕴涵，造成了一定的困扰。“鬻熊子”实际上应当是一个独立的单元，正确的句读法宜是“鬻熊子”为主语，谓语是“事”，“文王”为宾语，如下：

周文王之时，季连之苗裔曰鬻熊。鬻熊子事文王，蚤卒。

现在需要思考另一个关键性问题，在“季连之苗裔曰鬻熊。鬻熊子事文王”语境中，为何司马迁前称呼“鬻熊”，后又称其为“鬻熊子”呢？这样差异的称呼看似是相互矛盾的。笔者认为这仅是中国古代史书惯用的一种写作手法。具体而言，当叙述的主语是“季连”，所强调的是“鬻熊”源出于“季连”这一事实时，可称“鬻熊”；而当叙述的主语是“鬻熊”自己本身，所强调的是“鬻熊”在臣事周文王而非其他人时，其称谓可一转而为“鬻熊子”。考诸其他典籍，这样的例子不在少数。

《左传》鲁桓公十五年（前697）载有卫惠公出奔一事，云：

初，卫宣公烝于夷姜，生急子……为之娶于齐，而美，公娶之，生寿及朔。……宣姜与公子朔构急子。公使诸齐。使盗待诸莘，将杀之。寿子告之，使行。不可，曰：“弃父之命，恶用子矣？有无父之国则可也。”及行，饮以酒。寿子载其旌以先，盗杀之。

在上面的引文记载中，对于公子寿的称呼，叙述主语是卫宣公时，侧重于“寿”是卫宣公的儿子，径称“寿”；当叙述主语为“寿”，侧重的是“告之”等行为主体是“寿”时，可称为“寿子”。

第三个问题是上面所见之“鬻熊”“寿”为何又可称为“鬻熊子”“寿子”呢？《十一经问对》卷二记载：

> 问：《论语》一书不号孔子，《孟子》一书就号孟子者何？对曰：《论语》是诸子记诸善言而成编集，故曰《论语》；《孟子》是孟轲所自作之书，如《荀子》、《杨子》，故谓之《孟子》。问：书而称子者何？对曰：子者，男子之通称，自鬻熊子著书，后有七十二子皆以所学自成一家言，故贤者著书称子。

“子者，男子之通称”，一语说明了问题的本质，即“子”是对男子的一种美称。实际上除“鬻熊”外，在古史人物当中，多有于其名之后再加一“子”字者。

鬻熊之后裔有熊渠。熊渠也是楚国历史上的一位重要君主，当西周后期中原衰微，《楚世家》称熊渠“甚得江汉间民和”，并兴兵伐外，楚的国势在南方得到了长足的发展。“熊渠”见于其他典籍，又称“熊渠子”。《韩诗外传》卷六：“昔者楚熊渠子夜行，见寝石以为虎，弯弓而射之，没金饮羽。”《博物志》卷八：“楚熊渠子夜行，射寝石以为伏虎，矢为没羽。”尤其是见于《论衡》记载中，“熊渠”“熊渠子”是同时出现的，《论衡·儒增篇》：“儒书言：‘楚熊渠子出见寝石，以为伏虎。将弓射之，矢没其卫。’或言：‘养由基见寝石，以为兕也，射之矢饮羽。’或言李广。便是熊渠、养由基、李广主名不审，无实也。”

综上所述，“鬻熊”，当为鬻子之名，又敬称为“鬻熊子”。《史记·楚世家》“鬻熊子事文王”一语，可理解为“鬻熊子”其人臣事“周文王”。

第三节　春秋楚国公族社会之兴盛与演进

熊绎以降，整个西周时期的楚国，还称不上为公族社会。西周时期的楚国社会，囿于史料的缺失，所知甚少，仅能依据有限的材料作一番假设与推测。

张正明先生指出，楚熊绎初封于楚蛮之地时，土不过同，究其实只是一个部落或部落联盟；当熊渠之世，楚族已跨上阶级社会的门槛；在蚡冒、熊通(前740—前690在位)之际，实现了由原始社会向阶级社会的过渡[①]。刘玉堂先生观点相同，指出："终西周之世楚族一直未能完全脱离原始的氏族社会形态，但是，促进这一形态瓦解的因素却在潜滋暗长……至若敖、蚡冒之世，这一因素的生发已接近临界点……。"[②]又王光镐先生从生产力水平的原始低下、社会构成状况的较单纯血缘性、阶级对立和贫富分化的不尖锐不激烈、脱离全体固定成员的公共权力的阙如、国家军队的尚未形成、都邑的尚未产生等诸方面，论定西周楚族尚处在原始社会形态中[③]。又赵辉先生从古籍文献与考古资料出发考证楚族在"若敖、蚡冒以前，还基本上处于原始社会"[④]。

公族社会的形成乃至兴盛，是与宗法社会下重视血缘有密切关联的。既然楚在西周时期的社会制度，尚未迈进宗法时代，那么就谈不上公族社会。再者，即使楚国在西周时期内部已存在公族社会

---

① 张正明：《楚国社会性质管窥》，张正明主编：《楚史论丛》，第36—59页。

② 刘玉棠：《楚国经济史》，第106页。

③ 王光镐：《从原始社会形态到熊通时期楚国家文明的形成》，王光镐：《楚文化源流新证》，108—137页。

④ 赵辉：《楚辞文化背景研究》，武汉：湖北教育出版社1995年版，第29页。

的诸多因素，由于资料的缺乏我们也无从深入研究。楚武王熊通以前，所能看到的楚国历史人物仅仅是单一的楚君世系及其少数嫡系子嗣，此外无有其他公族及外姓人员见于史册，关于当时楚国国家诸制的记载更是寥寥无几，深度剖析当时社会是一件奢望之事。若强而为之，其结果会造成历史诠释的结构性偏误，这是可以预料的。

一、春秋时代楚国公族社会的兴盛

直至春秋战国时期，对楚国社会作系统探讨的条件才开始具备。仅以春秋伊始的楚武王为例，在其治国的五十一年间（前740—前690），单见于《左传》记载的文臣武将就有十余人。举例而言，有谋略超人、善断国是的斗伯比，有灭人国家、战功赫赫的斗廉、观丁父、斗丹诸人，有专擅外交、出使盟会的薳章、道朔，有治理地方的官吏斗缗、阎敖，有身份贵重的屈瑕、屈重……国家制度方面，武王治国前期，薳章、斗伯比、熊率且比、道朔、斗廉诸人尚无具体官职，杜预笼统言曰："楚大夫。"[①]然至楚武王治国后期，楚已经形成一套完整的政权运行机制。中央有"令尹""莫敖"等具体高官；地方上，灭权置县，首创县制。且当是时楚国对外征伐盟会之事，史书记载甚为详细，这些皆为我们的研究提供了充分的史料。

总之，春秋乃至战国时代，是楚国历史与文化最为辉煌的时期，同时也是楚国公族社会最为鼎盛之时，尤其是春秋时代。

仅从政治层面而言，从中央"二卿"之令尹、司马，到地方的楚县县公，基本上皆由公族成员把持。公族成员一方面牢牢控制着楚国政治、军事、经济乃至文化，另一方面又治理楚疆域内各个地区的郡县都鄙，形成自上而下严密而完整的行政体系。

---

① 《春秋左传正义》，第1749、1754页。

譬如令尹，在中央及地方事王者以千数的楚国众多官吏当中，其无疑是执一国之柄的至上人物，“不仅掌握着全面的内政权，而且还握有强大的军权和广泛的外交权。其地位之高，权力之大，在同时期的各国宰辅之官中是少见的”①，可以讲“谁担任令尹，谁就掌握了楚国的权力”②。

以《左传》、《国语》等文献典籍为主，将春秋时代担任楚国令尹一职的人员，按其在位先后，统计为表。其中非公族出身者之源出，以下划横线的方式着重标出。通过此表，一、可知春秋时代楚国公族人才之盛，政治地位之高，影响之长久；二、可为后续的讨论提供必要的参考。

表 2-1　春秋时期楚国令尹表

序号	楚王	令尹	出身	任职时间	史料依据(以《左传》为主)
1	楚武王	斗　祈	若敖氏	楚武王五十一年（前690）	鲁庄公四年(前690)：楚武王伐随，“卒于樠木之下。令尹斗祈、莫敖屈重除道、梁溠……”
2	楚文王	彭仲爽	<u>申国人</u>	约楚文王三年（前687）至八年（前682）	鲁哀公十七年(前478)：“子谷曰：‘……彭仲爽，申俘也，文王以为令尹，实县申、息。’”
3	楚成王	公子元	楚文王弟	鲁庄公二十八年(前666)至三十年(前664)	1. 鲁庄公二十八年(前666)：“楚令尹子元欲蛊文夫人。” 2. 鲁庄公三十年(前664)：“秋，申公斗班杀子元。”

① 宋公文：《楚史新探》，第160页。

② 李玉洁：《楚国史》，第99页。

续表

序号	楚王	令尹	出身	任职时间	史料依据(以《左传》为主)
4	楚成王	斗谷于菟(字子文)	若敖氏	鲁庄公三十年(前664)至鲁僖公二十三年(前637)	1. 鲁庄公三十年(前664):“斗谷于菟为令尹。” 2. 鲁僖公二十三年(前637):“秋,楚成得臣伐陈……子文以为之功,使为令尹。”
5	楚成王	成得臣(字子玉)	若敖氏	鲁僖公二十三年(前637)至二十八年(前632)	1. 鲁僖公二十三年(前637):“子文使为令尹。” 2. 二十八年(前632):子玉兵败城濮,“及连谷而死”。
6	楚成王	蒍吕臣(字叔伯)	蒍氏	鲁僖公二十八年(前632)至鲁僖公末年	鲁僖公二十八年(前632):“蒍吕臣实为令尹,奉己而已,不在民矣。”
7	楚成王	斗勃(字子上)	若敖氏	鲁僖公三十三年(前627)	鲁僖公三十三年(前627):“楚令尹子上(斗勃)侵陈、蔡……王杀子上。”
8	楚穆王	成大心(大孙伯)	若敖氏	鲁文公初年至鲁文公十二年(前615)	鲁文公十二年(前615):“楚令尹大孙伯(成大心)卒。”
9	楚庄王	成嘉(字子孔)	若敖氏	鲁文公十二年(前615)至十四年(前613)	1. 鲁文公十二年(前615):“楚令尹大孙伯卒,成嘉为令尹。” 2. 鲁文公十四年(前613):“楚庄王立,子孔、潘崇将袭群舒,使公子燮与子仪守……而使贼杀子孔,不克而还。”
10	楚庄王	斗般(字子扬)	若敖氏	任令尹时间在斗椒之前	鲁宣公四年(前605):“及令尹子文卒,斗般为令尹,子越为司马。蒍贾为工正,谮子扬(斗般)而杀之,子越为令尹。”

续表

序号	楚王	令尹	出身	任职时间	史料依据(以《左传》为主)
11	楚庄王	斗椒(字子越)	若敖氏	? 至鲁宣公四年(前605)	鲁宣公四年(前605):"楚子与若敖氏战于皋浒……遂灭若敖氏。"
12	楚庄王	孙叔敖(芳艾猎、芳敖)	薳氏	鲁宣公四年(前605)至十二年(前597)以后①	1. 鲁宣公十一年(前598):"令尹薳艾猎城沂。" 2. 鲁宣公十二年(前597):"芳敖为宰,择楚国之令典……"
13	楚共王	公子婴齐(字子重)	楚穆王子	鲁成公元年(前590)至鲁襄公三年(前570)	1. 鲁成公二年(前589):公(鲁成公)即位,受盟于晋,会晋伐齐。卫人不行使于楚,而亦受盟于晋,从伐齐,故楚令尹子重为阳桥之役以救齐。 2. 鲁襄公三年(前57),子重伐吴,失楚良将邓廖,吴伐楚,失良邑驾,"楚人以是咎子重,子重病之,遂遇心疾而卒"。

① 按,关于孙叔敖担任令尹的时间,顾栋高云:"孙叔敖即芳艾猎,为令尹见于十一年(鲁宣公十一年,前598)城沂,宣五年(前604)以后无所见。然孙叔敖为楚庄功臣,不应至十年尚不用为令尹,况宣四年斗椒圄其父伯嬴而杀之,斗椒诛则孙叔敖自当用,故知即继子越为令尹也。"据此,孙叔敖担任令尹的时间当始于鲁宣公四年,即公元前605年,《左传》记载孙叔敖事迹止于鲁宣公十二年(前597),则其任令尹的时间下限亦晚于公元前597年,顾栋高认为应至楚庄王末年,即鲁宣公十八年(前591)。参见(清)顾栋高辑,吴树平、李解民点校:《春秋大事表》卷二三《春秋楚令尹论》,第1821—1822页。

续表

序号	楚王	令尹	出身	任职时间	史料依据(以《左传》为主)
14	楚共王	公子壬夫(字子辛)	楚穆王子	鲁襄公三年(前570)至鲁襄公五年(前568)	1. 鲁襄公三年(前570):“楚子辛为令尹,侵欲于小国……” 2. 鲁襄公五年(前568):“楚人讨陈叛故,曰:‘由令尹子辛实侵欲焉。’乃杀之。”
15	楚共王 楚康王	公子贞(字子囊)	楚庄王子	鲁襄公五年(前568)至鲁襄公十四年(前559)	1. 鲁襄公五年(前568):“楚子囊为令尹。” 2. 鲁襄公十四年(前559):“秋,楚子为庸浦之役故,子囊师于棠,以伐吴……楚子囊归自伐吴,卒。”
16	楚康王	公子午(字子庚)	楚庄王子	鲁襄公十四年(前559)至鲁襄公二十一年(前552)	1. 鲁襄公十五年(前558):“楚公子午为令尹,公子罢戎为右尹……” 2. 鲁襄公二十一年(前552):“夏,楚子庚卒……”
17	楚康王	公子追舒(字子南)	楚庄王子	鲁襄公二十一年(前552)至鲁襄公二十二年(前551)	1. 鲁襄公二十一年(前552):“(楚康王)乃使子南为令尹。” 2. 鲁襄公二十二年(前551):“楚观起有宠于令尹子南,未益禄而有马数十乘……王遂杀子南于朝。”
18	楚康王	薳子冯	薳氏	鲁襄公二十二年(前551)至鲁襄公二十五年(前548)	1. 鲁襄公二十二年(前551):“(楚康王)复使薳子冯为令尹,公子齮为司马……” 2. 鲁襄公二十五年(前548):“楚薳子冯卒……”

续表

序号	楚王	令尹	出身	任职时间	史料依据(以《左传》为主)
19	楚康王	屈建(字子木)	屈氏	鲁襄公二十五年(前548)至鲁襄公二十八年(前545)	1. 鲁襄公二十五年(前548):“屈建为令尹,舒鸠人叛楚,令尹子木伐之……” 2. 鲁襄公二十八年(前545):“楚屈建卒,赵文子丧之如同盟,礼也。”
20	楚王郏敖	王子围	楚共王子	鲁襄公二十九年(前544)至鲁昭公元年(前541)	1. 鲁襄公二十九年(前544):“楚郏敖即位,王子围为令尹。” 2. 鲁昭公元年(前541):“冬,楚公子围将聘于郑……未出境,闻王有疾而还……十一月己酉,公子围至,入问王疾,缢而弑之……”
21	楚灵王	薳罢(字子荡)	薳氏	鲁昭公元年(前541)至鲁昭公十三年(前529)①	1. 鲁昭公元年(前541):“薳罢为令尹。” 2. 鲁昭公六年(前536):楚子使薳泄伐徐,吴人救之,令尹子荡率师伐吴,吴人败其师于房钟,子荡归罪于薳泄而杀之。

① 按,关于薳罢担任令尹的时间下限,顾栋高认为在鲁昭公十三年(前529),当楚灵王十二年,宋公文先生申之云:“子荡伐吴后至灵王自杀,七年内楚无新令尹出现,故他仍是令尹的可能性很大。灵王十二年,楚有新王与新令尹上任,他不再为令尹。”参见(清)顾栋高辑,吴树平、李解民点校:《春秋大事表》卷二三《春秋楚令尹论》,第1830—1831页;宋公文:《楚史新探》,第37页。

续表

序号	楚王	令尹	出身	任职时间	史料依据(以《左传》为主)
22	公子比	公子黑肱(字子晰)	楚共王子	鲁昭公十三年(前529)	鲁昭公十三年(前529):“公子比为王,公子黑肱为令尹,次于鱼陂……乙卯夜……二子皆自杀。”
23	楚平王	蔓成然(字子旗)	若敖氏	鲁昭公十三年(前529)至鲁昭公十四年(前528)	1. 鲁昭公十三年(前529):“弃疾即位,名曰熊居……使子旗为令尹。” 2. 鲁昭公十四年(前528):“楚令尹子旗有德于王,不知度,与养氏比而求无厌。王患之。九月甲午,楚子杀斗成然。”
24	楚平王	阳匄(字子瑕)	阳氏	鲁昭公十五年(前527)①至鲁昭公二十三年(前519)	1. 鲁昭公十七年(前525):“吴伐楚,阳匄为令尹,卜战,不吉。” 2. 鲁昭公二十三年(前519):“吴人伐州来,楚薳越帅师及诸侯之师奔命救州来。吴人御诸钟离。子瑕卒,楚师熸。”
25	楚平王 楚昭王	囊瓦(字子常)	囊氏	鲁昭公二十三年(前519)至鲁定公四年(前506)	1. 鲁昭公二十三年(前519):“楚囊瓦为令尹,城郢。” 2. 鲁定公四年(前506):“十一月庚午,二师阵于柏举……子常之卒奔,楚师乱,吴师大败之。子常奔郑。”

① 按,阳匄最早见于《左传》记载是在鲁昭公十七年(前525),此时距离楚平王杀令尹蔓成然(前528年九月甲午)已有三年左右,中间史无其他令尹事迹,故推测阳匄当继蔓成然为令尹。

续表

序号	楚王	令尹	出身	任职时间	史料依据(以《左传》为主)
26	楚昭王 楚惠王	公子申 (字子西)	楚平王子	鲁定公五年(前 505)至鲁哀公十六年(前 479)	1. 鲁定公六年(前 504):“四月己丑,吴大子终纍败楚舟师……楚国大惕,惧亡。子期又以陵师败于繁扬。令尹子西喜曰:‘乃今可为也。’” 2. 鲁哀公十六年(前 479):白公胜作乱,“杀子西、子期于朝”。
27	楚惠王	沈诸梁 (叶公子高)	沈尹氏	鲁哀公十六年(前 479)至鲁哀公十七年(前 478)	1. 鲁哀公十六年(前 479):“沈诸梁兼二事。”杜注:“二事,令尹、司马。”① 2. 鲁哀公十七年(前 478):“王与叶公枚卜子良以为令尹……叶公曰:‘王子而相国,过将何为。’他日,改卜子国以为令尹。”
28	楚惠王	公孙宁 (字子国)	公子申子	鲁哀公十七年(前 478)及其以后	1. 鲁哀公十八年(前 477):“三月,楚公孙宁、吴由于、薳固败巴师于鄾,故封子国于析。”

分析上表,春秋时期楚国令尹计有斗祈、彭仲爽、公子元、斗谷於菟(子文)、成得臣(子玉)、蒍吕臣(叔伯)、斗勃(子上)、成大心(大孙伯)、成嘉(子孔)、斗般(子扬)、斗椒(子越)、蒍艾猎(蒍敖)、公子婴齐(子重)、公子壬夫(子辛)、公子贞(子囊)、公子午(子庚)、公子追舒(子南)、薳子冯、屈建(子木)、公子围、薳罢(子荡)、公子黑肱(子晰)、斗成然(子旗)、阳匄(子瑕)、囊瓦(子常)、公子申(子西)、沈诸梁(子高)、公孙宁(子国)28 人,将此 28 人按其出身,可分类如下:

① 《春秋左传正义》,第 2178 页。

世族公族：斗祈、斗谷於菟、成得臣、蒍吕臣、斗勃、成大心、成嘉、斗般、斗椒、蒍艾猎、蒍子冯、屈建、蒍罢、斗成然、阳匄、囊瓦、沈诸梁

公子公孙：公子元、公子婴齐、公子壬夫、公子贞、公子午、公子追舒、公子围、公子黑肱、公子申、公孙宁

外姓成员：彭仲爽

按照百分比来算，世族公族占 60%强，公子、公孙近占 36%，二者相加约占总数的 96%，比例相当的高，非公族出身得以担任令尹者，仅楚文王时期的彭仲爽。

再来说“司马”一职。“司马”，号称“令尹之偏，而王之四体也”，宋公文先生《春秋时期楚司马系列考述》一文[①]，指出楚国司马一职的设置当始于楚成王（前 671—前 626 在位）中期，从该文考证的结果来看，司马一职完全被公族成员所垄断，非公族成员无染指的机会。

表 2-2　春秋时期楚国司马序列表

序号	楚王	司马	出身	任职时间	备注（以《左传》为主）
1	楚成王	子良	若敖氏	楚成王中期	鲁宣公四年（前 605）：“初，楚司马子良生子越椒。”杨注：“子良，斗伯比子，令尹子文之弟，司马为其官。”[②]
2	楚成王	成得臣（字子玉）	若敖氏	前 637 年之前	宋公文先生考证：成得臣在由斗子文荐举为令尹之前，系任楚司马一职[③]。

① 宋公文：《春秋时期楚司马系列考述》，《江汉论坛》1986 年第 6 期。

② 杨伯峻：《春秋左传注》（修订本），第 679 页。

③ 宋公文：《楚史新探》，第 261—262 页。

续表

序号	楚王	司马	出身	任职时间	备注(以《左传》为主)
3	楚成王	斗宜申(字子西)	若敖氏	前634—前632	鲁僖公二十六年(前634):“冬,楚令尹子玉、司马子西(斗宜申)帅师伐宋,围缗。”鲁僖公二十八年(前632)城濮败绩后,楚成王贬子西为商公。
4	楚庄王	斗　克(字子仪)	若敖氏	?	《国语·楚语上》:“昔庄王方弱,申公子仪父为师,王子燮为傅。”服虔注:“仪父,申公斗班之子大司马斗克也。”①
5	楚庄王	斗　椒(字子越)	若敖氏	前613—②前611	鲁宣公四年(前605):“及令尹子文卒,斗般为令尹,子越为司马。”
6	楚庄王	蒍　贾(字伯嬴)	蒍　氏	前611—前605	鲁宣公四年(前605)记载蒍贾继斗椒为司马,后为斗椒所杀。
7	楚共王	公子侧(字子反)	楚穆王子	前597—前575	1. 鲁宣公十二年(前597)述晋楚邲之战楚军将帅:“沈尹将中军,子重将左,子反将右。”③ 2. 鲁成公十六年(前575)述晋楚鄢陵之战,公子侧醉酒误国事,楚军大败,《史记·晋世家》:“王怒,让子反,子反死。”

① 徐元诰撰,王树民、沈长云点校:《国语集解》,第490页。

② 宋公文:《楚史新探》,第263页。

③ 按,关于公子侧担任司马的时间,《左传》等文献资料当中并没有明确说明,然可推断其在公元前597年晋楚邲战当口宜已担任司马一职。据鲁宣公十二年《传》文,明董说在《七国考》中言:“时孙叔敖为令尹秉政,不在三军之数。于‘南辕反旆’,军进退皆由之,故知令尹为兼统三军矣。”又宋公文先生研究,是时沈尹是“让位于孙叔敖之前令尹,左将子重(公子婴齐)为左尹”,比较而言,与沈尹、子重(公子婴齐)并举的子反,其官职必不(转下页注)

续表

序号	楚王	司马	出身	任职时间	备注(以《左传》为主)
8	楚共王	公子何忌	不详[①]	前575—前561[②]	1. 鲁襄公三年(前570):"楚司马公子何忌侵陈,陈叛故也。"杨注:"公子何忌仅见于此。"[③] 2. 鲁襄公四年(前569):"四年春,楚师为陈故,犹在繁阳。"杜注:"前年何忌之师侵陈,今犹未还。"[④]
10	楚共王 楚康王	公子午 (字子庚)	楚庄王子	前561—前558	1. 鲁襄公十二年(前561):"秦嬴归于楚。楚司马子庚聘于秦,为夫人宁,礼也。" 2. 鲁襄公十五年(前558):"楚公子午为令尹,公子罢戎为右尹……"

(续上页注)会低,童书业先生疑其为司马,宋公文先生观点同,又《说苑·尊贤》:"楚庄王用孙叔敖、司马子反、将军子重征陈,服郑,败强晋。"则在公元前597年公子侧任司马明矣。又邲战之后,楚军围萧,有"司马卯"者,竹添光鸿先生虽然没有明讲当时楚之司马一职系由司马卯担任,然其前后意思却是很明显的。事实应并非如此,"司马卯"其人,杨伯峻先生:"楚大夫。""司马"当是氏称,"卯",其名。参见(明)董说:《七国考》,北京:中华书局1956年版,第307页;童书业:《春秋左传研究》,第160页;(汉)刘向撰,向宗鲁校正:《说苑校证》,北京:中华书局1987年版,第175页;(日)竹添光鸿:《左氏会笺》,第910页;杨伯峻:《春秋左传注》(修订本),第749页;宋公文:《楚史新探》,第264页。

① 按,公子何忌与公子婴齐、公子侧、公子午差不多同一时代,疑若非楚穆王之子,即是楚庄王子。

② 按,公子何忌应该是继公子侧而为司马,因为从公元前575年公子侧自杀至公元前570年(鲁襄公三年)公子何忌见于《传》文记载,期间史无其他人任职司马的记录。公子何忌担任司马的时间下限,最迟也不会晚于公元前561年(鲁襄公十二年),此年公子午以司马的身份见于《传》文记载。

③ 杨伯峻:《春秋左传注》(修订本),第930页。

④ 按,楚师围陈犹未还,说明公子何忌尚在军中,即尚担任司马一职。参见(晋)杜预注,(唐)孔颖达疏:《春秋左传正义》,第1931页。

续表

序号	楚王	司马	出身	任职时间	备注(以《左传》为主)
11	楚康王	薳子冯(薳子)	薳氏	前558—前551	1. 鲁襄公十五年(前558):"薳子冯为大司马。" 2. 鲁襄公二十二年(前551):"复使薳子冯为令尹,公子齮为司马。"
12	楚康王	公子齮	不详[①]	前551—前548	1. 鲁襄公二十二年(前551):"复使薳子冯为令尹,公子齮为司马。" 2. 鲁襄公二十五年(前548):"楚薳掩为司马,子木使庀赋。"
13	楚康王 郏敖	薳掩	薳氏	前548—前543	1. 鲁襄公二十五年(前548):"楚薳掩为司马,子木使庀赋。" 2. 鲁襄公三十年(前543):"楚公子围杀大司马薳掩而取其室。"[②]

① 按,"公子齮"亦仅见于鲁襄公二十二年《传》文,此后不现,疑其为楚庄王子。公子齮生活在楚康王时代。楚康王父为楚共王(前590—前560年在位),《左传》鲁昭公十三年(前529)记载楚共王无冢嫡,然有宠子五人,即楚康王、楚灵王、公子比、公子黑肱、楚平王,不见公子齮之名。再向上推,即是楚庄王。

② 按,《左传》鲁襄公三十年(前543),楚公子围杀大司马薳掩以后,直至鲁昭公十三年(前529,楚灵王末年),前后十四年间,谁曾任司马职务,史籍无载。有两种可能,其一,是楚此时间段内未置司马一职;其二,有设而史无记载。宜以前说为是。楚灵王是通过非正常手段获得国君之位的,在此过程中,征于史料易知其篡位前所面临的重要障碍之一即是"大司马薳掩",故其在篡位(前541)之前两年(前543)先杀薳掩。在其登基为王之后,前车之鉴犹在,故终灵王之世,楚"司马"一职当常废而不置。又《左传》鲁昭公十二年(前530):"楚子(楚灵王)狩于州来,次于颍尾,使荡侯、潘子、司马督、嚣尹午、陵尹喜帅师围徐以惧吴。"杜预注:"五子,皆楚大夫。"清顾栋高以"司马督"担任"司马"一职,宋公文先生已驳之,言:"这又是犯了见'司马'即指为官称的毛病。'《左氏》叙次,俱以官爵为先后'。时薳罢为令尹,而司马督又列于荡侯、潘子之后,可见其并非位居楚官第二之司马……'督'前之'司马'(转下页注)

续表

序号	楚王	司马	出身	任职时间	备注(以《左传》为主)
14	公子比	公子弃疾	楚共王子	前529年	鲁昭公十三年(前529):“公子比为王,公子黑肱为令尹,次于鱼陂。公子弃疾为司马……。”
15	楚平王	公子鲂(字子鱼)	不详	前528—前525年①	鲁昭公十七年(前525):“吴伐楚,阳匄为令尹,卜战,不吉。司马子鱼曰:‘我得上流,何故不吉?且楚故,司马令龟,我请改卜。’令曰:‘鲂也以其属死之,楚师继之,尚大克之!’吉。战于长岸,子鱼先死,楚师继之,大败吴师……。”②
16	楚平王	薳越	薳氏	前525—前519年③	1. 鲁昭公二十一年(前521):宋国华氏叛乱,“薳越帅师将逆华氏”。 2. 鲁昭公二十三年(前519):“楚大子建之母在郹,召吴人而启之。冬十月甲申,吴大子诸樊入郹,取楚夫人与其宝器以归。楚司马薳越追之,不及……乃缢于薳澨。”

(续上页注)应是其氏。”参见(清)顾栋高辑,吴树平、李解民点校:《春秋大事表》卷一〇《春秋列国官职表》,第1048页;宋公文:《楚史新探》,第266—267页。

① 按,《左传》鲁昭公十三年(前529),原来的楚国司马公子弃疾即位为王(楚平王),推测公子鲂当在楚平王元年(前528)担任司马。

② 按,南宋郑樵《通志·氏族略四》“以官为氏”之“司马氏”条下,云:“楚有司马子鱼。”明显是以“司马”二字为氏称,而非官职,这与《传》意不符。参见(宋)郑樵撰:《通志》卷二八《氏族四》,第468页。

③ 按,宋公文先生言指出薳越任司马之上限,很可能即为子鱼之死年,即楚平王四年(前525)。前519年,薳越自缢于薳澨,至公元前506年(当鲁定公四年,楚昭王十年),十三年间史籍又不见楚司马的记载,具体原因宋公文先生认为应该是此间楚未有设置司马:“昭王即位时年仅七、八岁,令尹子常贪贿专权,不欲以军权分人……若置司马而分其军权,岂不更加有碍于他的专断?”可信。参见宋公文:《楚史新探》,第268页。

续表

序号	楚王	司马	出身	任职时间	备注(以《左传》为主)
17	楚昭王	公子结(字子期)	楚平王子	前 505—前 479	1. 鲁定公六年(前 504):“四月己丑,吴大子终累败楚舟师……楚国大惕,惧亡,子期又以陵师败于繁阳……。” 2. 鲁哀公十六年(前 479):白公胜作乱,“杀子西、子期于朝”。
18	楚惠王	沈诸梁(字子国)	沈尹氏	前 479—前 478	1. 鲁哀公十六年(前 479):“沈诸梁兼二事。国宁,乃使宁为令尹,使宽为司马,而老于叶。”杜注:“二事,令尹、司马。”① 2. 鲁哀公十七年(前 478):“王与叶公枚卜子良以为令尹……叶公曰:‘王子而相国,过将何为。’他日,改卜子国以为令尹。”
19	楚惠王	公孙宽	楚平王孙、公子结子	前 478 年以后	鲁哀公十九年(前 476):“十九年春,越人侵楚,以误吴也。夏,楚公子庆、公孙宽追越师,至冥,不及,乃还。”

二、春秋楚国公族社会的政治演进

终春秋之世,乃至于战国楚悼王(前 401—前 381 在位)任命吴起为令尹主持变法(前 382),就楚国公族总体生存环境来说,是较为平稳的,并不如晋国般有“诅无畜公族”的现象。上面的令尹、司马两组统计数据,亦足以说明春秋时期楚国公族大体平稳的发

① 《春秋左传正义》,第 2178 页。

展态势。

虽说态势平稳，然而世族公族与王室、公子群与王室、世族公族与公子群之间，乃至于世族公族、公子群集团各自之内部，争斗也是此起彼伏。这些不同群体及群体内部的争斗，互相交织，在推动楚国史整体演进的同时，也形成了一定时期内的楚国政治风格。

按照执政情况，将春秋时期楚国公族社会的政治演进划分为以下三个发展阶段：

第一阶段："世族公族"执政时期。

始于楚武王，迄《左传》鲁宣公四年（前605）楚庄王灭若敖氏。这一时期，是楚国世族公族势力发展的鼎盛阶段，实力也最为强劲。其中，若敖氏（斗、成二氏）又是楚国世族公族统治的核心力量，而所谓的世族公族执政，实为若敖氏（斗、成二氏）执政，其他世族公族参与（蒍氏、屈氏）而已，晏昌贵先生言："从武王直到庄王时期，掌握楚国实际政权的是若敖氏家族。"①

这一时期的总体特征是世族公族人员，或者说是世族公族当中的若敖氏成员，执掌权柄，基本垄断令尹、司马二职务，入则议政，出则领兵，经历武、文、成、穆王时期的连续发展，到庄王时，世族公族的势力甚至能够威胁楚君。当然，在世族公族整体占绝对优势的前提下，也不乏有公子、公孙与政的情况，甚至在特殊情况下占据短暂的优势。如楚成王前期有令尹公子元，是握有实权的重臣，其地位甚至能"入住王宫"。

这一时期的主要矛盾存在于世族公族与楚君之间，而世族公族内部的斗争也很激烈，主要是若敖氏（斗、成二氏）与蒍氏之间，并最终导致了若敖氏的衰落。

---

① 晏昌贵：《春秋楚王权与楚国政治地理结构》，《江汉论坛》1998年第3期。

第二阶段:“公子群”执政时期。

这一阶段的时间年限,自楚庄王统治的后期至楚康王即位的第二年(前 558)。有鉴于前一阶段世族公族尾大不掉,对于王室构成甚大的危害,楚庄、共二王广泛提拔公子、公孙出任令尹、司马及地方县公等职务,来代替原来的世族公族势力,形成了公子群执政的局面。

这一时期的基本特征是“世族公族”销声匿迹,基本不见于文献记载,“公子群”对于朝政的垄断达到了一个前所未有的高度。然而随着“公子群”势力的扩充,加之楚国王位继承制度的不完善,导致“公子群”又继“世族公族”之后对楚王权形成新的威胁。

第三阶段:世族公族、公子群共同执政时期。

这一时期相较于前两个阶段,情况比较复杂,“世族公族”与“公子群”交织密切,可藉优势的占有方不同而划分为不同的小阶段。

首先是从楚康王即位的第二年(前 558)至楚康王九年(前 551),“世族公族”重新在楚国政治中枢中占有一定位置。《左传》鲁襄公十五年(前 558),经历庄、共二朝的公子群执政,其弊端日益显现,“楚国多难,祸乱多起共王”①,楚在与晋竞霸的过程中日渐式微,楚康王开始进行人事调整,如下:

> 公子午为令尹,公子罢戎为右尹,芀子冯为大司马,公子橐师为右司马,公子成为左司马,屈到为莫敖,公子追舒为箴尹,屈荡为连尹,养由基为宫厩尹,以靖国人,君子谓:楚于是乎能官人……

① 李零:《“三闾大夫”考——兼论楚国公族的兴衰》,《文史》2001 年第 1 辑。

分析上述九位楚国中枢高层，“公子群”成员有五人：公子午、公子罢戎、公子橐师、公子成、公子追舒。“世族公族”成员三人：蒍子冯、屈到、屈荡。异姓世族一人，养由基。史言楚康王“能官人”，之所以会有如此高的评价主要基于两个方面的原因：其一，藉能而安排以适当职务，人得其所用；其二，打破了楚国自庄王后期以来的用人局限，不再窠臼于公子、公孙，重新启用“世族公族”。当然在这一时期内，从公子午、公子追舒相继担任令尹来看，“公子群”相较于“世族公族”，仍旧占据优势地位。

从公元前551年至公元前506年，世族公族的再次复兴。《左传》鲁襄公二十二年（前551），令尹公子追舒获罪而卒，楚康王“使薳子冯为令尹，公子齮为司马，屈建为莫敖”。蒲百瑞先生认为这是“一场彻底的改革”，“在大宗成员（即“公子群”）中只有一名公子被委以要职（司马）”，“这反映出康王虽未把大宗成员（即“公子群”）全部排除在朝廷之外，但他的改革事实上却大幅度地削弱了他们的影响”①。《左传》鲁襄公二十五年（前548）载：“楚薳子冯卒，屈建为令尹，屈荡为莫敖。”同年又记载：“蒍掩为司马。”至此，令尹、司马、莫敖三职又重新由“世族公族”秉持。楚康王的这几次人事任命彻底颠覆了自庄王后期以来形成的公子群秉政的局面。《左传》鲁昭公元年（前541），楚公子围弑楚康王子郏敖自立为君，是为楚灵王。灵王本身是藉公子身份而篡位践祚的，故“公子群”在灵王统治时期（前540—前529年）势力进一步衰弱，公子比奔晋，公子黑肱奔郑，公子弃疾仅为陈公，担任令尹的是蒍氏成员薳罢。公元前529年，公子弃疾亦以公子身份篡立，是为楚平王（前528—前516年在位），先后担任令尹的是世族公族成员斗成然、阳

① （美）蒲百瑞：《春秋时代楚国政体新探》，《中国史研究》1998年第4期。

匄。《左传》鲁昭公二十七年(前515),楚昭王立,囊氏成员囊瓦为令尹,鲁定公四年(前506)终止。

在这一时期内有两点需要注意:其一,虽然楚王以世族公族成员担任令尹,但并没有把公子、公孙排除在朝政之外。《左传》鲁昭公十七年(前525)有"司马子鱼",杜注:"子鱼,公子魴也。"[①]鲁昭公十八年(前524)有"左尹王子胜"。其二,正是在这一时期内,世族公族遭受了自楚庄王灭若敖氏以来的第二次沉重打击,而这次几乎涉及到了楚国主要的世族公族。楚灵王即位前后,"杀大司马蔿掩",夺薳居田,夺斗韦龟、斗成然邑。《左传》鲁昭公五年(前537,当楚灵王四年),楚灵王以"屈申为贰于吴"为由,杀屈申。《左传》鲁昭公十二年(前530):"楚杀其大夫成虎。"成虎,"若敖之余也",杜注:"成虎,令尹子玉之孙。"[②]鲁昭公十四年(前528),楚平王又杀斗成然,灭养氏之族。鲁定公四年(前506),楚令尹囊瓦兵败柏举,奔郑,囊氏世族从此亦不见于楚国。

从公元前505年至公元前479年,公子、公孙又占优势。在楚昭王前期,令尹囊瓦专权,擅杀大臣,导致吴师入郢,楚国几亡。囊瓦之后,接任令尹的是楚平王之子、楚昭王庶兄公子申(子西),公子申联合司马公子结(子期)逼退吴兵,复国成功。公子申与公子结联合执政的局面一直延续至公元前479年。在这一时期内,比较活跃的世族公族有申氏,《左传》鲁定公五年(前505)有"申包胥",楚能复国,申包胥功不可没;又有"申鸣"其人,为左司马[③]。

以上就是我们对于楚国公族社会从兴起至兴盛按时间进程所做的纵向分析。

---

① (晋)杜预注,(唐)孔颖达疏:《春秋左传正义》,第2085页。

② (晋)杜预注,(唐)孔颖达疏:《春秋左传正义》,第2062页。

③ (清)马骕撰,王利器整理:《绎史》(六)卷九四,北京:中华书局2002年版,第2298—2299页。

第三章　楚国公族社会下诸制考索

上章按照时间的纵向顺序，粗略地展示了楚国公族社会的演进历程。本章则对春秋时期的楚国公族社会作横向综合考察，主要着眼于以下四个方面：一、讨论以公族为主体的楚国采邑制度，分析其与中原诸国的差异所在；二、对主要由公族成员构成的楚国兵制作深入剖析；三、探究春秋时期楚国公族未擅国柄的政治现象；四、描述公族社会下公族成员的日常礼制生活。

第一节　以公族为主的采邑制度探究

《左传》鲁桓公二年(前710)："天子建国，诸侯立家，卿置侧室，大夫有贰宗，士有隶子弟，庶人、工、商，各有分亲，皆有等衰。"其中的"诸侯立家"说的就是诸侯为其臣下封授采邑的事情。"诸侯立家"的情况，吕文郁先生指出："西周时代的采邑主要都集中在王畿之内。畿外各诸侯国一般很少在自己的封域内再为本国的卿大夫分封采邑。这主要是因为西周之初王室分封的诸侯国数量很多，每一个诸侯国的封域都很小，各诸侯国的卿大夫地位不高，俸禄也比较低，因而当时的畿外侯们没有必要在本国之内进行再分封。"①而春

① 吕文郁：《周代的采邑制度》(增订版)，第19—20页。

秋时期“是卿大夫——特别是大国之卿——的黄金时期，其封邑简直没个界限。这和他们的主子（诸侯）的领土扩张直接关联着的”①。于楚而言，受封的对象主要是公族成员。

春秋时期楚国以公族成员为主的采邑制度，拟从两个方面进行整理：一，简述公族采邑分封状况；二，概括楚国以公族为主采邑制度的独特之处。

一、楚公族采邑分封状况简述

春秋时期楚是否封授采邑，学界观点不一。

姜亮夫先生考证：“楚不分封，既无五等之制，故不分封。”唯一的例外是熊渠封长子康为勾亶王，中子红为鄂王，少子执疵为越章王②。金景方先生观点与之类似，指出：“楚自楚文王以来，王子弟弑君自立者凡四人（成王、穆王、灵王、平王），大臣作乱和谋弑者凡五人（斗宜申、仲归、公子燮、斗克和斗越椒），兵败国破几至亡国者一次；然君权并未因此下移。这是楚与晋、齐、鲁、卫等国的不同……根本原因在于这时的楚不行分封，使权力集中于中央。”③

段志洪先生指出：“楚无分封制，这种说法是片面的。在血缘组织还是国家政权组织的重要形式的初期国家，随王室和世族人口的增殖繁衍，必然产生新的贵族家长，这些新的贵族家长以土地和被剥削者为经济基础，形成新的世族。在当时的社会关系中，这种增殖裂变的过程，即分封卿大夫的过程。楚王室公子除继承王

① 侯志义：《采邑考》，西安：西北大学出版社 1989 年版，第 31 页。

② 姜亮夫：《三楚所传古史与齐鲁三晋异同辨》，《姜亮夫全集》八《楚辞学论文集》，第 146 页。

③ 金景芳：《中国奴隶社会史》，上海：上海人民出版社 1983 年版，第 244 页。

位者外，大都分封出去立家。”[①]马卫东先生亦言道：“或谓楚无分封制，这种说法亦不够全面。在井田制仍旧延续、血族组织普遍存在的条件下，分封制是不可能完全废除的。”[②]

又张正明先生在《楚国社会性质管窥》一文中指出：楚于成王前内部尚无封爵，自然也就无采邑可言了。“早期的食邑，可考而知的有斗、芳（薳）、屈三地，斗为若敖子食邑，芳为蚡冒子食邑，屈为武王子食邑。这三地被称为食邑，都是后来的事。就当年的楚君来说，他们只是仿照先人熊渠的遗规，把一块新占的领土交给一个儿子管理，并把当地某些村落应纳的贡税赏给这个儿子，如此而已……汉代以后的学者见到斗、芳、屈三地类似食邑，才把他们称为食邑了。楚实行食邑制，大概始于楚成王。”[③]

上三种观点，后两说为是。春秋时期，楚国当存在采邑封授的事实。

楚国公族采邑授封情况，世族公族部分记载较多，公子、公孙部分极少出现。世族公族部分，以斗、成、屈、薳四大宗族为例作简要介绍，如下：

1. 斗氏

斗氏以宗族采邑名作为氏称，这是学界的共识。而关于“斗”邑的具体情况，基于史料的缺失等原因，目前学界研究成果较多，然无达成共识的结论。

郑威先生认为：“斗氏始封地所在，按《左传》昭公十四年（前528）‘楚子杀斗成然，而灭养氏之族。使斗辛居郧，以无忘旧勋’

---

① 段志洪：《周代卿大夫研究》，第144—145页。

② 马卫东：《春秋楚国政不下移原因新探》，《郑州大学学报（哲学社会科学版）》2009年第3期。

③ 张正明：《楚国社会性质管窥》，张正明主编：《楚史论丛》（初集），第48页。

的记载，或在'郧'地附近，郧公斗辛所居之楚郧县在今钟祥市北境的汉水东岸一带，又，古郧国在今京山、钟祥之间，二者较为临近，斗氏始封之邑可能就在此区域附近。"[①]即斗邑在湖北钟祥附近。

田成方先生观点与之不同，将斗氏宗邑确定在今河南省"南阳盆地东南端的唐白河流域"[②]一带。依据主要有两条：其一，《左传》鲁僖公二十八年（前632）晋、楚两强城濮之战，据《传》意，楚国有"西广""东宫""若敖六卒"跟随令尹子玉（成得臣）出战。"若敖六卒"是斗、成二氏之宗族私兵，楚兵败城濮，楚成王责备子玉（成得臣）："大夫若入，其若申、息之老何？""成王以'申、息之老'责难子玉，说明申、息参战伤亡者当不在少数，若敖之卒有六百人，盖不尽是斗氏、成氏之贵族子弟，估计也有一定数量申县和息县籍贯的兵士，申、息之人被编入若敖氏族兵，可能与斗氏宗邑距两地较近有关"[③]。其二，《左传》鲁宣公四年（前605）记载有若敖氏叛乱失败的整体过程，《传》文中出现的"轑阳""烝野""漳澨""皋浒"四个地名，田成方先生经过详细考证，指出以上四地地望皆位于南阳盆地附近，则斗氏宗邑当亦离此地不远。

张正明先生考证："若敖氏"之"若"字，当为地名，"楚地而名'若'者，唯'鄀'而已"。鄀都商密，在今淅川县西境大石桥乡的柳家泉村。若敖氏的领地应在今南阳盆地的西边，与商密相距不远[④]。张正明先生所谓的"若敖氏"，从其论证过程中的举例来看，系指斗氏。

按，征于《左传》，记载楚事始见于鲁桓公六年（前706，当楚武

---

① 郑威：《西周至春秋时期楚国的采邑制与地方政治体制》，《江汉考古》2009年第3期。

②③ 田成方：《东周时期楚国宗族研究》，第77页。

④ 张正明：《豫西南与楚文化》，楚文化研究会编：《楚文化研究论集（第四集）》，郑州：河南人民出版社1994年版，第24页。

王三十五年），自此以后至鲁庄公四年（前 690，当楚武王五十一年），十六年间，楚人计在汉东三次伐随、一次伐郧，在汉南一次伐罗，在汉北一次伐绞，在汉北一次伐邓国南鄙鄾人。上述的军事活动，充分显示出楚武王治国时期（前 740—前 690 年），楚国统治区域主要在汉水中游西部一带，远未达到汉水之东。尤其是《左传》鲁桓公六年（前 706）楚武王第一次伐随，斗伯比有“吾不得志于汉东也”“汉东之国随为大”诸语，明确表明了楚是“来自汉西之国的东侵者的身份”[①]。故斗氏宗邑在汉水以东今京山、钟祥附近的可能性较小。

田成方先生“南阳唐白河”说、张正明先生“南阳商密说”，皆考证详细。笔者于此基础上再有所补论。

1990 年至 1991 年，河南省考古工作人员在距离淅川下寺春秋楚墓仅四百米左右的和尚岭地区，又发掘有两座春秋中晚期楚墓[②]。其中，一号墓出土铸有“克黄鼎”2 件（《新收》0499、0500）。“克黄”即是楚国令尹斗子文之孙、斗般之子。克黄身居楚国箴尹一职，在公元前 605 年若敖氏叛乱之际，出使齐国，归而复命，免遭诛杀，楚庄王感念其祖先功绩，令其改名曰“生”，鼎的铸造年代应该在公元前 605 年之前。马世之先生认为和尚岭一号墓即为“克黄之墓”[③]，陶亮、于璐先生观点同[④]。据此，淅川附近的和尚岭地区应该是斗氏的宗族墓地所在，斗氏宗邑大概亦在此区域附近。

又见于文献记载，斗氏宗族成员任职及后续不断获得的新采

① 何浩：《楚灭国研究》，武汉：武汉出版社 1989 年版，第 17 页。

② 河南省文物研究所等：《淅川县和尚岭春秋楚墓的发掘》，《华夏考古》1992 年第 3 期。

③ 马世之：《中原楚文化研究》，第 196 页。

④ 陶亮、于璐：《淅川楚墓与楚国斗氏》，《中原文物》2015 年第 4 期。

邑亦大都在淅川附近，这当与斗氏最早的封邑即在淅川一带，进而在当地有深厚的根基有密切联系。

《左传》鲁僖公二十八年(前632)，城濮兵败，斗氏宗族成员斗宜申(字子西)由司马而降职为商公，清学者江永《春秋地理考实》：商即商密，在今河南淅川西南①。

又斗韦龟，《左传》鲁昭公十三年(前529)："王(楚灵王)夺斗韦龟中犨。"斗韦龟其人，是宫厩尹斗弃疾之子，属于斗氏第八世次人物。"中犨"，是斗韦龟采邑所在，顾栋高《春秋大事表》卷七之四《春秋列国都邑表》："疑(中犨)当在南阳府境。"②又田成方认为"中犨"可能与《传》文记载的"犨"地有关③。"犨"地，始见于鲁昭公元年(前541)《传》文记载，曰："楚公子围使公子黑肱、伯州犁城犨、栎、郏，郑人惧。"杨注："犨在今河南鲁山县东南五十里，即叶县西。"④距离南阳地区不远。

斗成然，字子旗，是斗韦龟之子，属于斗氏第九世次成员。"斗成然"，食采邑于蔓，又称"蔓成然"。蔓地地望，田成方⑤、郑威⑥二位先生皆考证在今河南省伊川县东南。

2. 成氏

"成"地，地望应该在今天湖北京山、钟祥附近臼水入汉水处，此地离郧地不远，详见第四章第二节《若敖氏之斗、成二氏》。

---

① (清)江永：《春秋地理考实》，(清)阮元、王先谦编：《清经解 清经解续编(附索引)》(贰)，南京：凤凰出版社2005年版，第1955页。

② (清)顾栋高辑，吴树平、李解民点校：《春秋大事表》卷七《春秋列国都邑表》，第855页。

③ 田成方：《东周时期楚国宗族研究》，第77页。

④ 杨伯峻：《春秋左传注》(修订本)，第1223页。

⑤ 田成方：《东周时期楚国宗族研究》，第79页。

⑥ 郑威：《西周至春秋时期楚国的采邑制与地方政治体制》，《江汉考古》2009年第3期。

3. 屈氏

基于学界在屈氏族源问题上观点迥异，屈氏最早采邑地望所在，学界亦争议不小，主要有以下几说：

“甲水说”。赵奎夫先生认为屈氏系由楚君熊渠之子句亶王伯庸而来，相应的屈地地望当与句亶王伯庸之封地有关联。伯庸被封于古庸国附近，古庸国地望在今天湖北省西北部的竹山县附近。庸地附近有“甲水”，《汉书·地理志上》“弘农郡”条下：“又有甲水，出秦岭山，东南至鍚入沔。”[①]《水经注》卷二七《沔水》：“汉水又东合甲水口，水出秦岭山，东南流径金井城南，又东径上庸郡北……甲水又东，右入汉水。”[②]“甲水”，又称“吉水”，《嘉庆重修一统志》卷三四九《郧阳府》：“甲水在郧西县西，自陕西兴安州白河县界流至郧西县界入汉，一名吉水，亦称夹河水。”而见于古籍，“屈氏”之“屈”字，有时即作“甲”字。《庄子·庚桑楚》中云：“是三者虽异，公族也，昭景也，著戴也，甲氏也，著封也，非一也。”引文中的“甲氏”，王应麟《困学纪闻》：“说云：‘昭、景、甲三者，皆楚同姓也。’甲氏，其即屈氏欤？”[③]“甲氏”即“屈氏”的说法，得到学界广泛认可。马叙伦在其著作《庄子义证》“甲氏”记载条下曰：“甲借为屈，音同见纽。”[④]郭沫若先生：“甲氏就是屈氏，说它是音变固可以。”[⑤]姜亮夫先生观点同，云：“至甲氏当即屈氏，甲、屈古双声，又鱼、麻韵近之

---

① 《汉书》卷二八《地理志上》，第1549页。

② （北魏）郦道元著，陈桥驿校证：《水经注校证》，第650页。

③ （宋）王应麟著，《困学纪闻》（全校本）中册，上海：上海古籍出版社2008年版，第1315页。

④ 许嘉璐主编，李林点校：《马叙伦全集·庄子义证 庄子天下篇述义》，杭州：浙江古籍出版社2019年版，第520页。

⑤ 郭沫若：《屈原研究》，《郭沫若全集·历史编》第4卷，北京：人民出版社1982年版，第13页。

通转也。”[①]“屈”字，也可作“吉”字，赵逵夫先生：“春秋时晋国有地名屈，也叫北屈，后来音变，字作‘吉’。《天平寰宇记》提到‘北屈故城在今慈州吉乡县北二十一里’。吉乡县今名吉县。由此也可以看出湖北省西北角的吉水其名由‘屈’转变为‘吉’的过程。”[②]

以上即是屈氏封邑“甲水说”的论证逻辑。

“屈家坡说”。《吕氏春秋・召类》：“禹攻曹魏，屈骜有扈，以行其教。”[③]何光岳先生据此认为：“从屈瑕为莫敖之官来看，屈地当以屈敖为是。屈骜地在河南偃师南，但楚地从未达偃师，楚地之屈邑应为南屈，今湖北房县西北堵河南岸有屈家坡，传说有古遗址，或即其地。”[④]黄崇浩先生有所驳斥，认为南屈地名确实存在，但并非在屈家坡[⑤]。

“大冶说”。《左传》鲁昭公七年（前535）：“楚子（楚灵王）享公于新台，使长鬣者相，好以大屈。”此条记载当中的“大屈”，《史记集解》引服虔之言曰：“大屈，宝金，可以为剑。”[⑥]孔颖达引贾逵之言：“大屈，宝金，可以为剑，大屈，金所生地名。”[⑦]陈建梁先生据此认为：“‘大屈’乃为贵重金属的名称，其名来源于金属的出产地的地名，其金属可以造剑。”[⑧]“金”，特指的是铜，而楚人开采铜矿的地

① 姜亮夫：《史记屈原列传疏证》，《姜亮夫全集》八《楚辞学论文集》，第4页。

② 赵奎夫：《屈原与他的时代》，第9页。

③ （战国）吕不韦著，陈奇猷校释：《吕氏春秋新校释》，上海：上海古籍出版社2002年版，第1369页。

④ 何光岳：《楚源流史》，第347页。

⑤ 黄崇浩：《屈子阳秋》，武汉：湖北人民出版社2003年版，第74页。

⑥ （汉）司马迁：《史记》卷三三《鲁周公世家》，第1540页。

⑦ （晋）杜预注，（唐）孔颖达疏：《春秋左传正义》，第2049页。

⑧ 陈建梁：《从文献与考古学角度论〈左传〉的“大屈”》，《江汉论坛》1995年第8期。

点，“当推古铜矿中规模最大的湖北黄冈市西南的大冶铜绿山古铜矿遗址”，据此判断屈瑕封地当在大屈之地，在今湖北省黄冈市西南的大冶[①]。屈守元先生完全赞同陈说[②]。

“大冶说”显与楚武王时期楚国国势发展不符。武王时期，楚国的统治中心是在汉水中游西部，还远未到达今天湖北东部的铜绿山地区。再者，《传》文中的“大屈”，也不一定是“宝金”，杜注：“大屈，弓名。”[③]以“大屈”为弓箭。

“州屈说”。《左传》鲁昭公二十五年（前517）记载：“楚子（楚平王）使薳射城州屈，复茄人焉。”引文中的“州屈”，清代学者高士奇考证其地在今安徽省凤阳县西[④]。周笃文先生则认为：“‘州屈’者，即以‘州’地作为屈之封邑。”[⑤]“州屈”，地望在今湖南省临湘县，“实为屈瑕之封地”[⑥]。

田成方先生对上说持否定态度，认为“州屈”地望，无论是在安徽凤阳，还是湖南临湘，“两地都在春秋早期楚人可控制的疆域之外，武王自然不会将莫敖子瑕分封到如此僻远之地。因此，州屈与屈氏的始封地当无关系”[⑦]。

“南屈说”。“南屈”是相对于晋国“北屈”而言的，《左传》鲁僖公二年（前658）“屈产之乘”，四年（前656）“夷吾奔屈”，五年（前655）“筑蒲与屈”，六年（前654）“贾华伐屈”，诸条记载中的“屈”

---

① 陈建梁：《从文献与考古学角度论〈左传〉的“大屈”》，《江汉论坛》1995年第8期。

② 屈守元：《屈原氏族考》，《江汉论坛》1998年第2期。

③ 《春秋左传正义》，第2049页。

④ （清）高士奇：《春秋地名考略》卷九《楚下》，《文渊阁四库全书》第176册，台北：台湾商务印书馆1983年影印本，第600页。

⑤⑥ 周笃文：《屈原的首丘情结及屈氏封地考略》，《云梦学刊》2007年第5期。

⑦ 田成方：《东周时期楚国宗族研究》，第63页。

即为晋国之“北屈”，其地望在今山西省吉县[①]。“南屈”之名见《竹书纪年》：“（周隐王，《史记》作周赧王）七年，翟章救郑，次于南屈。”[②]“南屈”地望，黄崇浩先生考证：“《左传》所记屈瑕活动范围，东及于蒲骚（今湖北应城），西北及于绞（今湖北郧县），北及于蓼（今河南唐河），不可谓不大。若在郧县与唐河之间加一直线，则南阳之一半即在线下。依此推测，屈瑕所食之邑在南阳境内，实不足怪。”[③]后来黄崇浩先生进一步补充自己的观点，指出：“《左传》之‘州屈’地在今豫西南之南阳地区，而且，此‘州屈’与‘南屈’可能有‘同一’关系。”[④]

以上即是目前所见关于屈氏宗族采邑所在地的六种主要看法，可存疑以待新材料的出土加以验证。

4. 薳氏

春秋时期以薳（或芳、鄬）命名的地方，有三处：

其一，《左传》鲁隐公十一年（前 712）：“秋七月……王取邬、刘、芳、邘之田于郑。”杜注：“芳、邘，郑二邑。”[⑤]杨注：“芳邑当在今河南省孟津县东北。”[⑥]显然此处之“芳”，归属郑国，在河南孟津县一带，此年（前 712）为周王所夺。又鲁庄公十六年（前 678）载：“初，晋武公伐夷，执夷诡诸。芳国请而免之。”杨注：“芳国，周大夫，王子颓之师，见十九年（前 675）《传》。”[⑦]竹添光鸿先生认为芳

① 马保春：《晋国地名考》，第 175 页。

② 方诗铭、王修龄撰：《古本竹书纪年辑证》，上海：上海古籍出版社 2005 年版，第 288 页。

③ 黄崇浩：《屈子阳秋》，第 90 页。

④ 黄崇浩：《“州屈”不在湖南而应在河南》，《云梦学刊》2007 年第 5 期。

⑤ （晋）杜预注，（唐）孔颖达疏：《春秋左传正义》，第 1737 页。

⑥ 杨伯峻：《春秋左传注》（修订本），第 76 页。

⑦ 杨伯峻：《春秋左传注》（修订本），第 203 页。

国之芳，即夺自郑国之芳邑[①]。

其二，《春秋》鲁襄公七年（前566）："十有二月，公会晋侯、宋公、陈侯、卫侯、曹伯、莒子、邾子于鄬。"此处之"鄬"，在字形上与薳（或芳）相似，读音相同，其地在今河南省鲁山县境[②]，亦属郑。

其三，《左传》鲁僖公二十七年（前633）："楚子将围宋，使子文治兵于睽，终朝而毕，不戮一人。子玉（成得臣）复治兵于芳，终日而毕，鞭七人，贯三人耳。国老皆贺子文。子文饮之酒。芳贾尚幼，后至，不贺。"杜注："芳，楚邑。"[③]究竟在何地，杜预并未详言，杨伯峻亦云："今亦不详所在。"[④]陈伟先生认为："子玉治兵于薳（芳），芳贾年幼，却也在场，这个芳邑很可能就是芳氏所在。"[⑤]

又《左传》鲁昭公二十三年（前519）有"薳澨"，如下：

> 楚大子建之母在郹……吴大子诸樊入郹，取楚夫人与其宝器以归。楚司马薳越追之，不及。将死，众曰："请遂伐吴以徼之。"薳越曰："再败君师，死且有罪。亡君夫人，不可以莫之死也。"乃缢于薳澨……。

陈伟先生又指出薳越自缢地点"薳澨"与僖公二十七年《传》记载的"芳"地，相距不远[⑥]。陶亮、于璐二位先生申之："司马薳越自缢于薳澨，固当在其封地内，亦与薳氏得名相关。"[⑦]《传》文当中多见

---

① （日）竹添光鸿：《左氏会笺》，第115页。

② 杨伯峻：《春秋左传注》（修订本），第949页。

③ 《春秋左传正义》，第1822页。

④ 杨伯峻：《春秋左传注》（修订本），第444页。

⑤⑥ 陈伟：《淅川下寺二号楚墓墓主及相关问题》，《江汉考古》1983年第1期。

⑦ 陶亮、于璐：《淅川楚墓与楚国斗氏》，《中原文物》2015年第4期。

“某澨”之名，鲁文公十六年（前611），楚军次于“句澨”以伐诸庸；鲁宣公四年（前605），楚令尹子越师于“漳澨”；鲁定公四年（前506），左司马戌败吴师于“雍澨”……《说文解字·水部》：“澨，埤增水边土，人所止者。”[①]杨注：“薳澨在今湖北京山县西百余里汉水东岸。”[②]竹添光鸿同：“薳澨，在今湖北安陆府京山县。”[③]

按，详审鲁昭公二十三年（前519）《传》文，吴师虏楚夫人于郹，杜注：“郹，郹阳也。”[④]杨注：“郹阳在今河南省新蔡县境。”[⑤]薳越担任楚国主管军事的司马一职，帅师讨伐入侵的吴师，系职责所在。奈何楚都郢城与郹地间隔较远，整军而出却不及吴师。薳越部下建言“遂伐吴”，“遂”者，顺势而为也，说明此时楚师已离开郢都而距离吴楚边境并不太远。薳越自感罪责较大，乃自缢于薳澨。“薳澨”，当是楚军正常行进当中所经过的地方，看不出其与薳氏宗族采邑之间存在必然的联系。且旁征典籍，楚国败军之将，多有自杀之举动。《左传》鲁僖公二十八年（前632），城濮兵败，楚军主帅令尹子玉（成得臣）“及连谷而死”。“连谷”，方城外地，不可言连谷为子玉（成得臣）所属的若敖氏之宗族采邑。

除去上说外，李零先生认为河南淅川下寺、和尚岭与徐家岭的春秋楚墓就是蒍氏的宗族墓地[⑥]。宗族墓地理当在宗族采邑内部。张正明先生观点类似：“蒍氏的领地应在豫西南近丹淅之会处。”[⑦]

---

① （清）段玉裁注：《说文解字注》，第560页。

② 杨伯峻：《春秋左传注》（修订本），第1447页。

③ （日）竹添光鸿：《左氏会笺》，第2000—2001页。

④ （晋）杜预注，（唐）孔颖达疏：《春秋左传正义》，第2102页。

⑤ 杨伯峻：《春秋左传注》（修订本），第1401页。

⑥ 李零：《“三闾大夫”考——兼论楚国公族的兴衰》，《文史》2001年第1辑。

⑦ 张正明：《豫西南与楚文化》，《楚文化研究论集（第四集）》，第24—25页。

田成方先生进一步认为薳氏采邑大概在今河南淅川龙城遗址及其周边地区[①]，郑威先生同意上说[②]。

对于河南淅川下寺、和尚岭、徐家岭春秋楚墓是否即是薳氏的宗族墓地，学界看法不一。如陶亮、于璐两位先生就指出淅川下寺、和尚岭及徐家岭墓地主人当非蒍氏家族成员，宜分别为以斗克黄、斗成然、鄎公斗辛为中心所形成的墓葬群[③]。

最新清华简《楚居》篇，为确定薳氏采邑之所在，提供了新的佐证。简文当中讲述楚文王时期（前 689—前 675 年在位）居所迁徙变化，如下：

……至文王自疆浧（郢）徙居湫＝郢＝（湫郢，湫郢）徙居㹜＝郢＝（樊郢，樊郢）徙居爲＝郢＝（为郢，为郢）复徙居免郢，女（安-焉）改（改）名之曰福丘。……

据上简文，楚文王的居所计有疆浧、湫郢、樊郢、为郢、免郢五地。其中“为郢”，整理者：“为郢，楚文王始居，此后成为楚之重要都邑，穆王、庄王、共王、康王、郏敖、灵王、昭王都曾居此郢，阖闾所破之郢即此。春秋楚邑有蒍，如《左传》僖公二十七年：‘子玉复治兵于蒍。’蒍或与为郢有关。”[④]将“为郢”与楚国蒍邑联系起来考虑，可从。推测楚国蒍氏之采邑亦当在为郢范围之内。又赵平安先生引用《左传》、《史记》诸典籍所载楚灵王时期史事，再结合音韵学上

① 田成方：《东周时期楚国宗族研究》，第 36 页。

② 郑威：《西周至春秋时期楚国的采邑制与地方政治体制》，《江汉考古》2009 年第 3 期。

③ 陶亮、于璐：《淅川楚墓与楚国鬭氏》，《中原文物》2015 年第 4 期。

④ 清华大学出土文献研究与保护中心编，李学勤主编：《清华大学藏战国竹简（壹）》，第 188 页。

“为”“鄢”可互通的情况，指出“为郢”即是楚之别都“鄢”，即今湖北省宜城市西南的郭家桥遗址[①]。又赵庆淼先生申之，云：“为郢的地望应该在今宜城东南的楚皇城遗址。”[②]二说皆将“为郢”地望确定在湖北宜城，可信。因此，楚国蒍氏宗族采邑宜当在汉水中游的宜城附近。

以上即是斗、成、屈、薳四大世族公族采邑情况的一个概述。

世族公族之外，楚公子、公孙理应也该拥有自己的采邑，这一点文献记载不多，且多见于春秋战国之交，有如下两条记载：

(1)《左传》鲁哀公十八年(前 477)：“巴人伐楚，围鄾……三月，楚公孙宁、吴由于、薳固败巴师于鄾，故封子国(公孙宁)于析。”据《春秋大事表》，今河南内乡县、淅川县之西北境皆析地[③]。

(2)《国语·楚语下》：“(楚)惠王以梁与鲁阳文子，文子辞曰……与之鲁阳。”韦注：“(鲁阳)文子，平王之孙，司马子期(公子结)子鲁阳公也。”[④]鲁阳，在今河南鲁山县西北。

二、楚公族采邑特点分析

“采邑”之名，见于出土简文中又常称为“食田”，并与“爵”相关联而爵邑并称，系指诸侯国君按照一定的标准、原则分等级赐予贵族、功臣等卿大夫的田邑。在楚国，其赐予的对象主要是公族。

以公族为重心的楚国采邑制有其迥异于中原诸国的特点，刘玉堂先生即言：“春秋中期以后，楚国的食邑制仍与诸夏的食邑制

① 赵平安：《〈楚居〉“为郢”考》，《中国史研究》2012 年第 4 期。

② 赵庆淼：《〈楚居〉“为郢”考》，《古籍整理研究学刊》2015 年第 3 期。

③ 《春秋大事表》卷七《春秋列国都邑表》，第 840 页。

④ 徐元诰撰，王树民、沈长云点校：《国语集解》，第 527—528 页。

大相径庭。”[①]又郭仁成先生云：“要弄清楚国的国情，只能从楚国的实际出发，切忌用先入为主的现成模式去硬套。……不同于齐鲁秦晋，楚国只能是它自己。”[②]

稽之相关史料，春秋楚国采邑制的独特性主要表现在采邑是否世袭、采邑与地方县制的关系、采邑数量及规模大小等方面。

特点一：公族采邑是否世袭问题。

杨宽先生言：“在西周、春秋间的贵族中，各国的卿大夫是个比较重要的阶层，他们世袭着卿大夫的等级地位，世袭着封土和采邑，世代担任各种重要官职，操纵着国家的兵权和政权。”[③]

徐亮工先生观点稍有差异，认为西周初、中期，“西周王畿内的采邑制原则上是不能世袭的。最初采邑的享有是以王及采邑主的终身为限的……先王所赐之采邑，新王即位时需重新册命……新王在重新册命时，有不少疏远了的采邑主被罢官收邑”，“西周中叶以后，王室逐渐衰微……周王对采邑继承的重新册命成了徒具形式的一纸空文……采邑主从收取采邑上的赋税渐次发展为占有其土地人民，成为名实俱备的领主”[④]。

春秋时期，采邑世袭情况在中原诸国中当是无可质疑的事实，除非发生族灭等大事，采邑一般是不会被剥夺的。然而具体到楚国，尤其是公族采邑部分，似恰好经历了上徐先生所言由限制世袭至允许世袭的转变。

---

① 刘玉堂：《楚国经济史》，第16页。

② 郭仁成：《楚国经济史新论》，第142页。

③ 杨宽：《古史新探》，北京：中华书局1965年版，第188页。

④ 徐亮工：《等级占有制与中国古代社会的封建化》，中国先秦史学会秘书处编：《中国古代史论丛》第8辑，福州：福建人民出版社1983年版，第285—291页。

文献资料当中，有诸多春秋时期楚国采邑不得世袭的记录[①]。《韩非子·喻老篇》：

> 楚庄王既胜，狩于河雍，归而赏孙叔敖，孙叔敖请汉间之地，沙石之处。楚邦之法，禄臣再世而收地，唯孙叔敖独在。此不以其邦为收者，瘠也，故九世而祀不绝。[②]

《史记·滑稽列传》正义引《吕氏春秋》：

> 楚孙叔敖有功于国，疾将死，戒其子曰："王数欲封我，我辞不受。我死，必封汝。汝无受利地，荆楚间有寝丘者，其为地不利，而前有妒谷，后有戾丘，其名恶，可长有也。"其子从之。楚功臣封二世而收，唯寝丘不夺也。[③]

《淮南子·人间训》的记载大同小异，云：

> 楚国之俗，功臣二世而(收)爵禄，惟孙叔敖独存。[④]

---

① 按，徐中舒先生、唐嘉弘先生认为楚国采邑的不得世袭，亦促进了楚国向西南地区的开拓。参见徐中舒、唐嘉弘：《宋代斗夷源于楚国令尹子文说》，中国西南民族研究会著：《西南民族研究》，成都：四川民族出版社1983年版，第73—74页。

② (清)王先慎撰：《韩非子集解》，北京：中华书局2013年版，第169页。

③ (汉)司马迁：《史记》卷一二六《滑稽列传》，第3202页。按，揆诸《吕氏春秋》本身的记载，与《滑稽列传》所引内容相似者，仅见于《吕氏春秋·孟冬纪·异宝》篇。然《异宝》篇中却无"楚功臣封二世而收"等字眼，不知《史记正义》所引源于何处？参见《吕氏春秋新校释》，第558页。

④ 何宁撰：《淮南子集释》，第1244页。

《楚史梼杌·寝丘》篇亦载有孙叔敖之子封寝丘事，言：

> 楚国之俗，功臣二世而夺其爵，唯孙叔敖独存。①

以上即是楚国采邑不得世袭的诸多记载，王引之云：“‘俗’当为‘法’，隶书去、谷二字相似。”②换言之，春秋时期楚国对于国内采邑的传袭，应该是有限制的，大概传承不得超过二世，至少在法律上食邑世袭是不被允许的。孙叔敖采邑“九世而祀不绝”，是特殊原因造成的一个特例。

不可否认，《韩非子》、《吕氏春秋》、《淮南子》、《楚史梼杌》诸书，系晚出，所载内容是否符合历史实际也需要仔细考辨。然而，在《左传》当中可以找到一些与“采邑不得世袭”有所关联的记载。楚王有时可以借助某种机会收回部分公族采邑，《左传》鲁昭公十三年（前 529）：“楚子（楚灵王）之为令尹也，杀大司马薳掩而取其室。及即位，夺薳居田……王（楚灵王）夺斗韦龟中犨，又夺（斗）成然邑，而使为郊尹。”楚灵王侵夺薳掩、薳居、斗韦龟、斗成然四人采邑，程涛平先生指出：“贵族的子孙田地被楚君收回的事例，可能正是楚国维护‘二世收地’之法的体现。”③

综上，春秋时期楚国对于公族采邑，宜有二世收回的法律规定。当然，规定是一回事，具体执行又是另外一回事。从若敖氏宗族长期拥有“六卒”军队来看，二世收地并未获得彻底执行。时代愈往后，采邑不仅是二世收地未有实际执行的问题，且法律条文大

① (明)吴琯编著，温显贵点校：《楚史梼杌》，《湖北地方古籍文献丛书》，武汉：湖北教育出版社 2002 年版，第 40 页。

② 何宁撰：《淮南子集释》，第 1244 页。

③ 程涛平：《春秋时楚国贵族对土地的占有及所受的限制》，《中国社会经济史研究》1984 年第 2 期。

概也承认封邑世袭了。

包山简151、152记载了如下一则事：

> 151简文：左驭番戌飤田于郧国蓤邑，城田一索畔畹。戌死，其子番疐后之；疐死无子，其弟番黠后之；黠死，无子，左尹士命其从父之弟番歀后
>
> 152简文：之。歀食田病于债，骨儥之。左驭游辰骨贾之，又五箹。王士之后匡赏间之，谓：番戌无后。左司马适命左令馱定之，谓：戌有后。

上简文的大体意思是说楚"左驭番戌"卒后，其采邑递传于其二子"疐""黠"，"黠"无子而采邑传至其从父之弟"歀"，从而引发公诉。最后左尹判决仍由番戌之侄继承。公诉判定的结果表明楚国采邑在法律意义上已允许世袭。

特点二：采邑与地方县制的关系问题。

楚国公族采邑，很大一部分是在楚县之内的，如斗邑、屈邑、薳邑都存在这种可能性。《左传》鲁成公十五年（前576）："申叔时老矣，在申。"杜注："老归本邑。"[①]是申叔时采邑在楚申县之内。

关于县内采邑与楚县之间的关系，《左传》鲁成公七年（前584）有一则记载很能说明问题，如下：

> 楚围宋之役，师还，子重请取于申、吕以为赏田。王许之。申公巫臣曰："不可。此申、吕所以邑也，是以为赋，以御北方。若取之，是无申、吕也，晋、郑必至于汉。"王乃止。

---

① （晋）杜预注，（唐）孔颖达疏：《春秋左传正义》，第1914页。

详析上条史料，第一，引文当中出现的“赏田”，杨注：“古代本有赏田之制，《周礼·地官·载师》所谓‘以官田、牛田、赏田、牧田任远郊之地’可证。又谓之‘赏地’，《周礼·夏官·司勋》所谓‘掌六卿赏地之法以等其功’可证。”①张正明先生谓：“楚国所谓‘赏田’，其实也是食邑。”②又刘玉堂先生认为：“（赏田）其实不过是‘食邑’的别称，因为从赏田的性质上，找不出异于食邑的特征。故分之可称之为赏田、食邑，合之则可称为食邑。”③

第二，令尹子重（公子婴齐）自请食邑于“申”“吕”，最终结果因为申公巫臣的强谏而未为庄王准许，这主要是由“申”“吕”两县在楚国的特殊地位决定的。

换一角度思考此事，于楚县之内申请采邑的情况在子重之前应该已经存在，子重并非第一个申请者，当然亦不可能是最后一个。

在“取于申、吕以为赏田”下，杨注：“子重欲得吕、申两县部分土地。”④换言之，“楚共王⑤起先允许子重请赏田，并非把申、吕两县都赏给子重，而是在申、吕两县内分割出一些土田民人赏给子重为采邑，所以叫做‘取于申、吕以为赏田’，不能理解为‘以申、吕为赏田’”⑥。

寓采邑于县内，楚公族采邑的这种特质与晋制迥然有别，童书业先生：“晋之所谓‘县’亦多为大夫封邑。”⑦晋常将整个县作为采邑而赏赐。《左传》鲁僖公二十五年（前635）记载晋文公有勤王之

①④　杨伯峻：《春秋左传注》（修订本），第834页。

②　张正明：《楚国社会性质管窥》，《楚史论丛》（初集），第49页。

③⑥　刘玉堂：《楚国经济史》，第18页。

⑤　按，此处“楚共王”当为“楚庄王”之误。子重请申、吕为赏田，是楚围宋之役归国后不久之事。楚师围宋见《传》鲁宣公十四（前595）、十五（前594），当楚庄王十九、二十年。

⑦　童书业：《春秋左传研究》（校订本），第145页。

勋劳，周襄王与之阳樊、温、原、欑茅之田，“赵衰为原大夫，狐溱为温大夫”，杨注：“据下《传》‘晋侯问原守于寺人勃鞮’，则原大夫即原守。晋谓县宰为大夫。”[①]关于此事，《史记·晋世家》：“冬十二月，晋兵先下山东，而以原封赵衰。”即整个原县是赵氏采邑。又鲁宣公十五年（前594）记载，晋景公以瓜衍之县赏士贞子（士渥浊）；鲁昭公五年（前537）记载：“韩赋七邑，皆成县也。”韩，晋国韩氏宗族。

第三，杨宽先生言：“（楚）最初县都设在边地，带有防卫边境的作用。县所不同于卿大夫的封邑的，就是县内有一套集中的政治组织和军事组织，特别是有征赋的制度（包括征发军实和军役），一方面便利了国君的集中统治，一方面又加强了边防。”[②]既然县制如此，则楚县内部的公族采邑其军赋征收等权力，是归公族邑主，还是楚王，或楚王任命的县公？从史料当中申公巫臣谏止理由“此申、吕所以邑也，是以为赋，以御北方”来看，楚县内部之公族采邑之军赋等当由公族邑主自行征集、拥有，楚王无权直接干涉。这也是大部分公族，尤其是世族公族有自己“私属”（或“私卒”）的经济基础。

第四，虽然楚县内部的公族采邑主在封地内部有充分的治权[③]，

---

① 杨伯峻：《春秋左传注》（修订本），第436页。

② 杨宽：《战国史（增订本）》，上海：上海人民出版社2003年版，第227页。

③ 按，刘玉堂先生认为：“（楚）贵族在自己的食邑内有充分的统治权力，既可以收取田税，又可以奴役人民。王在贵族的食邑内无权直接干预，他只能按贵族的等级征收贡献，征发军队参加战争。”段志洪先生观点与之不同，指出：“（楚）卿大夫（笔者按，主要是公族）的封地只是具有经济意义的食邑，而不是具有军事意义的出赋之邑……楚国分封卿大夫，将村社农奴与其土地一道赐与受封者，作为其剥削基础，这些封地主要只具有经济上的意义，而以国人为主之邑，即能出兵赋之邑则由国君直接掌握，统属于郡、县制，楚王派亲信大臣前往治理。”参见刘玉堂：《楚国经济史》，第15页；段志洪：《周代卿大夫研究》，第144页。

但它毕竟是被楚县所囊裹，楚县县公对公族邑主有一定的监督、看管作用。

合之，春秋时期楚国公族卿大夫之采邑，具有很大的附属性。它往往设置在新扩展的楚县土地之内，受采邑主支配的同时，一定程度上应该要接受由楚王直接任命的县公的管辖，这与晋、齐等国情况迥然有异。

特点三：采邑数量、规模大小问题。

虽然有县公的监督、看管，为防止公族采邑形成尾大不掉之势，保证楚王权相对于公族的绝对经济优势，春秋时期楚王又对公族食邑在大小规模及拥有数量上进行了严格的控制。

诸夏采邑标准，“卿备百邑”。齐国，齐侯镈(《集成》00271)：“侯氏赐之邑，二百又九十又九邑。”则是一次所赏赐已经将近三百邑。又如管仲，史料当中有关其采邑之事的记载颇多，《左传》鲁庄公三十二年(前662)：“城小谷，为管仲也。”①《晏子春秋·内篇》：“昔先君桓公，以书社五百封管仲，不辞而受。”②《晏子春秋·外篇》载：“昔吾先君桓公，予管仲狐与谷，其县十七，著之于帛，申之以策，通之诸侯，以为其子孙赏邑。”③

晋国采邑制度，吕文郁先生认为：“一族多邑和一人多邑的现象是十分普遍的。”④以郤氏为例，《通志·氏族略三·以邑为氏》“晋邑”条下载：“郤氏，姬姓，晋之公族也，晋大夫郤文子食邑于郤，世为晋卿，以邑为氏。”⑤其宗族采邑可考知的就有郤、冀、驹、苦、

---

① 杨伯峻：《春秋左传注》(修订本)，第251页。

② 吴则虞：《晏子春秋集释》，北京：中华书局1982年版，第411页。

③ 吴则虞：《晏子春秋集释》，第485页。

④ 吕文郁：《春秋时期晋国的采邑制度》，《山西师范大学学报(社会科学版)》1991年第2期。

⑤ (宋)郑樵撰：《通志》卷二七，第455页。

蒲城、温、下阳、吕、瑕、阴、州等十一邑，而其“采邑总数实际上远不止上述十一邑”[①]。

与中夏诸国比较而言，楚国公族采邑在规模上偏小、数量上偏少。前述楚国世族公族，基本上是一族一邑，极少数或有二至三邑，如屈氏采邑为“屈”；薳氏有“薳”邑；斗氏有“斗”“中犨”（斗韦龟）“蔓”（斗成然）。再具体到个人，功高如楚国令尹薳氏孙叔敖者，在其卒后楚王以“寝丘”为其子食邑，仅有四百户。

《战国策·楚策一·威王问于莫敖子华》篇有两条楚王赐臣下赏田“六百畛”的记录：

> （1）昔者叶公子高，身获于表薄，而财于柱国，定白公之祸，宁楚国之事，恢先君以揜方城之外，四封不侵，名不挫于诸侯。当此之时也，天下莫敢以兵南乡。叶公子高，食田六百畛，故彼崇其爵，丰其禄，以忧社稷者，叶公子高是也。[②]
>
> （2）吴与楚战于柏举，三战入郢，君王身出，大夫悉属，百姓离散。蒙谷给斗于宫唐之上，舍斗奔郢曰：“若有孤，楚国社稷其庶几乎？”遂入大宫，负鸡次之典，以浮于江，逃于云梦之中。昭王反郢，五官失法，百姓昏乱。蒙谷献典，五官得法，而百姓大治。此蒙谷之功，与存国相若，封之执圭，田六百畛。[③]

子高有“存国之功”，蒙谷功绩“与存国相若”，皆赐予“食田六百

① 吕文郁：《周代的采邑制度》（增订版），第222页。

② （汉）刘向集录，范祥雍笺证，范邦瑾协校：《战国策笺证》，上海：上海古籍出版社2006年版，第808页。

③ 《战国策笺证》，第809页。

畛”，据此判定“六百畛似乎就是春秋后期赏田于贵族的最高限制了”①。“六百畛”面积到底有多大，程涛平先生指出：“楚国在春秋晚期究竟以多少步为畛，限于史料，已不可考。若按最大的二百四十步为畛的标准计算出六百畛的面积，根据古时‘六尺为步’的记载，参照洛阳金村出土战国铜尺和商鞅量的实数来推算（当时一尺合今 0.23 公尺），则一步之长为 1.386 米，一方步之积合 1.9 平方米，二百四十步为畛，一畛之积合 456 平方米，今亩为 666.7 平方米，故六百畛约合今 413 亩。”②实际上，413 亩并不是一个很大的面积，却已经是最高限额了。

徐少华先生对于楚采邑的上述特点，言：“相对中原列国而言，楚国分封制的根基较浅、色彩较淡、规模要小一些而已。这种现象，一方面在于楚人立国于南方蛮夷之邦，受‘周礼’影响较小；另一方面春秋早期以来，楚国为了求得较快的发展，另辟蹊径，在新开辟的疆土上广泛推行设县治民的策略，客观上限制和削弱了分封制的发展。”③殊有见地。

以上即是楚国公族采邑异于中夏诸国的特质所在，这些特点又与本章第三节所述春秋楚公族未擅国柄的政治现象有莫大的关联。

第二节　公族社会下所见楚国兵卒

从某种意义上讲，一部楚国史，就是一部军事发展史。楚国由南方一僻弱小国，“土不过同”，发展成为基本上统一中国南方的泱

①② 程涛平：《春秋时楚国贵族对土地的占有及所受的限制》，《中国社会经济史研究》1984 年第 2 期。

③ 徐少华：《周代南土历史地理与文化》，第 289 页。

泱大国，在此过程中，其强大的武备系统发挥了重要作用，尤其是在春秋时代。

春秋时期所见楚国家武装力量主要由两部分组成：即贵族（主要是公族）的“私族”与楚王的“王卒”“县兵”。无论是“私卒”，抑或是“王卒”，基本上皆由公族成员组成。

一、公族贵族所掌控的“私卒”

春秋时代楚国各等级贵族，确实皆拥有一定数量的私卒武装。《左传》鲁襄公二十五年（前548）载有楚灭舒鸠一事，过程如下：

> 舒鸠人卒叛楚，令尹子木（屈建）伐之，及离城，吴人救之。子木遽以右师先，子强、息桓、子捷、子骈、子盂帅左师以退。吴人居其间七日。子强曰：“久将垫隘，隘乃禽也，不如速战。请以其私卒诱之……。”从之。五人以其私卒先击吴师，吴师奔……楚灭舒鸠。

分析上引史料，可获得以下两条信息：其一，子强、息桓、子捷、子骈、子盂五人皆有自己的私卒，杨注：“私卒，当是各将领之家兵。”①其二，“私卒”，顾名思义是指楚国各级贵族的私人武装，这些武装当不属于国家编制，但却需要跟随主人为国出征打仗与执行诸种任务，在战争当中发挥重要作用，如上楚灭舒鸠之战中，子强五人的私卒应该说是胜败的关键。

1. “私卒”成员构成分析

征于文献资料，“卒”字，又可与“族”相通。举例而言，《左传》

① 杨伯峻：《春秋左传注》（修订本），第1104页。

鲁成公十六年（前575）晋楚第三次大决战——鄢陵之战，晋臣苗贲皇向晋厉公献败楚方策，言：

> 楚之良，在其中军王族而已。请分良以击其左右，而三军萃于王卒，必大败之。

上引文当中"王族"与"王卒"，其指一也。又《左传》鲁宣公十二年（前597）晋楚两强第二次大决战——邲之战，其中有一段关于晋国下军大夫荀首（智庄子）的记载，云：

> 楚熊负羁囚知罃（按，荀首之子），知庄子以其族反之，厨武子御，下军之士多从之。

引文当中出现的"族"字，杜预云："族，家兵。"[①]《国语·楚语上》韦昭注："族，部属也。"[②]杨伯峻先生申之："当时各级贵族均有其宗族成员及私属人员组成之军队，对外作战往往编入国家军队中以为骨干。智庄子之'族'，既为'家兵'，亦为'部属'。"[③]又石泉先生所编《楚国历史文化辞典》"私卒"条下，云：

> 楚国贵族的宗族亲兵。主要为车兵。春秋时期，楚国王族子弟和大贵族在自己所封的食邑上各自拥有武装，这些武装不属国家编制，故称"私卒"。贵族以私卒听从楚王之命出征的形式，作为向楚王纳赋。私卒多以各自宗族的子弟为

① 《春秋左传正义》，第1882页。
② 《国语集解》，第491页。
③ 杨伯峻：《春秋左传注》（修订本），第742页。

兵员。[1]

综合上述诸家见解,春秋时期楚国公族贵族之“私卒”,当是以宗族子弟为核心而辅以家臣所构成的武装力量。

在楚国诸多私卒武装中,实力最强大者,非若敖氏宗族之“若敖六卒”莫属。

2. 楚“若敖之六卒”研究

所谓“若敖氏”,系指由两周之际楚君若敖熊仪(前790—前764年在位)后裔子孙所形成的亲属政治集团,主要由斗、成二氏构成,“是春秋时期楚国最有权势的芈姓世族”[2]。与若敖氏世族关系密切的武装力量“若敖六卒”,见于《左传》鲁僖公二十八年(前632),当是时,晋、楚二大强国战于城濮,《传》文当中详言楚军参战部队为:

> 王(楚成王)怒,少与之(令尹成得臣)师,唯西广、东宫与若敖之六卒实从之。

目前为止,学术界关于上引文当中出现的“若敖之六卒”研究成果甚少,所见者亦仅是在论著中偶有提及,并没有对此进行专门的考究,故诸多问题尚待作进一步深入的探讨:1. “若敖六卒”的直接领导者究竟为谁,换言之,“若敖六卒”是否系若敖氏世族的私有武装而由其自行掌控。2. “若敖六卒”中“卒”字当如何训释,这是理解“若敖六卒”所属兵种为车兵还是徒兵的关键。3. “若敖六卒”拥有的兵卒数量是多少,如此规模的兵卒其身份来源又如何。

---

① 石泉主编:《楚国历史文化辞典》,第197页。

② 石泉主编:《楚国历史文化辞典》,第229页。

(1) 关于“若敖六卒”隶属问题的分析

目前,学界关于“若敖六卒”的具体隶属及领导权问题,有两种截然不同的观点,可详细分析如下:

其一,“若敖六卒”,系若敖氏之“私卒”,由若敖氏家族长掌控。

《左传》鲁僖公二十八年(前 632)“若敖之六卒”条下,杜预注:“(若敖)六卒,子玉宗人之兵。”[①]子玉即楚令尹成得臣,城濮之战楚军的实际指挥者,当是时为若敖氏家族长。杨伯峻先生云:“若敖之六卒,疑为若敖所初设之宗族亲军。”[②]又石泉、顾久幸、田成方诸先生皆视“若敖六卒”为若敖氏之私卒[③],且是春秋时“楚国最大的私卒”[④]。

其二,“若敖六卒”,系由楚王秉控,与若敖氏无隶属关系。

详考“王(楚成王)怒,少与之(令尹成得臣)师,唯西广、东宫与若敖之六卒实从之”一语,段志洪先生指出:“西广为王室军队,东宫为太子宫甲……子玉作为成氏大宗动用若敖氏之族兵得经楚王调拨,可见若敖氏主要族兵控制在楚王手中。”[⑤]又程涛平先生言:“(若敖六卒)既然是楚王派遣而来,当然不是子玉的私邑武装,否则,无需楚王下令,子玉自已便可以族长身份传令前来,由此可知,‘若敖之六卒’与‘子玉’只是‘同姓’而已,本身并无隶属关系。”[⑥]

言“若敖六卒”控制在楚王手中,与若敖氏无隶属关系,有待

---

① 《春秋左传正义》,第 1824 页。

② 杨伯峻:《春秋左传注》(修订本),第 457 页。

③ 石泉主编:《楚国历史文化辞典》,第 230 页;顾久幸:《楚制典章——楚国的政治经济制度》,第 111 页;田成方:《东周时期楚国宗族研究》,第 77 页。

④ 顾久幸:《楚制典章——楚国的政治经济制度》,第 111 页。

⑤ 段志洪:《周代卿大夫研究》,第 147 页。

⑥ 程涛平:《楚国农业及社会研究》,武汉:湖北教育出版社 2012 年版,第 206 页。

商榷。

“西广”，楚王的亲兵卫队；“东宫”，或指太子宫甲[1]，或为楚王诸多燕寝之一的“东宫”宫甲[2]。在《左传》鲁僖公二十八年（前632）的记载中，“楚王少与之师”与紧接的下文“唯西广、东宫与若敖之六卒实从之”，二者说的是不同之两件事情，不能藉二者连读而得出“若敖六卒”也像“西广”“东宫”一样是经楚王同意、调拨之后给予子玉的结论。

《国语·楚语上》记载蔡声子论“楚材晋用”时，云：

> ……王孙启奔晋，晋人用之。及城濮之役，晋将盾矣，王孙启与于军事，谓先轸曰：“是师也，唯子玉欲之，与王心违，故唯东宫与西广寔来……”

由上条记载中“与王心违，故唯东宫与西广寔来”一语，可以断定楚成王调拨给予子玉（令尹成得臣）的仅是“西广”“东宫”，并未包括“若敖六卒”，“若敖六卒”应当是跟随子玉而由其自行掌控。言由楚王控制“若敖六卒”，“若敖六卒”与子玉无隶属关系，盖段、程二位先生偶疏。

（2）“若敖之六卒”的兵种结构分析

正确界定“若敖六卒”所隶兵种，关键在于如何训释“卒”字。而“卒”字作为春秋时代的军队编制单位，计有两解：

其一，“卒”为步兵，百人为卒。

《左传》鲁隐公元年（前722）：“大叔完聚，缮甲兵，具卒乘，将

① 《春秋左传正义》，第1824、1837页。

② 李世佳：《〈左传〉“东宫”补释》，《齐鲁学刊》2017年第3期。

袭郑。”杜预注:“步曰卒,车曰乘。”[①]又《周礼·夏官·司马》:“凡制军……二千有五百人为师,师帅皆中大夫;五百人为旅,旅帅皆下大夫;百人为卒,卒长皆上士……。”[②]即一卒有军士一百人。

据上,不少学者即持“若敖六卒”就是六百步卒的观点,日本学者竹添光鸿曰:“《周礼·司马》:‘凡制军百人为卒。’知六卒六百人也。”[③]徐中舒先生:“若敖之六卒……卒,百人。”[④]田成方先生看法亦同:“若敖之卒有六百人。”[⑤]

其二,“卒”为车兵,三十乘为一卒。

清代学者江永《群经补义》最早提出卒为车法、车三十乘为一卒的观点[⑥]。杨伯峻先生亦质疑“卒为百人之说”,云:“卒为车法,非徒法。一卒三十乘,六卒一百八十乘……杜注谓一卒为百人,六卒则六百人,以徒法释车,误。”[⑦]又石泉先生主编《楚国历史文化辞典》“若敖六卒”条下云:“1 卒为车 30 乘,6 卒共 180 乘。”[⑧]

按,以上杜预、竹添光鸿、田成方先生的说法,恐不当;江永、杨伯峻先生、石泉先生的观点更切合实际情况,有如下四条佐证:

佐证一,《左传》鲁僖公二十八年(前 632):“晋车七百乘,韅、靷、鞅、靽。”又鲁成公二年(前 589)载:晋郤献子(郤克)欲伐齐,“晋侯许之七百乘”,郤子曰:“此城濮之赋也。”即城濮之战晋倾全

---

① 《春秋左传正义》,第 1824 页。

② 《周礼注疏》,(清)阮元校刻:《十三经注疏》(附校勘记及附语),杭州:浙江古籍出版社 1998 年影印本,第 830 页。

③ (日)竹添光鸿:《左氏会笺》,第 600 页。

④ 徐中舒:《左传选》,北京:中华书局 2009 年版,第 53 页。

⑤ 田成方:《东周时期楚国宗族研究》,第 77 页。

⑥ (清)江永:《群经补义》,(清)阮元、王先谦编:《清经解 清经解续编(附索引)》(贰),南京:凤凰出版社 2005 年版,第 1988 页。

⑦ 杨伯峻:《春秋左传注》(修订本),第 457 页。

⑧ 石泉主编:《楚国历史文化辞典》,第 230 页。

国之力组建三军，计有兵车七百乘。而决战之前，子玉言："今日必无晋矣。"若子玉仅有中坚力量六卒六百人，来对阵晋军七百乘，力量对比过于悬殊，不可能有"无晋"之言。

佐证二，《左传》鲁宣公十二年（前597）晋楚邲之战，晋国下军佐栾书言楚军："其君之戎分为二广，广有一卒，卒偏之两。"城濮之战所见之"西广"当即是"二广"之一，而引文当中出现的"卒"字，其意当与"若敖六卒"之"卒"相同。"广有一卒"者，谓每广之车数有一卒，其数为"偏之两"，即两偏，故又曰"卒偏之两"。据下文"楚子为乘光三十乘"来看，则一偏是十五乘，两偏是三十乘。显而易见，楚制以三十乘为一卒，以一卒为一广。

佐证三，城濮之战爆发的前一年，即《左传》鲁僖公二十七年（前633），楚大臣苏贾曾评价子玉并作出预测，云："子玉刚而无礼，不可以治民，过三百乘，其不可以入矣。"而《左传》中的预言大都过后皆有验证，城濮兵败，楚成王遣使责让子玉（成得臣），子玉（成得臣）"及连谷而死"，即应验了"其不可入矣"的预测，连谷，"方城外地"[①]。据此，城濮之战楚军显然过三百乘，而核心即是"若敖六卒"。

佐证四，"若敖六卒"于交战时实为子玉（成得臣）中军主力，而六百人何以充任主力？且城濮战后，晋文公作王宫于践土，献楚俘于周王，有"驷介百乘，徒兵千"，人数远超六百人。

综上，杜预、竹添光鸿、田成方先生"六卒六百人"之说，不成立。

（3）"若敖六卒"之兵卒规模分析

另一个需要谨慎考量的问题是："若敖六卒"计一百八十乘兵车，究竟又有多少兵卒呢？

---

① （日）竹添光鸿：《左氏会笺》，第614页。

春秋时代的战争，以车战为主。车战之制，一车谓之一乘。一乘的标准配置，自前至后遍数之，最前为四马，中间夹辕二马称“服马”，两服马外侧两匹称“骖马”；四马与车厢之间由车辕连接。车厢之上正常情况下有甲士3人，除去国君与主帅所乘的指挥车外，余者皆驾车者（即“御”“戎仆”）居中；右侧之人为“戎右”，或称为“车右”“骖乘”，多以有力之士担任，任务是执干戈以御敌，并负责战争中的力役之事，如遇地势险阻需下车助推等；左边之人为“车左”，执弓矢以进攻[①]。此外，还有四人共乘一车之法，名“驷乘”，然属临时搭载性质，并非编制通例。

再者，每乘战车周围，尚需配备一定数量的步卒，步卒究竟当多少，学界意见不一。杜预本战国时期《司马法》，云：“古者兵车一乘，甲士三人，步卒七十二人。”[②]计一车配75人。又《左传》鲁闵公二年（前660）：“齐侯（齐桓公）使公子无亏帅车三百乘、甲士三千人以戍曹。”上引城濮之战晋大胜之后，所献楚俘是“驷介百乘，徒兵千”，据两条记载，杨伯峻先生对于杜预之说有所反驳云：“《司马法》为战国时书，未必合于春秋制度。以《左传》考之，……是一车用甲士十人……西周亦一乘徒兵十人。”[③]又《诗经·鲁颂·閟宫》：“公车千乘……公徒三万。”据此童书业先生言：“则一乘得三十人，此盖其足数。”[④]“徒”，徒兵也。“公徒三万”，当仅指车下徒兵而

---

① 按，兵车上御者、车右、车左三人，职责明确，史料当中有明确记载。《左传》鲁宣公十二年（前597）晋楚邲战：楚子（楚庄王）又使求成于晋，晋人许之，盟有日矣。楚许伯御乐伯（许伯，御者；乐伯，车左），摄叔为右（车右），以致晋师（致师，挑战），许伯曰：“吾闻致师者，御靡旌，摩垒而还。”乐伯曰：“吾闻致师者，左射以菆，代御执辔，御下两马，掉鞅而还。”摄叔曰：“吾闻致师者，右入垒，折馘，执俘而还。”皆行其所闻而复。

② （晋）杜预注，（唐）孔颖达疏：《春秋左传正义》，第1716页。

③ 杨伯峻：《春秋左传注》（修订本），第13页。

④ 童书业：《春秋左传研究》（校订本），第307页。

言，分配到千乘当中，则一车有徒兵三十，再加上车上甲士三人，计一乘33人。

《周礼·夏官·司马》云："凡制军，万有二千五百人为军。王六军，大国三军，次国二军，小国一军。"[①]据此记载，大国所拥有的武装力量当是三军37 500人，以此数字作为基本参照值，再来比较分析一下城濮之战当口的晋国军队。《传》文明确记载，"晋军七百乘"，即城濮之战晋三军有700辆兵车，若以杜预"一乘配75人"算，晋军概有52 500士卒，远超标准。而依杨伯峻先生"一乘10人"之说，晋三军又仅有7 000人，不可谓大国。而"一乘33人"，则晋三军计有兵卒23 100人，再考虑到迟至城濮之战前一年，即公元前633年，晋文公才基于国际国内形势，"蒐于被庐，作三军"[②]，即在原有上、下二军基础上增设中军，故城濮之战所见晋三军应该没有整员满编，或不过是对上、下二军兵卒重新做的分配罢了，则兵卒23 100人概仅是两军之数，进而推测三军标准配置概34 000左右，加之军中应该尚有其他辅助兵种，如刍樵、辎重运输人员等，大体与《周礼》所载三军37 500人相当。综合考虑下来，一乘配33人左右当比较符合历史实情。

具体到楚国，《左传》鲁襄公三年（前570）载有楚伐吴一事，云：

---

① （汉）郑玄注，（唐）贾公彦疏：《周礼注疏》，第830页。

② 按，终春秋之世，晋国军制变化，可谓诸国之最。公元前678年，曲沃武公始作一军为晋侯；前661年，晋献公作上、下二军，灭霍、魏、耿；前633年，文公蒐于被庐，作中、上、下三军；前629年，文公又蒐于清原，作五军以御狄，添新上、下两军；前621年，襄公蒐于夷，舍新二军，恢复三军之制；前588年，景公作六军（中军、上军、下军、新中军、新上军、新下军）；前575年，厉公整顿军队，将新三军合为一军，组建中、上、下、新四军；前559年，悼公舍新军，再复三军之制。在此诸多变制中，中、上、下三军自建制始便长存不废。

> 楚子重（公子婴齐）伐吴，为简之师。使邓廖帅组甲三百、被练三千，以侵吴。

按，引文当中的组甲、被练，贾逵云："组甲，以组缀甲，车士服之。被练，帛也，以帛缀甲，步卒服之。"[①]杨伯峻先生观点同，云："或组甲是车士，被练是徒兵。"[②]按照一辆兵车上有三人（御者、车左、车右）的惯例，组甲三百当是一百辆兵车上的甲士。"被练三千"再平均分配给一百辆战车，则平均每车有 30 个步卒。30 步卒加 3 甲士（御者、车左、车右），计 33 人。

综上，春秋时期的楚国，一乘概有 33 人，则"若敖六卒"一百八十乘，当有私卒 5940 人。

（4）"若敖六卒"所属兵卒身份分析

此私卒 5 940 人，是否皆是若敖氏世族成员呢？城濮之战，楚军败绩，楚成王责杀令尹子玉（成得臣）的理由是：

> 大夫若入，其若申、息之老何？

对于此条史料，诸史家有不同的解读。童书业先生："是从子玉之军似以申、息之众为主力。"[③]概言楚申、息两县的县兵（即申、息之师）亦参加了战争。田成方先生观点与之不同，言："申、息之师是楚国县师中的精锐，并未直接参与城濮之战。成王以'申、息之老'责难子玉，说明申人、息人参战伤亡者不在少数。若敖之卒有六百人，概不尽是斗氏、成氏之贵族子弟，估计也有一定数量申县和息

① （晋）杜预注，（唐）孔颖达疏：《春秋左传正义》，第 1930 页。
② 杨伯峻：《春秋左传注》（修订本），第 925 页。
③ 童书业：《春秋左传研究》（校订本），第 53 页。

县籍贯的兵士。”[1]

便于说明问题，将《左传》记载的城濮之战全过程详录如下：

> 己巳，晋师陈于莘北，胥臣以下军之佐当陈、蔡。子玉以若敖之六卒将中军，曰：“今日必无晋矣。”子西（斗宜申）将左，子上（斗勃）将右。胥臣蒙马以虎皮，先犯陈、蔡。陈、蔡奔，楚右师溃。狐毛设两旆而退之，栾枝使舆曳柴而伪遁，楚师驰之，原轸、郤溱以中军公族横击之，狐毛、狐偃以上军夹攻子西，楚左师溃。楚师败绩。子玉收其卒而止，故不败。

按，上引文所述城濮之战全过程不现申、息之师，故不可言申、息之师参战。楚军部署，子玉（成得臣）以宗族兵“若敖六卒”为中军，斗勃（字子上）以陈、蔡两国军队为右军，斗宜申（字子西）率领的左军究竟由何部组成，《传》文虽未明言，然可断定当是以“东宫”“西广”两部为核心。详稽引文，由“若敖六卒”组成的中军，从“子玉收其卒而止，故不败”来看，并未受损，故言“若敖六卒”中有申、息籍士兵且在战争中伤亡惨重，不确。楚之右军、左军被晋军击溃，必损失惨重，而楚之右军系由陈、蔡两国军队组成，属外军，故于楚而言，其自身所损失的武装力量当仅仅是属左军的“东宫”与“西广”二部。

春秋时代，楚国是在地方上最早置县的少数国家之一。《左传》鲁庄公十八年（前 676）：“楚武王克权，使斗缗尹之。”此当为楚国立县之始，顾颉刚先生认为“权县”为“春秋第一县”[2]。克权设

---

① 田成方：《东周时期楚国宗族研究》，第 77 页。

② 顾颉刚：《春秋时代的县》，氏著：《顾颉刚古史论文集》卷五，北京：中华书局 2011 年版，第 234 页。

县以后，灭国置县遂成为楚国一项长期的基本国策。楚文王二年（前688），楚借邓道伐申，灭申而设县；此后又于六年（前684）、十年（前680），利用息、蔡两国因息妫所产生的矛盾，灭息设县。推测楚在灭申、息二国而设县后，当有楚之公族成员源源不断的开进此新占有的土地，聚族而居，成为楚国维持北疆稳定的重要力量，这些新迁入的人口，以血缘为纽带，形成了一个个的楚族宗法性公社，族居、族葬。

20世纪70年代，考古工作者在河南淅川毛坪一土岭东、西两面斜坡上发掘了两个相邻的小型墓群。西斜坡墓区，计有8座楚墓，除M21外，余者皆呈东西向，三排埋葬，较为整齐。东斜坡墓区，计有19座楚墓。北边有11座，除M6、M9外，余者又皆呈南北向，四排整齐埋葬；南边有8座，除M13外，余者又皆呈三排整齐东西向埋葬。在一条土岭分两处埋葬，而且东斜坡墓区又分为墓向迥然不同的靠北、靠南两组，“反映出各自族系有所不同”[①]。同时，三组墓又彼此相邻，表明他们之间又有一定血缘联系，至于每组墓群内诸墓整齐排列的现象，更表明他们之间关系相当紧密，可能属于同族、同宗。诸组墓皆在同一土岭之上，即有联系，又有区别，显示这土岭东、西两墓群可能为同一宗族的两个或者三个相近支族[②]，程涛平先生云：“淅川毛坪楚墓群的族葬现象，充分证明了楚族宗族性公社的存在。”[③]我们认为毛坪楚墓的墓主人当即是楚灭人国后迁入新占领地区的楚公族成员后裔，他们在当地定居、生活，是当地县师的主要兵源，且其子弟基于其芈姓公族成员身份，宜被大量征召为楚王亲卫。

---

① 程涛平：《楚国农业及社会研究》，第208页。

② 黄运甫：《略谈淅川毛坪楚墓的分期及其特征》，《中原文物》1982年第1期。

③ 程涛平：《楚国农业及社会研究》，第208页。

因此，在“东宫”与“西广”两部中当有大量来自申、息二县的公族成员子弟，这就是楚成王责问子玉“大夫若入，其若申、息之老何”的原因所在。

合之，“若敖六卒”概 5940 人中，其主体宜是若敖氏世族子弟；另外，当有一部分是隶属于若敖氏的家臣。

(5)“若敖六卒”的强大与楚“私卒”的衰弱

若敖氏以本族子弟为核心组建了有 180 乘（近 6000 人）的私卒，即“若敖六卒”，这是楚国最大的私卒武装，其究竟有多强大，有两组数据可作比较。

城濮之战晋三军有兵车七百乘，若敖氏私卒一百八十乘，当晋总兵力的四分之一强，这个规模是很大的。

“王卒”是楚王的亲兵，是楚军精锐所在，其基本构成是左右“两广”。如上所论，楚王的禁卫亲兵“两广”合计有兵车六十乘，仅为若敖氏世族亲兵的三分之一。

春秋初中期，以“若敖六卒”为代表的私卒武装虽然在楚国对外战争中发挥了重要作用，然在内其亦可抗衡楚王，是对君权的严重威胁，不容小觑。《左传》鲁宣公四年（前 605）若敖氏叛乱，当是时若敖氏家族长斗椒（字子越）任令尹，率若敖之族杀司马蒍贾，进而以兵进攻楚王，其主力自然非“若敖六卒”莫属，结果逼的楚庄王甚至以“三王之子为质”作为停战条件而不获允，最终双方战于皋浒，楚庄王卒灭若敖氏之族，念及若敖氏先人令尹子文于楚有功，乃赦免子文之孙克黄嗣后，然若敖六卒终不复存在。

在经历过若敖氏以族兵叛乱之后，历代楚王一方面更加重视发展楚王室军队，另一方面又压制隶属于各级贵族之私卒的规模。

春秋中后期，私卒受到限制，规模变小而不能与王室抗衡。《左传》鲁昭公十三年（前 529）楚国内爆发叛乱，云：“楚公子比、公子黑肱、公子弃疾、蔓成然、蔡朝吴帅陈、蔡、不羹、许、叶之师，因四族之徒，以入楚。”详析引文易知此次叛乱的主力是陈、蔡、不羹、许、叶等楚国县兵，公子比、公子黑肱、公子弃疾、蔓成然四族之“徒(私卒)”仅起到一定的辅助作用，而不再如若敖氏般能够以一族之私卒抵挡整个王军，间接表明贵族私卒规模变小了。再者，《左传》鲁哀公十六年(前479)，楚太子建之子白公胜作乱，谓其党羽石乞曰：“王与二卿士，皆五百人当之，则可矣。”石乞回答说：“不可得也。”杨伯峻注：“皆，今言共。”[①]白公胜在叛乱关口，竟然调配不到五百私卒。合之，历史发展至春秋中后期，楚贵族私卒武装业已无力与王卒抗衡。

二、楚王所掌控的“王卒”与“县兵”

春秋时期，由楚王掌握的楚军主要有两部分：一为“王卒(族)”，一为“县兵”。

1. 王卒

“王卒”，是楚全国军队精锐所在，应该指的就是两广(东广、西广)、东宫等军队。

所谓“两广”，即左、右广，或称东、西广，是楚王的亲兵卫队。关于这支部队，主要分析两个问题：一个是两广部队的人员编制及部署，一个是楚王之下两广部队的直接指挥者究竟为何官。

关于“两广”卫队的人员配置及部署，《左传》鲁宣公十二年(前597)记载：

> 其君之戎分为二广，广有一卒，卒偏之两。右广初驾，数及日中，左则受之，以至于昏。内官序当其夜，以待不虞。

---

① 杨伯峻：《春秋左传注》(修订本)，第1701页。

前已考证，一广有兵车一卒，即30乘，两广共计有兵车60乘。杜预言一广是兵车15乘，不确，前辈学者多有考证，不赘述[①]。二广部队白昼驾车以备战、警戒，且分工明确。右广先驾，正午时间与左广交接，至入夜则再有楚王内官值班以保卫。

第二个问题，楚王究竟设置何官以统领左右两广亲兵呢？笔者认为此官当为“连尹”，又称“环列之尹”，具体考证如下。

终春秋之世，楚国官制与中原诸国相较而言颇有差异，自成体系而具有鲜明的地方特色。除司马、莫敖、大(太)师等外，其他官职多以尹命名，“连尹”即是其一。“连尹”一职究竟当如何理解，前辈学者对此业已作过深入的探讨，然而由于历史文献不足征，书缺有间，众说纷纭，莫衷一是。

迄今为止，前贤对此大致形成了五种不同的见解，现将其罗列分析如下：

(1) 县尹说。

《左传》成公二年(前589)“连尹襄老”条下，清代洪亮吉：“按：连，楚地名；襄老当为此地之尹，故以官称之也。《楚语》有‘云连徒洲’。《汉书·地理志》‘长沙国连道县’，唐时为连州。”[②]

洪亮吉以连地“县尹(或县公)”释“连尹”，误。学界已有共识，楚国是春秋时期在地方上最早置县的少数诸侯国之一[③]。楚制，县之主官照例称呼为“某(县)尹”或“某(县)公”，然并非所有号“某

---

① 杨伯峻：《春秋左传注》(修订本)，第731—732页；(日)竹添光鸿：《左氏会笺》，第890—891页；石泉主编：《楚国历史文化辞典》，第21页。

② (清)洪亮吉撰，李解民点校：《春秋左传诂》，北京：中华书局1987年版，第443页。

③ 顾颉刚：《春秋时代的县》，《顾颉刚古史论文集》卷五，第234页；杨宽：《春秋时代楚国县制的性质问题》，《中国史研究》1981年第4期；徐少华：《关于春秋楚县的几个问题》，《江汉论坛》1990年第2期；谭黎明：《春秋时期楚国的县制》，《吉林师范大学学报》2005年第2期。

尹”者皆是楚县之长。楚亦有诸多的中央官员以尹命名，譬如“令尹”“左尹”“右尹”“宫厩尹”“箴尹”“工尹”“王尹”“陵尹”等。又《左传》襄公十五年（前 558）载楚康王的人事调整，云：

> 楚公子午为令尹，公子罢戎为右尹，蒍子冯为大司马，公子橐师为右司马，公子成为左司马，屈到为莫敖，公子追舒为箴尹，屈荡为连尹，养由基为宫厩尹，以靖国人，君子谓楚于是能官人。

连尹在上所列九人中位在第八，前七与第九人皆为楚中央高官史界已有定论，岂有中间之连尹为地方县尹之理。因此，连尹无疑亦为楚王庭官员。

（2）射官说。

《左传·襄公十五年》载楚康王人事调整“屈荡为连尹”条下，服虔云：“连尹，射官，言射相连属也。”①日本学者竹添光鸿引服虔之说而无驳②，可见是赞同的。唐孔颖达已诘上说，言：“若是主射，当使养由基为之，何以使由基为宫厩尹，弃能不用岂得为能官人也。官名临时所作，若敖之徒并不可解，故杜皆不解之。”③

（3）工官说。

郭仁成先生认为：“由于铅锡都是青铜器和钱布的主要原料，因而需要大量开发，连尹就是主管铅锡矿的工官。”④谭黎明先生

① 《春秋左传正义》，第 1959 页。

② （日）竹添光鸿：《左氏会笺》，第 1302 页。

③ 《春秋左传正义》，第 1959 页。按，揆诸史料，养由基以射著称。《史记·周本纪》：“楚有养由基者，善射者也。去柳叶百步而射之，百发而百中之。”参见（汉）司马迁：《史记》卷四《周本纪》，第 165 页。

④ 郭仁成：《试探楚工官》，《益阳师专学报（哲社版）》1987 年第 4 期。

观点同:“(连尹)职掌矿藏的中央职官。”[1]

楚国职官有“工尹”,或称“工正”,《左传》文公十年(前617)“王使(子西)为工尹”条下,杜注:“工尹,掌百工之官。”[2]假若上郭、谭二位先生之说成立:一方面,主管铅锡矿之连尹当为工尹属官;另一方面,工尹未见于鲁襄公十五年楚康王中央高层人事安排中,而其属官连尹反有记载。二者相互矛盾而难以置信。

(4) 主车之官说。

骆瑞鹤先生在文章中指出:“连”“辇”二字为古今字,“连尹之连既与辇同,为辇古字,则连尹为主车之官无疑”[3]。宋公文先生赞同[4]。

此说有一定道理,然笼统而不确切,本书后有论证。

(5) 行人说。

左言东先生言:“(楚)掌管外事的官叫连尹。”[5]

春秋时期,楚国有外交方面的专职人员。《左传》成公十年(前581)载:“晋侯使糴茷如楚,报大宰子商之使也。”[6]又昭公元年(前541):“楚公子围聘于郑……令尹(公子围)命大宰伯州犁对曰……。”[7]又昭公七年(前535):“大宰薳启强曰:‘臣能得鲁侯。’薳启强来召公。”[8]以上史料当中“大宰”活动以外事为主。因此,

---

① 谭黎明:《春秋战国时期楚国官制研究》,北京:社会科学文献出版社2017年版,第84页。

② (晋)杜预注,(唐)孔颖达疏:《春秋左传正义》,第1848页。

③ 骆瑞鹤:《楚连尹为主车之官说》,《江汉论坛》1984年第6期。

④ 宋公文:《楚史新探》,第345页。

⑤ 左言东:《楚国官制考》,《求索》1982年第1期。

⑥ 杨伯峻:《春秋左传注》(修订本),第848页。

⑦ 杨伯峻:《春秋左传注》(修订本),第1199页。

⑧ 杨伯峻:《春秋左传注》(修订本),第1285页。

楚国主持外交事务的官员当为“大宰”而非“连尹”[①]。

综上所述，前贤诸多见解皆有其不尽合理之处。

检索史籍，可发现“连尹”与“大(太)师”“少师”“环列之尹”之间存在着某种内在联系，笔者拟在此基础上分析“连尹”，给予“连尹”新的解释。

楚“大(太)师”一职，第一次见于《左传》是在文公元年(前626)，如下：

> 初，楚子(成王)将以商臣为大子……既，又欲立王子职，而黜大子商臣。商臣闻之而未察，告其师潘崇……冬十月，以宫甲围成王……王缢……穆王立，以其为大子之室与潘崇，使为大师，且掌环列之尹。

潘崇在楚穆王(前625—前614年在位)弑君践祚过程中立有大功，故封为“大(太)师”，且执掌“环列之尹”。“大(太)师”一职，在楚国地位尊崇。《左传》文公十四年(前613)载：“楚庄王立，子孔、(大师)潘崇将袭群舒，使公子燮与子仪守。”[②]子孔时为令尹，令尹为楚国百官之长，执一国之秉，而大(太)师潘崇与之同将兵。又哀公十七年(前478)载：楚有白公之乱，既宁，将取陈麦，楚惠王“问帅于大(太)师子谷与叶公(沈)诸梁”[③]。当是时，叶公(沈)诸梁担任令尹、司马二职，大(太)师子谷与之并列，地位之高可见一斑。“环列之尹”，杜注：“环列之尹，宫卫之官，列兵而环王宫。”[④]清沈

① 顾久幸：《楚制典章——楚国的政治经济制度》，第43页。
② 杨伯峻：《春秋左传注》(修订本)，第604—605页。
③ 杨伯峻：《春秋左传注》(修订本)，第1708页。
④ (晋)杜预注，(唐)孔颖达疏：《春秋左传正义》，第1837页。

钦韩曰："环列之尹若汉之卫尉矣。《唐六典》，十二尉大将军掌统领宫廷警卫之法令，后人谓之环卫官。"[①]然而，如此重要的两个官职却没有出现在《左传》襄公十五年所录的楚高层中枢名单中，个中缘由值得推敲。

顾久幸先生言："太师为非常时期所设的职官。"[②]楚康王无太师，故太师不现于襄公十五年中枢高层名单之列便易于理解了。相较于太师一职的临时性，历代楚王皆设有宫庭警卫，环列之尹必常置而不废。然遍数《左传》《国语》《战国策》等先秦典籍，环列之尹仅此一见，原因何在？有学者指出是环列之尹职位太低，尚在宫厩尹之下，[③]故不见录。此说不妥。环列之尹可谓是楚王侍卫总长，负责宫庭安全，非国家勋贵、王之亲信不得染指，如上文潘崇藉"太师"身份得兼掌环列之尹，地位岂可低于养马之宫厩尹？且"环列之尹若汉之卫尉"，卫尉，乃秦汉时期中央九卿之一，秩高位尊。

笔者观点此"环列之尹"即是后屡见之"连尹"。

佐证一，《左传》僖公二十八年（前632）载，楚令尹子玉执意与晋国战于城濮，楚成王怒而少与之兵，唯"西广、东宫"与若敖氏宗族兵"若敖六卒"实从之。"东宫"一词，杨注："文元年《传》太子商臣以宫甲围成王，则东宫有兵，此东宫当亦是太子之宫甲。"[④]"宫甲"，《韩非子》作："宿营之甲。"[⑤]《史记·楚世家》称为"宫卫"。[⑥]

---

① （清）沈钦韩：《左传补注》，（清）阮元、王先谦编：《清经解 清经解续编（附索引）》（拾壹），南京：凤凰出版社2005年版，第2959页。

② 顾久幸：《楚制典章——楚国的政治经济制度》，第60页。

③ 何浩：《楚官师、傅、保及太师新解》，《湖北大学学报（哲学社会科学版）》1988年第5期。

④ 杨伯峻：《春秋左传注》（修订本），第457页。

⑤ （战国）韩非著，陈奇猷校注：《韩非子新校注》，上海：上海古籍出版社2000年版，第645页。

⑥ （汉）司马迁：《史记》卷四〇《楚世家》，第1699页。

皆指太子宫卫兵。比类而观，与“东宫”并列的“西广”，宜为楚王宫卫兵。既为楚王宫卫兵，当直属于环列之尹。《左传》宣公十二年（前597）又言楚“其君之戎，分为两广（即东、西广，或称左、右广）”“西广当即为两广之一”[①]。两广的组成人员相同，皆是楚王宫卫，故称为“君之戎”，每广有兵车三十乘[②]。

据上，知作为统领王宫卫兵的环列之尹平时宿卫楚王，战时则帅两广随王出征。“环列之尹”之命名，杜预言取其“列兵而环卫王宫”之意。若在平时此名甚为贴切，然参战之时卫兵一转而为“两广”，部署也不再环卫王宫，而是“右广鸡鸣而驾，日中而说（脱）；左则受之，日入而说（脱）”[③]。从此点来看，环列之尹这一职名显然与战时两广实际部署情况不符，而与之相符的职名恰恰是连尹。“连”字所代表的车相连属之意，恰好与左、右两广前后交替护卫楚君吻合。

佐证二，鲁宣公十二年晋、楚之间第二次大决战——邲之战爆发，《左传》明确记载上至楚庄王，下至左、右两广部队，皆实际参战。作为楚王之护卫长、左右两广的直接上级环列之尹参战是必然的，而史料中却无环列之尹与战的记录；担任连尹一职的襄老则死于战事。

佐证三，连尹，或称连敖，或连嚣，“敖”“嚣”，古同属“宵”韵，故通。《包山楚简》简文有“上连嚣”[④]，据此推知连尹一职概可设两人，有上、下之分。再联系楚王侍从左、右两广部队亦分职明确（“右广鸡鸣而驾，日中而说（脱）；左则受之，日入而说（脱）”）。藉此两点，归环列之尹统属的左、右两广楚兵又可与上、下连尹有所

---

① 杨伯峻：《春秋左传注》（修订本），第457页。

② 杨伯峻：《春秋左传注》（修订本），第732页。

③ 杨伯峻：《春秋左传注》（修订本），第737页。

④ 湖北省荆沙铁路考古队：《包山楚简》，第17页。

关联。

佐证四,《左传》昭公十九年(前523)、二十年(前522)、二十七年(前515)载有楚平王灭伍氏宗族一事:

> 十九年:楚子(平王)之在蔡也,郹阳封人之女奔之,生大子建。及即位,使伍奢为之师,费无极为少师,无宠焉,欲谮诸王,为大子聘于秦而劝王自取之。言于楚子曰:"晋之伯也,迩于诸夏,而楚辟陋,故弗能与争,若大城城父,而寘太子焉,以通北方,王收南方,是得天下也。"王从,故大子建居于城父。
>
> 二十年:费无极言于楚子曰:"建与伍奢将以方城之外叛……其事集矣。"王信之,问伍奢,执而杀之;使城父司马奋扬杀大子,大子建奔宋。
>
> 二十七年:沈尹戌言于子常曰:"夫(费)无极,楚之谗人也,民莫不知。去朝吴,出蔡侯朱,丧大子建,杀连尹奢。"(按,杜预言,事在"二十年")

详细分析上面三条材料,依据杜预注事"在二十年"[①]推断,见于《左传》昭公二十七年之"连尹奢"即是载于昭公十九、二十年的"师伍奢"。伍奢显然是一身兼二任,辅佐楚平王及太子建。"伍奢"所任之"师"与费无极之"少师"对言,则"师"为"大(太)师"省称的可能性是存在的。

伍奢兼任大(太)师、连尹二职,联系《左传》记鲁文公元年潘崇因功官拜大(太)师,并兼任环列之尹之事,"连尹"与"环列之尹"有高度的相似性。

综上四条佐证,"连尹"盖是"环列之尹",为楚王侍卫总长。平

---

① 《春秋左传正义》,第2117页。

时列兵环卫王宫，战时则率“两广”部队随王出征，身份显赫。

以上就是我们对“两广”部队所作的详细介绍。除去“两广”部队，楚王“王卒”尚有另外一个重要的组成部分，即以“东宫”为代表的武装力量。

“东宫”作为楚国武装力量的一部分亦首见于《左传》鲁僖公二十八年（前 632）晋、楚城濮之战（见前所引《传》文）。又《左传》鲁文公元年（前 626）载，楚成王季年欲废太子商臣（即楚穆王，前 625—前 614 年在位），太子商臣获悉后发动政变，“以宫甲围成王”，成王自缢而卒。历代注家多以此“宫甲”训楚参加城濮之战的“东宫”兵。杜预注《左传》“东宫”条时云：“太子有宫甲，分取以给之。”[①]注“宫甲”时则曰：“太子宫甲，僖二十八年，王以东宫卒从子玉，盖取此宫甲。”[②]孔颖达正义亦云：“文元年商臣以宫甲围成王，是东宫兵也。”[③]清人董增龄《国语正义》[④]、今人杨伯峻先生《春秋左传注》[⑤]等均从杜、孔之说，言“东宫”即为“太子宫”，进而可代指属“太子宫”之兵甲。

考于史籍，上诸家关于“东宫”的训释，有待商榷。“东宫”作为居住名称，最初当非太子宫寝的专有称谓[⑥]。

两周时期天子及诸侯的宫城，“三朝五（三）门”“前朝后寝”是其典型方式，此也成为后续历代宫城布局的基本原则。

---

① 《春秋左传正义》，第 1824 页。

② 《春秋左传正义》，第 1837 页。

③ （晋）杜预注，（唐）孔颖达疏：《春秋左传正义》，第 1824 页。

④ （清）董增龄：《国语正义》，成都：巴蜀书社 1985 年版，第 1096 页。

⑤ 杨伯峻：《春秋左传注》（修订本），第 457 页。

⑥ 按，“宫”者，古时为房屋的统称，无尊卑贵贱之别，陆德明云：“古者贵贱同称宫，秦汉以来惟王者所居称宫焉。”参见（唐）陆德明撰，张一弓点校：《经典释文》，上海：上海古籍出版社 2012 年版，第 629 页。

东汉郑玄注《周礼》云:“周天子诸侯皆有三朝,外朝一,内朝二,内朝之在路门内者或谓之燕朝。”[①]据此推知,天子诸侯之三朝为外朝、内朝、燕朝。又注《礼记·明堂位》:“天子五门,皋、库、雉、应、路。鲁有库、雉、路,则诸侯三门。”[②]以诸侯库、雉、路三门为例,库门即外门,雉门即中门,路门即寝门。外朝在库门之内,雉门之外,断狱判讼及询非常之处,君不常视,如《左传》鲁僖公十五年(前645)秦晋韩原之战,晋惠公(前650—前637年在位)被俘,晋大臣阴饴甥朝国人,询立君;鲁定公八年(前502)卫灵公朝国人问叛晋,则询国危。内朝在雉门之内,路门之外,或谓之正朝、治朝,君臣日见之朝[③]。燕朝,在路门之内,如君与宗人图嘉事,君有命,臣有进言皆于燕朝。燕朝之后即是诸侯及妃嫔居住的寝宫区。

文献所载天子诸侯“三朝五(三)门”“前朝后寝”的宫殿格局,在考古出土材料上亦有所印证。上世纪六十年代以来,考古工作者对湖北江陵北5公里的纪南城,进行了大规模的考古勘查与发掘,“根据已获得的考古资料,可以肯定纪南城就是楚之郢都”[④]。在南北距离约1 600米,东西距离约1 200米的区域内,初步勘探即有四十座夯土建筑基址,实际上应远不止此数。“从已知的大台基址群落,可以看出原有南北一串台榭式宫殿所排列的宫廷主轴线直穿都城南门与北门”,在南北向的中轴线上,04号址现存尖锥

---

① (汉)郑玄注,(唐)贾公彦疏:《周礼注疏》,第877页。

② (汉)郑玄注,(唐)孔颖达疏:《礼记正义》,(清)阮元校刻:《十三经注疏》(附校勘记及识语),杭州:浙江古籍出版社1998年影印本,第1490页。

③ 按,古者君臣日见之仪,臣先君入,君出路门立于宁,遍揖群臣,则朝礼毕,于是君退释燕朝听政,诸臣至官府治事处治文书。

④ 湖北省博物馆:《楚都纪南城的勘查与发掘(下)》,《考古学报》1982年第4期。

状的夯土台残迹，俗呼“贯尖头”，为外朝殿堂；03 或 27 号址为治朝部分；25 号址为燕朝部分，“遗址 25 之后的 20 号址，土台较小，或为燕寝”，再后一大土台，或为王后所住的寝宫①。

关于诸侯与其嫔妃的寝宫区，《周礼·考工记》载：“内有九室，九嫔居之。”清汪中《述学·释三九上》：“凡一二之所不能尽者，则约之三以见其多；三之所不能尽者，则约之九以见其极多，此言语之虚数也。”②也就是说凡数之指其极多，皆可称之为九，不必拘泥于实数，“九室”状诸侯宫寝甚多之意。稽于典籍，诸侯正寝一，名曰路寝，又名大寝，《左传》鲁庄公三十二年（前 662）“路寝”条下，杜预注：“路寝，正寝也。”③正寝之外，又有诸多燕寝，又名小寝。君平日居燕寝，斋戒及疾病则居路寝。见于《左传》鲁僖公二十八年（前 632）的“东宫”，宜是诸多燕寝（小寝）之一。

佐证一，《左传》鲁庄公十二年（前 682）载：“秋，宋万弑闵公于蒙泽。遇仇牧于门，批而杀之。遇大宰督于东宫之西，又杀之。”言宋万（南宫长万）叛乱，攻入国君宫门，在东宫之西杀死宋国正卿华督。此处之“东宫”，日本学者竹添光鸿笺曰：“东宫，小寝也。”④非“太子宫”。

佐证二，《春秋》鲁僖公二十年（前 640）载：“五月乙巳，西宫灾。”杜注：“西宫，公别宫也。”⑤《公羊传》：“西宫者何，小寝也。小寝则曷为谓之西宫？有西宫则有东宫矣。”何休注云：“夫人居中

---

① 杨鸿勋：《宫殿考古通论》，北京：紫禁城出版社 2009 年版，第 122—124 页。

② （清）汪中：《述学》，（清）阮元、王先谦编《清经解清经解续编（附索引）》（伍），南京：凤凰出版社 2005 年版，第 6524 页。

③ 《春秋左传正义》，第 1783 页。

④ （日）竹添光鸿：《左氏会笺》，第 272 页。

⑤ 《春秋左传正义》，第 1810 页。

宫,少在前;右媵居西宫,左媵居东宫,少在后。"[①]以东宫为左媵之居。

佐证三,又《左传》鲁襄公九年(前 564)载:"穆姜薨于东宫。"穆姜者,鲁宣公夫人、鲁成公之母而鲁襄公之祖母。《左传》鲁成公十六年(前 575)记载,穆姜通奸于叔孙侨如,二人谋逐鲁之季孙氏(季文子)、孟孙氏(孟献子)而取其室,藉此专擅鲁国之政。事败未成,叔孙侨如出奔齐国;穆姜基于其国君嫡母的身份,虽居鲁而见幽于"东宫"。揆情度理,穆姜被迫所迁之"东宫",亦当系诸侯一偏寝而非"太子宫"是很明显的。

将东宫释为太子宫最有力的一证为《左传》鲁隐三年(前 720)载"卫庄公娶于齐东宫得臣之妹,曰庄姜",杜注:"得臣,齐大子也,此大子不敢居上位,故常处东宫。"孔颖达正义云:"得臣为太子,云常处东宫者,四时东为春,万物生长在东;西为秋,万物成就在西。以此君在西宫,太子常处东宫也。或可据《易象》:西北为乾,乾为君父,故君在西;东方震,震为长男,故太子在东宫也。"[②]二说自相抵牾,前说本以东宫为非太子当恒居之处,而后说则以太子居之东宫与君父居西宫相对,坐实了太子居东宫之说,又因其系《左传》中首次出现,先入为主,便给人以东宫即太子宫别称的印象。考以前举数例及此抵牾处,此说亦可商,正如元赵汸《春秋师说·论古注得失》所认为的,杜预说《春秋》虽多有与《经》意旨不合处,但穿凿处却不多,此注即其一例,"如说东宫二字,杜氏却云太子谦不敢居上位,故常处东宫,他人于此等处必不取,然泽却取之者,以其说简

① (汉)何休注,(唐)颜师古疏:《春秋公羊传注疏》,(清)阮元校刻:《十三经注疏》(附校勘记及识语),杭州:浙江古籍出版社 1998 年影印本,第 2256 页。

② 《春秋左传正义》,第 1724 页。

质，正大有所包含，非穿凿之比。”①

征于史料，春秋时期诸国遍行预立继承人的太子制度，楚国亦然。楚太子作为国家法定储君，在教育等方面享有诸多特殊礼遇②。

《左传》鲁昭公十九年（前523）载，楚平王以伍奢为太子建师，费无忌为少师。“师”“少师”皆是教育辅佐之官，或称“傅”，《史记·楚世家》：“伍奢为太子太傅，费无忌为太子少傅。”太子师（傅）需要教授的具体内容见于《国语·楚语上》：

> 教之《春秋》，而为之耸善而抑恶焉，以戒劝其心；教之《世》，而为之昭明德而废幽昏焉，以休惧其动；教之《诗》，而为之导广显德，以耀明其志；教之礼，使之上下之则；教之乐，以疏其秽而镇其浮；教之《令》，使访物官；教之《语》，使明其德，而知先王之务，用明德于民也；教之《故志》，使知废兴者而戒惧焉；教之《训典》，使知族类，行比义焉。

太子师（傅）朝夕出入教育辅佐太子，当于太子日常居所，《左传》称之为“室”，鲁文公元年（前626）太子商臣弑杀其父楚成王践祚后，旋即“以其为大子室与潘崇”，《史记·楚世家》作：“以其太子宫与潘崇。”或称“大子室”，或称“太子宫”，不见称之为“东宫”者，且由赏赐之举可推知“大子室”与王寝宫当不在同一个宫院内。

又楚国各级贵族皆有家兵“私卒”，作为国家法定继承人的太子亦必有之。鲁文公元年（前626）《传》文所载太子商臣篡位所用

① （元）赵汸：《春秋师说·论古注得失》，《文渊阁四库全书》第164册，台北：台湾商务印书馆1986年影印本，第268—269页。

② 罗运环：《楚国的太子制度研究》，《江汉论坛》2000年第7期。

之“宫甲”,确当为太子之“私卒”,《韩非子·内储说下》作:“于是乃起宿营之甲而攻成王。”陈奇猷注:“宿,宿卫也。”[①]“宫甲”作“宿营之甲”,在这一事件的语境下,即太子及太子宫的扈从武装。

再者,《左传》鲁闵公二年(前 660)载:“大子奉冢祀、社稷之粢盛,以朝夕视君膳者也,故曰冢子。君行则守,有守则从。从曰抚军,守曰监国,古之制也。”换言之,太子在国君离国时可在留守大臣辅佐之下代为监国。详析鲁僖公二十八年《传》文所载城濮之战的全过程,太子商臣(即楚穆王)并无参战记录。假若前贤“东宫”为“太子宫”进而代指属“太子宫”兵甲之说成立,其一,在太子商臣留守国内的情况之下,其“私卒”无在国扈从太子反被抽调至北方战线,这恰与“私卒”其“只对贵族家长负责,而不对楚王负责”[②]的性质相反逆。其二,基于太子对于国家的重要性,太子“私卒”外调楚必额外派遣精卒奉太子左右以护周全,此点又显得颇为迂回曲折而不可信。

此外,尤需注意的是见于《春秋》《左传》,太子无有称呼为“东宫”者。《春秋》经称“世子”,鲁桓公九年(前 703)有曹国“世子射姑”,十五年(前 697)有郑国“世子忽”,鲁僖公四年(前 656)有晋国“世子申生”,鲁昭公十九年(前 523)有许国“世子止”。见于《左传》,“世子射姑”“世子忽”“世子申生”“世子止”皆转称为“大子射姑”“大子忽”“大子申生”“大子止”。

鲁僖公二十八年(前 628),参加城濮之战的楚国兵力计有若敖六卒、西广、东宫三部。三部当中,“若敖六卒”是楚军统帅令尹成得臣(字子玉)所属若敖氏家族之宗族亲兵,“东宫”与“西广”相提并举,性质当类似。又《周礼·虎贲氏》载:“(虎贲)掌先后而趋

---

① 《韩非子新校注》,第 645 页。

② 李玉洁:《楚国史》,第 182 页。

以卒伍。军旅、会同亦如之。舍则守王闲,王在国,则守王宫,国有大故,则守王门。""东宫"或亦"虎贲"之属。

再详考战争当口,楚成王当是时先北伐宋,后"入居于申",申是楚国北疆军事重镇。成王亲临战争前沿,以随其从郢都而来的王卒亲兵"西广""东宫"作为扈从武装,也是易于理解的。

综上,《左传》鲁僖公二十八年所见"东宫",所指应该并不是"太子宫",而宜为楚王诸多小寝(燕寝)之一。"东宫"有宫甲,君在国则守宫门,护君左右;出征则趋以卒伍。

2. 县师

春秋时代,楚国灭人国而置县,县内常设有地方兵力-县兵。如灭申、息,设"申、息之师";灭陈、蔡、许、叶、不羹之后,设陈、蔡、许、叶、不羹之师;灭繁阳后,又置繁阳之师。于楚国诸县与县兵当中,最显著者莫过于申、息二地。以申、息二县为例,着重讨论以下三个问题:其一,县与县师的历史地位与作用;其二,县师的指挥系统;其三,县师作为地方兵力的来源。

(1) 申、息二县的设置与历史意义

楚文王二年(前688),楚借邓道伐申,灭申而设县①。此后又于六年(前684)、十年(前680),利用息、蔡两国因息妫所产生的矛盾,灭息设县而虏蔡哀侯献舞以归。其后又深入中原腹地伐郑,还军灭邓。史称文王"实县申、息,朝陈、蔡,封畛于汝"②,此时"楚

---

① 按,学界对于楚灭申的具体年代有争议,何光岳先生认为申灭于楚文王二年,即前688年。本书采用。宋公文先生主张,申的灭亡,可断于文王的三年至八年,即公元前687年到公元前682年;何浩先生以为申之灭,最早在楚文王三年,最迟在楚文王六年,即公元前687年至公元前684年。参见何光岳:《楚灭国考》,第122页;宋公文:《春秋前期楚北上中原灭国考》,《江汉论坛》1982年第1期;何浩:《楚灭国研究》,第207页。

② 杨伯峻:《春秋左传注》(修订本),第1708页。

强，陵江汉间小国，小国皆畏之”[1]。

息县地望明确，在今河南息县西南方。息县城郊乡南张庄有青龙寺息国古城遗址，出土大量春秋时期青铜剑、戈、镞等兵器。

申地地望，史界曾有过不小的争议。主要有两说：

其一，主张在今河南南阳附近。

其二，主张申不在南阳，杜佑《通典》以为在唐申州。唐申州治义阳县，即今河南信阳，故治在今城南四十里[2]。《元和郡县图志》："申州，本属淮南道……《禹贡》荆州之域，又古申国也。郑武公娶于申曰武姜。在周为侯伯，后为楚所灭。"[3]《太平寰宇记》："信阳军，本申州也。春秋时属楚，即古申国之地也，周宣王封舅之国。"[4]此说曾一度广为流传。

随着新的考古材料不断出现，后说亦渐被摒弃。

1975年，在南阳西关煤厂发现一座春秋中期偏早的楚墓，墓中出土的2件"申公彭宇簠"[5]（《集成》04610、4611），器内底皆铸铭29字（又重文2）：

> 唯正十又一月辛巳，申公彭宇自作滙匿，宇其眉寿万年無疆，子子孙孙永宝用之。

---

① （汉）司马迁：《史记》卷四〇《楚世家》，第1696页。

② （唐）杜佑撰，王文锦等点校：《通典》卷一八三《州郡十三》，北京：中华书局1988年版，第4873页。

③ （唐）李吉甫撰，贺次君点校：《元和郡县图志》卷九《河南道五》，北京：中华书局1983年版，第243页。

④ （宋）乐史撰，王文楚等点校：《太平寰宇记》卷一三二《淮南道十·信阳军》，北京：中华书局2007年版，第2599页。

⑤ 王儒林、崔庆明：《南阳市西关出土一批春秋青铜器》，《中原文物》1982年第1期。

据铭文可知，作器者为申公彭宇。彭宇为楚国申县之公是明确的，“楚县公之器出于南阳，这不仅直接证实了楚国‘实县申、息’之申县即故申国地确在南阳，而且由此表明，《左传》中频繁出现的‘申、息之师’的申，确与信阳无关”①。1981年，南阳市郊砖瓦厂内发现西周晚期墓葬②，出土2件“仲爯父簋”（《集成》04188、04189）。“仲爯父簋”（《集成》4189）盖铭43字（又重文2），如下：

南申白（伯）大宰中（仲）爯父乓司乍其皇且考遟王、监白（伯）尊簋，用享用孝，用易（赐）眉寿屯右康和，万年無疆，子子孙孙永宝用享。

作器者为“南申白（伯）大宰中（仲）爯父”，“确切地证明西周晚年的申是在南阳，并不在北周以至唐代的申州，把学者争论已久的申国地望问题解决了”。③

县申、息且置“申、息之师”，对于楚国具有甚大的军事战略意义。清顾栋高《春秋大事表·春秋列国疆域表·楚疆域论》中云：

余读《春秋》至庄六年（前688）楚文王灭申，未尝不废书而叹也。曰：“天下之势尽在楚矣！”申为南阳，天下之膂，光武所发迹处。是时齐桓未兴，楚横行南服，由丹阳迁郢，取荆州以立根基。武王旋取罗、鄀，为鄢郢之地，定襄阳以为门户，至灭申，遂北向以抗衡中夏。④

---

① 何浩：《楚灭国研究》，第208页。

② 崔庆明：《南阳市北郊出土一批申国青铜器》，《中原文物》1984年第4期。

③ 李学勤：《论仲爯父簋与申国》，《中原文物》1984年第4期。

④ 《春秋大事表》卷四《春秋列国疆域表》，第525页。

今人杨宽先生云:“春秋时代楚先后在北部边境设立这些县,是同它图谋向北开拓和北上争霸有密切关系的。”①

又今人宋杰先生亦有非常精辟的论述。他将春秋时期整个大中国之地理形势分成三部分:一、是周、郑、宋、卫、陈等诸国所在的“中间地带”;二、是齐、秦、楚、晋等强国所在的“弧形中间地带”;三、为“周边区域”,位于中国大陆的外缘,是春秋时期落后少数民族的主要活动区域。周、郑等所在之“中间地带”与晋、楚等所在之“弧形中间地带”之间有大量的河川等天然地理障碍,两地带国家相互之间的聘请、宾旅来往必有一定的交通路线,控制,抑或占领两地带交界处之交通路线孔道。这一方面既能保证本国士卒的自由进、出,另一方面又可以阻敌于国门之外。诸强能否实现争霸的目的,很大程度上取决于此项举措的成败②。

楚国通过占领申、息且置申、息之师,可谓实现了这一战略。当时,楚入中原主要有两条通道:

其一,是从郢出发,逆汉水、经襄阳而至申地所在的南阳盆地,出伏牛山与桐柏山之间的方城隘口可达中原大地南端。

申地实为连接中原与江汉的枢纽,为不可多得的战略要地。西出武关可通秦,北上中原以达洛邑,东连淮水可以运谷粟,南达荆楚可以取货财。且申北方城山,其山连接南阳、唐河县、叶县之境,南北连绵数百里。楚得申,置城于山上为一要隘,以宛、叶为表里,高山峻岭为控扼之塞,宽城平野为屯兵之处,谓方城为城,汉水为池,进可攻,退可守,实天之与楚,不可夺也。当周强盛之时,申为周之藩屏,楚不敢妄动于周室;而当灭申之后,楚始强横难制,如有北图之志,

① 杨宽:《杨宽古史论文选集》,上海:上海人民出版社 2003 年版,第 68 页。

② 宋杰:《春秋战争之地域分析与列强争霸战略(上)》,《首都师范大学学报(社科版)》1999 年第 2 期。

其君多居于申,合诸侯又在焉,从而造成对中原诸国的严重威胁。

《左传》鲁成公七年(前 584)所载,楚令尹子重(公子婴齐)曾请申、吕为赏田,申公巫臣谏曰:“不可,若取之,是无申、吕也,晋、郑必至于汉。”亦说明申地在楚国家战略中的重要性。

其二,是从郢出发,经随出三隘(直辕关、大隧关、冥阨关),至息。息地处于黄淮大平原南端边缘地带,从息北跨淮水,可进入中原的腹心,伐陈、宋、郑。

这块息地的开辟,是楚文王“继灭申之后所做的又一件大事。它的一个直接后果,就是将楚的东北界址推进到汝水之滨(即所谓“封畛于汝”)。从此,楚获得了今河南东南部的一片新区域。这块时称‘息县’的新区的开辟,给楚国增添了一个北上中原的‘桥头堡’,同时也为楚的东进带来了新势头”①。

楚在申、息两地置“申、息之师”,终春秋之世,楚北争中原,东攻夷地,申县和息县一样都是兵调的先驱。在防御方面,息县与申县相互呼应,共同起着“北大门”的坚固藩蔽作用②,史称“楚出师则申、息为之先驱,守御则申、吕为蕃蔽”③。

申、息置县及设师,是春秋时期楚国能够称霸的关键所在。至此,中夏诸侯想要伐楚,已是“天下之难”④,楚在与中原诸国的竞霸中完全处于一种战略优势。

楚文王县申、息及置师,武功甚大,以至于得到楚后人的特祭。1978—1979 年间,在河南淅川龙城西面 10 公里的下寺,发现春秋中晚期大中型楚墓群。其中 2 号墓出土 7 件由大到小排列的“王子午鼎”。“王子午鼎”(《集成》02811)鼎腹内壁铸有长篇铭文,计

---

①② 宋公文:《春秋前期楚北上中原灭国考》,《江汉论坛》1982 年第 1 期。

③ 《春秋大事表》卷四《春秋列国疆域表》,第 525 页。

④ 《春秋大事表》卷二六《春秋齐楚争盟表》,第 1952 页。

14行81字(又重文3),如下:

唯正月初吉丁亥,王子午择其吉金,自作𰯌彝𮭡鼎,用享以孝于我皇祖文考,用祈眉寿,温龚(恭)䜩屖,畏忌趩趩(翼翼),敬氒(厥)盟祀,永受其福。余不畏不差,惠于德政,淑于威仪,阑阑兽兽(攸攸)。命尹子庚,殹民之所亟,万年无諆(期),子孙是制。

铭文大意是说王子午用精美礼器来祭祀“皇祖文考”,祈求长寿,保佑永远受到福泽,并希望子孙后代,永远按照上面所记的话,作为自己的行动准则。铭文中提到的“皇祖文考”,指的就是楚文王;王子午即公子午,亦即子庚,则子庚何许人也?按诸史料,其为楚庄王之子,共王之弟,康王之叔也,曾担任楚司马、令尹等要职,败吴伐郑,屡建奇勋。其生平事迹多见于《春秋》经传。《左传》提及子庚事集中见于鲁襄公十二年(前561)至二十一年(前552):

襄公十二年:秦嬴归于楚。楚司马子庚聘于秦,为夫人宁,礼也。

襄公十三年:吴侵楚,养由基奔命,子庚以师继之。……战于庸浦,大败吴师,获公子党。

襄公十四年:楚子囊还自伐吴,卒。将死,遗言谓子庚:“必城郢!”

襄公十五年:楚公子午为令尹……。

襄公十八年:子庚帅师治兵于汾。……楚师伐郑……子庚门于纯门,信于门下而还……

襄公二十一年:夏,楚子庚卒。

以子庚皇皇之尊，赫赫之功，“孝”文王而“不孝”其他先王推测，实是由于文王县申、息，封畛于汝之功勋卓著，是其他先王所不及，为子庚所推崇备至而特祭祀。

（2）申、息之师的指挥系统

楚国在北疆重镇组建申、息之师，从现有文献资料来看，申、息之师的直接领导者当为申公、息公。

《左传》鲁僖公二十五年（前635）：“秋，秦、晋伐鄀。楚斗克、屈御寇以申、息之师戍商密……秦师囚申公子仪、息公子边以归。”杜预注：“斗克，申公子仪；屈御寇，息公子边。”[①]又鲁僖公二十六年（前634）《传》文曰：“凡师，能左右之曰以。”即“以”字蕴含着指挥军队欲左则左、欲右则右之意。申公斗克、息公屈御寇系“以申、息之师”，很好的说明了二人完全掌控着“申、息之师”。

又《左传》鲁成公六年（前585）晋楚绕角、桑隧之战[②]，记载如下：

> 晋栾书（栾武子）救郑，与楚师遇于绕角。楚师还，晋师遂侵蔡。楚公子申、公子成以申、息之师救蔡，御诸桑隧。赵同、赵括欲战，请于武子。武子将许之，智庄子（荀首）、范文子（士燮）、韩献子（韩厥）谏曰：“不可。吾来救郑，楚师去我，吾遂至于此，是迁戮也。戮而不已，又怒楚师，战必不克。虽克，不令。成师以出，而败楚之二县，何荣之有焉？若不能败，为辱已甚，不如还也。”乃遂还。

---

① 《春秋左传正义》，第1821页。

② 按，绕角，在今河南鲁山东南；桑隧，在今河南确山东。参见杨伯峻：《春秋左传注》（修订本），第830页。

尹俊敏先生指出:“如果申、息之师的领导权不直接掌握在申、息县尹之手,而是直接掌握在楚国令尹、司马之手则不能说‘败楚之二县’。”[1]确然。

申公、息公对于申、息之师有具体指挥权,然最终的统率权仍在楚王手中,其必须服从楚王命令,这从申公、息公皆由楚王直接任命即可看出。又为了防止以申、息为代表的诸县力量过于强大,在各地县公的人员选择上,楚国社会的公族性特色甚为浓厚,并非父子相袭。

便于说明,以申县为例,将史料当中能够确定为申公者,详列如下:

表 3-1　春秋时期楚申县历任县公表

序号	县公	县公所属家族	任职时间	史料依据
1	彭宇	彭氏	楚文王(前689—前675)后期至楚成王(前671—前626)初期	“申公彭宇簠”(《集成》04610):唯正十又一月辛巳,申公彭宇自作溓匿,宇其眉寿万年無疆,子子孙孙永宝用之。
2	斗班	若敖氏	前664	《左传》鲁庄公三十年(前664):“秋,申公斗班杀(令尹)子元。”
3	斗克	若敖氏	前635	《左传》鲁僖公二十五年(前635):“楚斗克、屈御寇以申、息之师戍商密……秦师囚申公子仪(斗克)、息公子边(屈御寇)以归。”

① 尹俊敏:《楚申、息之师考》,《楚文化研究论集(第四集)》,第365页。

续表

序号	县公	县公所属家族	任职时间	史料依据
4	申叔侯	申叔氏	前 634	《左传》鲁僖公二十六年(前634):“公以楚师伐齐,取谷……寘桓公子雍于谷,易牙奉之以为鲁援。楚申公叔侯戍之。”
5	申公子培	不详	约前 600 前后	《吕氏春秋·至忠篇》:“荆庄哀王(楚庄王)猎于云梦,射随兕,中之。申公子培劫王而夺之……。”①
6	屈巫	屈氏	约前 597 至前 590	《左传》鲁宣公十二年(前597)楚伐萧,“申公巫臣”始见于记载,杨伯峻注:“巫臣为申县之尹,故称申公巫臣,盖氏屈,故成二年《传》又称屈巫。”②
7	公子申	王室公子	约前 585—前 571	《左传》鲁成公六年(前585):“楚公子申、公子成以申、息之师救蔡。”《左传》鲁襄公二年(前571):“楚公子申为右司马,多受小国之赂,以偪子重、子辛。楚人杀之。”
8	彭名③	彭氏	约前 571—前 560	《左传》鲁襄公四年(前569):“三月,陈成公卒。楚人将伐陈,闻丧乃止。陈人不听命。臧武仲闻之,曰:‘陈不服于楚,必亡。大国行礼焉,而不服;在大犹有咎,而况小乎?’夏,楚彭名侵陈,陈无礼故也。”

① 《吕氏春秋新校释》,第584页。

② 《春秋左传注》(修订本),第749页。

③ 按,彭名担任申公一职的具体考证,详第七章《楚公族社会下之异姓概述》第四节《彭氏》。

续表

序号	县公	县公所属家族	任职时间	史料依据
9	王子牟	王室公子	楚康王时期(前559—前545)	《左传》鲁襄公二十六年(前547)追述前事时,云:"伍举娶于王子牟,王子牟为申公而亡。"
10	子亹	史氏	约楚灵王(前540—前529)时期	《国语·楚语上》:"左史倚相廷见申公子亹。"韦昭注:"倚相,楚左史也。子亹,楚申公史老也。"①
11	寿余	彭氏②	约楚昭王(前515—前489)时期	《左传》鲁哀公四年(前491):"左司马眅、申公寿余、叶公诸梁致蔡于负函。"

分析上表,春秋时期楚国11任申公,论及出身,王室公子有2(公子申、王子牟),世族公族有4(斗班、斗克、屈巫、申叔侯),外姓有3(彭宇、彭名、寿余),待定者有2(子培、子亹),公族成员过半数。

(3) 申、息之师的兵源分析

楚国"县兵",规模不小。《左传》鲁昭公十二年(前530)记载楚灵王之言,云:"今我大城陈、蔡、不羹,赋皆千乘。"一县能够有一千乘,申、息二县亦当不低于此数。当然,这反映的仅是春秋晚期楚国县兵的规模,在春秋早中期县兵当低于此数。

以申、息为代表的楚国诸县县师,是以亡国之民为主组建?还是以楚公族成员为主组建呢?当以后说为是。

《左传》鲁庄公十八年(前676):"初,楚武王克权……迁权于那处。"杨伯峻注:"以权国原来之臣民迁之于那处,犹周迁殷'顽民'。"③又《左传》鲁昭公十三年(前529):"楚之灭蔡也,灵王迁许、

---

① 《国语集解》卷一七《楚语上》,第500页。

② 田成方:《东周时期楚国宗族研究》,第147页。

③ 杨伯峻:《春秋左传注》(修订本),第209页。

胡、沈、道、房、申于荆焉。”通过这两则史料，易知春秋时期楚对于所灭诸国要求其君臣等重要人物离开故土，居于楚人统治中心，这样做的目的无非是为了更好地控制新占领的土地。在新占领地区，既然有大量人口迁出，相对应的，也必然会有大量楚族（公族）人口迁入。这些新迁入人口，以血缘为纽带，形成了一个个的楚族宗法性公社，族居、族葬。这些人口是楚稳定地方的重要力量，亦是各县师兵力的主要来源。

第三节　春秋楚国公族未擅国柄论

历史步入春秋，列国政治的一个基本情况是由“礼乐征伐自诸侯出”一转而为“自大夫出”，甚而出现“陪臣执国命”的现象。具体到楚国，情况比较复杂。

一、楚国公族与楚王权关系辨正

关于春秋时期“楚国公族”与“楚王权”的关系，传统说法是楚国政权并未出现下移的情况，楚王始终保持着优势，地位再显赫的公族势力在楚王面前仍然不堪一击。明代董说在《七国考》中引傅逊之言曰：楚国“强大累世，而威略无下移”[①]。清代顾栋高云：“楚以蛮夷之国，而自春秋迄战国四五百年，其势常强于诸侯，卒无上陵下替之渐者，其得立国之制之最善者乎！”[②]今人钱杭先生[③]、张

① (明)董说:《七国考》卷三《楚职官》，第 29 页。

② 《春秋大事表》卷二三《楚令尹论》，第 1840 页。

③ 按，钱杭先生认为：“除了秦国公室之外，东周一代比楚公室再强的公室也许没有了。”参见钱杭：《周代宗法制度史研究》，第 226 页。

正明先生[①]、马卫东先生[②]观点与之相同。

与上述观点有所差异，童书业先生认为：

> 或谓春秋时楚国已行中央集权制，君权独盛。此说未为是……若敖氏之乱在楚庄时，此时楚势全盛，然大夫专权亦萌于此，如若敖氏不灭，楚政将亦下移，为晋之续。春秋中后期之形势将丕变矣。观若敖氏之乱，子越专杀大臣，以其族攻王，王以三王之子为质且弗受，意图篡弑矣，谓春秋时楚国贵族不专横，殊不合事实也。[③]

美国学者蒲百瑞也从两个方面对于楚王权强有力的说法提出质疑：一者，王室宗族成员在政治上甚为积极，然而他们的活动并非强化了楚国王权，反而时常损害楚国国君的权力。再者，从世袭制来看，楚王强有力的观点亦值得商榷，因为这种制度并不能保证产生强大的君主，世袭君主未必即位于成年，而幼主的出现往往导致摄政，而摄政者多为公族成员[④]。

日本学者安倍道子观点与上类似，认为："对于春秋时代的楚王权决不能一概地说是强大的。"其考察的时间段是从楚庄王至楚灵王，结论是楚国政治基本上为"世族政权"与"公子群政权"把持，楚庄王与楚灵王时代加强王权的实际行动，事实上皆遭受到

---

① 按，张正明先生言："与中原的诸夏相比，楚国的公室特别强大，楚国的王权特别巩固。"参见张正明：《楚文化史》，第111页。

② 马卫东：《春秋楚国政不下移原因新探》，《郑州大学学报（哲学社会科学版）》2009年第3期。

③ 童书业：《春秋左传研究》（校订本），第58页。

④ （美）蒲百瑞：《春秋时代楚国政体新探》，《中国史研究》1998年第4期。

了挫折[①]。

关于春秋时期楚王与楚公族的关系，笔者在上述两种观点基础上，亦从两个层面来分析此问题。若以整个春秋时期为历史背景来观察，楚王权确实并未下移，公族并未长期擅权；然而在特定因素造成的历史条件下，如楚君年龄幼小践祚等，也会出现公族当中的权臣（或某一世族势力）凌驾于楚王之上，这样就会形成公族与王室的激烈矛盾，而矛盾斗争的最后结果一般是楚王获胜。

春秋楚国十三君王（武、文、杜敖、成、穆、庄、共、康、郏敖、灵、平、昭、惠），出现公族擅权情况的有杜敖、成王、庄王、共王、郏敖、昭王六王，而六王皆属于幼弱即位的情况。

杜敖（前674—前672年在位）、楚成王（前671—前626年在位）时，有楚文王之弟令尹公子元专权祸国，事见《左传》鲁庄公二十八年（前666）、三十年（前664）。杜敖、成王幼龄即位的情况，亦详第六章第三节《楚公子践祚易名相关问题研究》。

楚庄王时期（前613—前591年在位），有若敖氏专权。《国语·楚语上》记载庄王即位时“方弱”，韦昭注：“未二十。”[②]

据《左传》鲁襄公十三年（前560）楚共王的自我评价，其是在十岁左右继楚庄王而为楚君。由于楚共王年龄幼小，权力一时掌握在令尹公子婴齐（子重）、司马公子侧（子反）等手中。

郏敖幼弱，令尹公子围成为权臣，排除异己势力，《左传》鲁襄公三十一年（前542）：“杀大司马芳掩。”鲁昭公元年（前541）又公开使用国君仪仗，致使楚国出现“令尹似君”“一国两君”的局面。鲁昭公元年十二月，公子围杀郏敖而为楚君。

---

① （日）安倍道子：《关于春秋时代的楚王权——从庄王时代到灵王时代》，《楚史研究专辑》，第244—263页。

② 《国语集解》，第490页。

楚昭王，继父楚平王为楚君时亦不超过八岁，权力掌握在令尹囊瓦手中。在楚平王卒年（前516），令尹囊瓦（子常）就图谋改立楚君，由于公子申的坚决抵制而没有成功。囊瓦，贿而信谗，楚昭王元年，冤杀楚贤臣郤宛，且“尽灭郤氏之族、党，杀阳令终与其弟完及佗与晋陈及其子弟”[①]，结果“国言未已，进胙者莫不谤令尹”[②]。以后更是扣留蔡侯、唐侯，造成了吴师入郢、自己只身出奔的恶果。

以上就是春秋时期楚公族专权的具体事例。应该说，公族专权仅是一时，其结果无外乎两种，或自己代替前王而为楚君，或待年幼楚君长大，权臣公族败亡。两种情况，均未从根本上造成楚政下移的局面。

二、楚公族未擅国柄之分析

政治上，楚国一方面是以公族成员为主导建立中央及地方政府框架，另一方面，从根本上讲并未出现若鲁之三桓、郑之七穆、宋之华向等公族窃柄专国之情况，原因何在？不同学者从不同方面进行了诠释。

明代董说《七国考》引傅逊之言，云：

> 春秋诸国，惟楚英贤最多，而为令尹执国政者，皆其公族，少有偾事，旋即诛死。所以强大累世，而威略无下移，固其君之强明，亦其传国用人之制独善也。[③]

① 《春秋左传注》（修订本），第1486页。

② 《春秋左传注》（修订本），第1487页。

③ （明）董说：《七国考》，第29页。

韩席筹先生总体概括春秋楚政，并将其与晋国作一对比，言道：

春秋之世，列国最强者莫如晋楚，然晋至悼公后，六卿擅权，智氏亡而晋分于三家矣。楚自武文崛起于江汉之间，成王享国最久，穆庄继之，遂成霸业。迄春秋末，与晋狎主齐盟，未尝少衰，其强与晋等，而长久过之者，盖法纪严肃，而权不下移也……（公族）然奉公守法，莫敢怙宠，一干国宪，辄加重典，其驭大臣法纪，可谓严肃矣。故恃亲弄权，终无鲁之三桓、郑之七穆也，窃柄移国，终无晋之三家、齐之田氏也，然则列国或弱或亡，而楚独能保其强大，迄于战国之末者，岂不以法纪严肃，迥非他国所能及哉。[①]

姜亮夫先生观点：

战国以前，楚之世室至弱小，故公室世室之争，无鲁、齐、三晋之烈。此非必公室独强，实为家族组织不盛，此其一也。次复国都屡迁，不闻抗行，楚材多走他国。此正反映其定居思想之不严，家族之纽带不强也，此其二。[②]

钱杭先生究其原因，言：

晋国“六卿强，公室弱”的形势，在楚国没有出现过。解答

---

① 韩席筹编注：《左传分国集注（下）》，南京：江苏人民出版社 1963 年版，第 668—669 页。

② 姜亮夫：《三楚所传古史与齐鲁三晋异同辨》，《姜亮夫全集八·楚辞学论文集》，第 147 页。

这个问题非宗法制度史所能独立担当，其间牵扯到许多问题。然而有一点却是可以在这里指出的：楚国的公室与各大公族之间的血缘渊源关系几乎不被楚人所重视，也难得看见他们有意识地着重强调……楚国的公室与公族之间，除了政治关系之外，就没有其他关系了……公族因此享受不到与公室处于“根叶”关系或“本末”关系时的有限度的发展机会。[①]

赵晓斌先生认为：

楚人的宗君观念甚至要强于多数中原列国。在楚人观念中，楚王是至高无上的“天”，其权威不可侵犯……楚国的一切土地与臣民，都在楚王支配之下。这一观念体现在政权结构上，就是楚国的君权极为巩固，卿权相对卑弱，并未像其他列国出现“礼乐征伐自大夫出”的现象。[②]

除去上述几位学者外，金景芳[③]、张正明[④]、杨范中、祝马鑫[⑤]、马卫东[⑥]等诸位先生也皆对此问题有所论述。

---

① 钱杭：《周代宗法制度史研究》，第226—227页。

② 赵晓斌：《春秋官制研究——以宗法礼治社会为背景》，杭州：浙江大学博士学位论文，2009年4月，第376页。

③ 金景芳：《中国奴隶社会史》，第244页。

④ 张正明先生认为：楚国的王权特别巩固，这有经济结构、政治体制和意识形态等几个方面的因素。就意识形态方面来说，楚人异乎寻常的爱国之心和忠君之忱是主要因素。参见张正明：《楚文化史》，第111页。

⑤ 杨范中、祝马鑫：《春秋时期楚国集权政治初探》，《江汉论坛》1981年第4期。

⑥ 马卫东：《春秋楚国政不下移原因新探》，《郑州大学学报(哲学社会科学版)》2009年第3期。

在前辈学者观点的基础上，笔者拟从经济、政治、军事及思想诸层面综合分析春秋时期楚国政治中公族未擅国柄这一特殊现象。

1. 楚国土地经济制度

研究楚国历史的自身特殊性，离不开对楚国社会土地经济结构的分析。春秋时期楚公族未擅国柄，与楚国经济制度，尤其是土地制度息息相关。

首先，楚国国君所直接控制的王田数量要远远大于公族采邑。《左传》鲁昭公七年(前535)载有楚芋尹无宇之言，云：

> 天子经略，诸侯正封，古之制也。封略之内，何非君土？食土之毛，谁非君臣。

引文表明，原则上讲楚国疆域内部的所有土地皆为楚王所拥有。而由楚王所直接管辖的土地主要有两部分：楚都城畿内之地与楚县县田(除去县田内大夫采邑部分)。

畿内王田收入，主要供给楚君祭祀祖先、王室日常花费、百官俸禄支出、军队粮饷等，其面积当不小。

楚王田的另一重要组成部分是县田(除去县田内大夫采邑部分)。征于古籍文献，楚国是春秋时期在地方上最早置县的少数国家之一。《左传》鲁庄公十八年(前676)："楚武王克权，使斗缗尹之。"此当为楚国立县之始，顾颉刚先生誉"权县"为"春秋第一县"①。克权置县以后，楚王田遂扩大到一切县邑。

但凡置县之地方，土田皆由楚王室直接管辖，任命县公处理县内事物，所征军赋等收入直接由国家掌控，公族卿大夫等不得染指。

① 顾颉刚：《春秋时代的县》，《顾颉刚古史论文集》卷五，第234页。

楚国之县，大都是灭人国家而置，特点是面积大、数量多，远超同时期的齐、晋二国。《左传》鲁宣公十一年（前598）载：楚庄王伐陈，后灭陈为县[①]。陈国，定都宛丘，在今河南淮阳，春秋时代算得上是一个中型规模的诸侯国，结果竟然为楚国一县，由此可见春秋楚县面积之大。

关于春秋时期楚县的具体数量，杨宽先生在《春秋时代楚国县制的性质问题》一文中考究有十七个。其中，灭小国建县的有权、那处、申、息、郧、蔡、陈七个；利用小国旧都改为县者，有商、期思、叶、沈、寝、白六个；边境别都改为县者，有武城、析、东不羹、西不羹四个[②]。顾久幸先生在杨宽先生十七县的基础上，有所修订，指出“权”与“那处”实为一县，因易地而改名，减掉一个，又增加了“鲁阳”“梁”“邓”“成”四县，则楚县应有二十个[③]。徐少华先生总结杨宽、顾久幸二位先生观点，认为：“权”与“那处”仍为两县，“鲁阳”“梁”则不属于楚县之列；而应该补入春秋楚县的有“棠”“上庸”“吕”“蓝”“上鄀”“湖阳”六县，合计二十五县[④]。

实际上，楚县的数量当远大于上三数。

终春秋之世，楚灭中小诸侯国而置为己县，是一项长期的基本国策。因此，楚所置县的数量应大体与所灭国数量相若。清代高士奇《左传纪事本末·楚伐灭小国》中云：

> 春秋灭国之最多者，莫楚若矣。……夫先世带砺之国，棋

---

① 按，楚庄王后来听从申叔时的谏言，又复陈国。

② 杨宽：《春秋时代楚国县制的性质问题》，《中国史研究》1981年第4期。

③ 顾久幸：《春秋楚、晋、齐三国县制的比较》，《楚文化觅踪》，第217—219页。

④ 徐少华：《关于春秋楚县的几个问题》，《江汉论坛》1990年第2期。

> 布星罗，南桿荆蛮，而北为中原之蔽者，最大陈、蔡，其次申、息，其次江、黄，其次唐、邓，而唐、邓尤逼处方城之外，为楚门户。自邓亡，而楚之兵申、息受之；申、息亡，而楚之兵江、黄受之；江、黄亡，而楚之兵陈、蔡受之；陈、蔡不支，而楚兵且交于上国矣。[1]

上引文，高士奇列举了楚所灭诸国然未言具体数字。又清代顾栋高《春秋大事表·楚疆域表》中言："楚在春秋吞并诸国凡四十有二。"[2]且详列具体国名[3]。又《列国爵姓及存灭表》中添加有"萧""舒""英氏""不羹""百濮"[4]，合计47国（含部族）。何光岳先生在《楚灭国考》一书中考订："春秋战国期间，为楚所灭的国家和部族约有六、七十之多。"[5]又何浩先生在《楚灭国研究》一书中明确指出：春秋时期楚灭国的数量为48个[6]。顾德融、朱顺龙《春秋史·春秋楚国灭国表》中详列春秋时期楚所灭国之国名、爵位、姓氏、时间等，合计有61国[7]。赵柄清先生又比较各家之说，认为春秋时期楚灭

---

① (清)高士奇：《左传纪事本末》卷四五《楚伐灭小国》，第660页。

② 《春秋大事表·春秋列国疆域表·楚》卷四，第524页。

③ 《春秋大事表·春秋列国疆域表·楚》卷四，第518—524页。按，这四十二个国分别是权、那处、鄀、谷、鄾、罗、卢戎、都、郧、贰、轸、绞、州、蓼（己姓）、息、邓、申、吕、弦、黄、夔、江、六、蓼（姬姓）、麇、宗、巢、庸、道、柏、房、沈、蒋、舒蓼、舒庸、舒鸠、赖、唐、顿、胡、蛮氏、陈。

④ 《春秋大事表》卷五《春秋列国爵姓及存灭表》，第563—608页。

⑤ 何光岳：《楚灭国考·序言》，第1页。

⑥ 何浩：《楚灭国研究》，第9—13页。

⑦ 顾德融、朱顺龙：《春秋史》，第263—267页。按，所灭61国为：麇、夔、罗、彭、郧、鄾、胡、道、霍、应、蓼（缪）、蔡、随、唐、蒋、息、顿、那处、申、吕（甫）、东吕、厉（赖、列）、许、卢戎、缯（曾）、权、桐、潜、萧、江、黄、穀、弦、慎、淮夷、舒、舒庸、舒鸠、舒蓼、宗、巢、绞（佼）、贰、轸、皖、蓼（飂）、英氏、六、郦、州、沈、邓、鄀、蛮氏（戎蛮）、上都、陈、房、柏、庸、东不羹、西不羹。

国约有 49 个[①]。

综上，春秋时期楚灭国的数量当不低于四十个。虽然并不是所有被灭之国皆设置为县，然实际楚县的数量应该也是四十个左右。

如此大而多的县田，除去少数县内公族采邑外，皆归楚王所有，这是楚王权日益扩大、楚公族未擅国柄的经济基础。楚国的此种县制迥异于晋。

晋县，吕文郁先生指出："春秋时期的晋国县制是一种失败的尝试。晋国之县其名曰县，实则采邑，而一些县大夫实际上就是采邑主。晋国的县制并没有脱离分封制的窠臼，实际上是把新设立的县封赐给县大夫，而这些县大夫并不直接为国君负责，这样的县必然流于形式，与封授采邑并无实质性的区别。"[②]又日本学者增渊龙夫认为：晋县是掌握晋国政治权力的旧族势力的重要基地。在内部激烈的矛盾冲突中，随着政治权力的转移与集中，县渐渐私邑化，进而由多个县构成的私邑就形成新的国家[③]。又顾久幸先生也认为："晋县所起的作用，不是加强王权，而是加强卿权；不是使权力集中，而是使权力分散。"[④]

---

① 赵柄清：《楚国疆域变迁之研究——以地缘政治为研究视角》，上海：复旦大学博士学位论文，2013 年 6 月，第 162—165 页。按，所列 49 国为：权、罗、庐（卢）、州、蓼、谷、申、吕、邓、绞、应、息、缯、弦、黄、英氏、贰、轸、厉（又称赖，在今湖北随州市东北殷店一带）、夔、郧、道、柏、房、胡、蒋、江、六、蓼、舒、宗、巢、麇、庸、舒蓼、萧、州来、舒庸、舒鸠、厉（又称赖，在今河南鹿邑县东）、不羹、唐、顿、蛮氏、胡、陈、樊、番、养。

② 吕文郁：《周代的采邑制度》（增订版），第 247—248 页。

③ （日）增渊龙夫：《说春秋时代的县》，刘俊文主编：《日本学者研究中国史论著选译・上古秦汉（卷三）》，黄金山、孔繁敏等译。北京：中华书局 1993 年版，第 189—213 页。

④ 顾久幸：《春秋楚、晋、齐三国县制的比较》，《楚文化觅踪》，第 228 页。

而楚县，顾颉刚先生直言："楚的县是直隶于君主的"[①]。又顾久幸先生云："楚县具有尤其先进的性质，它体现了王权与地方政权之间新型的关系，促进了楚王的集权。"[②]

除去直接管辖规模巨大的王田外，楚王对于公族采邑又设有重重限制与监督，详本章第一节《以公族为主的采邑制度探究》，使之没有能力与王室抗衡。

2. 自成体系、独具特色的政治制度

楚国政治体系中，最有特色的当属"中央令尹制"与"地方县制"。

中央令尹制。在事王者以千数的楚国各类职官中，令尹是执一国之柄的显赫存在。他既可以代表楚王处理国与国之间的外交事务，又对内总领国务、军事、司法等。此外，在幼主当国的特殊历史条件下，令尹或可代表楚王秉持国是。譬如，楚文王卒后，楚成王初年令尹公子元即掌握军政大权，可率领楚军征伐郑国。楚共王幼时，有令尹子重(公子婴齐)主事，可代表楚王与诸侯会盟，地位之高，权力之大，在同时代各诸侯国所设宰辅之官中是甚为罕见的。

在令尹一职大都由公族成员出任的情况下，为把令尹的权力控制在一定范围之内，防止其擅权祸国，楚国自从楚武王后期设置令尹制度后，就渐次建立起一整套限制令尹权力的措施。

其一，楚王自秉令尹任、黜之权力。

楚国之令尹，并非父子相袭，除极少数特例之外，一般情况下皆由楚君自行任命，若令尹自身奸邪淫慝，祸国害民，楚王可将其罢黜。以楚康王为例，一方面，春秋楚诸王中，康王算性格比较柔

① 顾颉刚：《春秋时代的县》，《顾颉刚古史论文集》卷五，第237页。

② 顾久幸：《春秋楚、晋、齐三国县制的比较》，《楚文化觅踪》，第228页。

懦的“楚之弱主”[1]；另一方面，其选用的令尹又是最多的，号称“五令尹代政”[2]。《左传》鲁襄公十四年（前559），令尹子囊（公子贞）归自伐吴，卒。次年，楚康王选用公子午（子庚）为令尹；鲁襄公二十一年（前552），子庚卒，“楚子（康王）使薳子冯为令尹”，子冯推以病，“乃使子南（公子追舒）为令尹”；二十二年（前551），令尹子南枉法，“王遂杀子南于朝”，“复使薳子冯为令尹”；二十五年（前548），薳子冯卒，康王又使屈建继立。由上可见，令尹之任免大体上系由楚王按照自己的意志独定。

再者，楚王任命令尹也并非无的放矢，而是在公族成员范围内遵循“亲疏参用”[3]的原则，即荐贤使能而非仅看其血统与时王之亲疏程度，故春秋时期世族公族出身的令尹总数多于公子、公孙。这也使得楚国不贤令尹的出现机会相对较少。且楚王掌握着令尹任、黜之权，再加上令尹非终身世袭制，使得不贤令尹即使一时掌权、篡权，亦不会长久。

其二，分令尹之权。

大概至楚成王时期，楚于令尹之下又置司马一职。司马与令尹合称为楚之“二卿”，清顾栋高言：“（楚）其军制则分为两广，中军不必皆令尹将。邲之战，沈尹将中军，而孙叔敖不与；鄢陵之役，司马子反（公子侧）将中军，令尹子重（公子婴齐）将左。盖楚以令尹当国，而司马则专主兵事，将相微分，与晋制略异矣。”[4]

司马专主军事，对于令尹权力在军队的扩张，有一定的限制

---

① （清）马骕撰，王利器整理：《绎史（四）》卷六九，北京：中华书局2002年版，第1485页。

② 韩席筹编注：《左传分国集注（下）》，第662页。

③ （清）马骕撰，王利器整理：《绎史（四）》卷六九，第1484页。

④ （清）顾栋高辑，吴树平、李解民点校：《春秋大事表》卷二三《春秋楚令尹表》，第1811页。

作用。

实际上，春秋时期楚国军权大多数情况之下皆由楚王自行把持，无论令尹，还是司马，皆需无条件服从楚王命令。

其三，杀戮、灭族之惩戒。

杀戮乃至于灭人宗族，是楚王限制令尹权力所采取的最激烈的一种措施。杀、灭的原因，或是由于令尹丧师辱国，或是其贪婪无度、尾大不掉。

《左传》鲁僖公二十八年（前632）晋、楚城濮之战，令尹成得臣（子玉）兵败城濮，楚成王以“大夫若入，其若申、息之老何”责难之，子玉及连谷而死。又《左传》鲁僖公三十三年（前627）：太子商臣（楚穆王）诬陷令尹斗勃（子上）畏敌、逃遁，结果楚成王又杀子上。上二例即属于丧师辱国而遭杀戮者。

《左传》鲁襄公三年（前570）、五年（前568），令尹公子壬夫（子辛）侵欲于小国导致诸侯叛楚而遭杀。楚康王时期令尹公子追舒（子南）因其臣下观起“未益禄而有马数十乘”被杀。又斗成然，在楚平王践祚的过程中，有“佐立之德”，平王即位后为令尹。鲁昭公十四年（前528）《传》文记载，其上任之后，“不知度，与养氏比，而求无厌”，不久楚平王杀斗成然而灭养氏之族。上皆为以权纳贿、尾大不掉被杀者。

春秋时期楚国令尹之权力所受楚王的制约情况，大致如上所言。前引傅逊之言：“（楚）所以强大累世，而威略无下移，固其君之强明，亦其传国用人之制独善也。”[①]其中，用人制度之独善，宜指的就是以公族令尹当国，而又对其有诸多限制，“少有偾事，旋即诛死”[②]。虽然有种种制约，然而令尹专权、威胁楚王的情况并没有

① （明）董说：《七国考》，第29—30页。

② （明）董说：《七国考》，第29页。

彻底消失，在特殊历史条件下也会发生。

地方县制。楚国县制，对于楚王权的作用，在土地经济层面已有所述。从政治制度上讲，“县公”，虽多由公族担任，然例非世职，而由楚王直接任命，对楚王负责，意义重大。罗运环先生讲：“楚县不同于可以世袭的采邑，其只属于以楚王为代表的楚王朝，是一种具有中央集权性的地方政权机构，并兼有军事功能。楚县的建立与发展，对楚国中央集权政治的强化，为楚国的迅速发展壮大起到了重大的作用。”①

3.“爱国之心”与“忠君之忧”

考于春秋段楚史，虽然不肖楚王及公族权臣会时有出现，然而楚君、臣当中的爱国传统是根深蒂固的。楚人异乎寻常的爱国之心与忠君之忧，是受其特定历史发展环境的影响。

楚自西周初年建国之始，楚便面临着严峻的形势。

自然条件方面，当时，楚向中原王朝贡献之物，一为缩酒之“苞茅”，二为除祟之“桃弧荆矢”，此两物皆为楚地莽莽丛林中之特产，“言下之意，是此外别无长物”②。故楚人立国初所处地的自然环境异常险恶，迥异于中原。

社会环境方面，楚始建国即处于众国环绕之中。北面，与邓、申、息、鄀等国相邻；东面，有卢、罗、随、陨、贰、轸等汉东诸国；南面，与权、雍等国接壤；西面，则是庸、巴等濮地的一系列国家。它们皆不比楚小，亦不比楚弱，紧逼近楚国，使楚国家战略空间极其狭小，无回转周旋之余地，随时都有国陨族灭的危险。

此外，楚人虽“跋涉山林以事天子”，然长期以来仍遭到中原华

---

① 罗运环：《纵横捭阖——楚国历史概况》，武汉：湖北教育出版社 2001 年版，第 52 页。

② 张正明、刘玉堂：《中华文化通志·地域文化志·荆楚文化志》，上海：上海人民出版社 1998 年版，第 24 页。

夏联盟全方位的打压。

(1) 文化歧视。

从历史的发展进程来说，在相当长的一段时间内，中原文化一直处于一种相对的领先地位，中原人对四周落后之“部族”“方国”总是表现得不屑一顾，唯我独尊。直接称居南之楚为“蛮楚”，蛮等是“中原人鄙视文化落后的氏族的称呼”[1]，不与之交通。

(2) 政治打压。

政治上，楚并未享有与中原诸侯同等的礼遇。

《左传》鲁昭公四年(前538)：“夏启有钧台之享，商汤有景亳之命，周武有孟津之誓，成有岐阳之蒐。”“岐阳之蒐”与“钧台之享”“景亳之命”“孟津之誓”等并举，可以说是周成王政治生涯当中最重大的事件，是王天下的象征。而“楚为荆蛮，置茅蕝，设望表，与鲜牟守燎，故不与盟”[2]。“鲜牟”即“根牟”，属于东夷族，在岐阳盟会中，楚君熊绎与东夷的鲜牟之君同列，事实上是没有资格出席会议的。据鲁昭公十二年(前530)《传》文，周康王时期，楚熊绎与齐吕伋、卫王孙牟、晋燮父、鲁禽父并事于周，齐、鲁、卫、晋四国均从周王室处分得珍宝财务，而楚却独无。由上可见楚人政治地位的卑微。

(3) 军事征伐。

中原王朝对楚的征伐，屡见于文献记载与考古发现。

《竹书纪年》载周昭王曾于其十六年、十九年、末年三次伐楚[3]；《左传》鲁僖公四年(前656)也提到了周昭王南征的史实。出土金文资料亦有昭王南征的记载，《史墙盘》(《集成》10175)：“弘鲁昭

① 童书业：《春秋史》，第123页。

② 《国语集解》，第430页。

③ 方诗铭、王修龄撰：《古本竹书纪年辑证》(修订本)，第45—46页。按，周昭王十六：“伐荆楚，涉汉，遇大兕。”周昭王十九年：“天大曀，雉兔皆震，丧六师于汉。”周昭王末年：“夜有五色光贯紫微。其年，王南巡不返。”

王，广笞楚荆，唯贯南行。"《过伯簋》(《集成》03907)："过伯从王伐反荆，俘金，用作宗室宝尊彝。"作册夨令簋(《集成》04300)："唯王于伐楚伯，在炎。"䢅簋(《集成》03732)："䢅从王伐荆，孚，用乍餗簋。"

至周宣王称楚为"蠢尔蛮荆，大邦为雠"[①]，出动大规模兵力伐楚，封申伯于谢，并设南国之师，其目的便是"维周之翰"，"南土是保"。整个春秋时期，中原伐楚更是不绝于书。

文化歧视、政治打压、军事征伐，三者使楚国国君及其臣民有强烈的国家忧患意识，而在长期国家忧患意识之下，易迸发出浓郁的爱国情操、忠君思想。

举例而言，《左传》鲁襄公十三年(前560)，楚共王临终之际自责"失先君之业，覆楚国之师"，自谥以恶谥。鲁襄公十八年(前555)楚康王亦对自己有所批评，云："国人谓不谷主社稷而不出师，死不从礼。不谷即位，于今五年，师徒不出，人其以不谷为自逸而忘先君之业矣。"爱国之情，溢于言外。楚君既已如此，楚臣亦不乏以身许国、忠于楚君者，有屡次谏言的斗伯比，有"自毁其家"以纾楚国之难的斗子文，有佐楚庄王称霸的孙叔敖，有助楚昭王复国的申包胥……

4. 楚王的个人作用

春秋时期楚十三王(武、文、杜敖、成、穆、庄、共、康、郏敖、灵、平、昭、惠)，除去杜敖、郏敖属幼小当国享祚日短外，大都非图安逸、享受之君，基本上每一个人都曾经亲自统军作战过，唯一例外的仅有楚平王。

楚武王三次伐随，得志于汉东，最终行军途中"心荡""卒于樠木之下"；楚文王实县申、息，封畛于汝；楚成王拓地千里，北上争霸；楚穆王图谋北方，有厥貉之会；楚庄王亲帅三军与晋战于邲地，称霸天下；楚共王十岁践祚，鄢陵之战其目中箭而仍坚持指挥作

① (汉)毛亨传，(汉)郑玄笺，(唐)孔颖达疏：《毛诗正义》，第426页。

战;楚康王作为"楚之弱主"[①],亦言"五年不出兵,死不从礼"。楚灵王经常是以反面形象出现的[②],然其灭陈、蔡,威诸侯,最终自身在伐吴作战第一线而国内诸方势力作乱才得以失败。楚昭王却吴复楚,迁郢于都而改纪其政,楚国复兴;楚惠王灭陈败巴师,广地至泗上。以楚庄王熊吕(旅)为例,表楚君励精图治之状。

《说苑·君道》记载如下一则楚庄王之事:

> 楚庄王既服郑伯,败晋师,将军子重三言而不当。庄王归,过申侯之邑,申侯进饭,日中而王不食,申侯请罪,庄王喟然叹曰:"吾闻之:其君贤者也,而又有师者王;其君中君也,而又有师者霸;其君下君也,而群臣又莫若君者亡。今我,下君也,而群臣又莫若不谷,不谷恐亡。且世不绝圣,国不绝贤,天下有贤而我独不得,若吾生者,何以食为?"故战服大国,义从诸侯,戚然忧恐,圣知不在乎身,自惜不肖,思得贤佐,日中忘饭,可谓明君矣。[③]

楚庄王邲之战胜大国晋、义从诸侯后,居安思危,"戚然忧恐",虽"圣智在身","而自惜不肖""日中忘饭"。其战略思考重点已由如

---

① (清)马骕撰,王利器整理:《绎史(四)》卷六九,第 1485 页。

② 按,司马迁《史记·楚世家》最后的"太史公曰"计有 71 字,其中有 46 字是评价楚灵王的,如下:"楚灵王方会诸侯于申,诛齐庆封,作章华台,求周九鼎之时,志小天下;及饿死于申亥之家,为天下笑。操行之不得,悲夫。"又《淮南子·泰族》:"灵王作章华之台,发乾溪之役,外内搔动,百姓罷敝,弃疾乘民之怨而立公子比,百姓放臂而去之,饿于乾溪,食莽饮水,枕块而死。楚国山川不变,土地不易,民性不殊,昭王则相率而殉之,灵王则倍畔而去之,得民之与失民也。"参见《史记》卷四〇《楚世家》,第 1737 页;何宁:《淮南子集释》,第 1417—1418 页。

③ (汉)刘向撰,向宗鲁校证:《说苑校证》,第 17—18 页。

何称霸转变为如何使楚后代子孙长期享有霸权。

既然春秋时期的楚君大多以治楚国为己任，则以公族成员为主的权臣架空君权的机会自然就少了。

以上即是对于春秋时期楚国君权与公族权力关系的一个总体概述。在二者的互动关系中，正是基于楚君在经济、政治、军事等方面相对于公族的优势，加上臣民的忠君爱国、楚君的贤明有为，才使得楚国政治格局有异于晋、鲁、齐、宋等中原诸国的独特之处。

第四节　楚国公族社会下的礼制文明

春秋时代，尤其是在春秋中晚期，以公族成员为主体的楚国贵族所表现出的礼乐修养，业已毫不逊色于中夏诸国。

本小节分三部分讨论春秋时期楚国公族社会下的礼制文明，首先，明了究竟何为"礼"？当时之人对"礼"是怎么理解的？其次，楚人之"礼"制文化是在怎样的一种环境下发展起来的？或者说，于楚而言"礼"制文明的形成当始于何时。再次，"礼"制文明在楚国公族日常生活中的具体表现。

一、"礼"究竟是什么

迄至春秋，从历史发展的角度看，"礼"有其演变、发展的过程，大体上经历了"巫术之礼""周公制礼""春秋时犹尊礼"三个阶段。

1. 巫术之"礼"

"礼"，繁体字作"禮"，而"豊"是"禮"的本字。豊，甲骨文作(《合集》14625)，作豆中盛放两串玉之形，从珏、从壴，王国维先生云："盛玉以奉神人之器谓之豊、若豐，推之而奉神人之酒醴亦谓之

醴，又推之而奉神人之事通谓之禮。”[①]《说文·示部》：“禮，履也。所以事神致福也，从示，从豐，豐亦声。”[②]

可见，礼最初为一种祭神求福的行为或仪式，正如《礼记·礼运》中所言：“夫礼之初，始诸饮食。其燔黍捭豚，汙尊而抔杯，蒉桴而土鼓，犹若可以致其敬于鬼神。”[③]这种祭神求福的舞乐活动，李学勤先生讲“就是当时之礼”。[④] 此种巫术之礼，根源于我们先人对于自然及祖先神灵的崇拜。由于生产的落后，对于自己生活在其中的世界，惯于用超凡的想像来弥补知识的缺陷。在他们看来，世界在很大程度上是受超自然力支配的，而这种超自然力来自具有人性的祖先神灵，他们极易因人们的乞求怜悯和表示希望与恐惧而感动，故先人以为通过祈求、舞乐、许诺等，就可以从神灵祖先那里获得嘉命，永保昌盛[⑤]。

初，巫风在各地区普遍存在。至于楚人，则巫风更盛，以“尚鬼”“淫祭”著称。表现之一为“多神崇拜”[⑥]，除信奉太乙、东君、云中君、司命、风伯、雨师等神外，还信奉高辛、轩辕等北方诸夏之神及伏羲、女娲等南方夷越之神，形形色色的鬼神兼容并包。表现二，“多神崇拜”直接导致每年都有众多祭祀祖先、事鬼神活动。再有，“巫”的地位在楚甚高，“诸夏的巫，与楚国的巫相比，地位要低的多，可谓小巫见大巫”[⑦]，楚始封之君熊绎，其实身兼大巫。

---

① (清)王国维著：《观堂集林(附别集)》，第 291 页。

② (清)段玉裁撰：《说文解字注》，第 2 页。

③ (汉)郑玄注，(唐)孔颖达疏：《礼记正义》，第 1415 页。

④ 李学勤：《失落的文明》，上海：上海文艺出版社 1997 年版，第 124 页。

⑤ (英)詹·乔·弗雷泽：《金枝》，北京：中国民间文艺出版社 1987 年版，第 18 页。

⑥ 罗运环：《论先秦两汉时期的荆楚巫术文化》，《鄂州大学学报》2007 年第 4 期。

⑦ 张正明：《楚文化史》，第 114 页。

2. 周公制“礼”

至西周初年，周公鉴于“人生而有欲，欲而不得，则不能无求；求而无度量分界，则不能不争；争则乱，乱则穷”[①]的现状，借鉴于夏礼、殷礼并有所损益，“制礼义以分之，以养人之欲，给人之求，使欲必不穷乎物，物必不屈于欲，两者相持而长”[②]，建立起一套完备的政治礼教制度，即通常所说的“周礼”。“周礼”，是维护统治者等级制度的政治准则、道德规范及各项典章制度的总称，进而发展成为区分贵贱尊卑的等级教条。

周礼是十分复杂的，大体可划分为吉礼（祭祀鬼神，祈求福祥）、凶礼（哀邦国之忧，包括丧礼、荒礼、吊礼）、军礼（和协邦国，包括大师之礼、大田之礼、大均之礼等）、宾礼（亲附诸侯，朝、宗、觐、遇、会等）、嘉礼（亲善万民，包括饮食、昏冠、宾射、飨燕等礼）五大方面；细分之，则有“经礼三百，曲礼三千”[③]。上而至政治、军事，下而至衣冠、陈设，无不有礼，即所谓“（礼）有大、有小、有显、有微，大者不可损，小者不可益，显者不可揜，微者不可大也”[④]。虽然此时的“礼”不可避免亦包含某些的巫术遗存，正如张正明先生言：“周代的任何民族以至任何部族，无不有巫。”[⑤]然较之以前，其成分已明显减少。正是藉于西周已降巫术式微的现状，故杨朝明先生言，“礼”到周代发生了质的改变，由巫术的性质，“演进为一种人文文化”[⑥]。也就是说，“礼”已成为一种政治制度与行为规范。

---

① (清)王先谦撰，沈啸寰、王星贤点校：《荀子集解》，北京：中华书局2013年版，第409页。

② (清)王先谦撰，沈啸寰、王星贤点校：《荀子集解》，第346页。

③④ (汉)郑玄注，(唐)孔颖达疏：《礼记正义》，第1435页。

⑤ 张正明：《楚文化史》，第112页。

⑥ 杨朝明：《鲁国礼乐传统研究》，《历史研究》1995年第3期。

“礼”一经确定，便得到广泛的应用，大到国家典章制度，小到社会风俗习惯，一切的人事活动的方方面面，无不由礼而行。周礼文化反映了当时文明的最高程度。

3. 春秋时犹遵礼

周公所定之“礼”制，至春秋时期，《史记・十二诸侯年表》云：“或力政，强乘弱，兴师不请天子……诸侯恣行，淫侈不轨，贼臣篡子滋起矣。”[①]此即是所谓的礼崩乐坏。但应当看到由于礼文化的下移，礼崩乐坏的只是“礼”的秩序部分，即坚持礼制的等级不再严格，而由于用礼阶层范围逐步扩大，礼的内容反而更加广泛，更实际，也更具体。以青铜礼器为例，西周时此类礼器一般只有高层贵族才能够使用，至春秋由于礼的散播，生产力水平、青铜冶炼铸造技术的进步，青铜礼器渐向下层扩散。

可以讲，“春秋时，犹尊礼重信也”[②]，周礼并没有因周天子的衰微而没落，反而变得更加成熟，更加健全，晁福林先生言：“所谓的‘礼崩乐坏’，那只限于周天子，而对于诸侯和卿大夫来说，春秋时期正是礼乐制度大发展的时期。”[③]甚至于“春秋是先秦礼制最健全之时期”[④]。

诸夏国家，依然以礼去制约全部的社会生活。

把礼看成生死存亡之根本：“礼，经国家，定社稷，序民人，利后嗣者也”[⑤]，“礼，所以守其国，行其政令，无失其民者也”[⑥]。把礼看

---

① 司马迁：《史记》卷一四《十二诸侯年表》，第 509 页。

② （清）顾炎武著，黄汝成集释，栾保群、吕宗力点校：《日知录集释》（全校本），上海：上海古籍出版社 2013 年版，第 749 页。

③ 晁福林：《春秋战国的社会变迁》，北京：商务印书馆 2011 年版，第 821 页。

④ 杨文胜：《春秋时代“礼崩乐坏”了吗?》，《史学月刊》2003 年第 9 期。

⑤ 杨伯峻：《春秋左传注》（修订本），第 76 页。

⑥ 杨伯峻：《春秋左传注》（修订本），第 1266 页。

成不变的自然规律、行为准则:“夫礼,天之经也,地之义也,民之行也”[①],“礼,上下之纪、天地之经纬也”[②]。把礼奉为治国的法宝与工具:“礼之可以为国也久矣,与天地并”[③],“礼者,君之大柄也,所以别嫌明微,傧鬼神,考制度,别仁义,所以治政安君也。故政不正,则君位危,君位危,则大臣倍、小臣窃,刑肃而俗敝,则法无常,法无常而礼无列,礼无列则士不事也”[④]。战国时期的荀子尚言:“国无礼则不正。礼之所以正国也,譬之犹衡之于轻重也,犹绳墨之于曲直也,犹规矩之于方圆也。既错之而人莫之能诬也。”[⑤]

又生活于春秋晚期的孔子,作为周代礼乐文化的传承、总结以及弘扬者,将礼一分为二,分别从礼的外在形式(礼之文)与礼的精神内涵(礼之质)出发,对礼的外在形式进行损益而对礼的精神内涵进行了全新的诠释与发展,为礼注入了新的生命力,将“礼”与“仁”密切结合起来,深化了“礼”的内涵。

二、礼制在楚地的形成

《史记·楚世家》记载,西周夷王(前885—前878年在位)时,楚君熊渠云:“我蛮夷也,不与中国之号谥。”春秋时期,楚武王亦云:“我蛮夷也。……欲以观中国之政,请王室尊吾号。”这两次自称“蛮夷”,“多少都带点自外于中原文化的蛮横和霸气”[⑥]。李玉

① 杨伯峻:《春秋左传注》(修订本),第1457页。
② 杨伯峻:《春秋左传注》(修订本),第1459页。
③ 杨伯峻:《春秋左传注》(修订本),第1480页。
④ (汉)郑玄注,(唐)孔颖达疏:《礼记正义》,第1418页。
⑤ (清)王先谦撰,沈啸寰、王星贤点校:《荀子集解》,第248页。
⑥ 杨华:《楚国礼仪制度研究》,第4页。

洁先生认为西周至春秋初期，楚在华夏国家的眼中属于蛮夷之邦，后随着楚国经济的进步，文化也迅速发展起来，至“春秋中期，礼制思想逐渐在楚国产生和形成”[①]。我们认为礼制于楚地之形成、发展，应始于楚成王（前671—前626年在位）时期。其因由大致有四：

原因一：首先为争霸所需。

一部春秋史，即是列国争霸史，言春秋，必以霸权为核心。究竟如何理解春秋时期的“霸”政呢？应劭曰：“霸者，把也，驳也，言把持天子政令，纠率同盟也。”[②]《左传》鲁成公二年（前589）：“五伯之霸也，勤而抚之，以役王命。”[③]《白虎通·号》言：“昔三王之道衰，而五霸存其政，率诸侯朝天子，正天下之化，兴复中华，攘除夷狄，故谓之霸也。”[④]

由上可见，“霸”，在春秋时期应是一个褒义词，它至少包含三个层面的意思：(1) 是把持天子政令，纠率同盟，得到诸侯的拥护；(2) 是正天下之教化，以华夏为标准，正天下风俗文化；(3) 是攘除夷狄。

上述三项任务，并非轻而易举能完成的，必须具备一定的条件。

据统计，春秋初期有上百诸侯，而后能真正掌握天下礼乐征伐之权的仅有少数几位，即霸主。诸国称霸，究其原因所在，或因地理环境各异，或因文化背景不同，诸如此类，不一而足，故造成各国称霸的因素自然不会雷同，但其俱是一时之霸主，必有其称霸的共同原因，即霸主生成必备的基本条件。

---

① 李玉洁：《楚国史》，第191页。

② （汉）应劭撰，王利器注：《风俗通义校注》，第20页。

③ 杨伯峻：《春秋左传注》（修订本），第798页。

④ （清）陈立撰，吴则虞点校：《白虎通疏证》，第61—62页。

孟子曰:“以力假仁者霸,霸必有大国。”[①]荀子曰:“信立而霸”[②],霸者,“不欺其与”。[③] 二者互相补充,指出在春秋时代霸权秩序体系中诸国称霸所必备。其一,霸须大国,具有以军事、经济为基础的强大的综合国力。“力”者,谓“土地甲兵之力”[④],若缺乏这样的“力”,是难称霸于世的。即使有机会在历史舞台上偶露峥嵘,也仅为昙花一现,终难成为气候。换言之,只有国富兵强的大国才具有争霸的资格。举例而言,春秋伊始,王政衰微,最早图霸的是当时中等诸侯郑国。郑庄公(前743—前701年在位)借助于郑国优越的地理位置所带来的商业发展、周王室卿士的身份及个人的雄杰,形成“小霸”局面[⑤]。然郑庄公死后,终春秋之世,郑成为晋、楚、齐、秦诸大国交兵的主战场之一,无复霸权。其二,霸须有“礼”,具体为德与信。霸主地位的确立,固然要依靠强大的国力,而霸主地位的维持,却需得到诸侯的倾心归附,盟国的支持,“霸权国不等于孤家寡人主义”[⑥]。故一个国家要维持其霸主地位,须持礼、有德、讲信。在这里,“力”是第一位的,“霸必大国”;“礼”则是不可或缺的。“力”要借助于“礼”,但更是“礼”的基础。

霸者,以大国之力,假仁义之道,“拘之以利,结之以信,示之以武”[⑦],然后能霸。在争霸活动中,只有拥有军事、经济等强大的国

① 《孟子正义》卷七,第221页。

② 《荀子集解》卷七,第239页。

③ 《荀子集解》卷七,第242页。

④ (宋)朱熹:《四书章句集注》,北京:中华书局1983年版,第236页。

⑤ 童书业撰:《春秋左传研究》(修订本),第284页。

⑥ 叶自成:《春秋战国时期的中国外交思想》,香港:香港社会科学出版社2003年版,第89页。

⑦ 徐元诰撰,王树民、沈长云点校:《国语集解》,第239页。

力，才能率诸侯，攘夷狄；只有具有中原文化“礼”的素养，才能正天下之教化，得到诸侯认同。

如上所述，对“礼”制的坚持，使中原诸国同属于一文化圈，叶自成先生指出，在华夷秩序的中心区域，“礼”是构成霸权秩序的核心内容，而这些“礼”主要是指周朝在其繁荣昌盛时形成的一整套规范和约束人与人之间的行为体系①，并把不遵循礼制的部族称为“蛮夷”“化外之邦”，并对这些“蛮夷”之邦有极大的敌视与轻蔑，存有戒备之心。童书业先生讲：至春秋时人所谓“华夏”，实是文明伟大的意思；所谓中国，便是天下之中的意思；但其意义只是文化的，种族的意义很少②。

故楚国要想服中原诸国，作中原霸主，只有像中原诸侯一样，以“礼”“乐”等作为指导思想，这样就迫使楚国君臣在自己的政治生活中治国以礼，战争以礼，外交以礼，以“礼”作为指导一切行为的准则。

原因二：“礼”制形成所需的客观条件已具备。

《管子·牧民》：“仓廪实而知礼节，衣食足而知荣辱。”如前所述，自西周初年熊绎建国以降，至春秋早期，楚一直面临着严峻的国家形势，随时有国陨族灭的危险。国家形势险恶如斯，奔命之犹不暇，遑论学仁讲礼，“礼”制思想的形成无从谈起。当时楚国君臣最优先考虑的是如何安楚、强楚，唯一要做的应是发展自己，尽量以力灭掉周边国家，或结盟，或使其臣服，拓展自己的战略空间，增强经济、军事实力，形成一块由自己完全控制的、稳定的后方基地，才有可能在王室衰微、列强竞霸的局面中站稳脚跟。

---

① 叶自成：《春秋战国时期的中国外交思想》，第 94 页。

② 童书业撰：《春秋史》，第 122 页。

马世之先生指出武王与文王时楚国之强，构成了楚国发展史上第一个里程碑；楚庄王霸业的完成，是楚国发展史上第二个里程碑[①]。实际上，楚由蕞尔小国跃入强国之林，正是楚武（前740—前790年）、文王（前689—前675年）时代的事情。武、文王时代，为礼制的形成创造了必备的客观条件，是楚国霸权树立的关键时期。

春秋伊始，楚武王熊通初继位时，楚境望不过江汉，且面临中原诸国的打压。假如熊通（楚武王）像汉北的一些姬姓和姜姓国家那样，循规蹈矩，那么楚国非但不能变成大国，而且将很难维持自己的生存[②]，当时，楚人所面临的历史条件，“已不允许他们对诸夏趋之若鹜了。诸夏先进而且强盛，无论其发展处于何种状况，楚人都会在诸夏引力和斥力交互作用下，偏离历史的常轨”[③]。对于楚人来说，恪守诸夏的发展模式，抑或是探索自己的前进道路，是至关紧要的事情，诸夏发展模式即坚持以“礼”为最高准则的社会，幸而“楚人独行其是，化险为夷，而且在许多方面后来居上，创造了先秦史上的奇迹之一”[④]。

楚武王整顿江汉平原，对西面的百濮收而有之；南面则克权，使斗缗尹之。西、南方得志，兵锋即指向汉东诸国。“汉东诸国随为大”，要想征服汉东诸国，必先下随，随国因此成为楚人东进的主要目标。楚自武王三十五年（前706）起，先后数次伐随，前704年，经速杞大战，使随听命于楚而为楚之附庸；前703年，与巴联军，败邓及邓南鄙鄾人；前701年，楚又与郧、绞、州、蓼等国联军战于蒲骚，大败郧而与绞订城下之盟。速杞之战与蒲骚之役奠定了

① 马世之：《中原楚文化研究》，第174页。

② 张正明：《楚史》，第87页。

③ 张正明：《楚文化志》，武汉：湖北人民出版社1988年版，第7页。

④ 张正明：《楚文化志》，第8页。

楚在江汉平原的霸主定位，后虽有反复，无碍大局。其后武王又灭罗国、卢戎，服州、蓼，而卒于征伐之中，薨于樠木之下，但其留下的却是一稳定的江汉平原。

顾栋高曰："五霸之中，仲尼独许齐桓，然论者谓自桓伯而天下遂不复知有王。吾谓春秋之世之趋于伯，非自桓始也。桓八年(前704)，楚已合诸侯于沈鹿矣。十一年(前701)，屈瑕盟贰、轸矣。"[①]楚国形势亦为之一变，非再局促于一隅，而是"取荆州以立根基"[②]，此时楚疆东达汉水，北与邓临，西近彭水(今鄂西北汉水支流南河)，南至大江。以江、汉、沮、漳为楚望的上国基地，由此基本成型。楚国蓬勃发展之势已经形成，从江汉基地出发，奋力投入到春秋争霸战争之中。故曰：楚国之强，始于楚武王熊通。

楚强，亦令中原诸侯刮目相看。《左传》桓公二年："蔡侯、郑伯会于邓，始惧楚也。"按，鲁桓公二年，即公元前710年，为郑庄公三十四年，楚武王三十一年。郑庄公自鲁隐公元年(前722)消除内患以后，凭借挟天子以令诸侯的地位，远交(交齐、鲁)近攻(攻宋、卫)，努力经营十多年，已经形成"郑庄小霸"的局面，"几乎做了东方诸侯的领袖"，"这样一个春秋初期的唯一强国"[③]，却已经惧楚矣。

前689年，文王熊赀继位，继续以力兼国拓展，史载文王"兼国

① (清)顾栋高辑，吴树平、李解民点校：《春秋大事表》卷二六《春秋齐楚争盟表》，第1951页。

② (清)顾栋高辑，吴树平、李解民点校：《春秋大事表》卷四《春秋列国疆域表》，第525页。

③ 童书业撰：《春秋史》，第138—139页。

三十”[①],“实县申、息,朝陈、蔡,封畛于汝”[②],申、息置县,“天下之势尽在楚矣”[③],此时“楚强,陵江汉间小国,小国皆畏之”[④]。

经过武王安楚,文王县申、息之后,楚疆域大为扩展[⑤],对于

---

① (汉)刘向撰,向宗鲁校证:《说苑校证》,第222页。

② 杨伯峻:《春秋左传注》(修订本),第1708页。

③ (清)顾栋高辑,吴树平、李解民点校:《春秋大事表》卷四《春秋列国疆域表》,第525页。

④ (汉)司马迁:《史记》卷四〇《楚世家》,第1696页。

⑤ 按,楚武王称霸江汉,楚文王县申、息,封畛于汝,而文献典籍中却经常出现“土不过同”的说法。《左传》鲁昭公二十三年(前519):楚囊瓦为令尹,城郢,对此楚沈尹戌发了一番议论,最后指出:“无亦监乎若敖、蚡冒至于武、文? 土不过同,慎其四竟,犹不城郢。”何以武、文灭国如此之多,竟“土不过同”呢? 杜预对此有明确的解释:“方百里为一同,言未满一圻”,又言“方千里为圻。”这就是说武、文时期,楚疆域尚未达到千里之数。但论者往往将“不过”理解为“不超过”。譬如,沈玉成先生于《左传译文》一书中解释为“土地不超过百里见方”;杨伯峻先生、冯作民先生于各自完成的《白话左传》中也认为楚国的土地不过一百里而已。上论划定楚境尚在百里之内,过于低估此一时期的楚势。据鲁昭公二十三年的文义来看,“土不过同”,应理解为当时楚境只不过有“同”之数、还未满一“圻”,正如孔颖达所指出的:言田虽至九百里,犹止名“同”,故云“不过同”,非谓百里以下也。据楚境的实际状况而言,也应是如此。武王有濮,占有权、罗及卢戎故地,征服随、唐,大启群蛮;文王灭申、息、邓、应等国,疆域东至淮河,北抵汝水,南过大江。从考古发掘资料来看,在今蛮河(古沮漳)流域的南漳县打鼓台,发现有春秋早中期的楚人遗址和楚人墓葬;在今沮漳河东当阳县赵家塝附近,也发掘了西周末、春秋初中期的楚人宗族墓葬。如果说此一时期楚境尚未超过百里,是有悖于客观事实的。显而易见,武、文王时期,楚已突破百里之国的界限,而进入一个新的历史发展时期。参见(晋)杜预注,(唐)孔颖达疏:《春秋左传正义》,第2103页;沈玉成:《左传译文》,北京:中华书局2006年版,第483页;杨伯峻:《白话左传》,长沙:岳麓书社1993年版,第393页;武汉大学荆楚史地与考古研究室(徐少华执笔):《南漳县几处古文化遗址调查简报》,《江汉考古》1986年第2期;高仲达:《湖北当阳县赵家塝楚墓发掘简报》,《江汉考古》1982年第1期;王光镐:《当阳赵家塝楚墓略析》,《江汉考古》1983年第1期。

中原诸国已处于军事战略上的优势，国家安全有了保障，经济迅速发展，为文化的新发展，即礼制思想的形成，提供了坚实的物质基础。

以青铜冶炼技术为例，春秋早期以前楚不仅落后于中原诸国，甚至也赶不上越人。从武、文王起，灭国渐多，掳掠了不少青铜器，亦学会了诸多铸造技术；至成王时，楚国青铜冶铸业有了突飞猛进的发展。今湖北大冶市的铜绿山，是我国先秦时期最大的铜矿区，从1973年起已发现的十余处遗址，上起新石器时代，下至春秋战国之际。从矿井、通风、排水、炼炉设备等方面来看，当时的青铜开采、冶炼技术已达到很高的水准。据分析，炉渣含铜量平均为0.7%，相当于欧洲19世纪末冶炼同类矿石的标准[①]。而春秋中期以前，楚尚未牢固地占领铜绿山及其附近地区，从文化内涵上看，西周至春秋早期的主人应是越人[②]，至成王奋武、文二世之余烈，北收弦、黄，控制了此一地区，再把越人的冶炼技术与华夏铸造技术兼之，成为当时生产青铜器最多最好的国家之一。

正是由于礼制思想的形成，使成王践祚之年，成为楚史研究的一重要分水岭。如刘彬徽先生将楚青铜器分为七期，基于成王时期“新的风格开始形成”，第一、二期即分界于成王继位的次年（前670）[③]。

原因三：内部文化整合及与中原诸国交流的结果。

不同于中原诸国兼人之国，堕其城郭，焚其钟鼓，布其资财，散其子女，裂其土地；兼人之国，楚则修其郭廓，处其廊庙，听其钟鼓，利其资财，妻其子女，抚其臣民并用其贤能。不仅将所兼并国家的

① 杨权喜：《楚文化》，第55—59页。

② 张正明、刘玉堂：《大冶铜绿山古铜矿的国属——兼论上古产铜中心的变迁》，《楚史论丛》（初集），第60页。

③ 刘彬徽：《楚系青铜器研究》，第48—52页。

物质资产重新建设，并且“处其廊庙”“听其钟鼓”，对他国文化也采取宽容、接受的态度。

武、文、成王时期，楚所服、灭汉阳诸姬及申、息诸国，其文化传承为中原一脉，经过一番与楚地原有文化的冲突、整合、重构，礼制思想必逐渐融入楚文化当中。

1975 年至 1979 年，湖北当阳赵家塝附近发现大型楚墓群。发掘的二百九十七座楚墓，年代上起西周末、东周初，下迄战国晚期，属于春秋早中期的楚墓有十八座。这十八座楚墓都是长方形竖穴土坑墓，与中原同；随葬铜礼器的基本组合是鼎和簋，与周制相似；随葬的某些陶礼器与中原的同期同类器大同小异，亦与周器近。如此葬俗，表明礼制思想在楚地已经扎根。

武、文王时期，楚以蛮夷自居，与中原诸国互相敌视，始终是未通上国，文、告未达，与中原诸侯不聘、不盟、不会，“不告，故不书”。楚成王初继位，即着手改变武、文王时期的外交政策，开始抛弃先王“不与中国之号谥”的传统，以主动的姿态与中原诸国交流，进行会盟，积极融入中原文化圈。

《史记·楚世家》：“成王恽元年，初即位，布德施惠，结旧好于诸侯。使人献天子，天子赐胙。”[①]鲁庄公二十三年(前 671 年，即楚成王元年)，《春秋》经曰：“荆人来聘。”楚始通上国。此后便一发而不可收拾，楚积极参加了召陵、齐、鹿上、盂、薄等一系列会盟，姑不论会盟的具体内容、目的何在，单就参加会盟本身而言，对楚而言便是一种进步。按之《左传》，自楚成王继位，至鲁僖公元年(前 659)，前后 12 年中，楚仅有一次伐郑，究其原因还是令尹子元专权，欲邀外功。此役之外，楚再没有任何入侵中原的记载，这便缓和了楚与中原诸国的紧张关系，为双方的交流创造了机会。随着

① (汉)司马迁：《史记》卷四〇《楚世家》，第 1697 页。

双方交流的日益密切，影响在所难免，楚益日去蛮夷而中原礼制化。

此外，楚积极引进诸夏人才，位以高爵，使其与政。楚系青铜器有“中子化盘”（《集成》10137），李瑾、曾昭岷二位先生从该器铭文字形结构、汉语语法时代特征及“中方”的地理考实，认定为楚成王中期器（楚成王十七年至三十或四十年）[①]。“中”，殷周古国，其地望在今河北省的望都与唐县间之唐河北岸。据铭文体例，该器之“中”可能是由地名演化为氏名。铭文中谓中子“保楚王”，推测，此“中子化”可能已入楚为仕，并用“中”作氏称，“化”为其名[②]。再有楚成王三十九年（前633），“齐桓公七子皆奔楚，楚尽以为上大夫”[③]，中原“礼”文化必被这些人大量介绍至楚。

原因四：楚君臣以身作则及政府的大力倡导。

史载，楚成王曾读书于殿上，而伦扁在下，作而问曰：“未审主君所读何书也？”成王曰：“先圣之书。”[④]成王读先圣之书，其臣民必受其影响。据《国语·楚语》楚贵族子弟所受之教育是以中原“礼”文化为主要内容，学习教科书与中原诸侯同。

楚成王之世，楚公族贵族已熟知华夏重要典籍，往往引经据典，借以判是非，明利弊，决疑定策。显而易见，其政治思想、道德规范等，与中原诸侯同，已侧身于诸夏之列。

综上，楚礼制宜始于成王，是很明显的。钱穆先生亦称此时：

---

① 李瑾、曾昭岷：《楚器〈中子化盘〉作器年代管窥》，湖北省考古学会选编：《湖北省考古学会论文选集》（一），武汉：《武汉大学学报》编辑部1987年版，第154—166页。

② 邹芙都：《楚系铭文综合研究》，第39页。

③ （汉）司马迁：《史记》卷四〇《楚世家》，第1698页。

④ （汉）韩婴撰，许维通校释：《韩诗外传集释》，北京：中华书局1980年版，第174页。

“楚人亦逐渐觉悟(亦可说是逐渐同化),改变其以前极端的武力兼并主义(即“我蛮夷也”的主义),而渐次要求加入诸夏之集团……其时楚人意态已与前不同。”[①]童书业先生甚至讲,楚是时之文化未必低于晋等中原诸国,经济富足尚过之[②]。

正是礼制思想的形成,故周天子赐楚成王胙,曰:“镇尔南方夷越之地,无侵中国。”[③]宗庙胙肉,只分同盟,周天子赐楚以胙肉,即是承认楚不再是蛮夷之国,这就是给楚以莫大的荣誉,并提高了楚在诸夏国家中的地位。

楚因“礼”得到诸夏的认同,此于楚之国号上有所体现。

武、文之世,“经犹书之曰荆,至成王而书楚矣”[④]。征于经文,《春秋》鲁庄公二十八年(前 666),楚尚为“荆”:“秋,荆伐郑。”至《春秋》鲁僖公元年(前 659)改称为“楚”:“楚人伐郑。”《谷梁传》:“荆者,楚也。其曰荆,何也?州举之也,州不如国。”[⑤]郭沫若讲,中原诸国称楚为荆,大概是出于敌忾[⑥]。而至成王始为楚正名也,何也?戎狄之俗,积久乃变也,成王学礼讲仁之故也。

三、公族社会下的礼制文明

春秋中后期,上至楚王,下至楚国公族贵族,皆表现出很高的

---

① 钱穆:《国史大纲》,北京:商务印书馆 1999 年版,第 63—64 页。

② 童书业撰:《春秋左传研究》(校订本),第 54 页。

③ (汉)司马迁:《史记》卷四〇《楚世家》,第 1697 页。

④ (清)马骕著,徐连城校点:《左传事纬》,济南:齐鲁书社 1992 年版,第 69 页。

⑤ (晋)范宁集解,(唐)杨士勋疏:《春秋谷梁传注疏》,(清)阮元校刻:《十三经注疏》(附校勘记及识语),杭州:浙江古籍出版社 1998 年影印本,第 2383 页。

⑥ 郭沫若:《奴隶制时代》,北京:人民出版社 1973 年版,第 19 页。

礼制修养[①]，与中原诸夏相较亦毫不逊色。《礼记·昏义》："夫礼，始于冠，本于昏，重于丧祭，尊于朝聘，和于乡射，此礼之大体也。"[②]清代学者邵懿辰《礼经通论》解释道："冠、昏、丧、祭、射、乡、朝、聘八者，礼之经也。冠以明成人，昏以合男女，丧以仁父子，祭以严鬼神，乡饮以合乡里，燕射以成宾主，聘食以睦邦交，朝觐以辨上下。天下之人尽于此矣，天下之事亦尽于此矣。"[③]

下面以春秋时期楚国公族成员的祭祀、朝聘、丧葬诸礼为例，探究其不弱于中原诸国的礼制文明。

1. 祭祀之礼

春秋时代，"国之大事，在祀与戎"，祭祀还排在兵戎之前，故当时之人对于祭祀之礼是格外重视的，于楚亦是如此。

《国语·楚语上》载有"屈建祭父不荐茾"一事，如下：

> 屈到嗜芰。有疾，召其宗老而属之，曰："祭我必以芰。"及祥，宗老将荐芰，屈建（字子木）命去之。宗老曰："夫子属之。"子木曰："不然。夫子承楚国之政，其法刑在民心，而藏在王府，上之可以比先王，下之可以训后世，虽微楚国，诸侯莫不誉。其《祭典》有之曰：'国君有牛享，大夫有羊馈，士有豚犬之奠，庶人有鱼炙之荐，笾豆脯醢则上下共之。'不羞珍异，不陈庶侈。夫子不以其私欲干国之典。"遂不用。

① 按，此节我们重点要讲的是作为礼的外在形式，即"礼之仪"，而非"礼之质"。

② （汉）郑玄注，（唐）孔颖达疏：《礼记正义》，第1681页。

③ （清）邵懿辰：《礼经通论》，（清）阮元、王先谦编：《清经解 清经解续编（附索引）》（拾叁），南京：凤凰出版社2005年版，第6350页。

详析上则史料，可获得以下几条重要信息：

(1) 屈建，主要生活在楚康王时期(前559年—前545年在位)，是楚国屈氏的重要成员，楚康王九年(前551)任莫敖。康王十二年(前548)为令尹，率军灭舒鸠(今安徽舒城境)。引文当中，屈建欲"祥"祭其父屈到。"祥祭"，《礼记·间传》："父母之丧……期而小详……又期而大祥。"[①]小祥，乃人死后一周年之祭；大祥，乃人死后两周年之祭。既然屈到有"祥祭"其父屈到之举，概可推知在春秋中晚期的楚国公族社会当普行此礼，而此礼在同时代的中原诸国则是或行或废，"虽微楚国，诸侯莫不誉"，微者，独也[②]，意思是说国内国外，皆赞赏有加，称誉的原因自然是楚对于礼制的坚持。

(2) 屈建反对以"芰"祥祭其父的理由是此举违反《祭典》的规定。《祭典》当是楚国有关祭祀的成文法典，内容当包括"用牲，神位安排，降神、迎神的程序，祭祀吉日的选择，以及祭祀等级，对象的规定等"[③]。特别是在用牲方面，要求甚为严格，如屈建所言："国君有牛享，大夫有羊馈，士有豚犬之奠，庶人有鱼炙之荐，笾豆脯醢则上下共之。不羞珍异，不陈庶侈。"即从楚王以降，不同等级的贵族所用牺牲的规格亦不同，不准僭越，且不准以个人嗜好而违背法定的祭典。

《国语·楚语下·子期祀平王》篇亦有类似的记载：

> 子期祀平王，祭以牛俎于王，王问于观射父曰："祀牲何及？"对曰："祀加于举。天子举以大牢，祀以会。诸侯举以特

① (汉)郑玄注，(唐)孔颖达疏：《礼记正义》，第1660页。
② 徐元诰撰，王树民、沈长云点校：《国语集解》，第516页。
③ 石泉主编：《楚国历史文化辞典》，第377页。

牛，祀以大牢。卿举以少牢，祀以特牛。大夫举以特牲，祀以少牢。士食鱼炙，祀以特牲。庶人食菜，祀以鱼。上下有序，则民不慢。”

观射父言“举”（人君朔望之盛馔）[①]、“祀”所用之牺牲由周天子至诸侯、卿、大夫、士、庶人，要“上下有序”。这种尊卑有别的规定，与《礼记·祭法》所载之制大体相当。杨华先生认为：“或许楚人正是在学习中原祀典的基础上，才形成了自己的国家祭祀体系。”[②]可从。

(3) 以上屈建祥祭其父屈到，子期祀楚平王，皆是楚公族成员祭祀自己的先人。除去先人之外，楚尚祭祀鬼神及与其生活密切相关的山川河流等。楚祭祀的鬼神较多，有日神、雷神、风伯、山神、云神、雨神等；而祭祀的山川河流，当仅限于楚之境内，《左传》鲁哀公六年(前489)有如下一段记载：

初，(楚)昭王有疾，卜曰：“河为祟。”王弗祭。大夫请祭诸郊，王曰：“三代命祀，祭不越望。江、汉、雎、漳，楚之望也。祸福之至，不是过也。不谷虽不德，河非所获罪也。”遂弗祭。孔子曰：“楚昭王知大道矣……。”

“大夫请祭诸郊”，即请于楚郊野祭黄河之神，黄河非楚之望，昭王认为黄河绝非致使其生病的原因，故不祭。此举严格遵守了礼制的规定，《礼记·王制》：“天子祭天下名山大川，五岳视三公，四渎视诸侯。诸侯祭名山大川之在其地者。”杜预注：“鲁人祭泰山，晋

① 徐元诰撰，王树民、沈长云点校：《国语集解》，第516页。
② 杨华：《楚国礼仪制度研究·前言》，第11页。

人祭河是也。”[①]又《礼记·祭法》:“诸侯在其地则祭之,亡其地则不祭。”[②]《公羊传》鲁僖公三十一年(前629):“天子有方望之事,无所不通。诸侯山川有不在其封内者,则不祭也。”[③]俱说的是一回事情。

2. 朝聘之礼

朝,就下朝上而言,诸侯对周天子,弱小之诸侯对于强大的晋、楚、齐诸霸主。聘,《周礼·秋官·大行人》:“凡诸侯之邦交,岁相问也,殷相聘也。”东汉郑玄注:“小聘曰问。殷,中也;久无事,又于殷朝者及而相聘也。”[④]即诸侯之间互派大夫问候曰聘。春秋中后期,随着楚国外事活动的渐多,楚王、楚公族成员对于聘问之礼的熟悉程度愈来愈高,显示出深厚的礼制素养。

《左传》鲁昭公七年(前535)记载有鲁昭公朝见楚灵王一事,如下:

> 三月,公(鲁昭公)如楚,郑伯(郑简公)劳于师之梁。孟僖子(仲孙貜)为介,不能相仪。及楚,不能答郊劳。

鲁昭公朝楚,楚国依礼举行郊劳,而鲁国之相礼者孟僖子(仲孙貜)确不知如何应对,杨华先生据此指出:“楚人通过对中原礼制文化的吸收,在具体礼节的执行上竟然超过礼乐宗主鲁国的某些贵族。”[⑤]

《左传》鲁襄公二十七(前546)载有楚国公族成员薳罢至晋聘

① (汉)郑玄注,(唐)孔颖达疏:《礼记正义》,第1336页。

② (汉)郑玄注,(唐)孔颖达疏:《礼记正义》,第1588页。

③ (汉)公羊寿传,(汉)何休解诂,(唐)徐彦疏:《春秋公羊传注疏》,第2263页。

④ (汉)郑玄注,(唐)贾公彦疏:《周礼注疏》,第893页。

⑤ 杨华:《楚国礼仪制度研究·前言》,第9—10页。

问、会盟一事，如下：

> 楚薳罢如晋涖盟，晋侯（晋平公）享之。将出，赋《既醉》。叔向曰："薳氏之有后于楚国也，宜哉！承君命，不忘敏。子荡将知政矣。敏以事君，必能养民，政其焉往？"

薳罢在享礼结束之时，出而赋《既醉》，杜预注："《既醉》，《诗·大雅》。曰：'既醉以酒，既饱以德。君子万年，介尔景福。'以美晋侯，比之太平君子也。"①薳罢此次至晋聘问、会盟，系发生在晋、楚两强第二次弭兵之会刚刚结束不久，"既醉既饱"，答谢享礼；"万年景福"，盛赞晋平公（前557—前532年在位）。薳罢选择所赋《诗经》篇章，甚为符合当时的政治环境，说明薳罢对于赋《诗》、引《诗》之礼把握精准、运用恰当，故晋国大臣叔向对其评价甚高。

又《左传》鲁昭公六年（前536）记录有楚公族成员公子弃疾如晋聘问一事，如下：

> 楚公子弃疾如晋，报韩子也（按，晋韩宣子韩起去年如楚致女，此答礼）。过郑，郑罕虎（字子皮）、公孙侨（字子产）、游吉（子大叔）从郑伯（郑简公）以劳诸柤，辞不敢见。固请，见之。见如见王。以其乘马八匹私面。见子皮如上卿，以马六匹；见子产以马四匹；见子大叔以马二匹。禁刍牧采樵，不入田，不樵树，不采艺，不抽屋，不强匄。誓曰："有犯命者，君子废，小人降！"舍不为暴，主不慁宾。往来如是。

周初封建诸侯，各有分地，众多的诸侯国，地形犬牙交错，相互交织，

---

① 《春秋左传正义》，第1998页。

此种情况之下诸国相互之间的交通往来大多需经过他国之境，这就形成了春秋史上屡见的聘问当中的“假道之礼”。《仪礼·聘礼》：“若过邦，至于竟，使次介假道。束帛将命于朝。”郑玄注：“诸侯以国为家，不敢直径也。”[①]外交人员出聘途需经某国时，副使（次介）先行献束帛于朝，允许而后可行，所经国负责取回次介所赠贽币的应该是下大夫。而此次公子弃疾假道，郑简公亲力亲为，故弃疾藉礼“辞不敢见”。不得已最终弃疾亦以“私面”之礼见郑简公与其诸卿，杨伯峻先生言：“私面即私觌，谓外臣以私人身份见东道国之君。聘礼有私觌……此弃疾乃过道而私觌。”[②]显系对礼的灵活运用。私觌所赠送的贽币，因身份的不同而“降杀以两”，符合礼制规定，且严禁入田、伐树为柴、采摘菜果、拆屋、强行乞讨等逆礼之事的发生。

3. 丧葬之礼

从相关文献记载来看，古人对于死亡是甚为重视的。《荀子·礼论》：“生，人之始也；死，人之终也。”[③]又：“丧礼者，以生者饰死者也，大象其生以送其死也。故如死如生，如亡如存，终始一也。”[④]《礼记·中庸》：“事死如事生，事亡如事存。”[⑤]《论语·为政》：“生，事之以礼；死，葬之以礼，祭之以礼。”[⑥]因此，从西周开始，便有一整套高度发达的丧葬文化，意义深远，《论语·学而》云：“慎终追远，民德归厚矣。”[⑦]

---

① （汉）郑玄注，（唐）贾公彦疏：《仪礼注疏》，（清）阮元校刻：《十三经注疏》（附校勘记及识语），杭州：浙江古籍出版社 1998 年影印本，第 1048 页。

② 杨伯峻：《春秋左传注》（修订本），第 1278 页。

③ （清）王先谦撰，沈啸寰、王星贤点校：《荀子集解》，第 424 页。

④ （清）王先谦撰，沈啸寰、王星贤点校：《荀子集解》，第 433 页。

⑤ （汉）郑玄注，（唐）孔颖达疏：《礼记正义》，第 1629 页。

⑥ （魏）何晏注，（宋）邢昺疏：《论语注疏》，（清）阮元校刻：《十三经注疏》（附校勘记及识语），杭州：浙江古籍出版社 1998 年影印本，第 2462 页。

⑦ （魏）何晏注，（宋）邢昺疏：《论语注疏》，第 2458 页。

关于丧礼，集中见于《仪礼》中的《士丧礼》、《既夕礼》、《士虞礼》三篇，从三篇记载来看一个完整的丧礼过程甚为复杂，有丧、葬、祭三个阶段。第一阶断：丧，起于临终，终于下葬。当时通例，天子七月而葬，诸侯五月，大夫三月，士逾月。主要礼节包括：君友问疾，祷神祈福，移居正寝，招魂，迁尸，楔齿与缀足，讣告，宾客吊、襚，设铭，沐尸，饭含，袭、掩、瑱、幎目、设握等，设冒、敛，入殡与成服，筮宅，视椁，卜葬日。第二阶段：葬的阶段，计有七天，真正的下葬一天完成。主要礼节有：启殡（棺柩进驻祖庙），朝祖（向祖先的告别仪式），赗赙，书方，大遣奠、读赗、读遣，发引，入圹，反哭与虞祭（初虞、再虞、三虞），卒哭之祭与班祔。第三阶段：祭的阶段。当时的丧祭主要有以下几种：小祥（丧后一周年的祭祀，丧服减轻），大祥（丧后二周年的祭祀，除去丧服），禫祭（大祥之后再隔一个月举行禫祭）。至此，丧礼完毕。

春秋时期楚国丧葬之礼，亦大体遵循上述礼制。举例而言：

从始死到下葬，中间间隔的时间，因死者的身份高低而有所不同，楚作为一诸侯国，楚君理应五月而葬。征于文献，确实如此。《左传》鲁襄公二十八年（前545）、二十九年（前544）记载有楚康王卒、葬一事，如下：

> 二十八年（前545）：癸巳，天王（周灵王）崩……崔氏之乱……为宋之盟故，公（鲁襄公）及宋公、陈侯、郑伯、许男入楚……及汉，楚康王卒。
>
> 二十九年（前544）：夏四月，葬楚康王。

“癸巳”条下，杨注：“十一月二十五日。”[①]《左传》作为编年体史书，

① 杨伯峻：《春秋左传注》（修订本），第1149页。

以时间为中心，按年、月、日顺序记述史事，从“癸巳”日至“楚康王卒”，中历齐国崔氏之乱诸事，藉此可以推知楚康王当卒于十二月份。而由鲁襄公二十八年十二月，楚康王始卒，至鲁襄公二十九年的四月，楚康王下葬，恰好历经五个月。

赴礼。春秋时期同盟诸侯之间“薨则赴以名，告终、称嗣也，以继好息民，谓之礼经”[①]。《左传》鲁昭公元年（前541）记载有楚公子围弑楚君郏敖自立一事：

> 冬，楚公子围……入问王疾，缢而弑之……葬王于郏，谓之郏敖。使赴于郑，伍举问应为后之辞焉，对曰：“寡大夫围。”伍举更之曰：“共王之子围为长。”

引文当中，楚为国君郏敖之死赴告于同盟郑国，且告知郑国楚共王长子围继任为君，郑、楚两国友好关系要世代延续。

实际上，丧葬之礼，除去以上所列一系列仪式外，尚有“取谥”环节，《孔子家语》：“既死而议谥，谥定而卜葬，既葬而立庙。”[②]关于谥法，前辈学者多有研究，争论的焦点在于“谥法”究竟源于何时？[③]

---

① 杨伯峻：《春秋左传注》（修订本），第53—54页。

② 杨朝明、宋立林主编：《孔子家语通解》，济南：齐鲁书社2009年版，第511页。

③ 按，谥法始于何时，学界观点不一，计有以下数说：1. 吴静渊先生“原始社会说”。2. 黄奇逸、彭裕商先生殷商时期说。3. 薛金玲先生西周初期说。4. 王国维、杨伯峻先生西周中期说。可参见吴静渊：《谥法探源》，《中华文史论丛》1979年第3辑；黄奇逸：《甲金文中王号生称与谥法问题的研究》，《中华文史论丛》1983年第1辑；彭裕商：《谥法探源》，《中国史研究》1999年第1期；薛金玲：《谥法起源浅析》，《西北大学学报（哲学社会科学版）》2000年第1期；王国维：《观堂集林（附别集）》，第895—896页；杨伯峻：《春秋左传注》（修订本），第1001页。

彭裕商先生指出谥法当始于殷商晚期的商王文丁时期，周人继承此制而将其完善，周文王、周武王的称谓即是谥号[①]。具体到楚国谥法，杨树达先生言："据《史记·楚世家》，楚王之有号谥始于楚武王熊通，武王以前皆无谥是也。"[②]又罗运环先生考证："楚国谥法起源于西周中叶，楚人'不与中国之号谥'，实行'敖谥'制，独具一格。春秋早期，楚国国君称王，引入周礼谥法，实行'王谥'制。"[③]谥法之礼一经在楚国形成，楚王、公族皆用之而不废，下面以《左传》鲁襄公十三年（前560）所载一则史料，看楚人如何立谥。便于说明，抄录如下：

> 楚子（楚共王）疾，告大夫曰："不谷不德，少主社稷。生十年而丧先君，未及习师保之教训而应受多福，是以不德，而亡师于鄢；以辱社稷，为大夫忧，其弘多矣。若以大夫之灵，获保首领以殁于地，唯是春秋窀穸之事、所以从先君于祢庙者，请为'灵'若'厉'。大夫择焉。"莫对。及五命，乃许。
>
> 秋，楚共王卒。子囊（公子贞）谋諡。大夫曰："君有命矣。"子囊曰："君命以共，若之何毁之？赫赫楚国，而君临之，抚有蛮夷，奄征南海，以属诸夏，而知其过，可不谓共乎？请谥之'共'。"大夫从之。

《释名·释典艺》"谥"字条下，清毕沅疏证："当春秋时，周室卑微，

---

① 彭裕商：《谥法探源》，《中国史研究》1999年第1期。

② 杨树达：《积微居金文说》，上海：上海古籍出版社2007年版，第322页。

③ 罗运环：《楚国谥法研究》，见氏著：《出土文献与楚史研究》，北京：商务印书馆2011年版，第226—243页。

臣子谥其君父。”[1]引文所载就是由楚令尹公子贞所主持的为已故国君楚共王取谥的会议。取谥要根据被谥者生前的功过是非来确定何字可以为谥,即所谓的“死而以行为谥”[2]“谥者,行之迹也”[3]。楚共王谦卑,自评在位期间(前590—前560年),有鄢陵之败、失楚霸业,留下遗嘱取恶谥“灵”或“厉”为号,杜预注:“乱而不损曰灵,戮杀不辜曰厉。”[4]令尹公子贞指出楚共王生平所行完全当得起一个“共”字,遂以“共”为谥。

---

① (汉)刘熙撰,(清)毕沅疏证,(清)王先谦补:《释名疏证补》,北京:中华书局2008年版,第218页。

② (汉)司马迁:《史记》卷六《秦始皇本纪》,第236页。

③ 黄怀信、张懋镕、田旭东撰,黄怀信修订,李学勤审定:《逸周书汇校集注(修订本)》,上海:上海古籍出版社2007年版,第625页。

④ 《春秋左传正义》,第1954页。

第四章　公族社会下之世族公族研究(上)

终春秋、战国之世,楚世族尤其是世族公族一直在楚政权中占据要位,能代表楚国力大小。楚国究竟有多少世族公族呢？一般情况下,每一个世族公族都相应有一个世族氏称,讨论有多少世族公族,即是研究有多少世族氏称。

第一节　楚公族氏称考析

关于这个问题,前辈学者已经有不同程度的统计,如程公说《春秋分记》、陈厚耀《春秋世族谱·楚世次图》、顾栋高《春秋大事表·春秋列国卿大夫世系表》及孙曜的《春秋时代之世族》、现代学者刘秉忠先生[①]等。

在前贤研究的基础上,对楚国获得氏称的公族作一番再统计。统计原则是即不排斥源于春秋以前楚君的公族,因其大多数后裔仍旧活跃在春秋政治舞台中,也包括主要活动于战国时期的公族,这又是基于其大多源于春秋时期楚君的考虑。为方便考察,先将楚君(含先公)世系次序作一排列。《史记·楚世家》所载春秋以

① 刘秉忠、李丽:《楚国公族姓氏考略》,《江汉考古》1999 年第 1 期。

前楚君世次：

鬻熊-熊丽-熊狂-熊绎-熊艾-熊黮┬熊胜

└熊杨-熊渠┬熊挚红①

└熊延┬熊勇

└熊严┬熊霜

└熊徇-熊咢

《史记·楚世家》所载春秋时期楚君世次：

熊咢-若敖-霄敖┬蚡冒

└楚武王-楚文王┬杜　敖

└楚成王-楚穆王-楚庄王-楚共王┬楚康王-郏敖

├楚灵王

└楚平王-昭王-惠王

清华简《楚居》篇所整理出来的世系，春秋以前：

穴熊-丽季-酓狂-酓绎-酓只-酓䏊┬酓樊

└酓赐-酓渠-酓䟽┬酓挚

└酓延┬酓甬

└酓严┬酓相

└酓训┬酓咢

└若敖

《楚居》载春秋楚君世系：

若敖-蚡冒┬宵敖

└楚武王-楚文王┬杜敖

└楚成王-楚穆王-楚庄王-楚共王┬楚康王-郏敖

├楚灵王

└楚平王-昭王-惠王

① 按，《史记》索隐引谯周："熊渠卒，子熊翔立；卒，长子挚有疾，少子熊延立。"熊渠与熊挚红、熊延间尚有熊翔一代，熊翔应即为清华简《楚居》中的熊䟽。参见(汉)司马迁：《史记》卷四〇《楚世家》，第1693页；清华大学出土文献研究与保护中心编，李学勤主编：《清华大学藏战国竹简(壹)》，第186页。

《史记·楚世家》、清华简《楚居》篇所记载的楚君世系，除去楚君之名用字时有差异外，不同点主要集中在若敖熊仪处：其一，《楚世家》记载熊咢生若敖；《楚居》整理者认为若敖与熊咢宜是兄弟关系，皆出于熊徇(训)[①]。其二，《楚世家》载若敖生霄敖，霄敖又生蚡冒及楚武王；《楚居》整理者认为正确顺序是若敖生蚡冒，蚡冒生霄敖及楚武王[②]。

本节主要分析的是由上面诸楚君所析出之世族氏称。综合楚君世系的两种观点，详析如下。

鬻熊(穴熊)。后裔陆续析出有"熊""鬻""圈"三氏。

熊氏，《元和姓纂》卷一"熊"字条下，曰："熊，楚鬻熊之后，以王父字为氏。"[③]宋邓名世《古今姓氏书辩证》关于"熊氏"有如下一段论述：

> 出自芈姓。祝融曾孙鬻熊，为周文王师，其子事文王，早卒。曾孙熊绎，以王父字为氏。成王封为荆子，后僭号楚王。由绎而下，为楚君者，皆以熊连名称之，如熊通、熊虔、熊居之类，盖姓芈而氏熊也。春秋时，楚公族有熊负羁、熊宜僚，为大夫。而近楚罗国亦为熊姓，今望出江陵。[④]

据上记载，"熊氏"实际上又细分为三类：一者，是历代楚君专用氏称(前已详析)，不属于楚世族氏称范畴。二者，楚国旁系也有以"熊"作为氏称的。举例而言，《左传》鲁宣公十二年(前597)晋、楚

---

① 清华大学出土文献研究与保护中心编，李学勤主编：《清华大学藏战国竹简(壹)》，第186页。

② 《清华大学藏战国竹简(壹)》，第187页。

③ (唐)林宝撰，岑仲勉校记：《元和姓纂(附四校记)》，第19页。

④ (宋)邓名世撰，王力平点校：《古今姓氏书辩证》，第6—7页。

郯战有“熊负羁”，云：“楚熊负羁囚智罃。”杜预注：“（熊）负羁，楚大夫。”[①]《左传》鲁哀公十六年（前479）又有“熊宜僚”其人：“市南有熊宜僚者，若得之，可以当五百人。”除此以外，古时罗国[②]亦是熊姓，何光岳先生指出：“（罗）穴熊分支出来的。”[③]另立邦国，亦不能划入楚世族氏称。

《太平寰宇记》卷一〇六《江南西道四》“洪州”条下：“豫章郡（今江西南昌）五姓：熊、罗、雷、湛、章。”[④]五大姓之首为熊姓。可见在宋代时，熊姓仍广泛分布在今江西南昌一带。又何光岳先生调查指出：“今湘黔红苗中有自称‘仡熊’‘果熊’的，或是熊氏的一支流入于苗族之中。水族、布依族亦有熊姓。湖南洪江市位于洪江之滨，名熊江，亦为熊氏迁此而得名。”[⑤]

“鬻氏”，《左传》鲁庄公十九年（前675）有“鬻拳”其人其事：

> （楚阎敖之族叛乱）楚王（楚文王）御之，大败于津。还，鬻拳弗纳，遂伐黄。败黄师于踖陵。还，及湫，有疾。夏六月庚申，卒。鬻拳葬诸夕室，亦自杀也，而葬于绖皇。
>
> 初，鬻拳强谏楚子。楚子弗从。临之以兵，惧而从之。鬻拳曰：“吾惧君以兵，罪莫大焉。”遂自刖也。楚人以为大阍，谓之大伯，使其后掌之。君子曰：“鬻拳可谓爱君矣：谏以自纳于刑，刑犹不忘纳君于善。”

---

① 《春秋左传正义》，第1882页。

② 按，罗国故城在今湖北宜城西20公里罗川城，春秋初年为楚武王所灭。

③ 何光岳：《古罗子国》，《江汉论坛》1981年第3期。

④ （宋）乐史撰，王文楚等点校：《太平寰宇记》，第2101页。

⑤ 何光岳：《楚源流史》，第331—332页。

杨伯峻注:“鬻拳,楚同姓。”[①]刘秉忠先生考证鬻氏即是“源于鬻熊的旁系子孙”[②]。“大伯”以谓鬻拳,亦可推知鬻拳为楚同姓。

又“圈氏”,《通志·氏族五》:“圈氏,音倦,芈姓,《风俗通》鬻熊之后。”[③]《元和姓纂》卷六曰:“圈(氏),《风俗通》云楚鬻熊之后。”[④]圈氏成员,于史无考。

鬻熊三传至于熊绎。刘秉忠先生据《路史》记载指出其后裔有“绎”“竇”二氏。“绎”者,盖以名为氏称;“竇”者,“可能是楚灭掉古竇国后,分封给公族子弟,其后便以采邑为氏”[⑤]。绎氏、竇氏情况不见于《春秋》经传记载。

熊绎经熊艾(酓只)、熊黮(酓䚟)、熊胜(酓樊)、熊杨(酓赐),传至熊渠(酓渠)。《楚世家》载熊渠“甚得江汉间民和”。生有三子,长子名熊康(毋康),《世本》“康”写作“毋庸”:“熊渠生熊毋庸。”[⑥]后代以“无庸”为氏。中子名“(挚)红”,分封于“鄂”,后裔遂以“鄂”为氏称。“无庸氏”“鄂氏”情况亦不见于《经》《传》记载。

熊渠(酓渠)经熊挚红、熊延,传至熊勇(酓甬)。熊勇后裔以其名作为氏称,则有“勇氏”,宗族成员无考于典籍。熊勇传弟熊严,后裔有“度氏”,汉《荆州刺史度尚碑》云:“与楚同姓,熊严之后。”度尚其人,生卒年117—166年,字博平,山阳郡湖陆(今山东金乡西)人,东汉时期名将、“八厨”之一,曾任东汉荆州刺史及辽东太守等职。

《史记·楚世家》载熊严四子:“长子伯霜,中子仲雪,次子叔

---

① 杨伯峻:《春秋左传注》(修订本),第210页。

②⑤ 刘秉忠、李丽:《楚国公族姓氏考略》,《江汉考古》1999年第1期。

③ (宋)郑樵撰:《通志》卷二九,第477页。

④ (唐)林宝撰,岑仲勉校记:《元和姓纂(附四校记)》卷六,第974页。

⑥ (汉)宋衷注,(清)秦嘉谟等辑:《世本八种·秦嘉谟辑补本》,第46页。

堪,少子季徇。”熊严传子熊霜。熊霜后代有“霜氏”,命氏方式与上“勇氏”同,清陈延炜《姓氏考略》“霜”字条下,云:“(霜)楚熊严子伯霜之后。望出江陵。”

又《古今姓氏书辩证》:“春秋时,楚大夫有熊相宜僚、熊相禖。贾执《英贤传》有楚怀王将军熊相沂。”[①]熊相宜僚,见于《左传》鲁宣公十二年(前597):“冬,楚子伐萧……萧人囚熊相宜僚及公子丙。”清梁履绳《左通补释》云:“哀十六年(前479)有熊宜僚,彼以‘熊’为氏,此‘熊相’是氏,特名同尔。昭廿五年熊相禖即其后。”[②]

上考定“熊相”为氏称,与“熊氏”迥异,这一点是无疑问的,需进一步探究的是“熊相氏”之来源问题。日本学者竹添光鸿:“桓六年(前706)有熊率且比,熊率楚先君名,盖以为氏族,犹诸夏以字为氏之例,熊相亦本人名欤?”[③]指出“熊相”盖是楚国先君名号,确然,只是没有进一步考证出此先君为谁。

《包山楚简》中以“熊相”为氏称者,有如下三人:

简85:熊相鼂[④]

简171:熊相癀[⑤]

简196:熊相戲[⑥]

---

① (宋)邓名世撰,王力平点校:《古今姓氏书辩证》,第17页。

② (清)梁履绳:《左通补释》,(清)阮元、王先谦编:《清经解 清经解续编(附索引)》(拾),南京:凤凰出版社2005年版,第1460页。

③ (日)竹添光鸿:《左氏会笺》,第909页。

④ 湖北省荆沙铁路考古队:《包山楚简》,第22页。

⑤ 湖北省荆沙铁路考古队:《包山楚简》,第30页。

⑥ 湖北省荆沙铁路考古队:《包山楚简》,第32页。

刘信芳先生考证:"'熊相氏'应是因楚先王'熊霜'而得氏。"[①]许全胜先生观点同:"疑简文熊相氏当为楚先公熊霜之后,以楚先公名为氏者。"[②]"霜"字,从雨从相,相、霜读音又近,故可互转。董珊先生指出:《左传》鲁宣公十二年"熊相宜僚",鲁昭公二十五年"熊相禖",《通志・氏族略》等姓氏书记载战国楚怀王时将军"熊相祁"、楚威王时"熊相季",又汉代阳陵陪葬墓亦出土过一枚姓氏为"熊相"的汉私印,皆以"熊相"为氏……"熊相"很可能指西周晚期的楚公熊霜[③]。

又清华简《楚居》6 号简记载有部分楚君世系,如下:

> ……至酓延自旁屽徙居乔多。至酓甬及酓严、酓相及酓霻(雪)及酓训(徇)、酓咢及若嚣(敖)酓义(仪),皆居乔多……。[④]

整理者指出"熊相"即《楚世家》之"熊霜"[⑤],学界无异议。"熊相"之"相"字,有学者指出或与汉水支流襄水有关。《水经注・沔水》:"一水东南出。应劭曰:城在襄水之阳,故曰襄阳。是水當即襄水也。"[⑥]据此,刘信芳、许全胜、董珊三位先生见于古籍文献及出土材料之

---

① 刘信芳:《〈包山楚简〉中的几支楚公族试析》,《江汉论坛》1995 年第 1 期。

② 许全胜:《包山楚简姓氏谱》,北京大学硕士学位论文,1997 年,第 30 页。

③ 董珊:《出土文献所见"以谥为族"的楚王族——附说〈左传〉"诸侯以字为谥因以为族"的读法》,复旦大学出土文献与古文字研究中心编:《出土文献与古文字研究(第二辑)》,上海:复旦大学出版社 2008 年版,第 124 页(注 45)。

④ 李学勤主编:《清华大学藏战国竹简(壹)》,第 181 页。

⑤ 李学勤主编:《清华大学藏战国竹简(壹)》,第 186 页。

⑥ 子居:《清华简〈楚居〉解析》,简帛研究网,网址:http://www.jianbo.org/admin3/2011/ziju001.htm,发表时间:2011-03-30。

“熊相氏”源于楚君“熊霜(相)”的观点为《楚居》记载所确证。

熊严次子熊仲雪后裔情况，包山简185有“熊䨺适”其人。䨺字如何训定，学界看法颇多。

观点一，包山简整理者将其隶定为“霖”[①]。巫雪如先生观点同：“酓霖亦以楚先王名字为氏之楚公族，但以何王之名为氏则尚待考证。”[②]

观点二，又诸多学者认为䨺字宜隶定为䨺。许全胜先生：“酓䨺，䨺字简文作䨺，从雨从毳。字书所无，疑即雪字，雪字从慧。毳、慧、雪古音皆在月部，声母亦近。”[③]李零先生亦指出：“从雨从三毛。”[④]何琳仪先生：“从雨，毳声。”[⑤]张新俊先生：“包山楚简中的䨺，应该是一个从雨、‘毳’省声的字。”[⑥]又陈伟先生：“䨺字亦见于上博竹书《采风曲目》3号简，整理者疑读为毳。”[⑦]

除去上两说之外，袁国华先生认为：“字实从‘雨’从三‘于’，或作‘雩’。”[⑧]李守奎《楚文字编》又认为当：“从拔之古文。”[⑨]

---

① 湖北省荆沙铁路考古队：《包山楚简》，第31页。

② 巫雪如：《包山楚简姓氏研究》，台北：台湾大学硕士学位论文，1996年，第119页。

③ 许全胜：《包山楚简姓氏谱》，北京：北京大学硕士学位论文，1997年，第30页。

④ 李零：《读〈楚系简帛文字编〉》，中国文物研究所编：《出土文献研究》(第五集)，北京：科学出版社1999年版，第154页。

⑤ 何琳仪：《战国古文字典》，北京：中华书局1998年版，第943页。

⑥ 张新俊：《上博楚简文字研究》，长春：吉林大学博士学位论文，2005年4月，第25页。

⑦ 陈伟主编：《楚地出土战国简册[十四种]》，北京：经济科学出版社2009年版，第84页。

⑧ 袁国华：《战国楚简文字零释》，《中国文字》新十八期(1994年)。

⑨ 李守奎：《楚文字编》，上海：华东师范大学出版社2003年版，第654页。

从字形上来看,上诸说当中以观点二“⿱雨毳”字为是。

关于“畲(熊)⿱雨毳适”的身份,董珊先生认为很可能是熊霜之弟仲雪之族人[①]。可从。上引清华简《楚居》6 号简载楚君世系有名“畲⿱雨毳”者。⿱雨毳字与包山简所见⿱雨毳字在字形上极度相似,整理者认为:⿱雨毳,从雨,毳声,毳、雪皆齿音月部字,当即楚之“雪”字。“畲⿱雨毳”即《史记·楚世家》所见熊严之次子熊雪[②]。苏建洲先生申之:简 6 熊⿱雨毳,读为熊雪。亦见于《包山》185“熊⿱雨毳适”,就应读为“熊雪适”[③]。

以上清华简《楚居》篇的相关记载与论述,已验证了董珊先生的观点,即见于包山简 185 的“熊⿱雨毳适”应是熊严之子熊雪后裔,以先公之名作为氏称,为“熊雪氏”。

熊霜(熊相)传弟熊徇,熊徇传子熊咢,熊咢传弟若敖熊仪。熊仪的后代形成春秋时代楚国最为显赫的强宗巨族——若敖氏宗族。若敖氏宗族主要有斗氏、成氏,斗、成二氏情况,本书将在下节详细讨论。程涛平先生综合各类有关若敖氏后世分衍的记载,考证若敖氏宗族合计有二十一支属,且将二十一分支绘成一表,现详录如下[④]:

---

① 董珊:《出土文献所见“以谥为族”的楚王族——附说〈左传〉“诸侯以字为谥因以为族”的读法》,《出土文献与古文字研究(第二辑)》,第 124 页(注 45)。

② 清华大学出土文献研究与保护中心编,李学勤主编:《清华大学藏战国竹简(壹)》,第 186 页。

③ 复旦大学出土文献与古文字研究中心研究生读书会《清华简〈楚居〉研读札记》(上海:复旦大学出土文献与古文字研究中心,网址:http://www.gwz.fudan.edu.cn/SrcShow.asp?Src_ID=1353,发表时间:2011-01-05)一文下的评论。

④ 程涛平:《楚国农业及社会研究》,第 204—205 页。

表 4－1　楚若敖氏支系表

	名称	记载	资料来源	人物
一	1 若敖氏	"楚君熊仪字也"	《万姓统谱》	熊仪
二	2 伯比氏 3 斗穀氏 4 斗乳氏 5 斗文氏 6 令氏 7 箴氏 8 箴尹氏 9 宫厩氏 10 厩尹氏 11 蔓氏	"斗伯比之后，至怀王时有伯比仲华" "斗穀于菟之后" "楚若敖生斗子文，因氏焉" "楚令尹子文之后" "楚大夫箴尹克黄之后也，主箴规之官，子孙以官为氏" "楚大夫箴尹克黄之后" "楚令尹子文曾孙弃疾为宫厩尹因以为氏" "楚大夫弃疾之后" "楚有斗成然，食采于蔓，曰蔓成然，其后以邑为氏"	《元和姓纂》 《姓氏考略》 《姓氏考略》 《元和姓纂》 《风俗通》 《通志・氏族略》 《通志・氏族略》 《姓考》 《姓考》 《通志・氏族略》	斗伯比—斗穀于菟—斗般—箴尹克黄—宫厩尹弃疾—斗韦龟—斗成然—斗辛、斗怀、斗巢
三	12 斗强氏 13 斗班氏	"若敖生斗强，因氏焉" "若敖生斗强，斗强生斗班，因氏焉"	《世本》 《世本》	斗强—斗班
四	14 斗氏	"若敖生四子，曰廉、曰缗、曰祈、曰伯比"	《左传・桓公八年》 《左通补释》	斗丹、斗祈、斗缗、斗御强、斗梧、斗章、斗宜申、斗勃
五	15 斗廉氏 16 季融氏	"若敖生四子，曰廉" "若敖生射师廉" "楚斗廉生季融，子孙氏焉"	《左通补释》 《国语・楚语》韦昭注 《世本》	斗廉—斗班—斗克

续表

	名称	记载	资料来源	人物
六	17 成氏 18 大心氏 19 大孙氏	“与斗氏同出若敖” “楚有大心,令尹得臣之子,其孙以王父字为氏” “楚大孙伯之子孙”	《春秋大事表》卷十二 《英贤传》 《中国古今姓氏辞典》	成得臣—成大心—成嘉—成熊
七	20 楚季氏	“楚若敖生楚季,因氏焉”	《通志·氏族略》	楚季
八	21 苗氏	“贲黄,楚斗椒之子,楚灭斗氏而奔晋,食邑于苗” “楚大夫伯棼之后,子贲黄奔晋,食邑于苗,因氏焉”	《左传·宣公十七年》杜注 《风俗通》	斗伯比—斗子良—斗椒—苗贲黄

对于上表,有如下两点补充:

其一,若敖氏分支,除去以上二十一支属外,尚有“越椒氏”“韦龟氏”“班氏”等。《通志·氏族四》:“韦龟氏,芈姓,楚斗韦龟之后。越椒氏,芈姓,楚大夫斗越椒之后也。”[①]

《古今姓氏书辩证》“班”氏条下,云:“出自芈姓,楚若敖之后,秦灭楚,斗班裔孙迁晋、代之间,因为班氏。”[②]言班氏出于楚君若敖熊仪,确然;而说与斗氏成员斗班相关,似可商。《左传》鲁宣公四年(前605)记载有虎哺乳斗氏世族成员令尹子文(即斗谷于菟)之事,《通志·氏族略四》云:“班氏,芈姓,楚若敖生斗伯比,伯比生令尹子文,为虎所乳,谓虎有班文(斑纹),因以为氏。”[③]班固《汉书·叙传》中言班氏族源,云:“班氏之先,与楚同姓,令尹子文之后

①③　(宋)郑樵撰:《通志》,第465页。

②　(宋)邓名世撰,王力平点校:《古今姓氏书辩证》,第125页。

也。……楚人谓虎‘班’，其子以为号。”[①]陈直《汉书新证》：“斑氏以虎斑得姓，则斑当为正字，班为假借字，赵碑是也。”[②]

其二，楚季氏，《世本》：“楚季氏，楚若敖生楚季，因氏焉。”[③]除去《世本》等文献记载以外，考古出土材料亦有所发现。楚系青铜器有“楚季苟盘”（《集成》10125），原器现藏吉林大学考古系文物标本室，盘内底部正中铸有铭文，计3行16字（又重文2），如下：

> 楚季苟作嬭（芈）障（尊）賸（媵）盥盘，其子子孙孙永宝用享。

据上铭文，可知盘是楚季苟为其女所作陪嫁器。王丹先生从形制、花纹等方面考察此器，指出其与河南省陕县上村岭虢国墓地所出东西周之际的同类器十分相近，年代应与之相同[④]。又刘彬徽先生考证：“从文字形体看，楚字中足旁上部仍在林字二木之间（即），犹有西周时期楚字遗风，这也是时代偏早的特征之一。”[⑤]又邹芙都先生认为：“可将其定为春秋早期早段器。”[⑥]如此，则此器的年代恰好与文献记载的若敖子“楚季”时代相连接。“楚季”，氏称；“苟”，人名。学界观点“楚季苟”为若敖少子“楚季”之后[⑦]。

---

① （汉）班固：《汉书》卷一〇〇上《叙传》，第4197页。

② 陈直：《汉书新证》，天津：天津人民出版社1979年版，第491页。

③ （汉）宋衷注，（清）秦嘉谟等辑：《世本八种·王谟辑本》，第29页。

④ 王丹：《介绍吉林大学收藏的两件楚国青铜器》，楚文化研究会编：《楚文化研究论集（第三集）》，武汉：湖北人民出版社1994年版，第448—449页。

⑤ 刘彬徽：《楚系青铜器研究》，第291页。

⑥ 邹芙都：《楚系铭文综合研究》，第38页。

⑦ 何浩：《季苟盘与楚季氏》，《荆州师专学报》1993年第4期；石泉主编：《楚国历史文化辞典》，第242页。

2012年6月,湖北宜昌白洋工业园区万福垴遗址青铜器窖藏[①]出土12件青铜器(编钟11件、鼎1),其中一件铜钟为"楚季钟"(《铭图续》1015[②]),钲间刻有17字铭文,如下:

楚季宝钟,氒(厥)孙乃献于公,公其万年受厥福。

该钟的年代,学界判定在西周中期[③],或西周晚期周厉王前后器[④],则铭文中的"楚季"当非若敖之子,而另有其人。

据《楚居》,若敖熊仪传子焚冒。"焚"字古书多异写,或作"蚡"(《史记·楚世家》),或作"羒"(《史记索隐》引古本),或作"棼"(《战国策·楚策一》),或作"坌"(《国语·郑语》、《汉书·古今人表》等),焚、蚡、羒、棼、坌皆同音[⑤]。

何光岳先生指出蚡冒之后以王父字为氏,有"蚡氏""冒氏"[⑥]。

焚冒后裔又有"申包胥"。《战国策·楚策一》载有楚国莫敖子华与楚威王的对谈,论及"棼冒勃苏",云:

---

① 湖北省文物考古研究所、武汉大学考古系、宜昌博物馆:《湖北宜昌万福垴遗址调查勘探报告》,《江汉考古》2015年第5期。

② 吴镇烽编著:《商周青铜器铭文暨图像集成续编》,上海:上海古籍出版社2016年版,第400页。该书简称为《铭图续》。

③ 黄文新、赵芳超:《湖北宜昌万福垴遗址出土甬钟年代及相关问题研究》,《江汉考古》2016年第4期;刘彬徽:《楚季编钟及其他新见楚铭铜器研究》,《湖南省博物馆馆刊》第9辑,长沙:岳麓书社2012年版,第196—202页。

④ 李学勤:《试谈楚季编钟》,《中国文物报》2012年12月07日第6版。

⑤ 清华大学出土文献研究与保护中心编,李学勤主编:《清华大学藏战国竹简(壹)》,第186页。按,文献资料屡记载有"楚厉王"其人,学者多认为即是楚君蚡冒。清梁玉绳《史记志疑》卷二二:"韩子《和氏篇》谓厉王薨,武王即位。《外储说左上》亦称楚厉王。《楚辞》东方朔《七谏》云:'遇厉、武之不察,羌两足以毕斮。'是蚡冒谥厉王矣。"参见(清)梁玉绳:《史记志疑》,第1008页。

⑥ 何光岳:《楚源流史》,第345—346页。

昔吴与楚战于柏举，三战入郢，寡君身出，大夫悉属，百姓离散。棼冒勃苏……于是赢粮潜行，上峥山，踰深溪，跖穿膝暴，七日而薄秦王之朝。雀立不转，昼吟宵哭，七日不得告，水浆无入口，……（秦）遂出革车千乘，卒万人……与吴人战于浊水而大败之……故劳其身，愁其思，以忧社稷者，棼冒勃苏是也。①

引文中提到的楚失国、求援于秦进而复国一事，亦见于《左传》鲁定公四年（前506）、《史记·秦本纪》、《淮南子·修务训》、《说苑·立节》、《论衡·顺鼓》诸典籍记载。现将《传》文记载摘录如下：

十一月庚午，（吴、楚）二师陈于柏举。……楚师乱，吴师大败之。……五战，及郢。……楚子取其妹季芈畀我以出……申包胥如秦乞师，……立，依于庭墙而哭，日夜不绝声，勺饮不入口七日。秦哀公为之赋《无衣》。九顿首而坐。秦师乃出。

将两段引文比较而观，显然“申包胥”与“棼冒勃苏”应为一人。黄丕烈云：“申包胥为蚡冒氏，犹斗子文之言若敖氏。”②又日本学者泷川资言先生考证：“棼冒即蚡冒，勃苏即包胥。包胥盖武王兄蚡冒之后，楚之公族，食邑于申，因以为氏耳。”③如此，则申包胥所属之申氏当源于楚君蚡冒。以采邑所在地之名命氏，为“申氏”；以所出楚君谥号为氏，为“棼冒氏”。至于“包胥”何以又谓“勃苏”？吴

---

① （汉）刘向集录，范祥雍笺证，范邦瑾协校：《战国策笺证》，第809页。

② （汉）刘向集录，范祥雍笺证，范邦瑾协校：《战国策笺证》，第814页。

③ （汉）司马迁撰，（日）泷川资言考证，杨海峥整理：《史记会注考证》卷四〇，第2115页。

师道:"'勃苏''包胥'声近。"于鬯:"'勃'为'包'之转,'苏''胥'古通。"[①]杨伯峻先生观点异:"勃苏疑其名……包胥则其字乎。"[②]

见于《国语·吴语》"申包胥"又称之为"王孙包胥"[③],或谓包胥为楚王之孙[④],故冠以"王孙"二字,不确。"王孙"二字,有多重含义。

其一,诸侯之子称公子,公子之子可称公孙(或王孙)。《左传》鲁哀公十六年(前479),楚白公胜作乱,欲以公子启(字子闾)为王,子闾曰:"王孙若安靖楚国,匡正王室,而后庇焉,启之愿也。"白公胜是楚平王孙,太子建之子,故可以"王孙"称之。

其二,王孙又可泛指公族子弟。《楚辞·招隐士》:"王孙游兮不归,春草生兮萋萋。"明末清初著名学者王夫之训释到:"王孙,隐士也。秦、汉以上,士皆王侯之裔,故称王孙。"[⑤]

其三,"王孙"又可表示对人的尊称。《史记·淮阴侯列传》:"吾哀王孙而进食,岂望报乎!"唐司马贞《索隐》引刘德曰:"言王孙、公子,尊之也。"[⑥]

申包胥作为楚君蚡冒后裔,当然可以"王孙"之名冠之。清代学者汪远孙云:"申包胥,《战国策》作'棼冒勃苏'。勃苏即包胥。棼、蚡古字通,盖蚡冒之裔,楚之同姓,故以王孙为氏。"[⑦]

申包胥后裔有包氏,《通志·氏族三》:"包氏,出自申氏。楚大

---

① (汉)刘向集录,范祥雍笺证,范邦瑾协校:《战国策笺证》,第814页。

② 杨伯峻:《春秋左传注》(修订本),第1548页。

③ 徐元诰撰,王树民、沈长云点校:《国语集解》(修订本),第557页。

④ 石泉主编:《楚国历史文化辞典》,第107页。

⑤ (明)王夫之著:《船山全书(第十四册)·楚辞通释》,长沙:岳麓书社2011年版,第438页。

⑥ (汉)司马迁:《史记》卷九二《淮阴侯列传》,第2610页。

⑦ 徐元诰撰,王树民、沈长云点校:《国语集解》(修订本),第556页。

夫申包胥之后，以字为氏。”[①]蒋波先生申之：“今天的包姓应源于楚人申包胥。”[②]

《左传》鲁桓公六年（前706）载有“熊率且比”其人，杨伯峻注：“熊率且比，楚大夫。”[③]石泉先生主编《中国历史文化辞典》：“春秋时楚大夫。熊率氏，名且比。”[④]以“熊率”为复姓，“熊率且比”为楚大夫，极是。

竹添光鸿笺曰：“熊率，复姓，盖以蚡冒之名号为氏族也。”[⑤]

包山简179有“熊鹿牦”，何琳仪先生基于文字形体、音转关系等诸多因素，再将先秦楚君世系史料与出土楚简祭祀材料进行对比研究，指出楚君“熊丽”与见于包山简之“熊鹿”为一人[⑥]。丽（麗）字从丽从鹿，而“鹿”与“率”二字，刘信芳先生指出：“古音双声，韵部亦近。作为姓氏用字。‘鹿’是本字，‘率’是通假字，《左传》是鲁人的作品，是鲁人依‘鹿’字读音移录为‘率’。”[⑦]判断“熊率氏”源于楚君“熊丽”。

按，以上两说当中，以竹添光鸿先生“熊率氏”出于楚君蚡冒的观点为是。

见于《史记·楚世家》蚡冒之名作“熊眴”，《国语·郑语》在“楚蚡冒于是乎始启濮”条下，韦昭注：“蚡冒，楚季纠之孙，若敖之子熊

---

① （宋）郑樵撰：《通志》，第462页。

② 蒋波：《楚人申包胥与包姓渊源小考》，《中原文化研究》2013年第4期。

③ 杨伯峻：《春秋左传注》（修订本），第110页。

④ 石泉主编：《楚国历史文化辞典》，第478页。

⑤ （日）竹添光鸿：《左氏会笺》，第173页。

⑥ 何琳仪：《楚王熊丽考》，《中国史研究》2000年第4期。

⑦ 刘信芳：《〈包山楚简〉中的几支楚公族试析》，《江汉论坛》1995年第1期。

率。"[①]"蚡冒"名作"熊率"。清华简《楚居》篇中又作"熊帅",如下:

……至焚(蚡)冒酓帅自鄀徙居焚……。

整理者:"'帅'与'率'同音相通。"[②]据此,楚君蚡冒之名为"熊帅",亦作"熊率",所谓楚"熊率氏",当以源出楚君蚡冒之名作为氏称。

刘信芳先生基于何琳仪先生包山简中所见"熊鹿"即是文献记载当中"熊丽"的观点,进而认为"鹿""率"相通,"熊率"源出于楚君"熊丽",此说不妥。最明显的破绽在于"熊鹿"(包山简)与"熊丽"究竟是否为一人?见于清华简《楚居》篇,"熊丽"之名作"丽季";而"熊鹿"之名亦见于《楚居》篇,其所指并非"熊丽",《楚居》整理者:"宵敖熊鹿,《楚世家》作'霄敖熊坎'。包山二四六号简:'举祷荆王自熊鹿以就武王。'熊鹿即霄敖。"[③]熊鹿氏乃霄敖后裔。

除去"申氏""熊率氏"外,《通志·氏族略》:"薳氏,亦作蔿,芈姓,楚蚡冒之后,薳章食邑于薳,故以命氏。"[④]薳氏是否源于蚡冒,学界分歧较大,详下。

蚡冒传宵敖、楚武王二兄弟。霄敖后裔有熊鹿氏(详上)。楚武王后裔盖有屈氏、武氏。

关于屈氏族源问题,学界亦看法颇多,笔者赞同屈氏源出楚武王的传统说法,具体论证详见第五章第一节《屈氏》。

包山简 192 有"武贵墨"其人,巫雪如先生:"武氏也可能是楚

---

① 徐元诰撰,王树民、沈长云点校:《国语集解》,第 477 页。

②③ 清华大学出土文献研究与保护中心编,李学勤主编:《清华大学藏战国竹简(壹)》,第 187 页。

④ (宋)郑樵撰:《通志》,第 457 页。

武王之后，因而以武为氏者。”[①]又《殷周金文集成》著录有3件战国中期的“武王戈”(《集成》11102、11103、11104)[②]，《铭图续》1137亦著录一件某收藏家之“武王戈”，皆铸相同的5字铭文：

武王之童𢦏(胡)。

董珊先生认为，“武王之童胡”当为一个人名，“之”字前“武王”二字，表明此人是楚武王之族人，“之”字后“童胡”二字系其名[③]。刘彬徽先生申之：“楚武王后裔‘以谥为族’，一直到战国中期，在湘北常德、益阳以及湘南怀化地区都活跃着不少楚武王这一王族后裔，湖南省博物馆所藏2件‘武王’戈也应出自湖南某地。”[④]

---

① 巫雪如：《包山楚简姓氏研究》，台北：台湾大学硕士学位论文，1996年，第80页。

② 按，目前所见武王戈计8件。最早一件系著录在于省吾先生《商周金文录遗》(简称《录遗》)的传世器(《集成》11102)。又1982、1983年，周世荣先生《湖南楚墓出土古文字丛考》、《湖南出土战国以前青铜器铭文考》二文，报道了2件湖南省博物馆馆藏的武王戈(《集成》11103、11104)。又1993年，湖南怀化中方乡恭园坡村墓葬中出土1件(《新收》1386)。2008年出版的考古发掘报告《益阳楚墓》，报道了2件：1987年，益阳楚墓M307出土1件(《铭图》16805)；1988年，M339又出土1件(《铭图》16804)。2010年出版的考古发掘报告《沅水下游楚墓》报道1件(标本M1493：6)，出土于湖南常德汉寿县株木山乡。又《铭图续》卷四又见1件，系私人收藏(器号：1137)。参见周世荣：《湖南楚墓出土故字丛考》，《湖南考古辑刊》1982第1辑；周世荣：《湖南出土战国以前青铜器铭文考》，《古文字研究》第10辑(1983年)；刘彬徽：《“武王”戈及其铭文综考》，《湖南省博物馆馆刊》2013年第10辑；王冠涛：《铜器铭文所见楚君名号集证》，郑州：郑州大学硕士学位论文，2018年5月，第106页。

③ 董珊：《出土文献所见“以谥为族”的楚王族——附说〈左传〉“诸侯以字为谥因以为族”的读法》，《出土文献与古文字研究(第二辑)》，第122页。

④ 刘彬徽：《“武王”戈及其铭文综考》，《湖南省博物馆馆刊》2013年第10辑。

楚武王传子楚文王,文王后裔以谥号为氏,有“文”氏。

《左传》鲁文公十年(前 617)楚穆王与宋昭公、郑穆公田猎于孟诸,人员部署为:“期思公复遂为右司马,子朱及文之无畏为左司马。宋公违命,无畏抶其仆以徇。”又《左传》鲁宣公十四年(前 595)载:“楚子(楚庄王)使申舟聘于齐……申舟以孟诸之役恶宋。”杜预注:“申舟,无畏。”[①]换言之,鲁文公十年之“文之无畏”即是鲁宣公十四年之“申舟”。“文之无畏”,又可称为“文无畏”。《吕氏春秋·行论篇》:“楚庄王使文无畏于齐。”[②]《淮南子·主术训》:“楚庄王伤文无畏之死于宋也。”[③]省略“之”字,盖“之”为助词,可略。如《左传》鲁僖公二十四年(前 636)有“介之推”,《史记·晋世家》又称之为“介推”;《左传》鲁僖公二十五年(前 635)有“烛之武”,《后汉书·张衡传》又称之为“烛武”,诸如此类等,“之”字可以省略。清梁履绳云:“(文无畏)疑是文族,楚文王之后也。按,‘文’盖以谥为氏者;‘申’,其食邑;‘舟’,字也;之,语辞。”[④]据《左传》鲁宣公十五年(前 594)“文无畏”之子“申犀”言于楚庄王称“无畏知死”云云,易知“无畏”是其名。“无畏”,以源出君王谥号论,为“文氏”;以食邑论,则为“申氏”。

包山简 42 有名“文壬”者[⑤],巫雪如先生指出其当为楚文王之后,属文氏宗族[⑥]。

需要特别注意的是,要将“文无畏”“申犀”所在的“申氏”与“申

① (晋)杜预注,(唐)孔颖达疏:《春秋左传正义》,第 1886 页。

② (战国)吕不韦著,陈奇猷校释:《吕氏春秋新校释》,第 1400 页。

③ 何宁撰:《淮南子集释》,第 674 页。

④ (清)梁履绳:《左通补释》,(清)阮元、王先谦编:《清经解 清经解续编(附索引)》(拾),第 1445 页。

⑤ 湖北省荆沙铁路考古队:《包山楚简》,第 19 页。

⑥ 巫雪如:《包山楚简姓氏研究》,台北:台湾大学硕士学位论文,1996 年,第 29 页。

包胥"所属"申氏"严格区分开来，不能混为一谈，石泉先生主编《楚国历史文化辞典》"申氏"条下，言申舟、申包胥属同一世族[①]，不确。

"文之无畏"，清华简《系年》第十一章又称呼为"申伯无畏"，如下：

> ……穆王即世，庄王即位，使申伯无畏聘于齐，假路于宋，宋人是故杀申伯无畏……。[②]

"申伯无畏"中之"伯"字，当是敬称。

楚系青铜器有"叔姜簠"(《新收》1212)，春秋晚期器，1990 年湖北省郧县肖家河楚墓出土[③]。器内底、器盖内皆阴铸铭文 3 行 19 字，如下：

> 申王之孙叔姜自作飤匿(簠)，其眉寿无期，永宝用之。

器铭显示此是一个名为"叔姜"之人所作的自用食器(簠)。问题的关键在于如何理解表示"叔姜"身份的"申王之孙"四字。"申"字，除去以上所讲的，为楚文王后裔"申氏"外，见于文献典籍，其常常与位于今河南南阳的古申国联系起来。申国，姜姓国，后为楚文王所灭。《左传》鲁昭公十三年(前 529)："楚之灭蔡也，灵王迁许、胡、沈、道、房、申于荆焉。"杜预注："道、黄、申，皆故诸侯，楚灭以为邑。"[④]学者据此指出"叔姜簠"中的"申"字："当指申国之遗民。当

① 石泉主编：《楚国历史文化辞典》，第 107 页。

② 清华大学出土文献研究与保护中心编，李学勤主编：《清华大学藏战国竹简(贰)·系年》，上海：中西书局 2011 年版，第 160 页。

③ 郧阳地区博物馆：《湖北郧县肖家河春秋楚墓》，《考古》1998 年第 4 期。

④ (晋)杜预注，(唐)孔颖达疏：《春秋左传正义》，第 2073 页。

时吴楚交战激烈,淮水上、中游为双方争夺之要地,为防止被灭国遗民被吴利用并相互勾结,故楚灵王将其迁至于荆。是器即可能是申遗民迁荆前后所铸之器,后因某一原因埋入肖家河楚墓之中。"[①]春秋所见申国为侯爵,何以得称"申王之孙",刘彬徽先生解释道:"这可能是某国族后裔追称其先君可径称为王。"[②]黄锦前先生亦将"叔姜簠"归于"申器"[③]。将"叔姜簠"纳入申器,而申侯爵国,其后裔在追溯先君时是否可以称"王"于史无征,终乏凿证。

又黄锡全先生《申文王之孙州桒簠铭文及相关问题》、刘彬徽先生《楚系金文汇编》补编四四皆收录"申文王之孙州桒簠"(《铭图》05943)铭文[④],计5行27字,如下:

> 隹(唯)正十月初吉庚午,申文王之孙州桒,择其吉金自作飤匿(簠),永保用之。

黄锡全先生:"根据铭文内容和文字风格,此器当不伪,时代可定为春秋晚期。"[⑤]又黄锦前先生定为春秋晚期中段[⑥]。铭文大意是说在

① 邹芙都:《楚系铭文综合研究》,第107页。

② 刘彬徽:《新见楚系金文考述》,《第三届国际中国古文字学研讨会论文集》,香港:香港中文大学1997年版。转引自邹芙都:《楚系铭文综合研究》,第107—108页。

③⑥ 黄锦前:《楚系铜器铭文研究》,合肥:安徽大学博士学位论文,2009年5月,第77页。

④ 黄锡全:《申文王之孙州桒簠铭文及相关问题》,《古文字与古货币文集》,第379—383页;刘彬徽、刘长武:《楚系金文汇编》,武汉:湖北教育出版社2009年版,第688页。

⑤ 黄锡全:《申文王之孙州赍簠铭文及相关问题》,《古文字与古货币文集》,第379页。

春秋晚期某年正十月庚午日,“申文王之孙州賁”选择上等之铜来制作自用的食器簠,祈望长久保用。对于“申文王之孙州桒”的身份。李学勤先生言:“簠铭的州桒属于申舟以下的申氏。……申氏的后裔都是‘文王之孙’,簠铭‘申文王之孙’意即文王之孙的申氏。”[①]

将“申王之孙叔姜簠”与“申文王之孙州桒簠”作比较分析,显然“申文王之孙”又可简称为“申王之孙”,犹如“竞平王之定”可省称“竞之定”。“叔姜”其人当系申氏之妇,而两簠当皆为楚文王后裔的申氏世族之器,非申国遗民器。

此外,不见于《左传》记载的楚文王后裔尚有“卜梁”“轩丘”二氏。《古今姓氏书辩证》:“卜梁,邵氏《姓解》曰:楚文王子食采诸梁,为卜梁氏。”[②]又载:“轩丘,出自芈姓。楚文王子食采轩丘,因以为氏。”[③]

文王两传又至楚成王,《通志·氏族五》在“以爵谥为氏”条下,曰:“成王氏,芈姓,楚成王之后。”[④]“成王氏”,不见于《春秋》经传记载。

《左传》鲁文公元年(前626)载,太子商臣弑楚成王而自立为君,是为楚穆王。楚穆王后裔有“阳氏”“穆氏”“沈尹氏”等。

阳氏。《左传》鲁昭公十七年(前525)载:“吴伐楚,阳匄为令尹,卜战,不吉。”杜预注:“阳匄,穆王曾孙令尹子瑕。”[⑤]孔颖达引《世本》云:“穆王生王子扬,扬生尹,尹生令尹匄。”[⑥]阳氏世系明

---

① 李学勤:《楚国申氏两簠读释》,《江汉考古》2010年第2期。

② (宋)邓名世撰,王力平点校:《古今姓氏书辩证》,第552页。

③ (宋)邓名世撰,王力平点校:《古今姓氏书辩证》,第107页。

④ (宋)郑樵:《通志》卷二九《氏族五》,第474页。

⑤ (晋)杜预注,(唐)孔颖达疏:《春秋左传正义》,第2084页。

⑥ (晋)杜预注,(唐)孔颖达疏:《春秋左传正义》,第2084页;(汉)宋衷注,(清)秦嘉谟等辑:《世本八种·秦嘉谟辑补本》,第172—173页。

确。鲁昭公二十七年(前515)有阳令终、阳令完、阳令佗兄弟三人,杜预注:"令终,阳匄子。"[①]

阳、扬二字,音同故古时通用。阳氏,当属以王父字为氏。

穆氏。包山简47有"穆痌",简49有"穆慧",简187有"穆亥",刘钊先生考证:"'穆'字于简文中用为姓氏,应读作穆姓之'穆'。"[②]又巫雪如先生指出:"包山楚简中之穆氏当是楚穆王之后,为楚之公族之一。"[③]

沈尹氏。《左传》鲁宣公十二年(前597)晋、楚邲战,"沈尹"二字始见于记载,云:"沈尹将中军,子重将左,子反将右。""沈",楚国县名。楚国之俗,灭人之国,故为己县,沈县之名,当系由春秋时期之"沈国"而来。然沈国直至春秋末年尚存,《左传》鲁定公四年(前506)载,晋国会诸侯于召陵,齐、宋、蔡、卫、陈、郑、许、曹、莒、邾、顿、胡、滕、薛、杞诸国皆参加,沈国未与会,会后晋使蔡国灭沈,杀沈子嘉。推测楚在春秋早中期仅是占有沈国的部分土地,以为楚县。"沈尹",即楚国沈县之长官,《传》文中并未明言"沈尹"究竟是谁[④]。旁征其他典籍,《墨子·所染篇》:"齐桓染于管仲、鲍叔,晋文染于舅犯、高偃,楚庄染于孙叔、沈尹……。"[⑤]亦无说"沈尹"之名。《吕氏春秋·当染篇》有类似记载,云:"荆庄王染于孙叔敖、沈

---

① (晋)杜预注,(唐)孔颖达疏:《春秋左传正义》,第2117页。

② 刘钊:《包山楚简文字考释》,《东方文化》1998年第1、2期。

③ 巫雪如:《包山楚简姓氏研究》,台北:台湾大学硕士学位论文,1996年,第86页。

④ 按,"沈尹将中军",清顾栋高认为:"时为沈尹者,庄王之子公子贞也。"考于《吕氏春秋》、《墨子》及《上海博物馆藏战国楚竹书(六)》之《庄王既成》篇等,顾说实误。参见(清)顾栋高辑,吴树平、李解民点校:《春秋大事表》卷二三《春秋楚令尹表》,第1811页。

⑤ (清)孙诒让撰:《墨子间诂》,第14页。

尹蒸。"[①]又《尊师篇》云:"楚庄王师孙叔敖、沈尹巫。"[②]《察傅篇》云:"楚庄闻孙叔敖于沈尹筮。"[③]《赞能篇》云:"孙叔敖、沈尹茎相与友。"[④]《新序·杂事五》亦云:"楚庄王学孙叔敖、沈尹竺。"[⑤]《上海博物馆藏战国楚竹书(六)》之《庄王既成》篇中又作"沈尹子桱"[⑥]。

以上多条史料可证明"沈尹"与"孙叔敖"为同时之人,生活在楚庄王统治后期,其名或作"蒸",或"巫""筮""茎""桱""竺",盖诸字字形、读音皆相近,传写之误,可互通。

田成方先生考证沈尹桱("蒸""巫""筮""茎""竺")为楚穆王之子,理由如下:

理由一,与子桱同僚的子重、子反均是穆王之子,自楚庄王灭若敖氏以后,"楚王族大宗加强了对中央权力的控制","子桱三人代表的应该是楚王族的利益"。

理由二,先秦文献对各国尚未另立门户的诸侯子孙,一般不署名姓氏[⑦],"文献中仅记载有子桱的官职、子号",符合这一原则。因此,子桱"与子重、子反同是庄王兄弟"[⑧]。

理由三,依据"别子为祖,继别为宗"的原则,"子桱在庄王时,

---

① 《吕氏春秋新校释》,第 97 页。

② 《吕氏春秋新校释》,第 207 页。

③ 《吕氏春秋新校释》,第 1536 页。

④ 《吕氏春秋新校释》,第 1601 页。

⑤ (汉)刘向编著,石光瑛校释,陈新整理:《新序校释》,北京:中华书局 2009 年版,第 658 页。

⑥ 马承源主编:《上海博物馆藏战国楚竹书(六)》,上海:上海古籍出版社 2007 年版,第 239—240 页。

⑦ 何浩:《"王子某""楚子某"与楚人的名和字》,《江汉论坛》1993 年第 7 期。

⑧ 田成方:《从新出文字材料论楚沈尹氏之族属源流》,《江汉考古》2008 年第 2 期。

尚未分立出新的家族,其子辈或以官为氏,遂生沈尹氏族”[①]。

笔者赞同上述田先生之观点,楚“沈尹氏”世族源出楚穆王。

再考诸《左传》,有数条史料在人名之前冠以“沈尹”二字,列表如下:

表4-2 《左传》当中所见“沈尹某”表

沈尹某	出现时间	史料依据
沈尹寿	前549年	《左传》鲁襄公二十四年(前549)载:“舒鸠人叛楚,楚子师于荒浦,使沈尹寿与师祈犁让之。”
沈尹射	前538年 前537年	1.《左传》鲁昭公四年(前538)载:“冬,吴伐楚,入棘、栎、麻,以报朱方之役。楚沈尹射奔命于夏汭。” 2.《左传》鲁昭公五年(前537)载:“冬十月,楚子以诸侯及东夷伐吴,以报棘、栎、麻之役。薳射以繁扬之师会于夏汭……楚师济于罗汭,沈尹赤会楚子,次于莱山,薳射帅繁扬之师先入南怀,楚师从之,及汝清……楚子惧吴,使沈尹射待命于巢,薳启强待命于雩娄,礼也。”
沈尹赤	前537年	同上2
沈尹戌	前523年 前515年 前512年 前506年	1.《左传》鲁昭公十九年(前523)载:“楚人城州来,沈尹戌曰:‘楚人必败。’” 2.《左传》鲁昭公二十七年(前515)载:“左司马沈尹戌帅都君子与王马之属以济师,与吴师遇于穷。” 3.《左传》鲁昭公三十年(前512):吴国公子掩余、公子烛庸叛吴降楚,“楚子大封,而定其徒,使监马尹大心逆吴公子,使居养,莠尹然、左司马沈尹戌城之。” 4.《左传》鲁定公四年(前506):“左司马戌及息而还,败吴师于雍澨。”
沈尹朱	前478年	《左传》鲁哀公十七年(前478)载:“王与叶公枚卜子良以为令尹。沈尹朱曰:‘吉。过于其志。’”

仔细分析以上五名“沈尹某”,有几点值得注意:

① 田成方:《从新出文字材料论楚沈尹氏之族属源流》,《江汉考古》2008年第2期。

其一，在关于“沈尹射”的第二条史料中，“沈尹射”与“沈尹赤”是同时出现的，二人并任楚国沈县县尹一职的可能性不大。竹添光鸿先生解释到：

> 宣十二年（前 597）有“沈尹”，襄二十四年（前 549）有“沈尹寿”，去年（鲁昭公四年，前 538）有“沈尹射”，此“赤”与下文使“沈尹射待命于巢”疑是一人，盖伯棼、伯贲、史狗、史苟之类。①

言“沈尹赤”“沈尹射”为一人，不妥。“赤”与“射”到底是读音、字形截然不同的两个字，与“棼”“贲”“狗”“苟”之读音相同、字形相近者迥然有别。事实上，在人名之前冠以“沈尹”二字，“沈尹”二字所代表的意义并非一定为官职，还有可能代表的是氏称。“沈尹射”“沈尹赤”二人中间，可能有一人为楚沈尹氏世族成员，另一人担任楚沈县县尹（县公）。田成方先生②也注意到了这一问题，但并无在“射”“赤”二人中间作出断定，即究竟谁担任沈尹之官，谁为沈尹氏世族成员。

《左传》鲁昭公四年（前 538）“楚沈尹射奔命于夏汭”记载条下，杨伯峻注：“沈，县名，即故沈国地，今安徽临泉县，见文三年《经》注。楚名县长曰尹。射，其人之名。”③据此，则“沈尹射”的称谓方式为官职（沈尹）＋人名（射）。实际上，依据鲁昭公四年、五年的相关记载，盖可进一步推论出“沈尹射”的姓氏。昭四年言吴师入侵楚棘、栎、麻三邑，“沈尹射”奔命于夏汭；五年又有“薳射”以

---

① （日）竹添光鸿：《左氏会笺》，第 1728 页。

② 田成方：《从新出文字材料论楚沈尹氏之族属源流》，《江汉考古》2008 年第 2 期。

③ 杨伯峻：《春秋左传注》（修订本），第 1255 页。

繁扬之师会楚灵王于夏汭，二人名字里面都有一个“射”字，且在同一时间出现在同一地方，基于此，则“沈尹射”与“薳射”为一人的可能性是存在的。“沈尹”，其官职；“薳”，氏称；“射”，其名。

综上，“沈尹射”或为楚国沈县之长；“沈尹赤”为楚“沈尹氏”世族成员。

其二，“沈尹戌”，顾久幸先生考证其是楚国沈县之县尹[①]，不确。在关于“沈尹戌”的四条材料中，其称谓不尽相同，或作“沈尹戌”，或作“左司马沈尹戌”，或作“左司马戌”。对比以上三种不同称谓，“左司马”当为官职，“沈尹”为氏称，“戌”是其名。

确定了“沈尹戌”中之“沈尹”二字系氏称，则其是否就是楚公族之一的“沈尹”氏呢？或者说，“沈尹戌”其人是否属于楚国公族成员？学者有不同的观点。

《吕氏春秋》卷二二《慎行》“沈尹戌”[②]记载条下，高诱注：“沈尹戌，庄王之孙，沈诸梁叶公子高之父也。”[③]今人何光岳先生进一步认为沈尹戌之父是楚庄王之子公子贞(字子囊)[④]。又《左传》鲁昭公十九年(前523)，杜预注：“戌，庄王曾孙，叶公诸梁父也。”[⑤]《潜夫论·志氏姓》：“左司马戍者，庄王之曾孙也。”[⑥]毕沅：“‘戍’《左传》作‘戌’。庄王之曾孙也。”[⑦]又田成方先生指出“沈尹戌”是

---

① 顾久幸:《沈县和沈尹——兼论楚县的性质》,《楚史论丛(初集)》,第130—132页。

② 按,“沈尹戌”之名,古籍记载有异,有时或作“戍”,见《吕氏春秋·慎行》、《潜夫论·志氏姓》等。

③ (战国)吕不韦著,陈奇猷校释:《吕氏春秋新校释》,第1498页。

④ 何光岳:《楚源流史》,第354页。

⑤ (晋)杜预注,(唐)孔颖达疏:《春秋左传正义》,第2088页。

⑥ (汉)王符著,(清)汪继培笺,彭铎校正:《潜夫论笺校正》,北京:中华书局2014年版,第547页。

⑦ (战国)吕不韦著,陈奇猷校释:《吕氏春秋新校释》,第1498页。

楚穆王之后，属于沈尹氏世族成员[①]。四者所论虽然在世系排序上稍有差异，然皆确定“沈尹戌”属楚国公族。

《左传》鲁定公四年（前506）记载，吴师入楚，左司马沈尹戌与吴军战而伤，《传》文追述云：“初，司马（沈尹戌）臣阖闾，故耻为禽焉。”杜预注：“司马尝在吴，为阖闾臣，是以今耻于见禽。”[②]据此顾久幸先生指出：“沈尹戌为吴人之奔楚者。”[③]又李学勤先生考证文献记载中的“沈尹氏”即是见于青铜器铭文中的“番君”，“番”即“潘”，“潘”疑应读为“瀋”，也就是“沈”[④]。刘玉堂先生申之：楚之沈氏为业已楚化之扬越人；“番君”系沈尹入楚前的爵称[⑤]。又尹弘兵先生推断：“沈尹戌恐非楚王族。如沈尹戌为楚王族，则不至在早年游于吴，为吴王阖闾之家臣……沈尹戌应为沈国之子孙，早年游于吴，为公子光家臣，后至楚，仕楚为左司马。”[⑥]上诸多学者皆论定“沈尹戌”非楚国公族成员。

笔者倾向“沈尹戌”为楚国公族的观点，诸多学者言沈尹戌非楚国公族成员的最关键证据，即《左传》鲁定公四年（前506）所载沈尹戌曾臣阖闾一事。关于此事，《传》文记载过于简略，仅云：“初，司马（沈尹戌）臣阖闾，故耻为禽焉。”沈尹戌何时及为什么臣阖闾等复杂内情并无提及，现在只能在有限史料的基础上作一番猜测。《左传》鲁昭公十九年（前523）沈尹戌其人始现，至鲁昭公

---

① 田成方：《东周时期楚国宗族研究》，第97页。

② （晋）杜预注，（唐）孔颖达疏：《春秋左传正义》，第2136页。

③ 顾久幸：《沈县和沈尹——兼论楚县的性质》，《楚史论丛（初集）》，第134页。

④ 李学勤：《论汉淮间的春秋青铜器》，《文物》1980年第1期。

⑤ 刘玉堂：《沈氏族属初探》，《江汉论坛》1987年第4期。

⑥ 尹弘兵：《楚沈尹戌族氏族属考》，湖北省社会科学院 组编，刘玉堂主编：《楚学论丛（第一辑）》，武汉：湖北人民出版社2011年版，第78—80页。

二十七年(前515)第二次出现时已官拜左司马。实际上,鲁昭公十九年(前523)、二十七年(前515)是春秋时期楚国历史发展当中两个比较敏感的节点。十九年(前523)及二十年(前522),楚平王听信费无极谗言,丧太子建,杀太子师伍奢而灭伍氏宗族,想来此次事件必牵连甚广;二十七年(前515),是为楚昭王元年。大胆推测沈尹戌或受太子建、伍奢事件牵连而逃亡至吴,遂"臣阖闾";在吴七年,至公元前516年,楚平王卒,新君昭王即位,沈尹戌又选择归楚,当时楚迫于吴国愈来愈严重的军事威胁,重用熟悉吴之国情的沈尹戌,命其担任左司马一职,这是有可能的。

其三,"沈尹寿""沈尹朱",二者情况,无从判断。《楚国历史文化辞典》一书中指出二人皆为春秋时期楚国沈县县尹,一名"寿",一名"朱"[①]。不知何据?又清代学者梁履绳引汪绳祖之言,云:"《淮南·人间训》:'太宰子朱侍饭于令尹子国。'……此沈尹朱(鲁哀公十七年)即子朱,后复为太宰之官。"[②]

鲁哀公十七年(前478)《传》文记载了楚惠王、叶公子高、"沈尹朱"三人择选楚国令尹之事,尹弘兵先生考证:"此事件应是发生于楚王宫中,故沈尹朱当为楚中央官员,非地方官员。"[③]既然"沈尹朱"不是楚国沈县之县尹,宜将其归属于沈尹氏世族成员。

其四,出土文献资料中,亦发现有"沈尹氏"世族成员。包山简177出现"大室酷(沈)尹溺"其人。分析"大室沈尹溺"五字称谓,"大室",《左传》鲁昭公十三年(前529):"初,(楚)共王无冢適,有宠子五人,无適立焉……乃与巴姬埋璧于大室之庭。"杜预注:"大

① 石泉主编:《楚国历史文化辞典》,第209页。

② (清)梁履绳:《左通补释》,(清)阮元、王先谦编:《清经解 清经解续编(附索引)》(拾),第1580页。

③ 尹弘兵:《楚沈尹戌族氏族属考》,《楚学论丛(第一辑)》,第82页。

室，祖庙。”[①]又《周礼·考工记·匠人》载营建国都有“左祖右社”的规定，宗庙当在王宫前区的左侧，楚“大室”宜也是如此，是楚王祭祀群神与先祖的地方。文炳淳先生：“大室酭（沈）尹”可能是在“大室”掌祭祀的官员。从设“酭（沈）尹”一职看，“大室”也可算是一个独立机构[②]。又田成方先生：“‘大室沈尹溺’应是‘宗廟＋官称＋人名’的书写格式，沈尹是溺（人名）在大室的官职。”[③]对于“大室沈尹溺”五字，似可作另外一种解读。“太室”，政府机构名称，沈尹，氏称，溺，人名，意思是说一个名为“沈尹溺”的人在楚太室机构工作。

又天星观简65、148、230、245、541、722、1100有相同内容的记载，如下：

> 邨沈尹过以溙蓍为君月贞……。[④]

田成方先生认为：“‘顿沈尹过’很可能是顿地名叫沈尹过的贞人，沈尹是族氏而非官职。”[⑤]

其五，沈诸梁，《元和姓纂》引应劭《风俗通》：“楚沈尹戌，生诸梁，字子高，食采于叶，因氏焉。”[⑥]高诱注《吕氏春秋·慎行篇》[⑦]、

---

① （晋）杜预注，（唐）孔颖达疏：《春秋左传正义》，第2070页。

② 文炳淳：《包山楚简所见楚官制》，台北：台湾大学硕士学位论文，2007年，第34页。

③ 田成方：《东周时期楚国宗族研究》，第92页。

④ 晏昌贵：《简帛学术与历史地理论集》，北京：商务印书馆2010年版，第131页。

⑤ 田成方：《东周时期楚国宗族研究》，第93页。

⑥ （唐）林宝撰，岑仲勉校记：《元和姓纂（附四校记）》，第1625页。

⑦ （战国）吕不韦著，陈奇猷校释：《吕氏春秋新校释》，第1498页。

韦昭注《国语·楚语下》[①]皆从应劭之说,沈诸梁为沈尹戌之子,则“沈尹氏”又可省称为“沈氏”,这在古籍文献与出土材料当中皆有所发现。《左传》鲁哀公四年(前491)作“叶公诸梁”:“左司马販、申公寿余、叶公诸梁致蔡于负函。”又十六年(前479)径称作“沈诸梁”。

1991年,河南淅川徐家岭M10出土“酷(沈)祓想簠”[②](《新收》0534),盖内铸2行6字铭文:

沈祓想之飤匿(簠)。

铭文显示器主人名叫“沈祓想”,大致生活在战国早期[③]。“沈祓想”的身份,田成方先生指出:“簠铭中的‘沈’殆是沈尹氏的简称,‘沈祓想’则‘沈尹祓想’之省。”[④]

又有“徐酷(沈)尹钲城”(《集成》00425),春秋晚期器,1888年出土于江西省高安市,现藏上海博物馆。器外壁两铣铸铭42字:

隹正月初吉,日在庚,徐酷(沈)尹者故自作征城。次□升柷,备至剑兵。枼万子孙,眉寿无疆,□彼吉人享,士余是尚。

---

① 徐元诰撰,王树民、沈长云点校:《国语集解》(修订本),第528页。

② 河南省文物考古研究所、南阳市文物考古研究所、淅川县博物馆:《淅川和尚岭与徐家岭楚墓》,郑州:大象出版社2004年版,第259页。

③ 河南省文物考古研究所、南阳市文物考古研究所、淅川县博物馆:《淅川和尚岭与徐家岭楚墓》,第351页。

④ 田成方:《东周时期楚国宗族研究》,第93页。

多数学者考定此器为徐器[①]。又李元芝先生认为:“者故”为“诸”的缓读,字,当隶为“梁”,“徐沈尹者故梁”当读为“徐沈诸梁”,沈诸梁是作器者,曾在楚国任令尹兼司马,并在叶县任县公,“徐”字冠于“沈诸梁”名字的前面,表明沈诸梁虽身为楚国高官,但其祖上或为徐国人[②]。言沈诸梁其先或为徐国人,尚需更多材料来佐证此论。

除去“沈尹氏”世族所源出的“沈尹桱”外,公子婴齐(字子重)也是楚穆王诸子中后裔较多者,有“婴齐氏”“子重氏”。《通志·氏族四》:“婴齐氏,芈姓,楚穆王之子公子婴齐之后也。”[③]又《通志·氏族三》:“子重氏,芈姓,楚公子婴齐字子重之后。”[④]“婴齐氏”“子重氏”成员不见于经传记载。

穆王之继承者为楚庄王熊侣(旅),其后裔比较出名的世族有“庄王氏”(“庄氏”)“囊氏”“子南氏”等。

按谥号论,则有“庄王氏”。“庄王”之“庄”字,清华简《楚居》篇作“”,整理者隶定为“臧”[⑤],或作“臧”“臧”。包山简7当中有如下一段记载:

……鄢命大莫嚣屈昜为命邦人纳其弱典。臧王之墨以纳其臣之弱典……

---

① 郭沫若著:《郭沫若全集·考古编·两周金文辞大系图录考释(二)》(卷八),第352页;马承源主编:《商周青铜器铭文选》卷四,北京:文物出版社1988年版,第388页;董楚平:《吴越徐舒金文集释》,杭州:浙江古籍出版社1992年版,第279页。

② 李元芝:《沈尹钲铭与叶公沈诸梁》,《中原文物》2015年第3期。

③ (宋)郑樵撰:《通志》,第465页。

④ (宋)郑樵撰:《通志》,第462页。

⑤ 清华大学出土文献研究与保护中心编,李学勤主编:《清华大学藏战国竹简(壹)》,第188页。

所引简文如何断句,学界有不同的意见[①],陈伟[②]、董珊[③]、朱晓雪[④]诸先生皆如上断,可从。对于此段简文中出现的"臧王之墨"其人,董珊先生分析言:

> 在出土文献中,与传世文献中谥法"庄"字相当的字,常常使用通假字"臧",例如,《上海博物馆藏战国楚竹书(四)·曹沫之陈》中的"鲁臧公"即鲁庄公。因此,包山楚简"臧王之墨"的"臧王"就是指楚庄王熊侣,名为"墨"的这个人是楚庄王的族人,所以在他的名字前面冠以楚庄王之谥作为族称。[⑤]

楚庄王后裔以源出先君之谥号为氏,遂为"庄王氏",可省称为"庄氏",《元和姓纂》:"庄,芈姓,楚庄王之后,以谥为姓。"[⑥]征于传世文献,《新序·义勇》有"庄善"[⑦],春秋末年楚大夫,属庄氏[⑧]。楚惠王十年(前479),庄善闻白公胜作乱,以身殉国。《史记·越王勾践世家》有"庄生"[⑨],战国初楚大夫,生活在楚惠王时期,以廉直著称。《吕氏春秋·淫辞》有"庄伯"[⑩],战国时期楚柱国,楚庄王后裔,

---

① 按,包山简原整理者断句为:"鄗命大莫嚣屈昜为命,邦人纳其弱典,臧王之墨,以纳其臣之弱典。"参见湖北省荆沙铁路考古队:《包山楚简》,第12页。

② 陈伟:《包山楚简初探》,第113页。

③ 董珊:《出土文献所见"以谥为族"的楚王族——附说〈左传〉"诸侯以字为谥因以为族"的读法》,《出土文献与古文字研究(第二辑)》,第112页。

④ 朱晓雪:《包山楚简综述》,第338页。

⑤ 董珊:《出土文献所见"以谥为族"的楚王族——附说〈左传〉"诸侯以字为谥因以为族"的读法》,《出土文献与古文字研究(第二辑)》,第113页。

⑥ (唐)林宝撰,岑仲勉校记:《元和姓纂(附四校记)》,第592页。

⑦ (汉)刘向编著,石光瑛校释,陈新整理:《新序校释》,第1044页。

⑧ 石泉主编:《楚国历史文化辞典》,第155页。

⑨ (汉)司马迁:《史记》卷四一《越王勾践世家》,第1753页。

⑩ (战国)吕不韦著,陈奇猷校释:《吕氏春秋新校释》,第1196页。

活动时间不详①。《战国策·楚策四》中又有“庄辛”者，张清常、王廷栋先生考证：“庄辛，楚人，楚庄王之后，故以庄为姓。”②《史记·西南夷列传》载战国时期楚有将军名“庄跻”者，云：“始楚威王时，使将军庄跻将兵循江上，略巴（蜀）、黔中以西。庄跻者，故楚庄王苗裔也。”③

包山楚简中亦多见“臧（庄）氏”成员，简 23 有“臧（庄）未”，简 38、60 有“臧（庄）炣”，简 121 有“臧（庄）献”，简 122 有“臧（庄）申”，简 160 有“臧（庄）郑”，简 163 有“臧（庄）塙”，简 163、186 有“臧（庄）燭”，简 166 有“臧（庄）嘉”，简 167 有“臧（庄）秦”，简 173 有“臧（庄）暑”，简 224、225 有“臧（庄）敢”。

对于包山简中所见“臧氏”究竟如何得氏，学界曾有过争议。刘信芳先生分析到：

> 现存历史文献中未见楚人臧氏，《包山楚简》是仅有的资料。至少可以肯定春秋时楚国无臧氏。依此相推，楚国臧氏或由楚肃王熊臧之孙受封而得氏。《史记·楚世家》：“悼王卒，子肃王臧立。”④

对于上述刘信芳先生的观点，巫雪如先生有所反驳，指出臧氏是否源于楚肃王熊臧，则于史无征，且楚自武王称王之后，楚王之子孙多以其谥为氏，如穆王、庄王、昭王、悼王等，以楚王名为氏之

---

① 石泉主编：《楚国历史文化辞典》，第 154 页。

② 张清常、王廷栋：《战国策笺注》，天津：南开大学出版社 1993 年版，第 390 页。

③ （汉）司马迁：《史记》卷一一六《西南夷列传》，第 2993 页。

④ 刘信芳：《〈包山楚简〉中的几支楚公族试析》，《江汉论坛》1995 年第 1 期。

例则未见①。

又许全胜先生引《通志·氏族略》"臧氏"条:"姬姓,鲁孝公之子公子彄,食邑于臧,因以为氏。"②又将楚简所见"臧"氏归源于鲁孝公之子公子彄。

实际上,上诸学者观点多见于上世纪末,上博简、清华简等最新材料尚未出现、公布。见于上博六《庄王既成》篇,清华简《楚居》篇,楚庄王的"庄"字皆写作"臧",故见于包山简的"臧氏"属以庄王之谥为氏,而"臧(庄)未""臧(庄)矴""臧(庄)献""臧(庄)申""臧(庄)郑""臧(庄)秦""臧(庄)敢"等人皆是楚庄王后裔。

再征诸青铜器铭文,"燕客铜量"(《集成》10373),系战国中期晚段器③,铭文中有"罗莫敖臧帀",即庄王后裔臧帀任职楚罗县莫敖。

2002年,湖北武汉市新洲区李集镇三善湾楚墓出土"臧之无咎戈"(《铭图续》1109),胡部铸"臧之无咎(咎)"4字铭文,《铭图》16706亦著录一件"臧之无咎(咎)"戈。又董珊先生于2008年报道有一件私人收藏的春秋楚戈,戈胡上亦铸"臧之无咎(咎)"4字铭文。董珊先生考证:"'臧之无咎'是器主,其族称'臧'也应源自楚庄王的谥号而省略'王'字。"④

2007年,韩自强先生披露一件"臧王戟"⑤(《铭图》16910),系战国早期器,戈援中脊上部与胡部铸6字铭文:

---

① 巫雪如:《包山楚简姓氏研究》,台北:台湾大学硕士学位论文,1996年,第163页。

② 许全胜:《包山楚简姓氏谱》,北京:北京大学硕士学位论文,1997年,第20页。

③ 邹芙都:《楚系铭文综合研究》,第169页。

④ 董珊:《出土文献所见"以谥为族"的楚王族——附说〈左传〉"诸侯以字为谥因以为族"的读法》,《出土文献与古文字研究(第二辑)》,第113页。

⑤ 韩自强:《新见六件齐、楚铭文兵器》,《中国历史文物》2007年第5期。

臧王之楚用戟。

器主"臧王之楚","臧王"为氏称名为"楚","之"为结构助词。又韩自强先生引吴振武先生之说:"戟名'臧王之楚'的楚,可读为胥或壻(婿),楚、胥均以疋得声。"①可备一说。

后世,"庄氏"或改为"严氏"。《通志·氏族四》云:"严氏,芈姓。即楚庄王之后,以谥为氏。因避后汉明帝(名庄)讳,遂改为严氏。魏晋之际,有复本氏者,故有庄、严二氏行于世。"②东汉讳庄为严,大凡人名地名之"庄"字俱以"严"字替之,《汉书·古今人表》"楚庄王"改成"楚严王"③。汉代蜀郡严道县在今天四川雅安荥经县一带,东汉以前名"庄道",因徙楚庄王之后于此而得名。

囊氏。《左传》鲁成公十五年(前576):"楚将北师,子囊曰:'新与晋盟而背之,无乃不可乎?'"杨伯峻注:"子囊,楚庄王子,共王弟公子贞。"④《古今姓氏书辩证》:"囊,出自芈姓。楚庄王公子贞,字子囊。其孙瓦,字子常,为令尹,以王父字为囊氏。"⑤子囊(公子贞),囊氏别祖,为令尹辅佐共、康两王,其事迹集中见于《左传》鲁成公十五年(前576)、鲁襄公五年(前568)、十年(前563)、十四年(前559)。《左传》鲁昭公二十三年(前519):"囊瓦为令尹。"杜预注:"子囊之孙子常也。"⑥《左传》鲁定公四年(前506)囊瓦败楚师于柏举以致吴师入郢,亡奔郑,囊氏遂失楚国。

子南氏。《左传》鲁襄公十五年(前558):"公子追舒为箴尹。"

---

① 韩自强:《新见六件齐、楚铭文兵器》,《中国历史文物》2007年第5期。
② (宋)郑樵撰:《通志》卷二九《氏族五》,第470页。
③ 《汉书》卷二〇《古今人表》,第915页。
④ 杨伯峻:《春秋左传注》(修订本),第873页。
⑤ (宋)邓名世撰,王力平点校:《古今姓氏书辩证》,第224页。
⑥ (晋)杜预注,(唐)孔颖达疏:《春秋左传正义》,第2102页。

杜预注:“追舒,庄王子子南。”[1]《古今姓氏书辩证》:“子南……又芈姓,楚庄子追舒,字子南,其后亦别为子南氏。”[2]包山简38有“南弈”其人,巫雪如先生言:“包山楚简之南氏或即楚之南氏,子南为楚庄王子公子追舒之字,其后以字为氏。若然,则南氏亦属楚公族之一支。”[3]

楚庄王之继任者为楚共王。《春秋》鲁襄公十三年(前560):“秋九月庚辰,楚子审卒。”杜预注:“共王也。”[4]楚共王之“共”字,出土材料中作“龏”,通“龚”。清华简《楚居》篇:

> ……至龏王、康王、嗣子王皆居为郢……。[5]

又《上海博物馆藏战国楚竹书(四)》之《昭王与龚之脽》篇:

> ……逃(珧)珤(宝),龏之脽驭王将取车,大尹遇之……。[6]

上“龚之脽”其人,董珊先生考证:“他是生活在楚共王熊审之后的楚国贵族,而楚共王之谥号‘共’即‘恭’古文字皆作‘龚’,所以此人的名字‘龚之脽’应分析为:以楚共王之谥法‘龚’为其族,‘之’为结

① (晋)杜预注,(唐)孔颖达疏:《春秋左传正义》,第1959页。

② (宋)邓名世撰,王力平点校:《古今姓氏书辩证》,第333页。

③ 巫雪如:《包山楚简姓氏研究》,台北:台湾大学硕士学位论文,1996年,第84页。

④ (晋)杜预注,(唐)孔颖达疏:《春秋左传正义》,第1954页。

⑤ 清华大学出土文献研究与保护中心编,李学勤主编:《清华大学藏战国竹简(壹)》,第181页。

⑥ 马承源主编:《上海博物馆藏战国楚竹书(四)》,上海:上海古籍出版社2004年版,第187页。

构助词，‘雁’是他的名字。”[①]

包山简中以“龚”为氏者计8人。简19有“龚仓”；简59有“龚怿”，系楚国地方官员，称为“长沙正”；简90有“龚怵”“龚酉”，系战国楚繁丘南里人，涉杀人事件；简162又有一人名“龚酉”，系楚地方官“滕少司马”，与繁丘南里人“龚酉”当非一人[②]；简155有“龚颉”，楚国地方官员，任“鄢少司城”一职；简189有“龚缓”；简191有“龚谷”，简192有“龚仆”，皆楚国陈地人。以上诸人以“龚”为氏，宜为楚共王后裔。

检诸青铜器，“燕客铜量”（《集成》10373）铭文中有“龚赐”其人，宜属楚共王后裔，官拜楚国“少集尹”，为“集尹”副官。“集尹”之官又见于“鄂君启车节”（《集成》12110）铭文，说大工尹雁以王命命集尹等诸人为鄂君启之府铸金节[③]，据此则知“集尹”“少集尹”，或为工尹属官，职司当与冶铸制造有关。

2004年，韩朝、刘海洋先生披露一件春秋晚期楚戟[④]，即“龚王之卯戟”（《铭图》17058），援的上部与胡部铸7字铭文：

龚王之卯之造戈。

董珊先生考证：“‘造戈’两字原作合文，有合文号。……‘龔王之卯’是楚共王族人，名为“卯”，他跟‘龚之雁’同族，只是族称格式的

① 董珊：《出土文献所见“以谥为族”的楚王族——附说〈左传〉“诸侯以字为谥因以为族”的读法》，《出土文献与古文字研究（第二辑）》，第113页。

② 按，朱晓雪先生将两“龚酉”认定为一人，不确。参见朱晓雪：《包山楚简综述》，第797页。

③ 刘彬徽：《楚系青铜器研究》，第343页。

④ 韩朝、刘海洋：《新见楚国铭文兵器》，《南方文物》2004年第4期。

繁、简不同。”①

楚共王卒，子楚康王立。楚康王卒，子郏敖立。郏敖四年，其叔父公子围弑君自立，是为楚灵王。灵王之继任者为其弟楚平王，平王后代有“弃疾氏”“景氏”“子建氏”。

弃疾氏。《古今姓氏书辩证》云：“(弃疾氏)出自芈姓。楚平王初名弃疾，即位改名熊居，子孙以为氏。悼王时，弃疾修为右师。”②子建氏。《通志·氏族四》“子建氏”条下：“芈姓，楚太子建之后也。顷襄王时有子建叔子为大夫。”

景氏情况，详见第五章第二节《景氏》，此不赘述。

楚平王之继任者为其子楚昭王，后裔有昭氏。昭氏情况详见第五章第三节《昭氏》。

以上即为笔者对春秋时期楚国公族氏称所作的一个大体概述，再以表格的形式，罗列如下：

表 4-3　楚国公族氏称表

楚君	析出之氏
鬻熊	鬻氏、熊氏、圈氏
熊绎	绎氏、賫氏
熊渠	无庸氏、鄂氏
熊勇	勇氏
熊严	度氏、熊雪氏
熊霜	霜氏、熊相氏

① 董珊：《出土文献所见“以谥为族”的楚王族——附说〈左传〉“诸侯以字为谥因以为族”的读法》，《出土文献与古文字研究(第二辑)》，第112页。

② (宋)邓名世撰，王力平点校：《古今姓氏书辩证》，第438页。

续表

楚君	析出之氏
若敖	斗氏、伯比氏、斗谷氏、斗乳氏、成氏、楚季氏、斗文氏、令氏、箴氏、箴尹氏、斗强氏、斗班氏、斗廉氏、宫厩氏、厩尹氏、蔓氏、季融氏、大心氏、孙氏、苗氏、班氏、越椒氏、韦龟氏
蚡冒	蚡氏、冒氏、茇冒氏(申氏)、包氏、熊率氏
楚武王	屈氏、武氏
楚文王	文氏(申氏)、卜梁氏、轩丘氏
楚成王	成王氏
楚穆王	阳氏、穆氏、沈尹氏、婴齐氏、子重氏
楚庄王	庄王氏(庄氏)、囊氏、子南氏
楚共王	审氏、龚氏
楚平王	弃疾氏、子建氏、景氏
楚昭王	昭氏

第二节　若敖氏之斗、成二氏

在上述楚国诸多世族氏称当中，斗、成、薳、屈四族，于春秋时期最富盛誉。张君先生评价说："虽不能与鲁之三桓，郑之七穆以及齐的国、高、崔、庆诸氏相颉颃，但也未可小觑。四族的盛衰盈消，曾给予春秋时期楚国的政治以深刻的影响。"①

下面分章节对斗、成、薳、屈四族，外加源出春秋楚君而占据战国楚国政治舞台中心的景、昭二氏，合计六个世族公族，就其族源、世系、演进史特征等作具体介绍。

① 张君:《楚国斗、成、薳、屈四族先世考》,《楚文化觅踪》,第 175 页。

一、斗、成二氏族源探析[①]

终春秋之世,楚国公族作为重要的政治力量始终活跃在历史舞台上,而若敖氏当中的斗、成二氏即是其中最早显赫的一支。就是如此重要的两支世族公族,在其关键的族源起始问题上,前辈学者探赜索隐,钩深致远,成果颇多,足以作为再研究的重要借鉴。然而,终归古史茫昧,史料有缺,疑团重重而甚难理清。

1. 斗氏族源与立氏

《古今姓氏书辩证》"鬬(斗)"字条下,云:"出自芈姓。楚若敖娶䢵女,生(斗)伯比,别为鬬(斗)氏。"[②]又《通志・氏族三》"以邑为氏"之"楚邑"条下,曰:"鬬(斗)氏,芈姓,若敖之后。按,若敖名熊义,其先无字,斗者必邑也,其地未详。若敖娶于䢵,生斗伯比。"[③]"斗氏",属于以邑为氏,这一点学界的分歧不大。"义""仪"二字可通,邓名世、郑樵将斗氏族源归于楚君若敖熊仪之子斗伯比,孙曜、李玉洁先生均认同二者观点,斗氏之祖斗伯比是楚先君若敖熊仪的儿子[④]。

以上说法的最原始依据应是《史记・楚世家》及《左传》的有关记载。《史记・楚世家》载有两周之际楚君一部分世系,作:

---

① 按,斗、成二氏源出楚君若敖熊仪,这一点学界有较为统一的认识。《礼记・大传》记载:"别子为祖,继别为宗。"讨论斗、成二氏族源,除去若敖熊仪外,还需分析"别子"究竟应是谁的问题。

② (宋)邓名世撰,王力平点校:《古今姓氏书辩证》,第530页。

③ (宋)郑樵:《通志》,第457页。

④ 孙曜:《春秋时代之世族》,《民国丛书・历史地理类》第三编第63册,第135页;李玉洁:《楚国史》,第97页。

> 熊徇卒,子熊咢立。熊咢九年,卒,子熊仪立,是为若敖。若敖二十年,周幽王为犬戎所弑,周东徙,而秦襄公始列为诸侯。二十七年,若敖卒,子熊坎立,是为霄敖。

再有,《左传》鲁宣公四年(前605)载:

> 初,若敖娶于䢵,生斗伯比。若敖卒,从其母畜于䢵,淫于䢵子之女,生子文焉。

将上二段引文联系印证,得出"若敖熊仪之子斗伯比为斗氏之祖"的结论是很容易的。问题的关键在于《左传》鲁宣公四年所见之"若敖"是否即是《楚世家》中的楚君"若敖熊仪"呢?杨伯峻先生言:"据《楚世家》,楚先君'若敖'当西周之末、东周之初,与此(宣公四年)'若敖'恐非一人。"[1]详考于典籍,我们亦认为二"若敖"虽然字形相同而其所指有异。

其一,"若敖"这一称谓,除与楚君"熊仪"有关外,还有另外一层特殊的旨归。《国语·楚语上》载:

> 司马子期(公子结)欲以其妾为内子,访之左史倚相,曰:"吾有妾而愿,欲笄之,其可乎?"对曰:"昔先大夫子囊违王之命谥;子夕嗜芰,子木有羊馈而无芰荐。君子曰:'违而道。'……君子之行,欲其道也,故进退周旋,唯道是从。夫子木能违若敖之欲,以之道而去芰荐,吾子经楚国,而欲荐芰以干之,其可乎?"子期乃止。

① 杨伯峻:《春秋左传注》(修订本),第682页。

按,引文中之“子夕”,指的是“屈到”。《左传》鲁襄公十五年(前558)载楚康王官屈到为莫敖。“子木”是子夕之子“屈建”,鲁襄公二十五年(前548)为楚令尹执政,二十八年(前545)卒。“夫子木能违若敖之欲”,韦昭注曰:“若敖,子夕。”[①]此处“子木”称呼其父“子夕”为“若敖”,应当如何理解呢? 唐嘉弘先生指出:“楚国的若敖作为世袭贵族的首领酋豪,即该家族的家长,其源起可上溯到父家长制家庭公社的氏族部落时期……若敖的子孙宗族,或称王子王孙,亦可同样称为若敖,楚王仅是最显贵家族的若敖,其他宗支的若敖在本家族内同样有具体而微的权力,有相对的独立性。”[②]也就是说“若敖”之意非局限于“熊仪”,在非特指的情况下,“若敖”代指的是“宗支之宗族家长”。

其二,《楚辞·天问》中有一段关于斗伯比如何生斗谷于菟(子文)的详细记载,曰:

> 何环穿自闾社丘陵,爰出子文?

闾、社指的都是古代基层行政单位,“环穿自闾社丘陵”,指男女幽会的经过和地点。此句七字,一作:“环闾穿社,以及丘陵,是淫是荡”十二字,说的是男女幽会穿过村落,及于丘陵,而在旷野中尽情地玩耍嬉戏。在楚地,婚前男女确实有游玩、寻偶之俗,《墨子·明鬼下》指出:“燕之有祖,当齐之(有)社稷,宋之有桑林,楚之有云梦也,此男女之所属而观也。”[③]“云梦”说的应该是“邧”地之“梦”,“云”通“邧”,“梦”指荒野,包括丛林、草泽、丘陵等,对国人而言是

---

① 徐元诰撰,王树民、沈长云点校:《国语集解》,第506页。
② 唐嘉弘:《释“莫敖”》,《江汉论坛》1984年第1期。
③ (清)孙诒让撰:《墨子间诂》,第227页。

游憩约会的理想场所[1]。因此，我们断定实际情况应该是斗伯比在二、三十岁左右的青壮年时期与䢵子之女通于丘陵而生子文的。

若传统楚君熊仪生斗伯比之说成立，则一方面，假定熊仪卒年（前764）斗伯比始生，至斗伯比二、三十岁左右生子文，其时间概在公元前740年前后。另一方面，子文在鲁庄公三十年（前664年，当楚成王八年）始见于《左传》，曰："斗谷於菟（即子文）为令尹，自毁其家，以纾楚国之难。"最后一次见于《左传》是在鲁僖公的二十七年（前633），言："楚子（成王）将围宋，使子文治兵于睽，终朝而毕，不戮一人。……国老皆贺子文。子文饮之酒……。"综上考察，依据传统说法不难发现子文盖在八十岁高龄时始任令尹，在其一百一十岁左右时还为国练兵于外，且与国老饮酒，此两点甚为吊诡而不近情理。

《左传》鲁宣公四年（前605）又载：斗伯比有子文、子良二子，子良生子越椒，子文曰："必杀之！是子也，熊虎之状而豹狼之声；弗杀，必灭若敖氏矣。"子良不可。及子文将死，乃聚其族，曰："若敖氏之鬼不其馁而！"此处"若敖氏"之"若敖"明显指的是楚君熊仪[2]。从斗氏又自称为若敖氏并祭祀若敖"熊仪"来看，斗伯比即使不是若敖熊仪之子，斗氏与若敖熊仪之间也必定存在着天然的直系联系。据此，张君先生提出了新的见解，认为："在楚君若敖与斗伯比之间事实上还隔着一代人，此人乃楚君若敖之子，别封斗邑，为斗氏之祖，在其家族中被尊称为'若敖'，《左传》所谓'娶于䢵，生斗伯比'的就是他，而不是什么楚君若敖。"[3]罗运环先生也认为楚君熊仪应当并不是斗伯比之父，进一步提出："斗伯比之父本

① 张正明：《楚文化史》，第128页。

② 杨伯峻：《春秋左传注》（修订本），第679—680页。

③ 张君：《楚国斗、成、蒍、屈四族先世考》，《楚文化觅踪》，第179页。

以先君熊仪之谥号'若敖'为氏,因食采于斗,亦称斗氏。"[①]

此外,张正明先生认为斗氏有巴人血统[②],吴郁芳先生又指出斗氏与巴人有密切联系:"楚民族在它的形成、发展过程中,总是不断地在融合、同化外族人民,同时也有一些楚人异化为外族……若敖氏(斗氏)就应是一度归化为巴族的楚王族后裔,后又返国执掌了政权,但在他们身上已深深地留下了巴文化的烙印。"[③]

包山简61中有"𢧐戟"其人,𢧐,整理者将其隶定为"𢧐"字,云:"𢧐,读如鬭(斗)。"[④]滕壬生先生云:"𢧐,《说文》所无。𢧐戟,人名。"[⑤]李零先生又指出:"(鬭)也许就是斗氏的本来写法。"[⑥]

又最新公布的清华简《楚居》篇,其中提到有"侸哥(叔)"其人,详录如下:

> ……穴酓迟迻(徙)于京宗,爰旻(得)妣𠨩,逆流哉(载)水,氒(厥)脜(状)聑(聂)耳,乃妻之,生侸哥(叔)、丽季……。[⑦]

上面简文的大体意思是说楚先鬻熊(穴熊)娶了"京宗"地方一个名叫"妣𠨩"的女子,育有"侸叔""丽季"二子。不少学者认为,"侸""斗"二字,古音相似,"上古音构拟分别是:OCM * dôh 和 OCM *

---

① 罗运环:《楚国八百年》,第145页。

② 张正明:《楚史》,第133页。

③ 吴郁芳:《楚史三题》,《荆州师专学报(社会科学版)》1996年第3期。

④ 湖北省荆沙铁路考古队:《包山楚简》,第44页。

⑤ 滕壬生:《楚系简帛文字编》,武汉:湖北教育出版社1995年版,第877页。

⑥ 李零:《"三闾大夫"考——兼论楚国公族的兴衰》,《文史》2001年第1辑。

⑦ 清华大学出土文献研究与保护中心编,李学勤主编:《清华大学藏战国竹简(壹)》,第181页。

dôh”，结论是“‘亘叔’即斗氏”[①]。“亘叔”是否与斗氏存在联系，学界尚有其他不同意见，“子居”：“亘叔一支疑为楚先人中更往西迁的一支，今陕西及其以西地区，往往有和楚人相关的地名，或即迁徙所留。”[②]

将斗氏族源上推至于楚君鬻熊、熊丽时代，明显的与《左传》“若敖生斗伯比”的记载出入太大。清华简本身的记载有时也“传说与史实混为不分”[③]，在斗氏族源问题上，还应以传统文献的记载为准。

上面张君、罗运环两位先生言在若敖熊仪与斗伯比之间还有一代人，正是此人别封于斗，为斗氏之祖，我们认同这种观点。然而，二位先生对于缺失的一代究竟为谁并没有给出明确的答案。

《元和姓纂》：“《左传》，楚若敖之后有斗般，生伯比，伯比生斗谷于菟。”[④]言斗伯比为斗般之子，即若敖熊仪与斗伯比之间所缺失的一代人是斗般。征于《左传》，斗般，字子扬，是令尹子文之子。《左传》鲁宣公四年（前 605）：“及令尹子文卒，斗般为令尹。”上距若敖熊仪之卒（前 764）有百六十年，距斗伯比活动年代（前 706—前 699）也有百年，其不可能是若敖熊仪与斗伯比之间所缺失的一代。

---

① Axel Schuessler, *Minimal Old Chinese and Later Han Chinese: A Companion to Grammata Serica Recensa*. University of Hawai'i Press, 2009；来国龙：《清华简〈楚居〉所见楚国的公族与世系》，武汉：武汉大学简帛研究中心 简帛网，网址：http://www.bsm.org.cn/show_article.php?id=1588，发表日期：2011-12-03。

② 子居：《清华简〈楚居〉解析》，济南：山东大学文史哲研究院 简帛研究网，网址：http://www.jianbo.org/admin3/2011/ziju001.htm，发表时间：2011-03-30。

③ 李学勤：《论清华简〈楚居〉中的古史传说》，《中国史研究》2011 年第 1 期。

④ （唐）林宝撰，岑仲勉校记：《元和姓纂（附四校记）》，第 1388 页。

立足于文献资料对此问题重新作一番梳理,考定《左传》鲁宣公四年记载(前605)之“若敖”指的是“斗缗”。“斗缗”,是楚君若敖熊仪之子,别封于斗,为斗氏之祖。兹说明之如下。

首先,依据相关记载,作逆向考究,可大致推出斗伯比的出生之年。揆诸文献,子文(斗谷於菟)出生在䢵国,其父斗伯比第一次现于《左传》是在鲁桓公的六年(前706)。此时斗伯比已经归楚,且为楚武王的重要谋臣,辅佐武王定汉东诸国,地位显赫,因此子文的出生时间必不会晚于公元前706年。如前所述,子文直至鲁僖公二十七年(前633)楚成王将围宋还使其“治兵于睽”,证明其身体当时尚健康,清人刘文淇在《春秋左氏传旧注疏证》中进一步指出子文或卒于鲁僖公末年(前627),此时上距公元前706年盖有八十载。子文以至少八十高龄尚为国治兵、饮酒,这一点近逾越常理,推算子文的出生年应该就在公元前706年左右。

前面依据《楚辞·天问》,已论证斗伯比是在自己二、三十岁的青壮年时期始生子文的,而子文的出生年在公元前706年左右,所以斗伯比的出生之年宜在公元前八世纪的三、四十年代。

其次,“若敖娶于䢵,生斗伯比。若敖卒,从其母畜于䢵”,对于此句史料的解读,前贤盖有疏忽之处。杜预注:“畜,养。”[①]据此可以推测“若敖”卒时,斗伯比的年龄不会很大,应正值幼冲。也就是说斗伯比出生之年与其父“若敖”之卒年相差不多,应皆在公元前八世纪的三、四十年代左右。

另一个值得思考的问题是:斗伯比作为楚王直系后代,何以会在其父“若敖”卒后旋即不得见养于父国楚,而归诸其母之国䢵呢?

披读典籍,不难发现春秋时期公子、公孙或卿大夫之子等只有在不容于其国、其宗族的情况下,才会选择退归其舅氏之家。征于

① (晋)杜预注,(唐)孔颖达疏:《春秋左传正义》,第1870页。

文献,类似的事情不在少数。《史记·齐世家》载:“初,(齐)襄公之醉杀鲁桓公,通其夫人,杀诛数不当……群弟恐祸及,故次弟纠奔鲁。”纠之所以选择奔鲁,因“其母鲁女也”。《左传》鲁成公八年(前583)又载晋景公灭赵氏,曰:“晋(景公)讨赵同、赵括,(赵)武从姬氏畜于公宫。”竹添光鸿先生解释说:“(赵)括为公族而主赵宗,今括诛,其田邑宗祀废矣……宗子收族之谊,括已灭,无归,故武从姬氏畜公宫也。”[①]赵武之父是赵庄子朔,母为赵庄姬。赵庄姬是晋成公之女、晋景公之姐[②],则晋景公为赵武之舅,所以赵武才会在其父宗赵氏残灭以后旋随其母养于公宫。再有,鲁昭公四年(前538)载,竖牛祸乱鲁国叔孙氏,云:鲁叔孙豹娶于齐国氏,生孟丙、仲壬,竖牛谗害二子,杀孟丙而逐仲壬,仲壬不容于叔孙氏而奔齐。齐,仲壬母国也。……类似之事于此不再一一列举。

稽以上诸事,再衡以斗氏,推测盖斗伯比之父“若敖”死后,楚国的政治大环境已经不允许斗伯比母子继续待在楚地,这才有养于䢵之事。需要探究的是在公元前八世纪的三、四十年代上下楚国究竟发生了何种变故呢?在楚武王(前740—前690)治楚的半个世纪里面,确实是发生过一件与斗氏相关且影响斗氏命运的政治事件。《左传》鲁庄公十八年(前676)载:

> 初,楚武王克权,使斗缗尹之,以叛,围而杀之。迁权于那处,使阎敖尹之。

---

① (日)竹添光鸿:《左氏会笺》,第1024页。

② 按,关于赵庄姬的身份,《史记·赵世家》曰:“赵朔妻成公姐。”则赵庄姬是晋文公重耳之女。杨伯峻先生已驳之,曰:“据僖二十四年《传》,赵衰所妻乃文公女,若如司马迁所言,赵朔亦娶文公女,则祖与孙各娶一姐一妹,不合情理。贾逵、服虔均以赵庄姬为成公女,较为合理。司马迁或者误采战国时异说。”参见杨伯峻:《春秋左传注》(修订本),第820页。

据《新唐书·宰相世系表》记载,权,子姓,是商王武丁之后裔[①]。今湖北省荆门市当阳县东南有权城,应是其故地所在。楚武王灭权、置县,应该就是在公元前八世纪三十年代左右。

《世本·居篇》:“楚鬻熊居丹阳,武王徙郢。”[②]楚丹阳地望明确,在丹、淅二水之间的河南省淅川县境[③]。另,据考证今天湖北省江陵县纪南城之“郢”,城墙垣等兴建的年代,鉴定在春秋晚期至战国早期,显然不是楚武王之“郢”所在[④]。楚武王所徙之“郢”,应该在今天汉水西岸之宜城[⑤]。这一点又与文献记载相吻合。《左传》鲁桓公六年(前 706),楚侵随,斗伯比谏言曰:“吾不得志于汉东也,我则使然……。”“不得志于汉东”,则充分显示了楚国汉西之国的身份。此后楚又接连两次伐随,征郧,服轸等,其目标也是直指汉东诸国。所以,楚武王时期楚国的活动中心当在今天的汉水中游西岸一代。那么,楚武王又是在何时徙至汉西之郢的呢?《竹书纪年》记载:周平王三十三年(前 738),即楚武王三年,“楚人侵申”[⑥]。申,姜姓之国,周王朝南疆重地,故城在今天河南省南阳市附近,“迫近强楚,王室衰微而数见侵伐”[⑦]。楚武王践祚不满三年就征申,此其志不在小。可惜,由于王人“戍申”“戍许”等[⑧],而没有成功。大概正是因为这个教训,楚武王才转移战略进攻目标,由早期的北进一转为仍不得不专力于底定江汉平原的西部,迁郢之

---

① (宋)欧阳修、宋祁撰:《新唐书》卷七五下《宰相世系表五下》,第 3391 页。

② (汉)宋衷注,(清)秦嘉谟等辑:《世本八种·秦嘉谟辑补本》,第 350 页。

③ 石泉:《古代荆楚地理新探》,武汉:武汉大学出版社 1988 年版,第 174—199 页。顾铁符:《楚三邑考》,《楚史研究专辑》,第 17—38 页。

④ 湖北省博物馆:《楚都纪南城的勘查与发掘》,《考古学报》1982 年第 3、4 期。

⑤ 石泉:《湖北宜城楚皇城遗址初考》,《江汉论坛》1963 年第 2 期。

⑥⑦ 方诗铭、王修龄撰:《古本竹书纪年辑证》(修订本),第 265 页。

⑧ (汉)毛亨传,(汉)郑玄笺,(唐)孔颖达疏:《毛诗正义》,第 331 页。

举就发生在此时。其中,权国恰好处于汉西地理的中心位置,而这时武王的“主要成就是灭掉了权国”①。故楚当是在公元前738年以后不久的某一个时段灭权。

再有,《楚世家》记载楚武王践祚的过程并不光彩,云:“蚡冒弟熊通弑蚡冒子而代立,是为楚武王。”斗缗据权邑而叛楚,“可能与周初管、蔡监殷而以殷叛情形相近”②。管叔、蔡叔之所以勾结殷人叛周是因为二人不满于周公在周武王卒、成王幼冲的情况下摄政并行周王之权,斗缗据权而叛与此类似,则应是与楚武王杀侄而立的非顺位继承有关。因此,武王灭权及斗缗据权而叛的年代,上距武王践祚之年(前740)不会太远。

综上,楚武王大概在公元前八世纪三、四十年代左右占领权国。今湖北省荆门市沙洋县文化中心所提供的有关资料中,也可以看到其将楚国灭权的时间,定置在公元前738年。

从上面所论述的情况来看,其一,斗伯比之始生、斗伯比之父“若敖”之卒及楚武王灭权,三者在时间的发生点上大体相当;其二,斗伯比不见养于楚与斗缗的叛乱行为之间存在着密切的因果联系。因此,斗缗即是斗伯比之父的可能性是很大的。

此外,尚有另外一条重要的史料可支持我们上面的结论。《国语·楚语下》载,吴师攻入楚都郢,楚昭王奔郧。郧公之弟斗怀为报父仇将弑昭王,郧公制止曰:“吾先人以善事君,成名于诸侯,自斗伯比以来,未之失也。今尔以是殃之,不可。”韦注曰:“郧公,令尹子文玄孙之孙蔓成然之子斗辛也。”③斗辛父蔓成然佐立昭王之父楚平王,贪求无厌,平王杀之。上所引史料记载中,斗辛追述其

① 张正明:《楚史》,第68页。

② 杨伯峻:《春秋左传注》(修订本),第208页。

③ 徐元诰撰,王树民、沈长云点校:《国语集解》,第524页。

先人仅上溯至斗伯比。然经过前面时间上的论证,楚君若敖熊仪与斗伯比之间所隔的一代人无疑是斗氏之祖,则为何斗辛缅怀先祖并无提及此人,反奉其子斗伯比为始祖呢?仔细分析文意,唯一合理的解释是值得后人称道的始祖须“以善事君”,斗伯比之父盖有恶名于外致使斗氏后人羞于提及罢了。这一点又恰好与斗缗据权而叛的行径相吻合。

如果上文辨证成立,则在楚君熊仪与斗伯比之间所隔的一代人宜为斗缗,别封于斗,为斗氏之祖。

2. 成氏族源探析

成氏族源问题,就目前所见,学界主要有三种基本看法。

《左传》鲁僖公二十八年(前632)“唯西广、东宫与若敖之六卒实从之”条下,杜预注:“若敖,楚武王之祖父,葬若敖者,子玉之祖也。”[①]又《左传》鲁昭公十二年(前530)“成虎”条下,杜预注“成虎,令尹子玉之孙,与斗氏同出于若敖。”[②]《国语·晋语四》“令尹子玉”条下,韦昭注:“子玉,楚若敖之曾孙、令尹成得臣也。”[③]

上皆认定成氏直接源出于楚君若敖熊仪,与斗氏并立。

宋代程公说《春秋分记·世谱七》提出另外一种观点,云:“(斗)伯比生三子,曰(斗谷)於菟、曰子良、曰(成)得臣……(成)得臣之后为成氏。”[④]也就是说成氏源出于斗氏,是斗氏的一支系。罗运环先生同意程说,认为若敖氏的主体是斗氏,而斗氏包括成氏[⑤]。

---

① (晋)杜预注,(唐)孔颖达疏:《春秋左传正义》,第1824页。

② (晋)杜预注,(唐)孔颖达疏:《春秋左传正义》,第2062页。

③ 徐元诰撰,王树民、沈长云点校:《国语集解》,第332页。

④ (宋)程公说:《春秋分记》卷一六,《四库全书珍本初集》经部20集,沈阳:沈阳出版社1998年版,第10456页。

⑤ 罗运环:《楚国八百年》,第172页。

再者，清华简《楚居》篇中提到有"郢白(伯)"，详录如下：

季连初降于郾(騩)山，氐于穴窮(穷)。前出于乔山，宅凥(处)爰波(陂)。逆上洲水，见盘庚之子，凥(处)于方山，女曰比(妣)隹，秉兹衒(率)相，詈胄四方。季连聞(闻)亓(其)又(有)聘，从及之盘(泮)，爰生郢白(伯)、远中(仲)……①

上面《楚居》所讲的大体意思是说"季连"降于"郾山"，遇见了盘庚女儿"妣隹"。后来"季连"闻听"妣隹"要受聘出嫁，追赶至于水滨，以之为妻，遂生了郢白(伯)、远中(仲)两个儿子。来国龙先生考证："郢伯"，"其实就是指春秋时期楚国四大公族中的成氏"。"郢""成"二字，从古音上看，"声和韵都相同，只是介音的有无稍有差别。因此它们古音至近，可以通假替换"②。将成氏族源又上推至于季连之子"郢白(伯)"。

征于文献，成氏应该是与斗氏同祖，皆出于楚君若敖熊仪。《左传》鲁昭公十二年(前530)云："楚子(灵王)谓成虎，若敖之余也，遂杀之。""若敖之余"四字，直接点明了成虎所属之成氏世族的出处。如果要进一步追寻成氏最初"别子为祖"之中的"别子"，较之斗氏，情况更是复杂难明。基于文献记载、考古材料的缺失，可暂存疑。

此外，成氏获得氏称的方式，即"成"字作为氏称究竟由何而来，分歧亦不小。《古今姓氏书辩证》云："成，出自芈姓。楚若敖之

---

① 清华大学出土文献研究与保护中心编，李学勤主编：《清华大学藏战国竹简(壹)》，第181页。

② 来国龙：《清华简〈楚居〉所见楚国的公族与世系》，武汉：武汉大学简帛中心 简帛网，网址：http://www.bsm.org.cn/show_article.php?id=1588，发表日期：2011-12-03。

孙令尹得臣,字子玉,以王父字为氏……谨案:春秋时,周、鲁皆有成邑,当时大夫之食其邑者,未必不以为氏。芈姓成氏,自子玉、孙伯而下皆以名显诸侯,后嗣又不乏人,则以王父字为氏在理不疑。”[①]又《通志·氏族三·以字为氏》:“成氏,楚若敖氏之后,以字为氏。”[②]皆言“成氏”以“王父之字”获氏。

又《上海博物馆藏战国楚竹书(六)·平王与王子木》篇有如下记载:

> 竞(景)坪(平)王命王子木跖城父,过緟(申),暑飤(食)于鼪(狌)宽。城(成)公悍蓏(遇)……[③]

简文的大体内容是说“竞平王(楚平王)”命令“王子木”[④]到楚城父县守边,中间经过申地休息之际,“城公”上前敬拜……简文当中出现有“城公”,上博简的整理者虽未有明确说明,然联系上下释文,可知他们认为成氏与成公(即城公)有关[⑤]。徐少华先生有所质疑,言:“城公,整理者认为即‘成公’,是正确的,然与楚之‘成氏’相关联,则不妥。按‘城公’即楚城父县的县公……”[⑥]田成方先生观点同,并认为:“成氏因何而得氏,目前还难以断定。”[⑦]

---

① (宋)邓名世撰,王力平点校:《古今姓氏书辩证》,第235页。

② (宋)郑樵撰:《通志》,第462页。

③ 马承源主编:《上海博物馆藏战国楚竹书(六)》,上海:上海古籍出版社2007年版,第268—269页

④ 按,王子木即是见于《左传》楚平王之子“太子建”,“木”与“建”,或是一名一字。

⑤ 马承源主编:《上海博物馆藏战国楚竹书(六)》,第269页。

⑥ 徐少华:《上博楚简所载申公、城公考析》,徐少华:《荆楚历史地理与考古探研》,北京:商务印书馆2010年版,第187页。

⑦ 田成方:《东周时期楚国宗族研究》,第76页。

《上海博物馆藏战国楚竹书(六)·平王与王子木》篇所载“成(城)”地，即“城父”，地望在今河南省宝丰县东[①]。然揆诸古籍文献，楚国另有地名为“成”者，与“城父”有别。《左传》鲁定公五年(前505)载：“王(楚昭王)之奔随也，将涉于成臼。”杨伯峻注：“成臼即臼水，亦名臼成河。臼成河源出湖北京山县聊屈山，古时此河西南流入于沔，据《水经·沔水注》，昭王奔随，即于此渡河，窃疑即今钟祥县南之旧口。臼成河今已改道。”[②]又《国语·楚语下》：“吴人入楚，昭王出奔，济于成臼。”韦昭注：“济，渡也。成臼，津名。”[③]竹添光鸿先生：“韦昭以成臼为津名，可从。有于字则非水名也。”[④]“臼”，明显指代“臼水”，“成臼”说的应该是在成地附近的一段臼水。因此，成地之地望大体在今天湖北省京山县、钟祥县附近的臼水入汉处，此地距离与斗氏有莫大关联的郧地不远。

据上，“成”是可以作为一个单独的地名而出现的，与“城父”无涉。“成”氏或因“成”地(京山县、钟祥县附近的臼水入汉处)而得名。成氏的命氏方式，可暂将其归类于“以邑为氏”者。

二、斗、成二氏人物谱

1. 斗氏世族成员

斗氏世族的世系自斗伯比以降，其脉络基本上是清晰的；而斗伯比以上，如前所述基于史料记载缺失等原因，问题较多。因此，

---

① 徐少华：《上博楚简所载申公、城公考析》，《荆楚历史地理与考古探研》，第187页；田成方：《东周时期楚国宗族研究》，第75页；左鹏：《楚国历史地理研究》，武汉：湖北教育出版社2012年版，第97页。

② 杨伯峻：《春秋左传注》(修订本)，第1553页。

③④ 徐元诰撰，王树民、沈长云点校：《国语集解》，第523页。

各家在廓清斗氏世系时,大体皆是从斗伯比开始的。

宋代程公说《春秋分记·世谱五·楚公子公族诸氏世谱》[1]、清代陈厚耀《春秋世族谱·楚世次图》、清代顾栋高《春秋大事表·卿大夫世系表·楚·斗》[2],今人钱杭先生[3]、段志洪先生等,皆有所整理。举古人、今人各一例如下:

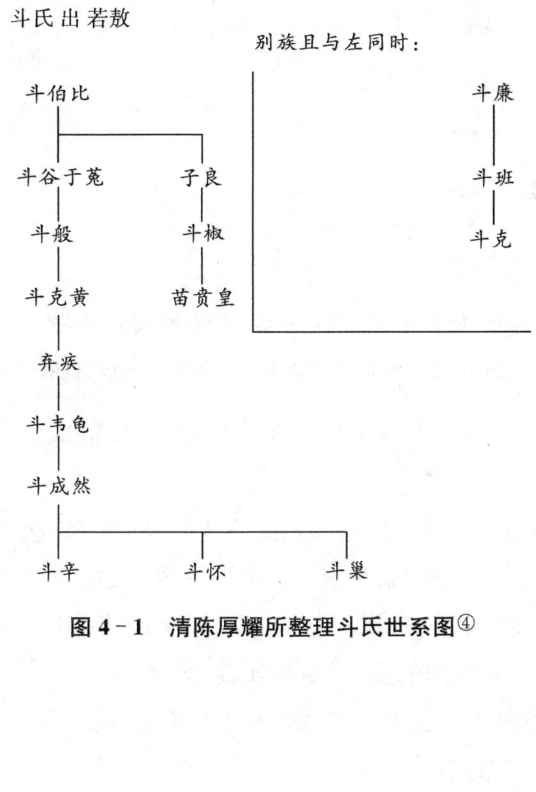

图 4－1　清陈厚耀所整理斗氏世系图[4]

① (宋)程公说:《春秋分记》卷一四,《四库全书珍本初集》经部 20 集,第 10430 页。

② (清)顾栋高辑,吴树平、李解民点校:《春秋大事表》,第 1363 页。

③ 钱杭:《周代宗法制度史研究》,第 153 页。

④ (清)陈厚耀:《春秋世族谱》,《文渊阁四库全书》第 178 册,第 382 页。

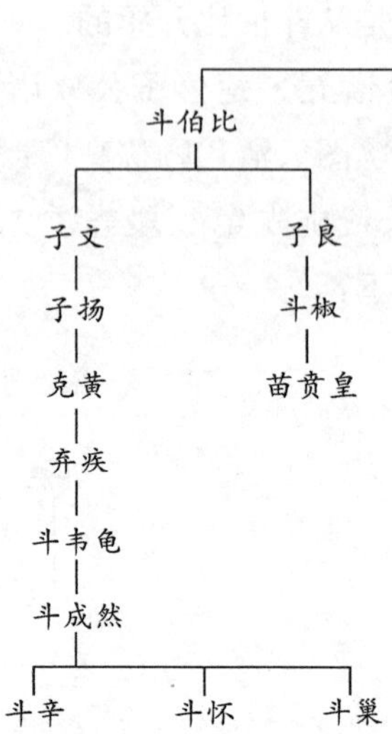

世系不详者:斗丹、斗祈、斗清、斗梧、斗章、斗宜申、斗勃

图 4-2　今人段志洪先生所整理斗氏世系图①

综合以上诸家世系,对斗氏人物按照其世次情况,作具体介绍。

前已考证,斗缗宜是斗氏始封之人。又《世本》载:“若敖生斗强。”②据《世本》记述“某生某”方式的惯例,此处“若敖”当确指楚君若敖熊仪本人,故暂将斗强也归属于斗氏第一世次。至于“斗缗”“斗强”二人之间的关系,史料缺载,无考。

《左传》鲁庄公二十八年(前 666)有楚令尹子元欲蛊文夫人而专权伐郑一事的记录,云:

楚令尹子元欲蛊文夫人……秋,子元以车六百乘伐郑,入

① 段志洪:《周代卿大夫研究》,第 150 页。

② (汉)宋衷注,(清)秦嘉谟等辑:《世本八种·王谟辑本》,第 29 页。

> 于桔柣之门。子元、斗御强、斗梧、耿之不比为旆,斗班、王孙游、王孙喜殿。众车入自纯门,及逵市……诸侯救郑。楚师夜遁。

杨伯峻注:“据《世本》,若敖生斗强,斗强生斗班。此斗御强当即《世本》之斗强。”[①]

按,据《史记・楚世家》所载,镐京破、周东迁一事发生在公元前771年,当若敖熊仪二十年。熊仪在位计有二十七年,按此推算,其应卒在公元前764年。基于上面的推算,杨伯峻先生的注说不妥。

《世本》载:“若敖生斗强。”[②]假设若敖熊仪卒年始生斗强(前764),至《左传》鲁庄公二十八年(前666)斗御强第一次见于记载,斗强已有九十八岁。又杜预注:“子元自与三子(斗御强、斗梧、耿之不比)特建旆以居前。”[③]孔颖达疏曰:“军行之次,旆最在先。故宣十二年《传》称令尹南辕反旆,是旆居前而殿在后也。”[④]竹添光鸿笺曰:“旆与殿对,军行建旆居前,故称先驱为旆。为旆为先驱也。”[⑤]如果杨伯峻先生上注斗强、斗御强为一人之说成立,则斗御强无疑是以近百岁高龄而冲锋在前的,这一点显然有悖常理。

揆史度情,“斗强”“斗御强”当非一人。

属于斗氏世族第二世次的人物比较多,有斗伯比、斗廉、斗班、斗丹、斗祈等。

斗伯比。始见于《左传》鲁桓公六年(前706),最后一次见于《左传》是在鲁桓公十三年(前699)。在这八年时间里面,斗伯比屡屡向楚武王献策,在楚国底定江汉平原的过程中,立有大功。

---

① 杨伯峻:《春秋左传注》(修订本),第241页。

② (汉)宋衷注,(清)秦嘉谟等辑:《世本八种・王谟辑本》,第29页。

③④ (晋)杜预注,(唐)孔颖达疏:《春秋左传正义》,第1781页。

⑤ (日)竹添光鸿:《左氏会笺》,第329页。

需要仔细考辨一番的是“斗伯比”之名。《楚国历史文化辞典》云:“斗氏,名伯比。”认为“伯比”二字系人名[①]。

上节在介绍楚公族氏称时论及楚文王后代有文氏,“文之无畏”又称为“申舟”。“文”,以谥为氏;以食邑论,则为“申”氏。“无畏”,其名;“舟”,其名之字。清华简《系年》篇第十一章其又称为“申伯无畏”[②],在藉采邑所得氏称“申”与其名“无畏”中间添加了一个“伯”字。

再者,晋国公族有郤氏,《通志·氏族略三·以邑为氏》“晋邑”条下,曰:“郤氏,姬姓,晋之公族也。晋大夫郤文子食邑于郤,世为晋卿,以邑为氏。”[③]郤氏成员有“郤克”,采邑在“驹”地,驹之地望所在,不确[④]。见于材料,“郤克”又可称呼为“驹之克”“驹伯”。

清华简《系年》篇第十四章称“郤克”为“驹之克”,如下:

……晋景公立八年,随会率师,会诸侯于断道,公命驹之克先聘于齐……[⑤]

《左传》鲁宣公十二年(前597)晋、楚邲战:“驹伯曰:‘待诸乎?’。”杜预注:“驹伯,郤克,上军佐也。”[⑥]

上“申伯无畏”“驹伯”之称谓,采邑名之后的“伯”字,宜为敬称。比类推测,“斗伯比”的命名方式亦当是:采邑名(斗)+敬称

---

① 石泉主编:《楚国历史文化辞典》,第83页。

② 清华大学出土文献研究与保护中心编,李学勤主编:《清华大学藏战国竹简(贰)·系年》,第68页。

③ (宋)郑樵:《通志》,第455页。

④ 马保春:《晋国地名考》,第74页。

⑤ 清华大学出土文献研究与保护中心编,李学勤主编:《清华大学藏战国竹简(贰)·系年》,第167页。

⑥ (晋)杜预注,(唐)孔颖达疏:《春秋左传正义》,第1881页。

(伯)＋人名(比)。也就是说,“斗伯比”的实际称谓当为“斗比”,这又与“斗廉”“斗丹”“斗班”“斗祈”等斗氏世族成员的称呼法相一致。

斗廉。史实主要集中见于《左传》鲁桓公九年(前703)、十一年(前701):

> 九年:夏,楚使斗廉帅师及巴师围鄾……鄾人宵溃。
>
> 十一年:楚屈瑕将盟贰、轸。郧人军于蒲骚,将与随、绞、州、蓼伐楚师。莫敖患之。斗廉曰:“郧人军其郊,必不诫。且日虞四邑之至也。君次于郊郢,以御四邑,我以锐师宵加于郧……。”……遂败郧师于蒲骚,卒盟而还。

上所载,斗廉在楚国对外作战中战功赫赫。九年记载条下,杜预注:“斗廉,楚大夫。”①

《左传》鲁庄公三十年(前664)又有“斗射师”“斗班”二人,记载如下:

> 楚公子元归自伐郑,而处王宫。斗射师谏,则执而梏之。秋,申公斗班杀子元。

关于“斗廉”“斗射师”“斗班”三者之间的关系,杜预注:“(斗)射师,斗廉也。”②服虔云:(斗)射师,即斗班。③孔颖达对杜预、服虔二说均提出质疑,曰:“杜此注与《谱》并以射师与斗廉为一人,不知何据也?服虔云:‘射师,若敖子斗班也。’射师被梏,不言舍之,何以得

① (晋)杜预注,(唐)孔颖达疏:《春秋左传正义》,第1754页。

②③ (晋)杜预注,(唐)孔颖达疏:《春秋左传正义》,第1782页。

杀子元也,知射师与班必非一人也。”[①]章太炎先生在认为杜、服二说皆有可据的基础上,又倾向于杜注,云:“服注本无可议,然预以为斗廉,不为无说。盖廉与射师,一名一字也。”[②]杨伯峻先生认为:“杜预以斗射师即斗廉(见桓九年及十一年),服虔以为斗射师即斗班,未详孰是。”[③]

谨按,上诸家关于“斗廉”“斗射师”“斗班”三者之间关系的论述中,杜预“斗廉”即是“斗射师”之说,不当。

斗廉最后一次见于《左传》是在鲁桓公十一年(前 701),至令尹公子元梏斗射师的鲁庄公三十年(前 664),中间经历了武王、文王、杜敖、成王四君,前后悬隔达 37 载。且根据《左传》记载,斗廉在楚武王时期,就是一个地位略低于斗伯比的主管军事之官,伐邓围鄾,更是在鲁桓公十一年(前 701)与郧、绞、州、蓼等国联军战于蒲骚,大败郧而订城下之盟,从而奠定了楚国在江汉平原的霸主地位。如此一国老重臣,子元岂有能力“梏之”?

相较而言,服虔“斗射师即是斗班”之说显得更为合理一些。结合服说详析《左传》鲁庄公三十年文义,易知斗班杀令尹公子元的直接原因是前面子元对其有“执而梏之”之辱。孔颖达诘之曰:“射师被梏不言舍之,何以得杀子元也?知射师与斗班必非一人。”考于《左传》本身记载,令尹公子元伐郑归楚是在鲁庄公二十八年(前 666)秋,执梏射师当是二十八年伐郑归来不久之事,距三十年(前 664)秋斗班杀子元尚有两年时间,中间岂无时间解梏?《传》文“斗射师”被舍一事不书,仅缺载而已。

---

① (晋)杜预注,(唐)孔颖达疏:《春秋左传正义》,第 1782 页。

② 上海人民出版社编,姜义华点校:《章太炎全集·春秋左传读、春秋左传读叙录、驳箴膏肓评》,上海:上海人民出版社 2014 年版,第 198 页。

③ 杨伯峻:《春秋左传注》(修订本),第 247 页。

综上,“斗班”,盖官为申公,字“射师”,故又称为“斗射师”,称谓方式类似于斗谷于菟又时常称为“斗子文”。

服虔又云斗班是若敖子,不当。应以《世本》“若敖生斗强”“斗强生斗班”为准。据此,“斗班”“斗廉”,皆为斗氏第二世次成员。

斗丹。见于《左传》鲁桓公八年(前 704):楚、随二国战于速杞,“随师败绩,随侯逸。斗丹获其戎车,与其戎右少师。”杜预注:“斗丹,楚大夫。”①

斗祈。见于《左传》鲁庄公四年(前 690):楚武王伐随,卒于樠木之下,“令尹斗祈、莫敖屈重除道、梁溠,营军临随……。”关于斗祁,尚需关注其与斗伯比的关系,清学者高士奇《春秋左传姓名同异考》中云:“武王时按祁无事实,未知即伯比否?”怀疑斗祁、斗伯比是同一人。斗伯比出现在史料当中皆无具体官职,而斗祁官拜令尹,二者应非同一人。斗祈以及斗丹,史籍中皆未言其世系,按二者出现时间来看,应与斗伯比为同代人。

属于斗氏第三世次的大概有斗谷於菟、斗子良、斗御强、斗梧、斗克等人。

斗谷于菟。字子文,据《左传》,子文鲁庄公三十年(前 664)任令尹,直至鲁僖公二十三年(前 637)让位成得臣(即子玉),主政楚国长达二十七年之久,对楚国北上争霸,乃至强大,作出了突出的贡献。

子文始为令尹,正值楚国内讧、令尹子元专权祸国后,困难重重,子文从国家利益出发,“自毁其家”,以纾楚国之难。对外,子文灭弦、黄、英诸国,压制蔡、随、徐、江等,使楚国称霸江淮,进而有足够的力量对抗晋、齐等诸大国。对内,子文廉洁勤政、律己恤民。《国语·楚语下》载:“昔斗子文三舍令尹,无一日之积,恤民之故

① (晋)杜预注,(唐)孔颖达疏:《春秋左传正义》,第 1754 页。

也。成王闻子文之朝不及夕也，于是乎每朝设脯一束、糗一筐，以羞子文。至于今秩之。”《战国策·楚策一》记载莫敖子华之语，云：“昔令尹子文，缁帛之衣以朝，鹿裘以处，未明而立于朝，日晦而归食，朝不谋夕，无一月（日）之积。故彼廉其爵，贫其身，以忧社稷者，令尹子文是也。”[①]

斗子良。见于《左传》鲁宣公四年（前 605）记载，子良是斗伯比之子、子文之弟，曾任楚国司马一职。

斗御强（前已有所叙述）、斗梧二人，均见于《左传》鲁庄公二十八年（前 666），详前。斗章，见于鲁僖公二年（前 658）：“冬，楚人伐郑，斗章囚郑聃伯。”

从三人出现的时间来看，归入斗氏第三世代比较合适。

斗克。字子仪，事迹见于《左传》鲁僖公二十五年（前 635）、鲁文公十四年（前 613）。僖二十五年：“秋，秦、晋伐鄀。楚斗克、屈御寇以申、息之师戍商密……秦师囚申公子仪（斗克）、息公子边（屈御寇）以归。”斗克的身份是申公。鲁文公十四年：“楚庄王立……使公子燮与子仪守……二子作乱……遂杀斗克及公子燮。”《国语·楚语上》也有关于斗克作乱的记载，云：“昔庄王方弱，申公子仪父为师，王子燮为傅。”服虔注：“仪父，申公斗班之子大司马斗克也。”[②]依据服虔之说，斗克是斗班子，则其世系亦归于斗氏第三世次。

斗氏四世次盖有斗般、斗椒、斗宜审、斗勃等人。

斗般。字子扬，是令尹子文之子。《左传》鲁宣公四年（前 605）：“及令尹子文卒，斗般为令尹。”在此需要考察斗般为令尹的时间。据《左传》鲁僖公二十三年（前 637），子文让令尹于成得臣（子玉）。子玉城濮败亡后，芀吕臣为令尹，见僖二十八年（前 632）

---

① （汉）刘向集录，范祥雍笺证，范邦瑾协校：《战国策笺证》，第 808 页。

② 徐元诰撰，王树民、沈长云点校：《国语集解》，第 490 页。

《传》。其后,斗勃(子上)又继之,见僖三十三年(前627)《传》及文元年(前626)《传》。成大心又继子上。成大心卒于文十二年(前615),成嘉(子孔)继之。推测,斗般为令尹,盖继成嘉之后。

斗椒。字子越,亦字伯棼,见于《左传》时常字与名连言,故曰"子越椒",宣四年《传》可证。斗椒,始见于《左传》鲁文公九年(前618):"冬,楚子越椒来聘。"杜预注:"子越椒,令尹子文从子。"[①]再据鲁宣公四年记载,子越椒是斗子良之子,与斗般为从父兄弟,曾任楚国司马一职,后继斗般为令尹。

斗宜申。字子西,事迹主要见于鲁僖公二十一年(前639)、二十八年(前632)。僖二十一年《经》:"楚人使宜申来献捷。"杨伯峻注:"宜申即斗宜申,不书氏。"[②]僖公二十八年帅兵参加城濮之战,兵败而为楚商地县公。斗宜申世系传承不明,从其活动时间来看,应属于斗氏第四世次。

斗勃。字子上,其事见于僖公二十八年(前632)、三十三年(前627)。僖二十八年晋、楚城濮之战:"子玉使斗勃请战。"三十三年记载楚成王杀令尹子上。斗勃世系传承亦不明,亦据其活动时间而归于第四世次。

属于斗氏第五世次的成员盖有斗克黄、苗贲皇。

斗克黄。依据《左传》鲁宣公四年(前605)的记载,是令尹子文之孙、斗般之子,官拜箴尹。楚庄王灭若敖氏之后,感念子文治理楚国的功勋,赦免克黄,"使复其所,改命曰生"。

1990年3月,河南淅川县和尚岭春秋楚墓同出2件大小相次"克黄鼾鼎"[③](《新收》0499、0500),形制相同,俱"无盖,侈口,方唇

① (晋)杜预注,(唐)孔颖达疏:《春秋左传正义》,第1847页。

② 杨伯峻:《春秋左传注》(修订本),第389页。

③ 河南省文物研究所、南阳地区文物研究所、淅川县博物馆:《淅川县和尚岭春秋楚墓的发掘》,《华夏考古》1992年第3期。

外折，长方形立耳外撇，颈内收，束腰，腹部微鼓，平底，蹄足”[1]，束腰平底的鼾鼎，就目前材料来看，仅见于楚系铜器。2鼎皆在内底正中阴铸铭文1行4字，如下：

克黄之鼾。

由铭文可知，鼎为“克黄”自作用之器。关于器主“克黄”的身份，学界意见较为统一，铭文中的“克黄”即是见于《传》文记载的斗克黄[2]。既称“克黄”，器当铸作于公元前605年之前，或者就是在任箴尹一职期间。

除2件鼾鼎以外，1991年5月，收缴回1件“克黄壶”，被盗于和尚岭M1，盖沿内壁铸4字铭文：“克黄之壶。”汪涛编《玫茵堂藏中国铜器》有一件“克黄豆”(编号114)，颈外壁有8字铭文：

楚叔之孙克黄之铻。

器主克黄即斗克黄，自称为“楚叔之孙”，克黄父为斗般，斗般父为令尹斗谷于菟(子文)，则铭文中的“楚叔”或指子文。子文何以又谓楚叔？原因概有二：其一，子文系楚之同姓；其二，子文于楚有大功勋。

斗贲皇。斗椒之子。若敖氏叛乱覆灭之后，贲皇逃奔晋国，晋国与之苗地作为其采邑，故又称为苗贲皇。据《左传》鲁襄公二十

---

① 河南省文物研究所、南阳地区文物研究所、淅川县博物馆：《淅川县和尚岭春秋楚墓的发掘》，《华夏考古》1992年第3期。

② 黄锦前：《楚系铜器铭文研究》，合肥：安徽大学博士学位论文，2009年5月，第24页；邹芙都：《楚系铭文综合研究》，第56页。

六年(前547)的追述,在晋、楚第三次大决战鄢陵之战时,苗贲皇向晋侯献策而致使楚国败绩,于晋立有大功。

斗氏世族世次自五代以下愈加不清晰。

斗弃疾。见于《左传》鲁昭公六年(前536):吴、楚二国争夺徐国,楚伐徐,吴人救之,“吴人败其师于房钟,获宫厩尹弃疾”。杜预注:“(弃疾)斗韦龟之父。”[①]关于弃疾身世,学界分歧很大。程公说[②]、陈厚耀[③]、顾栋高[④]、段志洪先生[⑤]、钱杭先生[⑥]等所整理的斗氏世系皆认为弃疾是克黄之子,即令尹子文之曾孙,如此则弃疾属于斗氏第六世次。韦昭认为弃疾应当为令尹子文玄孙[⑦],即是克黄孙辈,属于斗氏第七世次。

考察弃疾活动的年代,即公元前536年,上距克黄有70余年。按照时间推测,韦昭“子文玄孙之说”更为合理一些。

斗韦龟。其活动主要见于《左传》鲁昭公四年(前538)、十三年(前529)。四年:“楚子(楚灵王)欲迁许于赖,使斗韦龟与公子弃疾城之而还。”十三年:“王(楚灵王)夺斗韦龟中犫。”斗韦龟,其身份是宫厩尹斗弃疾之子(前引杜预注),属于斗氏第八世次。中犫,当是斗韦龟采邑所在。

斗成然。字子旗,是斗韦龟之子,属于斗氏第九世次。又称呼为“蔓成然”,《通志·氏族三》:“蔓氏,楚有斗成然,食采于蔓,曰蔓

---

① (晋)杜预注,(唐)孔颖达疏:《春秋左传正义》,第2045页。

② (宋)程公说:《春秋分记》卷一四,《四库全书珍本初集》经部20集,第10430页。

③ (清)陈厚耀:《春秋世族谱》,《文渊阁四库全书》第178册,第382页。

④ (清)顾栋高辑,吴树平、李解民点校:《春秋大事表》,第1363页。

⑤ 段志洪:《周代卿大夫研究》,第150页。

⑥ 钱杭:《周代宗法制度史研究》,第152页。

⑦ 徐元诰撰,王树民、沈长云点校:《国语集解》,第524页。按,韦昭认为郧公斗辛是令尹子文玄孙之孙蔓成然之子。据此推算,弃疾是子文玄孙辈。

成然。”[1]事迹见于《左传》鲁昭公十三年(前529)、十四年(前528)。鲁昭公十三年,楚灵王侵夺斗成然采邑,而使其为郊尹。斗成然遂事奉楚共王之子、后来的楚平王公子弃疾。楚平王夺得王位后,斗成然因佐立之功而被任用为令尹。次年,即鲁昭公十四年,斗成然与养氏之族勾结,贪得无厌,为平王所杀。

斗成然有三子,即斗辛、斗怀、斗巢,属斗氏第十世次。斗成然因罪伏诛之后,楚平王勿忘旧勋,使斗辛居郧,为郧公。《左传》鲁定公四年(前506),吴师攻入楚都郢,楚昭王亡命在外,斗辛与其弟斗巢在昭王左右,有复国之功。

以上即是斗氏世族之世系及其主要成员的事迹,可绘成世系图如下。

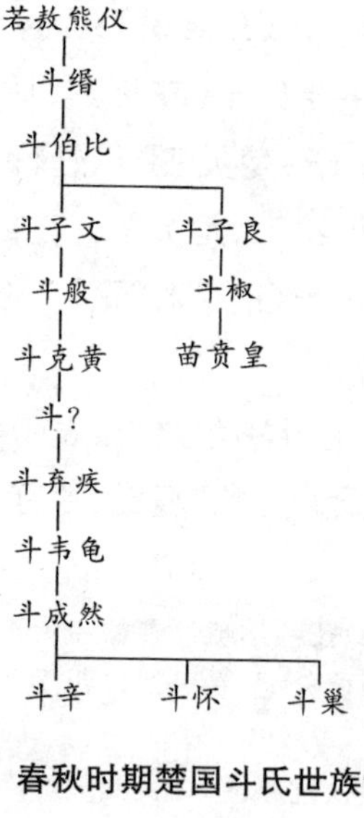

图4-3　春秋时期楚国斗氏世族世系图

---

① (宋)郑樵:《通志》,第457页。

2. 成氏世族成员

成氏世族成员最早见于记载的是成得臣，字子玉，曾担任令尹一职。

关于成得臣的身份，《左传》鲁僖公二十八年(前 632)在“若敖之六卒”条下，杜预注：“若敖，楚武王之祖父，葬若敖者，子玉之祖也。”[①]在“子玉之祖”四字当中，杜预当是仅言成得臣出于若敖熊仪，而未具体言明两者之间的世系关系。

宋代邓名世曰：“成，出自芈姓。楚若敖之孙令尹得臣，字子玉。”[②]言子玉系若敖熊仪之孙，从时间上推算，子玉鲁僖公二十三年(前 637)始见于《左传》，上距若敖熊仪卒年(前 764)长达一百二十七年。依子玉是熊仪之孙来计算，其与楚武王(前 740—前 690年)是同辈的存在，二人生活的时间竟相隔有六十年至一百一十年，有悖常理。

《国语·晋语四》载，晋公子重耳如楚，子玉谏言于楚成王：“请杀晋公子。弗杀而反晋国，必惧楚师。”韦昭注：“子玉，楚若敖之曾孙、令尹成得臣也。”[③]韦昭认为子玉是若敖熊仪曾孙。

张君先生认为韦注有误，子玉应当是若敖熊仪玄孙[④]；田成方先生赞同张说，云：“成得臣应比子文晚约一代，子文属于楚君若敖的曾孙辈，那么成得臣应是若敖的玄孙辈。杜氏、韦氏之说均有误。”[⑤]

以上“孙子说”“曾孙说”“玄孙说”，是目前学术界关于成得臣

① (晋)杜预注，(唐)孔颖达疏：《春秋左传正义》，第 1824 页。

② (宋)邓名世撰，王力平点校：《古今姓氏书辩证》，第 235 页。

③ 徐元诰撰，王树民、沈长云点校：《国语集解》，第 332 页。

④ 张君：《楚国斗、成、蒍、屈四族先世考》，《楚文化觅踪》，第 179—180 页。

⑤ 田成方：《东周时期楚国宗族研究》，第 74 页。

与若敖熊仪之间世系关系的三种基本看法。除去“孙子说”可以否定外,“曾孙说”与“玄孙说”皆有一定的依据,未详孰是,可存疑待考。

成大心。又称为大孙伯、孙伯,始见于《左传》鲁僖公二十八(前632)年晋、楚城濮之战:“(成)大心与子西使荣黄谏,弗听。”杨伯峻注:“大心,子玉之子。”[①]又《左传》鲁文公十二年(前615):“楚令尹大孙伯卒。”在此需考究成大心为令尹的时间。楚穆王(前626年—前614年在位)弑其父成王而自立时,杀令尹斗勃(子上),成大心是否继斗勃而为令尹呢?清顾栋高[②]、杨伯峻先生[③]赞同。又《史记·楚世家》:“穆王立,以其太子宫予潘崇,使为太师,掌国事。”《史记·十二诸侯年表》载:“(楚穆王)元年,以其太子宅赐(潘)崇,为相。”如此则潘崇亦当曾为令尹。

考诸《左传》本身,司马迁的潘崇“为相”之说,误。《左传》鲁文公元年(前626):“穆王立,以其为大子之室与潘崇,使为大师,且掌环列之尹。”明确表明在楚穆王初年,潘崇有两个职务:一个是“太师”,一个是“环列之尹”。而无论是“太师”,还是“环列之尹”,明显与“令尹”是不同的官职。因此,成大心担任楚国令尹的时间,应该始于穆王践祚之年(即前626),而止于《左传》鲁文公十二年(前615)。

成嘉。字子孔,《左传》鲁文公十二年(前615)记载:在成大心卒后,“成嘉为令尹”。成嘉的世系身份,《春秋分记·世谱七》曰:

---

① 杨伯峻:《春秋左传注》(修订本),第467页。

② (清)顾栋高辑,吴树平、李解民点校:《春秋大事表》卷二三《楚令尹表》,第1818页。

③ 杨伯峻:《春秋左传注》(修订本),第515页。

“(成)得臣之后为成氏,生二子,曰大心,曰嘉。”[①]又《古今姓氏书辩证》:“(成)得臣生太心,字孙伯,及子西、子孔(成嘉)。”[②]即成嘉亦是子玉之子,成大心之弟。成嘉为令尹之初,群舒叛乱,其率楚军镇压,虏舒子,并乘机围巢。鲁文公十三年(前614),楚穆王崩,其子熊旅立,是为楚庄王。庄王年幼而立,根基不稳,成嘉独掌朝纲。庄王元年(前613),其与太师潘崇伐舒,公子燮、子仪守国。二子作乱,使贼杀成嘉,不克而还。大约在此后不久,成嘉卒。

成虎。见于《左传》鲁昭公十二年(前530):“楚子(楚灵王)谓成虎,若敖之余也,遂杀之。”成虎,《春秋》经作“成熊”,曰:“楚杀其大夫成熊。”孔颖达训释言:“《经》书‘熊’,《传》言‘虎’者,此人名‘熊’字‘虎’。《传》言其字,《经》书其名。名、字相覆,犹伯鱼名鲤。”[③]《古今姓氏书辩证》观点相同,不过应“虎”为名,“熊”为字[④]。

竹添光鸿先生则质疑上观点,言:“‘成熊’,《谷梁》作‘成虎’。左氏传明云楚杀其大夫成虎,则经文亦作‘虎’字可知。今左氏经文作‘成熊’,或篆文残脱致误。《正义》谓名‘熊’字‘虎’,则古人未有以一物为名,又以一物为字。即以‘伯鱼’为证,‘伯鱼’名‘鲤’,固未尝以别一鱼为字也。其说不通矣。”[⑤]

又《春秋公羊传》“成熊”作“成然”[⑥],清学者赵坦《春秋异文笺》解释到:“因熊、然形势相似致伪。”[⑦]

---

① (宋)程公说:《春秋分记》卷一四,《四库全书珍本初集》经部20集,第10456页。

②④ (宋)邓名世撰,王力平点校:《古今姓氏书辩证》,第235页。

③ (晋)杜预注,(唐)孔颖达疏:《春秋左传正义》,第2062页。

⑤ (日)竹添光鸿:《左氏会笺》,第1813页。

⑥ (汉)公羊寿传,(汉)何休解诂,(唐)徐彦疏:《春秋公羊传注疏》,第2320页。

⑦ (清)赵坦:《春秋异文笺》,(清)阮元、王先谦编:《清经解 清经解续编(附索引)》(贰),南京:凤凰出版社2005年版,第10227页。

再者，关于成虎的世系，杜预注："成虎，令尹子玉之孙。"[①]《春秋分记》在杜注的基础，又言：令尹子玉之子成大心生(成)虎[②]。清顾栋高[③]、田成方先生皆已有所驳斥，田成方先生云："成虎距成大心之卒有八十五年，比照斗氏世系，中间至少间隔 2～3 代，成虎不可能是子玉之孙。"[④]

以上即是笔者整理的春秋时期楚国成氏世族世系，可绘成世系图如下：

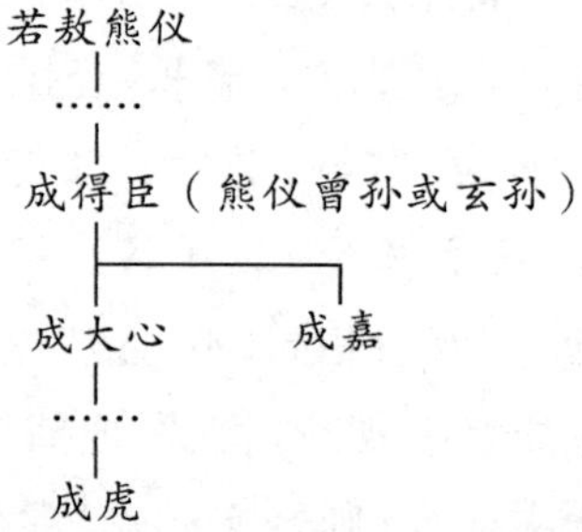

图 4-4　春秋时期楚国成氏世族世系图

三、若敖氏之兴衰

春秋时期，若敖氏的演进史，大体经历了强势执政、持续衰微及辟在郧地三个阶段。

---

① （晋）杜预注，（唐）孔颖达疏：《春秋左传正义》，第 2062 页。

② （宋）程公说：《春秋分记》卷一四，《四库全书珍本初集》经部 20 集，第 10456 页。

③ （清）顾栋高辑，吴树平、李解民点校：《春秋大事表》卷一二下《卿大夫世系表（下）》，第 1368 页。

④ 田成方：《东周时期楚国宗族研究》，第 68 页。

1. 若敖氏之强势执政

若敖氏之兴盛,可从其家族成员在楚国政治、军事、经济三个方面的活动来看。

早在楚武王(前740年—前690)统治时期,若敖氏即屡出谋臣、战将。

春秋初年,周室东迁,大权旁落,“礼乐征伐自诸侯出”,楚武王趁此时机,积极向外扩张,斗伯比当是时主谋国议。见于《左传》,武王征伐目标首指汉东诸国,“汉东之国,随为大”,要征服汉东诸国,必先下随。武王在鲁桓公的六年(前706)、八年(前704)、十三年(前699)连续三次伐随,斗伯比谏言曰:“吾不得志于汉东也,我则使然。我张吾三军,而被吾甲兵,以武临之,彼则惧而协以谋我,故难间也。”其为楚制定的战略是离间随与汉东诸小国之关系;毁军实,羸师示弱以张随。最终在速杞战败随国,双方签订盟约,随成为楚之附庸。在一系列的活动中,由于楚国当时政治、军事制度尚未健全,故《左传》中没有明言斗伯比的官职,然可以看出斗伯比应为楚武王的主要谋臣,是楚国那个时代举足轻重的风云人物。

与斗伯比同时的斗丹、斗廉,皆战功赫赫。鲁桓公八年(前704),楚武王合诸侯于沈鹿,黄、随二国不会。楚遂伐随,斗丹获随侯戎车与其戎右少师。鲁桓公九年(前703),邓国南鄙鄾人杀楚使道朔与巴国使者,斗廉率师与巴师围鄾,邓国救鄾,斗廉分巴师为前后两部,楚军则横阵巴军当中,伪装败逃。邓师不知其诈而追之,邓军大败,鄾军宵溃。又《左传》鲁桓公十一年(前701),楚与郧、随、绞、州等国联军战于蒲骚,斗廉与莫敖屈瑕共将楚军,斗廉向屈瑕分析战况,谏言集中优势兵力突袭无戒备之心的郧国,楚遂败郧师于蒲骚,从而一举奠定了楚在江汉平原的霸主地位。

斗伯比、斗廉,一内一外,一文一武,在武王时代占据着重要角色，显示若敖氏此时已经是楚国一大世族了。

武王以降，楚国家政权建设亦步入正轨[①]，而在中央及地方楚国众多官吏当中，令尹与司马号称"二卿"，考察表 2 - 1"春秋时期楚国令尹表"、表 2 - 2"春秋时期楚国司马表"，若将时间的下限定在楚庄王灭若敖氏的公元前 605 年，11 位令尹，有 8 位出于若敖氏世族；6 位司马，若敖氏居其 5。

另一方面，历史发展进入春秋，楚国不断地向外开疆拓地，对于新占领的地区则创建了县制，由楚王任命县公进行有效管理。这些县公或县尹大多数是公族成员，其中若敖氏成员所占比例不在少数。"春秋第一县"的权县[②]，担任县公者系斗缗。再者，楚诸县当中，申县最为关键。见于史籍，若敖氏成员多有任职申公者，《左传》鲁庄公三十年（前 664）有"申公斗班"；鲁僖公二十五年（前 635）有"申公斗克"。

源出于若敖氏的官员，遍布楚廷内外，上所举令尹、司马、县公等，也仅仅是见于史料记载的一小部分而已。

除政治上的强势表现外，若敖氏在经济、军事方面也有不小的势力。

《左传》鲁庄公三十年（前 664）记载：

> 斗谷于菟为令尹，自毁其家，以纾楚国之难。

过去史家将这条史料视作子文恤民爱国的证据，换一角度详品此条记载，张正明先生指出："贵族按血缘的统系，组成大小不等的许

① 按，顾久幸先生指出："楚武王时期虽然立了国，但是，当时的国家制度还不能与后来那种相对完整的国家体制相比。"参见顾久幸：《楚制典章——楚国的政治经济制度》，第 5 页。

② 顾颉刚：《春秋时代的县》，《顾颉刚古史论文集》卷五，第 234 页。

多族和家”,“家原即族,族衍分而为家”,“家与族连接起来,则是所谓宗”,“宗是血缘团体,族主要是政治兼军事团体,家主要是经济团体”①。据此,“自毁其家”之“家”系指的是若敖氏之财产。“毁”字,杜预注:“毁,减。”②竹添光鸿笺曰:“《广雅》:‘毁,亏也。’杜训‘减’,义同。‘毁’犹‘减少’,与桓六年王毁军而纳少师之‘毁’同。”③整句引文的大体意思就是说,斗谷于菟(子文)以减少若敖氏财产的方式来纾解楚国的危难。当是时,楚国因前任令尹公子元专权祸乱,政府府库空竭,子文所属的若敖氏以一族之财力,可挽救国家危局,其积累应不在少数,是楚之“巨室”。

再者,楚国诸族一般皆有自己的“私卒”,若敖氏的宗族私兵为“若敖六卒”。“若敖六卒”作为由若敖氏所自行掌控的武装力量,计有兵车一百八十乘,约有私卒 5 940 人,这是楚国最大的私人武装,大致相当于晋国三军之一军,这样的武装力量,可以与王卒对抗。

2. 若敖氏之式微

若敖氏在政治、经济、军事上的强势表现,再加之后续子孙渐骄逸、奢纵,不似斗伯比、斗谷于菟等廉勤以治国,这自然引起了楚王及其他世族等的猜忌、反对。

若敖氏与楚王、其他世族的权力争斗,最早可追溯至楚成王时期。《左传》鲁僖公二十三年(前 637)、二十七年(前 633)载:

二十三年:秋,楚成得臣(子玉)帅师伐陈,讨其贰于宋也。遂取焦、夷,城顿而还。子文以为之功,使为令尹。叔伯(薳吕臣)曰:“子若国何?”对曰:“吾以靖国也。夫有大功而无贵仕,

① 张正明:《楚国社会性质管窥》,《楚史论丛(初集)》,第 46 页。

② (晋)杜预注,(唐)孔颖达疏:《春秋左传正义》,第 1782 页。

③ (日)竹添光鸿:《左氏会笺》,第 337 页。

其人能靖者与有几?"

二十七年:楚子将围宋,使子文治兵于睽,终朝而毕,不戮一人。子玉复治兵于蒍,终日而毕,鞭七人,贯三人耳。国老皆贺子文。子文饮之酒。蒍贾尚幼,后至,不贺。子文问之。对曰:"不知所贺。子之传政于子玉,曰:'以靖国也。'靖诸内而败诸外,所获几何?子玉之败,子之举也。举以败国,将何贺焉?子玉刚而无礼,不可以治民,过三百乘,其不能以入矣。苟入而贺,何后之有?"

令尹子文藉同族子玉(成得臣)伐陈有功而荐举其为接班人,担任令尹一职。杜预注曰:"叔伯,楚大夫蒍吕臣也,以为子玉不任令尹。"[①]再结合第二条史料中蒍贾"子玉刚而无礼,不可以治民"等言论来看,子文传令尹于同族子玉的行径,遭到了蒍氏世族的激烈反对。然而基于子文之功勋及强力推荐,蒍氏不得不接受这一事实。城濮之战,子玉获罪自缢,楚成王旋任命蒍吕臣为令尹,表明当是时成王及蒍氏世族所支持的令尹人选是蒍吕臣,而非出于若敖氏的子玉(成得臣)。

再来分析城濮之战,有两点值得注意:

其一,战争伊始,从各方面来看楚国是占有优势的。晋国首先挑起事端,侵略楚之盟友曹、卫两国:

二十八年春,晋侯将伐曹,假道于卫,卫人弗许,还自南河[②]济,侵曹伐卫。

① (晋)杜预注,(唐)孔颖达疏:《春秋左传正义》,第1814页。

② 按,引文当中提到晋军"还自南河济","南河"地望究竟在何处,本章第四节《晋楚城濮之战所见"南河"解析》有详细分析。

曹、卫、郑、鲁诸国皆为楚之与国。又楚自武王以降，国势蒸蒸日上，战争当口，楚成王已治国四十年；反观晋国，晋文公践祚仅仅四年，晋国刚从骊姬之乱、韩原之败中恢复过来而有所发展。而最终楚兵败城濮，应该是楚成王与若敖氏内斗的结果。

楚成王与令尹子玉（成得臣）在是否与晋国决战于城濮问题上有分歧。成王主张撤退归国，暂避晋军之锋芒，以待来日；子玉（成得臣）则主战，目的是“非敢必有功也，愿以间执谗慝之口”。杨伯峻注：“谗慝之口指去年苏贾之言。”[①]苏吕臣、苏贾父子对于子玉（成得臣）出任令尹一事的连番责难，使得若敖氏看来欲保持已有的宗族地位而不衰，须借助于一次对外无可质疑的军事胜利。这也是子玉坚持己见与晋国战于城濮的原因所在。

当然，子玉（成得臣）的不听号令，亦反映了若敖氏之强势，业已损害了楚王威信。楚王对其产生猜忌，也是必然之事。

其二，楚军兵败城濮，子玉（成得臣）率残兵归楚，楚成王顺势抑制若敖氏，逼迫子玉自缢而卒，同样出于若敖氏的司马子西（斗宜申）被贬为商公，启用苏氏世族的苏吕臣为令尹。经过这一系列活动，若敖氏实力遭受很大的削弱。然而令尹苏吕臣只是“奉己而已”，无甚大志，且出于晋、楚争霸形势的需要，致使楚王不得不在苏吕臣之后，继续重用有甚高军事素养的若敖氏成员，因此才有斗勃继苏吕臣而任令尹一事。若敖氏世族在楚国仍然具有举足轻重的地位。

若敖氏与楚王权之间的矛盾，到楚庄王时期，已然发展到不可调和的程度。楚庄王初践祚（前 613），就遭遇一次源于若敖氏内讧而引发的危机。《左传》鲁文公十四年（前 613）记载如下：

> 楚庄王立，子孔（成嘉）、潘崇将袭群舒，使公子燮与子仪

① 杨伯峻：《春秋左传注》（修订本），第 457 页。

(斗克)守,而伐舒蓼。二子作乱。城郢,而使贼杀子孔,不克而还。八月,二子以楚子出。

斗克与公子燮叛乱的原因是“不得志”于楚,而“使贼杀子孔(成嘉)”一语显示二人针对的主要对象是令尹成嘉。这次叛乱前后,仅看到若敖氏内部及诸大臣之间的争斗,“庄王的存在对叛乱并无多大作用”[①],仅是大臣得以秉政的工具而已,政权还是掌握在若敖氏手中。《史记·楚世家》记载楚庄王即位的前三年,不出号令、日夜为乐,表明庄王在若敖氏掌权的情况下,徒有虚名。

《左传》鲁文公十六年(前611)记载:楚大饥,戎人、庸人、麇人及百濮趁机伐楚,楚“于是申、息之北门不启”,且“谋徙于阪高”。芳贾谏言曰:“不可。我能往,寇亦能往,不如伐庸。”楚庄王支持芳贾意见,遂灭庸,国家转危为安。再有,若敖氏覆灭以后,庄王即任命薳氏成员薳艾猎为令尹。从这两点来看,楚庄王登基以后的最初几年,基于利益考虑概与薳氏世族结成了一个反对若敖氏的同盟。后来的历史发展亦证实了此点,在楚灭若敖氏的过程当中,薳氏起着推波助澜的作用。

关于若敖氏叛乱、覆灭的全过程,《左传》鲁宣公四年(前605)有详细的记载,摘录如下:

及令尹子文卒,斗般为令尹,子越(斗椒)为司马。芳贾为工正,谮子扬(斗般)而杀之,子越为令尹,己为司马。子越又恶之,乃以若敖氏之族,圄伯嬴于轑阳而杀之,遂处烝野,将攻王。王以三王之子为质焉,弗受。师于漳澨。秋七月戊戌,楚

① (日)安倍道子:《关于春秋时代的楚王权——从庄王时代到灵王时代》,《楚史研究专辑》,第247页。

子与若敖氏战于皋浒……遂灭若敖氏。

引文所述若敖氏叛乱,芳氏成员芳贾先是挑拨斗椒与其从父兄弟令尹斗般的关系,致使斗氏内讧,斗椒杀斗般。随后斗椒又与芳贾起冲突、进而发动了对楚王的攻击。叛乱的结果,楚国最大的世族倒台,楚王权力得到加强,世族公族势力的发展遭遇了挫折,楚国由此转入了公子群执政时期。

此次事件影响深远,不同学者从不同的角度对其进行了诠释,罗运环先生着重分析了叛乱的直接具体原因,指出:"子越椒囚杀芳贾,并将进攻庄王的内容是清楚的。但记其原因,只'又恶之'三字,不甚明确。据情理度之,当是芳贾重演'谮子扬而杀之'的故伎,企图杀死子越椒所引起的。"[①]再如田成方先生所关注的是历史地理方面,详细考证了这次战事的地理格局[②]。

对于此次若敖氏叛乱,有以下两点考究:

其一,是否所有的"若敖氏"成员皆参与了这次叛乱?具体而言,同属于"若敖氏"的成氏是否与乱。

叛乱的全程及处理结果,成氏人员并未见诸记载。又《史记·楚世家》记载的叛乱过程如下:

(楚庄王)九年,相若敖氏(子越椒)。人或谗之王,恐诛,反攻王,王击灭若敖氏之族。

"相若敖氏",指以斗越椒为令尹。据此,推测所谓的"灭若敖氏之族"系指若敖氏当中的斗氏,成氏不与其中,即成氏没有参与斗氏

① 罗运环:《楚国八百年》,第172页。
② 田成方:《皋浒之战地理考析》,《江汉考古》2010年第4期。

的叛乱。直至楚灵王时期，成氏才遭受打压而式微，《左传》鲁昭公十二年（前530）："楚子（楚灵王）谓成虎，若敖之余也，遂杀之。"成虎以后，文献中不再见成氏成员，概已散落、衰败。

其二，斗越椒在斗氏叛乱、几乎族灭之事中究竟应该承担何种责任，或者说斗氏叛乱的深层次原因何在？

《左传》记载中，斗越椒皆是以反面形象出现，且应该为斗氏几乎族灭之事承担全部责任。《左传》鲁文公九年（前618）："冬，楚子越椒来聘，执币傲。叔仲惠伯曰：'是必灭若敖氏之宗。傲其先君，神弗福也。'"又鲁宣公四年（前605）记载如下：

> 初，楚司马子良生子越椒。子文曰："必杀之！是子也，熊虎之状而豹狼之声；弗杀，必灭若敖氏矣。谚曰：'狼子野心。'是乃狼也，其可畜乎？"子良不可。子文以为大慼，及将死，聚其族，曰："椒也知政，乃速行矣，无及于难。"且泣曰："鬼犹求食，若敖氏之鬼不其馁而！"

若说叔仲惠伯藉子越椒"执币傲"之行为进而推测以后其"必灭若敖氏之宗"，还有一定的依据；而子文仅通过子越椒尚为婴时之状，就判定其为"狼子野心"之辈，数十年后必灭若敖氏。精准的预言，反不符人情事理。诸多学者对上条史料提出过诸多质疑，譬如，韩席筹先生就有如下一段精彩论述：

> 越椒之初生也，子文决其必灭若敖氏，请杀之，兄弗许，卒如所言，世莫不服其真知灼见，余未敢深信也。夫初生之子，闻其声而睹其状，即断为狼子野心，而必欲杀之，已无此情理。且子文尝毁家纾难，荐贤为国，不以己之得失为喜愠，夫子许其忠矣。岂有知得臣之贤而举之，知越椒之豹狼

成性而不能诛锄之耶！杀之于初生时，人将议其残忍，杀之于恶著之后，人必服其大义，子文宁不知耶？况其治楚国皆在成王时，君明臣忠，固知无不言，言无不尽。岂有明知越椒必祸国灭宗，不言之于君，而但言诸族，不谋之于平时，而徒伤悼于将死耶。然则传不足信乎。曰：此盖子文偶有疾恶越椒之言，椒亡，楚人追思子文之贤知，或过甚其词，传因叙录以寄慨耳。①

再征于《传》文本身，则好预言因果休咎，徐中舒先生业已指出："凡验的预言，可以说都是事后的比附之词。"②故子文对于子越椒的评价当非真实之事。子越椒其人固然有过，但不能说斗氏叛乱、几乎覆灭之事系其一人所致。

《左传》鲁宣公二年(前607)载有赵盾伐郑一事，如下：

秦师伐晋，以报崇也，遂围焦。夏，晋赵盾救焦，遂自阴地，及诸侯之师侵郑，以报大棘之役。楚斗椒救郑，曰："能欲诸侯，而恶其难乎？"遂次于郑，以待晋师。赵盾曰："彼宗竞于楚，殆将毙矣。姑益其疾。"乃去之。

与斗越椒同时代的赵盾指出若敖氏"殆将毙"的原因是"彼宗竞于楚"，很好地诠释了斗氏叛乱、几乎族灭之事的深层次原因所在，杨伯峻先生："竞，强也，强于楚，世为楚之强者。"③在春秋早中期楚王权不断加强的历史背景下，作为楚国第一世族的若敖氏，实力的

① 韩席筹编注：《左传分国集注》，第634—635页。

② 徐中舒：《〈左传〉的作者及其成书年代》，《历史教学》1962年第11期。

③ 杨伯峻：《春秋左传注》(修订本)，第655页。

持续膨胀，业已是王权的严重威胁，与王室的矛盾已不可调和，其被削弱甚至族灭是必然之事。当是时，即使换做其他人担任若敖氏之家族长，在家族生死存亡的危机时刻，提前发动叛乱是正确的选择，斗越椒只不过恰适逢其会罢了。

斗氏叛乱，致使斗氏成员彻底退出国家中枢，子孙或入晋，或窜于西南地区。徐中舒、唐嘉弘先生合写有《宋代斗夷源于楚国令尹子文说》一文，指出："斗氏宗支从楚国来到西南，长期生活在与楚人有密切关系的僰人之中，成为僰人共同体的一个不可分割的组成部分。"[①]留于楚者，仅有斗克黄一支。克黄一支传至斗成然，在楚平王获取王位的过程中，辅佐有功，重新回到中枢位置，任令尹一职，斗氏短暂复兴。后斗成然又不知度，与养氏勾结而所求无厌，平王杀斗成然，斗氏再一次遭受挫败，一蹶不振。

3. 斗氏与郧地关系论说

斗氏世族与郧地的关系非常密切。斗成然死后，《左传》鲁昭公十四年(前 528)记载其子斗辛"居郧"；鲁定公四年(前 506)记载斗辛为"郧公"。又《国语·楚语下》载楚大夫斗且之言，云："故(楚)庄王之世灭若敖氏，唯子文之后在，至于今处郧，为楚良臣。"

基于上面《左传》、《国语》的相关记载，尤其是对于《楚语下》"唯子文之后在，至于今处郧，为楚良臣"这一句话的不同理解，目前学界关于郧地与斗氏世族的关系计有三种不同观点：

(1) 斗氏成员世代担任郧公，郧地类似于斗氏之采邑。顾久幸先生："楚县公中数代世袭一块地区的特例是郧公。"[②]黄咏欢先

---

① 徐中舒、唐嘉弘：《宋代斗夷源于楚国令尹子文说》，中国西南民族研究会著：《西南民族研究》，成都：四川民族出版社 1983 年版，第 73—74 页。

② 顾久幸：《春秋楚、晋、齐三国县制的比较》，《楚文化觅踪》，第 225 页。

生认为:“令尹斗子文之后,更是多代为郧公。”[①]宋公文先生观点同,指出:“(郧地)带有某种程度的封邑性质,也是显而易见的。”[②]

(2) 徐少华先生认为:基于《国语·楚语下》的记载得出“斗氏世为郧公”和“郧公为世袭”的结论,其实是对文献的一种误解。“《左传》成公七年(前584)有楚郧公钟仪,从令尹子重伐郑被俘,据成公九年(前582)《传》文记载,钟仪之族世为楚国乐官,并非斗氏”;又《左传》鲁昭公十四年(前528)载:“楚令尹子旗(斗成然)有德于王,不知度,与养氏比,而求无厌,王患之。九月甲午,楚子杀斗成然而灭养氏之族。使斗辛居郧,以无忘旧勋。”杜预注:“辛,子旗之子郧公辛。”[③]“斗氏居郧为郧公,实即斗辛一世;《国语》之‘至于今处郧’,韦昭注:‘其子孙当昭王为郧公。’即现在处郧为郧公,而不能理解(为)到现在一直在郧任郧公”[④]。

(3) 又李玉洁先生指出,楚国先君若敖娶郧国之女,生斗伯比;斗伯比又从母居于郧,与郧子之女生下子文,“郧地也就成为若敖氏的封地”。至楚庄王灭若敖氏以后,史籍中才出现了郧公(按,楚史上见到的最早郧公是钟仪),郧地“可能由若敖氏的封地改变成为县邑”,“郧县以后(可能是楚平王以后)由子文之后代子孙管理,担任郧公一职”[⑤]。也就是讲,郧地在楚国经历了由若敖氏封地,至中央之楚县,再到郧县由若敖氏一族世袭管理的一系列过程。

按,上述三种观点当中,以徐少华先生的见解为长。

---

① 黄咏欢:《略谈春秋的楚县和晋县》,《肇庆学院学报》2007年第1期。

② 宋公文:《千古中华第一县——息县》,湖北省社会科学院组编,刘玉堂主编:《楚学论丛(第一辑)》,武汉:湖北人民出版社2011年版,第245页。

③ (晋)杜预注,(唐)孔颖达疏:《春秋左传正义》,第2076页。

④ 徐少华:《周代南土历史地理与文化》,第287页。

⑤ 李玉洁:《楚国史》,第148页。

第一种观点显然是望文生义而与《左传》记载的基本史实不符，徐少华先生已经有所驳斥；而李玉洁先生的分析，又显得过于迂回曲折。

第三节 薳 氏

终春秋之世，薳氏亦系楚一强族。循前例，本节主要分析薳氏族源、世系及演进史。

一、薳氏族源问题分析

《潜夫论·志氏姓》："蚠（蚡）冒生芳章，王子无钩也。"[①]《元和姓纂》"无钩"下："楚蚡冒生薳章，为王子无钩氏。"[②]《新唐书·宰相世系三下》："楚蚡冒生王子芳章，字无钩。"[③]《古今姓氏书辩证》："薳，出自芈姓。楚蚡冒生王子章，字发钩，以艸为氏，谓之薳章。"[④]《通志·氏族三》"楚邑"条下："薳氏，亦作芳，芈姓，楚蚡冒之后。薳章食邑于薳，故以命氏。"[⑤]《春秋分记》："蚡冒生薳章，后为薳氏。"[⑥]竹添光鸿《左氏会笺》："薳氏，芈姓，楚蚡冒之后。薳章食

① （汉）王符著，（清）汪继培笺，彭铎校正：《潜夫论笺校正》，第547页。

② （唐）林宝撰，岑仲勉校记：《元和姓纂（附四校记）》，第259页。

③ （宋）欧阳修、（宋）宋祁撰：《新唐书》卷七三下《宰相世系三下》，第2945页。

④ （宋）邓名世撰，王力平点校：《古今姓氏书辩证》，第306页。

⑤ （宋）郑樵：《通志》，第457页。

⑥ （宋）程公说：《春秋分记》卷一六，《四库全书珍本初集》经部20集，第10455页。

邑于薳，故以命氏。”[①]今人段志洪[②]、钱杭[③]、白显凤[④]诸先生观点同。

张君先生质疑“薳氏出于楚君蚡冒”的传统观点，考证：“所谓蚡冒生薳章之说，其实并无丝毫根据，完全是后人凭借武王时有薳章其人出现而推断的……薳氏非但不出于蚡冒，而且是比斗、成、屈诸氏起源更早的一族。”[⑤]

《国语·郑语》有一段楚国早期历史的记载：

> 夫荆子熊严生子四人：伯霜、仲雪、叔熊、季紃[⑥]。叔熊逃难于濮而蛮，季紃是立，薳氏将起之，祸又不克。是天启之心也，又甚聪明和协，盖其先王。

韦昭注：“薳氏，楚大夫。熊霜之世，叔熊逃奔濮而从蛮俗。熊霜死，国人立季紃，薳氏将起叔熊立之，又有祸难而不能立也。”[⑦]伯霜系楚君熊严长子，季紃为少子。季紃公元前822年至公元前800年在位，与楚君蚡冒相隔数代[⑧]。据引文及韦注，薳氏在熊霜、季紃之世已存在，且能够参与到叔熊、季紃兄弟争立事件中，表明其族

---

① （日）竹添光鸿：《左氏会笺》，第172页。

② 段志洪：《周代卿大夫研究》，第145页。

③ 钱杭：《周代宗法制度史研究》，第227页。

④ 白显凤：《出土楚文献所见人名研究》，长春：吉林大学博士学位论文，2017年6月，第54—55页。

⑤ 张君：《楚国斗、成、薳、屈四族先世考》，《楚文化觅踪》，第180页。

⑥ 按，《史记·楚世家》“叔熊”作“叔堪”，“季紃”作“季徇”，与《国语·郑语》稍有不同。

⑦ 徐元诰撰，王树民、沈长云点校：《国语集解》，第465页。

⑧ 按，据《史记·楚世家》楚君世系季紃与蚡冒相隔三王（熊咢、若敖、霄敖）；据《楚居》整理者所列世系则相隔两王（熊咢、若敖）。

在当时业已是很强大的势力，则“蚡冒生薳章之说显然就是虚构的了”①。

清人马骕观点亦与上同：薳氏在楚君蚡冒以前已有矣②。

此外，《史记·楚世家》中关于楚武王熊通践祚的过程有如下的记录：

> 蚡冒十七年，卒。蚡冒弟熊通弑蚡冒子而代立，是为楚武王③。

楚武王属篡位之非顺位继承者。若薳氏源于蚡冒的说法成立，则楚武王在通过弑杀而篡夺了本该属于蚡冒一支的君位后，继续任用蚡冒子薳章为臣下，此有违政治常理。《左传》鲁昭公元年（前541），楚公子围弑楚君郏敖而立，旋“杀其二子幕及平夏”，斩草除根永绝后患。类似之事情又见于《左传》鲁昭公十三年（前529），公子弃疾趁楚灵王征伐在外、国内动荡的时机，自立为楚君，“杀大子禄及公子罢敌”。

因此，楚君非顺位继承者，当政时期基本不会重用前君之子孙。

张君先生虽已考证传统“薳氏出于蚡冒”之说的错误，然未有继续深究薳氏之源出。李零先生指出，《郑语》中提到在季紃践祚已成定局的情况下，薳氏想再起叔熊而立之。薳氏，系叔熊的族人，依据先秦时期以“王父字为氏”的传统，应是从叔熊之孙而立族，时间当为熊徇或熊咢在位期间，叔熊不得立，按鲁“三桓”（仲孙

---

① 张君：《楚国斗、成、薳、屈四族先世考》，《楚文化觅踪》，第181页。

② （清）马骕撰，王利器整理：《绎史》（一），第35页。

③ 按，《楚居》整理者所列楚王世系中，楚武王是蚡冒之子。

氏、叔孙氏、季孙氏)之例,其孙辈正应称为“楚叔之孙”。楚薳氏一支出于叔熊,是楚国的叔孙氏①。

又清华简《楚居》篇记载楚嫡系楚先“季连”与“比(妣)隹”结合,生“緹白(伯)”“远中(仲)”②,宋华强先生指出按古人称谓习惯,排行前常是氏称,“薳”从“远”声,“远中(仲)”可能是薳氏的祖先③。来国龙④、田成方⑤二位先生亦认同此观点。

以上三说虽然不同,然在薳氏系楚公族这一点上,认识是统一的。又李玉洁先生言:

> 《左传·宣公四年》云:子椒“乃以若敖氏之族,圄伯嬴于轑阳而杀之。”杜预注:“伯嬴,芍贾字。”《左传·僖公二十七年》杜预亦有“芍贾,伯嬴”的注释。那么芍贾当出自嬴姓氏族……芍氏之族当是东夷或淮夷地区的一支族人,从淮水流域辗转入楚,成为楚国家的一支举足轻重的大族。⑥

藉“芍贾,字伯嬴”,推定芍贾出于嬴姓氏族、芍氏为东夷或淮夷的一支,有立论不坚之感。

---

① 李零:《楚国族源、世系的文字学证明》,《文物》1991年第2期。

② 清华大学出土文献研究与保护中心编,李学勤主编:《清华大学藏战国竹简(壹)》,第181页。

③ 宋华强:《清华简〈楚居〉1-2号释读》注[14],武汉:武汉大学简帛研究中心 简帛网,网址:http://www.bsm.org.cn/show_article.php?id=1391,发表时间:2011-01-15。

④ 来国龙:《清华简〈楚居〉所见楚国的公族与世系》,武汉:武汉大学简帛研究中心 简帛网,网址:http://www.bsm.org.cn/show_article.php?id=1588,发表日期:2011-12-03。

⑤ 田成方:《东周时期楚国宗族研究》,第17页。

⑥ 李玉洁:《楚国史》,第151页。

考察以上诸说，蒍氏当属楚之公族，“叔熊说”与“远中(仲)说”，未详孰是，有待新材料的不断发现再加以厘清。

二、“蒍”“𫇭”二氏称关系辨正

传世文献中，蒍氏成员，或称“蒍某”，或称“𫇭某”，又或“蒍”“𫇭”兼用。“蒍”“𫇭”二字作为氏称究竟存在何种联系，学界观点不一。

1. “蒍氏”等同“𫇭氏”，二者无区别。

清代学者梁玉绳：“唐张参《五经文字》谓蒍与𫇭同，是也。襄十五《传》𫇭子冯，廿二、廿四、廿五《传》作蒍，襄廿五、卅《传》𫇭掩，昭十三作蒍，可证。”[①]《楚国历史文化辞典》：“蒍氏，即𫇭氏。”[②]白显凤先生：“文献中‘𫇭’‘蒍’可通用。”[③]巫雪如先生申之，云：“《左传》中蒍、𫇭二字虽可混用，然亦有规律可寻：在襄公以前，除蒍章外，字均作𫇭，如𫇭贾、𫇭吕臣、𫇭艾猎；在襄公以后则均作蒍，如蒍泄、蒍越、蒍掩等；襄公之时则𫇭、蒍二字混用，上文所举𫇭子冯又作蒍子冯、𫇭掩又作蒍掩，即其例也……包山楚简中蒍氏作‘遠’，与襄公以后记载蒍(𫇭)氏时均作蒍而不作𫇭之情况相符。”[④]

2. “蒍”“𫇭”二字分别代表蒍氏大、小宗。

此观点由田成方先生提出。田先生认为至迟至楚成王时期

① (清)梁玉绳：《史记汉书诸表订补十种》，北京：中华书局1982年版，第597页。

② 石泉主编：《楚国历史文化辞典》，第487页。

③ 白显凤：《出土楚文献所见人名研究》，长春：吉林大学博士学位论文，2017年6月，第55页。

④ 巫雪如：《包山楚简姓氏研究》，台北：台湾大学硕士学位论文，1996年，第146页。

(前671—前626年在位)的芀吕臣,薳氏就可能已经形成两大族支,一是薳氏大宗,以"薳"作为氏称,成员有薳章、薳启强、薳罢、薳射、薳泄、薳居、薳越、薳固;一支系由大宗分化出来的芀氏小宗,以"芀"为氏称,成员有芀吕臣、芀艾猎、芀子冯、芀掩等[①]。

田先生此说颇有独创性,且论证严谨。然有以下三点需再作补充论证:

疑点一,东周时期各诸侯国有众多世族,每个世族大宗皆会析出诸多小宗,大多数情况下小宗照例皆会保持原来的氏称不变而与大宗一致,若获得新的采邑,或以新邑名作为新氏称。小宗既无获得新的采邑,而又另以与大宗氏称读音、字形皆似的字眼作为族徽,此情况鲜见。以晋赵氏为例,赵氏在赵文子赵武之后分化为两支,大宗为赵景子赵成、赵简子赵鞅一支,小宗为赵获、赵罗一支,氏称皆为"赵"。故"芀氏"若果真系由"薳氏"分化而来,无需另取氏称而加以区别。

疑点二,早在楚武王时期(前740—前690年在位),薳氏就是一支重要的政治势力,至楚成王时期(前671—前626年在位),若敖氏的强大引起楚王室的猜忌,为加强王权,成王极力扶持芀吕臣、芀贾父子二人。而芀吕臣之被成王看重者,或其能力,或其出身,除此之外则别无其他。能力选项首被排除,《左传》鲁僖公二十八年(前632)明载芀吕臣"自守无大志"[②]之人,故成王起用芀吕臣来抗衡若敖氏且卓有成效,所凭借的只能是芀吕臣的出身,这显然是薳氏小宗所不能提供的。

疑点三,芀子冯、芀掩父子二人兼以"薳""芀"为氏,田先生认为应与薳氏内部大、小宗的地位消长有关。以此类推,芀吕臣、芀

① 田成方:《东周时期楚国宗族研究》,第21—22页。

② (晋)杜预注,(唐)孔颖达疏:《春秋左传正义》,第1826页。

贾、芳敖(叔孙敖)三人的政治地位与芳子冯、芳掩二人相比,亦毫不逊色甚犹有过之,更应以“薳”为氏,然史料中反无此记载。

3. “薳”“芳”是薳氏家族的两个采邑名,作为氏称可互通。

此观点由张丹先生提出。张丹先生指出《左传》鲁昭公二十三年(前 519)所见“薳澨”,乃薳邑所在,在今湖北京山县一带;《左传》鲁僖公二十七年(前 633)“子玉复治兵于芳”之“芳”邑,在今河南淅川一带,“芳与薳是不同的两个楚邑,分封给了同一家族,以地命氏,故同一个家族有了两个氏称,在史籍中通用”[①]。

综上,暂以传统观点为是,即“薳”“芳”二者作为氏称,通用而无别。

又出土材料中,薳(芳)氏之“薳(芳)”作以下字型:

一型:,见鄬中(仲)姬丹匜(《新收》0472),从为从邑,隶为“鄬”;

二型:,见倗簋(《新收》0457)、倗缶(《新收》0459),从正反两兽形从邑,隶为𨞀;

三型:,见倗缶(《新收》0461、0462),从邑从化,隶为“郈”;

四型:逯,见包山简 28、56、89、90 等,从袁从辵,隶为“遠”。

三、“薳(芳)”氏成员人物谱

薳章,据《左传》所载史实,薳章主要从事楚外交工作,鲁桓公六年(前 706)楚武王派薳章至随求成;鲁桓公八年(前 704)薳章责让黄国;鲁桓公九年(前 703)薳章又责让邓国。

芳吕臣,字叔伯,《左传》鲁僖公二十三年(前 637)载令尹子文

① 张丹:《南襄盆地出土两周时期铭文研究》,武汉:武汉大学博士学位论文,2012 年 5 月,第 202 页。

(斗谷于菟)以同宗成得臣伐陈有功,使为令尹,叔伯反对:“子若国何。”杜预注:“叔伯,楚大夫蒍吕臣也。”[①]鲁僖公二十八年(前632)城濮之战,楚败,令尹成得臣自杀,晋文公闻之而后喜,曰:“吕臣实为令尹,奉己而已,不在民矣。”《新唐书·宰相世系三下》[②]、《春秋分记·楚公族》[③]《春秋世族谱·楚世次图》[④]、《春秋大事表》[⑤]皆认定蒍吕臣是蒍章之子,可从。蒍吕臣任令尹职宜非常短暂,鲁僖公三十三年(前627)载斗勃任令尹,则蒍吕臣此前已卒,此时上距其父蒍章活动之年近八十载,概年寿已高。

又田成方先生考证:“蒍章最晚见于前703年,而蒍吕臣最早见于前637年,即使蒍吕臣是蒍章晚年所得之子,吕臣担任令尹时亦近耄耋,难以置信。所以,蒍章与蒍吕臣之间至少相隔一代。”[⑥]

田先生的观点,可备一说。然从蒍吕臣治国“奉己而已”及间隔不到五年即为斗勃所替代看,蒍吕臣确近耄耋始任令尹。

蒍贾,字伯嬴,先后任楚工尹、司马职,事见《左传》鲁僖公二十七年(前633)、鲁文公十六年(前611)、鲁宣公元年(前608)及四年(前605)。

蒍贾身世,有两说:一,竹添光鸿指出:“蒍氏章生二子,曰吕臣,字叔伯,无后。曰贾,见二十七年。”[⑦]此说盖源于宋代程公说

---

① (晋)杜预注,(唐)孔颖达疏:《春秋左传正义》,第1814页。

② (宋)欧阳修、(宋)宋祁撰:《新唐书》卷七三下《宰相世系三下》,第2945页。

③ (宋)程公说:《春秋分记》卷一六,《四库全书珍本初集》经部20集,第10455页。

④ (清)陈厚耀:《春秋世族谱》,《文渊阁四库全书》第178册,第383页。

⑤ (清)顾栋高辑,吴树平、李解民点校:《春秋大事表》卷一二《列国卿大夫世系表(下)》,第1369页。

⑥ 田成方:《东周时期楚国宗族研究》,第24页。

⑦ (日)竹添光鸿:《左氏会笺》,第526页。

《春秋分记》:“(薳章)生二子,曰吕臣,无后;曰贾,见二十七年。”段志洪[①]、陈伟[②]二位先生赞同。二,《世本》:“章生叔伯吕臣,吕臣生伯嬴贾。”[③]顾栋高[④]、陈厚耀[⑤]及田成方先生[⑥]观点同。

后说为是。《左传》鲁僖公二十七年(前633)蒍贾始见于记载,云:“蒍贾尚幼。”并未具言蒍贾年龄,然据随后其与令尹子文的对话内容看,年龄亦不会太低,或十七八岁,此时上距薳章活动时间段已70余年;至《左传》鲁宣公四年(前605)若敖氏叛乱、蒍贾为斗越椒所杀,又与薳章间隔上百年。薳章、蒍贾二人为祖孙尚可,父子则断无可能。

蒍艾猎,首先需明晰其与孙叔敖的关系。便于说明,将《左传》中使诸多学者产生分歧的两条重要史料详录如下:

(1) 鲁宣公十一年(前598):令尹蒍艾猎城沂,使封人虑事,以授司徒。量功命日,分财用,平板榦,称畚筑,程土物,议远迩。略基趾,具糇粮,度有司。事三旬而成,不愆于素。

(2) 鲁宣公十二年(前597):春,楚子围郑……夏六月,晋师救郑……随武子曰:“……蒍敖为宰,择楚国之令典……”……楚子北师次于郔。沈尹将中军,子重将左,子反将右,将饮马于河而归。闻晋师既济,王欲还,嬖人伍参欲战。令尹孙

① 段志洪:《周代卿大夫研究》,第152页。

② 陈伟:《淅川下寺二号楚墓墓主及相关问题》,《江汉考古》1983年第1期。

③ (汉)宋衷注,(清)秦嘉谟等辑:《世本八种·秦嘉谟辑补本》,第171页。

④ (清)顾栋高辑,吴树平、李解民点校:《春秋大事表》卷一二《列国卿大夫世系表(下)》,第1369页。

⑤ (清)陈厚耀:《春秋世族谱》,《文渊阁四库全书》第178册,第383页。

⑥ 田成方:《东周时期楚国宗族研究》,第24页。

叔敖弗欲……(伍)参曰:“若事之捷,孙叔为无谋矣。不捷,参之肉将在晋军,可得食乎?”令尹南辕反旆……

据上2条史料,学者有截然不同的结论。一者,鲁宣公十一年“令尹𫇭艾猎”条下,服虔:“(𫇭)艾猎,𫇭贾之子叔孙敖也。”[①]杜预注:“(𫇭)艾猎,孙叔敖也。”孔颖达同:“此年(宣十一年)云令尹𫇭艾猎,明年云令尹孙叔敖,明一人也。”[②]阎若璩曰:“余又考孙叔敖即宣十一年令尹𫇭艾猎。”[③]二者,《世本》:“𫇭艾猎,孙叔敖之兄。”[④]孙星衍《问字堂集·孙叔敖名字考》中云:“𫇭贾概有两子,一𫇭艾猎,一𫇭敖,字孙叔。敖既称叔,宜尚有兄矣……《世本》之说最古,可从矣。”[⑤]

上两说,杨伯峻先生:“不详孰是。”[⑥]当以前说为是。

首先,《左传》鲁宣公十一年(前598)记载中,“令尹𫇭艾猎”处理国家事务有计划、有条理、有能力,楚庄王素有爱贤之名,《说苑·君道》:“(楚庄王)思得贤佐,日中忘饭,可谓明君矣。”[⑦]庄王不大可能在令尹𫇭艾猎办事成功后,很短时间内旋即革其职而任孙叔敖为令尹,且“前一年令尹𫇭艾猎城沂,比年之间,楚令尹不闻置两人”[⑧]。

---

①② (晋)杜预注,(唐)孔颖达疏:《春秋左传正义》,第1875页。

③ (清)阎若璩:《四书释地》,(清)阮元、王先谦编:《清经解 清经解续编(附索引)》(壹),南京:凤凰出版社2005年版,第177页。

④ (汉)宋衷注,(清)秦嘉谟等辑:《世本八种·张澍稡集补注本》,第33页。

⑤ (清)孙星衍:《问字堂集》(二),王云五主编:丛书集成初编本,上海:商务印书馆1937年版,第105页。

⑥ 杨伯峻:《春秋左传注》(修订本),第711页。

⑦ (汉)刘向撰,向宗鲁校证:《说苑校证》,第17—18页。

⑧ (汉)宋衷注,(清)秦嘉谟等辑:《世本八种·张澍稡集补注本》,第133页。

其次,《左传》鲁宣公十二年(前597)孙叔敖有三种不同称谓:“芳敖”“孙叔”“孙叔敖”。比较分析知“芳”是氏称;“敖”,名也;“孙叔”,名(敖)之字。名、字皆全,又何以得名(或字)“艾猎”呢？这也是诸多论者力图说明“孙叔敖”与“芳艾猎”为不同之人的一条重要佐证。实际上,“芳敖”“芳艾猎”“孙叔敖”“孙叔”四种称谓之间的相互转化,道理很好解释。芳敖其人,氏“芳”,名“敖”,字“孙叔”,亦字“艾猎”。此类案例《左传》中不少。譬如,前所分析斗氏成员“斗椒”,《左传》鲁僖公二十八年(前632),称“伯棼”;鲁文公九年(前618),《春秋》又单称为“椒”;鲁文公十六年(前611)《传》,称“子越”;鲁宣公二年(前607)《传》,又称“斗椒”。上诸称谓方式,“斗”,氏称;“椒”,名也;“子越”“伯棼”,皆其字。孙叔敖诸多名号与之类似。

明晰了孙叔敖即芳艾猎,再说孙叔敖之身世。《左传》鲁僖公二十七年(前633)“芳贾”条下,杜预注:“孙叔敖之父。”[①]《吕氏春秋·情欲》篇“孙叔敖之遇荆庄王为幸”条下,高诱注:“孙叔敖,楚令尹,薳贾之子也。”[②]皆言孙叔敖,乃芳贾之子。

又《潜夫论·志氏姓》:“令尹孙叔敖者,芳章之子也。”[③]罗运环先生已有辨正:“薳章属楚武王时的大臣,孙叔敖生活在穆、庄时代,决非薳章之子。”[④]确然。

孙叔敖出身,尚有另外迥然不同的说法。《荀子·非相》:“楚之孙叔敖,期思之鄙人也。”[⑤]《史记·循吏列传》:“孙叔敖者,楚之

---

① (晋)杜预注,(唐)孔颖达疏:《春秋左传正义》,第1822页。

② (战国)吕不韦著,陈奇猷校释:《吕氏春秋新校释》,第94页。

③ (汉)王符著,(清)汪继培笺,彭铎校正:《潜夫论笺校正》,第547页。

④ 罗运环:《楚国八百年》,第174页。

⑤ (清)王先谦撰,沈啸寰、王星贤点校:《荀子集解》,第86页。

处士也。虞丘相进之于楚庄王,以自代也。”[1]上述记载,孙叔敖的地位较低,为“期思鄙人”“处士”,藉此,清毛奇龄云:

> 考期思本蓼国地,即春秋寝丘也,汉名寝县,东汉名固始。楚子于宣八年(前601)灭蓼,而宣十二年(前597)即有孙叔敖之名见于策书。则以蓼名期思,必蓼灭而后期思之鄙人始得用虞丘之荐而举为令尹,此固按之《春秋》互证之他书而显有然者。况《史·滑稽传》又云:叔敖死,其子穷困负薪,庄王听优孟之言,封其子于寝丘。其封寝丘者,亦正以寝丘即期思,本叔敖故居因封之,则是所居所封皆蓼国,其为蓼人,无疑也。若云楚公族,则公族世爵,未有身为令尹而其子负薪者。又未有止封以地而不即予以爵者。此其误始于杜预、服虔之注。[2]

毛奇龄断定孙叔敖非蒍氏成员,非楚公族,乃蓼国期思之鄙人。考诸《传》文本身,毛说并不成立。

鲁宣公十二年晋随武子“蒍敖为宰,择楚国之令典,军行,右辕”之语下,紧接着又言令尹孙叔敖“南辕、反旆”“王告令尹改乘辕而北之”,是蒍敖即孙叔敖,孙叔敖系蒍氏成员,明矣。

此外,孙叔敖为“期思鄙人”的早期不显历史,清阎若璩予以解释,曰:“(蒍贾)宣四年官司马,为子越椒所恶,囚而杀之,意者子遂式微,窜处海滨,不七八年,庄知其贤,擢为令尹与。”[3]换言之,孙

① (汉)司马迁:《史记》卷一一九《循吏列传》,第3099页。

② (清)毛奇龄:《经问》,(清)阮元、王先谦编:《清经解 清经解续编(附索引)》(一),南京:凤凰出版社2005年版,第1261页。

③ (清)阎若璩:《四书释地》,《清经解 清经解续编(附索引)》(一),第177页。

叔敖因其父蒍贾而受到冲击，为“期思鄙人”。

史料中又有孙叔敖三任令尹、三去令尹的记载，《吕氏春秋·知分》：“孙叔敖三为令尹而不喜，三去令尹而不忧。”[①]《史记·循吏列传》：“故(孙叔敖)三得相而不喜，知其材自得之也；三去相而不悔，知非己之罪也。”[②]王准先生解释云：

> 孙叔敖的遭遇与楚国用人制度的变革有关联。若敖氏之乱后，庄王保留了蒍氏家族，但是楚公族世家侵夺权力乃至王位的阴影始终萦绕在楚王的心头，所以即使对于忠心的孙叔敖，楚庄王也无法做到用人不疑。用他做令尹，是对他本人能力与品质的信任；去其令尹官职，则是楚王对蒍氏家族膨胀的实力表示疑虑。[③]

清卢文弨认为：

> 《知分》篇虽有孙叔敖三为令尹而不喜、三去令尹而不忧之语，乃是子文(斗谷于菟)之事误记耳。[④]

孙叔敖任令尹的时间，据罗运环先生所考，约在楚庄王十三年(前601)至十九年(前595)之间[⑤]。庄王十三年(前601)，灭舒蓼，“楚子疆之”；十四年(前600)，伐郑；十五年(前599)，再次伐郑，晋士

---

① (战国)吕不韦著，陈奇猷校释：《吕氏春秋新校释》，第1354页。

② (汉)司马迁：《史记》卷一一九《循吏列传》，第3100页。

③ 王准：《春秋时期晋楚家族比较研究》，武汉：华中师范大学博士学位论文，2008年9月，第126页。

④ (汉)宋衷注，(清)秦嘉谟等辑：《世本八种·张澍稡集补注本》，第133页。

⑤ 罗运环：《楚国八百年》，第179页。

会救郑,逐楚师于颍北;十六年(前598),伐陈;十七年(前597),与晋战于邲;十八年(前596)、十九年(前595),伐宋。庄王连年戎马倥偬,很难想象会在这短短六七年内三换令尹。

综上,应以后说为是。

芳子冯,《左传》鲁襄公十五年(前558)始见记载:"芳子冯为大司马。"杜预注:"子冯,叔敖从子。"[①]又《正义》引《世本》谓芳艾猎是孙叔敖之兄,冯是艾猎之子[②]。前已论证"芳艾猎"即是"孙叔敖",则芳子冯宜为孙叔敖之子,顾栋高[③]、马骕[④]持此观点。二十一年《传》(前552):"楚子使薳子冯为令尹,访于申叔豫。""芳子冯"又写作"薳子冯","薳""芳"二字互通。二十四年《传》(前549)称"薳子",杜预注:"(薳子)令尹薳子冯。"[⑤]二十五年《传》(前548):"薳子冯卒。"

1977、1978年在河南淅川县下寺陆续发现二十四座春秋楚墓,年代为春秋中晚期。其中1-3号墓出土有大量的"倗之器""王子午器""王孙诰器"。择录部分"倗之器"及其铭文如下:

表4-4　倗之器铭文

倗器	器铭
倗鼎(《新收》0410)	楚叔之孙倗之飤鼾。
倗簠(《新收》0412)	倗之匿。
倗缶(《新收》0414)	倗之尊缶。
倗鼎(《新收》0452)	倗之飤鼾。

①② (晋)杜预注,(唐)孔颖达疏:《春秋左传正义》,第1959页。

③ (清)顾栋高辑,吴树平、李解民点校:《春秋大事表·卿大夫世系表(下)》,第1369—1370页。

④ (清)马骕撰,王利器整理:《绎史》(一),第35页。

⑤ (晋)杜预注,(唐)孔颖达疏:《春秋左传正义》,第1980页。

续表

倗器	器铭
倗鼎(《新收》0456)	楚叔之孙倗之淁鼎。
倗缶(《新收》0459)	楚叔之孙蒍子倗之浴缶。
倗盘(《新收》0463)	倗之盥盘。
倗矛(《新收》0470)	倗之用矛。

上引器铭中的“倗”“楚叔之孙倗”“蒍子倗”究竟为何人,学者有激烈的争论。

李零先生认为“倗”(“楚叔之孙倗”“蒍子倗”)就是王子午死后第二年(前550)出任令尹的“蒍子冯”①,有四条佐证:

(1)“蒍子冯”之“冯”字,可与从朋得声的字相通,铜器铭文中“倗”完全可借读为“冯”。

(2)淅川下寺1-3号墓出土青铜器,主要有两种铭文:一者,“王子午”器铭文;二者,“倗”器铭文。蒍子冯与王子午同时而稍后,时间、身份合适。

(3)前追溯蒍氏族源时已援引李零先生观点,即蒍氏系“叔熊”后人,蒍子冯先人可以“楚叔”称之。

(4)M2出土倗缶(《新收》0459),铭作:“楚叔之孙蒍子倗之浴缶。”M3出土鄬中(仲)姬丹匜(《新收》0472),铭作:“隹正月初吉丁亥,蔡侯作媵蒍仲姬丹会匜。”内容说蔡侯媵女于蒍氏所作器,这与文献记载子冯以蒍为氏,蒍氏亦作蒍氏恰好相合。

① 李零:《“楚叔之孙倗”究竟是谁——河南淅川下寺二号墓之墓主和年代问题的讨论》,李零著:《入山与出塞》,北京:文物出版社2004年版,第223—224页。

张剑①、陈伟②、刘彬徽③等先生赞同上说。

又《淅川下寺春秋楚墓》整理者:"'王子午''令尹子庚''倗'三者当为一人""倗,即王子午,也就是令尹子庚。"④下寺 M2 中出土 7 件鼾鼎,鼎(《集成》02811)盖铭、腹铭如下:

器盖铭文:倗之遷鼾。

器腹铭文:唯正月初吉丁亥,王子午择其吉金,自作鬻彝瀝鼎,用享以孝于我皇祖文考,用祈眉寿,温龚(恭)䵼屖,畏忌趩趩(翼翼),敬氒(厥)盟祀,永受其福。余不畏不差,惠于德政,淑于威仪,阑阑兽兽(攸攸)。命尹子庚,殹民之所亟,万年无諆(期),子孙是制。

盖铭有"倗"之名,腹铭前有"王子午",后有"令尹子庚"。既然"倗""王子午"(令尹子庚)之名出现在同一器中,二人自然系一人⑤。赵世纲、刘笑春二位先生观点同⑥。

又张亚初先生认为:

---

① 张剑:《淅川下寺楚墓的时代及其墓主》,《中原文物》1992 年第 2 期。

② 陈伟:《淅川下寺二号楚墓墓主及相关问题》,《江汉考古》1983 年第 1 期。

③ 刘彬徽:《楚系青铜器研究》,第 317 页。

④ 河南省文物研究所、河南省丹江库区考古发掘队、淅川县博物馆:《淅川下寺春秋楚墓》,北京:文物出版社 1991 年版,第 320 页。

⑤ 按,"倗""王子午"名出现在同一器中,李零先生解释到,器最初是"王子午"所作,后归属了芀氏。刘彬徽先生同,言:"由盖铭表明王子午鼾后为倗所有。"又陈伟先生认为器是"芀子冯灭王子午之族后的掠夺品"。参见李零:《"楚叔之孙倗"究竟是谁——河南淅川下寺二号墓之墓主和年代问题的讨论》,《入山与出塞》,第 223 页;刘彬徽:《楚系青铜器研究》,第 311 页;陈伟:《淅川下寺二号楚墓墓主及相关问题》,《江汉考古》1983 年第 1 期。

⑥ 赵世纲、刘笑春:《王子午鼎铭文试释》,《文物》1980 年第 10 期。

把王子午、王孙诰和楚叔之孙倗三人看作是祖孙三代，这个楚叔之孙的问题就很容易找到答案。楚共王和王子午都是庄王的儿子，王子午是共王的弟弟。王子午对共王的儿子康王、灵王和平王讲，都可称为楚叔，即楚王叔。楚叔是对共王而言的，楚叔之孙就是王子午之孙。王子午与王孙诰是父子，所以楚叔之孙当然也就是王孙诰之子，这样不但楚叔之称有了着落，而且王子午、王孙诰的成套青铜礼、乐器出现在其子孙楚叔之孙倗的墓中，也就不难理解了。①

以上即现关于“倗”器的三种主要观点，俱有所据，又似皆存疑虑。

“薳子冯说”，《淅川下寺春秋楚墓》整理者指出“倗”“冯”二字，古音虽近，但不能作鄬子倗就是薳子冯的确证②。再者，“薳子冯说”需解释清楚为何薳子倗墓中出现大量“王子午”“王孙诰”器。

“王子午说”，亦有明显漏洞，见于《传》文，“王子午”，字“子庚”，名、字明确，“倗”字无法安置。

“祖孙三代说”，亦难服众，“如此说成立则应将（下寺）2 号墓的年代定位在公元前 516 年”③，刘彬徽先生指出如果把此墓的年代定为公元前 516 年左右，则与下寺 M10、M11 和蔡昭侯墓年代相近。这与此墓铜器群的时代风格不相符合④。

合之，“倗”（“楚叔之孙倗”“薳子倗”）是否即文献所见“薳子

① 张亚初：《淅川下寺二号墓的墓主、年代与一号墓编钟的名称问题》，《文物》1985 年第 4 期。

② 河南省文物研究所、河南省丹江库区考古发掘队、淅川县博物馆：《淅川下寺春秋楚墓》，第 322 页。

③ 邹芙都：《楚系铭文综合研究》，第 86 页。

④ 刘彬徽：《楚系青铜器研究》，第 68 页。

冯”,暂存疑,以待新材料的发现。

芳掩,《左传》鲁襄公二十五年(前548):“楚芳掩为司马。”杜预注:“芳子冯之子。”[①]《春秋分记》:“冯(即芳子冯)生掩。”[②]陈厚耀[③]、顾栋高[④]同。鲁襄公三十年(前543):“楚公子围杀大司马芳掩而取其室。”

芳掩,《汉书·古今人表》又作“薳奄”[⑤]。芳掩为王子围所杀后,《春秋世族谱》《春秋分记》等典籍记载薳氏世系至此而断,“芳氏族后继者的世系就莫名所以了”[⑥]。

芳掩外,见于《左传》记载的薳氏成员尚有7人,如下:

薳启强,始见于鲁襄公二十四年(前549)《传》:“楚子(楚康王)使薳启强如齐聘……楚子自棘泽还,使薳启强帅师送陈无宇。”薳启强在楚灵王(前540—前529年在位)时期,非常活跃,鲁昭公元年(前541),楚灵王以薳启强为太宰;四年(前538),吴伐楚,薳启强城巢;五年(前537),又从灵王伐吴;七年(前535),薳启强聘于鲁。

薳罢,字子荡,《左传》鲁襄公二十七年(前546)始见:“楚薳罢如晋涖盟。”三十年(前543)出使鲁国;鲁昭公元年(前541),任令尹;五年(前537),为灵王如晋逆女;六年(前536),伐吴,败绩于房钟,“归罪于薳泄而杀之”。昭六年后,薳罢不再见。

薳泄,不详出身、官职,见上鲁昭公六年(前536)《传》。

---

① (晋)杜预注,(唐)孔颖达疏:《春秋左传正义》,第1985页。

② (宋)程公说:《春秋分记》卷一六,《四库全书珍本初集》经部20集,第10456页。

③ (清)陈厚耀:《春秋世族谱》,《文渊阁四库全书》第178册,第383页。

④ (清)顾栋高辑,吴树平、李解民点校:《春秋大事表》卷一二之下《春秋列国卿大夫世系表》,第1369页。

⑤ (汉)班固:《汉书》卷二〇《古今人表》,第923页。

⑥ 钱杭:《周代宗法制度史研究》,第154页。

薳居，见《左传》鲁昭公十三年（前529）："楚子（楚灵王）之为令尹也，杀大司马薳掩，而取其室。及即位，夺薳居田。"杜预注："（薳）居，掩之族。"[①]薳居，属于薳氏薳掩一支，与上薳启强、薳罢一支有所不同（详下）。

薳射，《左传》鲁昭公五年（前537）："薳射帅繁扬之师先入南怀。"二十五年（前517）："楚子使薳射城州屈。"鲁定公五年（前505）：吴师入郢，秦师救楚，"吴人获薳射于柏举，其子帅奔徒以从子西"。

按，薳射宜是见于鲁昭公六年（前536）之"沈尹射"。"沈尹"，官职；薳，氏称；射，名也，详本章第一节之"沈尹氏"部分。

薳越，楚平王时人，官至大司马，《左传》鲁昭公二十一年（前521），宋华亥、向宁、华定等叛宋，"楚薳越帅师将逆华氏"，二十二年（前520），在薳越佐助下，宋华氏出奔楚。二十三年（前519），吴师攻郹，楚太子建之母在郹，吴取楚夫人以归，司马薳越追之不及，乃缢于薳澨。

薳越出身，或云："（蒍）掩之弟。"[②]可从。楚灵王即位，所进者系薳氏中薳罢、薳启强一支；所黜者乃蒍子冯、蒍掩一支。平王又篡夺灵王位，为灵王所重用者，当黜，所黜者，宜进。薳越在楚平王时期，官至大司马，显属蒍掩一族。再从时间上看，其与蒍掩的活动时间相差有二十年左右，薳子冯则三十年左右，推测薳越系蒍掩弟、薳子冯子有一定的依据。

薳固，《左传》鲁定公四年（前506）：吴师入郢，"楚子（昭王）取其妹季芈畀我以出，涉睢。鍼尹固与王同舟"。杨伯峻注："固又见

---

① （晋）杜预注，（唐）孔颖达疏：《春秋左传正义》，第2069页。

② （清）陈厚耀：《春秋世族谱》，《文渊阁四库全书》第178册，第383页。

哀十六及十八年《传》。”[①]鲁哀公十八年(前 477):“三月,楚公孙宁、吴由于、薳固败巴师于鄾。”[②]

上即文献所见春秋时期薳氏成员,依上论,列其世系表如下:

薳章—薳吕臣—薳贾—孙叔敖—薳子冯┬薳掩
　　　　　　　　　　　　　　　　　└薳越

世系不详者:薳启强 薳罢 薳泄 薳居 薳射 薳固

图 4-5　春秋时期楚国薳氏世族世系图

文献记载外,青铜器铭文及竹简材料中亦屡见薳氏成员:

1. 楚叔之孙以邓器

1978—1979 年,淅川下寺 M8 出土,4 件,1 匜(《新收》0405)、1 鼎(《新收》0406)、2 戟(《新收 0407、0408》)。

匜铭:隹正月初吉丁亥,楚叔之孙以邓,择其吉金,铸其会匜,子子孙孙永宝用之。

鼎铭:隹正月初吉丁亥,楚叔之孙以邓,择其吉金,铸其緐鼎,永宝用之。

戟铭:以邓之用戟。

戟铭:以邓之戟。

器主以邓为“楚叔之孙”,辞例与“楚叔之孙倗”同,张丹先生认为属

① 杨伯峻:《春秋左传注》(修订本),第 1545 页。

② 按,薳固,《史记·楚世家》及《伍子胥传》俱作“屈固”,不知何据。

薳氏[①]。又M8以邓墓比下寺M1－4早[②]，则以邓为春秋中期偏晚人。

2. 倗子受器

下寺M2出土编钟9件（《新收》0504－0512）、编镈8件（《新收》0513－0520），徐家岭M3出土戟2件（《新收》0524、0525），徐家岭M9出土鼎2件（《新收》0527、0528）、鬲1件（《新收》0529）。镈（《新收》0513）铭如下：

> 隹十又四年参月，月隹戊申，亡作昧爽，倗子受乍䵼彝歌钟，其永配氒休。

藉铸镈日期"隹十又四年参月"与形制，或认为春秋中期楚庄王时器[③]，或认为楚惠王器[④]。

3. 薳子辛戈（《新收》0526）

1990年，徐家岭M3出土，刃上至胡上铸13字铭文：

> 薳子辛择氒吉金尃皇，自乍用戈。

戈系春秋晚期器，则器主薳子辛系春秋晚期人。

---

① 张丹：《南襄盆地出土两周时期铭文研究》，武汉：武汉大学博士学位论文，2012年5月，第51页。

② 河南省文物研究所、河南省丹江库区考古发掘队、淅川县博物馆：《淅川下寺春秋楚墓》，第315页。

③ 河南省文物研究所等：《淅川县和尚岭春秋楚墓的发掘》，《华夏考古》1992年第3期。

④ 赵世纲：《鄬子受钟与鄂国史迹》，《江汉考古》1995年第1期。

4. 郕子昃鼎（《新收》0532、0533）

1991年，徐家岭 M10 出土 2 件，器形、铭文皆同。盖、器同铭，有 6 字铭文：

郕子昃之飤鐈。

鼎系薳子昃的自作用器，年代为春秋晚期，或战国早期，其人于史无征。

5. 郕子孟孎青簠（《新收》0522）

1990年，和尚岭 M1 出土，盖、器皆铸 6 字铭文：

盖铭：郕子孟孎青之飤𠤳（簠）。

器铭：郕子孟青孎之飤𠤳（簠）。

春秋晚期器，器主盖铭作“郕子孟孎青”，器铭作“郕子孟青孎”，“孎”“青”二字顺序颠倒，或误铸[①]。

竹简中所见薳氏成员有：薳忻（包山简 28）、薳桓（包山简 28）、薳綮（包山简 56）、薳乙（包山简 59）、薳慸（包山简 90）、薳纚（包山简 164）、薳从志（包山简 193）、薳己（新蔡甲三 343－1）、薳伯嬴（上博九・成王为城濮之行甲 3）等。

四、薳氏世族演进史

春秋早期，薳氏与斗、成、屈三族相比较，略有不如。薳章与屈

① 张丹：《南襄盆地出土两周时期铭文研究》，武汉：武汉大学博士学位论文，2012年5月，第175页。

瑕、斗伯比属于同时代人，屈瑕有独自率军征伐敌国并与之结盟的特权，地位甚至高过后来的令尹；斗伯比则屡次为楚武王出谋划策。反观薳贾的活动，皆见于外交场合，负责繁琐的“求成”“责让”事务，身份应不是太高，而且“几乎没有任何军事战果”，“他虽然受到武王的器重，却没有办法建立自己的军功。正值处于对外扩张的楚国是没有办法为他安排重要的职务的”[①]。此时，薳氏楚国的地位尚无法与屡建军功的若敖氏、屈氏并立。

薳章之后，若敖氏（斗、成二氏）在政治、军事、经济方面的强势，严重威胁到楚君的权力，楚王迫切需要扶植一个不依属于若敖氏而又对自己忠心的势力来抗衡若敖氏。

《左传》鲁僖公二十三年（前 637），子文（斗谷于菟）推荐成得臣（子玉）为令尹，薳章之子艻吕臣激烈反对，二族矛盾显现，大概基于这层考虑，薳氏获得楚王青睐，得以发展、壮大。城濮一战，若敖氏出身的令尹子玉（成得臣）兵败自杀，薳章之子艻吕臣任令尹。然艻吕臣此时盖年事已高，在楚施行的政策，“奉己而已，不在民矣”。艻吕臣无为的执政风格，与当是时楚、晋竞霸大的局势不合，故到鲁僖公三十三年（前 627）任令尹者已为斗勃，显然基于国家形势发展需要，楚王再次启用了善战的若敖氏（斗勃）来任楚令尹职。虽然如此，艻吕臣任楚令尹仍乃薳氏崛起、发展的重要起点。

艻吕臣子艻贾进一步提高了艻氏在楚国的地位。《左传》鲁文公十六年（前 611），当楚庄王践祚的第三年，楚面临着一次严重的统治危机：

---

① 王准：《春秋时期晋楚家族比较研究》，武汉：华中师范大学博士学位论文，2008 年 9 月，第 122 页。

楚大饥,戎伐其西南,至于阜山,师于大林。又伐其东南,至于阳丘,以侵訾枝。庸人帅群蛮以叛楚,麇人率百濮聚于选,将伐楚,于是申、息之北门不启。楚人谋徙于阪高……

戎、庸人、群蛮、麇人、百濮集中叛乱,楚申、息两县北门不开,以备北方中原诸侯趁机侵楚。楚内外交困,甚至有迁都的计划,当是时,若敖氏成员斗般任令尹,李玉洁先生指出:"谋徙阪高的楚人应是执政的若敖氏之族。"[①]若敖氏的盲动建议,芳贾坚决反对,正是在芳贾的正确谏言下,楚展开了一系列军事措施,不但化解了此次国家危机,且"遂灭庸"。灭庸于楚而言意义重大。庸,今湖北竹山县西南,"楚灭掉庸国,得到了荆山以西、武当山以南、奉节以东的庸地,不仅使楚的疆域大大扩展,而且使楚的西南边塞大大巩固"[②],自此楚国内安宁,庄王集中全力参与到北方争霸活动中,一举成功。此战役中,芳贾之深谋远虑表现地淋漓尽致,大概在此不久即任楚司马职[③]。芳贾任司马后,与若敖氏争斗愈加激烈,终为斗越椒所杀。

芳贾死后,芳氏沉寂了一段时间,其子芳敖(孙叔敖)后被楚庄王举为令尹,佐楚国霸,至此,芳氏始力压若敖氏、屈氏。至楚康王初年,孙叔敖子芳子冯先后任楚大司马、令尹职。芳子冯担任令尹期间,楚王采纳其建议,灭掉舒鸠。舒鸠,处吴、楚两国间,楚完全占有群舒之地,在与吴的竞争中,占有了地利之便。

芳子冯卒后,其子芳掩任大司马。芳掩在当时令尹屈建的支持下,实施了影响深远的改革。薳掩改革情况,《左传》鲁襄公二十五年(前548)有全面记载:

---

① 李玉洁:《楚国史》,第145页。
② 李玉洁:《楚国史》,第146页。
③ 宋公文:《楚史新探》,第263页。

> 楚𫇘掩为司马，子木使庀赋，数甲兵。甲午，𫇘掩书土、田：度山林，鸠薮泽，辨京陵，表淳卤，数疆潦，规偃猪，町原防，牧隰皋，井衍沃，量入修赋，赋车、籍马，赋车兵、徒兵、甲楯之数。既成，以授子木，礼也。

上述改革，由于史料有阙，具体实施过程、细则、效果，已无考。然这次改革，侧重经济赋税的治理，足可与楚庄王后期着重政、军调整的孙叔敖变革相提并论。

楚君郏敖、灵王时代，𫇘氏概在楚王位继承问题上的不同立场，产生了分化：直系的𫇘子冯—𫇘掩（含薳居）应该是楚王郏敖的支持者；旁系的薳罢、薳启强应该支持王子围（楚灵王），此推测史料中有反映。《左传》鲁襄公三十年（前543）载，楚发生了两件事情：一者，春正月，楚君郏敖初即位，使薳罢聘于鲁以通嗣君。鲁穆叔问薳罢令尹王子围执政情况，"固问焉，不告"，穆叔藉此预测王子围将弑君自立，而薳罢"将与焉助之"。薳罢显乃王子围（楚灵王）的支持者。二者，同年"王子围杀大司马𫇘掩而取其室"，竹添光鸿笺曰："𫇘掩，有经纶之才，而为民之望，二十五年《传》可见。围将有异图，故先除之，以翦王之羽翼。"[①]𫇘掩被称"王之羽翼"。

立场不同，𫇘氏分化在所难免。鲁昭公元年（前541），王子围果弑楚君郏敖自立为王，旋使"薳罢为令尹，薳启强为太宰"，此人事任命应该是对薳罢等佐立之功的回报。又"夺薳居田"，乃对𫇘掩一支的惩罚。

《左传》鲁昭公十三年（前529），楚灵王自缢而死，楚平王立。史料中不见楚平王对薳氏中薳罢、薳启强一支的处理，然其肯定不得志于平王及昭、惠王时代。而薳子冯、薳掩一支在平、昭、惠王时

① （日）竹添光鸿：《左氏会笺》，第1564页。

代再次获得重用,蒍掩弟薳越为大司马;昭、惠王时期先后任鍼尹、工尹的薳固应该也属薳掩之族。

以上即是春秋时期薳氏的整个发展历程。延续至战国,文献资料中不再见有薳氏成员出现,概已式微。

第四节　晋楚城濮之战所见“南河”解析

《左传》鲁僖公二十八年(前 632),晋、楚两大强国间爆发了春秋史上的第一场大决战——城濮之战,结果晋胜楚败。其中,《传》文记载战争伊始晋师行军路线为:

> 二十八年春,晋侯(晋文公)将伐曹,假道于卫。卫人弗许,还,自南河济,侵曹、伐卫。

上引文当中的“南河”一地,杜预注:“从汲郡南渡出卫南而东。”[①] 北魏郦道元云:“河水又径东燕县故城北,河水于是有棘津之名,亦谓之石济津,故南津也。”[②]今人杨伯峻先生申之:“南河即南津,亦谓之棘津、济津、石济津,在河南省淇县之南,延津县之北,河道今已湮。”[③]上前贤注家皆将“南河”定位在今天河南省延津县东北方之棘津渡口。

---

① (晋)杜预注,(唐)孔颖达疏:《春秋左传正义》,第 1824 页。

② (北魏)郦道元著,陈桥驿校证:《水经注校证》,第 133 页。东燕,《左传》鲁隐公五年(前 718):“卫人以燕师伐郑。”燕,杜预注:“南燕国,今东郡燕县。”唐孔颖达疏:“南燕国,姞姓,黄帝之后也。小国无世家,不知其君号谥。”东燕,或称南燕,地在河南延津县境。参见(晋)杜预注,(唐)孔颖达疏:《春秋左传正义》,第 1727 页。

③ 杨伯峻:《春秋左传注》(修订本),第 451 页。

揆诸史籍，诸家关于“南河”地望的界定有待商榷。“南河”作为一地理概念，其所指甚广，具体到鲁僖公二十八年(前632)晋军济河之地，当非卫国“棘津”，而宜是属晋国南阳地区之“盟津”。拟在前贤已有研究成果基础上，就此问题展开详细论证。

一、春秋时期黄河中下游地区主要津渡分析

春秋时代及其以前的黄河河道，《尚书·禹贡》云：“导河积石，至于龙门；南至于华阴；东至于厎柱；又东至于孟津，东过洛汭，至于大伾；北过降水，至于大陆；又北播为九河，同为逆河，入于海。”[①]即黄河出积石山(在今青海、甘肃交界的青海贵德县)，一路至陕西韩城的龙门山，龙门以下一段南流至华阴向东，经三门过盟(孟)津与洛水汇流，再下过大伾山北流，越漳河，经今河北曲周县以东向北分为数支分道入海，其中最北者为主流，至今深县南析而东，循漳河至青县西南，又东北经天津东南入渤海。此河道最早见于《禹贡》记载，故又称“禹河”。

据上，古时黄河在今天陕西、山西、河南、河北诸省整体走向是由北而南，折而东向，复折而东北入海，其东西、南北渡河之津要见于《左传》者凡数处，由上而下依次有浦津、茅津、盟津、延津、棘津等。

1. 浦津，属晋。浦津关之东为今山西省永济县，西为陕西省大荔县，因东岸浦阪而得名，又名夏阳津，“自河东而言曰蒲阪津，自关中而言曰夏阳津”[②]，黄河自此折而东，故又名河曲，秦、晋两

① 李民、王健：《尚书译注》，上海：上海古籍出版社2004年版，第78页。

② (清)顾祖禹撰，贺次君、施和金点校：《读史方舆纪要》，北京：中华书局2005年版，第1796页。

国间之征伐聘问往来多经此道。《竹书纪年》云:“晋惠公十五年(前636),秦穆公率师送公子重耳,涉自河曲。”[①]同年,秦穆公诱杀晋文公重耳叛臣瑕甥、郤芮于河上。又鲁文公十二年(前615)晋、秦两国战于河曲,鲁成公十一年(前580)秦、晋为成,秦桓公不肯涉河,鲁昭公元年(前541)秦后子造舟于河,归取酬币,终事八返,以上诸多历史事件俱发生在蒲津渡口及其附近区域。

2. 茅津,属晋[②]。津北对茅城,古茅邑,故谓之茅津,又谓之大阳津,以河北即古大阳县而名。《左传》鲁文公三年(前624):“秦伯伐晋,济河焚舟,取王官及郊,晋人不出,遂自茅津济,封殽尸而还。”顾栋高云:“茅津在今山西解州平陆县,南岸为河南陕州州治,距河七里。”[③]即在今山西省平陆县西南,对岸为河南陕县。

3. 盟津,属晋。在今河南洛阳孟津东北,孟县西南,春秋前即是黄河著名渡口。《竹书纪年》:“周师渡盟津而还。”[④]《史记·周本纪》:“(周武王)东观兵,至于盟津……诸侯不期而会盟津者八百诸侯。”[⑤]降于春秋,晋与周、郑诸国聘使会盟、出军征伐等,路必由此。《左传》鲁僖公二十八年(前632)城濮之战晋胜楚败,晋文公回师召周襄王狩于河阳,是由盟津渡河北返。鲁宣公十二年(前597)晋楚又战于邲地,晋中军佐先縠先济河,是从盟津由北向南;至晋败而宵济河,舟中之指可掬,则由南而北。

4. 延津,属郑。在今河南汲县南。《水经》:“河水又东北,通

---

① 方诗铭、王修龄撰:《古本竹书纪年辑证》(修订本),第80页。

② 按,茅津,原属虢国,虢都上阳与重要都邑下阳的往来通道。《左传》鲁僖公二年(前658)晋灭虢下阳,鲁僖公五年(前655),又灭上阳,遂据有茅津。

③ (清)顾栋高辑,吴树平、李解民点校:《春秋大事表》卷八下《春秋列国山川表》,第961页。

④ 方诗铭、王修龄撰:《古本竹书纪年辑证》(修订本),第239页。

⑤ (汉)司马迁:《史记》卷四《周本纪》,第120页。

谓之延津。”[①]《左传》鲁隐公元年（前722）：郑共叔段命西鄙、北鄙贰于己，且收贰以为己邑，至于廪延。杜预注：“廪延，郑邑，陈留酸枣县，北有延津。”[②]鲁襄公三十年（前543）郑国游吉奔晋，驷带追之，及酸枣，用两珪质于河，即在延津。

5. 棘津，属卫。在今河南汲县南、延津县东北，与上延津渡口相距不远。《左传》鲁昭公十七年（前525）晋用兵于陆浑氏：“晋荀吴帅师涉自棘津。”顾栋高云：“陆浑，今河南府嵩县，在晋南。是时晋欲假用牲于洛以袭陆浑，故不由孟（盟）津，而东南涉棘津以掩其不备。”[③]

以上即是春秋时期黄河中下游地区常见的津渡口岸，此诸常见的津渡又位于黄河及周边特定的历史地理区域之内。

二、西河、东河、南阳、东阳、南河诸地理名称分析

古时以黄河、太行山为坐标，形成了诸多历史地理概念，计有西河、东河、南阳、东阳、南河等。

西河，《尚书·禹贡》：“黑水西河惟雍州。”胡渭云：“河经龙门而南，至于华阴，为西河。”[④]又《战国策·魏策一》载：“魏武公与诸大夫浮于西河。”何建章注：“今陕西省与山西省间之黄河古称西河。”[⑤]即黄河由北向南直流的一段谓之“西河”。又《史记·仲尼

---

① （北魏）郦道元著，陈桥驿校证：《水经注校证》，第132页。

② （晋）杜预注，（唐）孔颖达疏：《春秋左传正义》，第1716页。

③ （清）顾栋高辑，吴树平、李解民点校：《春秋大事表》卷八下《春秋列国山川表》，第961页。

④ （清）胡谓著，邹逸麟整理：《禹贡锥指》，上海：上海古籍出版社2006年版，第299页。

⑤ 何建章：《战国策注释》，第813页。

弟子列传》:“孔子既没,子夏居西河教授,为魏文侯师。”《孙子吴起列传》:“文侯以吴起善用兵,廉平,尽能得士心,乃以为西河守。”唐司马贞《史记索隐》:“在河东郡之西界,盖近龙门。”[①]则“西河”又可进一步代指今陕西东部黄河西岸地区。与“西河”相对应,黄河下游折而东北流穿入卫、齐疆域内的一段,谓之“东河”[②],《礼记·王制》:“自东河至于西河,千里而近。”[③]是河相对而为东西也。

南阳,《左传》鲁僖公二十五年(前635)载,晋文公向周襄王请死后遂葬,周王弗许,为补偿晋侯而“与之樊、温、原、攒茅之田,晋于是始启南阳”,杜注:“在晋山(太行山)南河(黄河)北,故曰南阳。”[④]据陈伟先生研究,文公所受之南阳,除去见于《传》文的樊、温、原、攒茅四邑,还应囊括见于《国语·晋语四》的“州”“陉”“絺”“鉏”四地,合计八邑[⑤],因此,南阳“是一个区域地名”,大体在太行山以南、黄河以北的河南省沁阳、济源一带[⑥]。与“南阳”相比列还有“东阳”,《左传》鲁襄公二十三年(前550)载:齐庄公伐晋,晋“赵胜帅东阳之师以追之”。杨伯峻注:“东阳乃泛指晋属太行山以东之地,大略有今天河北邢台地区及邯郸地区一带地。”[⑦]亦是一区域地名。

据上,与黄河有关联的“西河”“东河”“南阳”“东阳”等概念均为区域地名称谓。比类而观,“南河”亦当如此。从河曲之南,折而东经晋、周、郑诸国之界的河段,统可称之为“南河”,有时又可指河

---

① (汉)司马迁:《史记》卷六七《仲尼弟子列传》,第2203页。

② (清)顾栋高辑,吴树平、李解民点校:《春秋大事表》卷八下《春秋列国山川表》,第963页。

③ (汉)郑玄注,(唐)孔颖达疏:《礼记正义》,第1347页。

④ (晋)杜预注,(唐)孔颖达疏:《春秋左传正义》,第1820—1821页。

⑤ 陈伟:《晋南阳考》,《历史地理》第18辑。

⑥ 马保春:《晋国地名考》,第278页。

⑦ 杨伯峻:《春秋左传注》(修订本),第1078页。

段内某一具体点。举例而言，晋南境有险隘崤山，在今河南省洛宁县西北六十里，西接陕县界，东接渑池县界，《左传》鲁僖公三十三年（前 627）晋秦两国崤之战即发生在此地。又《尚书·秦誓》："秦穆公伐郑，晋襄公帅师败诸崤，还归作秦誓。"孔颖达疏："崤山险阨，是晋之要道关塞也。从秦向郑，路经晋之南境于南河之南崤关而东适郑。"①由此可知，崤山附近一段黄河亦可称之为"南河"。又《尚书·禹贡》："荆及衡阳惟荆州……浮于江、沱、潜、汉，逾于洛，至于南河。"这里的"南河"，是指河南洛阳、巩县一带的河，也是由洛入河的地方②。

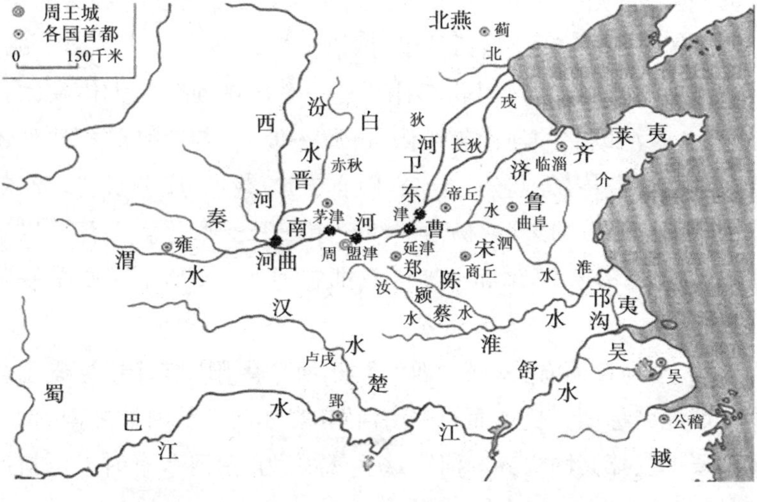

图 4-6　春秋时期黄河水系主要津渡示意图

综合而言，始于黄河由北南向直转为西东向之河曲，向东越春

① （汉）孔安国传，（唐）孔颖达疏：《尚书正义》，第 256 页。

② 侯仁之主编：《中国古代地理名著选读（第一辑）》，北京：学苑出版社 2005 年版，第 23 页。

秋时期晋、周、郑诸国界,此一大体西东向的河段,是为“南河”,而此河段内的某些重要地点,亦可冠以“南河”之名。具体到鲁僖公二十八年(前632)《传》文所载晋军假道于卫弗许而后“还自南河济”之“南河”,固宜为黄河南河河段之内的某处津渡。

“棘津”的可能性首先排除。如上所述黄河各河段划分的区域,河曲以北,是为西河,河曲以南折而东经周、郑界为南河,更折而东北,穿入卫、齐境为东河。据此,“棘津”是归属于黄河下游之东河河段的,与南河无涉。然在黄河中下游地区其他诸多津渡中,其所指究竟何处呢?这是下面我们要分析的重点。

三、春秋时期晋国对外交通古道及诸国假道之礼分析

《左传》鲁隐公五年(前718):“曲沃庄伯以郑人、邢人伐翼,王使尹氏、武氏助之,翼侯奔随。”杜预注:“翼,晋旧都,在平阳降邑县东。”杨伯峻注:“翼,今山西省翼城县东南。”[①]至《左传》鲁成公六年(前585)晋景公迁都于新田(今山西侯马市),翼始终为晋都所在。前引宋杰先生观点,春秋时期整个大中国之地理形势可分成三部分:一、是周、郑、宋、卫、陈等诸国所在的“中间地带”;二、是齐、秦、楚、晋等强国所在的“弧形中间地带”;三、为“周边区域”,“位于中国大陆的外缘,是春秋时期落后少数民族的主要活动区域”。周、郑等所在之“中间地带”与晋、楚等所在之“弧形中间地带”之间有大量的河川等天然地理障碍,两地带国家相互之间的聘请、宾旅来往必有一定的交通路线[②]。

① 杨伯峻:《春秋左传注》(修订本),第44页。

② 宋杰:《春秋战国之地域分析与列强争霸战略》,《首都师范大学学报(社科版)》1999年第2期。

当是时，晋人与周、郑、卫、宋、曹中原诸国交往的通道，当自晋都翼(今山西翼城)出发，东向翻越今山西翼城之乌岭山，遂进入沁水流域，继而顺沁水而下，至于晋国南鄙南阳地区，自南阳地区又有南下、东进两条交通路线：

南下，由南阳地区济盟津渡口，可达成周；东南向，可经郑国而至曹、宋、陈、鲁等。

东进，由南阳地区向东，进入今天河南省焦作地区，再经卫国棘津渡口济河而至曹、鲁、齐等。《左传》鲁文公五年(前622)："晋阳处父聘于卫，反过宁，及温而还。"说的是晋国大臣阳处父由卫反晋，经过了宁地(今河南省获嘉县北)、南阳地区温地(今河南省温县西南)回到晋都翼城，此条道路差不多与晋师东进路线相一致，仅方向反逆罢了。

再细品《左传》鲁僖公二十八年所载"晋侯(晋文公)将伐曹，假道于卫。卫人弗许，还，自南河济，侵曹、伐卫"一句话，可获得以下两条信息：

其一，晋军伐曹，首选了东进路线(即翼都——沁水——南阳——卫国棘津——曹)，因卫国拒绝假道而受阻。

其二，"还自南河济"，《尔雅·释言》："还，复，返也。"宋邢昺疏："皆回返也，《春秋》书师还又曰至河乃复之类是也。"[①]推测晋军自晋都翼城出发，假道使者必自先行借道，被拒之后与晋军相遇于晋南阳—卫棘津一线间，东向不通遂"还自南河济"说的是晋军原路回师而重新从"南河"渡河，而"还自南河济"并未提到再次假道，则"南河"无疑当属晋地，有两佐证。

佐证一，周初封建诸侯，各有分地，至春秋时期犹存百二十余

---

① (晋)郭璞注，(宋)邢昺疏：《尔雅注疏》，(清)阮元校刻：《十三经注疏》(附校勘记及附語)，杭州：浙江古籍出版社1998年影印本，第2581页。

国,如此众多的诸侯国,地形犬牙交错,相互交织,此种情况之下诸国相互之间的交通往来大多需经过他国之境,这就形成了春秋史上屡见的“假道之礼”。《仪礼·聘礼》:“若过邦,至于竟,使次介假道。束帛将命于朝。”汉郑玄注:“诸侯以国为家,不敢直径也。”[①]外出人员途需经某国时,副使(次介)先行献束帛于朝,允许而后可行。《国语·周语中》:“(周)定王使单襄公聘于宋,遂假道于陈以聘于楚。”周虽微弱,尚存天子之名,陈尤小国,王使过小国亦必假道,则不假道而径行,惟行于本国能如此。过人国而不假道是甚为严重的政治事件。《左传》鲁宣公十四年(前 595)载,楚庄王使申舟(文无畏)聘于齐,曰:“无假道于宋。”及宋,宋人止之,宋执政卿华元曰:“过我而不假道,鄙我也,鄙我,亡也。”乃杀之。杨伯峻注:“鄙我者,视我为其边鄙之邑县也。”[②]楚使申舟(文无畏)过宋国而不假道,在宋人看来是楚国以宋为楚之鄙邑,则国非国,终杀楚使。又《左传》鲁定公六年(前 504):“公(鲁定公)侵郑,取匡,为晋讨郑之伐胥靡也。往不假道于卫;及还,阳虎使季、孟自南门入,出自东门,舍于豚泽,卫侯怒,使弥子瑕追之。”鲁侵郑而不假道于卫,终遭卫军报复驱赶。

佐证二,“春秋时,犹尊礼重信也”[③],有志于争当霸主的大国更需尊礼,孟子曰:“以力假仁者霸。”[④]荀子曰:“信立而霸”[⑤],霸者,“不欺其与”。[⑥] 大国若欲做天下诸侯的霸主,须持礼、有德、讲

---

① (汉)郑玄注,(唐)贾公彦疏:《仪礼注疏》,第 1048 页。

② 杨伯峻:《春秋左传注》(修订本),第 755 页。

③ (清)顾炎武著,黄汝成集释,栾保群、吕宗力点校:《日知录集释》(全校本),第 749 页。

④ (清)焦循撰,沈文倬点校:《孟子正义》,第 221 页。

⑤ (清)王先谦撰,沈啸寰、王星贤点校:《荀子集解》,第 239 页。

⑥ (清)王先谦撰,沈啸寰、王星贤点校:《荀子集解》,第 242 页。

信。城濮之战当口，恰好系晋、楚两强争霸的关键时刻，晋国不可能直接违背礼制不假道而径从他国“南河”而济。

综上所述，通过考察春秋时期黄河中下游地区主要津渡，再结合对“西河”“东河”“南阳”“东阳”等地理称谓及春秋时期晋国对外交通古道、诸国“假道之礼”的详细解析认为，《左传》鲁僖公二十八年（前632）所载晋军“还自南河济”之“南河”应当是晋国南阳地区的“盟津”，而非属卫之棘津。

第五章　公族社会下之世族公族研究(下)

《史记·汉高祖本纪》:"是岁(汉高祖九年,前198年),徙贵族楚昭、屈、景、怀、齐田氏关中。"[①]《汉书·高帝纪》有类似记载:"(九年)十一月,徙齐、楚大族昭氏、屈氏、景氏、怀氏、田氏五姓关中,与利田宅。"[②]据此,至西汉初年楚屈、景、昭三氏还是势力强大的豪族,新兴王朝为加强监管,强迁楚之昭、屈、景、怀四氏和齐之田氏于关中地区。东汉王逸则直接称"屈、景、昭"三氏为"王族三姓"[③],故将屈、景、昭三氏置于一章作分析讨论。

第一节　屈　氏

屈氏,是楚国世族中非常特殊的存在。与斗、成、薳三氏比较而言,从春秋延续至战国,屈氏一直是一个显族,特别是在战国时期,其还能保持大族地位而不衰,尚有所发展,难能可贵。李零先生认为:"屈氏的硕果仅存、后来居上,当与其他三族过早消耗于权力角逐,而屈氏始终不是斗争焦点有关。"[④]

---

① (汉)司马迁:《史记》卷八《高祖本纪》,第386页。

② (汉)班固:《汉书》卷一下《高帝纪下》,第66页。

③ 黄灵庚:《楚辞章句疏证》(增订本),第1页。

④ 李零:《"三闾大夫"考——兼论楚国公族的兴衰》,《文史》2001年第1辑。

一、屈氏族源问题再分析

屈氏成员中,屈瑕最早见于文献记载。《左传》鲁桓公十一年(前701):"屈瑕将盟贰、轸。郧人军于蒲骚,将与随、绞、州、蓼伐楚师。"竹添光鸿笺曰:"楚武王生子瑕,受屈为客卿,因以为氏。"[①]竹添光鸿先生屈氏源于楚武王的笺注本源于自东汉王逸、唐代林宝以来形成的传统观点。王逸:"(楚武王)生子瑕,受屈为卿,因以为氏。"[②]林宝《元和姓纂》卷一〇"屈"条下:"楚公族芈姓之后。楚武王子瑕食采于屈,因氏焉。"[③]王逸、林宝之说又源自何处,已无从考究,司马迁《史记·屈原贾生列传》介绍屈原时,仅言:"屈原者,名平,楚之同姓也。"宋邓名世《古今姓氏书辩证》[④]、南宋郑樵《通志·氏族三·屈》[⑤]、明代学者董说之《七国考》[⑥],今人谭介甫[⑦]、李零[⑧]、唐嘉弘[⑨]、刘秉忠[⑩]、屈会涛[⑪]诸先生皆袭王、林之说,即屈氏源出楚武王。

---

① (日)竹添光鸿:《左氏会笺》,第198页。

② 黄灵庚:《楚辞章句疏证》(增订本),第22页。

③ (唐)林宝撰,岑仲勉校记:《元和姓纂(附四校记)》,第1511页。

④ (宋)邓名世撰,王力平点校:《古今姓氏书辩证》,第575页。

⑤ (宋)郑樵撰:《通志》,第457页。

⑥ (明)董说:《七国考》,第37页。按,《七国考·楚职官》"卿"条下:"楚武王子瑕受屈为卿,因以为氏。"

⑦ 谭介甫:《屈赋新编》,第207页。

⑧ 李零:《"三闾大夫"考——兼论楚国公族的兴衰》,《文史》2001年第1辑。

⑨ 唐嘉弘:《释"莫敖"》,《江汉论坛》1984年第11期。

⑩ 刘秉忠、李丽:《楚国公族姓氏考略》,《江汉考古》1999年第1期。

⑪ 屈会涛:《春秋时代的卿族政治》,上海:华东师范大学博士学位论文,2014年3月,第307页。

张正明先生:“旧注或谓屈瑕乃武王之子,纯属揣测,不足为据。”[①]对传统说法提出质疑。

又张君先生从三个方面反驳了“屈氏源于楚武王”的传统观点:第一,见于《左传》鲁桓公十一年(前701)、十二年(前700)、十三年(前699),莫敖屈瑕皆是以统兵主帅的身份出现的。“如果说屈瑕是武王之子的话,那么,除此一例外,楚国历史上再无一例楚王子在其父尚在位的情况下统兵的事情发生过了”。第二,《左传》中,楚国王子皆称“公子”,公子有名有字,但无氏,及至王孙始以父字、王父字(谥)、封邑或父亲所任官名为氏,王子或公子当其父还在位时即以邑为氏的例证却几乎没有[②]。如果说屈瑕是武王之子,则他当武王在世之时即以邑为氏,这显然是违例的。第三,《左传》鲁桓公十三年载楚武王夫人邓曼劝武王“抚小民以信,训诸司以德,而威莫敖以刑”,对“小民”“诸司”“莫敖”分别对待,“其中对莫敖的处置方法最为严厉”,“不像一个母后对王子所应有的口吻”,“却完全是为处置一个大权在握,趾高气昂的贵族而向武王进的谏言”。

基于上三条佐证,张君先生的结论是:屈瑕不是楚武王之子,

① 张正明:《楚史》,第80页。

② 按,公子在其父尚在位时即以邑为氏,虽说少见,然不可谓无。《国语·晋语八》载韩宣子(韩起)拜谢叔向之言,曰:“其自桓叔以下,嘉吾子之赐。”韦昭注:“桓叔,韩氏之祖曲沃桓叔也。桓叔生子万,受韩以为大夫,是为韩万。”继曲沃桓叔者为其子庄伯,又《左传》鲁桓公三年(前709)杜预注:“韩万,庄伯弟也。”明晰可知,曲沃桓叔之子万在其父尚在时即受韩,为韩氏之祖。又何浩先生认为楚武王之所以其尚在世时就分封屈瑕,是为了确立长子与次子的名分,保证长子世袭君位、次子另立小宗以服属于熊氏大宗。参见徐元诰撰,王树民、沈长云点校:《国语集解》,第439页;(晋)杜预注,(唐)孔颖达疏:《春秋左传正义》,第1746页;何浩:《春秋战国时期楚屈氏世系考述》,《中南民族学院学报(哲学社会科学版)》1984年第4期。

而应当是武王之弟。《左传》相关记载，屈瑕地位尊崇，高于斗伯比与斗廉，鲁桓公十一年(前 701)，斗廉以“君”称屈瑕，这“并不完全决定于‘莫敖’一职的官阶，而是决定于他的王弟身份”①。

清华简《楚居》篇，简 4 有“屈約(紃)”其人：

> 今曰楚人。至酓狂亦居京宗。至酓绎与屈約(紃)，思(使)若(鄀)嗌(嗌)卜徙於夷屯，为楩室＝(室，室)既成，无以内之，乃窃鄀人之犝(犝)以祭。②

田成方先生提出楚屈氏的族源可能与上《楚居》简文所见“屈約(紃)”有关③。整理者：“屈約，人名，‘約’字见《集韵·谆韵》，同‘紃’。或说字从玄从匀，是双音符字。此人与楚武王后裔屈氏无关。”④“屈氏源于屈紃”的观点尚需作进一步的补充证明。

又不少学者据《离骚》屈原自述“朕皇考曰伯庸”一语，认为屈氏源于“伯庸”。清王闿运：“皇考，大夫祖庙之名，即太祖也。伯庸，屈氏受姓之祖。”⑤陈直《楚辞拾遗》引“吉曾甫”之说：“伯庸为屈子之远祖。”⑥闻一多先生：“刘向以屈原为伯庸之末裔，似所见

① 张君：《楚国斗、成、蒍、屈四族先世考》，《楚文化觅踪》，第 183—185 页。

② 清华大学出土文献研究与保护中心编，李学勤主编：《清华大学藏战国竹简(壹)》，第 181 页。

③ 田成方：《东周时期楚国宗族研究》，第 42 页。

④ 清华大学出土文献研究与保护中心编，李学勤主编：《清华大学藏战国竹简(壹)》，第 184 页。

⑤ 金开诚、董洪利、高路明著：《屈原集校注》，北京：中华书局 1997 年版，第 6 页。

⑥ 陈直：《楚辞拾遗》，《楚辞四种》，香港：广智书局 1962 年版，第 1 页。

本皇考作皇祖于义为长。”①

赵奎夫先生言:“以上诸说(王闿运、陈直、闻一多)虽未能指出伯庸具体为何人,但都以为是屈氏受姓之祖或远祖,而且不依王逸所谓屈氏始封君为屈瑕的误说而指为屈瑕。”②并对“伯庸”的身份有精确的说明,立论有两条关键史料:

1.《世本》:“(熊渠)有子三人,其孟之名为庸,为句袒王。其中之名为红,为鄂王。其季之名为疵,为就章王。”

2.《离骚》:“帝高阳之苗裔兮,朕皇考曰伯庸。”

赵先生认为第一条史料当中的“孟”字,即“伯”字,楚人很早就有在名字前面依排行加伯仲叔季的习惯,“孟之名为庸”即是“伯庸”。第二条史料所见“伯庸”与《世本》及《史记·楚世家》的句亶王熊伯庸(康)为一人③。再者,“皇考”一词,秉承王闿运等观点,其“可指父,可指曾祖,可指太祖。《离骚》中说的皇考,从‘皇览揆余初度兮’一句看,能单独用一个‘皇’字指称,理解为太祖即最初受封之

① 闻一多:《离骚解诂》,上海:上海古籍出版社1985年版,第1页。

② 赵奎夫:《屈原与他的时代》,第7页。

③ 按,《大戴礼·帝系》、《史记·楚世家》中“伯庸”之名写作“无康”,或“勿康”,赵奎夫先生认为:“‘庸’‘康’形近易混,再则古韵‘庸’在东部,‘康’在阳部,旁转可通。”并举诸多史料作为依据,又“上古无轻唇音,‘无’‘勿’之声纽与‘伯’同”,因此“‘无康’‘勿康’,推其本源,当作‘伯庸’”。“伯庸”之所以得名,盖是其父熊渠以地命名,以旌其功。《史记·楚世家》:“(熊渠)当周夷王之时,王室微,诸侯或不朝,相伐。熊渠……乃兴兵伐庸、杨粤,至于鄂。……乃立其长子康为句亶王……”“伯庸”之得名,正是熊渠有伐庸之功,以被降服国家之国名作为自己儿子之命名。参见赵奎夫:《屈原与他的时代》,第2—4页。

君，要合情理些”[①]。

综上，赵奎夫先生观点：屈氏始祖乃楚君熊渠之长子——“句亶王熊伯庸”。郑文先生观点同[②]。

赵、郑二位先生“熊渠长子句亶王伯庸为屈氏始受姓之祖”的观点，亦有不少学者质疑其说。

黄灵庚先生：“此事关系重大，未可鲁莽，犹待异日出土文物验证之。”[③]又朱小丰先生认为赵奎夫先生的考证“可谓深入细致，发许多前人所未见。但对屈原身世之解，却显得穿凿附会，至失其真”[④]，指出屈原《离骚》“朕皇考曰伯庸”中之“伯庸”，当是“西周时期庸国国君的称号”，周封庸以伯爵，“庸君为伯，这就是‘伯庸’的来源”，进入春秋，庸国定都今湖北竹山县东，《左传》鲁文公十六年（前611）载庸人帅群蛮以叛楚，楚遂灭庸，“伯庸家族依当时惯例，当被封为楚贵族。又后约近三百年，屈原在这个家族里诞生”[⑤]。即屈氏为庸国国君后裔。

又曾祥文先生在《楚屈景昭三氏起源及其政迹考述》[⑥]一文中考证，屈氏是楚王族的一分支，然并非源于楚武王，其立氏时间可上溯至楚进入阶级社会以前。

再者，杨采华先生认为“屈姓并不始于屈瑕”“屈原非楚之同姓，屈氏楚之大姓而已”，依据有三：其一，《左传》载楚事始于武王，屈瑕是楚武王的开疆大臣，但《左传》没有记述屈瑕系楚武王之子；其二，屈氏的起源可以追溯到夏商时代；其三，春秋时代，屈姓并不

---

① 赵奎夫：《屈原与他的时代》，第5页。

② 郑文：《离骚檠诂》，《文史》第28辑。

③ 黄灵庚：《楚辞章句疏证》（增订本），第24页。

④⑤ 朱小丰：《屈原身世考》，《天府新论》2005年第6期。

⑥ 曾祥文：《楚屈景昭三氏起源及其政迹考述》（手稿），成都：四川大学硕士学位论文，1986年。

限于楚国[1]。

以上即是目前所见关于屈氏族源问题的诸多看法。考察诸观点,可分为两大类:“公族说”与“非公族说”。“非公族说”借助于考古材料,可证明是不成立的。

“楚屈子赤角簠”(《集成》04612),1975 年 11 月发现于湖北省随州市涢水西岸之鲢鱼嘴地区,仅存器盖,现藏湖北省博物馆,盖内铸铭 6 行 29 字(又重文 2):

> 隹正月初吉丁亥,楚屈子赤角媵仲嬭璜飤匿,其眉寿无疆,子子孙孙永保用之。

铭文大意是说“屈子赤角”为他的次女“芈璜”作媵器,祈望其子孙繁昌。据先秦时期女子称谓方式,易知“嬭”(“芈”)为屈氏之姓,则屈氏无疑系楚公族。

“公族说”诸多观点中,王逸、林宝以来的传统观点不宜轻易否定。

屈瑕,系屈氏族源考究中的一个关键人物。现将《左传》中相关史料详录如下:

> 1. 鲁桓公十一年(前 701):楚屈瑕将盟贰、轸。郧人军于蒲骚,将与随、绞、州、蓼伐楚师。莫敖患之(即屈瑕)。斗廉曰:“……君次于郊郢,以御四邑,我以锐师宵加于郧……”……遂败郧师于蒲骚,卒盟而还。
>
> 2. 鲁桓公十二年(前 700):楚伐绞,军其南门。莫敖屈瑕曰:“绞小而轻,轻则寡谋,请勿扞采樵者以诱之。”……为城下

① 杨采华:《屈原身世及官职新说》,《云梦学刊》1992 年第 6 期。

之盟而还。

3. 鲁桓公十三年(前699):十三年春,楚屈瑕伐罗,斗伯比送之,还,谓其御曰:“莫敖必败,举趾高,心不固矣。”……入告夫人邓曼,邓曼曰:“大夫其非众之谓,其谓君抚小民以信,训诸司以德,而威莫敖以刑也……夫固谓君训众而好镇抚之,召诸司而劝之以令德,见莫敖而告诸天之不假易也……”……莫敖缢于荒谷。

上三条史料,系屈瑕三次出征的记录,伐郧、伐绞、伐罗。张君先生指出,若屈瑕是武王之子,则“楚国历史上再无一例楚王子在其父尚在位的情况下统兵的事情发生过了”。确实如此,然不见文献记载,并不能说就没有发生过。考诸春秋其它诸国,诸侯国君尚在,而公子、公孙率军出征,并不鲜见。《左传》鲁闵公元年(前661)、二年(前660)晋太子申生,父晋献公在世时,一次独领下军、一次领全军,伐霍、魏、耿与东山皋落氏。其中鲁闵公二年的记载如下:

晋侯使大子申生伐东山皋落氏。里克谏曰:“大子奉冢嗣、社稷之粢盛,以朝夕视君膳者也,故曰冢子。君行则守,有守则从。从曰抚君,守曰监国,古之制也。夫帅师,专行谋,誓军旅,君与国政之所图也。非大子之事也。师在制命而已,禀命则不威,专命则不孝,故君之嗣适不可以帅师……

上引文中言“君之嗣适不可以帅师”,杨伯峻先生注:“适通嫡,嗣适犹言适嗣。”[1]即作为国君顺位继承人的诸侯嫡长子(太子)不可以帅师,除此之外,其他诸子是无此限制的。再者,屈瑕之所以能够

① 杨伯峻:《春秋左传注》(修订本),第268—269页。

率军出征,最大的原因是其担任了楚国莫敖一职,而春秋初期,莫敖相当于司马[①],是有带兵权力的。

再分析《左传》鲁桓公十三年(前699)所载楚武王夫人邓曼的谏言“抚小民以信,训诸司以德,而威莫敖以刑也”一语,明显把楚国社会分为三个阶层,即“小民”“诸司”“莫敖”。“小民”与“诸司”是相对的存在,关于莫敖,既然其官职相当于司马,理应是“诸司”中一员,而邓曼将其单独罗列,即不属于“小民”,也不在“诸司”(官员)之列,则莫敖屈瑕系何种身份呢?合理的解释即“屈瑕”为楚公子。正是基于其武王之子的特殊身份,才能与小民、诸司并立。三者身份有别,对待方式亦不同,小民以信,诸司以德,莫敖以刑,即:“训众而好镇抚之,召诸司而劝之以令德,见莫敖而告诸天之不假易也。”“训”“召”,上位者以对臣下,符合“众”“诸司”相对于楚武王而言的身份。“莫敖”,用“见”“告”二字,“见”通“现”,意指让某人来见,常用于长、晚辈之间,《论语·微子》:“……止子路宿,杀鸡为黍而食之,见其二子焉。”“见其二子”指老丈让其二子来见子路。“告”的内容是“天之不假易”,杨伯峻先生注:“假易,犹宽纵。天不假易,谓天道不相宽纵。”[②]显为父亲训导儿子的口吻。

《路史》卷二六:“屈,武子瑕邑,号屈侯。”[③]“屈瑕”何以可直称为“屈侯”?《史记·楚世家》载西周晚期楚君熊渠之言:“我蛮夷也,不与中国之号谥。”并分封三子为王。熊渠封三子为王,自己当上何尊号呢?罗运环先生指出:“熊渠以子称王这是对周王朝的蔑视”,三子既已称王,“他自己的称号就应该更高一等”,又要“不与

① 杨伯峻:《春秋左传注》(修订本),第130页。

② 杨伯峻:《春秋左传注》(修订本),第137页。

③ (宋)罗泌撰:《路史》,《文渊阁四库全书》第383册,台北:商务印书馆1986年影印本,第292页。

中国之号谥”，熊渠“只有称敖才是”[1]。见解精辟。后由于周厉王“暴虐”，《楚世家》载：“熊渠畏其伐楚，亦去其王。”罗先生又考证：“实际上去其王号的是他的三个儿子。”[2]熊渠三子去王号后，遂称“侯”，《吴越春秋·勾践阴谋外传》：“楚三侯，所谓勾亶、鄂、章，人号麇侯、翼侯、魏侯也。”[3]

据上，熊渠称“敖”[4]时，其子可称“侯”。

进入春秋，“敖”称受尊重程度已经次于“王”称[5]。熊通（楚武王）即位称敖[6]，三十七年（前704）称王，《楚世家》载：

> 三十七年，楚熊通怒曰：“吾先鬻熊，文王之师也，蚤终。成王举我先公，乃以子男田令居楚，蛮夷皆率服，而王不加位，我自尊耳。”乃自立，为武王。

熊通称王，一者是楚继续行使“不与中国之号谥”的政策，二者亦表明楚欲与以周为中心的中原王朝并立、争霸之雄心，实际情况也是如此。楚武王在位期间，取荆州以为根基，疆域东达汉水，北与邓临，西近彭水（今鄂西北汉水支流南河），南至大江。以江、汉、沮、漳为楚望的上国基地，由此基本成型，楚崛起于江、汉之间了。

熊通藉楚国发展形势而自尊为“王”，与熊渠“甚得江汉间民和”而以“敖”自称相似，只是随着历史发展进程，“敖”“王”受尊重

---

① 罗运环：《楚国八百年》，第108页。

② 罗运环：《楚国八百年》，第109页。

③ （汉）赵晔撰，（元）徐天祜音注：《吴越春秋》，南京：江苏古籍出版社1999年版，第150页。

④ 按，罗运环先生认为：熊渠取消三子王号，自己也当取消敖的称号而改称“公”。参见罗运环：《楚国谥法研究》，《出土文献与楚史研究》，第231页。

⑤⑥ 罗运环：《楚国八百年》，第117页。

程度有所易位罢了。熊渠称“敖”,三子称“侯”,则“屈瑕”又称为“屈侯”,也就可成为其为武王之子的另一条重要佐证。

合之,屈瑕为楚武王之子、屈氏源于武王的传统说法应是成立的。

二、楚国屈氏世系疏证

屈氏世系,研究成果颇多,古代有宋程公说①,清陈厚耀②,今人有姜亮夫先生③、吴静安先生④、何浩先生⑤等,在诸前贤研究成果基础上,对屈氏世系作再梳理。

1. 春秋屈氏世系疏证

主要依据《左传》相关记载,对春秋时期屈氏世代做一个大体的排序,某些不够清楚,或者需要注意的地方,以按语的形式进行说明。

第一世代:

人名:屈瑕;官职:莫敖。

史料背景:集中在《左传》鲁桓公十一年(前701)、十二年、十三年,详前。

按,屈瑕的身世,前已有讨论,暂定为楚武王之子。又谭介甫先生考证屈瑕是楚武王之长子⑥;何浩先生则认为“屈瑕为(楚)武

---

① (宋)程公说:《春秋分记》卷一四,《四库全书珍本初集》经部20集,第10430页。

② (清)陈厚耀:《春秋世族谱》,《文渊阁四库全书》第178册,第383页。

③ 姜亮夫:《史记屈原列传疏证》,《姜亮夫全集八·楚辞学论文集》,第5页。

④ 吴静安:《“帝高阳之苗裔兮,朕皇考曰伯庸”解——屈原先世考》,《南京师范学院学报》1983年第1期。

⑤ 何浩:《春秋战国时期楚屈氏世系考述》,《中南民族学院学报(哲学社会科学版)》1984年第4期。

⑥ 谭介甫:《屈赋新编》,第207页。

王次子”[1]。未详孰是。

第二世代：

人名：屈重；官职：莫敖。

史料背景：《左传》鲁庄公四年（前690）：楚武王荆尸伐随，“卒于樠木之下。令尹斗祈、莫敖屈重除道、梁溠，营军临随，随人惧，行成。莫敖以王命入盟随侯，且请为会于汉汭，而还”。

按，清学者高士奇考证：“屈重，屈瑕子。”[2]洪亮吉：“此屈重当系屈瑕之子。”[3]陈厚耀《春秋世族谱》，从其所绘制的世系表来看，亦认为屈重是屈瑕之子。今人吴静安、姜亮夫[4]、何浩诸先生[5]亦赞同，其中吴静安先生云：“春秋时各国官职，常常世袭下去，故屈重必为屈瑕之后无疑”[6]。

推算屈重始现与屈瑕自缢于荒谷仅间隔八年，重为瑕子是有依据的，官拜莫傲，概子袭父职，在任时间上限是鲁桓公十三年（前699），下限又不会晚于鲁僖公四年（前656）。

第三世代：

人名：屈完；官职：莫敖。

史料背景：《春秋》鲁僖公四年（前656）：“楚屈完来盟于师，盟于召陵。”

---

①⑤ 何浩：《春秋战国时期楚屈氏世系考述》，《中南民族学院学报（哲学社会科学版）》1984年第4期。

② （清）高士奇：《春秋左传姓名同异考》，《续修四库全书》第121册，上海：上海古籍出版社2001年版，第237页。

③ （清）洪亮吉：《春秋左传诂》，第235页。

④ 姜亮夫：《史记屈原列传疏证》，《姜亮夫全集八·楚辞学论文集》，第5页。

⑥ 吴静安：《“帝高阳之苗裔兮，朕皇考曰伯庸”解——屈原先世考》，《南京师范学院学报》1983年第1期。

按,高士奇:"屈重,屈瑕子;屈完,屈重子。"[①]陈厚耀、吴静安、何浩等先生所绘世系图,屈完亦是屈重之子。程公说观点异,云:"重、完一人。"[②]前说为是。

鲁僖公四年之《经》、《传》,屈完未详载其官职。杜预注:"屈完,楚大夫也。"[③]推测屈完在鲁僖公四年时已任莫敖一职,原因有二:其一,屈完是屈重之子,子袭父职,宜为莫敖;其二,《左传》鲁僖公四年齐桓公率鲁、宋、陈、卫、郑、许、曹八国之师南征楚,"楚子使屈完如师",屈完至诸侯驻地,与齐桓公辩论道:"君若以德绥诸侯,谁敢不服?君若以力,楚国方城以为城,汉水以为池,虽众,无所用之。"结果"屈完及诸侯盟"。以上一系列活动中,宋公文先生指出:"屈完'将兵'和签盟的权能,颇类其前的莫敖屈瑕和屈重,故可推知召陵之盟前后他职为莫敖。"[④]

第四世代:

人名:屈御寇,字子边;官职:息公。

史料背景:《左传》鲁僖公二十五年(前 635):"秋,秦、晋伐鄀。楚斗克、屈御寇以申、息之师戍商密……秦师囚申公子仪(斗克)、息公子边(屈御寇)以归。"

按,屈御寇,程公说《春秋分记·世谱七》:"莫敖瑕生边。"[⑤]姜亮夫[⑥]、吴静安先生[⑦]同意程说,即屈御寇为屈瑕之子,属屈氏第二

① (清)高士奇:《春秋左传姓名同异考》,《续修四库全书》第 121 册,第 237 页。

②⑤ (宋)程公说:《春秋分记》卷一六,《四库全书珍本初集》经部 20 集,第 10456 页。

③ (晋)杜预注,(唐)孔颖达疏:《春秋左传正义》,第 1792 页。

④ 宋公文:《楚史新探》,第 261 页(注③)。

⑥ 姜亮夫:《史记屈原列传疏证》,《姜亮夫全集八·楚辞学论文集》,第 5 页。

⑦ 吴静安:《"帝高阳之苗裔兮,朕皇考曰伯庸"解——屈原先世考》,《南京师范学院学报》1983 年第 1 期。

世代。不妥。

《左传》鲁僖公二十五年(前 635) 屈御寇首见,上距屈瑕之卒(前 699)约 65 年,为父子不尽合理。何浩先生云:“如果说屈御寇作为息之县公能率兵远戍商密,其年龄不能太大,充其量只会五十出头。这样,其生年距屈瑕之死相差十多年。屈瑕死时,屈御寇尚未出生,屈御寇显然不会是屈瑕之子,此年距屈瑕之子屈重‘以王命入盟随侯’,也已五十六年,从活动时间来看,屈御寇只会是屈完之子。”①可信。

屈御寇系屈完之子,系屈氏第四世代人物。

第五世代:

1. 人名:屈荡;官职:左广车右。

2. 人名:屈巫,即申公巫臣,字子灵;官职:申公。

史料背景:

1.《左传》鲁宣公十二年(前 597):楚晋两国治兵于邲地,“楚子为乘广三十乘,分为左右。右广鸡鸣而驾,日中而说;左则受之,日入而说。许偃御右广,养由基为右;彭名御左广,屈荡为右”。

2. 同年邲战楚胜之后,伐萧,申公巫臣曰:“师人多寒。”王巡三军,拊而勉之。

按,左广车右屈荡,程公说:“莫敖(屈)瑕生边(即屈御寇),边生朱(即息公子朱),朱生荡。”吴静安先生观点同。“息公子朱”,见于《左传》鲁文公三年(前 624):楚伐江国,“晋阳处父伐楚以救江,门于方城,遇息公子朱而还”。

何浩先生也认可“息公子朱”生“屈荡”的观点,且考证“息公子朱”即是楚系青铜器“屈子赤角簠” (《集成》04612)的器主“屈子赤

① 何浩:《春秋战国时期楚屈氏世系考述》,《中南民族学院学报(哲学社会科学版)》1984 年第 4 期。

角”,与程、吴二说稍有不同的是:“子朱与屈御寇的活动时间极为相近,或为屈御寇之弟,于屈御寇为秦军俘虏后继为息公。”即屈氏第三世代屈完有屈御寇、息公子朱(屈子赤角)二子,子朱又生左广车右屈荡。

上述诸家关于“屈御寇”“息公子朱”“屈荡”三者关系的观点,似可商。文献中所见之“息公子朱”,实际身份为“公子朱”,并非屈氏成员;“息公子朱”与铜铭中所见“屈子赤角”,亦非一人,此一问题,详本章第四节《“楚屈子赤角簠”新研》。

高士奇又认为左广车右屈荡是屈完之子[①],属屈氏第四世代。屈荡首见(前597)上距屈完(前656)约60年,二人为祖孙尚可,为父子则不尽合理。

楚系青铜器有两件“楚屈叔沱戈”(《集成》11198、11393)。编号11393一件最早见录于罗振玉《贞松堂集古遗文》[②],徐乃昌先生指出其出土地或在安徽寿县[③],何浩先生申之:“有明确的出土地点,说明此器不伪,很有可能,此戈是1933年安徽寿县朱家集南李家孤堆楚王墓的出土器物之一。”[④]胡部与内两面计铸铭19字,先读胡部,再读内部背面,后读内部正面,如下:

楚屈叔沱,屈□之孙,楚王之元右,王钟[illegible]笙于缶。

① (清)高士奇:《春秋左传姓名同异考》,《续修四库全书》第121册,第237页。

② 罗振玉:《贞松堂集古遗文》,北京:北京图书馆出版社2003年版,第69—70页。

③ 转引自刘彬徽:《楚系青铜器研究》,第307页。

④ 何浩:《〈楚屈叔沱戈〉考》,《安徽史学》1985年第1期。

编号 11198 一件为湖南省所收集①,胡部铸 7 字铭文:

楚屈叔沱之元用。

据铭,两器器主皆为"屈叔沱"。吴静安先生据铭"元右"二字,及《左传》鲁宣公十二年(前 597)"屈荡为右"的记载,认为"屈叔沱"即是"屈荡","盖名沱而字荡。荡与沱都是蓄水的场所,故可相训诂"②。何浩先生同意吴说而稍有不同,首先对"屈叔沱戈"作了铜器年代学上的划分,援引王光镐先生意见,将此器年代定在春秋中期。又"叔沱",其字;"荡",为其名,"沱""荡"音类而义同③。刘彬徽先生同意上何浩先生观点,还将两器与淅川下寺楚墓出土器物作了对比:"从此戈拓本并对照实物看,它与下寺 M8 的以邓戈最为接近。"据此将"屈叔沱戈"的年代断为东周二期末年④。

合之,铜铭之"屈叔沱"与《传》文之"屈荡"系一人。"屈",氏称;"荡",人名;"叔沱",人名之字。

又第一件器铭中,言屈叔沱(屈荡)是"屈□之孙",赵奎夫、何浩二位先生推究中间缺失的为"完"字,即屈叔沱(屈荡)为屈完之孙⑤,可信。前已考证屈完生屈御寇,既然屈荡又是屈完之孙,则屈荡很有可能是屈御寇之子,属屈氏第五世代。再者,铭文中仅

---

① 周世荣:《湖南楚墓出土古文字丛考》,《湖南考古辑刊》1982 年第 1 辑。

② 吴静安:《"帝高阳之苗裔兮,朕皇考曰伯庸"解——屈原先世考》,《南京师范学院学报》1983 年第 1 期。

③ 何浩:《〈楚屈叔沱戈〉考》,《安徽史学》1985 年第 1 期。

④ 刘彬徽:《楚系青铜器研究》,第 308 页。

⑤ 赵奎夫:《屈原与他的时代》,第 45 页;何浩:《〈楚屈叔沱戈〉考》,《安徽史学》1985 年第 1 期。

言屈荡为“屈□之孙”,而并没有出现其父的称谓,原因何在?仔细推敲,不外乎两个方面的原因,或者是其父不显于当时,或者基于某种原因,不欲提及。征诸史籍,屈御寇在《左传》鲁僖公二十五年有出征为秦所俘的记录(前已论述),此恰好与上第二种可能性有某种程度的暗合。这也可作为屈荡为屈御寇之子的一条佐证。

时间上看,“左广车右屈荡”生活在公元前597年左右,与屈御寇见于记载的前635年,间隔不是太远,故“左广车右屈荡”宜为屈御寇子。

屈巫臣,《春秋分记·世谱七》:“申公巫臣,不详所系。”[①]郑樵《通志·氏族略四》认为其是左广车右屈荡(即屈叔沱)之子[②]。张澍《姓氏寻源》:“楚屈荡之子屈申,亦曰申公巫臣,后奔晋。”[③]吴静安先生同,言:“屈荡有三子,屈乘、屈到和屈巫臣。”[④]何浩先生举了两条证据反驳上观点:其一,鲁宣公十二年(前597)《传》文中,屈巫已为申公,官阶高于屈荡,而且年龄显然比担任左广力士的屈荡要大一些;其二,屈巫之子名屈狐庸,始见于《左传》鲁成公七年(前584);而屈荡之子屈到,始见于《左传》鲁襄公十五年(前558),时间间隔太远,所以屈巫不会是屈荡之子。何浩先生又认为屈巫“很有可能是屈荡之兄”[⑤],然仅提出见解而并未予以证明,兹补论之。

---

① (宋)程公说:《春秋分记》卷一六,《四库全书珍本初集》经部20集,第10456页。

② (宋)郑樵撰:《通志》,第465页。

③ (清)张澍编纂:《姓氏寻源》,长沙:岳麓书社1992年版,第79页。

④ 吴静安:《“帝高阳之苗裔兮,朕皇考曰伯庸”解——屈原先世考》,《南京师范学院学报》1983年第1期。

⑤ 何浩:《春秋战国时期楚屈氏世系考述》,《中南民族学院学报(哲学社会科学版)》1984年第4期。

见前1、2条史料，左广车右屈荡（即屈叔沱）、申公巫臣大致生活在同一时间段内，即公元前6世纪前期。左广车右屈荡，字叔沱，"叔"字，宜表示屈荡在家族中的排行。既然左广车右屈荡称"叔"，则其上当有兄矣。所以，申公巫臣与屈荡宜为兄弟，巫臣为兄，屈荡为弟。

何浩先生又认为巫臣、左广车右屈荡兄弟皆出于"息公子朱"，不确。

申公巫臣，据《左传》鲁成公二年（前589）记载，因夏姬获罪于当时楚国令尹子重（公子婴齐）、司马子反（公子侧），出逃晋国。其子为屈狐庸，晋以邢地作其采邑，后代遂以邢为氏，是从屈氏衍生出来的一小分支。又《左传》鲁成公七年（前584）载：子重（公子婴齐）、子反（公子侧）泄私愤于巫臣，"杀巫臣之族子阎、子荡及清尹弗忌及襄老之子黑要"。"子阎""子荡"及"清尹弗忌"，杜预注："皆巫臣之族。"①此三人的世次高于屈巫，或低于屈巫，或与屈巫相当，无法考据。《春秋分记·世谱七》言三人与屈狐庸同为巫臣子②，不知出于何处，可存疑待考。

第六世代：

人名：屈到，字子夕；官职：莫敖。

史料背景：《左传》鲁襄公十五年（前558）："屈到为莫敖。"

按，鲁襄公十五年"屈到"条下，杜预注："屈到，屈荡子。"③《国语·楚语上》"屈到嗜芰"条下，韦昭注："屈到，楚卿，屈荡子子夕也。"④

---

① （晋）杜预注，（唐）孔颖达疏：《春秋左传正义》，第1903页。

② （宋）程公说：《春秋分记》卷一四，《四库全书珍本初集》经部20集，第10456页。

③ （晋）杜预注，（唐）孔颖达疏：《春秋左传正义》，第1959页。

④ 徐元诰撰，王树民、沈长云点校：《国语集解》，第488页。

屈到，为左广车右屈荡(屈叔沱)之子，学界无异议。

第七世代：

1. 人名：屈建，字子木；官职：莫敖、令尹。

2. 人名：屈荡；职务：连尹、莫敖。

史料背景：

1.《左传》鲁襄公二十二年(前551)：“(楚康王)复使薳子冯为令尹，公子齮为司马，屈建为莫敖。”又《左传》鲁襄公二十五年(前548)：“楚薳子冯卒，屈建为令尹。”又《左传》鲁襄公二十八年(前545)：“楚屈建卒，赵文子丧之如同盟，礼也。”

2. 鲁襄公十五年(前558)：“屈荡为连尹。”又鲁襄公二十五年(前548)紧接“楚薳子卒冯卒，屈建为令尹”下载：“屈荡为莫敖。”

按，依《国语・楚语上》[①]《世本・屈氏》[②]及《左传》鲁襄公二十五杜注[③]等，屈建是屈到之子，车右屈荡(屈叔沱)之孙，属于屈氏第七世代。

下着重讨论楚历史上两个“屈荡”的问题。便于分析，将《左传》中“屈荡”有关史料集中摘录如下：

1. 鲁宣公十二年(前597)：“楚子为乘广三十乘，分为左右。右广鸡鸣而驾，日中而说；左则受之，日入而说。许偃御右广，养由基为右；彭名御左广，屈荡为右。”

---

① 徐元诰撰，王树民、沈长云点校：《国语集解》，第506页。

② (汉)宋衷注，(清)秦嘉谟等辑：《世本八种・秦嘉谟辑补本》，第172页。按，《世本》：“屈荡，屈建之祖父。荡生子夕到，到生子木建，建生屈生。”

③ (晋)杜预注，(唐)孔颖达疏：《春秋左传正义》，第1985页。

2. 鲁襄公十五年(前 558):“楚公子午为令尹,公子罢戎为右尹,蔿子冯为大司马,公子橐师为右司马,公子成为左司马,屈到为莫敖,公子追舒为箴尹,屈荡为连尹,养由基为宫厩尹,以靖国人。”

3. 鲁襄公二十五年(前 548):“楚薳子冯卒,屈建为令尹,屈荡为莫敖。”

其一,鲁襄公十五年之“连尹屈荡”与二十五年之“莫敖屈荡”为一人,学界无异议。其二,鲁宣公十二年之“左广车右屈荡”(屈叔沱),是屈到之父、屈建之祖父,属屈氏第五世代。防止混淆,此“左广车右屈荡”后将称其为“屈叔沱”。其三,“屈叔沱”与“屈荡”的关系,杨伯峻先生:“未审两屈荡是一人否。”[1]程公说:“同姓名,盖误尔。不然或同一人也,今止书其一。”[2]又鲁襄公二十五年(前 548)“屈荡为莫敖”条下,杜预注:“宣十二年邲之役,楚有屈荡(屈叔沱),为左广之右,《世本》:屈荡(屈叔沱),屈建之祖父。今此屈荡与之同姓名。”[3]实已指出“屈叔沱”与“屈荡”实非一人。

杜预“屈叔沱”与“屈荡”非一人的观点,可信。假若鲁宣公十二年左广车右“屈叔沱”与鲁襄公十五年、二十五年“屈荡”为一人之说成立,则一方面,依据鲁襄公十五年的记载,最终结果是屈荡、屈到父子二人同仕于楚庭,儿子屈到为莫敖,父亲屈荡为连尹,儿子职务高于父亲。另一方面,又据鲁襄公二十五年所载,逾十年后父亲屈荡又担任了儿子屈到曾经的职务莫敖,孙子屈建为令尹,职

① 杨伯峻:《春秋左传注》(修订本),第 738 页。

② (宋)程公说:《春秋分记》卷一四,《四库全书珍本初集》经部 20 集,第 10456 页。

③ (晋)杜预注,(唐)孔颖达疏:《春秋左传正义》,第 1985 页。

务又高于祖父,难令人信服。

合之,“屈叔沱”“屈荡”非一人。

关于连尹“屈荡”,尚需说明其在屈氏当中的世代问题。

鲁襄公二十五年(前548)《传》文记载,在屈建由莫敖升迁为令尹的情势下,连尹“屈荡”继屈建后任莫敖职,陈厚耀考证:“(连尹“屈荡”)与屈建同时之人。”[①]何浩先生指出“屈荡(连尹“屈荡”)当为屈到少子、屈建之弟,车右屈荡(屈叔沱)之孙”[②]。若何说成立,则一者屈到、屈荡(连尹“屈荡”)父子二人在楚康王初年(前558)就已经并列于朝(莫敖、连尹),地位极高;其次,至康王末年,屈建、屈荡(连尹“屈荡”)兄弟二人又同时占据更高位令尹与莫敖。通读楚史,父子三人如此显赫、并立于楚庭的情况,鲜见。

连尹“屈荡”或为屈到从子,与屈建为从父兄弟。《元和姓纂》“子乘氏”条下:“楚屈荡生子乘,因氏焉。”[③]藉“屈荡”名其子为“乘”看,其意义恰与“屈叔沱”曾任左广车右之官相合,属以王父之职为氏的范畴,可推定此处之“屈荡”宜为“屈叔沱”。也就是说,左广车右屈叔沱有二子:屈到、屈乘。应该正是屈乘又生了连尹“屈荡”。

综上,屈氏从左广车右屈叔沱始,又分为两支:一、是屈叔沱—屈到—屈建支;二、是屈叔沱—屈乘—连尹屈荡支。

左广车右“屈叔沱”与连尹“屈荡”为祖孙关系,二人同名。考诸古籍,王父辈与孙辈同名者,不乏其例。《左传》鲁昭公二十三年

---

① (清)陈厚耀:《春秋世族谱》,《文渊阁四库全书》第178册,第383页。

② 何浩:《春秋战国时期楚屈氏世系考述》,《中南民族学院学报(哲学社会科学版)》1984年第4期。

③ (唐)林宝撰,岑仲勉校记:《元和姓纂(附四校记)》,第841页。

(前519):“吴大子诸樊入郹。”杜预注:“诸樊,吴王僚之大子也。”[①]吴王僚,其伯父又称为“诸樊”,鲁襄公十三年(前560)至二十五年(前548)在位,是吴王僚之子与其伯祖同名矣。

第八世代:

1. 人名:屈申;官职:莫敖。

2. 人名:屈生;官职:莫敖。

史料背景:

1.《左传》鲁昭公四年(前538):“秋七月,楚子(楚灵王)以诸侯伐吴,宋大子、郑伯先归,宋华费遂、郑大夫从。使屈申围朱方,八月甲申,克之,执齐庆封而尽灭其族。”

2.《左传》鲁昭公五年(前537):“楚子(楚灵王)以屈申为贰于吴,乃杀之。以屈生为莫敖。”

按,《左传》鲁昭公四年“屈申”条下,杜预注:“屈申,屈荡之子。”[②]此屈荡当是见于鲁襄公十五年、二十五年之屈荡,即第七世代之屈荡。竹添光鸿笺曰:“荡生两子,曰到,曰申。”[③]将左广车右之“屈荡(屈叔沱)”与曾任连尹、莫敖之职的“屈荡”混淆为一,显误解了杜注,不可取。

上引《传》文,虽未明载屈申官职,据其为楚克朱方师的主帅看,地位当不低。尤鲁昭公五年的记载,楚灵王杀屈申之下,紧接“以屈生为莫敖”,再屈申之父屈荡见于鲁襄公二十五年即担任莫敖一职。藉上数条,可推定屈申在屈生之前任莫敖职。张澍所整理《世本》之《楚谱》已指出:“荡生申,申亦为莫敖,事灵

① (晋)杜预注,(唐)孔颖达疏:《春秋左传正义》,第2102页。
② (晋)杜预注,(唐)孔颖达疏:《春秋左传正义》,第2035页。
③ (日)竹添光鸿:《左氏会笺》,第1693页。

王。”[①]屈申任莫敖的时间上限不会早于鲁襄公十五年(前548)。

又《左传》鲁昭公五年“屈生”条下,杜预注:“生,屈建子。”[②]

第九世代:

人名:屈罢;职务:莫敖。

史料背景:《左传》鲁昭公十四年(前528):“夏,楚子(楚平王)使然丹简上国之兵于宗丘,且抚其民。分贫,振穷;长孤幼,养老疾;收介特,救灾患;宥孤寡,赦罪戾;诘奸慝,举淹滞;礼新,叙旧;禄勋,合亲;任良,物官。使屈罢简东国之兵于召陵,亦如之。”

按,屈罢,顾栋高《春秋大事表·卿大夫世系表下》言:“系未详。”[③]何浩先生考证:“屈罢奉命选练、检阅楚东部武,安抚楚民,结好国邻。就其使命看,颇类似莫敖。显然是袭屈生之职,大约是屈生之弟辈。”[④]赵奎夫先生则认为:“屈罢,应为屈生之子……为平王朝之莫敖。”[⑤]吴静安先生亦同[⑥]。从屈氏子袭父莫敖职的规律性看,赵奎夫、吴静安二位先生观点为是,屈罢应属屈氏第九世代。

以上即依据《左传》所整理的春秋时期楚屈氏世系,绘成世系表如下:

---

① (汉)宋衷注,(清)秦嘉谟等辑:《世本八种·张澍稡集补注本》,第134页。

② (晋)杜预注,(唐)孔颖达疏:《春秋左传正义》,第2041页。

③ (清)顾栋高辑,吴树平、李解民点校:《春秋大事表》卷一二《春秋列国卿大夫世系表(下)》,第1373页。

④ 何浩:《春秋战国时期楚屈氏世系考述》,《中南民族学院学报(哲学社会科学版)》1984年第4期。

⑤ 赵奎夫:《屈原与他的时代》,第50页。

⑥ 吴静安:《“帝高阳之苗裔兮,朕皇考曰伯庸”解——屈原先世考》,《南京师范学院学报》1983年第1期。

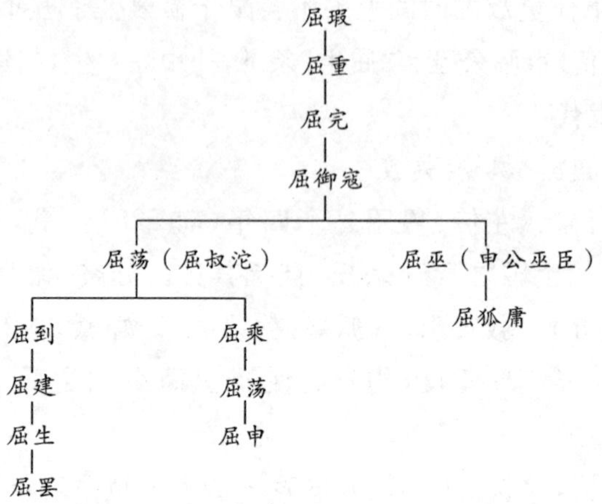

图 5－1　春秋时期楚国屈氏宗族世系图

此外，春秋时不见于《左传》记载而在其它典籍中出现的屈氏人物尚有：屈春，见《说苑・臣术》[1]；屈建，见《淮南子・人间训》[2]、《说苑・权谋》[3]，与春秋屈氏第七世代之令尹屈建为不同之人；屈庐，见《新序・义勇》[4]；屈固，见《史记・楚世家》[5]。基于史料记载可信性等原因，对上述四人并没有作世系上的推测。

历史进入战国，典籍记载颇有缺失，屈氏成员可考其出身世代者，几无。若强而为之，必问题重重。在此，将战国时出现的屈氏人物大体罗列如下：

屈宜臼。《史记・六国年表》载屈宜臼是楚威王之臣[6]。

---

① （汉）刘向撰，向宗鲁校证：《说苑校证》，第 41 页。
② 何宁撰：《淮南子集释》，第 1306 页。
③ （汉）刘向撰，向宗鲁校证：《说苑校证》，第 321 页。
④ （汉）刘向编著，石光瑛校释，陈新整理：《新序校释》，第 1039 页。
⑤ （汉）司马迁：《史记》卷四〇《楚世家》，第 1718 页。
⑥ （汉）司马迁：《史记》卷一五《六国年表》，第 727—728 页。

屈原,楚怀王臣,任楚"三闾大夫"一职,见《史记·屈原贾生列传》[①]。

屈匄,或作屈盖。楚怀王臣,事迹甚多,参《战国策·秦策二》,《史记·秦本纪》、《六国年表》、《楚世家》、《屈原贾生列传》等。

屈署。楚怀王臣,《战国策·楚策四》:"长沙之难,楚太子横为质于齐……遽令屈署以东国为和于齐。"[②]

2. 考古资料所见屈氏成员

青铜器铭文与包山简等简册中多见屈氏成员。

(1) 青铜器铭文中所见屈氏成员

与屈氏世族成员相关的楚系青铜器有五例:

(一) 楚屈叔沱戈(《集成》11198、11393)

详前。

(二) 楚屈子赤角簠(《集成》04612)

详本章第四节《楚"屈子赤角簠"新研》。

(三) 塞公屈顈戈(《铭图》16696)

详本章第五节《湖北枝江出土"㾃父"铜器的新认识》。

(四) 楚屈喜戈(《铭图》16765)

2003年,河南南阳八一路金汉丰商厦住宅工地32号墓地出土[③],时代系春秋晚期早段[④],现藏南阳市博物馆。胡部铸铭1行5字:

楚屈喜之用。

---

① (汉)司马迁:《史记》卷八四《屈原贾生列传》,第2481页。

② (汉)刘向集录,范祥雍笺证,范邦瑾协校:《战国策笺证》,第889页。

③ 林丽霞、王凤剑:《南阳市近年出土的四件春秋有铭铜器》,《中原文物》2006年第5期。

④ 邹芙都:《楚系铭文综合研究》,第90页。

器主称谓格式为:国名(楚) + 氏称(屈) + 人名(喜),该戈直援尖锋,中胡较宽,阑侧二长穿一小穿,内上一横穿,饰双线纹,林丽霞、王凤剑二位先生指出:“戈形制与淅川下寺春秋墓所出王子午戟基本相同……屈喜墓距申公彭宇墓、申公之孙彭无所墓相距不远,当属楚申县贵族墓葬区,我们推测屈喜或与申公巫臣有一定渊源。”①

按,见于《左传》,楚王子午系楚庄王子,鲁襄公十二年(前561)任司马,十五年(前558)为令尹,二十一年(前552)卒,“屈喜”与王子午同时代,则大体生活在楚康王时期(前559—545年在位)。林丽霞、王凤剑二位先生怀疑“屈喜”“申公巫臣”二人之间有一定渊源,依据当是屈巫臣曾任申县县公,而屈喜戈又恰好在南阳出土。又张丹先生:“(“屈喜”“申公巫臣”)二人之间是否有直系血缘关系,则不可知。”②揆诸史料,屈巫臣、屈喜应仅系同族,而不存在直系血缘关系。前已述,公元前589年,屈巫臣为夏姬之故出逃晋国,其子屈狐庸亦在晋为官。公元前584年,楚“杀巫臣之族子阎、子荡及清尹弗忌及襄老之子黑要,而分其室”,可以说此时楚屈氏中的申公屈巫臣一支已彻底退出楚国历史政治舞台,且屈喜生活的年代与楚灭巫臣一支中间仅间隔30年左右,屈喜、屈巫臣之间存在直系血缘关系的可能性甚小。

(五) 燕客铜量(《集成》10373)

战国晚期器③,1984年在湖南长沙所征集,现藏湖南省博物馆。56(又重文3)字铭文中,有“屈𨑓”其人。“屈𨑓”,生活在春秋晚期,任楚国罗地连敖一职。春秋时罗国原地望在湖北宜城境,楚

① 林丽霞、王凤剑:《南阳市近年出土的四件春秋有铭铜器》,《中原文物》2006年第5期。

② 张丹:《南襄盆地出土两周时期铭文研究》,武汉:武汉大学博士学位论文,2012年5月,第93页。

③ 邹芙都:《楚系铭文综合研究》,第169页。

灭罗始迁枝江,后再迁湖南长沙[①]。

(2) 包山简等简册中所见屈氏成员

据统计,包山简中以屈为氏者有11人:

简7:齐客陈豫贺王之岁,八月乙酉之日,王廷于蓝郢之游宫,焉命大莫嚣屈昜(阳)为命邦人内(入)其弱典,臧王之墨以内(入)其臣之弱典。

按,屈昜(阳),官拜大莫敖。大莫敖是楚国各地众多莫敖职官中地位最高者,应为中央官名,很可能是战国时由于地方各县设置莫敖官职而将中央的莫敖称为大莫敖。大莫敖的职掌当与一般莫敖相似,主要是负责军事,但亦可兼管司法民政[②]。

简62:九月壬戌之日,咸郢司德郙(秀)阳受旨,十月辛巳之日,不将安陆之下隋里人屈犬、少宫瞜申以廷,陞门又(有)败。

按,"安陆",包山简整理者:"古地名,今湖北安陆县。"[③]"下隋里人"中的"里"字,陈伟先生指出是县的下一级政区单位,当在城邑中[④]。"安陆之下隋里人屈犬",即屈犬系楚安陆县下、里名叫下隋之地人。

① 何浩:《楚灭国研究》,第152—160页。

② 石泉主编:《楚国历史文化辞典》,第16页。

③ 湖北省荆沙铁路考古队:《包山楚简》,第44页。

④ 陈伟:《包山楚简所见邑、里、州的初步研究》,《武汉大学学报(哲学社会科学版)》1995年第1期。

简67：十月戊寅之日，緈（终）郙大宦屈旎、大佯尹夏句浩受旮，……

按，屈旎乃“终郙大邑”。终郙，颜世铉先生指出或可作“终淯”“中淯”，疑与淯水（今白水）有关之地名[1]。“大宦”，或为官名，所谓邑应是与规模小、级别低的“邑”作以区分。

简87：八月辛巳之日，無易（阳）大兮尹宋歀讼范庆、屈貉、墬疆、墬军、陈杲，以受無易（阳）之嬰官墬逷逃之古（故）。

按，無昜（阳），今河南舞阳西北[2]，简文大意说宋歀担任了無昜（阳）大兮尹一职，诉讼屈貉诸人“收容自無昜逃亡的工匠逷”[3]，简文看不出关于屈貉其人过多信息，推测既然屈貉能收容無阳出逃的匠人，说明其居住地或距舞阳不远。

简121：亯月丁巳之日，下蔡山阳里人郏倴言于昜城公瞿罕、大敓尹屈达、郙昜莫嚻臧献、余羊。

按，屈达任大敓尹职，或释敓通“虞”，为掌山之官[4]；或释敓通“渔”，掌管渔事[5]。

---

① 颜世铉：《包山楚简地名研究》，台北：台湾大学硕士学位论文，1997年，第283页。

② 何琳仪：《战国古文字典》，第613页。

③ 周凤五：《包山楚简〈集箸言〉析论》，《中国文字》新二十一期。

④ 刘信芳：《包山楚简解诂》，台北：艺文印书馆2003年版，第112页。

⑤ 陈颖飞：《楚官制与世族探研——以几批出土文献为中心》，上海：中西书局2016年版，第149页。

简130:期思少司马屈䝱以足金六匀(钧)听命於柊宦大夫……

按,屈䝱任期思县少司马职。期思地望,在今河南固始县西北70里的旧期思集(今为淮滨县期思乡所在,1952年由固始县划出)一带①。

简157:郊攻尹屈惕命解舟䈕、舟箴、司舟斨、辖条斨、宋中之斨、古斨、䆳竽驲倌、竽倌之鲁,贷解。

按,郊,释为鄢,鄢故城在今湖北宜城北三十里小河镇一带②。"攻尹",即工尹③,掌百工之官。"郊攻尹屈惕",即屈惕系楚鄢地工尹。

简169:十月戊寅,咸郢司德阳、苛矍、湛母邑人屈就……

按,湛母,刘信芳先生:"疑读为'沈鹿',湛即古'沈'字。"④沈鹿地望,在今湖北钟祥县东⑤,"湛母邑人屈就",即屈就是楚国沈鹿邑人。

---

① 徐少华:《包山楚简释地八则》,《中国历史地理论丛》1996年第4期。

② 颜世铉:《包山楚简地名研究》,台北:台湾大学硕士学位论文,1997年,第157页。

③ 黄锡全:《古文字中所见楚官府官名辑证》,《古文字与古货币文集》,第288页;何琳仪:《战国古文字典》,第413页。

④ 刘信芳:《包山楚简解诂》,第196页。

⑤ 谭其骧:《中国历史地图集(第一册)·春秋·楚吴越》(精装本),北京:中国地图出版社1982年版,第29—30页。

简176：戊午，郊人番羕、子姬監庄、鲁客専臣、葳沢君之人苛輚、新大厩屈为人。

按，新大厩，包山简整理者："负责管理马匹的机构。"[1]屈为人大概是管理马匹的官员。

简190：十月乙亥，畲鹿层，瞿快耳，东尾（宅）人登環、屈贾、闵绅……

按，"屈贾"是楚国"东宅人"，"东宅"地望，存疑待考。

简223：屈宜习之，以彤筈为左尹邵旅贞，既又疠，少气，不内（入）飤，尚毋又羕。

按，所谓"习"，指用同一方法或者两种方法占卜同一件事情，若超过三次，第四次即称呼为"习卜"[2]。简文内容说的是屈宜为左尹旅习卜，屈宜明显是贞人。

包山简外，其它简册等出土文献所见屈氏成员尚有：屈甹（上博九·陈公治兵3）、屈九（新蔡甲三324）、屈姒（古玺汇编3599）等。

三、屈氏世族演进史特征分析

考察屈氏整个发展史，尤其春秋时期，易发现其演进有两个最

① 湖北省荆沙铁路考古队：《包山楚简》，第43页。

② 冯华：《包山楚简成套卜筮辞中的"习卜"研究》，《中国史研究》2012年第1期。

明显的特征。

其一,屈氏成员长期任职莫敖,或者说屈氏一族垄断了莫敖一职,屈瑕、屈重、屈到、屈建、屈荡、屈申、屈生等,皆任莫敖。姜亮夫先生:“莫敖一官,历考诸史,皆屈姓之士,且有父子祖孙可考,则其为世官无疑。”①

其二,楚诸多世族中,尤其与斗、成、薳等世族作比较,仅有屈氏传承发展至战国,并保持宗族地位不衰,至汉初,犹颇强盛。李零先生:“春秋时期,楚公族之大首推斗、成、屈、䓕……整个春秋时代,屈氏的地位比斗、成、䓕要低,他们的成员,只有屈建当过令尹,其它多是担任莫敖。但四族之中,到战国时期还能维持大族地位而不衰者,只有屈氏。”②

1. 屈氏之族与莫敖之官

首先,“莫敖”之名究竟如何而来,学界没有统一的说法,有以下几种观点。

章太炎《春秋左传读·桓公篇》“莫嚣”条下,案:“嚣、敖字通,如《诗·板》:‘听我嚣嚣。’《潜夫论》作‘敖敖’也。楚不成君者,称敖,以敖为酋獒字也,莫敖亦此谊。酋獒,其名也;嚣众,其声训也,犹君之训群也。《传》作嚣者,古文以嚣为敖也。昭十二年之‘嚣尹’,则或以领众而名,非敖之借。”③又:“楚本夷狄,与西旅无君者差近,本其初俗,宜有大酋、小酋之别,以所统多少为异,故不成君

① 姜亮夫:《三楚所传古史与齐鲁三晋异同辨》,《姜亮夫全集八·楚辞学论文集》,第133页。

② 李零:《“三闾大夫”考——兼论楚国公族的兴衰》,《文史》2001年第1辑。

③ 上海人民出版社编,姜义华点校:《章太炎全集·春秋左传读、春秋左传读叙录、驳箴膏肓评》,第146—147页。

曰敖，其官亦有莫敖。至秦、汉尚有官名连敖。”[①]

姜亮夫先生言：“楚有莫敖一官，皆以屈氏为之，且世传不易。其名至吊诡，历世皆释以大幕，此恐不足以服人心，余疑为屈姓之分属图腾，敖或即獒之省（三苗之后，以磐古为犬图腾，三苗本居江介，则或与楚为氏族联盟，而留居不西迁者耶）或者莫敖急读，音得通苗，则敖氏至少当为与熊氏族联盟，因得世袭盟中第三号伟人要职。又特设为专司，以理昭、屈、景三姓，则说敖亦图腾之遗，与楚史、楚习、楚风皆能腼调矣。”[②]释“莫敖”为与熊氏族有联盟关系的苗族图腾之遗留。

岑仲勉先生考证：“（莫敖）是楚国特有的官。按火教教士，古伊兰文作 moju，古波文 magus，希腊文 magos，新波文 Moj；莫敖，切韵 Mak ngau（敖，顺德 ngo），汉语常读 g－如 ng－，从对音来看，莫敖无疑指火教教士。盖古时祭司握政治大权，因之莫敖便为楚国最高之职。”[③]从读音音韵上追寻“莫敖”之名的来源。

刘信芳先生将楚国诸“敖”分为三类：其一，楚最早的若敖、霄敖、蚡冒，皆为芈姓楚人最高统治者，即国君称“敖”。“若”“霄”“蚡”，可能与地名有一定程度联系，也可能得名于其他原因。其二，楚武王后楚之诸“敖”，仍然一定程度上保留了氏族首领的特点。曾为楚君的“郏敖”“訾敖”，当是归葬各自的氏族领地。其三，作为楚大夫的“阎敖”“莫敖”等，则是氏族首领兼楚官[④]。

---

① 上海人民出版社编，姜义华点校：《章太炎全集·春秋左传读、春秋左传读叙录、驳箴膏肓评》，第 273 页。

② 姜亮夫：《三楚所传古史与齐鲁三晋异同辨》，《姜亮夫全集八·楚辞学论文集》，第 145 页。

③ 岑仲勉：《楚为东方民族辨》，《西周文史论丛（外一种）》，第 61 页。

④ 刘信芳：《楚国诸敖琐议》，《江汉论坛》1987 年第 8 期。

蔡靖泉先生指出:“蚡冒实即莫敖,或因音近而字异。”[①]文炳淳先生观点同,云:“‘蚡冒’的‘蚡’又写作‘棼’‘羒’‘衯’,皆从‘分’得声,‘分’古音在‘并’纽‘文’韵,‘莫’在‘明’纽‘铎’韵,‘并’和‘明’发音部位相同,可以通转;‘敖’在‘宵’韵,‘冒’在‘幽’韵,旁转可通,故‘蚡冒’与‘若敖’有语言上的通用性。”[②]

其次,“莫敖”之职掌。《左传》鲁桓公十一年(前701)“莫敖患之”条下,杜预注:“莫敖,楚官名,即屈瑕。”[③]杜预指出“莫敖”系楚官职,然此职的具体情况,并未作出说明。目前,学术界关于“莫敖”的职掌,有以下诸说:

(1) 司空说。

明代学者董说:“楚改司空为莫敖。”[④]司空与司马、司徒、司寇、司士,谓之“五官”。春秋时期,诸国大都置司空之官[⑤],执掌水利、营建诸事务。司空之具体执掌显然与《左传》记载所显示的莫敖职守迥异。

(2) 宗正说。

姜亮夫先生言:“依余所考,则莫敖即屈子所言之左徒,亦即屈子所掌三闾大夫之扩大。莫敖有似汉以后之宗正,掌王族之专职也,故其名至奇诡,则楚先世之旧语。至战国以后,日求翕于中原,乃有左徒之名。”[⑥]左言东先生观点类似,言:“(莫敖)掌王

---

① 蔡靖泉:《楚国的“莫敖”之官与“屈氏”之族》,《江汉论坛》1991年第2期。

② 文炳淳:《包山楚简所见楚官制研究》,台北:台湾大学中国文学研究所硕士论文,1998年,第132页。

③ (晋)杜预注,(唐)孔颖达疏:《春秋左传正义》,第755页。

④ (明)董说:《七国考》,第35页。

⑤ 按,春秋时期,宋因宋武公名“司空”,改“司空”为“司城”。

⑥ 姜亮夫:《三楚所传古史与齐鲁三晋异同辨》,《姜亮夫全集八·楚辞学论文集》,第133页。

族事务。”[①]也就是说，春秋之“莫敖”与战国之“左徒”，性质相似，皆为公族大夫之官。

(3) 司马说。

何浩先生考证：“莫敖之职相当于司马一级。”[②]赵晓斌先生同：“从相关记载看，莫敖以帅师征伐为主要职能，的确相当于后来的大司马。”[③]

上从莫敖之得名与其职掌两个方面总结了目前学界所取得的研究成果，兹着重分析莫敖之职掌、官阶终春秋之世的细微变化。

便于分析，将《左传》中关于“莫敖”的史料，详细摘录如下。

(1) 鲁桓公十一年(前701)：楚屈瑕将盟贰、轸。郧人军于蒲骚……莫敖患之……斗廉曰：“郧人军其郊，必不戒。且日虞四邑之至也。君次于郊郢，以御四邑，我以锐师宵加于郧。郧有虞心而恃其城，莫有斗志……”……遂败郧师于蒲骚，卒盟而还。

(2) 鲁桓公十二年(前700)：楚伐绞，军其南门，莫敖屈瑕曰：“绞小而轻，轻则寡谋。请勿扞采樵者以诱之。”从之。……大败之。为城下之盟而还。

(3) 鲁桓公十三年(前699)：十三年春，楚屈瑕伐罗，斗伯比送之。……及罗，罗与卢戎两军之，大败之。莫敖缢于荒谷。

---

① 左言东编著：《先秦职官表》，北京：商务印书馆1994年版，第321页。

② 何浩：《春秋战国时期楚屈氏世系考述》，《中南民族学院学报(哲学社会科学版)》1984年第4期。

③ 赵晓斌：《春秋官制研究——以宗法礼治社会为背景》，杭州：浙江大学博士学位论文，2009年4月，第390页。

(4) 鲁庄公四年(前690):四年春王三月,楚武王荆尸,……卒于樠木之下。令尹斗祈、莫敖屈重除道、梁溠,营军临随,随人惧,行成。莫敖以王命入盟随侯,且请为会于汉汭,而还。

(5) 鲁僖公四年(前656):四年春,齐侯以诸侯之师侵蔡。蔡溃,遂伐楚。……夏,楚子使屈完如师。师退,次于召陵。齐侯陈诸侯之师,与屈完乘而观之……(屈完)对曰:"君若以德绥诸侯,谁敢不服?君若以力,楚国方城以为城,汉水以为池,虽众,无所用之。"屈完及诸侯盟。

(6) 鲁襄公十五年(前558):公子午为令尹,公子罢戎为右尹,蒍子冯为大司马,公子櫜师为右司马,公子成为左司马,屈到为莫敖,公子追舒为箴尹,屈荡为连尹,养由基为宫厩尹,以靖国人。

(7) 鲁昭公四年(前538):秋七月,楚子以诸侯伐吴……使屈申围朱方……克之,执齐庆封而尽灭其族。

(8) 鲁昭公五年(前537):楚子以屈申为贰于吴,乃杀之。以屈生为莫敖,使与令尹子荡如晋逆女。

(9) 鲁昭公十四年(前528):夏,楚子使然丹简上国之兵于宗丘,且抚其民。分贫,振穷;长孤幼,养老疾;收介特,救灾患;宥孤寡,赦罪戾;诘奸慝,举淹滞;礼新,叙旧;禄勋,合亲;任良,物官。使屈罢简东国之兵于召陵,亦如之。

仔细分析上9条史料,可得出如下几条结论:

其一,"莫敖"始终握有一定程度的军事权力。

史料1、2、3,莫敖屈瑕帅兵伐郧、伐绞、伐罗,最后兵败而自缢于荒谷,史料4莫敖屈重随武王伐随,此发生在春秋初期。史料5,莫敖屈完与楚成王在召陵抵御以齐为首之诸侯联军,《史记·齐太公世家》:“楚王使屈完将兵扞齐,齐师退次召陵。”[①]又《楚世家》:“(楚成王)十六年,齐桓公以兵侵楚,至陉山。楚成王使将军屈完以兵御之,与桓公盟。”[②]屈完又以“将军”称之,必系统军之人,事发生在春秋中期。史料7、8,莫敖屈申单独领兵伐吴朱方,后为楚灵王所杀。史料9,莫敖屈罢为楚简练士卒,事在春秋之末。

莫敖之军权,盖自春秋一直延续至战国。包山简158:“毕得假为右史于莫敖之军,死肪(病)甚。”简文“莫敖之军”,即系归莫敖所统属之军队。

其二,莫敖还拥有一定的外交权力。

史料1、2,屈瑕盟郧、绞等国;史料4,屈重盟随人;尤史料5,屈完对答齐桓公之辞令,不卑不亢,大义凛然,迫齐与之盟,体现了职业外交官之本色。屈完以后,屈生又与令尹子荡出使晋国,也是外交活动。

其三,春秋时期,莫敖在楚高层中的排名,渐次下降,降至一定程度而止。

史料1、2、3,莫敖屈瑕地位崇高,仅次于楚王,可单独率军征伐敌国,亦有权代表楚王作出对外缔结重要盟约的决定。斗廉称呼其为“君”,斗伯比又亲送其出征,童书业先生言:“盖春秋初年楚武之时,楚之执政者为莫敖。”[③]史料4,莫敖屈重的排名已在“令尹斗祈”之后,地位有所下降,此事大概发生在莫敖屈瑕自缢于荒谷之后[④]。史料6,莫敖在楚王庭中央官员中的排名已经在“令尹”“右尹”“大司马”“右司马”“左司马”之后,位居第六。

---

① (汉)司马迁:《史记》卷三二《齐太公世家》,第1489页。

② (汉)司马迁:《史记》卷四〇《楚世家》,第1697页。

③ 童书业著:《春秋左传研究》(校订本),第159页。

④ 谭黎明:《论春秋战国时期的楚国官制》,《社会科学战线》2007年第4期。

春秋时期,莫敖地位的上述变化,顾栋高在《春秋大事表·楚令尹表》中云:

> 楚自桓公六年武王侵随始见《左传》……十一年,莫敖屈瑕盟贰、轸,败郧师于蒲骚。时则莫敖为尊官,亦未有令尹之号。至庄四年,武王伐随,卒于樠木之下,令尹斗祈、莫敖屈重除道梁溠,营军临随。令尹与莫敖并称,亦不知其尊卑何别也。嗣后莫敖之官,或设或不设,间与司马并列令尹之下。[①]

言莫敖在春秋时期地位的变化,大体不误,然说莫敖或设或不设,则失之于偏颇。莫敖有缺者,只是不见于古籍记载而已。

2. 屈氏世族始终强盛原因分析

屈氏在东周时期一直持续着大族地位而不衰,原因何在?学者多有探讨。

李零先生认为:"屈氏的硕果仅存、后来居上,当与其他三族过早消耗于权力角逐,而屈氏始终不是斗争焦点有关。"[②]

钱杭先生认为:"在楚国'老资格'的宗族中,只有屈氏能流传至战国并保持一个大致完整的世系",这与屈氏"老于世故和委曲求全的处事哲学大有关系"。[③]

田成方先生又认为:"(屈氏)世袭莫敖一职是屈氏保持长久不衰的制度保障。大莫敖领有'莫敖之军',掌握一定数目的军队,在政治军事形势纷杂多变的东周时期,这也是屈氏能够一枝独秀的

---

① 顾栋高辑,吴树平、李解民点校:《春秋大事表》卷二三《楚令尹表》,第1811页。

② 李零:《"三闾大夫"考——兼论楚国公族的兴衰》,《文史》2001年第1辑。

③ 钱杭:《周代宗法制度史研究》,第229页。

重要因素。”[①]

按，在屈氏世族演进史中，莫敖职掌、官阶的细微变化与屈氏能够长期强盛有密切联系。

其一，春秋乃至于战国时期，莫敖始终握有一定的军事权力。诚如田成方先生所言，这是屈氏能够一枝独秀的重要因素，可使其他诸多世族，乃至于楚王对其有所顾忌而不会轻易选择与之矛盾激化。

历史上，屈氏曾遭受过两次比较重大的挫折，这有其内在的特殊原因。

《左传》鲁成公七年（前 584）：“子重、子反杀巫臣之族子阎、子荡及清尹弗忌及襄老之子黑要，而分其室。”屈氏一支的申公屈巫臣近亲遭到毁灭性打击，事件之所以发生有两方面的原因。一者，此时楚共王尚幼小，令尹子重（公子婴齐）、司马子反（公子侧）专权。其次，申公屈巫臣本身犯有严重错误。《史记·晋世家》：“（晋景公）十六年，楚将子反怨巫臣，灭其族。”子反怨巫臣的原因见于《左传》鲁成公二年（前 589）、四年（前 587）。二年载楚伐陈国夏氏，得夏姬；四年载子反欲娶夏姬，巫臣止之而自娶奔晋。

屈氏遭受的第二次打击发生在楚灵王时期（前 540—前 529 年在位）。《左传》鲁昭公五年（前 537）：“楚子以屈申为贰于吴，乃杀之，以屈生为莫敖。”屈氏自屈叔沱分为两支：一支为屈到—屈建—屈生；一支为屈乘—屈荡—屈申。从楚杀屈申旋令屈生为莫敖，且屈生紧接着又为楚灵王至晋逆女来看，屈氏所遭遇的第二次挫折或与其宗族内讧有关。

其二，钱杭先生讲到屈氏长存也得益于“老于世故和委曲求全

---

① 田成方：《东周时期楚国宗族研究》，第 65 页。

的处事哲学”。实际上,屈氏老于世故、委曲求全的处事方式,正是其长期参与楚国外交活动积累的结果。直至战国时期,屈氏成员仍“明于治乱,娴于辞令”[①]。

其三,楚国的政治体系当中,如前述,春秋初期莫敖可谓位尊权重,后来莫敖地位渐次下降,低于令尹与司马,位在三、六之间,使得屈氏权力受到一定程度的削弱。再者,屈氏成员在楚王庭中枢中既然独占莫敖之位,则另外的令尹与司马“二卿”,屈氏成员甚少担任。考于史籍,春秋时期屈氏仅有屈建曾为令尹,无有担任司马者[②]。

莫敖地位的下降,及屈氏成员少有机会染指“令尹”“司马”,使得屈氏与楚王、其他世族发生矛盾的概率大大下降,不为他人所忌,即李零先生所讲“屈氏始终不是斗争焦点”[③]。

第二节　景　氏

一、景氏源出楚平王

景氏系楚公族,这一点学界无异议。《庄子·庚桑楚》:“是三者虽异,公族也。昭景也,著戴也;甲氏也,著封也。”[④]《史记·商君列传》“(商鞅)因孝公宠臣景监以求见孝公”条下,司马贞《索

---

① (汉)司马迁:《史记》卷八四《屈原贾生列传》,第2481页。

② 宋公文:《春秋时期楚司马系列考述》,《江汉论坛》1986年第6期。

③ 李零:《“三闾大夫”考——兼论楚国公族的兴衰》,《文史》2001年第1辑。

④ (清)郭庆藩撰,王孝鱼点校:《庄子集释》,第797页。

隐》:“景姓,楚之族也。”[①]《潜夫论·志氏姓》:“公族有楚季氏……景氏……黑肱氏,皆芈姓也。”[②]《元和姓纂》:“景,芈姓,楚公族也。”[③]《通志·氏族四》记载相同:“景氏,芈姓,楚公族也。”[④]然景氏究竟源于哪位楚君、如何获氏,学界以前曾有不小的分歧。主要有如下几种不同观点。

1. 楚简王说。

曾祥文先生首倡此说,云:“景氏最早出现于宣王之时,考虑景氏形成所需时间,让以音义,景氏应为简王之后。”[⑤]李玉洁先生观点同:“景氏亦是出自楚王之后,由于史载不详,据推测,景、简同声假借,景氏可能是楚简王之后。”[⑥]又黄崇浩先生云:“景氏出于简王(前431年至前408年)之说较为可信。”[⑦]

2. 封君说。

姜亮夫先生指出:“景氏之先无考,以《庄子》之意度之,亦楚封君之后也。”[⑧]换言之,“景氏”是楚一封君之后裔。

3. 以地为氏说。

2004年3月,吉林省文物考古研究所三峡考古队在重庆市云阳县旧县坪发掘出土“汉巴郡朐忍令景云叔于碑”(简称“景云

① (汉)司马迁:《史记》卷六八《商君列传》,第2229页。

② (汉)王符著,(清)汪继培笺,彭铎校正:《潜夫论笺校正》,第543—544页。

③ (唐)林宝撰,岑仲勉校记:《元和姓纂(附四校记)》,第1090页。

④ (宋)郑樵撰:《通志》,第467页。

⑤ 曾祥文:《楚屈景昭三氏起源及其政迹考述》(手稿),成都:四川大学硕士学位论文,1986年。

⑥ 李玉洁:《楚国史》,第338页。

⑦ 黄崇浩:《屈子阳秋》,第72页。

⑧ 姜亮夫:《史记屈原列传疏证》,《姜亮夫全集八·楚辞学论文集》,第4页。

碑”)。“景云碑”碑主为东汉和帝时巴郡朐忍令景云叔于,广汉梓潼县人,卒于永元十五年(103),后其同籍朐忍令雍陟在东汉熹平二年(173)为其树碑立传。“景云碑”有极高的历史文化价值。

“景云碑”碑文说起景氏起源,云:“君帝高阳之苗裔,封兹楚熊,氏以国别。”魏启鹏先生考释:“‘氏以国别’,国指封地、封邑,《左传·隐公八年》说:‘天子建德,因生以赐姓,胙之土而命之氏。’此文非指诸侯王国……据此碑文则可知,景氏乃以地为氏。然其封地未详,楚地有景山、景理洲等古地名,何光岳教授曾推测‘景或即因封于湖北房县南景山而为氏’,可备一说。”①

按,李乔先生质疑上说:“《景云碑》所言‘氏以国别’者,只是对先秦姓氏起源的一个概略性说法,并非说景氏就是以国为氏。”②

4. 楚顷襄王说。

徐中舒先生在其名作《巴蜀文化续论》中言:“顷襄王之顷,本当作景,顷、景古音同在耕部,故得相通,今云南傣族中有景颇、耿马等族,即当为倾襄王之后。当白起拔楚鄢、郢,楚东徙寿春,这些楚王族的近支就不得不各率其部属向西南奔窜。”③

新时期,地下出土材料给予了足够的证据来厘清景氏族源问题。

出土材料中有“競(或作竟、竞)”氏,学界观点一致,即文献所

---

① 魏启鹏:《读三峡新出东汉景云碑》,《四川文物》2006年第2期。

② 李乔:《从〈景云碑〉看景氏起源及汉代以前的迁徙》,《中原文物》2009年第4期。

③ 徐中舒:《巴蜀文化续论》,《徐中舒历史论文选辑(下)》,第1089页。按,《巴蜀文化续论》一文,原载《四川大学学报(哲社版)》1960年第1期,后收录至《徐中舒历史论文选辑》。

见“景氏”。李零先生:“(景)就是楚文字常见的姓氏‘竞(或作竟)’字。”[①]刘信芳先生:“‘竞氏’应即文献所记之‘景氏’。”[②]可信。

2007年4月,澳门崇源国际拍卖公司公布一批明显源出于内地的楚系青铜器,简称崇源铜器。崇源铜器合计有30件[③],可细分为4组:

1. “竞之定”器,12件。鬲8(《铭图》03015－03022[④])、簋2(《铭图》04978、04979)、豆2(《铭图》06150、06151)。

2. “君”字器,器铭仅一“君”字,8件。鼎4(《铭图》0292－0295)、簋4(《铭图》03592－03595)。

3. 楚王熊悠器,2件。盘1(《铭图》14402)、匜1(《铭图》14869)。

4. 无铭铜器,8件。鼾鼎3、方座簋2、方壶2、缶1。

其中,12件“竞之定”器,皆铸相同铭文22字:

> 隹䣄(弍日),王命竞之定救秦戎,大有社(功)于洛之戎,用作隫(尊)彝。

12件“竞之定”器,张光裕[⑤]、吴镇烽[⑥]、黄凤春[⑦]诸先生皆对其做了详细的考释,都认定“竞之定”是人名之称。吴镇烽先生指出据形

---

① 李零:《“三闾大夫”考——兼论楚国公族的兴衰》,《文史》2001年第1辑。

② 刘信芳:《〈包山楚简〉中的几支楚公族试析》,《江汉论坛》1995年第1期。

③ 王冠涛:《铜器铭文所见楚君名号集证》,郑州:郑州大学硕士学位论文,2018年5月,第48页。

④ 按,编号03022鬲2008年出现于北京,为某收藏家所藏,余7件皆在崇源国际拍卖公司。

⑤ 张光裕:《新见楚式青铜器器铭试释》,《文物》2008年第1期。

⑥ 吴镇烽:《竞之定铜器群考》,《江汉考古》2008年第1期。

⑦ 黄凤春:《新见楚器铭文中的“竞之定”及有关问题》,《江汉考古》2008年第2期。

制、纹饰以及铭文等方面所表现出的特征,其时代应在春秋晚期后段到战国早期前段[①],多数学者观点同[②]。既然在春秋晚期已出现竞氏成员,则其所源出之楚君应当不至于晚到战国时期的简王、顷襄王,范围宜不出平、昭、惠三王。

“竞之定”器铭所述史实,过去的考古材料中也屡有发现。“秦王钟”(00037),1973 年湖北当阳季家湖楚城遗址出土[③],钲间、左鼓铸 12 字铭文:

秦王卑(俾)命竞(景)坪(平)王之定救秦戎。

上引铭,虽仅有 12 字,然究竟应如何解释,学界曾分歧不少。黄锡全先生考证:“卑”,秦君之名,应该就是“秦哀公毕”;“竞”,有“强大、强盛之意”,“之”为动词“到”,“定”,是表示地点的名词。断句为:秦王卑/命,竞坪王/之/定,救秦戎。意是说“受秦王卑(秦哀公)求师之命,强大的楚平王率援军至定营救秦军”[④]。

刘彬徽先生认为“秦”“王”二字不能连读,“竞坪”为人名,钟铭的文意就是说,楚王“卑命”竟平,并亲自到达“定”这个地方,去援救秦军[⑤]。

李学勤先生断句为:“秦。王卑(俾)命竞(景)坪(平)王之定救秦戎。”[⑥]

---

① 吴镇烽:《竞之定铜器群考》,《江汉考古》2008 年第 1 期。

② 王辉:《也说崇源新获楚青铜器群的时代》,《收藏》2007 年第 11 期;张光裕:《新见楚式青铜器器铭试释》,《文物》2008 年第 1 期;董珊:《救秦戎铜器群的解释》,《江汉考古》2012 年第 3 期。

③ 荆州地区博物馆:《湖北枝江出土一件铜钟》,《文物》1974 年第 6 期。

④ 黄锡全、刘森淼:《“救秦戎”钟铭文新解》,《江汉考古》1992 年第 1 期。

⑤ 刘彬徽:《楚系青铜器研究》,第 340 页。

⑥ 李学勤:《论“景之定”及有关史事》,《文物》2008 年第 2 期。

董珊先生据清华简《楚居》篇楚平、昭二王皆曾居“秦（乾）溪”，所谓“秦王”即楚昭王，即“秦溪之上之楚王”的简称[1]，断句为：秦王/卑命/竞坪王之定/救秦戎。

对读崇源“竞之定”器与“秦王钟”铭文，易知二者当说的是一回事，以上诸说，以董珊先生断读为长。然黄锡全、李森淼二位先生提出“竞坪王”即是“楚平王”的观点，可从。李零先生又指出楚君在卒后可以有多个谥号，“竞坪王”中的“竞平”是双字谥[2]，此说于清华简《楚居》篇中得到验证。《楚居》篇有如下一段记载：

> ……至灵王自为郢徙居秦（乾）溪之上，以为凥（处）于章［华之台］。竞（景）坪（平）王即立（位），猷（犹）居秦（乾）溪之上。……

整理者指出：“竞坪王，即楚平王，楚灵王之弟公子弃疾，即位后改名为熊居。楚平王，楚人皆称为竞（景）平王，见新蔡卜筮简及上博简《平王问郑寿》《平王与王子木》等。”[3]

结合上论，再对照当阳“秦王钟”与崇源“竞之定”器所载史实，知后者铭文中的“竞之定救秦戎”，无疑即是“秦王钟”之“竞平王之定救秦戎”。换言之，“竞之定”即为“竞平王之定”。由“竞之定”又称为“竞平王之定”来看，景氏当为楚平王后裔，氏称来源于楚平王的第一个谥号，这是目前学界借助出土材料所达成的共识。

征于传世文献，楚平王（前528—前516年在位）计育有5子：

---

① 董珊：《救秦戎铜器群的解释》，《江汉考古》2012年第3期。

② 李零：《楚景平王与古多字谥——重读“秦王卑命”钟铭文》，《传统文化与现代化》1996年第6期。

③ 清华大学出土文献研究与保护中心编，李学勤主编：《清华大学藏战国竹简（壹）》，第190页。

太子壬,后即位为楚昭王(前515—前489年在位),践祚后改名熊轸,母为秦女伯嬴。

废太子建,字子木,母为郹阳封人之女。太子建生王孙胜,胜随其父避难于宋、郑。公元前520年,郑人杀太子建,胜奔吴。楚惠王六年(前483),楚令尹公子申召其返楚,任命为白公。白公胜阴养死士,多次请求伐郑为父报仇,未获命。《左传》鲁哀公十六年(前479)白公胜遂发动叛乱,劫持惠王,杀楚大臣公子申、公子结、公子启,后被叶公沈诸梁击败,白公胜奔山而缢。

公子申,字子西,《左传》鲁定公六年(前504)记载公子申官拜楚令尹,公元前497年,死于白公胜之乱。公子申生公孙宁、公孙朝。

公子结,字子期,曾任楚国司马一职,亦罹难于白公胜之乱。公子结生公孙平、公孙宽。

公子启,字子闾,官职不详,死白公胜之乱。

既然景氏系楚平王之后,则其最早的直系始祖当是上楚平王五子当中的某位或某几位。太子壬与废太子建的可能性首先排除。太子壬践祚为楚昭王,后裔不可能以前王之"景"谥作为氏称;废太子建一支经历了白公胜作乱一事,后裔已丧失继续活跃在楚历史政治舞台之上的机会。在公子申、公子结、公子启三人中,借助于最新考古报道,景氏一重要支系乃直接源出昭、惠二朝的令尹公子申(字子西)。

2009年,上海市文物收藏家莫小平先生从香港一文物商处购得一批竹简,合计129枚;2011年,莫小平先生将此批竹简捐献武汉大学简帛研究中心。北京大学考古文博学院科技考古与文物保护实验室对竹简进行测试,后又提交湖北荆州文保中心进行理化检测,经清洗、脱色、红外相机拍摄等,最终判定这批楚简的年代大致在公元前350年或稍晚,与清华简年限大致相当,距今约2 300年左右。2013年1月,来自清华大学、北京大学、吉林大学、复旦大学、中国文化遗产研究院等单位的12位著名学者,又仔细考察了此批竹简实物,认定竹简是战国时期的遗物,有重要的历史价值①。

目前此批竹简尚在整理当中,未出版发行,仅能通过相关报道获得一些有限信息,就是这些有限的信息,对我们彻底厘清景氏族源问题显得弥足珍贵。竹简内容主要是楚占卜祷祠记录,而大多数占卜皆为一名曰"竞(景)快"的楚国贵族所作。简文明确记载"竞(景)快"祷祠的对象,有"竞(景)平王",有"令尹子西",即楚平王子公子申。这样的祭祀次序,即是楚国景氏源出楚平王强有力的佐证,且公子申(令尹子西)后裔乃景氏主要支系之一。

二、景氏成员与景氏兴衰

景氏,春秋晚期始现,旋即崭露头角于楚历史政治舞台之上。

1. 公孙宁之于景氏的特殊地位

王子申,是昭、惠两朝元老,德高望重。公子申育有二子:公孙宁与公孙朝。其中,公孙宁,字子国,是早期景氏非常关键的一个人物。《左传》鲁哀公十六年(前479)载:白公胜叛乱失败,"国宁,乃使(公孙)宁为令尹,使(公孙)宽为司马"。公子申、公孙宁父子二人于昭、惠二王时期相继担任令尹一职,这在楚国历史发展当中并不多见。又《左传》鲁哀公十八年(前477)载:

> 巴人伐楚,围鄾。初,右司马子国之卜也,观瞻曰:"如志。"故命之。及巴师至,将卜帅,王(楚惠王)曰:"(公孙)宁如志,何卜焉?"使帅师而行。请承,王曰:"寝尹、工尹勤先君者

① 记者韩晓玲、通讯员曾文晖:《129枚战国楚简正式入藏武大》,《湖北日报》,2013-01-16。

也。”三月,楚公孙宁、吴由于、薳固败巴师于鄾,故封子国于析。

上史料,公孙宁败巴师而受封于析。楚析邑多次见于《传》文记载,鲁僖公二十五年(前635):“秦、晋伐鄀,楚斗克、屈御寇以申、息之师戍商密。秦人过析……”又鲁襄公二十六年(前547)追述楚庄王元年(前613)子仪之乱,云:“析公奔晋。”析公当为析县县公。又鲁昭公十八年(前524):“楚子(楚平王)使王子胜迁许于析。”楚析邑地望,诸多学者指出今河南西峡县莲花寺遗址为春秋楚析邑所在[①],可信。公孙宁受封于析,何浩先生指出当谓之“析君”,是楚国最早的封君[②]。郑威先生:“公孙宁也许是析邑的始封君,在受封之时或受封后得受‘君’号。”[③]

1978年,湖北随州擂鼓墩曾侯乙墓内出土1件“析君戟”(《集成》11214),现藏湖北省博物馆。援与胡部铸7字铭:

析君墨膂之造戟。

戟系战国早期器,器主“析君墨膂”与公孙宁的关系,吴良宝先生认为可待考[④]。刘彬徽先生则指出封君可世袭,此戟之析君墨膂也许是公孙宁的儿孙辈[⑤]。郑威先生认为析君墨膂与公孙宁可能是前后承袭的关系[⑥],即墨膂或为公孙宁之子。至于说析君墨膂的自造戟何

---

① 周维衍:《河南西峡县古城遗址的考证》,《考古》1961年第8期;徐少华:《〈水经注·丹水篇〉错简考订——兼论古析县、丹水县的地望》,《中国历史地理论丛》1988年第4期;郑威:《楚国封君研究》,第73页。

② 何浩:《战国时期楚封君初探》,《历史研究》1984年第5期。

③⑥ 郑威:《楚国封君研究》,第73页。

④ 吴良宝:《战国楚简地名辑证》,第127页。

⑤ 刘彬徽:《楚系青铜器研究》,第338页。

以出现在曾侯乙墓中,则“有可能是析君送给曾侯乙的助葬之物”[①]。

又田成方先生考证公孙宁与崇源铜器所见“景之定”为一人,其立论依据主要有以下几条:其一,公孙宁之“宁”与“景之定”之“定”为同源字,有互通之例。其二,公孙宁、景之定的身世、地位、活动年限、名号等相互契合;其三,崇源铜器铭文所言景之定救援秦国、击溃洛戎之事,符合春秋晚期楚、秦、晋三国在伊、洛地区展开激烈争夺的历史事实,且与公孙宁所担任过令尹、右司马诸职职责吻合[②]。应当说,田先生的立论颇有创新性,且论证缜密,可从。

《左传》鲁成公十六年(前 575)“潘尫之党”条下,杜预:“党,潘尫之子。”[③]又鲁襄公二十三年(前 550)“申鲜虞之傅挚”条下,杜预:“傅挚,申鲜虞之子。”[④]两例称谓皆采用“父名+之+子名”的结构,李学勤先生藉此指出“景平王之定”或“景之定”即平王之子名定[⑤]。又《左传》鲁哀公四年(前 491)有如下一段记载:

> 夏,楚人既克夷虎,乃谋北方。左司马眅、申公寿余、叶公诸梁致蔡于负函,致方城之外于缯关,曰:“吴将泝江入郢,将奔命焉。”为一昔之期,袭梁及霍。单浮余围蛮氏,蛮氏溃。蛮子赤奔晋阴地。司马起丰、析与狄戎,以临上雒。左师军于菟和,右师军于仓野。使谓阴地之命大夫士蔑曰:“晋、楚有盟,好恶同之。若将不废,寡君之愿也。不然,将通于少习以听命。”士蔑请诸赵孟,赵孟曰:“晋国未宁,安能恶于楚?必速与之。”士蔑乃致九州之戎,将裂田以与蛮子而城之,且为之卜。

---

① 邹芙都:《楚系铭文综合研究》,第 134 页。

② 田成方:《东周时期楚国宗族研究》,第 104—110 页。

③ (晋)杜预注,(唐)孔颖达疏:《春秋左传正义》,第 1918 页。

④ (晋)杜预注,(唐)孔颖达疏:《春秋左传正义》,第 1976 页。

⑤ 李学勤:《论“景之定”及有关史事》,《文物》2008 年第 2 期。

> 蛮子听卜,遂执之与其五大夫,以畀楚师于三户。司马致邑立宗焉,以诱其民,而尽俘以归。

李学勤先生认为上引史料所述楚左司马眅平“蛮子”事,即“竞之定”器铭说的“救秦戎,大有功于洛之戎”,“竞之定”即楚“左司马眅”,“眅”“定”可能是一字一名[1]。董珊先生申之,认为“竞之定”为楚“左司马眅”,即《左传》所见楚平王子、楚昭王兄公子启(字子间)[2]。

李学勤、董珊二位先生观点,尚有以下两疑点:

疑点一,旁稽文献,表示出身的字眼与人名之间加结构助词“之”的称谓方式,屡见不鲜,以《左传》为例,鲁庄公八年(前686)齐有“石之纷如”,二十八年(前666)楚有“耿之不比”;鲁闵公二年(前660)虢国有“舟之侨”;鲁僖公二年(前658)虞国有“宫之奇”,二十四年(前636)晋有“介之推”,三十年(前630)郑有“佚之狐”“烛之武”;鲁襄公二十三年(前550)齐有“上之登”“烛庸之越”“夏之御寇”;鲁昭公十二年(前530)周有“庾皮之过”;鲁哀公四年(前491)蔡有“文之锴”。综合来看,“之”字前面或氏称,或人名,皆用来表明其人的族属由来,不必非局限于父子关系。

疑点二,验之楚系青铜器,楚王子在其自作器中,照例称“王子某”,尚未发现“谥号”+“之”+“人名(或字)”的称谓方式,此种自谓方式反见之于楚王孙器铭中。“昭王之即”诸器铭中,器主或称“昭王之即”(《铭图续》0224),或称“昭之王孙即”(《铭图续》0525),“昭”,示其出身,“王孙”二字说明“即”为楚昭王的孙子。

因此,“竞之定”宜为楚“王孙宁”,田成方先生观点为是。

田成方先生又言:“公孙宁又称‘景之定’,表明至迟在楚平王

---

① 李学勤:《论“景之定”及有关史事》,《文物》2008年第2期。

② 董珊:《救秦戎铜器群的解释》,《江汉考古》2012年第3期。

孙辈，景氏已命氏立族。公孙宁的同辈，典籍一般被记作‘公（王）孙某’，是为惯称。这些人无疑也可称作‘景平王之某’，表示其为楚平王裔孙。”[①]言与公孙宁属堂兄弟关系的公孙平、公孙宽、公孙朝诸楚平王孙皆可谓之“景之某”。

综上所论，公孙宁对于景氏有两点重要贡献：其一，始以“景”氏作为氏称；其二，获得了一块可以传袭的封地。

公孙宁以降，景氏成为楚国最为显赫的世族之一，其成员多活跃在战国时期楚国历史舞台之上，且担任要职。

2. 传世文献所见景氏成员

楚宣王（前369—前340年在位）时期有“景舍”，《淮南子・人间训》记载，字子发，原为楚国上蔡令[②]，后担任楚国大司马一职[③]，以善战著称。《淮南子・修物训》称：“子发之战，进如激矢，合如雷电，解如风雨，员之中规，方之中矩，破敌陷阵，莫能壅御，泽战必克，攻城必下。彼非轻身而乐死，务在于前，遗利于后，故名立而不坠。”[④]又《战国策・楚策一・邯郸之难昭奚恤谓楚王》：

> 邯郸之难（前354），昭奚恤谓楚王曰：“王不如无救赵，而以强魏。魏强，其割赵必深矣。赵不能听，则必坚守，是两弊也。”景舍曰：“不然，昭奚恤不知也……”楚因使景舍起兵救赵。邯郸拔，楚取睢、濊之间。

① 田成方：《东周时期楚国宗族研究》，第110页。

② 何宁撰：《淮南子集释》，第1306页。按，何浩先生考证《淮南子・人间训》记载的上蔡令子发，实即景舍，徐少华先生观点同。参见何浩：《楚灭国研究》，第326—327页；徐少华：《周代南土历史地理与文化》，第324页。

③ 石泉主编：《楚国历史文化辞典》，第406页。

④ 何宁撰：《淮南子集释》，第1354页。

“睢、濊之间”,何建章先生云:“睢水、濊水之间地,当在今河南省杞县、宁陵一带,魏之东南境,楚之东北境。”[1]景舍将楚北部边疆向北推进至河南宁陵、睢县一线,功勋卓著。又《水经注·淮水》引《竹书纪年》云:“梁惠成王十七年,宋景敾、卫公孙仓会齐师,围我襄陵。十八年,惠成王以韩师败诸侯师于襄陵,齐侯使楚景舍来求成。”[2]魏惠王十八年(前352),景舍出面讲和齐、魏二国。

景翠,主要生活在楚怀王(前328—前299年在位)时期,官拜上柱国,爵为执圭,为楚国最高军事长官。楚怀王十七年(前312),秦、楚战于蓝田,韩师趁机南下袭楚至邓,怀王派景翠帅师攻韩,围雍氏。楚怀王二十一年(前308),秦武王欲车通三川,以窥周室,使甘茂出师伐韩,围韩之重镇宜阳。次年(前307)景翠以楚师救韩。又楚怀王二十九年(前300),《战国策·楚策二·齐秦约攻楚》载:“齐、秦约攻楚。楚令景翠以六城赂齐,太子为质。”

田成方先生考证:“据景翠的活动时间与政治地位分析判断,他很可能是景舍之子。”[3]或然。

景鲤,楚怀王三十年(前299),怀王出使秦国,为秦扣留,太子横质于齐。国内无君,遂以割地为条件迎太子横回国践祚,为楚顷襄王。齐人旋来索取楚东地,景鲤等坚决反对割地予齐,西索救于秦,秦五十万大军逼近齐“右壤”,楚国东地得以保全。

景座,《史记·六国年表》载,楚怀王十七年(前312),韩师出师助秦,围景座所帅楚军[4],此年秦、楚决战于丹阳,以楚丧师失地而告终,韩围景座之师,或与丹阳之战有关[5]。

---

① 何建章注释:《战国策注释》,第489页。

② (北魏)郦道元著,陈桥驿校证:《水经注校证》,第710页。

③ 田成方:《东周时期楚国宗族研究》,第111页。

④ (汉)司马迁:《史记》卷一五《六国年表》,第733页。

⑤ 石泉主编:《楚国历史文化辞典》,第406页。

景缺，楚怀王时楚将。《史记·楚世家》："（楚怀王）二十九年（前300），秦复攻楚，大破楚，楚军死者两万，杀我将军景缺。"[①]

景快，楚怀王时楚将，《史记·秦本纪》："（秦昭襄王）九年（前298），孟尝君薛文来相秦。奂攻楚，取八城，杀其将景快。"[②]

包山简110有"鄗连嚣（敖）竞（景）愋"，又简118有"鄗连嚣（敖）竞（景）快"，"鄗连嚣（敖），官职，即楚国"鄗"地的连嚣（敖）之官[③]。刘信芳先生："简118作'竞快'，'愋'是'快'字之假。"[④]《楚地出土战国简册［十四种］》："'愋''快'盖是形近而误。"[⑤]皆认定简118之"景快"与简110之"景愋"系一人，可从。如此，则《秦本纪》之中所见"景快"与包山简"景快"又是什么关系呢？刘信芳先生指出：

> 二名应是同一人。竞快官为连敖，景快被称为将军，而楚国连敖多带兵打仗，此其一；二人所处时代相同，均为楚怀王

① （汉）司马迁：《史记》卷四〇《楚世家》，第1727页。

② （汉）司马迁：《史记》卷五《秦本纪》，第210页。

③ 按，"鄗"邑地望所在，学界观点不一，有如下数说：1."南阳说"。何琳仪先生读为"郦"，地在今河南南阳。贾连敏先生认为字不从"鬲"，从"邑"，应释为鄦，近年来河南省文物考古研究所在南阳淅川发现有关"鄦"的新材料，更进一步印证了"鄦"之地望在南阳。2."河南禹县说"。1974年，河南扶沟出土一批窖藏楚郢爰、陈爰等，其中有一金版，钤印有"鄗爰"二字，朱活先生释"鄗"为"栎"，即春秋郑国栎邑，在河南禹县。3."河南新蔡县说"。徐少华先生在朱活先生观点基础上指出，楚境内另有一栎邑，《左传》鲁昭公四年（前538），吴师伐楚，"入棘、栎、麻"，杜预注："棘、栎、麻皆楚东鄙邑，谯国鄦县东北有棘亭，汝阴新蔡县东北有栎亭。"参见何琳仪：《古币丛考》，合肥：安徽大学出版社2002年版，第232页；贾连敏：《古文字中的"祼"和"瓒"及相关问题》，《华夏考古》1998年第3期；朱活：《古币三谈》，《中国钱币》1983年第2期；徐少华：《包山楚简释地十则》，《文物》1996年第12期。

④ 刘信芳：《包山楚简解诂》，第102页。

⑤ 陈伟等著：《楚地出土战国简册［十四种］》，第51页。

> 时人，而景氏之兴起至楚怀王之时为期尚未久，异人同名的可行性不大，此其二。因而可以断言：《包山楚简》之“竞快”就是《史记·秦本纪》所记将军“景快”。①

又前述武汉大学藏战国楚简中大多数占卜皆是一名“景快”的贵族所为，则此“景快”与《秦本纪》、《包山简》之“景快”是否皆为一人。由于武大简尚未出版，过多具体的信息尚不得而知，不可遽断，只能待其公布以后再作进一步的深入分析。

“景缺”“景快”二人，刘信芳先生分析：“简文景快与《楚世家》景缺所处时代相同，疑是一人。”②田成方先生已辨其非：“景缺死于怀王二十九年(前300)，景快卒于襄王元年(前298)，二者绝非一人。”③

景阳，《战国策·燕策三·齐韩魏共攻燕》载，楚顷襄王二十七年(前272)，齐、韩、魏三国攻燕，燕使太子请救于楚，景阳帅左、右司马诸将救燕，遇雨而改攻魏国雍丘。当是时，齐师在东，魏师在西，楚师夹二师之间，形势颇为不利。景阳乃使诈通使魏师，齐人以为魏业已与楚、燕媾和，引兵而去，魏师失其与国亦夜遁，楚师乃还。又《史记·楚世家》载，楚考烈王六年(前257)，秦围邯郸，赵告急于楚，楚遣景阳救赵，七年(前256)，至新中，秦兵去。

《史记·六国年表》载楚考烈王十二年(前251)“柱国景伯死”④，此“柱国景伯”或即“景阳”。从《战国策·燕策三·齐韩魏

① 刘信芳：《〈包山楚简〉中的几支楚公族试析》，《江汉论坛》1995年第1期。

② 刘信芳：《包山楚简解诂》，第102页。

③ 田成方：《东周时期楚国宗族研究》，第111—112页。

④ (汉)司马迁：《史记》卷一五《六国年表》，第749页。

共攻燕》景阳“使左右司马各营壁地”的记载看，左、右司马明系景阳下属，而战国时期楚最高军事长官称“上柱国”或“柱国”。既然景阳能够统辖左、右司马，其官职亦为“柱国”，与景伯称“柱国景伯”合，此其一。景伯、景阳二人活动的年代相近，景伯死于公元前 251 年，与公元前 256 年景阳帅师救赵，仅间隔五年，此其二。伯字，在先秦时期可表示对贵族男子的一种尊称、美称，景阳显可以“伯”尊之，此其三。

又田成方先生指出：“楚襄王十二年（前 287），‘柱国景伯死’。景伯主要活动早于公元前 287 年，他出任柱国，大概是接替景翠，两人或许是父子。”[①]将《史记·六国年表》的楚考烈王十二年（前 251）误引为楚顷襄王十二年（前 287），其结论自然不确。

景差。见于《史记·屈原贾生列传》，云：“屈原既死之后，楚有宋玉、唐勒、景差之徒者，皆好辞而以赋见称。”[②]

3. 青铜器铭文等所见景氏成员

青铜器铭中所见景氏成员，除去前述“竞之定”“析君墨胷”外，尚有以下数例：

(1) 竞之[illegible]鼎（《铭图续》0178）

2005 年河南上蔡郭庄楚墓 M1 出土，现藏河南省文物考古研究所。盖、器同铭，3 行 19 字：

隹王八月丁丑，竞（景）之[illegible]自作[illegible]彝[illegible]（列）盏，共盟祀。

鼎直口方唇，双附耳外张，深腹圜底，三蹄足外撇，盖沿下折，顶中央有双兽头衔环，周围有三个圆孔方形纽，腹上部有一道箍棱，前

---

① 田成方：《东周时期楚国宗族研究》，第 112 页。

② （汉）司马迁：《史记》卷八四《屈原贾生列传》，第 2491 页。

后箍棱上各有一个圆环纽，形制与淅川下寺出土的一件窃曲纹鼎以及两件蟠蛇纹鼎接近，为春秋晚期器[①]。器主“竞(景)之”，，有“宁”[②]、𦨶(《铭图续》0178)、夒[③]、朝[④]四种不同隶定。或以“朝”为是，，“左上部从舟，下部从反‘止’之形，反‘止’之形可能是‘㫃’字的略写，右边形如‘鱼’字，或是‘早’字加以饰笔”，与“朝”字各部组成相似，不过字形的偏旁顺序有所颠倒[⑤]。若此，则器主宜为《左传》鲁哀公十七年(前478)所见楚武城尹“王(公)孙朝”，楚平王庶长子令尹王子申之子。

据铭“共盟祀”，即该鼎专为盟祀之用，推测主人具有主盟之权；又同墓出土鼾鼎按陈置位置推测可能有7件[⑥]，则器主无疑当系春秋晚期、战国早期楚高级贵族，此恰与武城尹王孙朝身份吻合。

(2) 竞孙旟鬲(《铭图》03036)、竞孙不服壶(《铭图》12381)

郭庄M1出土铜器，尚有鬲7件，其中一件(《铭图》03036)内底铸铭13行40字(又合文1)：

正月建期，吉晨不貣，竞孙旟也，乍铸𩰫彝，追孝屎祟，龚寺

① 谢明文：《竞之夒鼎考释》，《出土文献》第九辑，2016年。

② 河南博物院：《盛鼎中华——中国鼎文化》，郑州：大象出版社2012年版，第122页。

③ 谢明文：《竞之夒鼎考释》，《出土文献》第九辑，2016年。

④⑤ 曹辉、陶亮：《上蔡郭庄一号楚墓“竞之朝”鼎铭文及其相关问题试析》，《中原文物》2019年第3期。

⑥ 河南博物院：《盛鼎中华——中国鼎文化》，第122页。

明德，卲事辟王，畬哉不服，永保之用，孙＝(孙子)是则。

又有两件方壶，形制与淅川下寺 M1 出土的一对龙耳虎方壶及寿县蔡侯墓出土的两件蔡侯申方壶皆相似，时代约春秋晚期[①]。其中一件(《铭图》12381)铸铭 5 行 21 字(又合文 1)：

正月建期，吉晨不貣，竞孙不服，永保之用享，孙＝(孙子)是䎃(则)。

对比上引鬲、壶铭，壶铭显系鬲铭的省减，二者器主为一人，或称“竞孙旟也”，或称“竞孙不服”。董珊先生指出，此器主名“旟”，私名“旟”后加“也”，例同楚栾书缶“余畜孙书也”，“也”字在句中起停顿作用。“旟”“不服”，可以构成一名一字[②]。

竞孙旟的身份，董珊先生认为其为楚平王之孙[③]，曹辉、陶亮二位先生申之：“‘竞孙旟’应该是楚平王之孙公孙宁，即公孙朝之兄。”[④]田成方先生观点异，认为称景孙，不以王孙或公孙自居，表明其辈次可能在王孙以下，属楚平王曾孙辈[⑤]。

按，竞之鼎与竞孙旟鬲、壶同出一墓，或竞之、竞孙旟系一人；或竞孙旟乃竞之子辈，疑不能决。

---

① 黄锦前：《郭庄楚墓出土竞孙鬲、方壶铭试释》，《国学学刊》2017 年第 1 期。

②③ 董珊：《竞孙鬲、壶铭文再考》，上海：复旦大学出土文献与古文字研究中心网站，网址：http://www.gwz.fudan.edu.cn/SrcShow.asp?Src_ID=1882，发表日期：2012－06－04。

④ 曹辉、陶亮：《上蔡郭庄一号楚墓“竞之朝”鼎铭文及其相关问题试析》，《中原文物》2019 年第 3 期。

⑤ 田成方：《东周时期楚国宗族研究》，第 113 页。

(3) 竞敔矛(《铭图》17695)

2006年6月湖南张家界且住岗野猫沟战国墓出土[1],左叶至骹上铸12字铭:

竞敔自乍韩(萃)矛,用扬吝(文)德武剌(烈)。

该戈呈窄叶形,前锋尖锐,中脊凸起,两叶狭长,中部凹下,形成血槽,骹筒较短,双钮在两叶下部,或认为战国早期器[2],或认为战国中晚期器[3]。器主"竞敔"为景氏成员,或为记功烈而铸此精美兵器。

(4) 竞之羕鼎(见《湖北宜城跑马堤东周两汉墓地》[4]《铭图三》[5]0177、0178)

1997年湖北宜城鄢城跑马堤墓地M43出土,2件,现藏宜城市博物馆。器内壁皆铸相同的6字铭文:

竞之羕之少鼎。

两鼎形制一致,子口承盖,盖面上隆呈弧形,顶中央为环纽衔环,周边等距三卧牛纽,双附耳,浅腹圜底,三蹄足较高,腹中央一周箍棱,典型的楚式"馈鼎"[6]。又两鼎所出的M43,土坑竖穴,墓室周围四层台阶,东向斜坡墓道,葬具二椁一棺,椁内分北、南、西三室,

①③　陈松长:《湖南张家界新出战国铜矛铭文考略》,《文物》2011年第9期。

②　田成方:《东周时期楚国宗族研究》,第116页。

④　武汉大学、湖北省文物考古研究所、宜城市博物馆编著:《湖北宜城跑马堤东周两汉墓地》,北京:科学出版社2017年版,第35—36页。

⑤　吴镇烽:《商周青铜器铭文暨图像集成三编》(一),上海:上海古籍出版社2020年版,第178—179页。该书简称《铭图三》。

⑥　刘彬徽:《楚系青铜器研究》,第117页。

与望山 M1、M2 及沙冢 M1 墓制相似，为战国中期较高等级的楚墓[①]，因此，器主“竞之羕”为战国中期较高级楚贵族。

(5) 襄城公竞脽戈(《新收》1285)

1990 年，江苏连云港海州区锦屏镇陶湾村出土，现藏连云港市博物馆。内上铸 11 字铭文：

向寿之岁，襄城公竞脽所造。

器主“竞脽”为楚襄城县县公，“襄城”亦见于“六年襄城令戈”(《近出》1196)“二十三年襄城令戈”(《集成》11565)等，地在今河南襄城县。董珊先生考证，“向寿之岁”乃以秦臣向寿出使于楚作为纪年，向寿如楚的时间应该是秦武公四年拔宜阳之年，即公元前 306 年，“竞脽”就是文献所见楚将“景翠”[②]。

又有“工佐景之”，见燕客铜量(战国晚期器[③]，《集成》10373)及大市量(战国晚期器，《铭图》18815)。

此外，楚简、古玺中所见景氏成员有：景酉(包山 68)、景丁(包山 81)、景旻(包山 90)、景快(包山 110、118)、景軔(包山 81)、景不割(包山 121、122、123)、景匌(包山 131)、景庆(包山 155)、景頧(包山 163)、景贾(包山 180)、景丁(包山 81)、景駝(包山 187)、景之贾(清华简·系年 128)、景忻(古玺汇编 0275)、景训(古玺汇编 3130、3131、3132)等

---

① 武汉大学、湖北省文物考古研究所、宜城市博物馆编著：《湖北宜城跑马堤东周两汉墓地》，第 162 页。

② 董珊：《向寿戈考》，《考古》2006 年第 3 期。按，陈隆文先生质疑董珊先生之说，认为：“襄城在楚怀王时难为楚地，那么襄城公所造之戈自然不应在楚怀王之时。”参见陈隆文：《向寿戈再考》，《考古》2008 年第 3 期。

③ 邹芙都：《楚系铭文综合研究》，第 169 页。

4. 景氏在秦汉时期的迁徙

秦灭楚后,景氏成员大都应还是在原楚境内生活,影响不小。秦末陈胜、吴广起兵反秦,广陵人秦嘉起兵响应,自立为大司马。为召集原楚地民众,乃立景氏成员景驹为“假王”,军彭城东。秦二世二年(前208),项梁借口秦嘉叛陈王(陈胜),进兵击杀秦嘉,景驹亦走死梁地[①]。至西汉立国,刘(娄)敬向高祖刘邦建言:

> 臣愿陛下徙齐诸田,楚昭、屈、景,燕、赵、韩、魏後,及豪桀名家居关中。无事,可以备胡;诸侯有变,亦足率以东伐。此彊本弱末之术也。[②]

《史记·汉高祖本纪》、《汉书·高祖纪》皆载高祖九年十一月,实施刘敬上建言,徙齐、楚大族田氏、昭氏、屈氏、景氏、怀氏五姓“十余万口”[③]于关中,景氏亦在迁徙名单之中,即《景云碑》所云:“高祖龙兴,娄敬画计,迁诸关东豪族英杰,都于咸阳,攘竞(境)蕃卫。”至于说景氏西迁关中后的具体居住地点,《汉书·地理志下》:“汉兴,立都长安,徙齐诸田,楚昭、屈、景及诸功臣家于长陵。”[④]长陵故城遗址在今咸阳市渭城区韩家湾乡怡魏村,至今地面仍保存着南、北和西城墙的部分遗迹[⑤]。

景氏除西迁关中外,当还有一支或从关中南迁,或由东边原楚境西迁巴蜀之地。《景云碑》碑文在回顾景云先祖历史时,有如下一段记载:

---

① (汉)司马迁:《史记》卷七《项羽本纪》,第299页。

②③ (汉)司马迁:《史记》卷九九《刘敬叔孙通列传》,第2720页。

④ (汉)班固:《汉书》卷二八下《地理志下》,第1642页。

⑤ 李乔:《从〈景云碑〉看景氏起源及汉代以前的迁徙》,《中原文物》2009年第4期。

大业既定，镇安海内。先人伯沇，匪志慷慨，术禹石纽，汶川之会。帏屋甲帐，龟车留滞，家于梓潼，九族布列，裳絻相龙，名右冠盖。

“大业既定，镇安海内”，即汉初一统天下的政治格局。“先人伯沇，匪志慷慨，……帏屋甲帐，龟车留滞，家于梓潼”，景云先祖“伯沇”有“慷慨之志”，“风风光光从关中再次迁徙到梓潼”[①]，梓潼，今四川绵阳梓潼县，西汉始置县，属广汉郡。“九族布列，裳絻相龙，名右冠盖”，迁徙至梓潼的景氏族人甚多，多出仕为官，成为当地望族，此传世典籍亦多有记载。《华阳国志·汉中志》：“（梓潼县）四姓：文、景、雍、邓者也。”[②]

又老官山汉墓，位于成都市金牛区天回镇土门社区卫生站东侧，2012 年 7 月至 2013 年 8 月，因成都地铁三号线建设需要，成都市文物考古研究所、湖北荆州文物保护中心对其进行了抢救性考古发掘。清理出西汉土坑木椁墓 4 座[③]，4 座墓以蓉都大道为界分为两组，西侧为 M1、M2、M3，大致在南北一条直线上；东侧为 M4，位于 M1 东南约 420 米。出土随葬品 540 余件，包括简牍、漆器、陶器、铜器等，显示墓主人身份不低。

其中，M1 为一男一女夫妻合葬墓，男性 45 岁左右，女性 40 岁左右[④]，出土漆器中有“景氏”铭文，发掘者言：“西汉初年景氏贵族

---

① 李乔：《从〈景云碑〉看景氏起源及汉代以前的迁徙》，《中原文物》2009 年第 4 期。

② （晋）常璩撰，刘琳校注：《华阳国志校注》，成都：巴蜀书社 1984 年版，第 145 页。

③ 成都文物考古研究所：《成都“老官山”汉墓》，《中国文物报》2013 年 12 月 20 日第 4 版。

④ 原海兵：《楚人后裔的天府之殇：生物考古视角下的老官山墓》，《中国社会科学报》2014 年 9 月 17 日第 A5 版。

迁至关中一带,后景氏一支又迁蜀地,墓主应与此有关。”①

“老官山汉墓”当是一处景氏家族墓地。其一,从墓葬规模、随葬品等来看,墓主人不是一般身份的人。发现的4座墓穴,3座是相邻很近的。其二,4座墓穴在时间上可先后相接。M2、M3、M4皆出土有西汉“半两”钱,年代属景帝、武帝时期;M1出土有汉武帝时期所铸“五铢币”,结合M1的墓葬形制与其它出土实物,断定其年代当在汉武帝时期。

此外,M2墓出土四部蜀锦织机,一部略大,高约50厘米,宽约20厘米,长约70厘米;其余三部略小,高约45厘米,宽约15米,长约60厘米。据大小推测,当是比照原物所制作的模型,与织机同出土有十多件彩绘木俑,从俑的不同身姿和身上不同铭文推测有可能为司职不同的织工,应是汉代蜀锦纺织工场实景模拟再现②。这个生活在汉景帝、武帝时期的景氏家族,当是经营蜀锦作坊的商人世家,资产颇丰。

第三节　昭　氏

一、由楚简看昭氏族源与早期世系

谢无量先生《楚辞新论》引刘师培先生的话,说:“昭姓源流不

① 成都文物考古研究所、荆州文物保护中心:《成都市天回镇老官山汉墓》,《考古》2014年第7期。

② 成都文物考古研究所:《成都“老官山”汉墓》,《中国文物报》2013年12月20日第4版。

可考,后世亦无昭氏。惟屈、景二姓是楚同姓。”[①]除去此说外,见于古籍文献及今人论述,昭氏为楚之公族,源出楚昭王(前515—前489年)。《古今姓氏书辩证》:“昭,出自芈姓。楚昭王熊轸,有复楚之大功,子孙蕃衍,以谥为氏。”[②]《姓氏寻源》:“昭氏,楚同姓,与屈、景为三祖。”[③]饶宗颐先生:“昭盖出自楚昭王。”[④]徐中舒先生:“昭王之后称昭。”[⑤]刘信芳先生:“楚国昭氏即因昭王之谥号而得氏。”[⑥]黄灵庚先生:“昭氏,楚昭王后。”[⑦]学者赞同者众,不赘述[⑧]。

昭氏源出楚昭王,在楚地出土简册中也得到了证实。且藉楚地出土简册,可对楚国昭氏早期世系作系统整理,以补传世文献的缺失。

楚昭王的“昭”字,出土资料中皆写作“卲”,清华简《楚居》篇有最直接的记载:

> ……至卲(昭)王自秦(乾)溪之上徙居娧=郢=(媺郢,媺郢)徙居鹗=郢=(鄂郢,鄂郢)徙袭为郢。

---

① 谢无量:《楚辞新论》,陈引驰、周兴陆主编:《民国诗歌史著集成》(第十三册),天津:南开大学出版社2015年版,第24页。

② (宋)邓名世撰,王力平点校:《古今姓氏书辩证》,第151页。

③ (清)张澍编纂:《姓氏寻源》,第171页。

④ 饶宗颐:《楚辞地理考》,上海:商务印书馆1946年版,第12页。

⑤ 徐中舒:《徐中舒历史论文选辑》,第1089页。

⑥ 刘信芳:《包山楚简解诂》,第214页。

⑦ 黄灵庚:《楚辞章句疏证》(增订本),第2页。

⑧ 姜亮夫:《史记屈原列传疏证》,《姜亮夫全集八·楚辞学论文集》,第4页;周建忠:《屈原考古新证》,上海:上海师范大学博士学位论文,2004年4月,第70页;田成方:《东周时期楚国宗族研究》,第118页。

“卲王”条下,整理者:“卲王,昭王珍,平王之子。昭王之‘昭’,楚人皆书作‘卲’,见昭王之逴鼎(《集成》二二八八)、簋(《集成》三六三四—三六三五);新蔡、包山卜筮简,上博简《昭王毁室》等。”①

1. 包山楚简所见昭氏世系

湖北荆门包山二号墓,墓主人是楚国昭氏成员“卲(昭)𬪩”,楚怀王时官拜“左尹”,主管楚国司法工作,“死时年龄约为 35 岁至 40 岁左右,下葬于公元前 316 年楚历六月二十五日”②。据包山卜筮祭祷简文,“卲𬪩”生前罹患重病,屡祭祷先人,祈求康复。便于说明,将相关简文摘录如下:

简 200:罷祷于卲(昭)王戠(特)牛,馈之;罷祷文坪(平)夜(舆)君、郚公子春、司马子音、蔡公子𧰨(家),各戠(特)豢,酒食。

简 202:举祷于宫地宔(主),一羖;禬于新父蔡公子𧰨(家),特䐁,酉(酒)食,馈之;禬于新母,肥冡,酉(酒)食;举祷东陵连嚣(敖)肥豠,酉(酒)食。

简 203:罷祷于卲(昭)王戠(特)牛,馈之;罷祷于文坪(平)舆君、郚公子春、司马子音、蔡公子𧰨(家),各戠(特)豢,酒食。

简 210:赛祷东陵连嚣(敖)豠豕,酉(酒)食,蒿之。

简 214:赛祷昭王戠(特)牛,馈之;赛祷文坪夜(舆)君、郚公子春、司马子音、蔡公子𧰨(家),各戠(特)豢,馈之。

简 222:见新(亲)王父殇,以其故说之,举祷犆(特牛),馈之。

简 224:为子左尹𬪩举祷于新(亲)王父司马子音,戠(特)

① 清华大学出土文献研究与保护中心编,李学勤主编:《清华大学藏战国竹简(壹)》,第 190 页。

② 湖北省荆沙铁路考古队:《包山楚简》,第 1 页。

牛，馈之。

简 225：为子左尹𬯀举祷于殇东陵连敫子发，肥豜，蒿祭之。

简 227：举祷兄弟无后者卲（昭）良、卲（昭）乘、县貉公，各豜，酒食，蒿之。

简 240：举祷昭王戠（特）牛，馈之；举祷文坪（平）虽（夏—舆）君子良、郚公子春、司马子音、蔡公子豢，各戠（特）豢，馈之……

简 243：举祷昭王戠（特）牛，馈之；举祷东陵连嚣（敫）豜，酉（酒）食，蒿之。

简 248：举祷郚公子春、司马子音、蔡公子豢（家），各戠（特）豢，馈之。

上祭祷类型细分作三种：罷祭、赛祭、举祭。罷祭，整理者："罷，似读作嗣，……罷祷即后人对于先辈的祭祀。"[①]彭浩先生观点同："罷字在此似读作嗣。……罷祷即晚辈对先辈的祭祀。"[②]又《楚地出土战国简册[十四种]》："在郭店竹书中的多数场合，罷用作'一'。新蔡楚简乙四 82、148 号简中有'弌祷'，即'罷祷'异写。'罷祷'似当读为'一祷'，具体涵义待考。"[③]赛祭，学界观点一致，是对祖先神灵赐予福佑的还报之祭[④]。举祭，或称誉祷，应该就是用美辞通神以祈福去灾的祭祷[⑤]，《楚国历史文化辞典》："以牺牲、祭品向神祈福攘

① 湖北省荆沙铁路考古队：《包山楚简》，第 53 页。

② 彭浩：《包山二号楚墓〈卜祀祭祷〉竹简的初步研究》，楚文化研究会编：《楚文化研究论集（第二集）》，武汉：湖北人民出版社 1991 年版，第 341 页。

③ 陈伟主编：《楚地出土战国简册[十四种]》，第 100 页。

④ 湖北省荆沙铁路考古队：《包山楚简》，第 54 页；汤余惠：《战国铭文选》，长春：吉林大学出版社 1993 年版，第 153 页；胡雅丽：《尊龙崇凤——楚人的信仰礼俗》，武汉：湖北教育出版社 2003 年版，第 47 页。

⑤ 胡雅丽：《尊龙崇凤——楚人的信仰礼俗》，第 47 页。

祸。……举本为朔、望盛馔之礼,依此礼祈祷于神,称'举祷。'"[①]

详析上十二则简文,可对昭氏早期世系作初步整理,得出如下几条重要信息。

其一,简 200、简 203、简 214、简 240、简 243,卲(昭)胣祭祷次序中,楚昭王皆置于首位,用牲俱为戠(特)牛,包山简整理者:"昭王列于首位,祭祷的礼遇也最高,……楚昭王于公元前 515—前 489 年在位,墓主人为昭氏,按先秦时期有以先王号为氏的习惯,楚昭王当是昭佗这一支的始祖。"[②]这系昭氏确出于楚昭王之"非常过硬的证据"[③]。

其二,简 200、简 203、简 214、简 240,紧随楚昭王之后墓主人卲(昭)胣所祭祷的是"文坪夜(輿)君""郚公子春""司马子音""蔡公子冡(家)"四人,四人与卲(昭)胣是何关系呢?简 202 提到"新父蔡公子冡(家)",包山简整理者:"新父,新借作亲,生父。"[④]即"蔡公子冡(家)"为"卲(昭)胣"之父。又简 224"新(亲)王父司马子音",包山简整理者:"新王父,新借作亲。《尔雅·释亲》:'父之考为王父,父之妣为王母。'注:'加王者,尊之也。'新王父即为亲王父。"[⑤]即"司马子音"为"卲(昭)佗"之祖父。据此,可推定"郚公子春"是"卲(昭)佗"之曾祖父,"文坪夜(輿)君"系"卲(昭)佗"高祖父。

又"文坪夜(輿)君"与楚昭王存在何种关系呢?"文坪夜(輿)君"其人,简 240 称"文坪夜(輿)君子良","子良",人名,或名之字。

---

① 石泉主编:《楚国历史文化辞典》,第 312 页。

② 湖北省荆沙铁路考古队:《包山楚简》,第 13 页。

③ 李零:《"三闾大夫"考——兼论楚国公族的兴衰》,《文史》2001 年第 1 辑。

④ 湖北省荆沙铁路考古队:《包山楚简》,第 54 页。

⑤ 湖北省荆沙铁路考古队:《包山楚简》,第 57 页。

《左传》鲁哀公十七年(前478)载：

> (楚惠王)王与叶公枚卜子良以为令尹。沈尹朱曰:“吉。过于其志。”叶公曰:“王子而相国,过将何为!”他日,改卜子国(公孙宁)而使为令尹。

“子良”条下,杜预注:“子良,惠王弟。”[①]即楚昭王之子。又湖北随州曾侯乙墓出土竹简中,简67、简160、简161、简191皆载有“坪夜君”其人。《传》文所载之“子良”、包山简“文坪夜君”、曾侯乙简“坪夜君”,三人是否系一人呢?何浩先生考定:“昭王子、惠王弟子良就是文坪夜君,文坪夜君就是坪夜君。”[②]刘信芳先生:“‘文坪夜君子良’与曾侯乙简所记‘坪夜君’均与《左传》所记楚惠王弟子良是同一人。”[③]吴郁芳[④]、石泉[⑤]二位先生观点同。

又包山楚简整理者:“文坪夜君以下几人在行文上连续排列,其在祭祷时与昭王分别叙述,二者之间在辈份上应有缺环。”[⑥]言楚昭王与文坪夜君子良之间尚缺漏一两代人,尚缺乏足够的证据支撑。

综上,据包山简的相关内容,可将昭氏世系排列如下:

> 楚昭王—文坪夜君子良—郚公子春—司马子音—蔡公子豢(家)—左尹卲㶇

---

① (晋)杜预注,(唐)孔颖达疏:《春秋左传正义》,第2179页。
② 何浩:《文坪夜君的身份与昭氏的世系》,《江汉考古》1992年第3期。
③ 刘信芳:《包山楚简解诂》,第215页。
④ 吴郁芳:《包山二号墓墓主昭佗家谱考》,《江汉论坛》1992年第11期。
⑤ 石泉主编:《楚国历史文化辞典》,第28页。
⑥ 湖北省荆沙铁路考古队:《包山楚简》,第13页。

其三,对"文坪夜君子良""部公子春""司马子音""蔡公子彖(家)"四人具体信息作解读。

"文坪夜君子良",当系受封于坪(平)夜的首位封君,封邑当在今河南省新蔡县西北境①。"文",《楚国历史文化辞典》:"似为其名。"②吴郁芳先生观点同:"子良名文。"③又何琳仪、刘信芳、郑威诸先生又认为"文"当为子良的谥号④。

后说为是。

"部公子春","部公",楚部邑县公;"子春",名,或名之字。部县地望,包山简整理者:"部,地名。《左传·文公七年》:'春公伐邾。三月,甲戌取须句,遂城部。'注:'鲁邑,下县南有部城,备邾难。'鲁被楚灭后,部地属楚。"⑤李零先生观点类似,认为部邑在今山东泗水县东南⑥。言楚部县在今山东泗水境,不妥。包山简时代,楚国势应尚未达到山东泗水附近区域,刘信芳先生:"部公子春与楚简王同时,其时鲁国并未被灭。《左传》襄公十年:'晋师城梧及制。'杜预〈注〉:'梧、制皆郑旧地。'……梧在今河南荥阳西。"⑦此亦可商,"因为楚国领土根本不曾抵达今河南荥阳一带"⑧。又吴郁芳先生认为"部"即"圉",二字互通。《左传》鲁昭公二十四年(前518)楚有邑名"圉阳";又鲁哀公十六年(前479)楚有"圉公

---

① 郑威:《楚国封君研究》,第117—118页。

② 石泉主编:《楚国历史文化辞典》,第28页。

③ 吴郁芳:《包山二号墓墓主昭佗家谱考》,《江汉论坛》1992年第11期。

④ 何琳仪:《战国古文字典》,第1363页;刘信芳:《包山楚简解诂》,第215页;郑威:《楚国封君研究》,第117页。

⑤ 湖北省荆沙铁路考古队:《包山楚简》,第54页。

⑥ 李零:《包山楚简研究(占卜类)》,《中国典籍与文化论丛》第1辑,北京:中华书局1993年。

⑦ 刘信芳:《包山楚简解诂》,第215页。

⑧ 吴良宝:《战国楚简地名辑证》,第185页。

阳”,“圉公”系楚国圉县县公,据此“可见楚国有圉邑,位于吴楚接境的淮水之滨,与巢相邻”①。颜世铉先生申之:“‘圉公阳’之圉当是地名,与圉阳相近。包山楚简郚地即春秋的圉,其地在圉阳附近,即今安徽巢湖市南境。”②“郚”字是否可视作“圉”,有一定的疑问。《战国策·韩策一》:“魏且旦暮亡矣,不能爱其许、鄢陵与梧,割以予秦,去百六十里。”引文中的“梧”,黄盛璋先生考证应在许、鄢陵附近,去陈不远③。吴良宝先生申之:“位于今河南鄢陵县附近的‘梧’,战国早、中期一直属于楚领土,公元前301年孟尝君联合韩、魏破楚后,才为魏国所占据。包山简中‘郚公子春’的时代约略与战国早期的楚简王相当,他的封地或任职地‘梧’应当就是此邑。”④

以上诸说,可暂从黄、吴二位先生观点。

又吴郁芳先生认为“郚公子春”非“文坪夜君子良”长子,“身为王孙而未继封君可证”⑤,此于新蔡葛陵简中得到证实(详下)。

“司马子音”,官拜楚司马一职,子音,名,或名之字。简222:“(卲牝)见新王父(司马子音)殇。”“殇”,《礼记·郊特牲》“乡人禓”条下,郑玄注:“禓,强鬼也。”⑥胡雅丽先生联系楚俗言:“殇,即不幸早死者。望山一号楚墓简文称之为‘不壮死’。……楚人所谓‘殇者’似乎应包含两个层次,一是那些未成年而死者,属于人鬼;

---

①⑤ 吴郁芳:《包山二号墓墓主昭佗家谱考》,《江汉论坛》1992年第11期。

② 颜世铉:《包山楚简地名研究》,台北:台湾大学硕士学位论文,1997年,第169—170页。

③ 黄盛璋:《试论三晋兵器的国别和年代及其相关问题》,《考古学报》1974年第1期。

④ 吴良宝:《战国楚简地名辑证》,第186页。

⑥ (汉)郑玄注,(唐)孔颖达疏:《礼记正义》,第1448页。

二是那些虽已成年，但却未尽天年而死者，其有功者可归于人神之位。”[①]邵舵在已病重之际，见祖父司马子音之魂而祭祀，“司马子音”显属已成年而未寿终正寝者。吴郁芳先生考证，司马子音大概出生于公元前434年，任司马于楚悼王时期(前401—前381年在位)。悼王任用吴起行损害贵戚利益的变法之事，“及悼王死，宗室大臣作乱而攻吴起，吴起走之王尸而伏之。击起之徒因射刺吴起，并中悼王。悼王既葬，太子立，乃使令尹尽诛射吴起而并中王尸者。坐射起而夷宗者七十余家。”[②]“司马子音”可能就是因误击悼王而被诛杀者[③]。

“蔡公子豪(家)”，楚蔡县县公，“子家”，名，或名之字。楚蔡县，当系灭蔡国而置，包山简整理者：“蔡，地名。原属蔡国，称州来，故址在今安徽省凤台县。”[④]徐少华先生驳之：“简文中‘蔡’与‘下蔡’多见且区别明显，不应混同，‘蔡’应是蔡国早期居住地—今河南上蔡。”[⑤]颜世铉先生观点[⑥]。

其四，简202、简210、简225、简243，皆提到“东陵连敖(子发)”其人。或单独受祭(简210、简225)，或与昭王一起受祭(简243)，尤其简202中，“东陵连敖(子发)”是在邵舵亲父、亲母后受祭的，彭浩先生认为东陵连敖排在新父、新母之后，很可能是邵佗

① 胡雅丽：《楚人宗教信仰刍议(续)》，《江汉考古》2001年第4期。

② (汉)司马迁：《史记》卷六五《孙子吴起列传》，第2168页。

③ 吴郁芳：《包山二号墓墓主昭佗家谱考》，《江汉论坛》1992年第11期。

④ 湖北省荆沙铁路考古队：《包山楚简》，第54页。

⑤ 徐少华：《包山楚简释地十则》，《文物》1996年第12期。

⑥ 颜世铉：《包山楚简地名研究》，台北：台湾大学硕士学位论文，1997年，第226—227页。

的叔父或伯父[①]。刘信芳先生："以伯父的可能性为大。"[②]"东陵连敖子发"，与蔡公子家皆为司马子音之子，约楚宣王时人，官职为"东陵连嚣"，连嚣，或称连敖，或称连尹，即楚国东陵一地的连尹。东陵地望，或认为在今安徽桐城一带[③]，或在今河南固始西南[④]，或在湖北麻城一带[⑤]，或在今阜阳市与新蔡县之间[⑥]。

又简225提到"殇东陵连尹子发"，用一"殇"字，恐"子发"与其父"司马子音"一样非获善终。

其五，简227称"举祷兄弟无后者卲（昭）良、卲（昭）乘、县貉公"，"无后"，指无后嗣。陈伟先生认为卲（昭）良、卲（昭）乘、县貉公均为"卲（昭）佗"兄弟[⑦]，吴郁芳先生："卲（昭）佗的兄弟不少，仅死而无后的就有卲（昭）良、卲（昭）乘以及担任县公的卲（昭）貉公。"[⑧]而卲（昭）旄之所以祭祀卲（昭）良、卲（昭）乘、县貉公，董珊先生认为后三者应都是有可能为厉作祟的人鬼，应即《祭法》所称的"族厉"之属[⑨]。又"县貉公"，《左传》鲁文公十年（前617）："楚子、蔡侯次于厥貉。"李家浩先生："疑简文'县貉公'当读为'厥貉

---

① 彭浩：《包山二号楚墓〈卜祀祭祷〉竹简的初步研究》，《楚文化研究论集（第二集）》，第346页。

②⑤ 刘信芳：《包山楚简解诂》，第238页。

③ 吴郁芳：《包山二号墓墓主昭佗家谱考》，《江汉论坛》1992年第11期。

④ 何琳仪：《战国古文字典》，第364页。

⑥ 郑威：《楚"东陵"考》，武汉：武汉大学简帛研究中心 简帛网，网址：http://www.bsm.org.cn/show_article.php?id=771，发表时间：2008-01-04。

⑦ 陈伟：《包山楚简初探》，第173页。

⑧ 吴郁芳：《包山二号墓墓主昭佗家谱考》，《江汉论坛》1992年第11期。

⑨ 董珊：《楚简中从"大"声之字的读法（二）》，武汉：武汉大学简帛研究中心 简帛网，网址：http://www.bsm.org.cn/show_article.php?id=594，发表时间：2007-07-08。

公’,即厥貉县的县公。”①

综合以上五条,可将包山简所载昭氏世系排列如下:

```
楚昭王-文平夜君子良-郚公子春-司马子音┬东陵连敖子发
                                    └蔡公子家┬昭　佗
                                             ├昭　良
                                             ├昭　乘
                                             └县貉公
```

2. 新蔡葛陵楚简对包山简昭氏世系的补充

1985年,河南省新蔡市文物保管所文物普查时,在李桥回族镇葛陵村发现战国墓葬,1992年、1993年墓葬接连遭到破坏、盗掘,故1994年5月河南省文物考古研究所对其进行抢救性考古发掘②。出土青铜戈2件、戟9件(《新收》0572-0582),铭文如下:

戈铭:坪夜君成之用。

戟铭:坪夜君成之用戟

“坪夜君成”的自作器出现在墓葬中,藉此可推定“坪夜君成”宜为新蔡葛陵楚墓的墓主人,“成”,人名,“君”,封号,“坪夜”,封地。葛陵墓的年代下限,刘彬徽先生认为在公元前398年③;宋华强先生认为在公元前401年至公元前395年之间④。

---

① 李家浩:《包山卜筮简218-219号研究》,长沙市文物考古研究所编:《长沙三国吴简暨百年来简帛发现与研究国际学术研讨会论文集》,北京:中华书局2005年版,第198页。

② 河南省文物考古研究所编著:《新蔡葛陵楚墓》,郑州:大象出版社2003年版,第1页。

③ 刘彬徽:《葛陵楚墓的年代及相关问题的讨论》,楚文化研究会编:《楚文化研究论集(第七集)》,长沙:岳麓书社2007年版,第377—381页。

④ 宋华强:《新蔡葛陵楚简初探》,第134页。

葛陵楚墓又出土大量竹简，竹简中多次出现“坪夜君成”祭祷“文君”“文夫人”的记录，摘录如下：

甲三98－100：……是日☐牺马，先之以一璧，迈而逯(归)之，遂文君之棁(说)☐☐贞：……

甲三115－116：盬痁以魁竈为坪夜君[贞]☐☐[平]夜文君，戊午之昏以☐……

甲三121：……☐[平]夜文君各一玉☐……

甲三176：……以其故说之，文君、文夫人归☐☐[无]咎……

甲三200：举祷子西君、文夫人各戠牛馈……

甲三201：择日于八月脠祭竞坪(平)王，以逾至文君。

甲三213：有棁(祟)见于卲(昭)王、惠王、文君、文夫人、子西君。

甲三242：……☐坪夜文君子良，乐，赣(贡)☐之……

甲三260：……☐文君。占之曰：吉。

甲三276：……少(小)☐文君□祷□□□☐☐虚，……

甲三300、307：癸丑之☐☐文君与啬，解于太，遂其疋棁。

甲三344－1：举祷卲(昭)王、文君☐有咎。……

甲三419：祈福举祷文君，大牢馈之☐……

乙一6：☐敚(祟)见于卲(昭)王、文君、文夫人、子西君。

乙一11：祷于文夫人，荆牢，乐且赣(贡)之，举祷于子西君，荆牢，乐☐……

乙一21、33：举祷于卲(昭)王、献惠王、文君各一备(佩)玉。

乙一27：……☐夫人各戠牛☐……

乙二24、36：☐举祷子西君、文夫人☐……

乙三 46:……☐☐文夫人三十乘……

乙四 128:……☐君、文夫人,祝其大牢……

零 111:☐卲(昭)王、文君各大牢☐……

零 301、150:……☐荆王、文王,以逾至文君……

分析上引简文,“文君”见于简甲三 115－116 称为“平夜君”“平夜文君”,简甲三 242 称为“平啣(夜)文君子良”,整理者:“文君,简文又称‘坪夜文君’或‘坪夜文君子良’,即曾侯乙墓竹简中的‘坪夜君’,包山楚简中的‘文坪夜君子良’,……应是始封的坪夜君。因他是平夜君成的直系先祖,所以文君、文夫人受祭次数最多。”[①]学界观点统一,葛陵简所见“文君”即包山简“文平夜君子良”。

需探讨的是葛陵墓之墓主人“平夜君成”与“文平夜君子良”之间的关系。葛陵简中又有数条提到对“王孙某”的祭祷:

乙三 24:☐祭王孙厝☐

乙三 42:☐飤。是(是日)祭王孙厭一冢,酉(酒)食。

零 313:☐之日祭王孫☐☐

零 666:☐祭王☐

整理者考证“王孙厭”系葛陵墓墓主“平夜君成”之父:

王孙厝又称王孙厭,厝、厭通假。与望山楚简中的王孙喿又称王孙桌相似。……这些受祭的先祖,身份较为明确。平夜文君子良为王子,王孙厝可能为子良之长子而继封平舆的

① 河南省文物考古研究所编:《新蔡葛陵楚墓》,第 183 页。

> 一代平舆君。尚若平夜君成的先祖中没有缺环，王孙厝可能就是墓主平夜君成的父亲。……若此，楚平夜封君的序列应为坪夜君子良、王孙厝、坪夜君成。[①]

刘信芳[②]、郑威[③]二位先生赞同整理者观点，即葛陵墓墓主“平夜君成”系“平夜文君子良”之孙、“王孙厝”之子，且刘信芳先生进一步推测王孙厭之去世为非正常死亡[④]。

对于上说，宋华强先生提出以下两条反驳意见[⑤]：

其一，称谓方式。若“王孙厌”为“平夜君成”之父，则在祭祷简中当称之为“平夜某君”，非径称为“王孙厌”。

其二，祭祀规格。礼制社会下，不同级别之贵族祭祷其父时所用祭品亦有差异。举例而言，望山一号墓墓主悼固级别是下大夫，祭祷其父所用之物为“一冢豕”。包山二号墓墓主昭佗级别为大夫，高于悼固，祭祷其父所用祭品为“特豢酒食”，高于“一冢豕”。“平夜君成”为楚封君，身份类似楚上卿，祭祷其父之祭品当高于悼固、昭佗。然见于葛陵简乙三 42，平夜君成仅用“一冢”祭祷王孙厌，与悼固同。显然，王孙厌非平夜君成父。

宋华强先生又指出，祭祷简中，某先人出现的次数是和他（或她）的身份重要性成正比的。葛陵简中，楚昭王与“文君”（“文平夜君子良”）出现次数最多，约 20 多次，推断昭王和文君分别是墓主

---

① 河南省文物考古研究所编：《新蔡葛陵楚墓》，第 183—184 页。

② 刘信芳：《新蔡葛陵楚墓的年代以及相关问题》，《长江大学学报（社会科学版）》2004 年第 1 期。

③ 郑威：《楚国封君研究》，第 117 页。

④ 刘信芳：《释葛陵楚简“暮生早孤”》，济南：山东大学文史哲研究院简帛研究网站，网址：http://www.jianbo.org/admin3/HTML/liuxinfang02.htm，发表时间：2004－01－11。

⑤ 宋华强：《新蔡葛陵楚简初探》，第 116 页。

平夜君成的祖父和父亲。“文夫人”约出现10次,当是平夜君成的母亲[①]。田成方先生又作了补充证明,云:

> 古人称呼女性先人时,只有母亲有资格享受“夫人”一词,如史籍常见的大夫人、太夫人……新蔡简中的“文夫人”与上举“太夫人”等称谓相似,只是前者多出了一个谥号。……包山简的“夫人”与新蔡简的“文夫人”虽在等级身份上存在差异(有无谥号),但在时人称谓系统的位次是相同的,都指祭祀者的母亲……文君与坪夜君成是父子关系。[②]

平夜君子良与平夜君成系父子关系,尚有以下两条佐证:

其一,平夜君成系平夜君子良之子,符合时间上的推算。

前引,葛陵墓与竹简的年代下限,刘彬徽先生认为在公元前398年[③];宋华强先生认为在公元前401年至公元前395年之间[④],即平夜君成大致卒于公元前400年。在葛陵墓的发掘过程中,集中在外椁室的西室发现一男七女八具人骨骨架,而椁室内反未发现人骨,整理者:

> 通过对男性骨架的鉴定,发现死者的股骨及股骨头部有过明显的病变,尤其是在胝骨与盆骨的交接部位,病变现象更为严重。该骨架肢骨部分比较粗壮,其年龄从骨骼特征分析,尤其是从下颌骨显示的特征看,应在35～40岁之间,最多不

---

① 宋华强:《新蔡葛陵楚简初探》,第118页。

② 田成方:《东周时期楚国宗族研究》,第122—123页。

③ 刘彬徽:《葛陵楚墓的年代及相关问题的讨论》,《楚文化研究论集(第七集)》,第377—381页。

④ 宋华强:《新蔡葛陵楚简初探》,第134页。

> 超过45岁。结合该墓出土竹简中多有墓主人生前卜问病情的祭祷类记录，我们推测这个位于西室中的惟一男性，可能就是该墓的墓主人。而在西室发现墓主人尸骨的现象可能与盗墓者的早期破坏有关。
>
> 另外七具女性个体的骨骼，其共同的特征是年轻。据初步鉴定看，她们死亡时的年龄都在20岁上下。由此可见，这些人很可能是墓主人生前的女佣或贴身侍女，是作为殉人与墓主人一道下葬的。①

结合平夜君成的卒年（前400年左右）及卒时之年龄（最大45岁）推算，则其大致是在公元前440年左右出生。

又“平夜君子良”，系楚昭王子、楚惠王弟。征于《左传》，鲁昭公十九年（前523）楚昭王母始自秦至楚，即便其当年生昭王，至鲁哀公六年（前489）楚昭王卒，当亦不过三十四岁耳，属英年早逝；再联系昭王子楚惠王在位时间长达57年之久（前488—432年在位），据此推测昭王卒时，诸子（惠王、平夜君子良等）俱在幼冲之列，年龄不会很大，而“平夜君子良”又非昭王长子，则更加弱小，公元前489年，其或在数岁之间，生平夜君成之时（约前440年），年龄近乎50岁，此可与葛陵简有关记载相印证。

葛陵简甲三:23、甲三:57、零:9有如下相同的记载：

> 卲（昭）告大川有汸，曰：“於（呜）呼哀哉！少（小）臣成暮生毕孤☐之，无咎。……。”

“小臣成”，即平夜君成。简文中平夜君成自叹，谓己“暮生毕孤”；

① 河南省文物考古研究所编：《新蔡葛陵楚墓》，第38—39页。

“毕”,诸学者释为“早”[①],确然。《说文·日部》:“晚,莫(暮)也。”[②]《辞源》:“晚生,谓中年以后得子。《孔子家语·七十二弟子解》:‘吾恐子自晚生耳,未必妻之过。’”[③]“早孤”,刘信芳先生:“幼而无父。”[④]所谓“暮生毕(早)孤”,说的是父亲年寿已高而始生其子,子尚未成年即失去父亲成为孤儿,这恰与上平夜君子良近50岁始生平夜君成的推测相吻合。

其二,楚卜筮祭祷简中,父辈直系祖先常一连串出现,而最后一位或后数之受祭者一般为祭祷者之父。举例而言,包山简200、简203、简214、简240中,受祭者次序为文平夜君、郚公子春、司马子音、蔡公子家,蔡公子家为祭祷者昭佗之父。葛陵简,甲三:201“脡祭竞平(坪)王,以逾至文君(文平夜君子良)。”甲三:213、乙一:6受祭次序为昭王、惠王、文君、文夫人、子西君,文君与与其夫人列“子西君”之前。“子西君”受祭位置之所以在最后,整理者:

> “子西君”即楚昭王、惠王时的令尹子西,他是昭王之兄、惠王及文君的伯父。他辅佐昭王和年幼的惠王,德高望重。平夜君成祭祷“子西”,反映出子西与昭王、惠王以及平夜文君子良的亲密关系。但他毕竟不是楚王或平夜君成的直系先

---

① 刘信芳:《释葛陵楚简“暮生早孤”》,济南:山东大学文史哲研究院简帛研究网站,网址:http://www.jianbo.org/admin3/HTML/liuxinfang02.htm,发表时间:2004-01-11;张新俊:《新蔡葛陵楚墓竹简文字补正》,《中原文物》2005年第4期;宋华强:《新蔡葛陵楚简初探》,第126页。

② (清)段玉裁撰:《说文解字注》,第308页。

③ 广东、广西、湖南、河南辞源修订组,商务印书馆编辑部编:《辞源(修订本)》(1-4合订本),北京:商务印书馆1988年版,第777页。

④ 刘信芳:《释葛陵楚简“暮生早孤”》,济南:山东大学文史哲研究院简帛研究网站,网址:http://www.jianbo.org/admin3/HTML/liuxinfang02.htm,发表时间:2004-01-11。

> 祖，所以他在受祭时往往位次最后，个别时候列于“文夫人”之前，受祭和位次反映了他特殊的身份。①

既然“子西君”作为“平夜君成”之父的可能性业已排除，则“平夜君成”之父按照祭祀次序来看就只能是文君子良了。

平夜君子良与平夜君成系父子，则王孙厭又与二人是什么关系呢？宋华强、田成方二位先生皆认为王孙厭为平夜君成的兄弟辈，且无后②。或然。

综上，葛陵简所反映的昭氏世系可排列如下：

```
楚昭王-文平夜君子良┬王孙厌
                  └平夜君成
```

将包山简、葛陵简昭氏世系汇合整理，可详列如下：

```
楚昭王-文平夜君子良┬平夜君成
                  └王孙厌
                  └郚公子春-司马子音┬东陵连敖子发
                                   └蔡公子家 ┬昭　佗
                                             ├昭　良
                                             ├昭　乘
                                             └县貉公
```

竹简中未列入上世系的昭氏成员尚有：昭行（包山 15、16、15 反）、昭无戡（包山 95）、昭鄬（包山 103、115）、昭寍（包山 116）、昭戊（包山 124、125）、昭罘（包山 150、194）、昭媛（包山 176）、昭吉（包山 205、206）、昭之竢（《系年》135）③、昭王之上（夕阳坡 1、2）等。

---

① 河南省文物考古研究所编：《新蔡葛陵楚墓》，第 183 页。

② 宋华强：《新蔡葛陵楚简初探》，第 119 页；田成方：《东周时期楚国宗族研究》，第 123 页。

③ 清华大学出土文献研究与保护中心编，李学勤主编：《清华大学藏战国竹简（贰）·系年》，第 196 页。

二、传世文献与青铜器铭文等所见昭氏成员

竹简外,传世文献、青铜器铭文等亦屡见昭氏成员。

1. 传世文献中的昭氏成员

昭奚恤,楚宣王(前369—前340年在位)中后期楚国重臣,诸侯中颇有威望。《战国策・楚策一》称为“昭子”:“魏氏恶昭奚恤于楚王(楚宣王),楚王告昭子……。”何建章注:“昭子,即昭奚恤。”① 《韩非子・内储说下》“昭奚恤之用荆也”条下,陈奇猷引尹桐阳之言,云:“昭姓,奚恤名,楚宣王时为令尹。”②昭奚恤官拜楚国令尹,可在其他典籍中得到印证。《战国策・楚策一・荆宣王问群臣章》载楚臣江乙(一)言,云:“今王之地方五千里,带甲百万,而专属之昭奚恤。”昭奚恤统领楚百万军队,身份只能是令尹③。关于昭奚恤担任楚国令尹的时间,当始于楚宣王十五年,即公元前355年④。

又马王堆帛书《战国纵横家书》第二十七章《麛皮对邯郸君》中有如下一段记载:

> □□□□[邯]郸□□□□□□□□□未将令(命)也。工(江)君奚洫曰:“子之来也,其将请师邪?彼将□□□重此□,如北兼邯郸,南必□□□□□□□□城必危,楚国必弱,然则吾将悉兴以救邯[郸],吾非敢以为邯郸赐也,吾将以救吾

① 何建章注释:《战国策注释》,第490页。

② (战国)韩非著,陈奇猷校注:《韩非子新校注》,第639页。

③ 宋公文:《楚史新探》,第57页;何建章注释:《战国策注释》,第487页。

④ 宋公文:《楚史新探》,第58页。

> □□。"[靡]皮曰："主君若有赐，兴□兵以救敝邑，则使臣赤(亦)敢请其日以复于□君乎?"工(江)君奚洫曰："大(太)缓救邯郸，邯郸□□□郸。进兵于楚，非国之利也。子择其日归而已矣，师今从子之后。"[①]

上引文两次提到"工(江)君奚洫"，整理者："江君奚洫，当即昭奚恤，是楚宣王时楚国的相。封于江地，在今河南省正阳县。"[②]何浩、徐少华、郑威三位先生观点同，认为昭奚恤封地江系春秋时期的江国故地，在今河南省正阳县东南、淮水北岸[③]。昭奚恤既任令尹一职，又为江君，屡次遭人非议。《战国策·楚策一》即记载江乙多次于楚宣王面前"恶昭奚恤"，范祥雍先生认为："昭奚恤曾封于江，故曰'江君'。疑江乙为江尹，在其属下，尝得罪，有隙，故屡搆之于宣王。"[④]

昭厘，楚威王(前339—前329年在位)时楚大夫。《吕氏春秋·去宥篇》载，楚威王尝学书于沈尹华，昭厘乃使侍御之官向威王进言：国人皆谓王乃沈尹华弟子。威王不悦，遂疏沈尹华。

昭鱼，或作昭献，宋公文先生考证昭鱼在楚怀王时曾两次出任楚国令尹一职，第一次在楚怀王六年(前323)之前；第二次最早不过公元前318年，下限在公元前307年至前301年之间[⑤]。昭鱼史事，《史记·魏世家》载，楚怀王十九年(前310)，魏相田需死，昭鱼

① 马王堆汉墓帛书整理小组编：《战国纵横家书》，北京：文物出版社1976年版，第120页。

② 马王堆汉墓帛书整理小组编：《战国纵横家书》，第122页。

③ 何浩：《战国时期楚封君初探》，《历史研究》1984年第5期；徐少华：《周代南土历史地理与文化》，第112页；郑威：《楚国封君研究》，第134—135页。

④ (汉)刘向集录，范祥雍笺证，范邦瑾协校：《战国策笺证》，第762页。

⑤ 宋公文：《楚史新探》，第61—65页。

深恐张仪等继任为相,而欲使魏太子秉政,遂派人北上游说于魏襄王,果使魏太子为相[①]。

昭阳,包山简103、115作"昭鄒"。在楚怀王时先任大司马一职,后升迁为令尹。《楚世家》载,楚怀王六年(前323),"楚使柱国昭阳将兵而攻魏,破之于襄陵,得八邑。又移兵而攻齐,齐王患之"[②]。襄陵之役乃战国时期楚对外作战中少见的一次大胜仗。1957年,安徽省寿县丘家花园出土"鄂君启节"[③],车节(《集成》12110－12112)、舟节(《集成》12113)开首铭文皆提到了襄陵之战:

> 车结:大司马卲(昭)阳败晋师于襄阳之岁……
>
> 舟结:大司马卲(昭)阳败晋师于襄陵之岁……

据铭,"襄陵"或作"襄阳","襄陵之岁"(公元前323年)时,昭阳尚任楚国"大司马"一职,即《楚世家》中的"柱国"。《战国策·齐策一·靖郭君善齐貌辨章》:"昭阳请以数倍之地易薛。"缪文远先生考证此事发生在楚怀王九年,即公元前320年[④]。可信。《吕氏春秋·知士》篇亦载:"昭阳请以数倍之地易薛。"高诱注:"昭阳,楚相也。"陈奇猷先生观点同[⑤]。宋公文先生考证,昭阳既有权代表楚国提出与邻国(当时楚之淮北地与齐之薛邑毗邻)交换土地,其官阶必为宰辅;昭阳担任令尹的时间上限不出公元前

① (汉)司马迁:《史记》卷四四《魏世家》,第1851—1852页。

② (汉)司马迁:《史记》卷四〇《楚世家》,第1721页。

③ 殷滌非、罗长铭:《寿县出土的"鄂君启金节"》,《文物参考资料》1958年第4期。

④ 缪文远:《战国策考辨》,北京:中华书局1984年版,第80页。

⑤ (战国)吕不韦著,陈奇猷校释:《吕氏春秋新校释》,第502页。

322 年至公元前 320 年，替代昭鱼，下限至楚怀王十九年（前 310）[1]。《战国策·楚策三·五国伐秦章》载，楚怀王十一年（前 318），楚、赵、魏、韩、燕五国约纵伐秦，失利而退。魏因"折兵过半"而急欲与秦媾和，派施惠至楚以昭阳为主，昭阳听从杜赫之谏，为摆脱孤立局面，"因令人谒和于魏"，同意与秦讲和。又《战国策·楚策一·五国约以伐齐章》载，楚顷襄王十五年（前 284），燕、秦、魏、韩、赵联合伐齐，昭阳谏楚王以地贿韩，以离间五国之师，结果韩反赵、魏之后而楚弗与地，"五国之事困也"。

昭雎，楚怀王后期始崭露头角。怀王十八年（前 311），与秦相张仪订约，楚叛齐而睦秦。怀王二十年（前 309），齐宣王倡议齐、楚再次联合拒秦，昭雎支持齐议。怀王二十三年（前 306），秦伐楚，昭雎胜秦于重丘。怀王二十八年（前 301），秦、燕、赵、魏四国伐楚，昭雎将以拒秦。两年后（前 299），楚怀王欲往武关会秦昭王，昭雎立谏怀王勿行未果，怀王入秦而旋被扣。楚大臣多欲立郢中诸公子为君，昭雎力排众议，力争在齐为人质的太子横继任为君，即楚顷襄王。

《史记·楚世家》："（顷襄王十八年，前 281 年）楚欲与齐韩连和伐秦，因欲图周。周王赧使武公谓楚相昭子曰：'……。'""楚相昭子"，宋公文先生考证："昭雎于怀王后期即因谋善功高而蜚声楚廷，成为当时楚国外交方略的重要决策人。顷襄前期，子兰劝怀王入秦事受到弹劾，而在这个问题上被证明卓具远见的昭雎，其声望必然较前更高……他不久后官升令尹，也就不令人感到奇怪了。"[2]

---

① 宋公文：《楚史新探》，第 61—63 页。

② 宋公文：《楚史新探》，第 71 页。

昭过,《汉书·古今人表》作“昭廷”[①],《战国策·楚策一·张仪相秦章》载:

> 张仪相秦,谓昭睢曰:“楚无鄢、郢、汉中,有所更得乎?”曰:“无有。”曰:“无昭睢(过)、陈轸,有所更得乎?”曰:“无所更得。”张仪曰:“为仪谓楚王:‘逐昭睢(过)、陈轸,请复鄢、郢、汉中。’”昭睢归报楚王,楚王说之。
>
> 有人谓昭睢(过)曰:“甚矣,楚王不察于争名者也!……今仪曰:逐君与陈轸,而王听之……今君能用楚之众,故亦逐之……今君何不见臣于王,请为王使齐交不绝。……是昭睢之言不信也,王必薄之。”

上引文,“昭睢”二字计出现6次,在“无昭睢(过)、陈轸”“逐昭睢(过)”“有人谓昭睢(过)”三短语中,南宋姚弘本《战国策》,“过”皆作“睢”。南宋鲍彪、元代吴师道本,“睢”并作“过”。黄丕烈《战国策札记》:“三‘睢’字皆作‘过’者为是,下文三‘君’字皆称‘过’也,故下文云‘昭睢之言不信也’,若谓‘睢’,何得云尔,可为明证。”何建章、范祥雍二位先生皆从黄说[②],从上下文意来看,确然。

昭应,《战国策·西周策》载,昭应帅师围韩雍氏(今河南禹县),连攻5月不拔。关于楚围韩雍氏之年,学界众说纷纭,暂从杨宽先生《战国史》周赧王三年说(即楚怀王十七年,前312年)[③]。怀

① (汉)班固:《汉书》卷二〇《古今人表》,第946页。

② 何建章注释:《战国策注释》,第522页;(汉)刘向集录,范祥雍笺证,范邦瑾协校:《战国策笺证》,第806页。

③ 杨宽:《战国史(增订本)》,第361页。

王二十八年(前 301),魏、韩、齐三国攻楚方城,杀唐眜(蔑);次年(前 300),秦乘楚败而进,杀景缺,取方城。楚转而与齐联姻,使昭应随太子横为质于齐。

昭鼠,楚怀王时期任楚宛县县公。《战国策·楚策二》载,怀王二十三年(前 306),昭鼠帅十万大军驻守汉中以御秦将术视。吴郁芳先生认为包山简所见"县貉公"与昭鼠或为一人[①],田成方先生已辨其误:"从称谓来看,县貉公显然是官称,不会是名字。且县貉公在昭舵之前已过世,而昭鼠在前 306 年尚任宛公,证明两者绝非一人。"[②]

昭翦,《战国策·东周策·昭翦与东周恶章》载,楚怀王二十二年(前 307),时东西周分治,昭翦与东周关系不睦,或为昭翦设计构陷东周,昭翦未听而卒和东周。昭翦官职,石泉先生主编《楚国历史文化辞典》言为"司马"[③],范舟游先生同[④]。又范祥雍先生言:"昭翦,楚相。"[⑤]宜以前说为是。

昭常,楚顷襄王时任大司马。《战国策·楚策二·楚襄王为太子之时章》载,公元前 299 年,尚为太子的顷襄王横由齐返楚后,践祚称王,齐王派使者索取楚之东地。昭常反对割地与齐,且请驻守东地。当齐使人以甲受楚东地时,昭常宣言以三十余万"弊甲钝兵",与齐一战。齐发兵攻楚,又闻秦兴兵援楚,遂罢师而归。

包山简 15、16、15 反有"卲行",刘信芳先生认为"卲行"即"昭

---

① 吴郁芳:《包山二号墓墓主昭佗家谱考》,《江汉论坛》1992 年第 11 期。

② 田成方:《东周时期楚国宗族研究》,第 129 页。

③ 石泉主编:《楚国历史文化辞典》,第 195 页。

④ 范舟游:《从楚"王族三姓"论屈原之出身》,《海南大学学报(哲学社会科学版)》2006 年第 3 期。

⑤ (汉)刘向集录,范祥雍笺证,范邦瑾协校:《战国策笺证》,第 77 页。

常”,“常”“行”音近可通[①]。

昭盖,楚大夫。齐索要楚东地时,昭盖提出“和于齐以动秦”之策,遂有子良、屈署东使于齐之行,逼迫秦出兵援楚。

昭奇,《淮南子·主术训》:“顷襄好色,不使风议,而民多昏乱,其积至昭奇之难。”高诱注:“昭奇,楚大夫。”[②]《荀子·议兵》《商君书·弱民》《史记·礼书》《吕氏春秋·介立》皆载有“庄蹻暴郢”一事。罗运环先生比较考察“昭奇之难”“庄蹻暴郢”二事之时间、地点、人物等,指出昭奇或即是庄蹻[③]。不妥,庄蹻系楚庄王苗裔,与作为昭王裔孙的昭奇,非一人。

上即为传世文献见昭氏成员信息,再结合楚简相关内容,作一比较观察。

包山二号墓墓主人昭佗卒于楚怀王十三年,即公元前316年。昭佗卒时,昭阳、昭睢、昭过、昭鼠、昭奇、昭盖、昭常等尚在世,不在祭祷之列可以理解,而昭奚恤活动于楚宣王(前369—前340年)时期,昭厘活动于楚威王(前339—前329年)时期,为何亦非祭祷对象呢?何浩先生言:

> 昭它(佗)、昭奚恤虽然同宗同祖,但由于昭氏始祖后代子孙繁衍,遂有了伯、仲、叔、季的各个分支。很有可能,昭奚恤、昭厘就属于昭氏先人长子或次子的一支,昭阳、昭盖这些人中,或者就有这一支的后人。祖父辈的兄弟属远房宗支,生父的兄弟属于直系近亲。昭它(佗)之所以祭祀包括东陵连嚣在

---

① 刘信芳:《包山楚简司法术语考释》,中国社会科学院简帛研究中心编,李学勤主编:《简帛研究》第二辑,北京:法律出版社1996年版,第14页。

② 何宁撰:《淮南子集释》,第618年。

③ 罗运环:《楚国八百年》,第332页。

内的直系先人，道理也许就在这里。[1]

2. 青铜器铭文等所见昭氏成员

与楚国昭氏相关的楚系青铜器，除去前所述平夜君成戈、戟（《新收》0572－0582），尚有以下数例：

（1）昭王之即诸器（《铭图续》0224－0226、0515－0516、0525、0909）

详下章“楚王孙器”。

（2）卲王之諻鼎（《集成》02288）、簋（《集成》03634、03635）

鼎已佚，2 簋，一件藏上海博物馆，一件藏德国柏林东方艺术博物馆[2]。鼎、簋各铸铭 2 行 7 字，如下：

鼎铭：卲王之諻之馈鼎。

簋铭：卲王之諻之荐簋。

2 簋形制相同，直口，微鼓腹，下置圈足，较矮，圈足下连铸高大方座，方座四壁中央下方有矩形缺口，双附耳，上端有兽头装饰，与耳垂直的腹上一对云形扉。腹饰兽目交连纹，方座饰变形兽纹。

对于鼎、簋铭文中的第四个字“諻”，学界有不同的解读。张政烺先生考证：

考《方言》六：“南楚瀑洭之间母谓之媓。”又《广雅·释亲》：“媓，母也。”此盖汉代楚之方言如此，杨雄著之于篇，张揖

① 何浩：《文坪夜君的身份与昭氏的世系》，《江汉考古》1992 年第 3 期。

② 陈佩芬编著：《中国青铜器辞典》（第三册），上海：上海辞书出版社 2013 年版，第 682 页。

> 因以为诂。自来语言中亲属称谓语词之改变甚缓,古者楚南交通不便,教化未周,部族聚居,习于故俗,四五百年间自可保存其固有之方言。故余谓此鼎与簋铭之“諻”皆当与“媓”同义而训为母。先有叚借后出本字,固文字发生常例。“卲王之諻”盖即楚昭王之母也。[①]

陈佩芬[②]、刘彬徽[③]、邹芙都[④]三位先生赞同上述张先生观点,且两器的制作年代通过器形及纹饰,可定在楚惠王(前488—前432年在位)治国前期,即公元前488年至公元前450年左右[⑤]。

又董珊先生认为张先生的解释不合乎先秦时期正式称呼国君夫人的礼制。在先秦时代,若国君先死,则国君夫人的正式称谓前面要加其夫君谥法,据此,若楚昭王之母作器自称或他人为楚昭王之母作器,当在姓名之前冠其夫君楚景平王之谥号“景平”,或单称“景”或“平”。“昭王之諻”文例中,“諻”宜是作器者私名,属昭王之族[⑥]。黄锦前、田成方先生亦将“昭王之諻”鼎、簋归入楚国昭氏器[⑦]。

上两说,以后说为是。昭王之諻器年代为春秋晚期,以公元前

---

① 张政烺:《张政烺文集·甲骨金文与商周史研究》,北京:中华书局2012年版,第364页。

② 陈佩芬编著:《中国青铜器辞典》(第三册),第682页。

③ 刘彬徽:《楚系青铜器研究》,第331页。

④ 邹芙都:《楚系铭文综合研究》,第124页。

⑤ 刘彬徽:《楚系青铜器研究》,第331页;邹芙都:《楚系铭文综合研究》,第124页。

⑥ 董珊:《出土文献所见“以谥为族”的楚王族——附说〈左传〉“诸侯以字为谥因以为族”的读法》,《出土文献与古文字研究(第二辑)》,第122页。

⑦ 黄锦前:《楚系铜器铭文研究》,合肥:安徽大学博士学位论文,2009年5月,第24页;田成方:《东周时期楚国宗族研究》,第129—130页。

450年算，与楚昭王（前515—前489年在位）卒年中间间隔约40年。又“昭王之即”诸器铭中，器主“昭王之即”，或称“昭之王孙即”（《铭图续》0525），“昭”，示其出身，“王孙”二字说明“即”为楚昭王的孙子。稽“昭王之即”器文例，推测諻或称王孙諻，为楚昭王之孙。

（3）卲之瘠夫戈（《铭图》17057、《铭图续》1202》）

此戈最早由韩自强先生报道[①]，援上翘，尖锋，有中脊，中长胡，阑下出齿，内尾饰双线头鸟纹。援及胡部铸鸟篆铭文7字：

卲之瘠夫之行戈。

据铭，戈为“卲之瘠夫”的自用器。“卲”，即昭，氏称；“瘠夫”，人名；“之”，表领属关系的结构助词。戈之年代，韩自强[②]、黄锦前[③]二位先生及《铭图》17057、《铭图续》1202皆认为系春秋晚期器。又田成方先生认为该戈形制上接近许公戈（淅川徐家岭M9:61），属于战国早期及其以后的风格，另外从楚昭氏宗族产生时间看，时代不宜定在春秋晚期[④]。

（4）卲之御豆（《集成》04660－04661）

2件，1975年湖北随州均川刘家崖出土，现藏随州市博物馆。两件形制大小及花纹皆同，器身已佚。盖顶呈方形，直口方唇，折肩，正中央有细圆柱形纽，已残。盖体四面皆有乳钉状纽柱，皆残。盖体上饰有绳索纹、三角形、焦叶状纹各一道，器盖花纹及其特征

①② 韩自强:《新见六件齐、楚铭文兵器》,《中国历史文物》2007年第5期。

③ 黄锦前:《楚系铜器铭文研究》,合肥:安徽大学博士学位论文,2009年5月,第24页。

④ 田成方:《东周时期楚国宗族研究》,第129页。

与随州出土的春秋中晚期铜器花纹同,其时代应为春秋中晚期[①],刘彬徽先生申之,将器盖年代确定在东周第五期(前450—前380年)[②]。

两器盖内壁皆铸相同铭文2行4字:

卲之御。

,器自名,或隶为錳(《集成》04660－04661,《铭图》06113、06114),或隶为盌[③]。器身已佚,无法窥见整体器形,不过随州本地"曾侯乙墓内出土的铜冰(温)酒器内方壶盖;擂鼓墩二号墓出土的铜方尊缶(方壶)盖、铜方豆盖都与二件器盖的基本特征相似",则两件器物应该就是铜方壶或铜方豆或相同类型的一种容器[④]。又刘彬徽先生确定为"豆"[⑤],可从。"御",田成方先生释为动词"役使",方豆是供昭氏使用之器[⑥]。视"御"为器主之名,亦可,其人系楚昭氏成员。

(5) 卲之飤鼎(《集成》01980)

1980年,四川新都马家镇晒壩村发现战国木椁墓。发掘者从墓葬形制、随葬品器物组合及出土铜印上"巴蜀图语"图形符号诸方面分析,认为墓主人很有可能是古蜀国的国王。又墓内未见战国晚期"巴蜀图语"符号及长胡方内、长胡内有刃之戈,出土鼎、敦、甗、罍、缶、匜、盘、豆、勺等铜器之形制,多系荆楚地区战国早期所流行,据此推断墓的年代可能是战国早、中期之际,秦灭巴蜀(前

①④　随州市博物馆:《随州均川出土铭文青铜器》,《江汉考古》1986年第2期。

②③⑤　刘彬徽、刘长武:《楚系金文汇编》,第381页。

⑥　田成方:《东周时期楚国宗族研究》,第132页。

329)以前[①]。

墓葬内出土鼎 5 件,最小的一件制作尤为精美(《集成》01980),盖内壁铸 4 字铭文:

卲之飤贞(鼎)。

段渝先生判定此鼎为蜀器,“昭”当训为“昭祭”,“卲之飤鼎”意是下葬前为墓主人行昭祭之礼而用的宴享之器[②]。徐中舒[③]、沈仲常[④]、刘彬徽[⑤]、邹芙都[⑥]诸先生又皆认为该鼎系楚器。邹芙都先生考证尤为详缜,佐证有三:其一,同出鼎 5 件,其余 4 件制作粗糙,无铭文,显系蜀地仿“卲之飤鼎”而铸;其二,该鼎器形呈子母口、附耳、高蹄足状,器盖、器身有凤纹,皆为楚式鼎典型风格;其三,铭文是楚地流行字体,且巴蜀铜器未有作铭的习惯[⑦]。

合之,“卲之飤鼎”宜为楚国昭氏器,至于为何会在蜀地发现,“昭氏支裔,到了蜀地,或为驻守,或为监管”[⑧]。

(6) 卲之造戈(《集成》11060)

湖北武汉卓刀泉华师二附中操场出土,现藏武汉市文物管理委员会。胡部铸 4 字铭文:

① 四川省博物馆、新都县文物管理所:《四川新都战国木椁墓》,《文物》1981 年第 6 期。

② 段渝:《论新都蜀墓及所出“卲之飤鼎”》,《考古与文物》1991 年第 3 期。

③⑧ 徐中舒、唐嘉弘:《古代楚蜀的关系》,《文物》1981 年第 6 期。

④ 沈仲常:《新都战国木椁墓与楚文化》,《文物》1981 年第 6 期。

⑤ 刘彬徽、刘长武:《楚系金文汇编》,第 381 页。

⑥⑦ 邹芙都:《楚系铭文综合研究》,第 152—153 页。

卲之造戈。

该戈直援上扬，尖锋，长胡四穿，阑下出齿，长方形内，前部有一横穿，系战国晚期器。据铭，该戈应为卲氏自铸用的家族兵器。

(7) 陸(六)公卲傑戈(《铭图续》1210)

此戈由韩朝、刘海洋二位先生最早披露[①]，某私人收藏。窄长援，长胡，阑侧二长穿一小穿，援前部和阑下端残，窄长方形内，上有一横穿，后部圆角。援及胡部铸 9 字铭，存 8 字：

陸(六)公卲傑为陸造王□。

最后残缺之字，据戈铭当为器名“戈”。“陸”，学界认识一致，春秋时期有古国名“六”，在今安徽六安市东北[②]，《左传》鲁文公五年(前 622)为楚所灭，设为楚县。“陸(六)公卲傑”，顾名思义即昭氏成员名“傑”者任职为楚陸(六)县县公；“为陸造王戈”，即为楚陸(六)县铸造兵器戈。

戈之年代，或认为春秋晚期器[③]，或认为春秋中期偏晚之前[④]，或认为不会早于战国早期[⑤]。刘彬徽先生定为东周五期器(前450—前 380)[⑥]，邹芙都先生考证：“该器作狭援长内式，内上扬，形制与湖北江陵雨台山出土的铜戟近似，为战国中期器，再结合‘公’

---

①③　韩朝、刘海洋：《新见楚国铭文兵器》，《南方文物》2004 年第 4 期。

②　吴良宝：《战国楚简地名辑证》，第 280 页；何浩：《楚灭国研究》，第 11 页。

④　黄锦前：《楚系铜器铭文研究》，合肥：安徽大学博士学位论文，2009 年 5 月，第 24 页。

⑤　田成方：《东周时期楚国宗族研究》，第 131 页。

⑥　刘彬徽、刘长武：《楚系金文汇编》，第 654 页。

字等铭文书体风格看，可将该器定在战国早中期之际。”[①]可从。

(8) 大市量(《铭图》18815)

上海市博物馆收集品，量呈圆柱形，一侧有圆环执耳，系战国中期器[②]。外壁跨环耳排列，右3行左1行铸29字铭：

> 滕公卲者果跖秦之岁，夏栾之月，辛未之日，攻(工)差(佐)竞之𨑩(上)以为大市铸政𢈣＝(雁首)。

引铭分两段，前段系楚常见以大事纪年开头，后段为具体事件。前段“滕公卲者果跖秦之岁”，即说担任楚滕县县公的“卲者果”其人适秦之年。“卲者果”，昭氏成员，生活在战国中期，任楚滕县县公。

又有“羕陵公戈”(《集成》11358)，武汉市文物商店征集而得。援胡皆残，内甚长，上有一横穿，后部作刀形，三面有刃。内上铸15字铭：

> 献鼎之岁，羕陵公()之裹所郜(造)，冶己女。

学界或隶(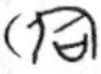)为卲，遂认定此戈为卲氏器。(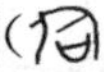)，似从人从司；卲字，卲王之諻簋(《集成》03634)作，鄂君启舟节(《集成》12113)作，从卩召生。二者不类，(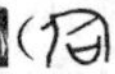)似不当隶为“卲”，故此戈不宜归入卲氏器。

三、昭氏兴衰简史

战国时期，昭氏成员世为楚之重臣。中央到地方，昭氏成员皆

---

① 邹芙都：《楚系铭文综合研究》，第152页。

② 唐友波：《“大市”量浅议》，《古文字研究》第22辑。

获高位,先后有“昭奚恤”“昭鱼”“昭阳”“昭睢”四人担任过楚令尹一职;又有“昭佗”任左尹;官拜司马者,有“司马子音”“昭翦”“昭常”三人。地方县公,则有“鄗公子春”“蔡公子家”“县貉公”“宛公昭鼠”四人。而昭氏之所以能够如此显赫,无外乎两个方面的因素:其一,楚昭王治国期间,先有却吴复楚之功,遂后又“迁都于鄀而改纪其政”,重用子西等人,与民休息数十年,“几继共、庄之迹”[①],昭氏作为昭王后裔,有先天的政治优势。其二,昭氏成员在战国时期确实多贤才。

传世文献及出土材料所载昭氏成员活动,集中于宣、威、怀、襄四王时期。楚顷襄王(前 298—前 263 年在位)之后,昭氏成员鲜见。然也就是从楚顷襄王始,由于动荡局势的影响,昭氏成员有了大规模、长距离的迁徙。

第一次发生在公元前 278 年,徐中舒先生指出,当秦将白起拔楚鄢郢,楚被迫东徙寿春后,楚王族部分近支不得不率其部属向西南逃窜,庄蹻略地至滇,与箕子之在朝鲜,耶律大石之在西辽,情况都是一样的。今天在云南境内的少数民族,以召或刀为姓者,当为楚昭王之后[②]。又云南有昭通市,何光岳先生认为昭通市之得名当与昭氏移民有关[③]。

第二次大规模迁徙发生在汉初。《汉书·高帝纪》:“(九年)十一月,徙齐楚大族昭氏、屈氏、景氏、怀氏、田氏五姓关中,与利田宅。”[④]又《汉书·地理志下》:“汉兴,立都长安,徙齐诸田,楚昭、屈、景及诸功臣家于长陵。”[⑤]昭氏汉初迁徙至关中平原时,与

---

① (清)高士奇:《左传纪事本末》,第 714 页。
② 徐中舒:《论巴蜀文化》,成都:四川人民出版社 1982 年版,第 90 页。
③ 何光岳:《楚源流史》,第 357 页。
④ (汉)班固:《汉书》卷一下《高帝纪下》,第 66 页。
⑤ (汉)班固:《汉书》卷二八下《地理志下》,第 1642 页。

景氏一起居住在今咸阳市渭城区韩家湾乡怡魏村一带的古长陵。

经历过两次大规模、长距离迁徙后,楚昭氏渐在全国范围内蔓延开来,诸多地区遗留下其曾生活过的痕迹。

第四节 楚"屈子赤角簠"新研

"楚屈子赤角簠"(《集成》04612),1975 年 11 月发现于湖北省随州市涢水西岸之鲢鱼嘴地区,与其同时出土的尚有鼎两件、"戈头四件"及"曾子原彝簠"(《集成》04573)、"息子行盆"(《集成》10330)各一件。

"屈子赤角簠",仅存器盖,藏湖北省博物馆,盖内铸铭 6 行 29 字(又重文 2):

> 隹正月初吉丁亥,楚屈子赤角媵仲嬭璜飤匿,其眉寿无疆,子子孙孙永保用之。

上引铭文,说的是楚国"屈子赤角"为他的次女"芈璜"作媵器,祈望其子孙繁昌。

楚"屈子赤角簠"自出土以来,已有诸多学者对其进行了考释。

程欣人先生认为"铸造年代应为春秋时期"①。《殷周金文集成释文》中言是"春秋晚期"②。曾昭岷、李瑾二位先生以为"通体

① 程欣人:《随县涢阳出土楚、曾、息青铜器》,《江汉考古》1980 年第 1 期。

② 中国社会科学院考古研究所编:《殷周金文集成释文》(第三卷),香港:香港中文大学中国文化研究所 2001 年版,第 575 页。

满饰蟠虺纹,乃春秋战国间之器”①。赵逵夫先生指出此簠是与“息子行盆”等同时出土的,所以作器时间当“去息亡不会太久”②。楚灭息在《左传》鲁庄公十四年(前 680),曰:“楚子(楚文王)如息,以食入享,遂灭息。”又刘彬徽先生从器物形态、纹饰两方面进行考察,认为此器“盖口沿边各有 2 衔卡,腹部饰蟠绕龙纹,与下寺 M_{36} 的簠相同,年代应相近,约为东周三期的前段”③。楚系青铜器的第三期“正是楚历史上春秋霸业鼎盛时期,从前 597 年邲之战霸业成功,到前 538 年、前 537 年楚会诸侯于申,以诸侯之师伐徐、伐吴、楚灵王为章华之台”④,故“东周三期的前段”大概距前 597 年不会很远。

在以上诸多观点当中,以刘彬徽先生对器物形态、纹饰两方面分析所得的见解为长。

一、作器者“屈子赤角”的身份问题

关于“屈子赤角”的身份,目前学界较为统一的观点是“屈子赤角”即见于《左传》的楚“息公子朱”。“屈”,氏称;“赤角”,人名也;“子朱”,人名(“赤角”)之字。该观点最早由赵逵夫先生在《楚屈子赤角考》一文中提出,再经何浩⑤、刘彬徽⑥、邹芙都⑦诸先生肯定而被学界所广泛接受。

---

① 曾昭岷、李瑾:《曾国和曾国铜器综考》,《江汉考古》1980 年第 1 期。

② 赵逵夫:《楚屈子赤角考》,《江汉考古》1982 年第 1 期。

③⑥ 刘彬徽:《楚系青铜器研究》,第 310 页。

④ 刘彬徽:《楚系青铜器研究》,第 51 页。

⑤ 何浩:《“王子某”“楚子某”与楚人的名和字》,《江汉论坛》1993 年第 7 期。

⑦ 邹芙都:《楚系铭文综合研究》,第 67 页。

其论证的逻辑主要有以下三层：

其一，“屈子赤角”中之“屈子”二字，非一般情况下之称谓，而是袭世职（莫敖）的屈氏宗子之专称。

其二，春秋时各国县大夫为世袭。《左传》鲁僖公二十五年（前635）记载有楚“息公屈御寇”，又《左传》鲁文公三年（前624）、十年（前617）等记载有楚“息公子朱”。“屈御寇”“子朱”二人先后任职楚之息县县公，二人之关系当是“子袭父职”，即“子朱”为“屈朱”。考于史籍，屈氏世族世袭楚国莫敖一职，然“屈重以后的屈完、屈御寇、子朱、屈荡史皆未载任莫敖之职，其间百余年，莫敖之职不会缺而无人，则自然是以上四人所任。所以，子朱亦当袭屈氏世职，兼任莫敖与息公”①，既然“子朱”曾任莫敖一职，当然也就可称呼其为“屈子”，这与“屈子赤角”中“屈子”的称谓相吻合，二者生活的时间亦相近。

其三，“‘子朱’为字，‘赤角’为名，‘朱’取红义，与赤角之‘赤’其义相关，此即《白虎通义》所谓‘闻名即知其字，闻字即知其名’”②。

以上三条（主要是前两条）构成了“屈子赤角”即是“息公子朱”的立论基础。

除去“息公子朱说”外，施谢捷先生还提出新说。释“赤角”之“角”为“目”字，考证：“‘楚屈子赤目（角）’与文献所载的‘莫敖屈瑕’，名、字亦相应”，而且“屈瑕生活在息灭国之前”，故“赤目（角）”为屈瑕的可能性比“息公子朱”更大③。施谢捷先生的这种说法，邹芙都先生已经进行了辩驳。上面已有讨论，刘彬徽先生将“屈子赤角簠”的时间定在东周三期的前段，“而且从铭文字体风格来看，

---

①② 赵逵夫：《楚屈子赤角考》，《江汉考古》1982 年第 1 期。

③ 施谢捷：《释楚器中的人名“赤目”“墨胥”》，《江汉论坛》1995 年第 4 期。

形体变长,略显清隽,为春秋中期的风格”[①]。在此基础上考之《左传》,屈瑕的事迹集中见于鲁桓公十一年(前701)、鲁桓公十二年(前700)、鲁桓公十三年(前699),更是在公元前699年,伐罗,因骄傲轻敌,“大败之,莫敖(屈瑕)缢于荒谷”。假设施谢捷先生“赤目(角)”即是“屈瑕”的观点成立,则“该器的器形、纹饰与字体风格等明显与其春秋早期的时代器物特征不符”[②]。

二、“屈子赤角即息公子朱”之说考辨

今谨案:上面多数学者所认可的“屈子赤角”即是“息公子朱”的观点,笔者认为值得商榷。详析如下:

1. “楚屈子赤角”中“(屈)子”的理解

在“屈子赤角”的身份认定中,“(屈)子”究竟应当如何训释是甚为关键的。言“屈子”是屈氏宗子袭世职(莫敖)者之专称,这一点于史无征,殊为不妥。揆诸史籍,春秋时期袭世职者,诸侯称“太子”,或“世子”,卿大夫等称“门子”,若其年龄弱小,有时又可称为“孺子”,甚少有单称为“子”者。换言之,“子”字并不具有特指“宗子”的蕴涵。

再考察整个东周时期的屈氏世族,见于文献记载,春秋时期有屈瑕、屈重、屈御寇、屈完、屈荡、屈巫、屈到、屈狐庸、屈建、屈生、屈申、屈罢等十多人,战国时期有屈宜臼、屈匄、屈平、屈署四人。在这些屈氏世族成员当中,被称为“屈子”者仅有屈平(屈原)一人。然其“子”字所代表的意义,也不是“宗子”,而是对有人格、有知识、有道德之人的一种敬称,有如楚先祖鬻熊、齐国晏平仲、鲁国孔丘,又可分别称呼为“鬻熊子(简称为鬻子)”“晏子”“孔子”等等。

---

①② 邹芙都:《楚系铭文综合研究》,第67页。

前面已经考证"屈子赤角簠"的作器年代距公元前 597 年不远，在此时间段前后见于文献记载的屈氏人物有"屈荡"，《左传》鲁宣公十二年(前 597)记载晋、楚邲之战，楚军军事部署为："许偃御右广，养由基为右；彭名御左广，屈荡为右。"左广车右屈荡，其子为屈到，字子夕，《左传》鲁襄公十五年(前 558)载："屈到为莫敖。"屈到之子为屈建，《左传》鲁襄公二十二年(前 551)载："屈建为莫敖。"从左广车右屈荡之子、孙屈到、屈建皆先后担任莫敖一职来看，屈荡也应当是任莫敖的屈氏宗子。屈荡为屈氏宗子，而见于考古材料，"屈荡"不称呼为"屈子"，而称为"楚屈叔沱"(见前)。

既然作为屈氏宗子的屈荡，在其自作器铭文中并没有藉"(屈)子"二字来表示其身份，那么作为与屈荡大体生活在同一个时间段的"屈子赤角"，铭文中的"(屈)子"二字就不应当训释为"宗子"。

2. 春秋时期楚国县制性质分析

"子朱"即"屈子赤角"的另一条依据是："春秋时期县大夫皆世袭"①，"屈御寇"与"子朱"先后担任楚国息地县公，两者的关系应是子袭父职。如此论释是经不起考证的。

县，是随着春秋时期晋、楚、齐、秦等大国开拓疆土、灭人国家而出现的一种地方治理方式。关于春秋时期"县"的性质问题，顾颉刚先生在《春秋时代的县》一文中言："楚和秦的县，都直隶于君主；晋、齐、吴的县，多是卿大夫的封邑。"②也就是说，春秋时期晋、楚等大诸侯国虽皆设县，然而其性质是有差别的，具体到楚县，则"非采邑，而是楚王的直属领地"③。既然县是楚王的直属领地，则县公、县尹应绝非世袭之官，而当由楚王随时任免。

---

① 赵逵夫：《楚屈子赤角考》，《江汉考古》1982 年第 1 期。

② 顾颉刚：《春秋时代的县》，《顾颉刚古史论文集》卷五，第 251 页。

③ 徐少华：《周代南土历史地理与文化》，第 286 页。

申县,是楚国最早所置诸县之一,也是楚国北方防御、进攻力量的重要所在,因此《左传》《国语》等史料中关于其长官的记载也最多,我们在文中第三章第二节《公族社会下所见楚国兵卒·县师》中对于春秋时期所见历任申县县公作了一表。通过对楚国历任申县县公出身的考察,我们所能看到的所谓世袭关系可能仅存在于斗班—斗克之间,此外,其余申公皆不见有世袭的可能。申公的这种“不世袭”状态应当普遍的存在于其他楚县。譬如,楚武王灭权而置县,使若敖氏出身的斗缗尹之,斗缗叛乱被杀之后,继任者是阎敖。又武城黑之后继任为武城县公的盖是公孙朝,其身份是令尹子西(公子申)之子;再者,继子朱而为息公的是公子成……以上种种即为楚国县公非世袭的佐证。

稽以上述楚国诸县情况,推定在“屈子赤角簠”的考释过程中,基于“屈御寇”“子朱”相继担任息公一职而得出“子朱”属屈氏、为屈御寇之子的结论,不当。

赵奎夫先生又言“子朱”兼任息公、莫敖二职,实误。莫敖为楚中央高官,服务于楚王庭;息公是地方长官,处理息县事务,二者无交集的可能。

3.“息公子朱”的实际身份为“公子朱”

《左传》鲁文公三年(前624)“息公子朱”条下,杨伯峻先生注:“息公,息县之尹,名子朱。”[①]又《左传》鲁文公九年(前618)载:“秋,楚公子朱自东夷伐陈。”杜预注:“子朱,息公也。”[②]杨伯峻注:“公子朱即三年《传》之息公子朱。”[③]又鲁文公十年(前617)在“期思公复遂为右司马,子朱及文之无畏为左司马”条下,杨伯峻注:

① 杨伯峻:《春秋左传注》(修订本),第531页。
② (晋)杜预注,(唐)孔颖达疏:《春秋左传正义》,第1847页。
③ 杨伯峻:《春秋左传注》(修订本),第573页。

"子朱即上年伐陈之帅。"[1]所言"上年伐陈之帅"即是"公子朱"。依据上面杜预、杨伯峻的说法,"息公子朱""公子朱"所指为一人,"(子)朱"为人名而非字,"公子"一词更是表明了其楚王室直系贵族的身份,而并不属于屈氏世族。

对于杜预、杨伯峻先生的观点乃至《左传》记载本身,不少学者提出了质疑。

赵逵夫先生对于《左传》本身的记载提出了质疑,《左传》鲁文公三年、十年称"(息公)子朱",九年《传》则称"公子朱",两者比较得出的结论是在后世传承抄写过程中于九年《传》脱一"息"字[2]。

何浩先生则直接反诘杜预、杨伯峻先生的观点,指出"古人的称名习惯,除径称字或名外",尚有两种基本格式:

其一,以表示出身的字眼(如"公子""公孙",或者世族姓氏)与名连称,举楚贵族为例,有"公子侧""公子辰""公子贞""公子比""公孙宁""屈瑕""斗伯比""成大心""薳吕臣"等。

其二,将"职官"与"子某"连称,职官后面的"子某",都应该是其人之"字"而非"名",上面列举的"公子侧""公子辰""公子贞""公子比""公孙宁"又可分别称为"司马子反""太宰子商""令尹子囊""右尹子干""令尹子国"。

依照上论,"公子朱"与"息公子朱"显然迥非一人。一个是王室公子,名"朱";一个是楚国息地县公,字"子朱","官为息公的'子朱'并非'公子朱'"[3],杜注、杨注是误释,其直接原因是以"'公子'之'子'与其名'朱'连读成'子朱',致使名变为字,反过来又以字为

---

① 杨伯峻:《春秋左传注》(修订本),第577页。

② 赵逵夫:《楚屈子赤角考》,《江汉考古》1982年第1期。

③ 何浩:《"王子某""楚子某"与楚人的名和字》,《江汉论坛》1993年第7期。

名”,“加之公子朱与息公子朱都是楚穆王时人,在《左传》中出现的时间只相隔六年,这就更易于将二者合二为一了”[①]。

征诸文献资料及出土发现,“公子朱”与“息公子朱”实属一人,赵、何二位先生的反驳理由并不成立。

《左传》鲁庄公二十八年(前 666)记载:“楚令尹子元欲蛊文夫人。”“令尹子元”,见于庄公三十年(前 664)作“公子元”,曰:“楚公子元归自伐郑,而处王宫。”又鲁襄公二十六年(前 547)有前后两条记载提到楚国“王子牟”,前段云:“伍举娶于王子牟,王子牟为申公而亡。”后段曰:“(伍)椒举娶于申公子牟,子牟得戾而亡。”《国语·楚语上》中也有与之相似的记载,曰:“(伍)椒举娶于申公子牟,子牟有罪而亡。”韦注:“椒举,楚大夫,伍参之子,伍奢之父伍举也。子牟,楚申公王子牟也。”[②]通过三段材料的对比,可知楚国“王子牟”又称为“申公子牟”。又《左传》鲁文公五年(前 622)载:“冬,楚子燮灭蓼。”“子燮”,《左传》鲁文公十四年(前 613)作“公子燮”,云:“楚庄王立,子孔、潘崇将袭群舒,使公子燮与子仪(斗克)守,而伐舒蓼。二子作乱……遂杀斗克及公子燮。”

又楚庄王时期有“沈尹桱”,经学者论证“沈尹桱”的身份是楚国王室公子[③],《上海博物馆藏战国楚竹书六》之《庄王既成》篇中又作“沈尹子桱”,如下:

庄王既成亡(无)敌,以昏(问)沈尹子桱曰:吾既果城(成)

① 何浩:《“王子某”“楚子某”与楚人的名和字》,《江汉论坛》1993 年第 7 期。

② 徐元诰撰,王树民、沈长云点校:《国语集解》,第 488 页。

③ 田成方:《从新出文字材料论楚沈尹氏之族属源流》,《江汉考古》2008 年第 2 期。

无敌，以共(供)萅(春)秋之棠(赏)……[①]

以上就是楚国“公子(或王子)某”之名，又可称为“子某”的实例。除楚国外，其他诸国亦多有此种情况。

《左传》鲁昭公元年(前 541)记载陈国有“公子招”，同年《传》又称其为“子招”。《左传》鲁昭公二十年(前 522)宋国有“公子城”，言：“公子城、公孙忌……出奔郑。”同年又见称为“子城”，云：“子城适晋。”再周景王(前 545 年—前 520 年在位)长庶子为王子朝，鲁昭公二十二年(前 520)记载：“王子朝、宾起有宠于景王。”同年《传》又云：“子朝奔京。”

既然上面“公子元”又称“令尹子元”，“王子牟”又称为“申公子牟”，“公子燮”又称为“子燮”“沈尹柽”又称为“子柽”，“公子招”又称为“子招”等等，有鉴于此，则“公子朱”又称为“息公子朱”也是理所当然的事情了。

值得思考的问题是为何会在“朱”“牟”“柽”“招”“朱”等人名字之前冠一“子”字呢？“子”字又有何具体蕴含呢？征于古籍，古人在人名之前有时添加某一字眼来表示此人的一些具体身份特征，举例而言，晋国有羊舌肸，是春秋时期有名的贤者，羊舌为其氏，肸为其名，字叔向。《左传》鲁襄公十一年(前 562)晋国帅诸侯之师伐郑，《传》中称“羊舌肸”为“叔肸”，杜预注：“叔肸，叔向也。”[②]在鲁襄公十一年的记载中叔向之名“肸”前又加一个“叔”字，此“叔”字概表示其在家中之排行。

因此，笔者大胆推测“公子元”“公子朱”“王子牟”“公子招”等之所以又在其名之前加一“子”字而称呼为“子元”“子朱”“子牟”

---

① 马承源主编：《上海博物馆藏战国楚竹书(六)》，第 239—240 页。

② (晋)杜预注，(唐)孔颖达疏：《春秋左传正义》，第 1951 页。

“子招”,概表明的是其国君儿子的身份。

三、“楚屈子赤角”之重新解读

既然“屈子赤角”并不是文献中所见之“息公子朱”,且“子”字不能训释为“宗子”,那么就需要对“屈子赤角”四字重新进行解读,为此我们再来考察与“屈子赤角簠”年代相近、或与之相似的一些青铜器铭文器主人的书写方式。

上面所列举的“楚屈叔沱戈”(《集成》11198),器主人的铭文书写格式是:国名(楚) + 氏称(屈) + 人名之字(叔沱)。前所述河南省南阳市八一路金汉丰商厦住宅工地之32号墓地出土的“楚屈喜戈”(《铭图》16765)5字铭文:“楚屈喜之用。”[①]“喜”是器主名,其称呼格式为:国名(楚) + 氏称(屈) + 人名(喜)。其实古人在自铸器铭时,用“名”与“字”是无区别的,有时用“名”,如上之“屈喜”;有时用“字”,如上之“屈叔沱”。而在有的情况下也会“字”与“名”同时并举,“字”在“名”前,如“考叔䋣父簠”(《集成》04608),“考叔”,人名之字;“䋣父”,人名[②]。有时又会在“氏称”后加一“子”字,“子”为尊称,如“薳子受钟”(《新收》0504-0512),称呼格式为:氏称(薳) +“子” +人名(受)。

通过考察上面4件青铜器器主铭文书写格式,再来考察“楚屈子赤角簠”,我们认为“楚屈子赤角”其命名格式应当是:国(楚) + 氏称(屈) + “子” + 人名之字(赤)+ 人名(角)。也就是说“楚屈子赤角簠”的作器者为“屈角”,字赤。《说文解字》:“角,兽角也。”

① 林丽霞、王凤剑:《南阳市近年出土的四件春秋有铭铜器》,《中原文物》2006年第5期。

② 刘彬徽:《楚系青铜器研究》,第295页。

这里的"兽角"应主要指的是犀、兕、麋鹿类之角。《诗经·小雅·吉日》:"兽之所同,麀鹿麌麌……发彼小豝,殪此大兕。"《国语·楚语上》:"(楚)巴蒲犀、犛、兕、象,其可尽乎?"《战国策·宋卫策》:"荆有云梦,犀兕麋鹿盈之。"上记载表明先秦时期在中原、楚地广泛存在着犀、兕、麋鹿等有角动物,兽角被广泛用于社会生产、生活,故"角"字也经常被假以命人名,如《左传》鲁襄公二十六年(前547)卫殇公太子即名"角","屈角"之命名亦当归于此类。

综上,通过对"屈子"二字、楚县性质等的考察,认定"楚屈子赤角簠"的作器人并非《左传》记载的息公子朱,"息公子朱"的真正身份是"公子朱"。再分析青铜器铭中作器者的书写格式,认为"屈子赤角簠"的作器者是屈角,字赤。关于屈角其人,史籍记载有阙,仅能推知其大概生活在公元前6世纪前期,余者可存疑待考。

第五节　湖北枝江出土"𦚬父"铜器的新认识

1969年,湖北省枝江县王家岗出土一组"𦚬父"器,有2件"𦚬父簠"(《集成》04608、04609)、1件"𦚬父匜"(《集成》10276),年代皆为春秋早期①。其中,两簠同形同铭,盖内壁、器内底皆铸铭5行28字(又重文2):

> 隹正月初吉丁亥,考叔𦚬父自作鐏(尊)簠,其眉寿万年无疆,子子孙孙,永宝用之。

匜的内底铸铭5行29字(又重文2):

---

① 湖北省博物馆:《湖北枝江百里洲发现春秋铜器》,《文物》1972年第3期。

佳正月初吉庚午，塞公孙䏍父自作盥匜，其眉寿万年无疆，子子孙孙，永宝用之。

据上两条铭文，2 簠、1 匜三件铜器皆归同一人所有，器主或称“考叔䏍父”(簠铭)，或称“塞公孙䏍父”(匜铭)。刘彬徽先生考证“䏍父”为器主之名，“考叔”人名之字，其铭名即为字(“考叔”) ＋ 名(“䏍父”)的格式，可从。“考叔䏍父”其人，刘彬徽先生又认为楚王族之公孙出任县公、县尹，其本人即可称公孙[①]，“考叔䏍父”系楚公族成员，“塞”当是其采邑所在[②]。邹芙都先生观点同[③]，黄锦前先生亦视 2 簠、1 匜为楚器[④]。

准确界定器主“考叔䏍父”的身份，关键在于如何理解“塞公孙”三字，尤其是“公孙”二字。藉“公孙”二字铭文，推定“䏍父”簠、匜为楚器，器主系楚国公族成员，似可商。

1. “公子(孙)某”“王子(孙)某”称谓问题分析

《左传》鲁昭公七年(前 535)：“天有十日，人有十等。……故王臣公，公臣大夫，大夫臣士，士臣皂，皂臣舆，舆臣隶，隶臣僚，僚臣仆，仆臣台。”细品此段记载，知“公”宜是诸侯之统称，公、侯、伯、子、男五等爵诸侯例皆可称“公”。故诸侯之子称“公子”，公子之子称“公孙”，公孙之子不可再称公孙，乃别为氏称，或以官职，或以采邑，或以王父之字等。“公孙”二字在先秦时期除去表示复氏之外，径特指诸侯国君之孙。

楚制在称谓上有稍许不同。《史记·楚世家》载，(熊通)三十

① 刘彬徽：《楚系青铜器研究》，第 99—100 页。

② 刘彬徽：《楚系青铜器研究》，第 295 页。

③ 邹芙都：《楚系铭文综合研究》，第 42—43 页。

④ 黄锦前：《楚系铜器铭文研究》，合肥：安徽大学博士学位论文，2009 年 5 月，第 25 页。

五年(前706)伐随,欲周王室尊其爵号而观中国之政,“王室不听”,熊通怒曰:“王不加位,我自尊耳。”乃自立为王,是为楚武王(前740—前690年在位)。自是以降,历代楚国国君皆僭号称王,此成为楚国政治的常态。检索春秋以降的金文资料,楚君皆称“王”,此类楚器有“楚王媵邛仲芈南钟”(《集成》00072)、“楚王领钟”(《集成》00053)、“楚王熊章钟”(《集成》00083)、“楚王熊前鼎”(《集成》02623)等。

楚君称王,则其子、孙又如何称谓?是否如其他诸侯称“公子(孙)某”。在此要将“自称”与“它称”作一严格区分。“自称”,即器主自作器中的铭文称谓;“他称”,重点指见于传世文献的惯用名号。征于目前所见楚王子、王孙自作用器,一者,易发现楚君之子、孙不论官职高低在其自作用器中大都铭“王子某”“王孙某”。假若上刘彬徽诸先生䇾父簠、匜的器主系楚王族之公孙的观点成立,尚存一疑点,即“公孙”二字铭不符合已见楚君之子、孙器的书写格式,在所有楚系青铜器中,除去䇾父簠、匜外,尚无其它例证可表示楚君之子、孙自作器可铭“公子某”“公孙某”。

再者,青铜器铭文中所见楚君之子、孙,可征于《左传》等传世文献者,皆以“公”字代替“王”字;未有自作青铜器传世而见于古籍记载的楚君之子、孙,亦大多称“公子(孙)某”。举例而言,有公子元(令尹)、公子燮(傅)、公子朱(息公)、公子成(息公)、公子辰(太宰)、公子壬夫(右尹、令尹)、公子追舒(箴尹)、公孙朝(武城尹)、公孙宁(司马、令尹)等。青铜器铭自称与古籍他称有所区别,究其原因,不过是《左传》等古籍作者对于春秋时代楚僭越称王之事不予承认罢了,与楚君自称王而《春秋》经绝大多数情况下称“楚子”的情况类似。然断不可据古籍中楚君之子、孙可称“公子(孙)某”,进而即认为在其自作器中亦当如此称谓,这种情况是不会出现的。

据上,"𤔲父"簠、匜器铭中的"公孙"二字,表明器主当与楚无涉。

传世青铜器有"陈公孙𤔲父鉼"(《集成》09979),系春秋早期器,颈部铸有铭文,计5行20字,如下:

陈公孙𤔲父作旅鉼,用祈眉寿,万年无疆,永寿用之。

器主"陈公孙𤔲父",吴镇烽先生言:"春秋早期人……陈国公孙。"[①]"陈公孙𤔲父"与"塞公孙𤔲父"二人皆生活在春秋早期,自作器铭辞格式一致。稽以"陈公孙𤔲父"之例,则"塞公孙𤔲父"簠、匜的器主当系塞国公孙,"塞"当为诸侯国名。

2. 楚"塞"县与"塞"国关系分析

楚系青铜器有"塞公屈顈戈"(《铭图》16696),此戈由黄锡全先生最早报道,系在陕西西安一市场发现,"戈形与安徽舒城九里墩春秋晚期墓葬所出Ⅲ式戈,及安徽贵池徽家冲所出春秋、战国之际的Ⅴ式戈相似,也接近江苏六合县和仁春秋、战国之际墓葬所出的一件铜戈……时代可定为春秋末期或者春秋、战国之际"[②]。栏侧胡部尚存4字铭文:

塞公屈顈。

器主"塞公屈顈"的身份,黄锡全先生认为"屈顈"为"塞公"之姓名,屈即楚三大姓"屈、景、昭"之一,此戈塞公明确为楚三大姓的屈氏,

① 吴镇烽:《金文人名汇编》(修订本),第57页。

② 黄锡全:《记新见塞公屈顈戈》,《古文字与古货币文集》,第328页。

“塞公”为楚之封君[①]。黄锦前先生亦以“塞公屈顠戈”为楚封君器[②]。上两位先生的考释意见似可商榷。

征于传世文献与出土材料,“邑名”+“公”,一般指的是楚国一县之长,即使至战国时期亦是如此。楚系青铜器有“申公彭宇簠”(春秋早期)“邓公乘鼎”(春秋晚期)“隆公戈”(战国中期前段)“襄城公竞脽戈”(战国中期后段)“虎鄞公佗戈”(战国晚期)“期思公戟”(战国晚期)等,诸“公”皆代表的是楚县县大夫。“邑名”+“君”,在春秋后期楚国封君制的萌芽阶段,“性质较为模糊,可以理解为封君,偶尔也可以理解为对县尹的尊称,到了封君大量出现,封君制逐渐成熟的战国时期,基本为对封君的专称”[③]。《左传》鲁哀公十七年(前 478)年记载有“子良”其人,杜预注:“子良,惠王弟。”[④]即楚昭王(前 515—前 489 年在位)之子,其与屈顠差不多为同时代之人。子良,包山简 200、203、214 作“文坪夜君”,简 240 作“文坪夜君子良”;曾侯乙简 67、160、191 作“坪夜君”;新蔡葛陵简甲三 176 作“文君”,甲三 242 作“平䢵文君子良”。子良系受封于坪夜的首位封君,封邑在今河南省新蔡县西北境[⑤]。因此,假若上黄锡全、黄锦前二位先生“屈顠”为楚封君的观点成立,则“屈顠”应该径直称为“塞君屈顠”,而非“塞公屈顠”。

据上,“公”“君”二字在青铜器铭中所示之意有明显不同,不可混为一谈。“塞公屈顠”说的应该是屈顠其人担任了楚国“塞县”县公一职。

---

① 黄锡全:《记新见塞公屈顠戈》,《古文字与古货币文集》,第 330 页。

② 黄锦前:《楚系铜器铭文研究》,合肥:安徽大学博士学位论文,2009 年 5 月,第 26 页。

③ 郑威:《楚国封君研究》,第 9 页。

④ (晋)杜预注,(唐)孔颖达疏:《春秋左传正义》,第 2179 页。

⑤ 郑威:《楚国封君研究》,第 117—118 页。

春秋时代,楚国是在地方上最早置县的少数国家之一。《左传》鲁庄公十八年(前676)载:“楚武王克权,使斗缗尹之。”此当为楚国立县之始,顾颉刚先生认为“权县”为“春秋第一县”①。克权设县以后,灭国置县遂成为楚国一项长期的基本国策。由于楚县大多是灭中小诸侯而来,故有以下两个鲜明特点:

其一,面积大、数量多。《左传·宣公十一年》(前598)载:楚庄王伐陈,后灭陈为县。陈国,定都宛丘,在今河南淮阳,春秋时代算得上是一个中型规模的诸侯国,结果竟然为楚国一县,由此可见春秋楚县面积之大。关于春秋时期楚县的具体数量,杨宽先生考究有17个②,顾久幸先生指出有20个③,徐少华先生考证有25个④,楚县的数量当远大于上三数。

其二,楚县之名多径以所灭国名命之,且具有指标意义的重县皆位于北鄙,军事战略意义重大,杨宽先生云:“春秋时代楚先后在北部边境设立这些县,是同他图谋向北开拓和北上争霸有密切关系的。”⑤如申县、息县、邓县、吕县等。

在“塞公屈颡戈”铭文中,“塞”字作,隶作“寋”,示双手持()物()塞进屋内()之意,与䧹父簋、匜铭中的“塞”字写法相同,下部无“土”旁。由此可推定“塞公屈颡戈”中所见楚“塞”县系楚灭古“塞”国后,依“塞”国旧邦而改置,且用旧国名。

出土资料中,楚塞县之器屡见。台湾台北王振华先生古越阁藏

① 顾颉刚:《春秋时代的县》,《顾颉刚古史论文集》卷五,第234页。

② 杨宽:《春秋时代楚国县制的性质问题》,《中国史研究》1981年第4期。

③ 顾久幸:《春秋楚、晋、齐三国县制的比较》,《楚文化觅踪》,第217—219页。

④ 徐少华:《关于春秋楚县的几个问题》,《江汉论坛》1990年第2期。

⑤ 杨宽:《杨宽古史论文选集》,上海:上海人民出版社2003年版,第68页。

一件“鄦之王戟”(《铭图》16686),春秋晚期器[1],胡部铸铭1行4字:

鄦之王戟。

“鄦”,在“塞”字基础上添加邑旁,古文字中有无偏旁无别,“鄦”“塞”实为一字。楚系青铜器中,有类似铭辞的兵器尚有2件,武陵戈,战国器,胡部铸1行5字铭:“武陵之王戈。”[2]鄴戈,战国器,铸4字铭:“鄴之王戈。”[3]此类“某之王戟(戈)”铭辞中,“王”字代表此兵器系官方铸造、为楚王室服务所用,“某”字当为楚县邑之名。换言之,鄦戟、武陵戈、鄴戈,分别为楚鄦县、武陵县、鄴县工官所造器。

3. 古“塞”国、楚“塞”县地望所在分析

上已述,楚塞县系由古塞国而来,则其地望究竟在何处呢?《释名·释言语》:“息,塞也。言物滋息塞满也。”[4]又“息”“塞”二字皆属心纽职部,因此于豪亮先生指出息、塞音近义通,故可通假,换言之,塞国即息国、塞县即息县[5]。对此,有学者提出异议。

1975年,湖北随州涢阳公社出土一件“郋子行盆”(《集成》10330),春秋早期器,器、盖内壁皆铸相同2行11字铭文:

---

① 黄盛璋:《古越阁藏商周青铜兵器》,王振华著:《古越阁藏商周青铜兵器》,台湾:古越阁1993年版,第32—37页。

② 张光裕、吴振武:《武陵新见古兵三十六器集录》,《中国文化研究所学报》新6,香港:香港中文大学出版社1997年版,第335—381页。

③ 刘彬徽:《新见楚系金文考述》,张光裕编:《第三届国际中国古文字学研讨会论文集》,香港:香港中文大学中国文化研究所、中国语言文学系,1997年版,第307—315页。

④ (汉)刘熙撰,(清)毕沅疏证,王先谦补:《释名疏证补》,第126页。

⑤ 于豪亮:《论息国和樊国的铜器》,《江汉考古》1980年第2期。

鄎子行自作饮盆,永宝用之。

学界多判定此盆为息国之器。息国,《左传》作“息”,《说文》作“鄎”,云:“姬姓之国,在淮北。”[①]上铭文用“鄎”,与《说文》同。王光镐先生考证:既然在与䏌父簠、匜大体同时代的鄎子行盆中,“息子”之息仍作从自的“息”,则“塞”并非“息”是很明显的[②]。

征于诸国青铜器铭,一国之名可使用不同字的现象并非鲜见。以古莒国为例,陈介祺旧藏莒钟(《集成》00088),时代为西周中期,“莒”作“䣄”[③];山东莒南老龙腰墓葬出土“莒叔之仲子平游钟”(《集成》00172),春秋时器,“莒”作“篖”[④];又故宫博物院、上海博物馆各藏有一件器形、铭文皆同的“莒小子簋”(《集成》04036、04037),西周晚期器,“莒”径作“莒”[⑤]。稽古莒之例,则“塞”“鄎(息)”系指同一国(或县)的可能性是存在,新发现的考古材料为“塞”县(或国)即“息”县(或国)之说提供了两条强有力的佐证。

《清华简·系年》有如下一段记载:

蔡哀侯取妻于陈,赛侯亦取妻于陈,是赛为(妫)。赛妫将归于赛,过蔡,蔡哀侯命止之,……赛侯弗顺,乃使人于楚文王曰:“君来伐我,我将求救于蔡,君焉败之。”……文王败之于莘,获哀侯以归。文王为客于赛,……蔡侯知赛侯之诱己也,亦告文王曰:“赛侯之妻甚美,君必命见之。”……明岁,起师伐

① (清)段玉裁撰:《说文解字注》,第294页。

② 王光镐:《楚文化源流新证》,第261页。

③ 山东省博物馆编:《山东金文集成》,济南:齐鲁书社2007年版,第2页。

④ 山东省博物馆编:《山东金文集成》,第47页。

⑤ 山东省博物馆编:《山东金文集成》,第306、307页。

赛……取赛为(妫)以归……[1]

上所言楚文王(前 689—前 675 年在位)利用蔡、赛二国因赛妫所产生的矛盾,灭赛国、虏蔡哀侯、娶赛妫诸事又见于《左传》鲁庄公十年(前 684)、十四年(前 680)。《传》文中诸"赛"字皆作"息"。又征于史料,"塞""赛"二字,读音相同,字形极似,多通用。《史记·封禅书》:"冬塞祷祠。""塞"字条下,司马贞《索隐》:"与赛同。"[2]郭店楚简《老子》甲本简 27:"闭(闭)其逸(兑),赛其门。"[3]"赛",王弼注本与马王堆帛书《老子》甲、乙本俱作"塞"[4]。

前已述,春秋之世楚灭人国,多径以所灭故国名命之为楚县。具体到息县,系楚灭息国而置,既然"息国"可作"塞(赛)国",则"息县"又可称"塞(赛)县"就是理所当然之事了。

再者,1994 年 7 月河南省文物考古研究所在新蔡李桥回族镇葛陵村东北部抢救性发掘一座战国楚国大型贵族墓葬时,出土了大量竹简(即新蔡葛陵简)。其中,简零·186、236 有如下一段相同的残缺记载:

□车,郞公中、大司马子厚、郘公□[5]

按,上引简文中出现了 3 位楚国官员,后 2 者信息较为明确。"大司马子厚","大司马",楚国高级专职武官;"子厚",人名或人名之

① 清华大学出土文献研究与保护中心编,李学勤主编:《清华大学藏战国竹简(贰)·系年》,第 147 页。

② (汉)司马迁撰:《史记》卷二八《封禅书》,第 1371 页。

③ 刘钊:《郭店楚简校释》,福州:福建人民出版社 2005 年版,第 4 页。

④ 高明撰:《帛书老子校注》,北京:中华书局 1996 年版,第 75 页。

⑤ 河南省文物考古研究所编著:《新蔡葛陵楚墓》,第 216 页。

字。“郙公□”,“郙”字,又屡见于包山楚简中[①],当读作“宛”,二字通假,指楚要邑宛地,在今河南南阳市区[②],“郙公”即楚国宛县县公,人名缺。揆“大司马子厚”“郙公□”两例,再详细考察简文中出现的第一位楚官—“鄎公中”。“中”,系人名或人名之字;“鄎公”二字表明“中”其人担任了楚国“鄎”县县公一职。然遍寻传世文献,春秋战国之世并无看到楚国有名“鄎”之地,甚而“鄎”字本身亦在古籍中无征。

古音中,“塞(赛)”,心纽职部;“思”,心纽之部。“塞(赛)”可与“思”通,《尚书·尧典》:“钦文明思安安。”《后汉书》中的《和熹邓皇后纪》《第五伦传》《陈宠传》李贤引《尚书维·考灵耀》,“思”皆作“塞”。郭店楚简《老子》乙本:“啟其逸(兑),赛(塞)其事,终身不逨。”白于蓝先生:“‘赛(塞)’字应当读为‘思’。”[③]又以“思”为声符的某些字眼亦与“塞(赛)”通,新蔡葛陵简甲三4:“择日于是期寋祷司命、司录。”乙二20:“寋祷太一□。”乙三61:“寋祷北方。”上诸“寋祷”皆当读为“赛祷”。“赛祷”,“祈祷于神,开具种种条件,是与神达成约定,赛祷即实施此约定”[④]。

据上,葛陵简零·186、236中所见“鄎”字当可与“塞(赛、鄎)”通,所谓“鄎公”当即“塞(赛)公”。

葛陵简零·186、236内容显示“鄎(塞、赛、鄎)”公系与“宛公”

---

① 湖北省荆沙铁路考古队:《包山楚简》,第23、26页。

② 颜世铉:《包山楚简地名研究》,台北:台湾大学硕士学位论文,1997年,第187页;陈伟:《包山楚简中的宛郡》,《武汉大学学报(哲学社会科学版)》1998年第6期;吴良宝:《战国楚简地名辑证》,第182页。

③ 白于蓝:《郭店楚简〈老子〉“盂”“赛”“枩”校释》,《古籍整理研究学刊》2000年第2期。

④ 刘信芳:《楚系简帛释例》,合肥:安徽大学出版社2011年版,第260页。

一起参与了楚国某次军事行动,一方面,推测鄎（塞、赛、鄴）县与宛县应该在地理形势及行政管理上存在某种内在联系,故有军事行动协作的机会。另一方面,战国时期的楚国宛郡是于出土文字材料中所见到的第一个楚郡[①],其治理区域,以南阳市的宛城为中心,向北可逾伏牛山与桐柏山之间的方城隘口至黄淮大平原南端,东南方达淮河上游的河南息县一带[②],楚息县、宛县是宛郡治理之下东、西方重镇。上两方面某种程度的内在暗合恰好佐证了所谓楚“鄎（塞、赛、鄴）”县宜即楚“息县”。

撮上论大要,“考叔䟗父”簠、匜中之“塞”,楚“塞公屈桑戈”中的“塞”,清华简《系年》中的“赛”,及新蔡葛陵简零・186、236中的“鄎”,与《左传》等传世文献中的“息”,俱系一地,地望在今河南息县西南,今息县城郊乡南张庄有青龙寺息国古城遗址,就出土了大量春秋时期的青铜剑、戈、镞等兵器。至于说塞国公孙之器何以会出现在湖北枝江,概息国在公元前680年为楚所灭以后,此器或为楚贵族所得,或部分息国贵族在国灭之后而入楚,辗转流传而至枝江,已不可具考。

---

① 陈伟:《包山楚简中的宛郡》,《武汉大学学报(哲学社会科学版)》1998年第6期。

② 石泉主编:《楚国历史文化辞典》,第265页。

第六章　公族社会下之公子公孙研究

本章主要讨论楚国公族社会当中的另一主角——公子群集团，即楚国公子、公孙。

第一节　春秋所见楚国公子公孙人物

分两个方面汇总春秋时期的楚国公子、公孙：其一，是传世文献当中出现的公子、公孙；其二，考古材料，尤其是青铜器铭文当中出现的公子、公孙，二者有时可相互对应。

一、传世文献中楚公子公孙汇考

据《左传》《国语》等相关记载，将春秋时期楚公子、公孙，按其在《传》文中首次出现的时间先后，列成一表，作为进一步分析的基础：对某些不够清楚，或者需要补充说明的地方，表下会有按语。统计的公子、公孙，未囊括已获得氏称及后来为楚君者。

表 6-1 《左传》、《国语》等所见楚公子、公孙表

姓名	出身	官职	史料依据
公子元	楚武王	令尹	1. 鲁庄公二十八年(前 666):“楚令尹子元欲蛊文夫人……秋,子元以车六百乘伐郑……” 2. 鲁庄公三十年(前 664):“楚公子元归自伐郑,而处王宫。斗射师谏,则执而梏之。秋,申公斗班杀子元。”
王孙启	公子元子	不详	《国语・楚语上》:“昔令尹子元之难,或谮王孙启于成王,王弗是,王孙启奔晋,晋人用之。”韦昭注:“启,子元子也。”①
王孙游	楚武王孙②	不详	鲁庄公二十八年(前 666):“秋,子元以车六百乘伐郑……子元、斗御强、斗梧、耿之不比为旆,斗班、王孙游、王孙喜殿。”
王孙喜	楚武王孙③	不详	同上“王孙游”条。
王子职④	楚成王	不详	鲁文公元年(前 626):“初,楚子(楚成王)将以商臣为大子……既,又欲立王子职。”
公子燮	楚成王⑤	傅	1. 鲁文公五年(前 622):“冬,楚子燮灭蓼。” 2. 鲁文公十四年(前 613):“楚庄王立,子孔、潘崇将袭群舒,使公子燮与子仪(斗克)守,而伐舒蓼。二子作乱……(楚)遂杀斗克及公子燮。” 3.《国语・楚语上》:“昔庄王方弱,申公子仪父为师,王子燮为傅。”

---

① 徐元诰撰,王树民、沈长云点校:《国语集解》,第 489 页。

②③ 石泉主编:《楚国历史文化辞典》,第 47 页。

④ 按,《列女传・节义传》:“职,商臣之庶弟。”杜预同。参见张涛:《列女传译注》,济南:山东大学出版社 1990 年版,第 167 页;(晋)杜预注,(唐)孔颖达疏:《春秋左传正义》,第 1837 页。

⑤ 蒲百瑞:《春秋时代楚王宗族世系疏证》,《石泉先生九十诞辰纪念文集》,第 295 页。

续表

姓名	出身	官职	史料依据
公子朱	不详	息公	鲁文公九年(前618):"秋,楚公子朱自东夷伐陈,陈人败之,获公子茷。陈惧,乃及楚平。"
公子茷	不详	不详	同上"公子朱"条。
公子婴齐	楚穆王	左尹 令尹	1. 鲁宣公十一年(前598):"楚左尹子重(婴齐)侵宋,王待诸郔。"杜预注:"子重,公子婴齐,庄王弟。"① 2. 鲁襄公三年(前570):"子重(婴齐)病之,遂遇心疾而卒。"
公子桱	楚穆王②	沈尹	鲁宣公十二年(前597):"沈尹将中军,子重将左,子反(公子侧)将右。"
公子侧	楚穆王③	司马	1. 同上"沈尹桱"条。 2. 鲁成公十六年(前575):晋、楚鄢陵之战,"楚子救郑。司马(公子侧)将中军,令尹(公子婴齐)将左,右尹子辛(公子壬夫)将右"。
公子谷臣	楚穆王	不详	鲁宣公十二年(前597):"楚熊负羁囚知罃,知庄子以其族反之……射公子谷臣,囚之。"
公子丙	不详	不详	鲁宣公十二年(前597):"冬,楚子伐萧……萧人囚熊相宜僚及公子丙。"
公子冯	不详	不详	鲁宣公十四年(前595):"楚子使申舟聘于齐……亦使公子冯聘于晋,不假道于郑。"
公子成	不详	息公 左司马	1. 鲁成公六年(前585):"楚公子申、公子成以申、息之师救蔡,御诸桑隧。" 2. 鲁成公九年(前582):"楚人以重赂求郑,郑伯会楚公子成于邓。"④ 3. 鲁襄公十五年(前558):"公子成为左司马。"

① (晋)杜预注,(唐)孔颖达疏:《春秋左传正义》,第1875页。

② 按,田成方先生考证"沈尹桱"是楚穆王之子。参见田成方:《从新出文字材料论楚沈尹氏之族属源流》,《江汉考古》2008年第2期。

③ (宋)程公说:《春秋分记》卷一四,《四库全书珍本初集》经部20集,第10429页。

④ 按"郑伯会楚公子成于邓",此条记载当中的"邓"究竟所指何地,笔者有具体考证,参见本章第四节《杨〈注〉蔡"邓"、楚"邓"辨析》。

续表

姓名	出身	官职	史料依据
公子申	不详	申公 右司马	1. 同上“公子成”第1条记载。 2. 鲁襄公二年(前571):“楚公子申为右司马,多受小国之赂,以偪子重、子辛,楚人杀之。”
王子罢	楚穆王[①]	不详	1. 鲁成公七年(前584):“子重取子阎之室,使沈尹与王子罢分子荡之室,子反取黑要与清尹弗忌之室。” 2. 鲁成公十二年(前579):“宋华元克合晋、楚之成,夏五月,晋士燮会楚公子罢、许偃。”
公子平	不详	不详	鲁成公九年(前582):“冬十一月,楚子重自陈伐莒……莒人囚楚公子平……莒人杀之。”
公子辰	楚穆王[②]	太宰	1. 鲁成公九年(前582):“十二月,楚子(楚共王)使公子辰如晋,报钟仪之使,请修好、结成。” 2. 鲁成公十年(前581):“十年春,晋侯使糴茷如楚,报太宰子商(公子辰)之使也。”
公子壬夫	楚穆王	右尹 令尹	1. 同上“公子侧”第2条记载。 2. 鲁襄公五年(前568):“楚人讨陈叛故,曰:‘由令尹子辛实侵欲焉。’乃杀之。书曰:‘楚杀其大夫公子壬夫。’贪也。”

① 按,公子罢,《春秋分记》、《春秋世族谱》等记载,出身未详。依据《左传》鲁成公七年,公子罢与子重、子反、沈尹四人瓜分了屈巫之族,子重、子反、沈尹三人为楚穆王子(见前),则公子罢宜当穆王子。

② 按,公子辰,《春秋分记》中载是楚穆王子,《春秋世族谱》未详。蒲百瑞先生认为公子辰“其父为成王或穆王”。成王之卒年(前626)距离公子辰始见记载的公元前582年,中间间隔44年,成王说似不太合理,以程说为是。参见(宋)程公说:《春秋分记》卷一四,《四库全书珍本初集》经部20集,第10428—10429页;(美)蒲百瑞:《春秋时代楚王宗族世系疏证》,《石泉先生九十诞辰纪念文集》,第295页。

续表

姓名	出身	官职	史料依据
公子茷[①]	不详	不详	1. 鲁成公十六年(前575):"六月,晋、楚遇于鄢陵,……囚楚公子茷。" 2. 鲁成公十七年(前574):"晋厉公侈,多外嬖。反自鄢陵,欲去群大夫……使楚公子茷告公曰:……"
公子寅	不详	不详	鲁成公十七年(前574):"楚公子成、公子寅戍郑。"
公子橐师	不详	右司马	1. 鲁成公十七年(前574):"楚公子橐师袭群庸,灭之。" 2. 鲁襄公十五年(前558):"公子橐师为右司马。"
公子何忌	不详	司马	鲁襄公三年(前570):"楚司马公子何忌侵陈,陈叛故也。"
公子贞	楚庄王	令尹	1. 鲁襄公五年(前568):"楚子囊(公子贞)为令尹。" 2. 鲁襄公十四年(前559):"楚子囊还自伐吴,卒。"
公子罢戎	不详	右尹	1. 鲁襄公九年(前564):"楚子(楚共王)伐郑……公子罢戎入盟,同盟于中分。" 2. 鲁襄公十五年(前558):"公子罢戎为右尹。"
公子午	楚庄王	司马 令尹	1. 鲁襄公十二年(前561):"秦嬴归于楚,楚司马子庚(公子午)聘于秦,为夫人宁,礼也。" 2. 鲁襄公十五年(前558):"公子午为令尹。" 3. 鲁襄公二十一年(前552):"夏,楚子庚(公子午)卒。"

① 按,此"公子茷"与鲁文公九年所见"公子茷"非一人,后有论证。

续表

姓名	出身	官职	史料依据
公子宜谷	不详	不详	鲁襄公十四年(前559):"秋,楚子为庸浦之役故,子囊师于棠,以伐吴……吴人败之,获楚公子宜谷。"
公子追舒	楚庄王	箴尹 令尹	1. 鲁襄公十五年(前558):"公子追舒为箴尹。" 2. 鲁襄公二十一年(前552):"夏,楚子庚(公子午)卒……乃使子南(公子追舒)为令尹。" 3. 鲁襄公二十二年(前551):"王遂杀子南于朝。"
公子格	不详	不详	鲁襄公十六年(前557):"楚公子格帅师,及晋师战于湛阪,楚师败绩。"
王孙弃疾	追舒子	御士	鲁襄公二十二年(前551):"子南(公子追舒)之子弃疾为王御士……王遂杀子南于朝……弃疾请尸,王许之。既葬……遂缢而死。"
公子齮	不详	司马	鲁襄公二十二年(前551):"公子齮为司马。"
王子牟	不详	申公	鲁襄公二十六年(前547):"初……伍举娶于王子牟,王子牟为申公而亡……"
公子黑肱	楚共王	宫厩尹 令尹	1. 鲁襄公二十七年(前546):晋、楚第二次弭兵之会,"楚公子黑肱先至,成言于晋"。 2. 鲁昭公元年(前541):"宫厩尹子皙(公子黑肱)出奔郑。" 3. 鲁昭公十三年(前529):"公子比为王,公子黑肱为令尹……乙卯夜……二子皆自杀。"
公子比	楚共王	右尹	1. 鲁昭公元年(前541):"右尹子干(公子比)出奔晋。" 2. 同上"公子黑肱"第3条。
幕	郏敖子	不详	鲁昭公元年(前541):楚令尹王子围弑楚君郏敖自立,并"遂杀其二子幕及平夏"。
平夏	郏敖子	不详	同上"幕"条。

续表

姓名	出身	官职	史料依据
禄	楚灵王	太子	鲁昭公十三年(前529):楚国内部群臣叛楚灵王,“杀大子禄及公子罢敌”。
公子罢敌	楚灵王	不详	同上“禄”条。
公子鲂	不详	司马	鲁昭公十七年(前525):“吴伐楚,阳匄为令尹。卜战,不吉。司马子鱼(公子鲂)曰:‘我得上流,何故不吉。’”
王子胜	不详	左尹	鲁昭公十八年(前524):“楚左尹王子胜言于楚子曰:‘……’楚子说。”
建	楚平王	太子	1. 鲁昭公十九年(前523):“楚子(楚平王)之在蔡也,郹阳封人之女奔之,生大子建。” 2. 鲁昭公二十年(前522):“大子建奔宋。”
公子申①	楚平王	令尹	1. 鲁昭公二十六年(前516):“九月,楚平王卒。令尹子常(囊瓦)欲立子西(公子申)……子西怒曰:‘……’令尹惧,乃立昭王。” 2. 鲁定公六年(前504):“吴大子终累败楚舟师……子期又以陵师败于繁扬。令尹子西喜曰:‘乃今可为矣。’” 3. 鲁哀公十六年(前479):楚白公胜作乱,“秋七月,杀子西、子期于朝”。
公子繁	不详	不详②	鲁定公二年(前508):“秋,楚囊瓦伐吴……吴军楚师于豫章,败之。遂围巢,克之,获楚公子繁。”

---

① 按,此处之“公子申”与曾担任申公、右司马的“公子申”为不同之二人。

② 按,在鲁定公二年“公子繁”条下,杜预注;“繁,守巢大夫。”参见(晋)杜预注,(唐)孔颖达疏:《春秋左传正义》,第2132页。

续表

姓名	出身	官职	史料依据
公子结	楚平王①	司马	1. 鲁定公四年(前 506):吴师入郢,楚昭王出奔在随,"子期(公子结)似王,曰:'以我与之,王必免。'……王割子期之心以与随人盟"。 2. 同上"公子申"第 3 条。
王孙由于	不详	寝尹	1. 鲁定公四年(前 506):吴师入郢,"楚子涉雎……王寝,盗攻之,以戈击王,王孙由于以背受之"。 2. 鲁定公五年(前 505):"楚子(楚昭王)入于郢……王赏斗辛、王孙由于、王孙圉、钟建、斗巢、申包胥、王孙贾、宋木、斗怀。"
王孙圉	楚庄王孙②	不详	同上"王孙由于"第 2 条记载。
王孙贾	不详	不详	同上"王孙由于"第 2 条记载。
公子启	楚平王③	不详	1. 鲁哀公六年(前 489):"秋七月,楚子(楚昭王)在城父,将救陈。卜战,不吉;卜退,不吉……命公子申为王,不可;则命公子结,亦不可;则命公子启,五辞而后许。" 2. 鲁哀公十六年(前 479):"白公(胜)欲以子闾(公子启)为王。"

① 按,公子结,鲁定公四年杜预注:"子期,昭王兄公子结也。"程公说、陈厚耀同。参见(晋)杜预注,(唐)孔颖达疏:《春秋左传正义》,第 2137 页;(宋)程公说:《春秋分记》卷一四,《四库全书珍本初集》经部 20 集,第 10428 页;(清)陈厚耀:《春秋世族谱》,《文渊阁四库全书》第 178 册,第 382 页。

② 按,蒲百瑞先生:"因圉活动于昭王时,又因其为'王孙',其为庄王之孙。"参见(美)蒲百瑞:《春秋时代楚王宗族世系疏证》,《石泉先生九十诞辰纪念文集》,第 299 页。

③ 按,依据杜预注公子启是昭王兄;而据《列女・节义传》、《春秋分记》则公子启是昭王弟,未详孰是。参见(晋)杜预注,(唐)孔颖达疏:《春秋左传正义》,第 2161 页;(宋)程公说:《春秋分记》卷一四,《四库全书珍本初集》经部 20 集,第 10428 页。

续表

姓名	出身	官职	史料依据
王孙胜	太子建子	白公	《左传》鲁哀公十六年（前 479）：白公胜发动叛乱，结果“白公（胜）奔山而缢”。
王孙燕	太子建子①	不详	《左传》鲁哀公十六年（前 479）：白公胜叛乱失败，“王孙燕奔頯黄氏”。
公孙平	公子结子	不详	《左传》鲁哀公十六年（前 479）：白公胜叛乱，“胜自厉剑，子期之子平见之。”
公孙宽	公子结子②	司马	《左传》鲁哀公十六年（前 479）：白公胜叛乱失败，“国宁，乃使（公孙）宁为令尹，使（公孙）宽为司马”。
公孙朝	公子申子	武城尹	鲁哀公十七年（前 478）：“秋七月己卯，楚公孙朝帅师灭陈。”
公孙宁	公子申子	令尹	1. 同上“公孙宽”条。 2. 鲁哀公十八年（前 477）：“巴人伐楚，围鄾……三月，楚公孙宁、吴由于、薳固败巴师于鄾，故封子国（公孙宁）于析。”
子良	楚昭王③	不详	鲁哀公十七年（前 478）：“王与叶公枚卜子良以为令尹。”

---

① 按，在鲁哀公十六年“王孙燕”条下，杜预注：“燕，胜弟。”《春秋分记》《春秋世族谱》同。参见（晋）杜预注，（唐）孔颖达疏：《春秋左传正义》，第 2178 页。

② 按，在鲁哀公十六年“宽”条下，杜预注：“子期之子。”《春秋分记》、《春秋世族谱》同。又清高士奇《左传姓名同异考》：“公孙宽亦曰鲁阳文子，亦曰鲁阳宽。”“鲁阳文子”事见《国语·楚语下》，云：“惠王以梁与鲁阳文子，文子辞……与之鲁阳。”

③ 关于子良出身，在鲁哀公十七年“子良”条下，杜预注：“子良，惠王弟。”《春秋分记》、蒲百瑞先生同。《春秋世族谱》则认为子良是令尹公子申之子，是楚惠王之从弟。以杜说为是。参见（晋）杜预注，（唐）孔颖达疏：《春秋左传正义》，第 2179 页；（清）陈厚耀：《春秋世族谱》，《文渊阁四库全书》第 178 册，第 382 页。

续表

姓名	出身	官职	史料依据
公子庆	不详	不详	鲁哀公十九年(前476):“十九年春,越人侵楚,以误吴也。夏,楚公子庆、公孙宽追越师,至冥,不及,乃还。”

上表中,有数位楚公子、公孙需要作特别说明。

“公子元”,鲁庄公二十八年《传》中称“令尹子元”,庄公三十年《传》中又称“公子元”。又《国语·楚语上》记载蔡声子(公孙归生)论“楚材晋用”的现象:“昔令尹子元之难,或谮王孙启于成王,王弗是。”韦昭注:“子元,楚武王子,文王弟王子善也,欲蛊文夫人,遂处王宫,斗班杀之。在鲁庄二十八年及三十年。”①依据韦昭此注,清代学者王引之言:“楚公子善,字子元。”②即是说,令尹子元的实名当为“善”,“子元”为名之字。何浩先生申之:“庄公三十年所记‘公子元’,当是‘王子善’之讹。”③

上说似不妥。其一,《国语·楚语上》本身的记载与《左传》同,称“令尹子元”。“(王子)善”之名,并非见于《国语·楚语上》之正文,而是出于三国韦昭的注释。韦注由何而来,已无法考究,而王引之又在韦注的基础上言“子元”为名(“善”)之字。其二,言“公子元”中之“元”字系“善”之讹变,则“令尹子元”中的“元”字岂非亦存在讹变的可能?即“公子元”为“公子善”“令尹子元”为“令尹子善”,这没有否定“元(善)”为人名的事实。且《楚语上》之“令尹子元”并未写作“令尹子善”。其三,考诸《左传》记载,确实存在于人

① 徐元诰撰,王树民、沈长云点校:《国语集解》,第489页。

② (清)王引之:《经义述闻》卷二二,南京:凤凰出版社2000年版,第527页。

③ 何浩:《“王子某”“楚子某”与楚人的名和字》注4,《江汉论坛》1993年第7期。

名之前加“子”字的称谓方式。

综上，言“元”是人名（善）之字并不成立。

公子朱，上章《楚“屈子赤角簠”新研》一节中，已有论述，兹再作补充。

将“公子朱”归属于屈氏，名“屈朱”，并非始于赵奎夫先生，其由来已久，最早可追溯至宋代。程公说《春秋分记》关于“息公子朱”有两条自相矛盾的记载，《世谱五》“楚公子”未详世系部分有“息公子朱”；紧接着《世谱五》“公族”部分介绍“屈氏”时，又有“子朱”①。则“息公子朱”身份既为楚王直系又属于屈氏世族，显然程公说持两端不决。清代学者马骕《绎史·楚世系图》中最终将“息公子朱”归于屈氏，称“屈朱”，为屈御寇之子②。以上即是古人对于“公子朱”“息公子朱”“子朱”问题的探讨。

公子茷。鲁文公九年（前618）：“秋，楚公子朱自东夷伐陈，陈人败之，获公子茷。陈惧，乃及楚平。”此条记载条下，杨伯峻先生注：“公子茷当为楚公子。”③又于鬯考证：鲁文公九年“陈人败之”，“陈人”二字盖衍文，此为楚败陈，非陈败楚，公子茷当为陈公子，不当为楚公子④。于说的立论基础是《传》文中“陈惧，乃及楚平”之语，稽之《传》文，郑、陈、卫、蔡等小国与晋、楚、齐等大国发生冲突，若在一次战争中战胜大国，往往会产生惧怕心理，恐大国报复。故于说未必可信。

又鲁成公十六年（前575）晋楚鄢陵之战，再见有“公子茷”，云：“楚师薄于险……（晋）囚楚公子茷。”次年（前574），《传》文记

---

① （宋）程公说：《春秋分记》卷一四，《四库全书珍本初集》经部20集，第10429、10430页。

② （清）马骕撰，王利器整理：《绎史》（一），第36页。

③ 杨伯峻：《春秋左传注》（修订本），第573页。

④ （清）于鬯：《香草校书》，北京：中华书局1990年版，第781页。

载，为晋所俘的“公子茷”卷入了三郤弑晋厉公的内乱。清顾炎武《左传杜解补正》：“按，成十六年鄢陵之战囚楚公子茷。距此四十四年（鲁文公九年，前618），疑别是一人。”[①]。又《国语·晋语六》记鄢陵之战被俘且卷入晋内乱者系“王子发钩”。韦昭注：“发钩，楚公子茂（茷）。《传》曰：‘囚楚公子茂（茷）。’”徐元诰按：“‘发钩’合声为茂（茷）……盖一名一字也。”[②]又清代学者王引之谓其人名“钩”字“发”，“发”“茷”古同音。故《左传》作茷[③]。

如此，则成十六年《传》所见之“公子茷”，实名为“钩”，字发（茷），与文九年《传》之“公子茷”迥非一人。

公子谷臣。宋程公说[④]、清陈厚耀[⑤]皆认为是楚庄王子，杨伯峻先生：“公子谷臣为楚王之子。”[⑥]未明言哪一位楚王。蒲百瑞先生持有异议：“谷臣活动于6世代至7世代，而应属5世代或6世代。即其父为成王或穆王。其为庄王子无所据。”[⑦]

推测公子谷臣宜为楚穆王之子。楚庄王即位时（前613），《国语·楚语上》：“方弱。”楚庄王年弱即位，其生子必不会很早。鲁襄公十三年楚庄王之子楚共王自云：“生十年而丧先君。”即鲁宣公十八年（前591）楚庄王卒时，其子共王仅十岁，则庄王生子应在前600年左右。鲁宣公十二年（前597），公子谷臣能够参战被俘，说

---

① （清）顾炎武撰，徐德明等校点：《左传杜解补正 五经同异 九经误字》，上海：上海古籍出版社2012年版，第44页。

② 徐元诰撰，王树民、沈长云点校：《国语集解》，第396页。

③ （清）王引之：《经义述闻》卷二二，第547页。

④ （宋）程公说：《春秋分记》卷一四，《四库全书珍本初集》经部20集，第10428页。

⑤ （清）陈厚耀：《春秋世族谱》，《文渊阁四库全书》第178册，第380页。

⑥ 杨伯峻：《春秋左传注》（修订本），第743页。

⑦ （美）蒲百瑞：《春秋时代楚王宗族世系疏证》，《石泉先生九十诞辰纪念文集》，第295页。

明其年龄当已不小，上距庄王践祚仅 16 年，距共王之生仅 3、4 年。又公子谷臣与公子婴齐、公子侧活动时间接近，宜为楚穆王子。

公子辰，其史实出土材料与文献记载有抵牾之处。

晋、楚两大强国第一次弭兵之会的前后经过，《清华大学藏战国竹简(贰)·系年》第十六章当中有详细的叙述。将一年之事划为一条，整理如下：

(1) 楚共王立七年(前 584)，令尹子重伐郑，为沐（氾?)之师。晋景公会诸侯以救郑，郑人止郧公仪，献【85】诸景公，景公以归。

(2) 一年(前 582)，景公欲与楚人为好，乃脱[①]郧公，使归求成，共王使郧公聘于【86】晋，且许成。

(3) (前 581)景公使籴之茷聘于楚，且修成，未还，景公卒，厉公即位。

(4) (前 580)共王使王【87】子辰聘于晋，又修成，王又使宋右师华孙元行晋楚之成。

(5) 明岁(前 579)，楚王子罢会晋文【88】子燮及诸侯之大夫，盟于宋，曰："尔(弭)天下之甲兵。"

(6) 明岁(前 578)，厉公先起兵，率师会诸侯以伐【89】秦，至于泾。共王亦率师围郑，厉公救郑，败楚师于鄢。厉公亦见祸以死，亡(无)后。【90】[②]

---

① 按，整理者读为"说"，应读为"脱"。参见清华大学出土文献研究与保护中心编，李学勤主编：《清华大学藏战国竹简(贰)·系年》，第 174 页；孙飞燕：《清华简〈系年〉初探》，上海：中西书局 2015 年版，第 29 页。

② 清华大学出土文献研究与保护中心编，李学勤主编：《清华大学藏战国竹简(贰)·系年》，第 174 页。

《左传》当中有与之对应的原文记载，如下：

(1) 鲁成公七年(前 584)：秋，楚子重伐郑，师于汜……(郑)囚(楚)郧公钟仪，献诸晋……晋人以钟仪归，囚诸军府。

(2) 鲁成公九年(前 582)：晋侯(晋景公)观于军府，见钟仪……重为之礼，使归求成……十二月，楚子(楚共王)使公子辰如晋，报钟仪之使，请修好、结成。

(3) 鲁成公十年(前 581)：十年春，晋侯(晋景公)使糴茷如楚，报太宰子商(公子辰)之使也……(晋景公)如厕，陷而卒……于是糴茷未返。冬，葬晋景公。

(4) 鲁成公十一年(前 580)：宋华元善于令尹子重，又善于栾武子，闻楚人既许晋糴茷成，而使归复命矣。冬，华元如楚，遂如晋，合晋、楚之成。

(5) 鲁成公十二年(前 579)：夏五月，晋士燮会楚公子罢、许偃。癸亥，盟于宋西门之外，曰："凡晋、楚无相加戎，好恶同之，同恤菑危，备救凶患。若有害楚，则晋伐之；在晋，楚亦如之……有渝此盟，明神殛之……"

(6) 鲁成公十三年(前 578)：晋师以诸侯之师及秦师战于麻隧……秦师败绩……师遂济泾……

仔细对比《系年》、《左传》记载，易发现(1)、(5)、(6) 条内容大同小异，而(2)、(3)、(4)条记载有着明显的不同，概《左传》的记载有误。

其一，楚公子辰如晋的时间应该是在楚共王的十一年(前 580)，楚共王九年(前 582)由楚至晋首结晋楚之好的使者并非公子辰，而是为晋所释归的郧公钟仪。

其二，《左传》鲁成公九年中"十二月，楚子(楚共王)使公子辰如晋，报钟仪之使，请修好、结成"一段内容，应该归属于鲁成公十一年，内容在“宋华元善于令尹子重”之前；“报钟仪之使”一句有误，钟仪本即为楚臣，由晋归来，无需用“报”，此处当为“报糴茷之使”。

其三，《左传》鲁成公十年（前580）：“晋侯（晋景公）使糴茷如楚，报太宰子商（公子辰）之使也”一句当中，“报太宰子商（公子辰）之使”应改为“报郧公钟仪之使”。

令尹公子申（字子西）。《史记·楚世家》记载：“子西，平王之庶弟也，有义。”[①]“公子申”是楚共王之子。又杜预：“子西，平王之长庶。”[②]《国语·楚语下》韦昭注：“子西，平王之子，昭王之庶兄，令尹公子申也。”[③]皆言公子申为楚平王子，程公说[④]、陈厚耀[⑤]同。

鲁昭公二十六年《传》文载令尹子常（囊瓦）之言，曰：“大子壬弱，其母非嫡也，王子建实聘之。子西长而好善。立长则顺，建善则治……”据《传》意，以杜、韦说为是，《史记》所载有误。

王孙由于。鲁哀公十八年（前477）《传》有“寝尹”：“王（楚惠王）曰：‘寝尹、工尹勤先君（楚昭王）者也。’三月，楚公孙宁、吴由于、薳固败巴师于鄾。”杜预注：“柏举之役，寝尹吴由于以背受戈。”[⑥]鲁定公四年（前506）《传》载柏举之役，吴师入郢，“楚子涉雎……王寝，盗攻之，以戈击王，王孙由于以背受之”。据杜注，则鲁定公四年之“王孙由于”与鲁哀公十八年的寝尹“吴由于”系一人。可从。“寝尹”，当是掌管楚王寝处之官[⑦]。定四年《传》称“王孙由于”，未书官职，然藉“王寝，盗攻之，以戈击王，王孙由于以背

① （汉）司马迁：《史记》卷四〇《楚世家》，第1714页。

② （晋）杜预注，（唐）孔颖达疏：《春秋左传正义》，第2113页。

③ 徐元诰撰，王树民、沈长云点校：《国语集解》，第506页。

④ （宋）程公说：《春秋分记》卷一四，《四库全书珍本初集》经部20集，第10428页。

⑤ （清）陈厚耀：《春秋世族谱》，《文渊阁四库全书》第178册，第382页。

⑥ （晋）杜预注，（唐）孔颖达疏：《春秋左传正义》，第2180页。

⑦ 左言东编著：《先秦职官表》，第332页。

受之”一语，宜可断定“王孙由于”即任“寝尹”一职。

为何“王孙由于”又可称“吴由于”，无考。

二、考古材料中的公子公孙

见于考古材料，尤其是青铜器铭文中，有诸多楚王子、王孙，稽之文献，或可验，或无征。

1. “王子婴次”

“王子婴次炉”（《集成》10386），1923 年出土于河南新郑李家楼之郑公大墓内[①]，器形状似长盘，圆角平底，器壁两侧有环钮，两端各有 3 节提链，器壁内侧口沿上铸铭 1 行 7 字：

王子婴次之炒卢。

据铭，炉为“王子婴次”的自作器。器之国属与器主身份，学界争议颇大，有以下说：

郑器说。郭沫若先生言：“余意器出郑墓，自当解为郑器……王子‘婴次’即郑子婴齐也。”[②]

徐器说。孔令远先生从器的形制、纹饰、铭文风格及文献中徐国称王等方面综合分析，王子婴次炉系徐器[③]。

韩器说。孔次舟先生认为器主王子婴次为韩襄王太子，即《史

① 孙海波：《新郑彝器》，开封：河南通志馆 1937 年影印本，第 16 页。

② 郭沫若著：《郭沫若全集・考古编・两周金文辞大系图录考释（二）》（卷八），第 391 页。

③ 孔令远：《王子婴次炉的复原及其国别问题》，《江汉考古》2002 年第 4 期。

记·韩世家》所见“太子婴”[①]。

楚器说。王国维先生：“余谓‘婴次’即‘婴齐’，乃楚令尹子重（公子婴齐）之遗器也。”[②]张政烺[③]、马世之[④]、刘彬徽[⑤]、张连航[⑥]、邹芙都[⑦]诸先生观点同。其中，刘彬徽先生认为此器：“腹部有细线方格细乳丁纹，与此墓内其他器物的风格大相径庭。这种细线方格纹‘具南方铜器特征，铭文字体亦为楚风’。”[⑧]

“王子婴次炉”之所以发现于郑公墓中，王国维先生：“盖鄢陵之役，楚师宵盾，故遗是器于郑地。”[⑨]杨树达先生认为是说失之泥：“彝器古人所重，上以之赐下，下以之献上，与国以之为酬酢，甲国之制不必恒在甲国，固也，亦不必制器者曾至乙国而乙国之人始能得其器也。盖其变易迁流，不可纪极，据出土之地以定器之何属，可以论其常，而不可以论其变。如器出一地，必求一事以实之，斯不免于凿矣。”[⑩]“王子婴次炉”也有可能是楚国为拉拢郑国而馈送的礼器。

上诸说，当以楚器说为是。郑器说难以解释郑公子何以称“王子”；徐、韩器说说服力亦不强[⑪]。

---

① 孔次舟：《新郑铜器群年代考辨》，尹达等主编：《纪念顾颉刚学术论文集》，成都：巴蜀书社 1990 年版，第 201—214 页。

② （清）王国维：《观堂集林（附别集）》，第 899 页。

③ 张政烺：《张政烺文集·甲骨金文与商周史研究》，第 362 页。

④ 马世之：《也谈王子婴次炉》，《江汉考古》1984 年第 1 期。

⑤⑧ 刘彬徽：《楚系青铜器研究》，第 306 页。

⑥ 张连航：《楚王子王孙器铭考述》，《古文字研究》第 24 辑。

⑦ 邹芙都：《楚系铭文综合研究》，第 69—71 页。

⑨ （清）王国维：《观堂集林（附别集）》，第 900 页。

⑩ 杨树达：《积微居金文说·王子婴次卢跋》，第 277 页。

⑪ 白显凤：《出土楚文献所见人名研究》，长春：吉林大学博士学位论文，2017 年 6 月，第 64 页。

又有“王子婴次钟”(《集成》00052),为甬钟,颐和园旧藏,现藏北京故宫博物院。钲间及左鼓铸18字铭文:

八月初吉,日唯己未,王子婴次自作者(堵)钟,永用匽(宴)喜。

2. “王子昃”与“王子反”

“王子昃鼎”(《集成》02717),最早见录于吕大临《考古图》[①],有29字铭文(又重文2):

隹正月初吉丁亥,王子昃择其吉金自作飤䵼,其眉寿无期,子子孙孙永保用之。

器主“王子昃”,张政烺先生考证:“‘昃’‘侧’音义俱同,故余断为楚司马子反之器。”[②]“公子侧”,最早见于《左传》鲁宣公十二年(前597)邲之战,当是时“子反(公子侧)将右”;至《左传》鲁成公十六年(前575)鄢陵之战,子反(公子侧)将中军,醉酒误国而获罪致死。故刘彬徽先生将此器的年代界定在这两次战役之间,即前597年至前575年,且“从《考古图》所载图形的形体与纹样看,与下寺M_{36}的于鼎相似,二者时代应相当,都为楚铜器分期第三期早段,与上面从史事推定王子昃作器的年代,正好可相互印证”[③]。

又有“王子反戈”(《集成》11122),1973年,山东滕县城郊供销社废品收购站拣选而得,现藏山东博物馆。胡部铸6字铭文:

① (宋)吕大临等著:《考古图(外五种)》,第16页。

② 张政烺:《张政烺文集·甲骨金文与商周史研究》,第362页。

③ 刘彬徽:《楚系青铜器研究》,第305—306页。

王子反铸寝戈。

“反”字，原隶为“安”[①]，王恩田先生重新考释：“反字作庉，简报释‘安’，安字应从女，此从又，字形不合，应释‘反’。”[②]并指出铭中的“王子反”只能是楚国的“子反”，王子昃鼎与王子反戈，一名一字，为同人作器[③]。何浩先生依据古时人的称名方式，认为“王子反”中之“反”字只能是人之名，而不能解释为“人名之字”，“名侧者可以以子反为字，但不宜既名侧又名反”[④]。又白显凤先生考察《左传》中“子某”，某人字“子某”确实可省称为“某”，王子昃、王子反宜为一人[⑤]。

3.“王子申”

“王子申盏盂”（《集成》04643），最早著录于清代阮元《积古斋钟鼎彝器款识》[⑥]，现仅有器盖图像传世，铸 17 字铭：

王子申作嘉嫡盏盂，其眉寿无期，永保用之。

据表 6－1，楚国有二个“王子申”：一为楚共王时期的申公、右司马，见鲁成公六年（前 585）、襄公二年（前 571）《传》；一为楚昭王时期的令尹公子申，字子西，见鲁昭公二十六年（前 516）、定公四年（前

---

① 中国社会科学院考古研究所山东队、藤县博物馆：《山东滕县古遗址调查简报》，《考古》1980 年第 1 期。

②③ 王恩田：《跋楚国兵器王子反戈》，《江汉考古》1989 年第 4 期。

④ 何浩：《“王子某”“楚子某”与楚人的名和字》，《江汉论坛》1993 年第 7 期。

⑤ 白显凤：《出土楚文献所见人名研究》，长春：吉林大学博士学位论文，2017 年 6 月，第 62 页。

⑥ （清）阮元、（清）朱为弼编录：《积古斋钟鼎彝器款识（附稿本）》卷七，第 427 页。

506)及哀公十六年(前 479)《传》。

刘彬徽先生指出:“从此器的盖纽形制与填云纹的三角纹来看,与下寺 M_7 的盏相近,应定为共王时的王子申。此人于公元前 571 年被杀,因之,这件器的年代上限约为共王即位之年(前 590),下限为其死年,即介于前 590—前 571 年之间。”①邹芙都②、张连航③二位先生观点同。

又阮元考释:“楚僭号称王,公子皆称王子……此篆文工秀,结体较长,同于楚曾侯钟。曾侯钟楚惠王器,子西(公子申)历相昭王、惠王,此可直断为子西器也。”④马承源先生观点同:“王子申,即楚令尹子西。”⑤

二说当以前说为是。

又有“王子䪷匜”(《新收》1675),由台湾台北故宫博物院收购而得⑥,内底铸 6 字铭:

王子䪷之鐈(沬)匜。

陈昭容先生比较西周、春秋金文,判断器主名“䪷”即为文献记载中的“申”字,“王子䪷”系“王子申”。器形来看,此匜晚于春秋中期后段下寺八号墓的邓会匜,而与春秋晚期下寺二号墓的倗盥匜及三号墓的鄬中姬丹会匜器形相近,由此断定此王子申应该是活跃于

① 刘彬徽:《楚系青铜器研究》,第 309 页。

② 邹芙都:《楚系铭文综合研究》,第 71—73 页。

③ 张连航:《楚王子王孙器铭考述》,《古文字研究》第 24 辑。

④ (清)阮元、朱为弼编录:《积古斋钟彝器款识(附稿本)》卷七,第 427 页。

⑤ 马承源:《商周青铜器铭文选》卷四《东周青铜器铭文释文及注释》,第 425 页。

⑥ 陈昭容:《故宫新收青铜器王子䪷匜》,《中国文字》新 25,1999 年。

楚昭王时，并于楚惠王八年为白公胜所杀的令尹子西[1]。此匜的发现，彻底解决了传世文献与楚系铜器铭文中两个“王子申”的问题。

4. “王子午”

淅川下寺 M2 中出土众多“王子午”器，王子午鼎 7 件（《集成》02811、《新收》0444－0449），王子午戟 2 件（《新收》0467、0468）。“王子午”即是见于文献记载的楚令尹“子庚”，楚庄王子，前已论述，兹不赘。

5. “王子启强”

《楚系金文汇编》编号 43 收录一件“王子启强鼎”[2]，器形已佚，仅存器铭，器、盖同铭，有 2 行 8 字：

王子启强自作飤緐。

鼎系“王子启强”的自作食用器。“王子启强”的身份，薳氏成员有“薳启强”，官至太宰，李瑾、徐俊二位先生认为：“薳氏出自蚡冒之子王子无钩，则薳启强自应称为‘王子启强’。”[3]黄锡全先生有所质疑：“薳启强与其始祖蚡冒或王子无钩相距二百年左右，其间已隔数代……薳启强不能自称‘王子’，王子启强应是某王之子（一代），古人同名者常见……薳启强与王子启强同名而非同人。”[4]刘彬徽先生观点大体与黄先生同，认为此器：“乃楚某一王子名启强

① 陈昭容：《故宫新收青铜器王子䵼匜》，《中国文字》新 25；张连航：《楚王子王孙器铭考述》，《古文字研究》第 24 辑。

② 刘彬徽、刘长武：《楚系金文汇编》，第 124 页。

③ 李瑾、徐俊：《论先秦楚国职官名称及其有关问题》，《华中师院学报（哲学社会科学版）》1982 年第 6 期。

④ 黄锡全：《楚器铭文中“楚子某”之称谓问题辨证——兼述古文字中有关楚君及其子孙与楚贵族的称谓》，《江汉考古》1986 年第 4 期。

之器。从铭文字体及鼎名飤緐看，器之年代应为第三期后段。”[①]又邹芙都先生申之：“‘飤緐’这种深腹带盖鼎自铭也习见于春秋中晚期，所以可将该器定在春秋晚期早段。”[②]

以黄、刘、邹三位先生观点为长。

6. “王子臣”

《铭图续》编号0124著录一件“王子臣”鼎，为北京某收藏家藏品，内壁铸鸟篆铭文8字：

王子臣作䵼(肆)彝，用冬(终)。

该器为楚文化区独有的楚式鼾鼎，侈口方唇，束腰平底，腰部有一箍棱，长方形立耳外撇，三蹄足，上端有兽头装饰，鼎身饰六条昂首曲身翘角卷尾怪兽，口衔鼎沿，整体器形与淅川下寺M2出土王子午鼎似，时代宜为春秋晚期，或与王子午生活年代相近(前561—前552年)。

又《中国国家博物馆百年收藏集萃》[③]、《铭图》编号06321著录了同一件“王子臣俎”，器面两侧铸8字铭文：

王子臣作遺彝，淑冬(终)。

面板呈长方亚腰形，中部微下凹，有十字镂孔，由四个L形镂孔相围，面板下有四支足，与“王子臣鼎”系同一人器。又《铭图》编号

① 刘彬徽：《楚系青铜器研究》，第321—322页。

② 邹芙都：《楚系铭文综合研究》，第97页。

③ 吕章申主编：《中国国家博物馆百年收藏集萃》，合肥：安徽美术出版社2014年版，第145—147页。

06321 下备注：同坑出土还有 5 件戈。

在表 6-1 中，楚国有名“公子谷臣”者，《左传》鲁宣公十二年（前 597），公子谷臣参加了晋、楚邲之战，为晋智庄子荀首所生擒，鲁成公三年（前 588）晋归公子谷臣于楚。“王子臣”“公子谷臣”二人，生活的年代相距不远，疑为一人，“谷”与“臣”，一字一名。

又有“皇瞉鼎”（《铭图续》0192），该器器盖微上隆，顶部一衔环小纽，周围三个兽形环钮，方形附耳高耸，深腹，圜底，三蹄足外撇。盖面三道粗弦纹，腹部一道箍棱，耳饰陶纹与蟠虺纹，底部有烟炱。付强先生指出此器从整体来说最接近于淅川下寺 M10：48 所出土的一件鼎，这种形制和纹饰的楚式鼎是春秋晚期最为典型的器形，所以这件鼎的相对年代应该属于春秋晚期①。

盖、器同铭，5 行 22 字：

昊歆公子皇瞉择其吉金自作飤𪓊，千岁之外我是以遣。

鼎系“公子皇瞉”的自作器，“公子皇瞉”前“昊歆”二字，付强先生认为昊歆为人名，疑为一楚王名，皇瞉是昊歆的公子。“谷”与“瞉”字形相近，“公子皇瞉”疑为楚庄王的儿子“公子谷臣”②。

按，“公子皇瞉”即为《传》文所见公子谷臣，不妥。其一，春秋时期楚君皆称王，其子称“王子某”，此器则称“公子”，不符合楚王之子器的书写格式，已发现楚器除此器外尚无其他例证显示楚君之子自作器可铭“公子某”。其二，楚庄王名“旅”，或作“吕”“侣”，

---

①② 付强：《新见皇谷鼎初探》，武汉：武汉大学简帛研究中心 简帛网，网址：http://www.bsm.org.cn/show_article.php?id=2070，发表时间：2014-09-03。

与“昊欯”不一致。

7. “王子柳”

《铭图续》编号 0173 著录一件“王子柳鼎”，某收藏家藏品。器、盖同铭，4 行 18 字：

隹正月初吉丁亥，王子柳择其吉金，自乍飤䰙。

该器形制与楚叔之孙倗鼎相同，典型的“抓把盖”楚式鼎，春秋晚期器。直口束颈，窄沿方唇，圜底，三蹄足较短，盖面呈弧形隆起，盖上有七柱圈形把手。器主“王子柳”，楚国王室公子。

又有“王子柳簠”（《铭图续》0501），春秋晚期器，内壁铸铭 5 行 27 字：

隹正月初吉丁亥，王子柳择其吉金，自乍飤匿，其眉寿无期，永宝用之。

鼎、簠器主“王子柳”当系一人。表 6－1 有“王子牟”，“柳”，从木卯声。卯，明纽幽部；牟，明纽幽部。仅从声韵上说，“牟”可与“卯”（“柳”）通，加之“王子牟”“王子柳”皆生活在春秋晚期，宜为一人。

8. “王子名”与“王孙𧵥”

《铭图续》编号 0905 有一件“王子名缶”，某收藏家藏品，春秋晚期器。器肩刻铭 19 字，盖面铸铭 6 字：

器铭：隹八月丁酉，王子名作辻（沐）缶，子孙用之，堇道铸□。

盖铭：王孙𧵥之辻（沐）缶。

铭文纤细修长，可定为楚器。器铭显示器主系“王子名”，盖铭之“王孙賁”当系“王子名”之子，或父子二人同铸器。

9.“王子要”

《铭图续》编号1154著录一件“王子要戟”，某收藏家所藏，春秋晚期器。胡部铸铭6字：

王子要之行戟。

直援尖锋，中脊鼓起，中胡较宽，阑侧二长穿一小穿。铭亦纤细飘逸，可定为楚器。器主“王子要”为楚王室公子。

10.“王子适”

清皇宫旧藏有“王子适匜”（《集成》10190），现藏台湾台北故宫博物院，器内壁铸鸟篆铭文2行6字：

王子适之遣匜。

据铭，该匜系“王子适”的自作、用器，时代为战国早期①。“王子适”，楚王之子，无考于史籍。

11.“郪陵君王子申”

1973年，江苏省无锡市前洲乡高渎湾出土“郪陵君王子申”诸器②，铸铭器有1鉴（《集成》10297）、2豆（《集成》04694、04695），铭文如下：

---

① 黄锦前：《楚系铜器铭文研究》，合肥：安徽大学博士学位论文，2009年5月，第17页。

② 李零、刘雨：《楚郪陵君三器》，《文物》1980年第8期。

鉴　铭：郪陵君王子申，攸载，造金鉴，攸立岁尝，以祀皇祖，以会父兄，永用之，官攸无疆。王郢姬之滥（鉴）[①]

豆 1 铭：郪陵君王子申，攸载，造鈇（铺）盍（盒），攸立岁尝，以祀皇祖，以会父兄，永用之，官攸无疆。郢姬府所造，重十晋四晋圣朱。□襄重三朱二圣朱四□。

豆 2 铭：郪陵君王子申，攸载，造鈇（铺）盍（盒），攸立岁尝，以祀皇祖，以会父兄，永用之，官攸无疆。

器的年代，刘彬徽先生指出："铭文字体风格与幽王墓铜器铭文相似，三器年代上限不会早于幽王世。"[②]郪陵地望，李零、刘雨二位先生言："郪陵之郪，字从我音，乃義字所从，古读与義同，其封地或与距此不远的宜兴县（古名義兴县）东的義山有关。"[③]郑威先生观点同[④]。

器主"王子申"，李学勤先生认为可能是楚幽王之子或其弟[⑤]；何琳仪先生认为器主就是春申君黄歇[⑥]；何浩先生认为器主为王子负刍[⑦]。又刘彬徽先生认为器主是楚幽王同母弟王子犹，后为楚哀王[⑧]，郑威先生认为郪陵君为楚王负刍之子的可能性更大，受封当在负刍为王的 5 年期间[⑨]。

12. "王孙寿"

"王孙寿甗"（集成 00946），春秋早期器，铸铭 5 行 33 字（又重

---

① 周晓陆：《"郪陵君鉴"补》，《江汉考古》1987 年第 1 期。

②⑧ 刘彬徽：《楚系青铜器研究》，第 374 页。

③ 李零、刘雨：《楚郪陵君三器》，《文物》1980 年第 8 期。

④⑨ 郑威：《楚国封君研究》，第 189 页。

⑤ 李学勤：《从新出青铜器看长江下游文化的发展》，《文物》1980 年第 8 期。

⑥ 何琳仪：《楚郪陵君三器考辨》，《江汉考古》1984 年第 1 期。

⑦ 何浩：《郪陵君与春申君》，《江汉考古》1985 年第 2 期。

文 2)：

隹正月初吉丁亥，王孙寿择其吉金，自作飤甗，其眉寿无疆，万年无諆，子子孙孙永保用之。

甗系“王孙寿”的自作、用器，“寿”为人名，不见于传世文献记载。

13.“王孙诰”

淅川下寺 M2 出土“王孙诰钟”，计 26 枚(《新收》0418－0443)，春秋晚期偏早器，形制相同而大小递减。26 钟合铸铭文 17 篇，大型钟之钲部、鼓部正面铸单篇铭文，中型钟正背两面亦铸单篇铭文，小型钟则由 2 件，或 3 件，或 4 件，合铸一篇铭文。每篇铭文大体相同，计 113 字：

隹正月初吉丁亥，王孙弄(诰)择其吉金，自作龢钟，中翰且扬，元鸣孔諻。有严穆穆，敬事楚王。余不畏不差，惠于政德，淑于威仪，圅恭䟽遅，畏忌趩趩，肃哲臧御，闻于四国，恭厥盟祀，永受其福，武于戎(攻)功，诲猷不飤，阑阑龢钟，用匽以喜，以乐楚王、诸侯、嘉宾及我父兄、诸士。趠趠趄趄，万年无期，永保鼓之。

器主“王孙诰”，于史无征。张亚初先生认为：“王子午组器与王孙诰组器同出于一个墓中，……王子午与王孙诰应该是父子关系。”[①]即“王孙诰”是楚令尹子庚(公子午)之子、楚庄王之孙。又陈伟先生认为“王孙诰”之“诰”字或作“告”，“告，格双声，可以通

① 张亚初：《淅川下寺二号墓的墓主、年代与一号墓编钟的名称问题》，《文物》1985 年第 4 期。

假”,如此“则王孙诰可能就是公子格”[①]。何浩先生驳之:“公子格”为公子,“王孙诰”是公孙,“公子与公孙是不能混用的”[②]。

以张亚初先生之说为是。

又有“王孙诰戟”2件(《新收》0465、0466),与钟同出,胡部铸铭2行6字:

> 王孙诰之行戟。

14.“王孙遗者”

“王孙遗者钟”(《集成》00261),1884年湖北宜都城西二十余里山中出土[③],现藏美国旧金山市亚洲艺术博物馆,钲间及左、右鼓铸铭19行113字(又重文4):

> 隹正月初吉丁亥,王孙遗者择其吉金,自作龢钟,中翰且扬,元鸣孔皇,用享以孝,于我皇祖文考,用祈眉寿,余函恭㝬屖,畏忌趩趩,肃质(慎)圣武,惠于政德,淑于威义,诲猷不飤,阑阑龢钟,用匽以喜,用乐嘉宾父兄,及我朋友。余恁訇心,征永余德,龢沴民人,余専昀于国,皝皝趄趄,万年无期,世万子孙,永宝鼓之。

关于此器,郭沫若认为:“此亦徐器,由其铭辞字体与沇儿钟如出一

① 陈伟:《淅川下寺二号楚墓墓主及相关问题》,《江汉考古》1983年第1期。

② 何浩:《“王子某”“楚子某”与楚人的名和字》,《江汉论坛》1993年第7期。

③ 刘彬徽:《楚系青铜器研究》,第314页。

人手笔可以判知。”[①]于省吾[②]、孔令远诸先生亦持“徐器说”[③]。又刘彬徽先生将此器与“王孙诰钟”作比较，“铭文辞句、格式、书体与王孙诰钟基本相同”，“说明不应为徐器，应为楚器，年代也与王孙诰钟相近”[④]。后说渐为学界所认同。

刘翔[⑤]、孙启康[⑥]二位先生申之，“遗者”与“追舒”音近互通，“王孙遗者”即文献记载的楚“公子追舒”。刘彬徽先生有所否定：“王孙遗者为王孙，公子追舒为王子，称谓不同，很难说是同一人。”[⑦]

伍士谦先生认为王孙遗者系“王孙诰的兄弟辈”[⑧]；李家浩先生认为“者”字为“鼠”，“王孙遗鼠”即《左传》中的“芳艾猎”[⑨]。

合之，“王孙遗者”，究竟为谁，可存疑待考。

15.“王孙霂”

“王孙霂簠”（《集成》04501），1975年湖北当阳赵家湖曹家岗5号墓出土[⑩]。盖、内壁皆铸铭2行8字：

---

① 郭沫若著：《郭沫若全集·考古编·两周金文辞大系图录考释（二）》（卷八），第391页。

② 于省吾：《双剑誃吉金文选》，北京：中华书局2009年版，第109—110页。

③ 刘翔：《王孙遗者钟新释》，《江汉论坛》1983年第8期；孔令远：《徐国的考古发现与研究》，北京：中国文史出版社2005年，第54—56页。

④⑦ 刘彬徽：《楚系青铜器研究》，第314页。

⑤ 刘翔：《王孙遗者钟新释》，《江汉论坛》1983年第8期。

⑥ 孙启康：《楚器〈王孙遗者钟〉考辨》，《江汉考古》1983年第4期。

⑧ 伍士谦：《王子午鼎、王孙诰钟铭文考释》，《古文字研究》第9辑。

⑨ 李守奎：《出土楚文献文字研究综述》，《古籍整理研究学刊》2003年第1期。

⑩ 湖北省宜昌地区博物馆：《当阳曹家岗5号楚墓》，《考古学报》1988年第4期。

王孙霥作蔡姬飤匿。

簠为“王孙霥”为妻子蔡姬所作器，刘彬徽先生认为，“此器从形制看，晚于第二期的上鄀公簠，从纹饰看，其细密蟠绕龙纹初见于下寺 M_3，流行于第四期，从纹饰的特点可知器之年代当介于第三、四期之间，暂定第三期末年”①，即前 530 年左右。又“王孙霥”为谁，李立芳先生认为：“霥当是一个从雨、从焱亦声的形声兼会意字，即‘瀌’的本字”，而“在楚历史上只有楚康王‘招’（又写作‘昭’）的‘招’字与霥字同属照母、霄韵，为双声叠韵，很可能这个楚王孙霥就是楚康王招”，作此器之时楚庄王侣还在位②。邹芙都先生质疑上说，楚康王为共王子、庄王孙，共王生十年而丧先君、继承王位，故楚康王绝无可能于其祖父楚庄王尚在位时即已娶妻③。

高应勤、夏渌二位先生指出“霥()”当释为雹，王孙名雹，疑适生于降雹的年份④。藉此观点，或推断“王孙雹”即楚史当中赫赫有名的“申包胥”，“作器时间疑为平王尸受辱，他告急于秦的前后几年(前 510—前 501 年)”⑤。

又黄锡全先生释“霥(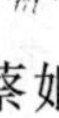)”为“飙”字，“霥”系“飙”之异体字，此器是“王孙飙”为妻子“蔡姬”所作，至于王孙飙为谁，黄先生无

① 刘彬徽：《楚系青铜器研究》，第 321 页。

② 李立芳：《古文字中所见楚史资料辑考》，《楚文化研究论集(四)》，第 523—524 页。

③ 邹芙都：《楚系铭文综合研究》，第 93—94 页。

④ 高应勤、夏渌：《王孙雹簠及其铭文》，《文物》1986 年第 4 期。

⑤ 湖北省宜昌地区博物馆：《当阳曹家岗 5 号楚墓》，《考古学报》1988 年第 4 期。

定言①。

合之，目前所见材料尚不足以证实“王孙霖”的身份，可暂付阙疑。

16. “王孙渔”

“王孙渔戟”(《集成》11152、11153)，1958 年湖北江陵新民泗场长湖边楚墓出土②，一件藏湖北省博物馆，一件藏中国国家博物馆。两戟在援及胡部铸相同 6 字铭文：

楚王孙渔之用。

又有“王孙渔矛”(《铭图》17618)，2000 年 9－12 月湖北荆门五里铺左家村楚墓 M3 出土。两叶有错金鸟篆铭文 6 字：

楚王孙渔之用。

上戟、矛的器主皆为“王孙渔”。《左传》鲁昭公十七年(前 525)：“吴伐楚，阳匄为令尹。卜战，不吉。司马子鱼曰：‘我得上流，何故不吉。’”杜预注：“子鱼，公子鲂也。”③石志廉先生：“鱼”“渔”二字可通，“王孙渔”当是见于《传》文的楚“司马子鱼”④。容庚先生从⑤。

曹锦炎先生质疑上说，云：“子鱼，《传》文作‘鲂’，杜预注：‘子

① 黄锡全：《湖北出土商周文字辑证》，武汉：武汉大学出版社 1992 年版，第 137 页。

② 陈上岷：《湖北江陵发现战国木椁墓》，《文物》1959 年第 2 期。

③ (晋)杜预注，(唐)孔颖达疏：《春秋左传正义》，第 2085 页。

④ 石志廉：《“楚王孙渔”铜戈》，《文物》1963 年第 3 期。

⑤ 容庚：《鸟书考》，《中山大学学报》1964 年第 1 期。

鱼,公子鲂也。'可见其身份为公子(即王子)非'王孙'。再者,此双戈戟的年代,视其形制与曾侯乙墓出土的曾侯𨒪戈、戟和曾侯邲戈、戟同,相对年代可定为春秋战国之际。所以,此王孙渔不大可能是楚平王时的司马子鱼。"[①]李零[②]、刘彬徽[③]、邹芙都[④]诸先生观点同。

两说之中,后说为是。

17.“王孙家”

“王孙家戈”(《铭图》16849),20 世纪 90 年代出土,出土地不详,香港一收藏家藏品。援与胡部铸鸟篆铭文 6 字:

王孙家[⑤]之用戈。

“王孙”,示其身份;“家”,人名。曹锦炎先生考证:“此戈虽未注明‘楚王孙’,但根据文字风格属楚,故必为楚器无疑。”[⑥]邹芙都先生考其年代:“(器形)整体风格接近淅川下寺 11 号墓出土的短援铜戈……为春秋战国之际的器物。”[⑦]

“王孙家”之名,不见于文献记载。

18.“王孙名”

“王孙名戟”(《铭图》16849),20 世纪 90 年代出土,出土地不详,香港一收藏家藏品。援与胡部铸鸟篆铭文 6 字:

---

① 曹锦炎:《鸟虫书通考》,上海:上海书画出版社 1999 年版,第 171 页。

② 李零:《楚国铜器铭文编年汇释》,《古文字研究》第 13 辑。

③ 刘彬徽:《楚系青铜器研究》,第 337 页。

④ 邹芙都:《楚系铭文综合研究》,第 140—141 页。

⑤ 按,“家”,刘彬徽先生疑当释为“豖”字。参见刘彬徽、刘长武:《楚系金文汇编》,第 389 页。

⑥ 曹锦炎:《鸟虫书通考》,第 171 页。

⑦ 邹芙都:《楚系铭文综合研究》,第 119 页。

王孙名之用戟。

器主名“名”，身份“王孙”，“从铭文风格看，与‘王孙渔戟’十分相似”[①]，故此器年代为春秋晚期。“王孙名”其人，亦于史无征。

19. “王孙即”（“昭王之即”）

《铭图续》著录了一批“昭王之即”器，即“昭王之即鼎甲”（《铭图续》0224）、“昭王之即鼎乙”（《铭图续》0225）、“昭王之即鼎”（《铭图续》0226）、“昭王之即簠甲”（《铭图续》0515）、“昭王之即簠乙”（《铭图续》0516）、“昭王之即缶”（《铭图续》0909）。以“昭王之即鼎甲”（《铭图续》0224）为例，作简要介绍。

鼎系战国早期器，典型的楚式箍口鼎，近口沿处一周箍带，以便承盖，方形附耳外撇，深腹圜底，三蹄足。盖面稍隆，有三道粗弦纹，顶部一环纽，周围三个立体圆环纽，上有装饰，腹部中央一道箍棱。器、盖同铭，46字（又重文1）：

隹正孟春吉日隹庚，昭王之即择氒吉金，作铸偖鼎，春秋龏尝，灵福之既函，眉寿无疆，殜冬（终）之既褱，子子孙勿敓，偖鼑共行。

鼎系“昭王之即”自作器，“昭王”，示出身楚昭王，楚昭王后裔；“之”，结构助词，表领属关系；“即”，人名。

又《铭图续》编号0525著录一件“昭之王孙即盏”，内壁铸17字铭文：

昭之王孙即自作铸其飤盏，子孙永保用之。

---

① 邹芙都：《楚系铭文综合研究》，第136页。

对比上引鼎铭、盏铭,“昭王之即”与“昭之王孙即”显为一人。器主名“即”,是楚昭王的孙子,称“王孙即”,于史无征。

20. “王孙瓓”

《楚系金文汇编》编号146著录一件“王孙瓓戈”[①],由湖南省博物馆收集而得,《汇编》定为东周七期器(前300—前223年),援上铸11字铭:

思命曰:献与楚君监王孙瓓。

器主“王孙瓓”,官职为“楚君监”,当系楚王室公子,其人于史无征。

第二节　楚系青铜器“楚子某”器相关问题研究

除“王子某”“王孙某”之器外,楚系青铜器当中,与楚“王子”“王孙”有所关联的尚有一批特殊的存在,可称为“楚子某”器群。

1. “楚子觌簠”(《集成》04575、04576、04577)

春秋晚期或战国早期器。最早见录于清代端方的《陶斋吉金录》[②],传世有3件,均为半器,或器身,或器底,编号04576器流入美国,藏美国堪萨斯市纳尔逊美术陈列馆。3器器铭相同,内底铸3行19字:

隹八月初吉庚申,楚子觌铸其飤匿,子孙永保之。

---

① 刘彬徽、刘长武:《楚系金文汇编》,第474页。

② (清)端方:《陶斋吉金录》,清光绪三十四年(1908)拓本,第207—210页。

2. “楚子适鼎”(《集成》02231)

1975 年,湖北当阳河溶镇赵家湖楚墓出土[①],器物现藏湖北省宜昌市博物馆。该器系楚式箍口鼎,盖面上隆,有三道粗弦纹,顶有四短柱支撑的一圆形把手,束颈,双附耳,深腹圜底,三兽蹄足。器内底铸 2 行 6 字铭文:

楚子适之飤𩰫(繁)。

鼎系“楚子适”自作用器。器之年代,刘彬徽先生言:“这件鼎据自身的形制、纹饰和墓内出土铜器的组合、形态看,属楚系铜器第三期第六组。”[②]即在春秋中晚段,大致是公元前 550 年至公元前 530 年。

3. “楚子弃疾簠”(《新收》0314)

1979 年春,河南南阳西关汽车发动机厂获得。盖、器呈长方形,直口,浅腹,腹壁内收,平底下四对称蹼形足,腹两侧附有对称的兽形耳(已佚),通体饰蟠螭纹,现藏南阳市博物馆。器、盖同铭,铸铭 2 行 12 字:

楚子弃疾择其吉金,自作飤簠。

簠为“楚子弃疾”的自作用器。器之年代,刘彬徽、邹芙都二位先生皆定位在春秋晚期偏早段[③],可从。

---

① 余秀翠:《当阳发现一组春秋铜器》,《江汉考古》1983 年第 1 期。

② 刘彬徽:《楚系青铜器研究》,第 320—321 页。

③ 刘彬徽:《楚系青铜器研究》,第 319—320 页;邹芙都:《楚系铭文综合研究》,第 92—93 页。

4.“楚子曌鄴敦”(《集成》04637)

春秋晚期器①。1972 年秋，湖北襄阳余岗公社陆寨大队山湾楚墓 M33 出土②，现藏湖北省博物馆。该器整体呈球形，有上下两部分套合，上下器各有两个对称的环形耳与三个挡扣，各有三个环形足，下器三足残，通体饰三角蟠螭纹、三角卷云纹等。敦下部腹内壁铸铭 2 行 7 字：

楚子曌鄴之飤，子。

敦是“楚子曌鄴”的自作用器。与“楚子曌鄴敦”同时、同地出土物尚有“子季嬴青簠”(《集成》04594)。盖内、器内底铸铭相同，4 行 22 字(又重文 2)：

子季嬴青择其吉金，自作飤匿，眉寿无期，子子孙孙永保用之。

黄锡全先生释“曌”为“夜”，认为“楚子夜鄴敦”与“子季嬴青簠”同墓出土，则“楚子夜鄴”与“子季嬴青”应是同一个人，“嬴青”其名，“夜鄴”是字③。刘彬徽先生有所质疑，云：“楚子弃疾簠铭中的楚子弃疾，与此敦铭中的楚子夜鄴为同一辞语格式，弃疾是名，则夜鄴也当是名。至于是否为同一人，不能以两器同出一墓为由，铭文中

① 刘彬徽：《楚系青铜器研究》，第 325 页；邹芙都：《楚系铭文综合研究》，第 95 页。

② 湖北省博物馆：《襄阳山湾东周墓葬发掘报告》，《江汉考古》1983 年第 2 期。

③ 黄锡全：《楚器铭文中“楚子某”之称谓问题辨证——兼述古文字中有关楚君及其子孙与楚贵族的称谓》，《江汉考古》1986 年第 4 期。

没有内证，难以判断。"[1]

5. "楚子黑孈戈"(《铭图续》1155)

春秋晚期器。2014 年 11 月出现在北京，某收藏家藏品。该戈直援上扬，尖锋，宽胡，阑侧二长穿一小穿，长方形内，上有一横穿。胡部铸 2 行 6 字铭：

楚子黑孈之用。

据铭，戈系"楚子黑孈"的自用器。

6. "楚子寿戈"(《铭图续》1156)

春秋晚期器。河南漯河市飞诺艺术品工作室收藏。该器直援三角锋，脊线明显，中胡，阑侧二长穿一小穿，阑下出齿，长方形内，上有一横穿。内的正面铸铭，仅残存 5 字：

楚子寿为其……

据铭，此戈或系"楚子寿"自作用器，或"楚子寿"为他人所作器。

7. "楚子哀鼎"(《集成》02230)

最早著录于罗振玉《贞松堂集古遗文》[2]，又见《铭图》01669，定为战国早期器。铭文存 4 字：

[楚]子哀□作□鼎。

首字模糊不清，然下部明显从"止"，当为"楚"字。鼎系"楚子哀"的

---

① 刘彬徽：《楚系青铜器研究》，第 326 页。

② 罗振玉编：《贞松堂集古遗文》，第 169 页。

自作用器,“哀”或释为“袁”。

8. “楚子戠咎鼎”(《铭图》02242)

战国晚期器。2009年8月见于西安,某收藏家藏品。典型的楚式箍口鼎,近口沿处一周箍带,长方形附耳外撇,深腹圜底,三蹄足,盖面隆起,上有三个环形纽,纽上有钉形凸起,腹中部一道箍棱,盖面及腹部箍棱上下皆饰蟠虺纹。盖、器同铭,4行19字(又重文3):

楚子子戠咎自作石(礵)鼦,其眉寿无期,子子孙孙永保用之。

《铭图》编号02242后备注:“同出坑2件,形制、纹饰、铭文相同。”2件鼎皆为“楚子戠咎”的自作用器。

上8件“楚子某”器,器铭中之“楚子”二字究竟应当如何训释,学界观点颇多。

1. “楚子”为“王称说”。

“楚子覣簠”,郭沫若先生将“覣”字隶定为“暖”,即古鍰字,“本铭字体乃战国时流派,楚子暖即(楚)考烈王熊元也”[①]。又日本学者高田忠周指出古文“见”“页”通用,释覣为頵[②]。夏渌先生申之,頵,当为楚惠王之父楚昭王熊珍,文献或作轸。頵、珍音近通假[③]。

“楚子迲鼎”,“迲”字,夏渌、高应勤二位先生考释为“超”,指

① 郭沫若著:《郭沫若全集·考古编·两周金文辞大系图录考释(二)》(卷八),第362页。

② (日)高田忠周:《古籀篇》卷四五,第23页。

③ 夏渌:《铭文所见楚王名字考》,《江汉考古》1985年第4期。

出:“楚子超,应是楚康王招(昭)。”[①]张晓军、尹俊敏二位先生观点同[②]。

2.“楚子”为“王子说”。

陈梦家先生定“楚子剋簠”系春秋晚期器,云:“此器花文(纹)形制属于新郑的晚期,‘庚申’二字亦接近战国字体。作器者是楚国王子,恐非(楚考烈王)熊元,因时代不合。”[③]李零先生申之:“(郭沫若)考为楚考烈王熊元,从器形看,失之太晚。熊元是战国末期的楚君……(剋簠)花纹是细密蟠虺纹,字体也相当早,应定在春秋中期,与熊元时代不符,这里的‘子剋’并不是‘楚子’名‘剋’,而是‘楚’国的‘子剋’。‘子’不是爵称,而是从宗法身份讲的‘子’……(器主)可能是春秋中期楚成王时的令尹子元。”[④]刘彬徽先生:“剋,或可读为‘员’,楚子剋可能即楚康王之子员。”[⑤]

吴镇烽先生认为“楚子剋”“楚子弃疾”“楚子超(即适)”“楚子郌鄴”等皆系楚国王子[⑥]。

3.“楚子”为“王子、王孙后裔说”。

黄锡全先生认为“楚子某”称谓中,“楚”,为国名;“子”,对男子的尊称或美称,其“并非楚君或楚君之子,而应与楚王同姓,为楚之公族”,并“已另立新氏,其始祖原是楚国的王子或王孙,也就是说,他们是王子、王孙后裔(最高也不过是王之曾孙),属楚之贵族阶

---

① 夏渌、高应勤:《楚子超鼎浅释》,《江汉考古》1983年第1期。

② 张晓军、尹俊敏:《谈与“申”有关的几个问题》,《中原文物》1992年第2期。

③ 陈梦家编著:《美国所藏中国铜器集录(增补本)》,北京:中华书局2019年版,第391页。

④ 李零:《楚国铜器铭文编年汇释》,《古文字研究》第13辑。

⑤ 刘彬徽:《楚国有铭铜器编年概述》,《古文字研究》第9辑。

⑥ 吴镇烽:《金文人名汇编》(修订本),第335页。

层，而不是楚王或楚国王子”[1]。邹芙都先生观点同[2]。

4. “楚子”为“尊称说”。

何浩先生认为，楚器铜铭中，凡楚公子自铸之器，铭文皆自称为“王子”，从未称为“公子”或“楚子”，“王子”是不同一般的高贵称谓，楚王之子所铸之器，“王子”二字是铜铭中不可缺少的字眼，故“楚子某”不可能是楚王或楚王之子。在“楚子某”中，“楚”字只是用以标明国属，“子”字有突出显示身份尊贵的意味，“楚”“子”二字无从构成一个特有称谓，“子”字只当与其后的人名连读，成为一种“子某某”的格式[3]。

5. “楚子”称谓两类型说。

田成方先生通过对比分析“楚子某”器所出墓葬，将“楚子某”铭称分为两类型：一是无姓、氏的下层贵族或平民，铭文以“楚＋子某”的形式自称，“楚”字只具有区别国属的功能；二是楚王子、王孙或王室在聘问、联姻等外事活动时以国为氏，既显示尊贵身份，又标明所出之国，是时铸造之器便以“楚子某”自称[4]。

以上即是目前学界关于“楚子某”称谓的主要观点。

检索春秋以降的所有金文资料，自作器中，楚君皆称“王”，有“楚王媵邛仲芈南钟”（《集成》00072）、“楚王领钟”（《集成》00053）、“楚王熊章钟”（《集成》00083）、“楚王熊前鼎”（《集成》02623）等。楚君之子皆称“王子某”，有“王子婴次炉”（《集成》10386）、“王子昃鼎”（《集成》02717）、“王子申盏盂”（《集成》04643）、“王子鬷匜”

---

① 黄锡全：《楚器铭文中“楚子某”之称谓问题辨证——兼述古文字中有关楚君及其子孙与楚贵族的称谓》，《江汉考古》1986 年第 4 期。

② 邹芙都：《楚系铭文综合研究》，第 51 页。

③ 何浩：《“王子某”“楚子某”与楚人的名和字》，《江汉论坛》1993 年第 7 期。

④ 田成方：《东周时期楚国宗族研究》，第 192 页。

(《新收》1675)、王子午鼎(《集成》02811、《新收》0444－0449)、“王子适匜”(《集成》10190)、“郪陵君王子申鉴”(《集成》10297)等,“王子某”前未有加“楚”字者,故“楚子某器”绝非“楚王器”“王子器”。

又王子、王孙后裔或异姓贵族,大都已获得独立氏称,自作器器主名书写格式颇多:

(1) 国名(楚)＋氏称＋“子”＋人名(字),有“楚屈子赤角簠”(《新收》1230),“楚邓子辪慜镈”(《铭图续》1045);

(2) 国名(楚)＋氏称＋人名(字),有“楚屈喜戈”(《铭图》16765)“楚屈叔佗戈”(《集成》11198、11393);

(3) 氏称＋“子”＋人名(字),有“芀子受鼎”(《新收》0527)“彭子射鼎”(《铭图》01666、01667)“彭子寿簠”(《铭图续》0497);

(4) 官职或封邑＋氏称＋人名(字),有“申公彭宇簠”(《集成》04610、04611)、“塞公屈顙戈”(《铭图》16696);

(5) 氏称＋“之”＋人名(字),“之”字表领属关系,有“藏之无咎戈”(《铭图》16706、《铭图续》1109)“龚王之卯戟”(《铭图》17058)“竞之定鬲”(《铭图》03015－03022)。

“楚子某”格式与上述常见器主自铭方式不同,不宜将其归入王子、王孙后裔或异姓贵族器中。

稽之铜铭,楚王孙器器主称谓较为特殊,或可将“楚子某”器归入楚“王孙器”。目前所见楚王孙器,上已详述,比较特殊的是“王孙渔”器与“王孙即”器。“王孙渔戟”(《集成》11152、11153),两戟在援及胡部铸相同6字铭文:

楚王孙渔之用。

“王孙渔矛”(《铭图》17618),两叶有错金鸟篆铭文6字:

楚王孙渔之用。

上引铭与目前所见其他王孙器及“王子某”器铭文有明显的不同，在器主“王孙渔”之前再冠以表国属的“楚”字，此与“楚子某”器器铭相似。

又“王孙即鼎”（《铭图续》0224）“王孙即盏”（《铭图续》0525），战国早期器。鼎系典型的楚式箍口鼎，器、盖同铭，46字（又重文1）：

隹正孟春吉日隹庚，昭王之即择氒吉金，作铸佁鼎，春秋龏尝，灵福之既亟，眉寿无疆，殜冬（终）之既罴，子子孙勿敓，佁鼎共行。

“王孙即盏”，内壁铸17字铭文：

昭之王孙即自作铸其飤盏，子孙永保用之。

对比上引鼎铭、盏铭，器主“王孙即”，系楚昭王之孙，或称“昭王之即”，或称“昭之王孙即”。“昭王之即”四字称谓，中间明显省略了“王孙”二字。藉此，可推断于楚“王孙某”器器铭中，若器主名前有显示其身份信息（族属、国属等）的字眼，“王孙”二字当可省略。

楚王孙器器主，藉名前有显示其身份信息（族属、国属等）的字眼而省略“王孙”二字的称谓方式，不仅仅局限于楚系青铜器中，与楚关系密切的南方诸国铜器中亦有发现。

2001年，湖北襄阳王坡邓国墓地M1出土有铭“邓公孙无忌”器4件，鼎1（《新收》1231），戈3（《新收》1232－1234），皆铸刻有铭文，如下：

鼎　铭：隹九月初吉丁亥，邓公孙无忌选吉金铸其□鼎，其用追孝朕皇高且(祖)，余用正(征)用行，永寿无疆，子子孙孙永宝用之。

戈 1 铭：邓子中(仲)无忌之用戈。

戈 2 铭：邓子中(仲)无忌之用戈。

戈 3 铭：邓子中(仲)无忌之用。

器之年代，考古报告定在了春秋早期早段，其下限不晚于邓国被楚所灭之年①，《史记·楚世家》载："(楚文王)十二年(前 678)，伐邓，灭之。"器主"邓公孙无忌"，为邓国王室成员，其祖父为邓国某国君，3 件戈铭又称"邓子仲无忌"，称呼格式为：国属(邓)+"子"+人名(仲无忌)。

稽上诸例，尤其是邓国公孙器所采用的国属(邓)+"子"+人名(仲无忌)的器铭格式，以衡楚国"楚子某"器，则"楚子某"器为楚王孙器的可能性是存在的。

邓国，嫚姓，所封甚早，《路史·国名纪四》记载可追溯至夏王朝时期②。春秋時期邓国地望，石泉先生考证今湖北襄阳西北的古城遗址即是古邓国所在③，得到学界认同。又春秋早期楚国政治中心郢都地望所在，今湖北宜城有楚皇城遗址，面积约 2.5 平方公里，出土有大量从新石器时代到春秋战国乃至秦汉的遗物。尹弘兵、吴良宝诸先生皆考定宜城楚皇城遗址就是春秋早期的郢城

① 湖北省文物考古研究所等：《襄阳王坡东周秦汉墓》，北京：科学出版社 2005 年版，第 62 页。

② (宋)罗泌：《路史》，《文渊阁四库全书》第 383 册，第 312 页。

③ 石泉：《古代荆楚地理新探》，第 105—126 页。

所在[①]。又最新清华简《楚居》篇记载楚武王居疆浧，疆浧地望，赵平安先生考证即在湖北宜城[②]。

春秋早期楚、邓两国的核心区域，一在襄陽，一在宜城，二国基于地理相近之形势，婚、聘及文化交流必相当密切，如楚武王夫人邓曼即邓国公室之女。邓国公孙器国属（邓）＋"子"＋人名（仲无忌）的器铭格式，或许就是在这种频繁交流中影响到了楚国，为楚王孙贵族所采用。

目前所见的8件"楚子某"器，时间从春秋到战国，不能遽断皆为楚王孙器，然亦不能排除此大概率的可能性，以"楚子弃疾簠"（《新收》0314）为例说明之。

关于器主"楚子弃疾"的身份，学界颇有争议。征于《左传》，楚国名"弃疾"者，计有三人：

其一，楚平王（熊居）践祚之前以"弃疾"为名，裴明相先生认为"楚子弃疾簠"乃是熊居即位之前所铸器[③]，张晓军先生观点同："弃疾即楚平王弃疾。"[④]

其二，《左传》鲁襄公二十二年（前551）载，楚令尹公子追舒（字子南）之子、楚庄王之孙名"弃疾"，为楚康王御士。邹芙都先生辩证："子南为王子，子南之子当称王孙，而此器铭称楚子，所以器主为子南之子的看法也不大可能。"[⑤]

其三，《左传》鲁昭公六年（前536）楚有"宫厩尹弃疾"，为令尹

① 尹弘兵：《楚国都城与核心区探索》，第247页；吴良宝：《战国楚简地名辑证》，第37—48页。

② 赵平安：《试释〈楚居〉中的一组地名》，《中国史研究》2011年第1期。

③ 裴明相：《"弃疾簠"与"析鼎"释略》，《中原文物》1989年第4期。

④ 张晓军、尹俊敏：《谈与"申"有关的几个问题》，《中原文物》1992年第2期。

⑤ 邹芙都：《楚系铭文综合研究》，第92页。

子文玄孙，邹芙都先生又认为："弃疾为子文玄孙，正是楚王子、王孙的后裔……疑为此弃疾之器。此弃疾在公元前536年被吴所俘，故铸器年代应在此之前。该器器形、纹饰与蔡公子义簠近，铭文风格与淅川下寺三号墓蟠虺纹有铭铜簠近，所以该器本身断代因素能与其生活时代相吻合。"①

上述三个弃疾，刘彬徽先生言："三个人的活动时间前后相距仅30年左右，从形态上也难以判定为哪一个弃疾，只能存疑。"②何浩先生不同意上述诸说："'楚子'弃疾，既不具有王孙的身份，也看不出是出自斗氏。就现有资料说，似也只能看作是另一个名为弃疾的楚国贵族。"③

按，楚子弃疾不自称为"王子"，显非王子弃疾器。又诸学者否认此"楚子弃疾"为公子追舒之子王孙弃疾的主要立论依据，就是器铭中未有"王孙"二字，此点前已具考，周代南土诸国，尤其是江汉平原诸国铜铭中，王(公)孙自作器，其称谓可采用国属＋"子"＋人名的方式，据此，"楚子弃疾"宜为楚王孙弃疾，即楚庄王之孙、令尹公子追舒(字子南)之子。

以上即是笔者对于楚系"楚子某"器的一些浅陋看法，暂将"楚子某"器纳入楚王孙器之列，尚待新材料的进一步检验。

第三节　楚公子践祚易名相关问题研究

上节梳理、汇总了古籍文献、考古材料中所见楚公子、公孙，并未囊括后来为楚王的公子。揆诸楚史，不难发现楚公子有践祚后

---

① 邹芙都：《楚系铭文综合研究》，第92页。

② 刘彬徽：《楚系青铜器研究》，第320页。

③ 何浩：《"王子某""楚子某"与楚人的名和字》，《江汉论坛》1993年第7期。

易名的习俗,这是一个值得重视的课题。

目前为止,学术界关于这方面的研究成果甚少,所见的也仅是在论著中偶有提及[①],并没有对此进行专门的考究,故诸多问题尚待作进一步深入的探讨:(1)是否所有楚公子在践祚后皆要易名?换言之,楚公子在何种情况下需要践祚易名。(2)楚国此一习俗最早始于何时?又何时终止?(3)楚公子践祚易名居于何种考虑,有何内在含义?

本节拟在传世文献的基础上,并结合一定的出土材料,就上述问题展开研究,以期在楚史、楚文化研究方面有所推进。

一、楚公子践祚易名习俗与楚国王位继承制度

征于史籍,楚公子践祚易名最早盖可上溯至西周后期、当周厉王之时的楚君熊延。

楚,立国于西周初年,周成王“举文、武勤劳之后嗣,而封熊绎于楚蛮,封以子男之田,姓芈姓,居丹阳”。熊绎五传(熊艾、熊黮、熊胜、熊杨)至熊渠,《史记·楚世家》有如下一段记载:

> 熊渠生子三人。当周夷王之时,王室微,诸侯或不朝,相伐。熊渠甚得江汉间民和,乃兴兵伐庸、杨粤,至于鄂……乃立其长子康为句亶王,中子红为鄂王,少子执疵为越章王……及周厉王之时……后为熊毋康,毋康蚤死。熊渠卒,子熊挚红立。挚红卒,其弟弑而代立,曰熊延。

① 关于楚公子践祚易名的研究成果,主要集中在《春秋》、《左传》等传世典籍的注本当中,如杨伯峻先生的《春秋左传注》,日本学者竹添光鸿先生的《左氏会笺》等。

上文“后为熊毋康”条下，《史记集解》引徐广之言：“（熊毋康）即渠之长子（康）。”[①]“子熊挚红立”条下，《史记索隐》曰：“（熊挚红）如此史意即上鄂王红也。”[②]又《史记·三代世表》曰：“熊延，红弟。”[③]据此前后对照分析所引史料，其记载有抵牾之处：一者，言“熊渠生子三人”，即熊渠仅有三子，长子毋康、中子挚红、季子执疵是也。这一点又多见于其他典籍，如《大戴礼记·帝系篇》云：“自熊渠有子三人，其孟之名为无康，为句亶王；其中之名为红，为鄂王；其季之名为疪，为戚章王。”注：“‘疪’应从《史记·楚世家》作‘疵’。”[④]再者，又言“熊延”是熊渠中子挚红之弟，见于《世本》“熊延”亦是熊渠季子[⑤]。

综合上面两条信息，似乎熊挚红有两弟（执疵、熊延）、熊渠有四子（熊毋康、熊挚红、执疵与熊延），然《楚世家》记载熊渠仅“生子三人”。合理的解释为熊延、执疵（或简称“疵”）是一人。

执疵（或“疪”）是即位前所用之名；“弑而代立，曰熊延”，李家浩先生指出：“熊延大概是疵即位后所改的名字。”[⑥]

披读楚史可知，熊延既是楚公子践祚易名的肇始者，亦为楚立国以来通过弑杀非正常手段上位的第一人。这两者之间是有内在联系的，此点又涉及另外一个问题：楚公子一般是在何种情况下始践祚易名。

熊延以后，楚公子践祚易名的史实，主要集中在春秋段的楚

①② （汉）司马迁：《史记》卷四〇《楚世家》，1693 页。

③ （汉）司马迁：《史记》卷一三《三代世表》，第 503 页。

④ （清）王聘珍撰，王文锦点校：《大戴礼记解诂》，第 128 页。

⑤ （汉）宋衷注，（清）秦嘉谟等辑：《世本八种·秦嘉谟辑补本》，第 46 页。

⑥ 李家浩：《包山楚简所记楚先祖名及其相关的问题》，《文史》第 42 辑。

史。楚武王十九年(前722)《春秋》起笔,至鲁哀公十六年(前479)《春秋》绝笔,中间有武、文、杜敖、成、穆、庄、共、康、郏敖、灵、平、昭、惠十三王。值得思考的是此十三楚公子在践祚后是否都要易名。细加分析,我们认为事实并非如此。举例而言,《左传》鲁哀公六年(前489)载:楚昭王卒于城父,楚人"逆越女之子章立之"。杜注:"章,惠王。"[①]知楚惠王即位前为公子时,名"章";登基以后其名未改,这一点在出土资料中得到证实。

1978年,湖北随州曾侯乙墓内出土1件镈钟(《集成》00085),钲部铸铭3行31字:

> 隹王五十又六祀,返自西阳,楚王酓章作曾侯乙宗彝,寞(奠)之于西阳,其永持用享。

"祀",年也,"王五十六祀"即"王五十六年",在楚王自作器上有如此确切的纪年,甚少见。"酓""熊"音同,"酓章"即是"楚惠王",学界认识一致。楚惠王在位57年(前488—前432年),这是他卒前一年从曾国都城(西阳)归郢之后所作器,以馈赠曾侯用于宗庙祭祀。死前一年,楚惠王尚名"熊章",与为公子时之名相同。因此,可推定惠王终其一生未易名。

因此,并非所有楚公子在践祚后皆易名,易名之举大概需要一定的历史条件,考察此应与楚国王位继承制度密切相关。

关于楚国的王位继承制度,学界分歧较大,目前主要有以下四种说法:

1. 童书业、姜亮夫、赵锡元三位先生主张西周至春秋初、中期

---

① (晋)杜预注,(唐)孔颖达疏:《春秋左传正义》,第2161页。

楚国君位是少子继承[①]。

2. 杨升南[②]、何浩[③]、罗运环[④]、刘玉堂[⑤]、钱杭[⑥]诸先生认为楚国的君位基本上是嫡长子继承制。

3. 李玉洁先生认为楚自楚武王其王位继承制度才开始向父子继承制转化，至楚平王、昭王时，嫡子继承制确立[⑦]。

4. 唐嘉弘先生指出楚国君位继承是一种遵循楚君意志，从直系诸子(不论嫡、庶)中预定接班人的"立王制"，但在一定情况下更加重视幼子的继承权[⑧]。

实际上，无论上面何种观点，有两点是肯定的：其一，春秋时期，尤其是在早、中期，楚国王位继承制度并不完善，嫡长子继承制并未牢固确立。叔杀侄立及兄弟代立的情况时有发生。《左传》鲁

---

① 参见童书业撰：《春秋史》，第67页；姜亮夫：《三楚所传古史与齐鲁三晋异同辨》，《姜亮夫全集八·楚辞学论文集》，第133页；赵锡元：《论商代的继承制度》，《中国史研究》1980年第4期。童书业先生考证："春秋时不甚遵行嫡长继承制的据现在所知有三国……楚国初年多行少子继承制……。"姜亮夫先生指出：楚国继世多在少子，"此与当时通行立嫡以长之宗法制，完全相反，盖殷人继世之遗也。立嫡长为周之宗法制度精义所在，而立少则为以牡盛为贵之制，此亦民族社会之正常现象。楚不受(或少受)周宗法制之限制，本其故习，实多在少者，故与三晋、齐、鲁异矣"。赵锡元先生认为，楚与殷商有着密切联系，商王朝所实行的幼子继承制度，深刻影响着楚国，"楚国曾经实行过幼子继承制，而这种继承原则，到春秋时代犹变相存在着"。

② 杨升南：《是幼子继承制，还是长子继承制?》，《中国史研究》1982年第1期。

③ 何浩、张君：《试论楚国的君位继承制》，《中国史研究》1984年第4期。

④ 罗运环：《论楚国家的形成》，《江汉论坛》1986年第7期。

⑤ 刘玉堂：《楚国社会经济演进轨迹鸟瞰》，《江汉论坛》1996年第3期。

⑥ 钱杭：《周代宗法制度史研究》，第145页。

⑦ 李玉洁：《楚国史》，第200—201页。

⑧ 唐嘉弘：《论楚王的继承制度——兼论先秦君位传袭的演变》，《中州学刊》1990年第1期。

昭公十三年(前529)记载,楚共王有宠子五人,埋璧于大室之庭,曰:“请神择于五人者,使主社稷……当璧而拜者,神所立也,谁敢违之。”借助神意来卜择继承人,本身即反映了君位传承制度的不完善。其二,在同等条件下,楚国更加重视少子的继承权。《左传》鲁文公元年(前626)记载,楚成王欲立商臣为太子,访诸令尹子上(斗勃),子上谏言楚成王:“楚国之举,恒在少者。”又鲁昭公十三年(前529)《传》记晋国叔向之言,曰:“芈姓有乱,必季实立,楚之常也。”

春秋时期楚公子践祚易名时常发生,即是这种不完善且重视少子继承权制度的外在表现。

二、楚公子非顺位继承者践祚易名情况分析

我们认为或少子,或嫡子,或其他直系子孙,在得到楚王或统治阶层允许的情况下和平践祚,俱是顺位继承。反之,无前王许可而通过弑杀、政变等手段上位者,皆可视为非顺位继承。迄于春秋,楚国王位继承制的不完善使诸弟、子践祚机会均等,非顺位践祚的情况时有发生。揆诸史籍,非顺位践祚的楚公子在其登基之后所做的第一件事情即是易名。

执疵弑而代立,易名熊延,始开先例。上所述《春秋》楚十三王,非顺位继承者有武、成、穆、灵、平五王,其中明确可查践祚易名的有灵、平二王。《左传》鲁昭公元年(前541)有楚公子围弑君篡位一事的记录:

> 冬,楚公子围将聘于郑,伍举为介。未出竟,闻王(郏敖)有疾而还。……十一月己酉,公子围至,入问王疾,缢而弑之,遂杀其二子幕及平夏……楚灵王即位……

杜预注:“灵王,公子围也。即位易名熊虔。”[①]楚公子即位易名以后,其之前为公子时名当废而不再称用,故至鲁昭公十三年(前529),楚灵王卒,《春秋》经但书曰:“(公子比)弑其君虔于乾溪。”而不再以“围”称之。

继灵王而享楚国祚的楚平王,即位过程也不光彩。其先与公子比合谋攻入郢都,逼死灵王。待楚立公子比为王,又利用楚国人不闻灵王死讯而畏其复来的心理,夜使人诈称“灵王至矣”,结果公子比自杀,史称其“以诈弑两王而自立”[②],“残忍悖逆,莫此为甚”[③]。平王践祚,《左传》言:“弃疾即位,名曰熊居。”显而易见,楚平王即位之前名“弃疾”,享祚后旋改名为“熊居”。在位十三年,至鲁昭公二十六年(前516)楚平王卒,《春秋》曰:“九月庚申,楚子居卒。”亦不见其言“弃疾”。单称“居”,而省略“熊”字,盖“以熊为楚君世代之名,故略之,犹楚灵王名熊虔,亦但称虔。”[④]日本学者竹添光鸿先生申之,“熊是世袭”,犹“莒之舆”,莒“展舆”可简称为“莒展”,故“熊”亦可略焉[⑤]。

此外,武王(前740—前690)、成王(前671—前626)、穆王(前625—前614),亦皆属于弑前君或前君之子进而践祚的非顺位继承者。楚武王名,《史记·楚世家》作“熊通”:“蚡冒弟熊通弑蚡冒子而代立,是为楚武王。”有时“熊通”亦作“熊达”,《左传》鲁文公十六年(前611)在“先君蚡冒所以服陉隰也”条下,杜预、孔颖达皆云楚武王名“熊达”[⑥]。张澍所辑《世本·居篇》曰:“又按《史记·楚

---

① (晋)杜预注,(唐)孔颖达疏:《春秋左传正义》,第2026页。

② (汉)司马迁:《史记》卷四〇《楚世家》,第1709页。

③ (清)高士奇:《左传纪事本末》,第697页。

④ 杨伯峻:《春秋左传注》(修订本),第1469页。

⑤ (日)竹添光鸿:《左氏会笺》,第2037页。

⑥ (晋)杜预注,(唐)孔颖达疏:《春秋左传正义》,第1859页。

世家》：蚡冒卒，弟熊达立，是为楚武王。”[①]《汉书·地理志下》：“后十余世至熊达，是为武王。”[②]又《通志·都邑略第一》：“楚都丹阳，周成王封熊绎以子男之田，盖居于此，至熊达始盛强僭称王，是为楚武王。”[③]

再者，楚武王之名亦见于清华简《楚居》第7简：“……至武王酓𩡸自宵徙居免……。”“酓𩡸”，清华简的整理者指出：“‘𩡸’字左侧所从为舌之繁体。”[④]然而并没有对该字之构形本意作分析，亦无对出土材料与传世文献所载楚武王之名的歧异作出解释。苏建洲先生对于𩡸字有新的释读：简文中的酓𩡸其正是典籍中的“熊达”[⑤]。

关于“通”“达”二名之间的关系，清学者梁履绳《史记志疑》认为“盖今本误”[⑥]。谭介甫先生考证：“通达二字的意义互相适应，故熊达当是武王之名，熊通当是武王之字。”[⑦]罗运环先生同：“其实‘通’‘达’二字字义相近，或许就是一名一字。称熊通或作熊达均当不误。”[⑧]笔者观点，“通”是楚武王为公子时名，践祚易名曰“达”。

楚穆王即位前称“大子商臣”[⑨]，即位以后所改称之名并未见于文献记载，可喜的是地下出土材料有可能弥补这一方面的缺失。

---

① (汉)宋衷注，(清)秦嘉谟等辑：《世本八种·张澍稡集补注本》，第38—39页。

② (汉)班固：《汉书》卷二八下《地理志下》，第1665页。

③ (宋)郑樵撰：《通志》，第554页。

④ 清华大学出土文献研究与保护中心编，李学勤主编：《清华大学藏战国竹简(壹)》，第187页。

⑤ 苏建洲：《〈楚居〉简7楚武王之名补议》，上海：复旦大学出土文献与古文字研究中心，网址：http://www.gwz.fudan.edu.cn/SrcShow.asp?Src_ID=1380，发表时间：2011-1-13。

⑥ 梁履绳：《史记志疑》，第1008页。

⑦ 谭介甫：《屈赋新编》，第207页。

⑧ 罗运环：《楚国八百年》，第125页。

⑨ 按，参见《左传》鲁僖公三十三年(前627)、鲁文公元年(前626)。

“楚王領钟”(《集成》00053),原器现藏日本某私人所[1],有全形拓本流传在外,正面钲间与左右鼓部铸铭5行19字:

> 隹(惟)王正月初吉丁亥,楚王領自乍(作)铃钟,其聿其言。

器主楚王領的身份问题,刘彬徽先生考证:“此钟正鼓部为相背的双龙纹……倒是和春秋早期的秦武公(前697—前678)钟的同一部位纹样较为接近,但楚王領钟的龙躯内已有涡云形填纹,不见于秦武公钟。这种涡云形填纹为时代偏晚的特征……推定此钟的年代范围在公元前678—前600年左右。”[2]在此时间段内的楚君有成王、穆王、庄王,唯有穆王商臣即位后之名不见于文献记载,領或为楚穆王商臣之改名[3]。换言之,穆王即位后,其名可能由先前的“商臣”而易曰“領”。

楚成王情况比较特殊,其既是非顺位继承者,又属于幼冲践祚者,详下。

三、楚公子幼冲即位者易名情况分析

“楚国之举,恒在少者”,又使楚君多幼冲践祚者。楚诸王中,属幼冲即位的有杜敖、成王、庄王、共王、郏敖、昭王。

先说昭王,其继平王而享国。按诸《左传》,鲁昭公十九年(前523)昭王母始自秦至楚,即便其当年生楚昭王,至鲁昭公二十六年(前516)楚平王卒而昭王即位,当亦不过八岁。昭王计有二名,鲁

---

① 邹芙都:《楚系铭文综合研究》,第43页。

②③ 刘彬徽:《楚系青铜器研究》,第302页。

昭公二十六《传》令尹子常(囊瓦)欲立平王长庶子公子申(即子西),理由是:“大子壬弱。”杜预注:“壬,昭王也。”[①]昭王又称“轸”,《春秋》鲁哀公六年(前489):“楚子轸卒。”此条记载下,杨伯峻先生注:“楚君即位后例改名,轸其所改名。”[②]换言之,“壬”是昭王为太子时所用名;即位后则易名曰“轸”。

应当注意的是楚昭王究竟何时易名呢?是否如灵、平二王践祚旋易名?答案宜是否定的,虽然还缺乏直接、具体的史料来证明这一点。易名,应该是楚王含有政治意义的主动行为(详下),在其心智尚未成熟时,由他人主导实施改名的可能性甚小。基于楚公子改名的政治内涵考量,推断昭王易名曰“轸”,大概是吴师入郢、令尹子常出奔之后的事情了,下面有详细分析,此点又可推广至其他幼冲即位的楚公子。

再说楚共王,共王情况与昭王类似,《左传》鲁襄公十三年(前560)有一段楚共王临终之际自我评价的记录,云:

> 不谷不德,少主社稷,生十年而丧先君,未及习师保之教训[③],而应受多福。

---

① (晋)杜预注,(唐)孔颖达疏:《春秋左传正义》,第2113页。

② 杨伯峻:《春秋左传注》(修订本),第1632页。

③ 按,上楚共王自云“未及习师保之教训”,杨伯峻先生:“此时共王年幼,未必真能习学古礼古训,故未及习教训。”关于此说,本书存疑。理解“(楚共王)未及习师保之教训”这句话含义的关键在于如何训释“习”字。杨伯峻先生视“习”为“学”“习学”,不当。此处之“习”应训解为“常”,常而生熟,“便习”之谓也。揆诸史籍这类的例证并不少见,《左传》鲁昭公十六年(前526)载有鲁子服回评晋政语,曰:“(晋)君幼弱,六卿强而奢傲,将因是以习,习实为常,能无卑乎?”《逸周书·常训解》曰:“民生而有习有常,以习为常。”《大戴礼·保傅篇》引孔子曰:“习惯之为常。”上诸多记载皆以“常”“习”互训。(转下页注)

杜预注曰："多福，谓为君。"[1]竹添光鸿笺曰："应、膺通。膺，当也。"[2]即言共王十岁登基。见于《春秋》经、传记载，楚共王之名皆称作"审"。《春秋》鲁襄公十三年："秋九月庚辰，楚子审卒。"杜预注："共王也。"[3]出土材料也证明了这一点。"楚王酓审盏盂"（《新收》1809），李学勤、饶宗颐二位先生皆指出器铭中的"酓审"二字即是史籍所记载的"熊审"，为楚共王名[4]。然与上迥异的是《国语·楚语上》开篇即言："庄王使士亹傅大子葴。"韦昭注："庄王，楚成王

（续上页注）《尔雅·释诂》又言：习者，闲、狎、串、贯是也。宋邢昺疏曰：皆便习也。《后汉书·孔奋传》载：郡多氐人，便习山谷。又同书《段颎传》：颎少便习弓马。明显可知"便习"意即熟习。《国语·鲁语下》载："天子有虎贲，习武训也。"韦昭解释说：虎贲，掌先后王而趋以卒伍，舍则守王闲，王在国则守宫门，所以习武训。意思应该是说虎贲因职责所在常作武训而对其甚熟习，此"习武训"之"习"字，若训为"学""习学"，则义不相属而难以理解。"习（师保）教训"与"习武训"在句法结构上类似，"习"字的理解当出入不大。再有，《国语·楚语上》中明确记载："庄王使士亹傅太子葴。"韦昭注曰："葴，共王名也。"从后面所记楚大夫申叔时告诉士亹要教太子以《春秋》、《世》、《诗》、《礼》、《乐》等九门课程并提出九项要求来看，毋庸置疑，楚共王未践祚尚居太子位时奉士亹为"师"。庄王卒时共王仅"生十年"，那么其接受师教的年岁大致可估算出来。《大戴礼·保傅篇》云："及太子少长，知妃色，则入于小学，小者，所学之宫也。"卢注云：古者太子八岁入小学。换言之，太子系统受师教概始于八岁。基于上面的记载，不难发现共王自八岁幼龄数至十岁践祚最多接受士亹二年之教矣，不可谓"常"。综上，知楚共王自云"未及习师保之教训"的真正意思应该并不是自己年幼而不能够习学，而是言其接受师保教训时间短暂，没有常从进而便习、习染罢了，这一点恰与历史实际情况相吻合。参见杨伯峻：《春秋左传注》（修订本），第1001页；徐元诰撰，王树民、沈长云点校：《国语集解》，第483页。

①③　（晋）杜预注，（唐）孔颖达疏：《春秋左传正义》，第1954页。

②　（日）竹添光鸿：《左氏会笺》，第1271页。

④　李学勤：《楚王酓审盏及有关问题》，《中国文物报·文物研究》1990年5月31日第3版；饶宗颐：《楚恭王熊审盂跋》，台北"中央研究院"文哲研究所办：《中国文哲研究集刊》（创刊号）1991年3月，第39页。

之孙，穆王之子旅也。士亹，楚大夫。葴，共王名也。”[①]

楚共王何以会有如上之“葴”“审”二名呢？韦昭在上面的考释中并没有作出说明。从音韵学的角度看，“葴”“审”二字的韵母在上古时期同属侵部，故宋庠曰：“葴，当作‘审’，今诸本皆作‘葴’，葴、审音近，楚、夏语或然。”[②]清代学者洪亮吉亦有相似论断，曰：“‘审’与‘葴’，音之转也。”[③]合言之，即“葴”“审”二字，读音相近，一也，皆为楚共王之名。杨伯峻先生又言：“‘审’与‘葴’古音同韵。”[④]虽未明确加以解释，实际上已经认同了上面的说法。

上诸家之说将楚共王“葴”“审”二名之关系归于“音近”“一声之转”，不妥。《国语·楚语上》开篇所言说的很明白，是“太子”名“葴”，即“葴”为楚共王践祚之前、尚居太子位时所用之名，而不能由此推测出太子即位后乃至于卒仍称“葴”，更不能妄断“审”名系由此“葴”音转而来。笔者认为“葴”“审”二名，对楚共王而言，意义不同，当是其在不同历史时期的所用名，切不可因二者读音相近而混为一谈。

《国语·楚语上》开篇所载“太子葴”之“葴”字，今诸本是然，明道本又作“箴”，徐元诰按：“未知孰是。”[⑤]盖“葴”“箴”二字藉音同、形近而可互通。一方面，“箴”（“葴”）字多次见于《国语》，以《楚语》为例，有“倚几有诵训之谏，居寝有亵御之箴”“朝夕规诲箴谏”的记载；另一方面，《左传》中楚历世又皆设有执掌谏言的箴尹之官，譬如，《左传》鲁宣公五年（前 604）有“箴尹克黄”，鲁襄公十五年（前 558）有“箴尹公子追舒”，鲁定公四年（前 506）、鲁哀公十六年（前 479）又有“箴尹固”。“箴尹”或写作“葴尹”，《左传》鲁昭公四年（前

---

①② 徐元诰撰，王树民、沈长云点校：《国语集解》，第 483 页。

③ （清）洪亮吉：《春秋左传诂》，第 119 页。

④ 杨伯峻：《春秋左传注》（修订本），第 998 页。

⑤ 徐元诰撰，王树民、沈长云点校：《国语集解》，第 483 页。

538)载:“蒧尹宜咎城钟离。”《国语》《左传》二书中的“箴”(或“蒧”)字,意义相同,但不见“箴尹”作“审尹”的记载。因此“箴”(或蒧)“审”二字应是截然不同的,同用于当时而并行不悖,泾渭分明而无相通的可能。

基于此,“箴”(或“蒧”),宜是楚共王为公子时名;至践祚待其成年易名曰“熊审”,简称“审”①。

综上考察,推测幼冲践祚的楚公子照例要易名,但易名应有两个不可或缺的前提:一者,须幼冲即位,有权臣执政;二者,待其成年,权臣或卒或亡而自掌国柄,主动易名。当然,依据“芈姓有乱,必季实立”的记载,幼冲践祚的楚公子其自身往往也是在权臣支持之下即位的非顺位继承者。

在楚诸公子中,幼冲继位而未掌权即卒的有杜敖、郏敖,二君应未改名。符合上两条件者有成王、庄王。《左传》鲁庄公十年(前684)、十四年(前680)载有楚伐蔡、灭息二事:

> 十年:蔡哀侯娶于陈,息侯亦娶焉。息妫将归,过蔡。蔡侯曰:“吾姨也。”止而视之,弗宾。息侯闻之,怒,使谓楚文王曰:“伐我,吾求救于蔡而伐之。”……秋九月,楚败蔡师于莘,以蔡侯献舞归。
>
> 十四年:蔡哀侯(蔡侯献舞)为莘故,绳息妫以语楚子。楚子……遂灭息。以息妫归,生堵(杜)敖及成王焉。……楚子以蔡侯灭息,遂伐蔡。秋七月,楚入蔡。

详析上两条史料,知楚文王灭息及以息妫为夫人当在鲁庄公十年

① 李世佳:《楚共王“蒧”“审”二名关系辨正》,《四川大学学报》2012年第1期。

（前684，当楚文王六年）秋九月以后。息妫生杜敖、成王最早宜在文王七年，最迟也不会晚于文王十年（前680，当鲁庄公十四年）秋七月。文王在位十五年，其死之时，杜敖约有六岁，成王约有五岁。《楚世家》："（杜敖）五年，欲杀其弟熊恽，恽奔随，与随袭弑庄敖（杜敖）代立，是为成王。"当是时，杜敖盖有十一岁，成王不过十岁，皆未成年。基于此，成王不仅幼小践祚且是弑君的非顺位继承者①，理应易名。楚庄王情况与成王相似，《国语·楚语上》云：即位时"庄王方弱"。韦注："未二十。"②弱年即位而有若敖氏专权，在灭若敖氏之后，庄王应有易名。

目前囿于史料，楚成王（恽）、楚庄王（吕，或旅）仅可知其一名，另外一名已不得而知。

四、战国时期楚公子未易名与易名的政治内涵

历史进入战国，楚王世系《史记·楚世家》与清华简《楚居》篇记载相同，如下：

楚惠王熊章－楚简王熊仲－楚声王熊当－楚悼王熊疑┬楚肃王熊臧
└楚宣王熊良夫－楚威王熊商┐
└—楚怀王熊槐－楚倾襄王熊横－楚考烈王熊元┬楚幽王熊悼
├楚哀王熊郝
└楚王负刍

从上世系图可以看出，战国楚诸王中仅有肃王至宣王、幽王至哀王再至王负刍属于兄终弟及，这有其发生的特殊原因。"肃王卒，无

① 罗运环先生推论，在楚成王幼年弑兄践祚的过程中，其叔父、楚文王之弟公子元（成王初年为令尹）有拥立之功。参见罗运环：《楚国八百年》，第143页。

② 徐元诰撰，王树民、沈长云点校：《国语集解》，第490页。

子，立其弟熊良夫，是为宣王”[①]，则肃王是因无子而传君位于宣王。至战国末年，楚考烈王熊元亦无子，李园女弟侍春申君，有孕进于王，生而立为太子。《战国策》载此事是在春申君相考烈王“二十余年”[②]之时，《史记·春申君列传》列此事在春申君为相二十二年条下，同篇又载楚考烈王元年“以黄歇为相，封为春申君”。楚考烈王在位二十五年，故幽王得立时盖三岁，立十年而卒，楚当亦因其无子而立同母弟熊赦为哀王。哀王幼年代立，立二月，哀王庶兄负刍袭杀之而自立为王。负刍五年，秦灭楚。这些皆是非常态继承的特例，也是楚接近灭亡政局不稳的表现。

综上，战国时期楚国王位继承制度业已完善，嫡长子继承制已然深入人心而牢固确立。嫡长子继承制的确立，一方面使其他公室子弟失去了继承权，故弑杀篡位几无。另一方面，不再重视少子的继承权，自然减少了幼冲践祚者的机会，这与春秋时期楚诸王有很大的差别。

战国阶段的楚史，楚公子弑杀代立者及幼冲践祚者并不多见，自然无需易名，这是因为楚公子践祚易名之举实包含着特定的政治内涵。

先秦时期，命名有一定的成规、礼仪，国君之子，更是如此。《礼记·内则》篇载：“世子生，则君沐浴朝服，夫人亦如之。皆立于阼阶，西向。世妇抱子升自西阶，君名之，乃降。”庶子是“命名于外寝，君抚其首，咳而名之”。又《左传》鲁桓公六年（前 706）载命名之法有五：信、义、象、假、类是也。且不以国，不以官，不以隐疾，不以畜牲，不以器币等。名经过一番礼仪、成规受于君父，自然是不会轻易更改的，而楚公子践祚以后却常替名，有何内在含义？

---

① （汉）司马迁：《史记》卷四〇《楚世家》，第 1720 页。

② （汉）刘向集录，范祥雍笺证，范邦瑾协校：《战国策笺证》，第 914 页。

仔细思考,我们认为楚王此举具有“王位受之于天”“与民更始”的特殊政治内涵。

其一,非顺位登基的楚公子,其践祚易名之举类似于后世王朝更替中新王朝的“改正朔,易服色”,意义重大。

董仲舒曰:“王者必改正朔,易服色,制礼乐,一统于天下,所以明易姓,非继人,通以己受之于天也。”[①]司马迁云:“王者易姓受命,必慎始初,改正朔,易服色,推本天元,顺承厥意。”[②]又班固曰:“王者受命必改正朔何?明易姓,示不相袭,明受之于天,不受之于人,所以便异民心,革其耳目,以助化也。”[③]楚公子非顺位继承者,其王位本身即是来之不正,通过易名之举可实现与“改正朔,易服色”相当的功效,证明自己是“受之于天”而非前君的正统君王。经过这样的一番作为,王位便具有了合法性。可以讲,楚自熊延开始,非顺位继承的楚公子践祚易名已经成为一种重要的政治文化传统。

当然,将非顺位继承的楚公子践祚易名之举,与秦汉以降王朝更替易服色等并列,有诠释过甚之嫌,非顺位继承者的楚公子毕竟不是改姓。然而从类似的角度来考察此事,给出一定合理的解释,还是可以的。

其二,上述两种情况下登基的楚公子,践祚后易名亦为国是改制的肇端,有“与民更始”的意义。

非顺位继承的楚公子,易名的另一层政治内涵为示与前王切割,“新民耳目”,改变国家的对内、对外政策。譬如灵、平二王,灵王登基时,楚东面有吴国威胁,北面则失中原诸侯。灵王欲振楚国

① 苏舆撰,钟哲点校:《春秋繁露义证》,北京:中华书局1992年版,第185页。

② (汉)司马迁:《史记》卷二六《历书》,第1256页。

③ (清)陈立撰,吴则虞校对:《白虎通疏证》,第360页。

霸业，由易名开始，一改共、康二世楚国颓势，国内多征求于民，外则有申之会，多次率兵攻打吴国，灭陈、蔡，威诸侯，又把许、胡、沈、道、房、申诸国之民迁至楚本土，晋不敢与之竞。平王践祚，又易名，且旋改变灵王时期楚之国策。针对灵王多求于民、灭国为县的求霸政策，平王内抚楚民，外则“封陈、蔡，复迁邑”，与晋妥协，弃霸权。

幼冲即位的楚公子，常常有权臣专权之事，如楚成王时的令尹子元，楚共王时的司马子反，楚昭王时的令尹子常等。权臣当政，幼龄楚王对于国家政策方略的影响甚小。待权臣或死、或逃，楚王亦年长之际，盖始易名，进而“与民更始”，重定国是。举昭王例，前期令尹子常专权，政以贿成，陷害忠良，以致有柏举之败、吴师入郢，楚几亡国，此时昭王十八岁左右，子常出奔而真正掌权。始发端于易名而改政，《左传》鲁定公六年（前 504）载：“（昭王）于是乎迁郢于都，而改纪其政，以定楚国。”昭王改纪其政的内容，史书未详细记录，然根据相关史实亦可略知一二。竹添光鸿笺曰：“改其政而新之，纪其政而理之。”[①]故昭王改、纪的对象宜是其统治前期由子常所定的政策，涉及重用子西等楚贤，与民休养生息，量力与晋、吴争长等内容，结果“几继共、庄之迹”[②]。

实际上，楚国易名之俗，不限于楚公子，其他楚人在遭遇人生重大变故时亦多有易名之举，示某种特殊蕴含。如《左传》鲁宣公四年（前 605）楚庄王灭若敖氏，唯令尹子文之孙箴尹克黄存，克黄“改命曰生”。杜预注：“易其名也。”[③]孔颖达、竹添光鸿皆解释为：越椒之乱，合诛绝其族（若敖氏），今更存立，故命曰生，言应死而重

---

① （日）竹添光鸿：《左氏会笺》，第 2186 页。

② （清）高士奇：《左传纪事本末》，第 714 页。

③ （晋）杜预注，（唐）孔颖达疏：《春秋左传正义》，第 1870 页。

生也[①]。

以上所谈就是笔者关于楚公子践祚易名的几点陋见。综合现有资料来看,楚公子践祚易名,宜起源于西周中后期的楚君熊延。既有先例,后代楚公子非顺位继承者以及幼冲登基者在适当的时机莫不仿效,前者在践祚后旋易名,后者待其成年掌权之际始易。易名不仅仅是名字的改变,且具有特定的政治作用与内涵,示"王位受之于天"且变更国策。此种习俗至战国时期由于王位继承制度的完善而不复存在。

第四节　春秋楚公子群政治演进史

楚国公子群政治的演进情况,第二章第三节《春秋楚国公族社会之兴盛与演进》已经有所叙述,兹再作补充说明。

鲁宣公四年(前605)楚庄王灭若敖氏之前,楚国世族公族执掌政权,公子、公孙秉政的机会不多,仅有楚武王子、楚文王弟公子元担任过一段时间的令尹。若敖氏(斗氏)叛乱后,楚庄王对于世族公族成员已失去信任,仅由于蒍氏在覆灭若敖氏(斗氏)过程中立有大功,且改革国内政治局面,将世族驱逐出政治中枢亦需一定的过渡,社会尚要保持稳定,加之蒍氏孙叔敖确系国之良才,楚庄王统治后期才有孙叔敖执政之事。

孙叔敖秉政,深谙楚庄王政治改革的计划,并付诸实践。

《左传》鲁宣公十二年(前597)记载了晋国士会所述楚庄王、孙叔敖政治改革的具体情况,云:

---

① (晋)杜预注,(唐)孔颖达疏:《春秋左传正义》,第1870页;(日)竹添光鸿:《左氏会笺》,第845页。

> 蒍敖为宰，择楚国之令典；军行，右辕，左追蓐，前茅虑无，中权，后劲。百官象物而动，军政不戒而备，能用典矣。其君之举也，内姓选于亲，外姓选于旧。举不失德，赏不失劳。老有加惠，旅有施舍。君子小人，物有服章。贵有常尊，贱有等威，礼不逆矣。

上诸措施中，具有划时代意义且与楚公族分化走势、楚王权密切相关者，当系任命官员的"内姓选于亲，外姓选于旧"制度。"内姓选于亲，外姓选于旧"究竟如何实施？杜预注："言亲疏并用。"[①]孔颖达疏曰："内姓，谓同姓也。其君之举用人也，于同姓则选之于亲；于外姓，则选之于旧。于亲内选贤，言唯贤是任，不以亲以旧。"[②]宋代学者林尧叟《左传杜林合注》卷一九："林，内姓之有才者，则选于亲戚之中；外姓之有才者，则选于故旧之中。"[③]杨伯峻先生解释说："内姓，谓同姓，亲谓支系之亲近者。"[④]竹添光鸿笺曰："内姓同德，选取亲者。外姓同德，选取故旧。所谓笃于亲，故旧不遗者也。《注》'亲疏并用'非二句本义，先亲后疏，先旧后新，此本意也。"[⑤]

按，上诸家之说，大体不误，然仍未切中问题根本。

从后来楚政局发展来看，特别是观察楚庄王后期及楚共王时期的掌权者（令尹、司马），对于"内姓选于亲，外姓选于旧"这项用人政策当从两个方面进行把握：

其一，"内姓""外姓"非并驾齐驱而毫无差别的两项用人选择。

---

①② （晋）杜预注，（唐）孔颖达疏：《春秋左传正义》，第 1879 页。

③ （晋）杜预撰，（宋）林尧叟注：《左传杜林合注》卷一九，《文渊阁四库全书》，台北：商务印书馆 1986 年影印本。

④ 杨伯峻：《春秋左传注》（修订本），第 724 页。

⑤ （日）竹添光鸿：《左氏会笺》，第 883 页。

“内姓”“外姓”中，“内姓”占据着主导地位，即国家用人以“内姓”为主，“外姓”为辅。

其二，具体到“内姓”，也并不是所有同姓（即公族）皆可选用，而是限定于“亲”的范围之内。

“内姓选于亲”这一具体语境中，“亲”字作何理解，甚为重要。杜预、孔颖达、竹添光鸿皆无过多考释。杨伯峻先生以“亲近”（“支系之亲近者”）训释之，笼统而不确切。林尧叟将“亲”训释为“亲戚”，概得其意。

“亲戚”一词，征于典籍有诸多含义：

1.《左传》鲁昭公二十年（前 522）：“亲戚为戮，不可以莫之报也。”《大戴礼记・曾子疾病》：“亲戚既没，虽欲孝，谁孝。”《孟子・尽心上》：“人莫大焉亡亲戚、君臣、上下。”“亲戚”具指父母。

2.《战国策・秦策一・苏秦始将连横说秦惠王》：“富贵则亲戚畏惧。”是苏秦以“亲戚”替指自己之“妻”与“嫂”。

3.《礼记・曲礼上》：“兄弟亲戚称其慈也。”《国语・晋语四》：“爱亲戚，明贤良。”《楚语下》：“比尔兄弟亲戚。”又皆以“亲戚”示婚姻关系。

4.《左传》鲁僖公二十四年（前 636）：周襄王与郑文公交恶，周襄王欲借助于狄师伐郑国，富辰谏曰：“不可。臣闻之：大上以德抚民，其次亲亲，以相及也。昔周公吊二叔之不咸，故封建亲戚以蕃屏周。管、蔡、郕、霍、鲁、卫、毛、聃、郜、雍、曹、滕、毕、原、酆、郇，文之昭也。邘、晋、应、韩，武之穆也。凡、蒋、邢、茅、胙、祭，周公之胤也。”藉富辰所列 26 封国来看，“亲戚”则特指“伯叔兄弟及子侄”[①]。

详考楚庄王后期迄楚共王时期，二王所用之人，尤其是掌权“二卿”令尹、司马，“内姓选于亲”之“亲”应具体指“伯叔兄弟及子

① 杨伯峻：《春秋左传注》（修订本），第 420 页。

侄”，即楚公族当中的公子、公孙。

合之，若敖氏叛乱后，楚庄王用人有两个标准：其一，与楚王同姓，则选于“亲戚”，即公子、公孙；其二，在主用“内姓”（公子、公孙）外，尚适时选择服务于楚之“外姓”，以补“内姓”之不足。

楚庄王及共王用人，“内姓”（公子、公孙）有公子婴齐、公子侧、沈尹柽①、公子壬夫、公子贞等。“外姓”有观氏、邓氏、养氏、彭氏、潘氏、伍氏等。

“内姓选于亲”“外姓选于旧”两项政策实施的结果，基本上断绝了楚公族中之世族进入国家核心决策层的机会（莫敖一职例外），从而形成了公子群执政的局面。

楚庄王后期始形成的公子群执政局面，在楚共王时代及楚康王即位的前两年（前558），发展到一个顶峰。翻遍史料，几乎看不到世族公族成员与政、秉政，公子群对于楚政治的垄断达到了一个前所未有的高度。从中央到地方几乎所有要职皆由公子、公孙把持。中央，蒍氏孙叔敖之后，继任令尹的是公子婴齐（楚穆王子、庄王弟）；鲁襄公三年（前570），子重（婴齐）遇心疾而卒，接任者为公子壬夫（楚穆王子），延续至鲁襄公五年（前568），公子贞（楚庄王子）继任令尹，直至鲁襄公十四年（前559），又公子午（楚庄王子）、公子追舒（楚庄王子）递任……司马，号称“令尹之偏，而王之四体”，亦皆是公子、公孙担任，先后为司马的有公子侧、公子何忌、公子午等，与世族公族执政时期司马大多由若敖氏成员出任迥异。地方上的县公也多为公子、公孙，如公子成曾为息公，公子申曾为申公。

然而，这一段时间内（楚庄王后期至楚康王即位的第二年）处

① 田成方：《从新出文字材料论楚沈尹氏之族属源流》，《江汉考古》2008年第2期。

于执政地位的公子、公孙，非但没有如斗伯比、斗谷于菟(子文)、孙叔敖之类的国宝，反时有不贤者祸乱国家，内讧时有发生，举例如下：

1. 公子婴齐(子重)、公子侧(子反)二人，系庄、共二朝元老重臣。《左传》鲁成公十六年(前575)，楚晋鄢陵之战。司马公子侧饮酒误国，楚师宵盾，令尹子重逼其自杀，云："初陨师徒者，而亦闻之矣。盍图之!"据此易知二人关系应当并不是非常的融洽，晋臣称为"相恶"。

2.《左传》鲁襄公二年(前571)："楚公子申为右司马，多受小国之赂，以偪子重、子辛，楚人杀之。"杜预注："(公子申)偪夺其(子重、子辛)权势。"[①]公子申欲权压令尹子重(公子婴齐)、右尹子辛(公子壬夫)，夺权不成反被杀。

3.《左传》鲁襄公三年 (前570)，子辛(公子壬夫)为令尹，"多有所欲，求索无厌，侵害小国"[②]，至鲁襄公五年 (前568)《传》："楚杀其大夫公子壬夫。"

正是基于上执政公子、公孙的表现，楚共王时代，一者，公子群垄断政权；再者，楚国国势却每况愈下。

北方，楚在与晋之竞霸角逐中频频失利。

1. 楚共王二年(前589)，楚侵鲁，师于蜀地，遂合齐、鲁、宋、卫、郑、陈、蔡、许、秦、曹、邾、薛、鄫诸国盟于蜀，此为楚国霸业之顶点。然同一年，晋郤克率军与鲁、卫、曹联军进击齐国，大败齐师于鞌地，齐国求救于楚而楚不能救。

2. 楚共王四年(前587)，鲁成公朝晋，此乃自楚庄王称霸以来诸侯叛楚从晋的开始。同年，楚之与国郑、许因为边界土地问题发

① (晋)杜预注，(唐)孔颖达疏：《春秋左传正义》，第1929页。

② (晋)杜预注，(唐)孔颖达疏：《春秋左传正义》，第1930页。

生军事冲突，许人败郑于展陂，郑伐许，取鉏任、泠敦之田。晋中军将栾书趁机以救许为名，取郑汜、祭二邑。

3. 楚共王五年（前 586），许灵公愬郑伯于楚，郑国理曲，楚囚郑臣皇戌、子国。郑悼公遂叛楚亲晋，并与晋盟于垂棘。晋藉“郑服”侵夺楚之盟国，召集诸侯会于虫牢。

4. 楚共王六年（前 585），令尹子重伐郑，晋栾书救郑，遇于绕角，“楚师夜遁”。

5. 楚共王七年（前 584），子重再次率军攻郑，晋景公与齐、宋、卫、曹等国国君联军救郑，郑俘获楚郧公钟仪而献于晋。同年，晋又藉“莒服”与鲁、齐、宋、卫、曹、邾、杞等国盟于马陵。

6. 楚共王八年（前 583），晋栾书侵楚盟国蔡，败楚申、息之师，获楚将申骊；楚师还，晋又侵楚附属国沈，获沈君揖初。至此中原诸国纷纷倒向晋国，结果是“晋景（前 599 年—前 581 年在位）末年，（晋）盖已开始复霸矣”①。

7. 楚共王九年（前 582），楚在国力上不能与晋竞霸，遂“以重赂求郑，郑伯（郑成公）会楚公子成于邓”②。郑国又慑于晋国，郑成公至晋朝觐，“晋人讨其贰于楚也，执诸铜鞮”，晋栾书遂帅军伐郑，楚子重侵陈以救郑，杨伯峻先生注：“陈本服楚之国，或此时改而从晋。”③

8. 楚共王十二年（前 579），晋、楚二国因各自的原因达成暂时的和解，在宋西门外结盟。罗运环先生考证：“宋西门之盟，晋国获利最多。”④

---

① 童书业著，童教英校订：《春秋左传研究》，第 293 页。

② 按，上面楚、郑二国相会之“邓”究竟所指何地？对此问题，本章第四节《杨〈注〉蔡“邓”、楚“邓”辨析》有详细考证。

③ 杨伯峻：《春秋左传注》（修订本），第 844 页。

④ 罗运环：《楚国八百年》，第 204 页。

9. 宋西门弭兵合约的不对等性，自然不能长期维持。楚共王十五年（前576），司马子反提出："敌利则进，何盟之有。"毁约北进，伐郑、侵卫。十六年（前575），晋、楚两国战于鄢陵，楚师败绩。

楚弱晋强，一时成为公论，《左传》鲁襄公九年（前564）楚令尹子囊云："当今吾不能与晋争……当是时也，晋不可敌，事之而后可。"鲁襄公十一年（前562）郑大夫亦曰："楚弱于晋。"

东面，楚国又面临不断强大的吴国之威胁。

1. 吴之强始于楚申公巫臣通吴于晋。《左传》鲁成公七年（前584）："及共王即位，子重、子反杀巫臣之族子阎、子荡……而分其室。"巫臣之族在楚国遭到毁灭性打击，巫臣本是楚国有名的政治家，为报复楚国君臣，"乃通吴于晋……与其射御，教吴乘车，教之战陈，教之叛楚"，并"置其子狐庸焉，使为行人于吴"，结果吴始伐楚、伐巢、伐徐，"子重奔命。马陵之会，吴入州来。子重自郑奔命。子重、子反于是乎一岁七奔命"。淮水诸夷本属楚之方国，这时皆为吴所夺。竹添光鸿云："巫臣未通吴以前，（吴）不谙乘车之法，不能陆战，故入春秋踰百年役属于楚，至今乃得射御长技，与楚角逐中原平地。"①

2.《左传》鲁成公十七年（前574），舒庸人以楚师败于鄢陵，"道吴人围巢，伐驾，围釐、虺"。

3.《左传》鲁襄公三年（前570），楚令尹子重使邓廖帅"组甲三百""被练三千"伐吴，吴人"要而击之"，俘邓廖，其能免者"组甲八十""被练三百"而已，继而吴人又伐楚取驾。邓廖，"楚之良也"；驾，"良邑也"。

综上，楚国势在晋、吴夹击下，渐失去了中原霸主地位，导致公子群执政遂受到楚国上下的质疑。再者，公子、公孙属国君直系亲

---

① （日）竹添光鸿：《左氏会笺》，第1154页。

属，且未获得一个新氏称，是君位的潜在继承者，加之春秋时期楚国王位继承制度也不是很完善，所以，楚康王即位的第二年（前558）调整自庄王后期始施行的“内姓选于亲，外姓选于旧”之用人政策，形成公子群与世族公族交织执政的局面，又藉优势的占有方不同而划分为不同的小阶段，详本书第二章第三节《春秋楚国公族社会之兴盛与演进》。

第五节　杨《注》蔡“邓”、楚“邓”辨析

《左传》鲁成公九年（前582）有一段楚国公子成与郑成公（前584—前571年在位）会盟的记录，曰：

> 楚人以重赂求郑，郑伯会楚公子成于邓……秋，郑伯如晋，晋人讨其贰于楚也，执诸铜鞮。

上面楚、郑二国相会之“邓”究竟所指何地？对此问题，在各家训释《左传》之书中作出详细考究的仅有杨伯峻先生的《春秋左传注》，云：“邓有二，一是蔡地，见桓二年《经》注；一是邓国，见桓七年《经》注。邓国于鲁庄公十六年为楚所灭，见庄六年《传》。此疑是楚国之邓。”①

今谨按，揆诸史籍，我们认为杨《注》对于“邓”地的解释，是不准确的。《左传》鲁成公九年（前582）楚、郑二国相会之“邓”，实应是蔡“邓”而非楚“邓”。

---

① 杨伯峻：《春秋左传注》（修订本），第843页。按，顾德融、朱顺龙二位先生的观点与杨伯峻先生同，且进一步指出楚、郑邓会的地点在河南邓州。参见顾德融、朱顺龙：《春秋史》，第126页。

一、蔡“邓”、楚“邓”之地望分析

关于蔡“邓”地望的界定，学界的认识清晰统一。

《左传》鲁桓公二年（前 710）载：“蔡侯、郑伯会于邓，始惧楚也。”杜预注：“颍川召陵县西南有邓城。”这就是杨《注》中提到的蔡“邓”，孔颖达进一步辨析此处之邓与古邓国（即楚“邓”）无关，曰：“贾服以邓为国，言蔡、郑会于邓之国都。《释例》以此颍川邓城为蔡地。其邓国则义阳邓县是也，以邓是小国，去蔡路远。蔡、郑不宜远会其都，且蔡、郑惧楚，始为此会，何当反求近楚小国而与之结援，故知非邓也。”[①]江永《春秋地理考实》同意孔说，将蔡“邓”定在“许州郾城县”[②]。沈钦韩《春秋左氏传地名补注》：“《水经注》：‘醴水东径郾县故城南，左入汝水，汝水又东南流，逕邓城西，桓公二年会于邓者也。’《一统志》：‘邓城，在许州府郾城县东南三十五里。’”[③]亦将蔡“邓”定在河南郾城县（今漯河市郾城区）境内。实际上，上面诸家所言的蔡“邓”，都指的是今天河南省漯河市东南十余里的邓城，地处郑之南、蔡之北的交通要道。

楚“邓”，是楚文王（前 689—前 675 年在位）在鲁庄公十六年（前 678）灭古邓国后设置的。关于古邓国的地望，过去学术界主要有两种说法：

其一，曰在今河南邓州（旧邓州）。顾祖禹《读史方舆纪要》卷

---

① （晋）杜预注，（唐）孔颖达疏：《春秋左传正义》，第 1740 页。

② （清）江永：《春秋地理考实》，《清经解 清经解续编（附索引）》（贰），第 1946 页。

③ （清）沈钦韩：《春秋左氏传地名补注》，《清经解 清经解续编（附索引）》（拾壹），第 2999 页。

五十一中说："邓州，春秋时邓侯国。"[①]《说文》"邓"字条下："邓，曼姓之国。今属于南阳。"段玉裁注："河南南阳府邓州是其地。"[②]郭沫若先生《两周金文辞大系图录考释》在"邓公簋"条下亦云："邓国故地在河南邓县。"[③]

其二，言在湖北襄樊(襄阳)。言在襄樊(襄阳)者，具体主张又稍有区别。

刘宋盛弘之在《荆州记》中云："樊城西北有鄾城……鄾城西北行十余里，邓侯吾离之国，为楚文王所灭，今为邓县。"指出楚"邓"在今樊城西北。《水经注・淯水注》："【经】(淯水)南过邓县东。【注】：县，故邓侯吾离之国也，楚文王灭之。"[④]主张楚"邓"在今襄樊(襄阳)之东北。再有，《史记・屈原贾生列传》中载：楚、秦战于蓝田，"魏闻之，袭楚至邓"。司马贞："按：此邓在汉水之北，故邓侯城也。"[⑤]又《括地志》云："故邓城在襄州安养县北二十里。春秋之邓国，庄十六年楚文王灭之。"[⑥]唐之"安养县"，天宝年间之后易名为"临汉县"，故址在今天湖北襄樊市之樊城。二者均说楚"邓"在今襄樊之北。

著名历史地理学家石泉先生综合各方面的材料，对古邓国地望作出详考，认为"古邓国在今河南邓县(旧邓州)之说不能成立"，"其实今河南邓县从战国以来直到明初，1000 多年间，一直是穰县

---

① (清)顾祖禹撰，贺次君、施和金点校：《读史方舆纪要》卷五一《河南六》，北京：中华书局 2005 年版，第 2414 页。

② (清)段玉裁撰：《说文解字注》，第 294 页。

③ 郭沫若著：《郭沫若全集・考古编・两周金文辞大系图录考释(二)》(卷八)，第 379 页。

④ (北魏)郦道元著，陈桥驿校证：《水经注校证》，第 730 页。

⑤ (汉)司马迁：《史记》卷八四《屈原贾生列传》，第 2484 页。

⑥ (唐)李泰等著，贺次君辑校：《括地志辑校》，北京：中华书局 1980 年版，第 187 页。

所在”，“至明初，废穰县，这里才专称邓州。民国以后，废除府、州，于是邓州始改称邓县”，既然穰县“一直在这里，则战国至汉晋与穰县并存的邓县自不可能也在此”。并断定“春秋时之邓国、战国秦汉直至刘宋的邓县当在今襄樊西北”[①]。这一点也在考古学上得到证实。在襄樊（襄阳）市樊城之西北方向、约六公里处有古城遗址，“城址平面略呈方形，墙基还很完整，周长 3137.6 米，城垣内且保留有大量春秋战国乃至汉代的陶器残片”[②]，这与清代同治《襄阳县志·古迹》中所记“邓城”在“县城西北二十里，今城基尚存，高丈余，濠淤成田”的内容大致吻合。

1974 年，在城址以北约 4 公里左右的山湾墓地中出土“邓公乘鼎”（《集成》02573），现藏湖北省博物馆。盖内、器内壁铸相同铭文，4 行 16 字：

邓公乘自作飤繁，其眉寿无期，永保用之。

鼎为“邓公乘”自作食用器。典型的楚式“箍口鼎”，直口深腹，圜底，三蹄足，盖微隆，顶部有五柱支撑的轮状捉手，盖面饰蟠虺纹，腹饰一道粗弦纹，形制略晚于河南淅川下寺一号墓所出的Ⅱ式鼎，而又早于寿县蔡侯墓所出的同类鼎，当属春秋晚期前段[③]，是时与楚文王灭邓之年（前 678）间隔一百五十年左右，故该鼎不可能是邓国之器，而当为楚灭邓置县之后楚王所任命的邓县县公（或县尹）之器。徐少华先生指出楚邓县县公之器出于山湾，说明附近的

① 石泉：《古代荆楚地理新探》，第 105—126 页。

② 马世之：《中原楚文化研究》，第 107 页。

③ 徐少华：《邓国铜器及其历史地理与文化》，《华夏考古》1996 年第 1 期；河南省博物馆、淅川县文管会、南阳地区文管会：《河南淅川县下寺一号墓发掘简报》，《考古》1981 年第 2 期。

邓城遗址即楚之邓县所在地，楚邓县当沿邓国故都而来，从而又佐证邓城遗址为邓国故都是确切不误的①。

二、郑、楚相会前之争霸形势分析

可以讲，一部春秋史即是列国争霸史。言春秋，必以霸权为核心，其中晋、楚两大强国则又长期占据着春秋争霸的历史舞台。整个晋、楚争霸的历史，我们大致可将其划分为四个阶段：

第一阶段是晋文公、襄公主霸时代(前636—前621年)，在这时期内，晋国几乎是中原实际的共主，楚国之势力不能出方城。

第二阶段是从晋灵公即位到晋景公灭狄止(前620—前594年)，在这一时期内，晋势衰而楚势强，楚庄王败晋军于邲，问"九鼎之轻重"。

第三阶段是从晋景公伐齐至晋国栾氏内乱(前589年—552年)，在这时期内，晋势又渐强而楚势衰，造成晋国复霸的局面。

第四阶段从晋国栾氏出奔到晋、楚第二次弭兵之会(前552年—546年)，在这时期内，晋国因内部六卿专权而分化，楚国也受吴国的牵制，双方皆不能努力于霸业，于是酝酿成和平的局面，中原趋于沉寂。

再详考于《传》文，郑、楚邓之会的鲁成公九年(前582年，当楚共王九年、郑成公三年)，正处于晋、楚争霸第三个阶段的开始期，楚国的霸业逐渐由强转衰。在北方，楚在与晋国的角逐中频频失利，而晋国扶植的吴国不断侵犯楚国边境，楚国疲于应对而不能与晋争霸。

---

① 徐少华：《邓国铜器及其历史地理与文化》，《华夏考古》1996年第1期。

表 6 - 2　春秋晋、楚争霸形势表

晋楚争霸各阶段	晋文、襄主霸时代(前 636～前 621):晋主中原	
	晋灵即位～晋景灭狄(前 620～前 594):晋衰楚强	
	晋景伐齐～晋栾氏内乱(前 589～前 552):晋势复强	*郑楚邓之会*
	晋栾氏出奔～晋、楚第二次弭兵之会(前 552～前 546):晋楚皆弱	

郑国地处“东西、南北陆路干线汇合的十字路口”[①],且夹隔在晋、楚两大强权之间,“道里皆各半”[②],又逼近周庭洛邑王畿,具有甚高的战略地理意义,是春秋诸强竞霸的必夺之地,清顾栋高评价说:“郑之要害,尤在所先,中国得郑则可以拒楚,楚得郑则可以窥中国。”[③]楚国北境、东境两面受敌,霸权由盛转衰,与国渐失,因此才会有以重赂求郑会盟之事,意图是一举扭转颓势。既然楚国是为形势所逼以贿求郑人会盟,自需好言慰之,勤而抚之,郑成公不宜长途跋涉远会楚公子成于楚“邓”,这一点可在《史记》中得到证实。

《史记·郑世家》载:

① 宋杰:《中国古代战争的地理枢纽》,北京:中国社会科学出版社 2009 年版,第 50 页。

② (清) 顾栋高辑,吴树平、李解民点校:《春秋大事表》卷二八《春秋晋楚争盟表》,第 2025 页。

③ (清) 顾栋高辑,吴树平、李解民点校:《春秋大事表》卷二六《春秋齐楚争盟表》,第 1954 页。

(郑)悼公卒,立其弟睔,是为成公。成公三年,楚共王曰:“郑成公孤有德焉。”使人来与盟,成公私与盟。秋,成公朝晋,晋曰:“郑私平于楚,执之。”

将此段史料与开篇所引《左传》的记载稍作比较,不难发现二者说的是同一件事情,而依《郑世家》的记载,郑、楚二国相会的过程是楚“使人”来与郑成公盟,则两国相会之“邓”无疑不在楚地。既非楚“邓”,自然就是蔡“邓”了。

三、楚国公子成之身份分析

除以上论据外,还有另一条佐证尚可支持我们的结论。“郑伯会楚公子成于邓”,值得思考的是这条记载中与郑成公会盟的“公子成”是何人呢?

《左传》鲁成公六年(前585)载:晋师侵蔡,“楚公子申、公子成以申、息之师救蔡。”杜注:“申、息,楚二县。”[①]披读楚史,可以了解到终春秋之世楚国在申、息两县长期设有“申、息之师”,“楚北争中原,东攻夷地,申县和息县都是兵调的先驱;在防御方面,息县与申县又相互呼应,共同起着‘北大门’的坚固藩蔽作用”[②]。举例而言,《左传》鲁僖公二十五年(前635),楚以申、息之师戍商密。二十六年(前634),申公叔侯戍齐;鲁文公九年(前618),息公子朱伐陈。此年公子申、公子成二人又率申、息之师救蔡,易知公子申是申县县公,公子成为息地县公。

又《左传》鲁襄公十五(前558)年载楚康王的人事调整为:“楚

① (晋)杜预注,(唐)孔颖达疏:《春秋左传正义》,第1903页。

② 宋公文:《春秋前期楚北上中原灭国考》,《江汉论坛》1982年第1期。

公子午为令尹，公子罢戎为右尹，𫇭子冯为大司马，公子橐师为右司马，公子成为左司马……。”由这条记载知公子成至鲁襄公十五年始升任左司马一职。

据上，从鲁成公六年（前585）至鲁襄公十五年（前558）公子成的官职始终是楚国息地县公，未有改变。楚、郑鲁成公九年（前582）的邓之会恰恰处于这一时间段内，换言之，公子成是以息公的身份与郑成公会盟于邓的。

会盟是春秋时期的一种重要礼节，会是“盟”的一种变体，《礼记·曲礼下》云：“相见于郤地曰会。”尽管春秋时期礼制遭到了一定程度的破坏，然而会盟礼中还是渗透着强烈的等级制观念，列国盟会原则上要求与会人员的地位、身份相当。假设杨伯峻先生楚“邓”之说成立，结果是在楚霸式微之际郑成公南面朝楚，仅得见息地县公公子成而未得会楚王，这一点甚为乖张而难以理解。若两国相会之邓是蔡“邓”则很好理解了。蔡居淮、汝之间[①]，密迩于楚，为楚屏蔽，清顾栋高《春秋大事表·春秋时楚始终以蔡为门户论》中论到：“蔡自（春秋）中叶以后，于楚无役不从，如虎之有伥，而中国欲攘楚，必先有事于蔡……春秋时服楚最早，从楚最坚……”[②]由此可见蔡国与楚国关系之密切程度。楚共王为与晋国竞霸而使息公公子成以赂朝聘于郑，而郑成公基于蔡国为楚之与国、遵楚使及避晋之耳目的三重原因而选择离国与之“私会”于蔡“邓”。

此外，楚共王选派公子成作为使者与郑成公会于蔡“邓”，应当

① 按，蔡在历史上曾数次徙都，西周初年受封建都上蔡，今河南上蔡西南附近有古蔡国城；公元前529年，蔡平侯迁都新蔡，今河南新蔡县；至公元前493年，蔡昭侯又迁州来，谓之下蔡，今安徽凤台县。

② （清）顾栋高辑，吴树平、李解民点校：《春秋大事表》卷二八《春秋晋楚争盟表》，第2024页。

还有地理形势的考量。当时，楚国与中原的交通路线主要有东、西两条。

1. 西线：是从楚都郢城出发，逆上汉水，经过襄樊（襄阳），穿过鄂北山地，进入申、吕等所在的南阳地区，然后穿过伏牛山与桐柏山之间的方城隘口，即可到达周、郑等中原腹心之地。

2. 东线：亦是从郢城出发，东北行，经过随地，北出直辕关（即今武胜关）等，“经东申（今河南信阳）沿浉河东北而行，在其汇入淮水处”[①]，即为楚之息县。息县，地处黄、淮大平原之南端边缘地带，从息北行，跨渡淮水，可进入陈、宋、郑等国所在之中原腹心。因此，公子成作为息地县公，其作为出使中原诸国的人选拥有得天独厚的地理优势，可以免去中间在楚国疆域内部的路途辗转，直接从息县出发，分赴蔡、郑、宋、许等中原诸国。

再者，楚息地地望在今天河南息县境，其正西北即是漯河市近郊的蔡“邓”，蔡“邓”之西北又是郑国都城新郑，蔡“邓”恰好处于息县—新郑一线的中间点上，于楚、郑而言，相会于此，殊便。若相会地点选在楚“邓”，无论是湖北襄阳，抑或是河南邓州，楚公子成须西行，而郑成公须西南行，二者相加路途颇为迂回，甚不合理。

综上所考，《左传》鲁成公九年楚、郑二国相会之“邓”为蔡“邓”是很明确的，杨《注》疑为楚地，概于史籍未审矣。

① 宋杰：《中国古代战争的地理枢纽》，第 81 页。

第七章　楚公族社会下异姓情况分析

楚国公族社会下，为楚所重用的人才当以公族成员为主，然公族成员之外，又有数量不少的异姓人士。

第一节　楚公族社会下异姓概述

楚国公族社会下的异姓，呈现出诸多特征。

《左传》鲁宣公十二年（前 597）载楚国用人政策，云："其君之举也，内姓选于亲，外姓选于旧。"国家用人以"内姓"为主，异姓处于辅助地位，基本上阻断了异姓进入决策核心圈（主要是令尹与司马）的机会。征于史料，终春秋之世，异姓担任令尹者仅有申俘彭仲爽一人，即使这唯一的一次，也有特殊的历史因缘，是楚文王灭申之后，基于彭仲爽个人政治军事才能与维持申地稳定等综合考量的结果。司马一职则完全为公族成员独占。"外姓选于旧"，杨伯峻先生注："旧谓世臣。"[①]据此，在楚国异姓人士当中，由于"外姓选于旧"政策的实施，绝大多数异姓是以世族的形式活跃在楚国政治舞台上。

---

① 杨伯峻：《春秋左传注》（修订本），第 724 页。

春秋时期，楚国比较重要的外姓世族有观氏、邓氏、养氏、彭氏、潘氏、伍氏等。《通志·氏族略二》郑樵云："以国为氏者有二，诸侯之子在其国称公子，在它国则称国；国亡无爵者亦称国。"[①]上楚国诸多外姓世族绝大多数属于以故国国名为氏。

观氏、邓氏、养氏、彭氏、伍氏、潘氏诸影响力较大的异姓世族，他们最早出现在楚国的时间，皆是在春秋早中期，或者说楚庄王以前。楚庄王以后，大的异姓世族甚少出现，基本上一、二世而亡，影响有限。这应该与楚灭人之国多在春秋早中期及庄王以降楚用人政策日渐僵化有密切关联。举例而言，《左传》鲁成公十五年（前576）载，晋国大臣伯宗为三郤（郤锜、郤犨、郤至三人）"谮而杀之"，其子伯州犁奔楚，任职太宰，为楚国伯氏。楚郏敖四年（前541），公子围弑王自立，伯州犁旋即被杀。至《左传》鲁昭公二十七年（前515），楚昭王初即位，费无极谮杀郤宛，伯氏因郤宛之党身份被连诛，伯州犁之孙伯嚭遂由楚出奔至吴，伯氏由此失楚。《左传》鲁定公五年（前505），吴国夫概王"奔楚，为堂溪氏"，然堂溪氏在楚无闻。

再者，春秋时期楚国异姓虽然获得最高权力的机会甚少，然总体政治发展环境较为平稳，且多在某些关键时刻影响历史进程。举例而言，彭氏对于楚国稳定申县，潘氏成员潘党对于楚穆王顺利践祚，伍氏成员伍参对于邲战楚之胜，皆发挥了重要作用。

下面重点介绍春秋时期楚国六大异姓世族，即观氏、邓氏、养氏、彭氏、潘氏、伍氏。

---

① （宋）郑樵撰：《通志》，第448页。

第二节　春秋楚国异姓世族研究

一、观氏

观氏当属楚国异姓当中最早显赫的一支，下面就楚国观氏的族源、仕进之路、所见主要成员及其宗族职掌等诸问题展开分析。

1. 楚国观氏族源分析

《左传》鲁昭公元年（前541）有如下一段记载，曰：

> ……于是乎虞有三苗，夏有观、扈，商有姺、邳，周有徐、奄……

上引文中出现的"观"字，前辈学者多将其视为夏之同姓国，且与楚国观氏联系起来。西汉史游《急就篇》卷一，唐颜师古注："观，夏之同姓诸侯也。国灭之后，因而氏焉，晋有观武，楚有观起、观从，皆其胤也。"[①]《通志・氏族略二》"观氏"条下，云："姒姓，侯爵。《左传》云夏有观扈，皆同姓之国。至商失国，子孙以国为氏。今澶州有观城，是其地也。楚有观氏。"[②]《古今姓氏书辩证》：

> 观，出自姒姓，夏王启庶子五人，食邑于观，谓之"五观"，其地洛汭是也。五观之后为诸侯，有罪，夏王灭之，子孙以国

① （汉）史游撰，（唐）颜师古注，（宋）王应麟音释，（明）毛晋订：《急救篇》，明崇祯时期毛氏汲古阁刊本，第14页。

② （宋）郑樵撰：《通志》，第453页。

为氏。观丁父仕鄀，楚武王伐鄀，俘丁父以归，使为军帅，故楚大夫独有观氏……[①]

又清代学者张澍《姓氏寻源》云："观，夏同姓之国诸侯也……楚大夫有观氏……。"[②]今人巫雪如先生观点亦同，曰："观氏为姒姓观国之后……观丁父乃观国之后，观国灭，因仕于鄀，楚灭鄀，又仕于楚，此乃楚有观氏之始。"[③]

上诸多学者言春秋时期所见楚国观氏源出夏王朝时期的古观国，此点可从。然言古观国为夏之同姓国，属姒姓，可商。

详考上引《传》文及其他典籍，三苗，虞舜之敌，《尚书·舜典》："（舜）流共工于幽州……窜三苗于三危……。"[④]又《淮南子·修物训》："（舜）南征三苗，道死苍梧。"[⑤]姺、邳，殷商之敌，《竹书纪年》："外壬元年，邳人、姺人叛。"[⑥]徐、奄，周之大敌，《诗经·大雅·常武》："濯征徐国……徐方既来。"[⑦]又《尚书·成王政》序云："成王东伐淮夷，遂践奄，作《成王政》。"[⑧]以此类推，古观国绝无可能为夏之同姓，杨伯峻先生云："（观）似为夏之敌。"[⑨]可信。

---

① （宋）邓明世：《古今姓氏书辩证》，第123页。

② （清）张澍：《姓氏寻源》，第146—147页。

③ 巫雪如：《包山楚简姓氏研究》，台北：台湾大学硕士学位论文，1996年，第180页。

④ （汉）孔安国传，（唐）孔颖达疏：《尚书正义》，第128页。

⑤ 何宁撰：《淮南子集释》，第1313页。

⑥ 方诗铭、王修龄撰：《古本竹书纪年辑证》，第229页。

⑦ （汉）毛亨传，（汉）郑玄笺，（唐）孔颖达疏：《毛诗正义》，第577页。

⑧ 曾运乾撰，黄曙辉点校：《尚书正读》，上海：华东师范大学出版社2011年版，第248页。

⑨ 杨伯峻：《春秋左传注》（修订本），第1206页。

《世本》云："观，姚姓。"[1]又《汉书·地理志》"东郡·观"条下，应劭云："夏有观扈，世祖更名卫国。"[2]《后汉书·郡国志》亦云："卫公国，本观故国，姚姓，光武更名。"[3]则古观国故址在"山东省观城废县治西，即今范县之故观城"[4]。

合之，楚国观氏当源出夏之敌国——观，本姓姚，原居住地在今河南濮阳范县附近。

2. 观氏由鄀而入楚的仕进之路

《左传》鲁哀公十七年(478)记载：

> 观丁父，鄀俘也，武王以为军率。是以克州、蓼，服随、唐，大启群蛮。

仔细解读上引史料，"鄀俘"二字，系表示当是时观丁父为鄀国人，应该是在某次鄀、楚二国交战过程中，为楚所生俘。

鄀国，《世本·氏姓篇》："允姓国，昌邑降居为诸侯。"[5]殷商、西周乃至春秋早期，鄀皆为地位较高之诸侯。中国国家博物馆藏有属西周中期器的"士山盘"(《新收》1555)，所铸铭文记载了周共王十六年令士山经荞侯领地来惩戒鄀等诸国，且征收贡赋[6]。

考之古彝铭，鄀有上鄀、下鄀之别。上鄀之"鄀"，器铭中作

---

① (汉)宋衷注，(清)秦嘉谟等辑：《世本八种·秦嘉谟辑本》，第254页。

② (汉)班固：《汉书》卷二八上《地理志上》，第1558页。

③ (宋)范晔撰，(唐)李贤等注：《后汉书》卷二一《郡国三》，北京：中华书局1964年版，第3450页。

④ 邵炳军：《春秋时期楚国世族作家群体考略》，《中州学刊》2013年第1期。

⑤ (汉)宋衷注，(清)秦嘉谟等辑：《世本八种·茆泮林辑本》，第65页。

⑥ 朱凤瀚：《士山盘铭文初释》，《中国历史文物》2002年第1期。

“鄀”;下鄀之“鄀”,器铭中作“蠚”,或“蜸”,界限显然。譬如,“上鄀公敄人簋”(《集成》04183)铭作:“……上鄀公敄人乍隫簠……。”“下鄀雍公諴鼎”(《集成》02753)铭作:“……下蠚雍公諴乍隫鼎……。”

关于上鄀、下鄀的历史地望,学界观点不一,计有三说:

其一,上鄀在宜城,下鄀在商密。《左传》鲁僖公二十五年(前635)载“秦、晋伐鄀”条下,杜预注:“鄀本在商密,秦楚界上小国,其后迁于南郡鄀县。”[①]又《四库全书·经部·春秋类·春秋明志录》卷六载:“鄀,秦楚界上小国,今郧阳上津内乡间古商密地,其后乃迁襄阳宜城界。”杨伯峻、谭其骧二位先生皆持上鄀在宜城、下鄀在商密的观点[②]。

其二,上鄀在商密,下鄀在宜城。清华简《楚居》篇整理者引《左传》鲁僖公二十五年(前635)杜预注,进而申之:“铜器有上鄀和下鄀。……商密之鄀,亦即铜器中的上鄀,在今河南淅川西南。”[③]既然“商密之鄀”为上鄀,言外之意则下鄀在宜城。

其三,上鄀在丁河古城,下鄀在商密。

此说最早由徐少华先生提出[④],马世之先生同,云:“商密之鄀即‘下鄀’,在汉晋丹水县,大致不出今淅川县老城(上集)以西寺湾一代。上鄀更在下鄀之北,今西峡县以西15公里的丁河古城可能即上鄀故城。约在西周中期,就出现了上、下鄀之分,直到春秋早

---

① (晋)杜预注,(唐)孔颖达疏:《春秋左传正义》,第1821页。

② 杨伯峻:《春秋左传注》(修订本),第434页;谭其骧主编:《中国历史地图集(第一册)·春秋·楚吴越》(精装本),北京:中国地图出版社1982年版,第29—30页。

③ 清华大学出土文献研究与保护中心编,李学勤主编:《清华大学藏战国竹简(壹)》,第185页。

④ 徐少华:《鄀国铜器及其历史地理研究》,《江汉考古》1987年第3期。

期，二者还并行发展。由于上下鄀都处于南北交往的重要位置，可能在楚武王时期相继被纳入楚的势力范围。”①

上述三说，当以徐少华、马世之二位先生观点为是。

1978 年，楚“上鄀公簠”(《新收》0401)在河南淅川下寺 M8 出土，既然上鄀公器在淅川发现，说明上鄀地望应该就在其附近。再者，上鄀在下鄀之北正符合古人“中原地区为上，其南为下”的方位观念②，此类事例屡见不鲜。春秋时期的蔡国有“上蔡”“下蔡”之分，“上蔡”在河南上蔡，“下蔡”在安徽凤台，“上蔡”正是在“下蔡”的西北方。至于说湖北宜城附近之鄀，当系鄀国为楚所灭之后，因其部分遗民迁徙居住于此而获名。

关于上鄀、下鄀之间的关系，传统观点认为二鄀并存，系一宗而分为两支③，分化的时间，“上限在西周中期，且不晚于厉王时期”④，似可商榷。胡刚先生统计现存有鄀铜器总计 15 件，可分为三期，前两期属鄀国铜器，年代从西周晚期至春秋早期；第三期属楚国铜器，年代从春秋中晚期至春秋晚期。“上鄀”与“下鄀”实为一国，代表鄀国两个都邑名⑤。可从。鄀国之上、下鄀之间的关系，类似于蔡国之上蔡、下蔡，虢国之上阳、下阳，皆为都邑之名。

厘清了上鄀、下鄀的地望及其关系，推测原姚姓观国国灭之后，一部分族人，从今天的山东河南交界的范县渐次向西南迁徙，跋山涉水，最终来到了淅川县附近之鄀国定居，且以国为氏，遂为观氏，观丁父是其后裔。

---

① 马世之：《中原楚文化研究》，第 93 页。

② 刘彬徽：《上鄀府簠及楚灭鄀问题简论》，《中原文物》1988 年第 3 期。

③ 徐少华：《鄀国铜器及其历史地理研究》，《江汉考古》1987 年第 3 期。

④ 陈朝霞：《从近出简文再析鄀国历史地理》，《江汉考古》2012 年第 4 期。

⑤ 胡刚：《有“鄀”铜器与鄀国历史新论》，《文物》2013 年第 4 期。

再考察春秋早期楚国的政治中心"郢"都地望所在，今湖北宜城东关东南约 7.5 公里处有楚皇城遗址，此遗址东去汉水 6 公里，北溯襄樊，南望荆州。整个遗址略呈长方形，城垣东、西、南、北长度分别为 2 000 米、1 500 米、1 840 米、1 080 米，城墙残高 2—4 米不等，有 8 个城门，面积约 2.5 平方公里，出土有大量从新石器时代到春秋战国乃至秦汉的遗物[①]。石泉、张正明、尹弘兵、吴良宝诸先生皆考定宜城楚皇城遗址就是春秋早期的郢城所在[②]，可从。又最新清华简《楚居》篇记载楚武王居"疆浧"，"疆浧"地望，赵平安先生考证即在湖北宜城[③]。

春秋早期楚、鄀两国的核心区域，一个在河南南阳淅川附近，一个在湖北宜城地界，二国基于历史地理相近之形势，兼并冲突在所难免。尤其是鄀国所在的南阳之地，位于丹水河畔，南襄盆地北端，是沟通南北交通、连接江汉与黄淮的重要枢纽，紧紧扼控楚人的北进之路。所以随着春秋早期楚国势力的急剧增强，楚、鄀二国疆埸龃龉之事当不在少数。

在春秋早期某次楚、鄀军事冲突中，观定父为楚人所生俘，此即开启了观氏族人由鄀而入楚的仕进之路。观定父由"鄀俘"旋被楚武王任命为"军率"，说明观丁父应该是在楚、鄀战争中显示出了较高的军事才能，获得楚武王的赏识与重用，且不负众望在武王开疆拓土的过程中发挥了巨大的作用，"克州、蓼，服随、唐，大启群蛮"。"军率"，张正明先生认为是"一军之帅"[④]，罗运环先生认为

---

① 杨权喜：《楚文化》，第 46—47 页。

② 石泉：《湖北宜城楚皇城遗址初考》，《江汉论坛》1963 年第 2 期；张正明：《楚都辨》，《江汉论坛》1982 年第 4 期；尹弘兵：《楚国都城与核心区探索》，第 247 页；吴良宝：《战国楚简地名辑证》，第 37—48 页。

③ 赵平安：《试释〈楚居〉中的一组地名》，《中国史研究》2011 年第 1 期。

④ 张正明：《楚文化史》，第 112 页。

是“出征军队当中的正副统帅”，且推测观丁父担任“军率”的时间应该在楚武王四十二年(前699)至五十一年(前690)[①]。

3. 春秋所见楚国观氏成员汇考

春秋时期，见于《左传》等文献记载的楚国观氏成员除去观丁父外，尚有观起、观从、观瞻、观射父五人。

观起，其人之事见于《左传》鲁襄公二十二年(前551)，云：

> 楚观起有宠于令尹子南(公子追舒)，未益禄而有马数十乘。楚人患之，王(楚康王)将讨焉。……王遂杀子南于朝，轘观起于四竟。

分析此条史料，观起大致生活在楚康王(前559—前545年在位)治国前期，上距观丁父担任“军率”的时间(前699—前690年)大约有一百四十年至一百五十年，故观起当为观丁父后裔远孙，中间不知间隔几代人，宋程公说《春秋分记》“丁父”与“起”之间不详其世[②]。又清陈厚耀《春秋世族谱》在排列观氏世系时，亦无明言，仅在“观丁父”条下，写有“观起”之名，而不以表示父子世系关系的竖线连接[③]，其意也是说明二人中间的世系关系已不可细推。再者，《传》文当中亦无明言观起的职官，仅言其为当时令尹公子追舒的宠臣，“未益禄而有马数十乘”，《荀子·强国篇》云：“大功已立，则君享其成，群臣享其功，士大夫益爵，官人益秩，庶人益禄。”[④]杨伯

---

① 罗运环：《楚国八百年》，第136页。

② (宋)程公说：《春秋分记》卷一四，《四库全书珍本初集》经部20集，第10431页。

③ (清)陈厚耀：《春秋世族谱》，《文渊阁四库全书》第178册，第384页。

④ (清)王先谦撰，沈啸寰、王星贤点校：《荀子集解》，第384页。

峻先生据此言:“此云未益禄,则观起乃庶人之在官者。”[1]日本学者竹添光鸿:“士庶同于卿,权贵之祸,每生于依附之徒。”[2]从上两位先生之言似乎可以看出观起政治地位不是特别高。

观从,字子玉,观起之子。观起之祸,观从恰好在蔡,得以幸免。观从在楚灵王季年及楚平王践祚初期的诡谲政治斗争中有不平凡经历,诸事集中见于《左传》鲁昭公十三年(前529)。鲁昭公十三年(前529),当楚灵王末年,是时楚灵王将兵在外,次于乾溪,伐徐以惧吴,国人苦役。观起行阴谋使当时楚灵王之弟公子比(字子干)、公子黑肱(字子晳)、公子弃疾(时为蔡公,后为楚平王)诸人结成了反对楚灵王的政治联盟,率蔡、不羹、许、叶之师入楚都郢,推翻灵王,公子比为王,公子黑肱为令尹,公子弃疾为司马。政变成功,观从劝谏楚王公子比:“不杀弃疾,虽得国,犹受祸也。”公子比不纳,观从乃亡。及公子弃疾再次政变杀公子比践祚为楚平王,召观从。《传》文当中有一段楚平王与观从之间的对话,详录如下:

> 王曰:“唯尔所欲。”对曰:“臣之先佐开卜。”乃使为卜尹。

分析上简短对话,楚平王不计前嫌而继续任用观从,应该是看中了观从在一系列政治活动中所显示出来的才能。观从言“臣之先佐开卜”,“开”计有两意,《诗·大雅·绵》:“爰契我龟。”毛《传》:“契,开也。”[3]是刻龟曰“开”。又《周礼·春官·卜师》:“掌开龟之四兆。”郑玄注:“开,开出其占书也,……《书·金縢》曰:‘开籥见

① 杨伯峻:《春秋左传注》(修订本),第1069页。
② (日)竹添光鸿:《左氏会笺》,第1373页。
③ (汉)毛亨传,(汉)郑玄笺,(唐)孔颖达疏:《毛诗正义》,第510页。

书。'"[①]是阅卜占书亦曰"开"。"佐开卜"中之"开"字当为后意。杜预注:"佐开卜,佐卜人开龟兆。"[②]杨伯峻先生同:"佐谓为卜师之助手。"[③]赵晓斌先生提出新的见解:"言'佐'者为谦词,实即掌开卜也。"[④]赵说为是。《传》文紧随"佐开卜"之下作"乃使为卜尹"。"卜尹",《史记集解》引贾逵说,云:"卜尹,卜师,大夫官。"[⑤]即恢复先祖之职为卜尹掌卜事。

观瞻,《左传》鲁哀公十七年(前478):"初,右司马子国之卜也,观瞻曰:'如志。'故命之。"杜预注:"子国未为令尹时,卜为右司马,得吉兆,如其志。观瞻,楚开卜大夫。观从之后。"[⑥]观瞻作为楚国开卜大夫,其职当从观从承袭而来。观瞻生活在楚惠王时代,系春秋晚期,与观从见于《左传》记载的时间约间隔有50年,二人之间的世次关系,陈厚耀《春秋世族谱》中仅在观从的下方列有观瞻之名,然并没有将观从、观瞻二人用表示父子关系的竖线连接起来,显然陈厚耀并不认为二人系父子[⑦]。程公说《春秋分记》卷一四《楚公子公族诸氏世谱》"观氏"条下,又指出观瞻为观从之子[⑧]。又今人赵晓斌先生亦认为观瞻为卜尹"系袭父职"[⑨]。

---

① (汉)郑玄注,(唐)贾公彦疏:《周礼注疏》,第804页。

② (晋)杜预注,(唐)孔颖达疏:《春秋左传正义》,第2070页。

③ 杨伯峻:《春秋左传注》(修订本),第1069页。

④ 赵晓斌:《春秋官制研究——以宗法礼制社会为背景》,杭州:浙江大学博士学位论文,2009年5月,第416页。

⑤ (汉)司马迁:《史记》卷四〇《楚世家》,第1709页。

⑥ (晋)杜预注,(唐)孔颖达疏:《春秋左传正义》,第2180页。

⑦ (清)陈厚耀:《春秋世族谱》,《文渊阁四库全书》第178册,第384页。

⑧ (宋)程公说:《春秋分记》卷一四,《四库全书珍本初集》经部20集,第10430页。

⑨ 赵晓斌:《春秋官制研究——以宗法礼制社会为背景》,杭州:浙江大学博士学位论文,2009年5月,第416页。

将观瞻视为观从之子，尚缺乏确凿的证据，且两人至少相差50年，为祖孙尚可，为父子则间隔过长，推测观从与观瞻之间应该还有一代人，这一代人或是见于《国语·楚语》记载的观射父。

观射父，生活在楚昭王（前515—前489年在位）时期，在时间上恰好处于观从与观瞻之间。邵炳军先生认为观射父系观瞻后裔[①]，观瞻，楚惠王时人，观射父，楚昭王时人，从二人生活的时间段来看，观射父显非观瞻后裔。

观射父在楚国是国宝级人物，《国语·楚语下》中有两篇观射父的著名言论，即《观射父论绝地天通》与《观射父论祀牲》。两篇言论的内容皆与占卜及巫术等有关。《观射父论绝地天通》篇记载，楚昭王不明瞭天地之事，请教于观射父。观射父为昭王详细介绍了原始先民之宗教演变动态进程，由“古者民神不杂”至少昊时代“民神杂糅”，再到颛顼时代“绝地天通”，真实地反映了原始宗教的发展轨迹，并说明了上古巫、觋、祝、宗之产生、职掌和世袭情况。

又《观射父论祀牲》篇中，观射父鉴于时代发展的实际情况，在祭祀诸问题上，又提出了一些适应时代要求的见解，认为：“夫神以精明临民者也，故求备物，不求丰大。”上天神既精而明，对下地民的祭祀要求，非求祭品的丰大，体具（身体完整）、清洁即可。观射父援引“先王之祀”为例，把“一纯”列于“二精”“三牲”“四时”“五色”“六律”“七事”“八种”等之首，韦昭注：“一纯，心纯一而洁也。”[②]即对鬼神要虔诚。作为贤君（圣王），“一纯”是很重要的，所以他对楚昭王说：“圣王正端冕，以其不违心，帅其群臣精物以临监享祀，无有苛慝于神者，谓之一纯。”强调“圣王”率领群臣亲临祭祀

---

① 邵炳军：《春秋时期楚国世族作家群体考略》，《中州学刊》2013年第1期。

② 徐元诰撰，王树民、沈长云点校：《国语集解》，第516页。

时，需做到“不违心”，不违背神的意旨。观射父强调君王要虔诚，“无有苛慝于神者”。在祭祀时间上，观射父更明确提出：“敬不可久，民力不堪，故齐肃以承之。”徐元诰引王引之曰：“此‘齐’字当训为‘疾’，与肃同意，故以齐肃连文。”[①]这与上面提到的“求备物，不求丰大”是一致的，都是着眼于“民力不堪”的角度提出的。祭祀的作用是“昭孝息民，抚国家，定百姓”。

就上所论，观射父既通晓占卜宗教诸事，亦娴熟礼仪政治，是难得的国家人才，故《楚语下》王孙圉称之为“国宝”，今人张正明先生言：“观射父这位大夫是当时楚国至高无上的大巫，他被奉为国宝，可见巫在楚国的地位高到什么程度了。”[②]

综上，春秋时期楚国观氏世系可做如下排列：

观丁父……观起—观从—观射父—观瞻

4. 观氏宗族世职开卜分析

张正明先生言楚国观氏是一个以巫为世官的家族[③]，结合上面对于春秋时期楚国观氏成员的分析，观氏宗族确实世代在楚国从事与开卜相关之工作，有以下几条补充说明。

其一，在文献资料中所见观氏宗族成员，大部分人所从事的工作与占卜巫术相关，如观从、观瞻、观射父皆是其明证。

其二，章炳麟先生指出，观氏之“观(觀)”字，可通假爟，言：“爟乃炬之大者，燋乃炬之小者，皆以物然持火也。故散则燋、爟互称。《(周礼)菙氏》：‘掌共燋契以待卜事。’凡卜以明火爇燋，是卜用

① 徐元诰撰，王树民、沈长云点校：《国语集解》，第517页。

② 张正明：《楚文化史》，第113页。

③ 张正明：《楚文化史》，第112页。

燋。……以其掌燋，故以爟为氏，以世功为族也。”[①]

其三，观氏成员习于开卜工作，其究竟从何时开始，又源于何处？似乎可从清华简《楚居》篇中找到一些的线索。前已论证，观氏出于古鄀国，《楚居》篇中有关于鄀国的记载，云：

> ……至熊绎与屈紃，思（使）若（鄀）嗌卜徙于夷屯，为楩（便）室。室既成，无以纳之，乃窃鄀人之犝以祭。……若敖酓义（仪）徙居鄀，至焚冒酓帅自鄀徙居焚。……

意思是商末周初楚先人南迁途中沿水路经过鄀时，让鄀人名“嗌”者来占卜，并最终选择夷屯（即丹阳）[②]这个地方建宗庙，因找不到供品，于是偷窃了鄀国的犝牛来供奉。“嗌”，整理者：“鄀人先祖。”[③]楚人在选择居所此重大事情上，选择让鄀人为之占卜，说明其非常信任鄀人之占卜术，鄀人的占卜术在当时人看来应该是很高明的，为时人所推崇。推测楚国观氏原属鄀国，应该在鄀国学习到鄀人先进的占卜术，故由鄀入楚，凭借在鄀国所掌握的占卜术继续为楚王服务，由此成为一个占卜世家。

其四，在楚地所出简册当中，亦发现诸多观氏成员，尤其是在包山简中，举例如下：

> 简 185：……丙申，咸郢公之州加公娄逌、藿蠚……
>
> 简 230：大司马悼滑将楚邦之师徒以救巴之岁，荆夷之月

---

① 上海人民出版社编，姜义华点校：《章太炎全集·春秋左传读、春秋左传读叙录、驳箴膏肓评》，第 607—608 页。

②③ 清华大学出土文献研究与保护中心编，李学勤主编：《清华大学藏战国竹简（壹）》，第 185 页。

己卯之日，觀绷以长灵[①]为左尹𫈏贞：出内(入)侍王，……

简 231：……占之，恒贞吉，少有戚也。以其古(故)说之。使攻(工)祝逯(归)备(佩)珥、冠带於南方。觀绷占曰：吉。

简 242：大司马悼滑将楚邦之师徒以救巴之岁，荆夷之月己卯之日，觀绷以长灵为左尹𫈏贞：既腹心疾，以上气，不甘飤，旧(久)不叡(瘥)，尚兼叡(瘥)……

简 244：赣之衣裳各三爯(称)；(举)禱巫一全䐁，且桓保，逾之。觀绷占之曰：吉。

简 249：大司马悼滑将楚邦之师徒以救巴之岁，夏夷之月己亥之日，觀义以保(宝)家为左尹𫈏贞：以其又(有)瘽病，上气，尚毋死。(觀)义占之：恒貞不死，又(有)祟，……

上面简文当中所出现的"䙵""觀"诸字，学界皆训释为"观"[②]，从简文内容可知"观绷""观义"等皆是贞人之名，这表示直至战国时期，观氏成员在楚国一直从事宗教占卜类事务。

综上四条，观氏宗族终春秋战国之世应该世袭楚国开卜一职，是楚国的巫术世家。

撮上论大要，楚国观氏宗族源出夏之敌国——观国，本姓姚，原居住地在今河南濮阳范县附近。姚姓观国灭亡之后，一部分族人往西南迁徙至河南淅川的鄀国定居，以国为氏，遂为观氏。春秋

① 按，"长灵"，李学勤先生认为灵是龟名，黄灵乃其一种，长灵等也一定是龟。参见李学勤：《竹简卜辞与商周甲骨》，《郑州大学学报(哲学社会科学版)》1989 年第 2 期。

② 参见许全胜：《包山楚简姓氏谱》，北京：北京大学硕士学位论文，1997 年，第 16 页；巫雪如：《包山楚简姓氏研究》，台北：台湾大学硕士学位论文，1996 年，第 180 页；王颖：《包山楚简词汇研究》，厦门：厦门大学博士学位论文，2004 年 4 月，第 388 页；朱晓雪：《包山楚简综述》，第 805 页。

早期，观氏成员观丁父在某次楚、鄀二国疆场冲突中，为楚人所生俘、重用，开启了观氏由鄀仕楚的渐进之路，观起、观从、观射父、观瞻即其后。观氏在楚国凭借在鄀国时所掌握的占卜技术为楚王服务，系楚国的占卜世家。

二、邓氏

1. 新见楚大师编钟与楚国邓氏

邓国，是一个历史悠久的古国，所封甚早，可追溯至夏王朝时期①，宜为嫚姓，或作"曼"，《世本》："邓，曼姓。"②《潜夫论·志氏姓》云："曼姓邓、优。"王继培笺曰："曼，旧作嫚。"③1984 年，河南省平顶山市原滍阳镇义学岗墓葬，出土 2 件邓公簋（《新收》0055、0056），时代为西周中期④，盖内与器内底皆铸相同的 12 字器铭：

登公乍应嫚毗媵簋，其永宝用。

出土材料中，"邓"皆作"登"。铭文说的是邓国国君为其出嫁至应国的女儿作此媵器，祈其永用，邓显系嫚姓国。《史记·楚世家》载："（楚文王）十二年，伐邓，灭之。"即嫚姓邓国在公元前 678 年（楚文王十二年）为楚所灭，为楚邓县。

邓国地望，石泉先生考证今湖北襄阳西北的古城遗址即是古邓国所在⑤，得到学界认同。又春秋早期楚国政治中心郢都地望

① （宋）罗泌撰：《路史》，《文渊阁四库全书》第 383 册，第 312 页。
② （汉）宋衷注，（清）秦嘉谟等辑：《世本八种·王谟辑本》，第 23 页。
③ （汉）王符著，（清）汪继培笺，彭铎校正：《潜夫论笺校正》，第 597 页。
④ 张肇武：《平顶山市出土周代青铜器》，《考古》1985 年第 3 期。
⑤ 石泉：《古代荆楚地理新探》，第 105—126 页。

所在，前已述，今湖北宜城有楚皇城遗址，整体呈长方形，面积约2.5平方公里，出土有大量从新石器时代到春秋战国乃至秦汉的遗物。尹弘兵、吴良宝诸先生皆考定宜城楚皇城遗址就是春秋早期的郢城所在[①]。

西汉史游《急救篇》卷一："邓，古国名……其后称邓氏焉。楚有邓廖。"[②]见于史料，春秋时期在邓国未灭亡以前就有邓国公族成员仕楚者，后以国为氏，遂为楚国邓氏。

2008年，上海博物馆收征到9件1组的"楚大师编钟"(《新收》1466－1474)，诸钟皆在钲间及鼓侧铸有铭文，且所述内容一致，仅因钟之大小而字数有所删减。以第3钟铭文最为完整，释文如下：

> 隹王正月初吉庚午，楚大(太)师登辪慭(慎)，慭(慎)独函龚，武于戎工(功)，用其吉金，自乍铃钟，龢鸣䖒(且)皝(皇)，用宴用喜，用乐庶侯，及我父兄，既函既记，余保辪楚王，偯叚□□，万年毋改，子子孙孙永宝鼓之。

由器铭知，编钟系楚高级官吏大师的自作器，周亚先生据钟鼓部饰对称相背俯首卷体龙纹及篆部一正一反斜角对称龙纹等特征，判定钟系春秋早期器[③]，得到学界认同。刘彬徽先生又对时间上限、下限作了界定。上限，据"余保辪楚王"五字可断当作于楚武王称

① 尹弘兵：《楚国都城与核心区探索》，第247页；吴良宝：《战国楚简地名辑证》，第37—48页。

② (汉)史游撰，(唐)颜师古注，(宋)王应麟音释，(明)毛晋订：《急救篇》，明崇祯时期毛氏汲古阁刊本，第5页。

③ 周亚：《楚大师登编钟及相关问题的认识》，《上海博物馆集刊》(第十一辑)，上海：上海书画出版社2008年版，第146—167页。

王后，《史记·楚世家》："（楚武王）三十七年，楚熊通……乃自立为武王。"武王三十七年，即前704年。下限，从形制纹饰等考察应早于前676—前672年，即"应铸于楚武王称王之后和楚文王在位期间的近三十年"[①]。可信。

又周亚先生将钟命为"楚大师登编钟"，显视"登"为器主之名，器铭书写格式为：国名＋官职＋器主名。刘彬徽先生提出不同意见，云："（登）乃太师族氏称谓，后面二字'辪（乂）慎'才是其名，全称邓乂慎。……邓国贵族之仕于楚者。"[②]

又2011年底，朱凤瀚先生披露以色列耶路撒冷国家博物馆藏有一套"楚大师编镈"（《铭图续》1045），纹饰与上博钟基本相同，铭文内容亦大体一致，可断系同一楚大师所铸[③]。现将8号镈铭文释文抄录如下：

> 隹王正月初吉庚午，楚大师登子辪慭（慎），慭（慎）衷亟龚，武于戎工，用其吉金，自乍铃钟。龢鸣叡敳，用安（宴）用喜，用乐庶侯，及我父兄，既亟既记，余保辪楚王，偯叚迟迟，万年毋已，子子孙孙，永宝鼓之。

钟铭、镈铭对读，镈铭在"楚大师登"四字后增一"子"字，连读为"楚大师登子"，此意义重大。商周铜器铭文中无有在人名后加"子"字的案列，故上周亚先生观点不确。朱凤瀚先生进而认为，在钟铭"楚大师登辪慎慎衷亟龚"一语中，"慎慎"随下读，句读为"楚大师登辪/慎慎衷亟龚"，即钟、镈的器主系"登子辪"，省称为"登辪"；

①② 刘彬徽：《楚系青铜器研究续论》，《湖南省博物馆馆刊》第7辑。

③ 朱凤瀚：《关于耶路撒冷国家博物馆所藏楚大师编镈》，罗运环主编：《楚简楚文化与先秦历史文化国际学术研讨会论文集》，武汉：湖北教育出版社2013年版，第45—54页。

"登子"应是邓国国君之称,"邓"是作为国氏使用的;邓国国君兼任楚大师,说明邓确已为楚附庸[①]。

上朱先生观点,似可商。钟、镈铭文除去器主名号的铭辞外,余者基本上俱四字一读,如"武于戎工""龢鸣且皇""既泑既记"等,皆是。朱先生句读法中,"慎慎裹圅龚"属五字一句,与四字一读的格式有所不同。故在"楚大师登辟慎慎裹圅龚"一语中,宜一"慎"字随上,作"楚大师登辟慎","辟慎"二字系器主名;另一"慎"字随下,作"慎裹圅龚"。

又西周以降,铜器铭常见的"某子"称谓中,"某"或指国名,"某子"或国君之称;然断不可藉"子"之称谓而断器主身份即国君。

举二例,传世青铜器有"邓子盘",春秋中期晚段器[②];"邓子午鼎",春秋晚期器[③]。二器年代去楚灭邓(前 678)甚远,后者更是近二百年,不可能再存在一位邓君在其自作器中自谓邓子,"'子'字在铭文中只有视为美称才能得到唯一的合理解释"[④]。据此,楚大师镈铭中的"子"字宜是美称,"子"字前的"登"字,系氏称,"子"字后的"辟慎"二字,当为器主之名。

再说楚大师一职,征于文献,大师或兼任环列之尹,《左传》鲁文公元年(前 626):"穆王立,以其为大子之室与潘崇,使为大师,且掌环列之尹。"清代沈钦韩认为:"环列之尹若汉之卫尉矣。"[⑤]卫尉,秦汉时期中央九卿之一,皇帝身边的禁卫高官。从大师能兼任

---

① 朱凤瀚:《关于耶路撒冷国家博物馆所藏楚大师编镈》,《楚简楚文化与先秦历史文化国际学术研讨会论文集》,第 51 页。

② 邹芙都:《楚系铭文综合研究》,第 62 页。

③ 刘彬徽:《楚系青铜器研究》,第 328 页。

④ 曹锦炎:《黄子鼎与瘳子鼎——兼谈黄国与鄝国的地望问题》,《楚简楚文化与先秦历史文化国际学术研讨会论文集》,第 683 页。

⑤ (清)焦循、沈钦韩撰,郭晓东、郝兆宽、陈岘点校:《春秋左传补疏 春秋左氏传补注》,上海:上海古籍出版社 2016 年版,第 173 页。

若卫尉般的环列之尹来看，大师除政治上辅佐楚王外，尚是楚王之侍卫总长，周亚先生亦指出大师为“楚国的禁军首领”①，确然。上钟、镈铭文言大师“武于戎工”，即可佐证大师一职的扈卫军事性质。一般来讲，任大师者皆为王之亲信，其他人是很少有机会染指的，如潘崇，穆王尚未践祚时即是太子“师”，后又是穆王得以登基的最大功臣，如此始任“大师”一职。

而楚大师钟、镈铸造的时期（前704—前672年之间），楚、邓关系并不融洽。《左传》鲁桓公九年（前703）载：

> 夏，楚使斗廉帅师及巴师围鄾。邓养甥、聃甥帅师救鄾。三逐巴师，不克。斗廉衡陈其师于巴师之中，以战，而北。邓人逐之，背巴师而夹攻之。邓人大败。

春秋早期楚、邓关系，以此年为界，之前二国平等友爱，互通婚聘；之后，渐行渐远反目成仇，楚文王十二年（前678）楚终灭邓。若朱凤瀚先生“邓子”为邓国国君之说成立，则楚王就是将人身安全托付于敌国国君之手，且作为与楚关系并不友好的邓国之主居然在楚的对外军事活动中“武于戎工”，甚难置信。

“邓子”自评“慎”“衷（淑）”“㲻”“龏”来保辟楚王，完全是臣待君的语气。而见于文献，当武王后期、文王时期的邓国国君是邓祈侯，《左传》鲁庄公六年（前688）载楚文王假道邓以伐申之事，云：

> 楚文王伐申，过邓。邓祈侯曰：“吾甥也。”止而享之。骓甥、聃甥、养甥请杀楚子。邓侯弗许。……曰：“人将不食吾

① 周亚：《楚大师登编钟及相关问题的认识》，《上海博物馆集刊》（第十一辑），第161页。

余。"还年，楚子伐邓。十六年楚复伐邓，灭之。

"吾甥也"一语显示邓祈侯视自己为文王长辈、武王平辈，无臣对君之态度，杨伯峻先生："楚文王盖武王夫人邓曼之子，邓曼与邓祈侯或为兄妹，或为姊弟，姊妹之子曰甥。"[①]三甥建议邓杀楚文王及楚文王两次伐邓，亦表明当时邓宜非楚附属，其国势尚可与楚有一拼之力。

刘彬徽先生指出楚大师钟器主邓乂慎系邓国贵族之仕楚者，可从。然寥寥数语，诸多关键问题并未提及，仍有进行详细分析的必要。

春秋早期楚、邓两国的核心区域，一在襄阳，一在宜城，二国基于地理相近之形势，一者，婚聘等交流必相当密切。楚武王夫人邓曼即邓国公室之女。再者，二国之间的兼并冲突在所难免。邓国所在的襄阳之地，位于汉水北岸、南襄盆地南端，是沟通南北交通、连接江淮和巴蜀的重要枢纽，所以随着春秋早期楚国势力的急剧增强，邓国旋成为楚人北上中原争霸首先合并的对象之一。从公元前703年，至公元前678年楚灭邓，期间二国疆场龃龉之事当不在少数。

再细考春秋早期楚武王、文王治国时重用之人，绝大多数为芈姓公族，有善断国是的斗伯比，战功赫赫的斗廉、斗丹，专擅外交的薳章，治理地方的县公斗缗，任职莫敖的屈瑕、屈重……除去公族成员以外，尚有一群特殊的存在，即在战争中遭楚人生俘者，《左传》鲁哀公十七年(前478)载楚大师子谷在追溯楚武、文王史事时，云：

> 观丁父，鄀俘也，武王以为军率，是以克州、蓼，服随、唐，大启群蛮。彭仲爽，申俘也，文王以为令尹，实县申、息，朝陈、

① 杨伯峻：《春秋左传注》(修订本)，第169页。

蔡，封畛于汝。

楚武王时之军率观丁父身份系“鄀俘”，“鄀俘”二字表明观丁父原为鄀国人，在某次鄀、楚二国交战过程中，为楚所生俘。楚文王时期的令尹彭仲爽系“申俘”，即被楚生俘的申人。

稽上观丁父、彭仲爽之例，再来考察大师邓辥（乂）慎，其应该是在公元前703年楚、邓关系恶化以后某次军事冲突中为楚人所生俘的邓国公族成员遂仕楚者，以国为氏，为楚国邓氏。推测邓辥（乂）慎基于个人才能及楚夫人邓曼双重因素，生俘后旋受楚武王重用，先被任命为太子师，楚文王践祚而升职为“大师”。囿于材料的缺失，只能做大胆猜想，期待再有新材料的出土来佐证此事。

2. 春秋楚国邓氏成员与邓氏兴衰

邓辥（乂）慎是楚国以邓为氏的第一人，随后大概基于楚灭邓之后楚人对于邓国公族成员的戒备心理，邓辥（乂）慎后裔，或者是其他邓国公族后裔，在春秋早中期鲜见其活跃在楚国政治舞台上；至春秋中后期，随着国灭日久遗民故国情怀的消亡，邓氏成员渐再受重用，身居高位。

目前所见楚国邓氏成员，征于文献，仅有一例。见《左传》鲁襄公三年（前570）：

三年春，楚子重（令尹公子婴齐）伐吴，为简之师。克鸠兹，至于衡山。使邓廖帅组甲三百、被练三千，以侵吴。吴人要而击之，获邓廖。其能免者，组甲八十、被练三百而已。子重归，既饮至三日，吴人伐楚，取驾。驾，良邑也；邓廖，亦楚之良也。君子谓：“子重于是役也，所获不如所亡。”楚人以是咎子重。子重病之，遂遇心疾而卒。

上引文当中的"邓廖",陈厚耀《世族谱》将其列入"楚杂姓氏名号"条下[1],不确。邓廖,作为楚之"良将",当属楚国邓氏。

除去文献所记"邓廖"外,出土材料亦多见邓氏成员:

(1) 邓子与盘(《新收》1242)

1988年秋,湖北省钟祥市文集镇黄土坡M3出土[2],春秋晚期早段器[3],内底铸铭文20余字:

> 隹(唯)正月初吉丁亥,邓子与媵叔曼盥盘,□□无諆,子孙永□。

该器器铭遭刮削,多处模糊不清。铭文中的"邓子",刘昌银先生认为是邓国的一位国君,将此器归于邓国之器[4]。邹芙都先生反驳之,言:"从形制、纹饰看,该器腹部有四环耳,其中两耳又各套有一铜环;底附兽面足,腹饰细密蟠虺纹、三角垂叶纹,上下各有一圈凸绳纹。这种器形和纹饰的铜盘春秋中晚期习见……邓国早在公元前678年便已被楚国所灭,该器无论如何也早不到春秋早期。"[5]则"邓子盘"铭文中的"邓子"绝非某位邓国国君。上引铭文大意是说正月某日邓子与为他某位女性亲属(宜为其女)作此盘为媵器,祈其子孙永昌。"叔"字后面一字,甚为关键,《新收》隶为"曼"[6],即嫚,邓子与的女性亲属称"叔曼",藉古代女子称谓最后一个字为其

① (清)陈厚耀:《春秋世族谱》,《文渊阁四库全书》第178册,第385页。

②④ 刘昌银:《钟祥出土的邓子盘》,《江汉考古》1993年第4期。

③ 荆州博物馆、钟祥市博物馆:《湖北钟祥黄土坡东周秦代墓发掘报告》,《考古学报》2009年第2期。

⑤ 邹芙都:《楚系铭文综合研究》,第62页。

⑥ 钟柏生、陈昭容、黄铭崇、袁国华:《新收殷周青铜器铭文暨器影汇编》,第872页。

父家之姓的惯例，显邓子与本姓为“嫚”。则该盘当系由邓仕楚之邓国宗室后裔作铸，“邓”，氏称；“子”，美称；“与”，人名。

(2) 邓鲞鼎(《集成》02085)

此鼎系湖北京山出土，器物现藏湖北省荆州博物馆。盖器同铭，1 行 5 字，如下：

邓鲞之飤貞(鼎)。

关于鼎的年代及器主人“邓鲞”的身份，刘彬徽先生言：“此鼎器形和邓公乘鼎相同而纹样略异，年代应相近(即春秋晚期器)，亦为楚灭邓改为县邑以后邓氏之器。”[1]

(3) 邓尹疾鼎(《集成》02234)

1972 年，湖北襄阳余岗山湾东周墓地出土，现藏襄阳市博物馆[2]。盖内、器内皆铸 2 行 6 字铭文：

盖铭：邓尹疾之沰盗。

器铭：邓尹疾之礄顾。

此器的年代，学界观点一致，为春秋晚期中晚段[3]，“沰盗”“礄顾”系器之自名，为楚系箍口鼎的别称，此型鼎春秋中期自名“緐鼎”，春秋晚期至战国又自名“鐈鼎”。器主人“邓尹疾”身份，邹芙都、黄锦

① 刘彬徽：《楚系青铜器研究》，第 323 页。

② 王少泉：《襄樊市博物馆收藏的襄阳山湾铜器》，《江汉考古》1988 年第 3 期。

③ 参见刘彬徽：《楚系青铜器研究》，第 327 页；邹芙都：《楚系铭文综合研究》，第 104 页；张丹：《南襄盆地出土两周时期铭文研究》，武汉：武汉大学博士学位论文，2012 年 5 月，第 126 页。

前、张丹诸先生观点相同，认为春秋时期楚一县的最高长官，既可以称“某（县名）公”，又可别称为“某（县名）尹”，此邓尹疾即楚邓县的某一任县公，疾为邓尹之名[①]。刘彬徽先生观点异，认为此器“同样为楚国邓氏之鼎”[②]，即邓为氏称，尹疾为其名。

按，检于古籍文献，楚国地方县邑之行政长官，确实有“县公”“县尹”两种称谓。“县公”，《淮南子·览冥训》“鲁阳公”条下，高诱注：“楚僭号称王，其守县大夫皆称公，故曰鲁阳公。”[③]《左传》鲁庄公三十年（前664）有申公斗班，鲁僖公二十五年（前635）有申公子仪，鲁文公三年（前624）有息公子朱，鲁昭公十一年（前531）有蔡公公子弃疾，鲁定公五年（前505）有叶公沈诸梁。“县尹”称谓，《左传》鲁庄公十八年（前676）记载楚武王克权，使斗缗“尹之”，后斗缗叛乱被杀，又使阎敖“尹之”，又鲁襄公二十六年（前547）：“穿封戌，方城外之县尹也。”

求证于考古材料，情况似有所不同，将东周时期楚系青铜器中所见，有铭楚县器择其大数详录如下，作统一的考察。

表7-1　楚系青铜器所见楚县器表

器名	县名	称谓	时代	器铭
申公彭宇簠	申县	申公	春秋早	隹正十又一月辛巳，申公彭宇自乍瀝匿，宇其眉寿万年无疆，子子孙孙永宝用之。

① 邹芙都：《楚系铭文综合研究》，第104页；黄锦前：《楚系铜器铭文研究》，合肥：安徽大学博士学位论文，2009年5月，第190页；张丹：《南襄盆地出土两周时期铭文研究》，武汉：武汉大学博士学位论文，2012年5月，第127页。

② 刘彬徽：《楚系青铜器研究》，第327页。

③ 何宁撰：《淮南子集释》，第447页。

续表

器名	县名	称谓	时代	器铭
上都公簠	上都	上都公	春秋中	隹正月初吉丁亥,上都公择其吉金,铸叔芈、番改賸匿,其眉寿万年无諆,子子孙孙永宝用之。
邓公乘鼎	邓	邓 公	春秋晚	邓公乘自乍飤緐,其眉寿无期,永宝用之。
六公戈	六县	六 公	春秋晚	陸(六)公邵倮为陸造,王。
羕陵公戈	羕陵	羕陵公	春秋晚	献鼎之岁,羕陵公伺之裹所部(造),冶己女。
陇公戈	陇县	陇 公	战国中	陇公戈。
襄城公戈	襄城	襄城公	战国中	向寿戠(之岁),襄城公竞脽所造。
虎鄎公佗戈	虎鄎	虎鄎公	战国晚	虎鄎公佗之用。
期思公戟	期思	期思公	战国晚	期思公智上为期思右王造戟。
相公子矰戈	相县	相 公	战国	邵愜之岁,相公子矰之造。

藉上表,易知东周时期楚一县之长官在其自作器中照例皆名"县公",若"邓尹疾鼎"为楚县公器说成立,则目前所能见到的楚县公器中称"县尹"者仅此一例,据孤证不立的原则,言楚系青铜器铭文中的"某尹"示某县公之意,似有立论不坚之感。可大胆猜想,见于文献记载中楚县之长的两种称谓——"县公""县尹",反映到青铜器铭文中宜仅有"县公"一种称谓。当然,此一观点尚需要进一步夯实材料、补充证明。

又《集成》在"邓尹疾鼎"铭文后特别备注:"邓尹或释邓子。"[①]

综上,可暂将"邓尹疾"归入春秋楚邓氏成员。"邓",氏称;"疾",其名。

---

① 中国社会科学院考古研究所编:《殷周金文集成(修订增补本)》(第二册),第1629页。

(4) 邓子午鼎(《集成》02235)

1971年,由湖北省武汉市文物商店从废品中收集而来,器物现藏武汉市文物商店[①]。器腹内壁铸6字铭文:

邓子午之飤鐈。

据铭,该鼎系"邓子午"的自作之器。刘彬徽先生考证:此鼎形制与邓尹疾鼎同,其蟠绕龙纹也是春秋晚期的形式,可断定为春秋晚期器[②]。关于"邓子午"之身份,刘彬徽、邹芙都诸先生观点同,"邓"为氏称,"午"为器主名,是春秋时期的楚国邓氏成员[③]。

(5) 邓子旁鄴甗(《铭图续》0281)

2015年3月出现在北京,为某收藏家藏,春秋中期器。内壁铸8字铭:

邓子旁鄴铸其䃾甗。

该甗分体式,甑部斂口,双附耳,颈部前后各一环纽,深腹,平底作箅;鬲鼓腹分档,肩部一对环纽。器主"邓子旁鄴"或楚国邓氏成员。

(6) 邓子仆戈(《铭图续》1152)

为某收藏家藏品,春秋晚期器。胡部有错金鸟篆铭文6字:

邓子仆之用戈。

---

① 武汉市文物商店:《武汉市收集的几件重要的东周青铜器》,《江汉考古》1983年第2期。

② 刘彬徽:《楚系青铜器研究》,第328页。

③ 刘彬徽:《楚系青铜器研究》,第328页;邹芙都:《楚系铭文综合研究》,第106页。

该戈直援上扬，尖锋，中脊偏上，中长胡较宽，阑下出齿，阑下二长穿一小穿，长方形内，上有一横穿。戈为邓子仆自作器，“邓”，氏称；“仆”，其名。

邓氏宗族成员一直至战国时期，亦多活跃在楚国社会当中，以包山简中所见邓氏为例，简 15 有“登虩”“登期”“登儓（僕）”“登庄”，简 26 有“登生胘”，简 27、简 32 有“登婴”，简 38 有“登敢”，简 45、简 57 有“登扉（扉）”，简 66 有“登誩”，简 85 有“登茀”“登坚”“登徵”“登陞”，简 145、简 184 有“登余善”，简 150 有“登行”，简 171 有“登无龙”“登造”，简 172 有“登娩”，简 173 有“登军”，简 179 有“登苍”，简 189 有“登轻”，简 190 有“登环”。

三、养氏

楚国养氏，当源于古养国。在历史发展中古养国部分贵族入仕楚国，遂以国名为氏，为楚国养氏。

征于传世文献及出土材料，在河南南部、淮水流域似存在二个不同的养国：即姬姓养国与嬴姓养国。

1. 姬姓之养与嬴姓之养分析

传世典籍文献中几乎没有关于古养国的历史记载，所见者仅有那么一点零星记录，可谓“一个文献失载的古国”[①]。所能见者仅有《潜夫论・五德志》一条史料，云：

> 姬之别封众多，管、蔡、成、霍、鲁、卫、毛、聃、郜、雍、曹、滕、毕、原、酆、郇，文之昭也。邘、晋、应、韩，武之穆也。凡、蒋、邢、茆、祚、祭，周公之胤也。周、召、虢、吴、随、郊、方、印、

① 徐少华：《周代南土历史地理与文化》，第 216 页。

息、潘、养、滑、镐、宫、密、荣、丹、郭、杨、逢、管、唐、韩、杨、觚、栾、甘、鳞虞、王氏，皆姬姓也。[①]

此条粗略记载透露了两条重要信息：其一，养国当封于周初，其二，养国为姬姓国。然姬姓养国是否存在，学界一直存有争议，而最新出土的材料则提供了一条关键的佐证。

西泠印社 2017 年秋季拍卖会中国历代青铜器专场中出现一件青铜匜，即“养姬匜”，拍卖公司自印的图录编号为 619，原为美国纽约马赛厄斯·科莫（Mathias Komor）旧藏。该匜流呈槽状，深腹圜底，下置四龙形扁足，器后为半环形鋬，上有兽首装饰，双角耸立外卷，口下饰一周窃曲纹，腹饰瓦楞纹，当为西周晚期器[②]。器底铸铭文 4 行 16 字（又重文二）：

甫（夫）人咏（养）姬乍宝也（匜），其万年子子孙孙永宝用享。

原图录撰稿人认为“甫”为国名，通“吕”，即吕国，付强、吴毅强二位先生已批其误，考证“甫人”即“夫人”，于金文中常见。又“咏”字，亦见于“养伯庸”等器，有、、、等不同形体，或释“昶”[③]，或释“郝”[④]，徐少华先生指出、等应是“永”字的另一种写法，其右上

① （汉）王符著，（清）汪继培笺，彭铎校正：《潜夫论笺校正》，第 505 页。

② 付强：《养姬匜铭文考释》，《出土文献》2018 年第 2 期（第十三辑）；吴毅强：《夫人养姬匜及相关历史问题探微》，《出土文献与商周社会学术研讨会论文集》，上海：华东师范大学历史系，2019 年 10 月 18 日，第 333—341 页。

③ 王儒林：《河南桐柏发现周代铜器》，《考古》1965 年第 7 期。

④ 董全生、张晓军：《从金文羕、郝看古代的养国》，《中原文物》1996 年第 3 期。

或左上的圆圈不是“邑”旁，而是一指示符号，以与常用的“永”字相区别，作为国族之称，是古羕（养）国之羕（养），可从。铭文大意是说夫人养姬作此宝匜，祈后代子孙万年永用。器主“养姬”，当理解为来自养国的姬姓女子之自称[①]，既然养国女子自称为“养姬”，根据古时“男子称氏，女子称姓”的原则，则姬姓养国确实在历史上存在过。

刘体智《小校经阁金文拓片》卷五收录有一件“羕史尊”（《集成》05811），有5字铭文：

羕史作旅彝。

黄盛璋先生定为“西周前期之器”[②]，可从。“羕史”，张亚初、刘雨两位先生指出即：“诸侯史官。”[③]据此“羕史尊”，诸多学者判定养（羕）在西周前期业已立国[④]，且有本国之史官，此与《潜夫论·五德志》记载相吻合。

姬姓养国外，又有一嬴姓之养。1970年在湖北江陵岳山楚墓出土有“郳伯受簠”（《集成》04599），盖内、器内底铸相同铭文，计4行24字（又重文2），如下：

---

① 付强：《养姬匜铭文考释》，《出土文献》2018年第2期（第十三辑）；吴毅强：《夫人养姬匜及相关历史问题探微》，《出土文献与商周社会学术研讨会论文集》，第333—341页。

② 黄盛璋：《郳器与郳国地望及与楚之关系考辨》，《江汉考古》1988年第1期。

③ 张亚初、刘雨：《西周金文官制研究》，北京：中华书局1986年版，第84页。

④ 参见徐少华：《周代南土历史地理与文化》，第216页；金荣权：《养国青铜器与养国历史考察》，《中州学刊》2011年第2期。

> 鄴伯受用其吉金，乍其元妹叔嬴为心塍鐈（饋）匿，子子孙孙其永用之。

此器系春秋中期器[①]，由铭文内容可知，此簠为鄴伯为他大妹“叔嬴为心”作的陪嫁器。叔，家中姊弟排行；嬴，母家姓；为心，人名。如此，则鄴（养）为嬴姓是可以确定的。另外需要解释的是“鄴伯受簠”何以会出现在楚地墓葬当中呢？其实很好理解，从铭文内容看此器本身就是鄴伯为大妹为心所铸的媵器，为心嫁与楚国贵族，作为媵器的“鄴伯簠”必随之入楚。

综上，养国（羕、鄴）有二，一为姬姓；一为嬴姓。吴毅强先生考证，铜铭中姬姓之养（羕）作：，永字左上或者右上有一小圆圈；嬴姓之养（鄴）作：，从羕从邑，二者迥然有别[②]，甚有见地。

姬姓养国，立国于西周初年，至西周晚期尚存。1964 年在河南省桐柏市月河乡左庄发现一批“羕伯庸”器，即羕伯庸罍（《集成》09960）、羕伯庸盘（《集成》10130）、羕伯庸匜（《集成》10250）[③]，三器现藏河南省桐柏县文化馆。关于三器的年代，《集成》定在西周晚期[④]，王光镐先生同[⑤]。徐少华先生定为春秋早期早段[⑥]，金荣权先生同[⑦]。张丹先生言：“当以《集成》看法为是。与养伯庸罍、盘、匜同出的还有一件鼎，敛口、鼓腹、两立耳，圜底、三蹄足，口沿下及

① 荆州地区博物馆：《江陵岳山大队出土一批春秋铜器》，《文物》1982 年第 10 期。

② 吴毅强：《夫人养姬匜及相关历史问题探微》，《出土文献与商周社会学术研讨会论文集》，第 333—341 页。

③ 王儒林：《河南桐柏发现周代铜器》，《考古》1965 年第 7 期。

④ 中国社会科学院考古研究所编：《殷周金文集成》（第 16 册），第 54 页。

⑤ 王光镐：《楚文化源流新证》，第 194 页。

⑥ 徐少华：《羕国铜器及其历史地理探析》，《考古学报》2008 年第 4 期。

⑦ 金荣权：《养国青铜器与养国历史考察》，《中州学刊》2011 年第 2 期。

腹部饰有两周窃曲纹，其时代特征较早。再从盘的圜底和四小足以及匜的兽形扁平四足来判断，这批器物的年代当以西周晚期为是。”①“羕伯庸”器年代可从西周晚期说。

“羕伯庸”罍、盘、匜三器皆铸有铭文，如下：

> 罍铭：羕伯庸。
>
> 盘铭：羕伯庸自作宝监(鉴)，其万年疆无，子孙永用享。
>
> 匜铭：隹伯□作宝匜其万年无疆，子子孙永用之。

上羕，皆作，系姬姓养国器。徐少华先生考证铭文中出现的养伯庸：“当为养国的一位国君。”②

1975年，河南桐柏钟鼓堂墓葬出土“养仲无龙匜”(《集成》10249)，系春秋早期器③，器内底铸4行16字铭文(又重文2)：

> 羕仲无龙乍宝也(匜)，其万年子子孙孙永宝用享。

养(羕)，作，与养伯庸诸器写法一致。器主“养仲无龙”当系姬姓养国贵族，养，国别；仲，排行；无龙，器主名。

姬姓养国国君及其贵族器连续在桐柏发现，则直接证实了河南桐柏及其附近区域就是周初姬姓养国始封地所在。

又2012年在南阳新店乡夏饷铺的西周晚期鄂侯夫人墓中出土了两件羕伯铜方壶盖，形制、纹饰、铭文皆同。壶盖上刻铸有15

① 张丹：《南襄盆地出土两周时期铭文研究》，武汉：武汉大学博士学位论文，2012年5月，第11页。

②③ 徐少华：《羕国铜器及其历史地理探析》，《考古学报》2008年第4期。

字铭文，如下：

养□伯自作宝壶，其万年子孙永宝永享。

此器出自鄂墓，也是鄂国、养国通婚之证。养、鄂两国，一在桐柏，一在南阳西鄂故城[①]，相距不远故可婚聘。

春秋初年，楚国在底定江汉平原的同时积极向北拓疆，《诗经・王风・扬之水》三章分别提到周人"戍申""戍甫（吕）""戍许"，《毛诗序》："《扬之水》，刺平王也。不抚其民，而远屯戍于母家，周人怨思焉。"郑玄笺："平王母家申国，在陈、郑之南，迫近强楚，王室微弱，而数见侵伐，王是以戍之。"[②]又《左传》鲁桓公二年（前710）："蔡侯、郑伯会于邓，始惧楚也。"按，鲁桓公二年，当公元前710年，为郑庄公三十四年，楚武王三十一年。郑庄公自鲁隐公元年（前722）消除内患以后，凭借挟天子以令诸侯的地位，远交（交齐、鲁）近攻（攻宋、卫），努力经营十多年，已经形成"郑庄小霸"的局面，"几乎做了东方诸侯的领袖"，"这样一个春秋初期的唯一强国"[③]，却已经因楚北进而惧楚矣。《左传》鲁僖公二十八年（前632）载晋下军将栾枝评价楚国，言："汉阳诸姬，楚实尽之。"姬姓养国所在的桐柏，恰处于楚人从江汉平原基地出发进入中原大平原的关键通道上，推测姬姓养国就是在春秋初年为楚所灭的汉阳诸姬之一[④]。

1994年2月，又桐柏月河M1出土"鄴子伯受铎"（《新收》

---

① 徐中舒：《禹鼎的年代及其相关问题》，《考古学报》1959年第3期；徐少华：《周代南土历史地理与文化》，第22页。

② （汉）毛亨传，（汉）郑玄笺，（唐）孔颖达疏：《毛诗正义》，第331页。

③ 童书业撰：《春秋史》，第138—139页。

④ 吴毅强：《夫人养姬匜及相关历史问题探微》，《出土文献与商周社会学术研讨会论文集》，第333—341页。

0393)，该器的年代应为春秋晚期早段，不晚于公元前538年[①]，正反面有6字铭文：

鄴子伯受之铎。

养(鄴)，作，从兼从邑，显为嬴姓之养。学界观点器主“鄴子伯受”与湖北江陵岳山楚墓所见“鄴伯受”为一人[②]，可从。鄴，氏称；子，美称；伯，其字；受，人名。

需慎重思考的是，嬴姓之养的重要成员养伯受之器何以会出现在姬姓之养的居地桐柏呢？考虑到“鄴伯受簠”“鄴子伯受铎”诸器的年代为春秋中晚期，明显的晚于姬姓之养诸器，大胆猜测楚在春秋早期灭掉姬姓之养后，为巩固当地统治秩序，旋以部分土地赏赐于嬴姓大臣，此嬴姓大臣以采邑名获养氏，为与原先的姬姓之养有所区别，别为鄴氏，青铜器铭文中作，“鄴子伯受”即其后[③]。

姬姓养国被灭，其贵族成员至楚为楚国养氏，当有两种不同途径：

其一，养氏成员直接由养入仕楚，以国名为氏，为楚国养氏。

其二，经第三国抵楚而获氏。《左传》鲁桓公九年(前703)记载邓国有“养甥”“聃甥”，杜预注：“二甥皆邓大夫。”[④]又鲁庄公六年(前688)邓国有“骓甥”“聃甥”“养甥”三甥，《史记・十二诸侯年

① 南阳市文物研究所、桐柏县文管办：《桐柏月河一号春秋墓发掘简报》，《中原文物》1997年第4期。

② 董全生、赵成甫：《桐柏月河一号春秋墓相关问题研究》，《中原文物》1997年第4期。

③ 按，此观点由吴毅强师兄最早提出，在多次交流过程中，笔者赞同其观点。

④ (晋)杜预注，(唐)孔颖达疏：《春秋左传正义》，第1754页。

表》直接作“邓甥”，杜预注：“（三甥）皆邓甥，仕于舅氏也。”[①]显而易见，在春秋早期，已有姬姓养国贵族借姻亲关系成为邓国重臣。楚文王十二年（前 678），灭邓，这样“邓养氏”顺势自然一转而为“楚养氏”[②]。

2. 史料所见楚养氏成员与养氏之族灭

见于《左传》等文献资料，养氏成员有养由基。关于养由基，《传》文当中有 4 次记录，如下：

(1) 鲁宣公十二年（前 597）晋楚邲之战：楚子（楚庄王）为乘光三十乘，分为左右。右广鸡鸣而驾，日中而说；左则受之，日入而说。许偃御右广，养由基为右；彭名御左广，屈荡为右。……

(2) 鲁成公十六年（前 575）晋楚鄢陵之战：六月，晋、楚遇于鄢陵……彭名御楚共王，潘党为右……癸巳，潘尫之党与养由基蹲甲而射之，彻七札焉……及战，（晋臣吕绮）射共王（楚共王）中目。王召养由基，与之两矢，使射吕绮，中项，伏弢，以一矢复命。

(3) 鲁襄公十三年（前 560）楚吴庸浦之战：秋，楚共王卒……吴侵楚，养由基奔命，子庚（即司马公子午）以师继之。养叔曰：“吴乘我丧，谓我不能师也，必易我而不戒。子为三覆以待我，我请诱之。”子庚从之。战于庸浦，大败吴师，获公子党。

(4) 鲁襄公十五年（前 558）楚中央高层名单：楚公子午为令尹，公子罢戎为右尹，𫇭子冯为大司马，公子橐师为右司马，

---

① （晋）杜预注，（唐）孔颖达疏：《春秋左传正义》，第 1764 页。

② 滕壬生：《鄴氏考》，《楚史研究专辑》，第 134—139 页。

公子成为左司马，屈到为莫敖，公子追舒为箴尹，屈荡为连尹，养由基为宫厩尹，以靖国人。君子谓："楚于是乎能官人。"

分析上面四条史料，可获得以下几条信息：

(1) 养由基大致生活在公元前597至公元前558年，始楚庄王治国后期，历整个楚共王时代(前590—前560年在位)，直至楚康王前期(前559—前545年在位)，服务了三代楚王。

(2) 史料3中对于养由基的称谓由"养由基"一转为"养叔"，养，氏称；由基，其名；叔，其字也。

(3) 养由基在整个40余年服务三代楚王的政治军事生涯中，接连参加了在楚国历史发展中影响深远的三次对外战役：邲之战、鄢陵之战、庸浦之役，战功赫赫。既展现了高超的个人本领，又显示了过人的谋略。如鄢陵之战，为楚共王复仇射死吕琦；庸浦之战，出诱敌之计而大败吴师。

(4) 见于史料2养由基有一项特殊本领——善射，这也见于其他史料当中，《史记·周本纪》："楚有养由基者，善射者也。去柳叶百步而射之，百发而百中之。"①《战国策·西周策》："楚有养由基者，善射，去柳叶者百步而射之，百发百中。"②

(5) 养由基在楚国内的政治地位愈来愈高。见于邲战，为楚王禁卫军右广之车右，此职的获得概源于其善射的本领。至公元前558年，积功至"宫厩尹"，在诸大臣中居第九位。养氏业已崛起于楚国。

又《左传》鲁昭公三十年(前512)载楚有"养"邑，如下：

---

① (汉)司马迁：《史记》卷四《周本纪》，第165页。

② (汉)刘向集录，范祥雍笺证，范邦瑾协校：《战国策笺证》，第100页。

> 吴子(阖闾)使徐人执掩余,使钟吾人执烛庸,二公子奔楚。楚子(楚昭王)大封,而定其徙,使监马尹大心逆吴公子,使居养,莠尹然、左司马沈尹戌城之;取于城父与胡田以与之,将以害吴也。

此条记载下,杨伯峻先生注:“养当在今河南沈丘县今治南沈丘城之东,临安徽界首县境。”[①]清顾栋高:“今河南陈州府沈丘县东有养城,春秋时楚养邑也。”[②]又熊会贞《水经注疏·汝水注》:“今沈丘东有养城,当是吴公子所居。”[③]金荣权先生认为沈丘之“养”,即是战功赫赫的养由基之封邑,故以为名[④]。

又《左传》鲁昭公十四年(前528)载:“楚令尹子旗(斗成然)有德于王,不知度,与养氏比,而求无厌。王患之。九月甲午,楚子(楚平王)杀斗成然,而灭养氏之族。使斗辛居郧,以无忘旧勋。”杜预注:“养氏,子旗之党,养由基之后。”[⑤]养氏最终在楚国内部政治斗争中因站在楚平王之对立面而族灭。

四、彭氏

与楚国彭氏相关的史料,无论是传世文献,还是新时期的出土材料,都比较丰富。而学界关于楚国彭氏的最新研究成果也比较

---

① 杨伯峻:《春秋左传注》(修订本),第1507页。

② (清)顾栋高辑,吴树平、李解民点校:《春秋大事表》卷七《春秋列国都邑表》,第857页。

③ 谢承仁主编:《杨守敬集·水经注疏(上)》(第三册),武汉:湖北人民出版社 湖北教育出版社1997年版,第1287页。

④ 金荣权:《养国青铜器与养国历史考察》,《中州学刊》2011年第2期。

⑤ (晋)杜预注,(唐)孔颖达疏:《春秋左传正义》,第2076页。

多，有徐少华先生《彭器、彭国与楚彭氏考论》[①]、张丹先生《〈左传〉及楚简所见彭氏家族人物考》[②]、田成方先生《东周时期楚国宗族研究·外来宗族·彭氏》[③]等，皆对楚国彭氏作了有益的探讨，拟在三位先生已有研究基础上，对春秋时期楚国彭氏作再整理及必要的补充论述。

1. 楚国彭氏族源分析

关于楚国彭氏的族源，学界皆认为其应该与古彭国有密切联系。

《尚书·牧誓》载周武王伐纣，有“庸、蜀、羌、髳、微、卢、彭、濮”八个“友邦”，曾运乾先生：“八国名，均当时西南夷也。”[④]又《左传》鲁桓公十二年（前700）载：“（楚）伐绞之役，楚师分涉于彭。”杨伯峻先生注：“彭水，后名筑水，今名南河。源出于湖北省房县西南。”[⑤]顾颉刚、刘起釪先生将《牧誓》所见之“彭”国与《传》文记载中的“彭水”结合起来，指出：“彭——今湖北房县附近南河流域。”[⑥]徐少华先生申之，云：“在商末周初于今湖北西部有一支彭人（或彭族）存在，活动在汉水中游以南的武当山与荆山之间，即今湖北房县至谷城一带的古彭水（南河）流域，西与庸（今湖北竹山一带）相望，东与卢、罗相去不远，北与谷（今湖北谷城西北）为邻，经

---

① 徐少华：《彭器、彭国与楚彭氏考论》，《古文字与古代史》（第二辑），台北：“中央研究院”历史语言研究所，2009年，第279—302页。

② 张丹：《〈左传〉及楚简所见彭氏家族人物考》，《社会科学论坛》2011年第8期。又载张丹：《南襄盆地出土两周时期铭文研究》，武汉：武汉大学博士学位论文，2012年5月，第184—195页。

③ 田成方：《东周时期楚国宗族研究》，第142—151页。

④ 曾运乾：《尚书正读》，第131页。

⑤ 杨伯峻：《春秋左传注》（修订本），第135页。

⑥ 顾颉刚、刘起釪：《尚书校释译论》，北京：中华书局2018年版，第1162页。

南阳盆地前往中原和周京亦较便利。”①

1974年在河南南阳西关煤场所发现的“申公彭宇墓”中，出土2件“彭伯壶”②(《新收》0315、0316)，两壶现皆藏南阳市博物馆。两壶器盖、器壁皆铸有铭文③，然除去其中一件器盖铭文较为清晰完整外，其余铭文中器主之名俱被人为凿刮。便于说明，先将铭文抄录如下：

“彭伯壶”1

器盖：彭伯自作醴壶，其子子孙孙永宝用之。

颈内壁：□□□□□壶，其子子孙孙永宝用之。(按，3行铭文，第1行刮除严重。)

“彭伯壶”2

器盖：□□□作醴壶，其子子孙孙永宝用之。

颈内壁：□□□□醴壶，其子子孙孙永宝用之。

关于两壶的年代，尹俊敏先生言：“彭伯壶的形制与山西曲村北赵

① 徐少华：《彭器、彭国与楚彭氏考论》，《古文字与古代史》(第二辑)，第280页。

② 王儒林、崔庆明：《南阳市西关出土一批春秋青铜器》，《中原文物》1982年第1期。

③ 按，1974年2月在“申公彭宇”墓中所出土的2件铜壶，其中一件器盖已佚。当年11月，河南省南阳市博物馆在废品公司收购站拣选到一铜壶盖，尹俊敏先生言：“其子口的直径和高度与彭伯壶子口直径相同，在子口外侧铸有铭文，铭文亦被刮掉，能辨识出：‘□□□乍(作)醴壶其子子孙孙永宝用之。’与彭伯壶同出的缺盖壶相扣后，壶与壶盖极为协调。此壶盖顶为喇叭形捉手，下有较长的子口。盖面饰盘龙纹，腹饰窃曲纹，捉手外饰鳞纹。根据同墓所出两件铜壶的形制、纹饰、大小及铭文，彭伯壶应为两件。”参见尹俊敏：《南阳出土的彭伯壶》，《文物》1997年第12期。

晋侯墓地 M63 所出的杨姞壶……等相仿，只是彭伯壶稍显瘦长，从纹饰看应是西周晚期流行的纹饰，铭文也与两周之际的铭文风格一致。彭伯壶应早于同墓出土的其他铜器，因此，彭伯壶的时代应为西周晚期或春秋早期。"[①]徐少华、张丹诸先生亦认定"彭伯壶"为两周之际器[②]，可从。

从器铭看，两壶应该是"彭伯"的自作器。器主人"彭伯"究竟是何种身份呢？尹俊敏先生认为"彭伯"非"彭宇"，言："'彭伯'是两周之际周王朝的一个封国——彭国的君长。"[③]将"彭伯"与《尚书·牧誓》所载的彭国之君长联系起来。然同时，尹俊敏先生依据两壶器主名多处被凿除的现象否定了"彭伯"与"彭宇"之间可能存在的血缘联系，云："如果彭伯壶系彭宇或其先祖的东西，彭宇决不可能将显示自己或其祖先地位的铭文刮掉，况且铭文中有'子子孙孙永宝用之'的字样标明该器为重器，彭伯的子孙是可以继承的。"进而推测很有可能是"楚灭彭国后，将掠夺的彭国重器赠与彭宇，以笼络和威摄(按，当慑)故申国贵族"[④]。邹芙都先生对此持有异议，云："彭伯应是彭宇的先祖……至于凿去器主名的原因我们已不清楚，但这与曾侯乙凿去曾侯舆名，而再刻上自己的名字一样，并不是不可能。"[⑤]徐少华先生亦肯定了"彭宇"与"彭伯"的关系，云："彭伯之器出土于南阳'申公彭宇'墓中，一方面说明'彭'应是与申相近的汉水中游之彭国，且于两周之际仍存；同时说明彭宇、

---

① 尹俊敏：《南阳出土的彭伯壶》，《文物》1997 年第 12 期。

② 徐少华：《彭器、彭国与楚彭氏考论》，《古文字与古代史》(第二辑)，第 284 页；张丹：《南襄盆地出土两周时期铭文研究》，武汉：武汉大学博士学位论文，2012 年 5 月，第 16 页。

③④ 尹俊敏：《〈南阳市西关出土一批春秋青铜器〉补记》，《华夏考古》1999 年第 3 期。

⑤ 邹芙都：《楚系铭文综合研究》，第 42 页。

彭仲爽与‘彭伯’的相互关系，他们可能属于同一族系，换言之，彭宇、彭仲爽可能是彭伯之后人。”[①]认为春秋楚国彭氏源出汉水旁之古彭国（今湖北房县），可信。

肯定了楚国彭氏与房县古彭国之间的关系，另有两个问题需要仔细思考，其一，房县之古彭国或彭族与今江苏徐州的彭国有无关系？其二，《左传》鲁哀公十七年（前478）载："彭仲爽，申俘也，文王以为令尹。"据此可知春秋时期楚国彭氏最早是从申国而入仕楚廷的。那么，在春秋初年彭氏经历了由彭入申、再由申入楚的复杂过程，又该如何解读这复杂的迁徙呢？

《国语·郑语》、《大戴礼记·帝系》及《史记·楚世家》等典籍言陆终生六子，第三子是为彭祖[②]。同时，诸多史料亦提及彭祖事尧而受封之事，《楚辞·天问》："彭铿（彭祖）斟雉，帝（帝尧）何飨？受寿永多，夫何久长。"王逸注："彭铿，彭祖也。好和滋味，善斟雉羹，能事帝尧，尧美而飨食之。"[③]《史记·五帝本纪》："彭祖自尧时举用，历夏、殷封于大彭。"彭祖始封地"大彭"，韦昭："彭城是也。"[④]即在徐州。徐州古彭国商时灭亡，《国语·郑语》："彭姓彭祖、豕韦、诸、稽，则商灭之矣。"韦昭："彭祖，大彭也。豕韦、诸、稽，其后别封也。"[⑤]《史记·楚世家》记载类似："彭祖氏，殷之时尝为侯伯，殷之末世灭彭祖氏。"彭国受商王朝的征伐而国灭，然彭族人并未绝尽，《风俗通义》："及殷之衰也，大彭氏、豕韦氏复续其绪。"[⑥]猜

---

① 徐少华：《彭器、彭国与楚彭氏考论》，《古文字与古代史》（第二辑），第284页。

② 徐元诰撰，王树民、沈长云点校：《国语集解》，第467页；（清）王聘珍撰，王文锦点校：《大戴礼记解诂》，第128页；（汉）司马迁：《史记》卷四〇《楚世家》，第1690页。

③ 黄灵庚：《楚辞章句疏证》（增订本），第1373页。

④⑤ 徐元诰撰，王树民、沈长云点校：《国语集解》，第467页。

⑥ （汉）应劭撰，王利器校注：《风俗通义校注》，第19页。

测大量的彭族人在国灭之后应该陆续往南迁移，到达今江汉流域，怀着对商王朝的憎恨而参与周武王伐商，成牧野“八友邦”之一。西周建立后，彭作为西周王朝的盟国，概重新受封于房县附近，国祚得以延续。

关于彭人的南迁，宋邓明世、张丹先生皆言彭人的一支定居在申地（今河南南阳），邓明世云：“商末，大彭氏失国，子孙处申。”[①]张丹先生：“古徐大彭国被殷商灭亡后，彭人四散流亡，子孙以国为氏，其中的一支进入了南阳地区，并定居于申。”[②]此说有其合理之处。然言南迁彭人最终定居在申地（河南南阳），立论依据应该就是《左传》鲁哀公十七年（前478）“彭仲爽，申俘也”一语。然不可凭“彭仲爽”曾在申国生活过而断定南迁之彭人就是在申地定居。这又涉及到第二个问题，即楚国彭氏在春秋早期复杂的迁徙过程。

西周初年，南迁之彭人应该在今湖北房县重新建国。周平王东迁后，随着周天子势力的衰弱，南方楚国的强大，彭应该是楚最早所灭方国之一，徐少华先生判断：彭国当是在鲁桓公十二年（前690）以前即被纳入楚境[③]。甚是。在楚人迫使之下，一部分彭人再次迁徙，并定居在“申”地，随着楚文王灭申，彭氏最终入仕楚国，成为春秋时期楚国的显族。

2. 史料所见楚国彭氏成员

史料当中所见的楚国彭氏成员，主要分为三大块，即传世文献资料中的彭氏成员、南阳彭氏墓群所见彭氏成员、楚地简册当中所见彭氏成员，下分述之。

---

① （宋）邓明世：《古今姓氏书辩证》，第229页。

② 张丹：《南襄盆地出土两周时期铭文研究》，武汉：武汉大学博士学位论文，2012年5月，第192页。

③ 徐少华：《彭器、彭国与楚彭氏考论》，《古文字与古代史》（第二辑），第285页。

(1) 传世文献资料中所见彭氏成员

传世文献资料中所见楚国彭氏成员，计有彭仲爽、彭名、彭生三人。

彭仲爽，当主要生活在楚文王时期(前689—前675年在位)。《传》文当中关于彭仲爽的记载甚为简略，仅有鲁哀公十七年(前478)的一条史料，云：

> 楚白公之乱，陈人恃其聚而侵楚。楚既宁，将取陈麦。楚子(楚惠王)问帅于大师子谷与叶公诸梁(沈诸梁)，子谷曰："右领差车与左史老皆相令尹、司马以伐陈，其可使也。"子高(沈诸梁)曰："率贱，民慢之，惧不用命焉。"子谷曰："观丁父，鄀俘也，武王以为军率，是以克州、蓼，服随、唐，大启群蛮。彭仲爽，申俘也，文王以为令尹，实县申、息，朝陈、蔡，封畛于汝。唯其任也，何贱之有?"

分析上引史料，有以下三点需要详细说明。其一，彭仲爽的出身，子谷言："彭仲爽，申俘也。""申俘"二字，传统观点认为其意思是说作为申国人的彭仲爽为楚所俘，如罗运环先生："'申俘'二字表明彭仲爽是申国人，为楚所俘。"[①]徐少华先生："彭仲爽为'申俘'，即被楚生俘的申人，从其以'彭'为氏推测，原应是彭国人，即彭公族之人入申者。"[②]又有学者提出新的看法，如沈玉成先生："彭仲爽，做过申国俘虏。"[③]李宗侗先生："彭仲爽是申国的俘虏。"[④]吕全义

---

① 罗运环：《楚国八百年》，第140页。

② 徐少华：《彭器、彭国与楚彭氏考论》，《古文字与古代史》(第二辑)，第288页。

③ 沈玉成：《左传译文》，北京：中华书局1981年版，第588页。

④ 李宗侗：《春秋左传今注今译》，台北：商务印书馆1984年版，第494页。

先生:"彭仲爽很可能是申国与彭国交战或申国灭亡彭国时所俘。"①

按,将"申俘"理解为被申国俘虏,显属望文生义而与史实不符。在鲁哀公十七年(前478)《传》文记载中,"彭仲爽"与"观丁父"并列而举,一位"鄀俘",一位"申俘";一为"军率",大启群蛮,一为"令尹",实现申、息。假若沈玉成、李宗侗、吕全义三位先生之说成立,以此类推,则观丁父当是观国与鄀国交战或者鄀国灭亡观国时被俘的,然观国早在夏王朝时期既已国灭,而观丁父却为春秋早期人物,相互抵牾而自难置信。且从《左传》一书的语辞书写方式来看,将"申俘"理解为楚人所俘之申国人更加恰当一些。

其二,关于彭仲爽任职令尹的时间,史无明载,然可大体推测出来。由彭仲爽任职令尹的时间我们又可估出彭仲爽生活的大概时段,这对整理楚国彭氏世系有重要意义。清顾栋高言:"彭仲爽为令尹当在斗祈之后,子元之前。楚令尹见《传》者二十八人,唯仲爽申俘,余皆王族也。"②此一点从表2-1《春秋时期楚国令尹表》中也可以看出。彭仲爽官拜令尹,功劳甚大,"县申、息,朝陈、蔡,封畛于汝",则其任职令尹的时间可再缩小而具体到楚灭申、息的前后,即公元前687年至公元前682年之间。

《左传》鲁庄公二十八年(前666):"楚令尹子元欲蛊文夫人,为馆于其宫侧,而振万焉。"据此,公子元在公元前666年就已经担任楚国令尹一职。春秋时代的楚国令尹应该是终身制,某人令尹职务得以解除,往往意味着该人已经死亡,或者在内部争斗中失败

① 吕全义:《申俘彭仲爽和春秋初楚灭申、治申方略》,《天水师范学院学报》2014年第6期。

② (清)顾栋高辑,吴树平、李解民点校:《春秋大事表》卷一〇《春秋列国官制表》,第1142页。

而出奔。就目前史料所能见到的楚令尹属致仕者,仅有一例,即继公子元而袭任令尹的斗谷于菟(字子文),事件的经过见于《左传》鲁僖公二十三年(前637):

> 秋,楚成得臣帅师伐陈,讨其贰于宋也。遂取焦、夷,城顿而还。子文以为之功,使为令尹。叔伯曰:"子若国何?"对曰:"吾以靖国也。夫有大功而无贵仕,其人能靖者与有几?"

分析此事,子文之所以在生前卸任令尹一职,有至少两个方面的原因:一者,公元前637年,此时距离子文始任令尹(前664)的时间已过去28年之久,宋公文先生指出子文至迟生于楚武王三十五年(前706)之前,至公元前637年(鲁僖公二十三年),当已年过七旬,属古稀之年[①],身体与精力不济是人之常情。二者,子文让位的原因据其自己言是:"吾以靖国也。夫有大功而无贵仕,其人能靖者与有几?"杜预注:"言(子玉)必矜功为乱,不可不赏。"[②]竹添光鸿先生观点类似:"夫无贵仕便不能靖,分明刚而无礼,子文早已知之,忧其作乱,故避之耳。此与士会让郤克同一心事。"[③]如此看来,子文让位有其不得已之处,并非楚国政治常态。

据上分析,彭仲爽应该在公元前666年以前就已经过世。

其三,彭仲爽由"申俘"被越级提拔为楚王之下第一人,彭仲爽此人何以会在公族社会兴盛的楚国成为唯一的一位异姓令尹呢?除去彭仲爽个人杰出的政治军事才能以外,应该还有深层次、值得深究的因素。张丹先生指出:"在当时的条件下,文王不可能任命

---

① 宋公文:《楚史新探》,第211页。

② (晋)杜预注,(唐)孔颖达疏:《春秋左传正义》,第1814页。

③ (日)竹添光鸿:《左氏会笺》,第526页。

一个毫无社会根基和社会影响力的异姓俘虏为令尹……这表明……在楚国灭申之前，彭氏家族已经是申国非常显赫的一个家族了。大概是彭氏家族对楚能顺利灭申起到了重要作用，所以楚国才会重用故申国的彭氏家族来巩固楚国在申县的统治。"[①]确然。

彭名，大约生活在楚庄王及楚共王时代。《传》文当中多见，详录如下：

（一）《左传》鲁宣公十二年（前597）晋楚第二次大决战——邲之战，其中楚军部署为："楚子（楚庄王）为乘广三十乘，分为左右。右广鸡鸣而驾，日中而说；左则受之，日入而说。许偃驭右广，养由基为右；彭名御左广，屈荡为右。乙卯，王乘左广以逐赵旃。"

（二）《左传》鲁成公二年（前589）齐晋鞌之战："楚令尹子重（公子婴齐）为阳桥之役以救齐……悉师，王卒尽行。彭名御戎，蔡景公为左，许灵公为右。"杨伯峻先生注："共王虽不行，以'王卒尽行'，其战车势必同行。共王若乘车，即居于中间，御者在左，车右在右。今共王不行，御者（彭名）即在中间，另以两人分居左右。"[②]

（三）《左传》鲁成公十六年（前575）晋楚两强第三次大决战——鄢陵之战："彭名御楚共王，潘党为右。"

（四）《左传》鲁襄公四年（前569）："三月，陈成公卒。楚人将伐陈，闻丧乃止。陈人不听命。臧武仲闻之，曰：'陈不服于楚，必亡。大国行礼焉，而不服；在大犹有咎，而况小乎？'夏，楚彭名侵陈，陈无礼故也。"

分析上面四条史料，其一，彭名的出身，清陈厚耀《春秋世族谱》、石泉先生主编《楚国历史文化辞典·彭名》条及田成方、张丹

① 张丹：《南襄盆地出土两周时期铭文研究》，武汉：武汉大学博士学位论文，2012年5月，第186—187页。

② 杨伯峻：《春秋左传注》（修订本），第807页。

二位先生[1]，皆考订其为彭仲爽后裔，可从。其二，史料（一）、（二）、（三）皆显示彭名的官职为“左广”之“御”，专职为楚王驾车，时常与楚王在一起，王在国则舍王宫，出征则趋以卒伍，必为王之心腹。其三，彭名，公元前597年始见，活动止于公元前569年，前后历时近30年，参加了邲之战、鄢陵之战等一系列楚对外战役，劳苦而功高。其四，《左传》鲁襄公四年（前569），彭名单独率军征陈，此已逾越作为楚王车御的职权范围，概彭名此时积功擢升，擢升至何职不见于文献记载与考古发现，疑其为楚申县县公，理由如下：

佐证一：表3－1“春秋时期楚申县历任县公表”，第七任申公为出身王室的“公子申”，任职截止在前571年以前，《左传》鲁襄公二年（前571）：“楚公子申为右司马，多受小国之赂，以偪子重、子辛。楚人杀之。”第8任申公为同样出身王室的“王子牟”，任职在楚康王时期，即前559至前545年左右。从时间上分析，“公子申”与“公子牟”之间当还有一位申公存在，而彭名恰好活动在此一时期内。

佐证二：终春秋之世，申地是楚国军事重镇，设“申师”，作为武装力量驻守地方，是楚北征陈、蔡、宋、郑诸国的常用部队，服从申公命令。《左传》鲁襄公四年（前569），彭名单独率师侵陈的军事行为，与“申公”掌控“申师”以征北方诸国的军事职责相吻合。

佐证三：彭氏与楚国申县关系密切。楚共王在鄢陵战败之后，任用熟知申县情况的彭名担任县公一职，以稳定北疆，系当时晋、楚争霸形势变化的需要。

彭生，独见于《左传》鲁昭公四年（前538）：

---

① （清）陈厚耀：《春秋世族谱》，《文渊阁四库全书》第178册，第384页；石泉：《楚国历史文化辞典》，第398页；田成方：《东周时期楚国宗族研究》，第150页；张丹：《南襄盆地出土两周时期铭文研究》，武汉：武汉大学博士学位论文，2012年5月，第187—188页。

> 楚子(楚灵王)欲迁许于赖,使斗韦龟与公子弃疾城之而还……冬,吴伐楚,入棘、栎、麻,以报朱方之役。楚沈尹射奔命于夏汭,葴尹宜咎城钟离,薳启强城巢,然丹城州来。东国水,不可以城。彭生罢赖之师。

"彭生"条下,杜预注:"彭生,楚大夫。罢斗韦龟城赖之师。"①清陈厚耀及石泉、田成方、张丹诸先生皆认为彭生为楚彭氏成员②。又日本学者竹添光鸿先生提出新的看法,言:"彭生,盖斗韦龟之字,言韦龟罢兵而退也,不然不成文义。城赖在八九月,以大水故,未毕功而留师,至此四大夫皆不果城而罢。"③

彭生当亦是楚彭氏成员,主要生活在楚灵王治国时期(前540—前529年)。

(2) 南阳彭氏墓群所见彭氏成员

自上个世纪七十年代,在今河南南阳市八一路附近,先后发现了5组8座春秋时期楚国彭氏宗族墓地,车马坑60余座,出土了大量器物,这使得对于楚国彭氏宗族的研究进入了新的阶段。

5组8座彭氏墓,主要分布在南阳市西关煤场、南阳市物资公司、南阳市重化公司等院落内。墓群地理空间布局较为规整,大略呈自北向南排列之序。"申公彭宇"墓处墓群最北端,向南依次为"申公之孙彭无所"墓、"申公之孙彭子射"夫妻合葬墓(异穴)、"申公彭寿"夫妻合葬墓(异穴)、"彭启"夫妻合葬墓(异穴)。

---

① (晋)杜预注,(唐)孔颖达疏:《春秋左传正义》,第2036页。

② (清)陈厚耀:《春秋世族谱》,《文渊阁四库全书》第178册,第384页;石泉:《楚国历史文化辞典》,第398页;田成方:《东周时期楚国宗族研究》,第150页;张丹:《南襄盆地出土两周时期铭文研究》,武汉:武汉大学博士学位论文,2012年5月,第188页。

③ (日)竹添光鸿:《左氏会笺》,第1698页。

与8座宗族墓自北向南走向的空间排列相应，墓葬时间亦是从春秋早中期递降到春秋晚期，最北端“申公彭宇”墓，藉墓葬形制及出土器物判定时代系春秋早期。彭宇墓南微偏西约100米处，是“彭无所墓”，时代系春秋中期偏晚段或春秋晚期早段①。又“彭无所墓”西南大概65米处为“彭子射墓”，系春秋晚期早段②。又“彭子射墓”东南大概50米处，是“彭子寿夫妻合葬墓(异穴)”③，时代系春秋晚期晚段(前491年左右)④。整个墓区的最南端是“彭启

① 按，关于“彭无所墓”及出土器物的年代，学界观点稍有区别。乔保同先生认为墓及器物系春秋中期偏晚。又徐少华先生据彭无所墓所出的一组铜簠考证属春秋晚期后段(前510年左右)：“若细加分析，其口沿直壁较高，矩形足外张较甚，蟠虺纹非常细密，整个形制和风格与河南淅川下寺3号墓出土的铜簠接近而稍晚，与安徽寿县蔡侯墓所出的同类器接近又略早，而与河南固始侯古堆1号墓出土的两件铜簠基本一致……(彭无所)簠与侯古堆1号墓出土的两件簠基本一致，则其时代应相当，属于春秋晚期的后段。”田成方先生：“从彭氏墓地的空间布局看，无所墓的年代至迟在春秋晚期偏早阶段，但不会早于春秋中期偏晚。”张丹先生观点类似：“春秋晚期早段，约公元前550年左右。”参见乔保同：《最新考古发现：南阳楚彭氏家族墓》，《文史知识》2009年第6期；徐少华：《彭器、彭国与楚彭氏考论》，《古文字与古代史》(第二辑)，第293—294页；田成方：《东周时期楚国宗族研究》，第146页；张丹：《南襄盆地出土两周时期铭文研究》，武汉：武汉大学博士学位论文，2012年5月，第84页。

② 南阳市文物考古研究所：《河南南阳春秋楚彭射墓发掘简报》，《文物》2011年第3期。

③ 按，“彭子寿墓”2000年发掘，墓葬资料现存南阳市考古研究所，未见诸报道。“彭子寿墓”以西大约7米左右是“彭子寿夫人墓”，该墓破坏严重。仅知为长方形竖穴土坑，深4.6米。随葬器物存铜鼎2件、簠2件、敦2件，玉牌2件以及大量串珠。铜器残破严重，经初步清理，在残破的铜簠上发现有铭文，内容与“蔡侯申”有关。该墓墓主人头向南，从随葬器物中未见兵器以及“彭子寿”墓相对位置判断为女性，即彭子寿夫人墓。

④ 张丹：《南襄盆地出土两周时期铭文研究》，武汉：武汉大学博士学位论文，2012年5月，第135页。

夫妻合葬墓(异穴)”,大概在“彭子寿墓”西南方 30 米处,时代亦最晚,为春秋晚期晚段(前 480 年左右)①。

由上诸墓的空间分布与时间排列的规律性,可以初步断定彭宇似乎是整个墓地之宗祖,其他位于彭宇墓以南的墓葬主人皆是其子孙辈②。

彭氏墓群由北向南的时空布局特征,在楚系墓葬中鲜见。迄今为止两周时期的大型贵族墓地所见并不太多,具体到楚国,有河南淅川下寺楚墓、淅川和尚岭楚墓、淅川徐家岭楚墓、湖北襄阳山湾楚墓及湖北江陵天星观 1 号墓等,而在整体布局上与南阳彭氏墓群形成鲜明对比的是距其不远的河南淅川下寺楚墓,李先登先生言:“从淅川下寺各组墓葬的平面布局来看,它们并不是一字形南北排列,而是座东朝西、中间居后、两边靠前、略呈弧形。整个墓地以居中的乙组墓为中心,它的时代最早、规格最高、最为显赫,两边有殉葬墓 15 座,显然是整个墓地的始祖。”③

此外,关于南阳彭氏墓群尚有以下两点作补充说明。

其一,该墓群的规格,应该是大夫级别的贵族墓地。春秋时期的社会阶层,《左传》鲁昭公七年(前 535):“天有十日,人有十等,下所以事上,上所以共神也。故王臣公,公臣大夫,大夫臣士,士臣皂,皂臣舆,舆臣隶,隶臣僚,僚臣仆,仆臣台。马有圉,牛有牧,以待百事。”“王”“公”“大夫”等基于社会等级的不同,墓葬中所使用

---

① 张丹:《南襄盆地出土两周时期铭文研究》,武汉:武汉大学博士学位论文,2012 年 5 月,第 136 页。

② 乔保同:《南阳八一路楚申县贵族墓地埋葬制度初探》,楚文化研究会编:《楚文化研究论集(第九集)》,上海:上海古籍出版社 2011 年版,第 291—298 页。

③ 李先登:《淅川下寺楚墓年代与布局之研讨》,《楚文化研究论集(第四集)》,第 119 页。

的棺椁及青铜礼器的组合、数量等皆有区别。《荀子·礼论》:“天子棺椁七重,诸侯五重,大夫三重,士再重。”[①]“大夫三重”指的是一椁两棺。青铜礼器的组合及数量,《仪礼》一书屡次提及周代不同等级用鼎制度的不同,而鼎与簋是组合使用的,具体而言就是九鼎配八簋、七鼎配六簋、五鼎配四簋、三鼎配两簋,河南三门峡虢国墓地 M2001 出土的七鼎六簋就是最为显著的例证。5 组 8 座彭氏墓,棺椁从已经清理出来的遗迹看,以一椁重棺为主,彭子射墓一椁重棺,椁为长方形,南北长 4.8 米,东西宽 3.2 米,椁室四周有熟土二层台;彭启墓一椁重棺,椁为长方形,南北长 4.8 米,东西宽 3.2 米,椁室四周有熟土二层台。而铜礼器组合,“保存较好的六座贵族墓中四座出土五鼎四簠……,两座为三鼎两簠,其中‘彭启’墓中不但出土了一套完整的青铜礼器,而且还随葬有一套制作精美的编钟、编磬以及殉人、车马坑”[②]。

综上,南阳彭氏墓群无疑是楚国大夫阶层的高级贵族墓地。

其二,5 组 8 座墓,皆竖穴土坑,墓主人的头向俱朝南。而在已发现的大量楚墓中,其头向的特点是较低规格的墓葬头向尚南,中、高规格的墓葬头向尚东[③]。淅川下寺 25 座墓葬,墓主头向除一座不明外,余者皆朝东[④]。

此外,在“申公之孙彭子射”“申公彭寿”及“彭启”夫妻异穴合葬墓中,墓皆东西并列,男左女右。男性墓葬北侧多有车坑及车马坑,甚至四周有较小的殉葬墓。车马坑为竖长方形,车竖立置放,

---

① (清)王先谦撰,沈啸寰、王星贤点校:《荀子集解》,第 425 页。

② 乔保同:《最新考古发现:南阳楚彭氏家族墓》,《文史知识》2009 年第 6 期。

③ 宋公文、张君:《楚国风俗志》,第 240 页。

④ 河南省文物研究所、河南省丹江库区考古发掘队、淅川县博物馆:《淅川下寺春秋楚墓》,第 345—348 页。

马在车辕两侧，这一点显得尤为特别。就目前所见楚国贵族墓葬中的车马坑，多为横长方形，对应的车也是横列陈设，如淅川下寺楚墓、和尚岭楚墓、徐家岭楚墓俱如此。

彭氏墓群有诸多与楚制不合之处，这应与彭氏系楚之外来宗族，且终春秋之世一直居于南、北交流地界的南阳申地有密切关联。

将5组彭氏墓葬发掘出土情况，作成一表格，如下：

表7-2　南阳彭氏宗族墓地情况介绍表

	发现时间	位置	墓葬年代	器物组合	典型器物举例
申公彭宇墓	1974	西关煤场	春秋早期晚段	鼎3、簠2、壶2	申公彭宇簠：隹正十又一月辛巳，申公彭宇自乍滯匿，宇其眉寿万年无疆，子子孙孙永宝用之。
彭无所墓	2003	物资城工地M1	春秋中期晚段、或春秋晚期早段	汤鼎1、鼾鼎5、簠4、盘1、匜1、缶2、敦1①	汤鼎铭：彭公之孙无所自作汤鼎，眉寿无期，永宝用之。鼾鼎铭：申公之孙无所自作鼾鼎。簠铭：彭公之孙无所自作飤匿，其眉寿万年无期，永宝用之。

① 董全生、李长周：《南阳市物资城一号墓及其相关问题》，《中原文物》2004年第2期。

续表

	发现时间	位置	墓葬年代	器物组合	典型器物举例
彭子射夫妻异穴合葬墓	2008	南阳市名门华府小区M38、M35	春秋晚期早段	繁鼎3，盂鼎3，汤鼎1，簠4，尊缶2，盏1，浴缶2，勺1，盘1，匜1①	盂鼎铭：申公之孙彭子射儿择其吉金自作飤盂，眉寿无期，永宝用之。 繁鼎铭：彭子射之行繁。 汤鼎铭：彭子射之汤鼎。 簠铭：彭子射儿自作飤匿，其眉寿无期，永宝用之。 尊缶铭：彭射之尊。 盘铭：彭子射之行盘。 匜铭：彭子射之行会匜。 戈铭：射之用。 戟名：射之用。
彭子寿夫妻异穴合葬墓	2008	八一路、工业路交叉口西北角	春秋晚期晚段，公元前491年左右②	6鼎，4簠，1盘，1匜，2敦	簠铭：彭子寿择其吉金，自作飤簠，其眉寿无疆，永宝用之。

① 南阳市文物考古研究所：《河南南阳春秋楚彭射墓发掘简报》，《文物》2011年第3期。

② 张丹：《南襄盆地出土两周时期铭文研究》，武汉：武汉大学博士学位论文，2012年5月，第135页。

续表

	发现时间	位 置	墓葬年代	器物组合	典型器物举例
彭启夫妻异穴合葬墓	2008	八一路、工业路交叉口 M1、M2	春秋晚期晚段或战国初期①	M1:5 鼎,4 簠,2 尊缶,1 方形盖豆,2 浴缶,1 勺,1 盘,1 匜,17 编钟,13 编磬及诸多车马器、玉环、兵器(戈)等②。	戈铭:彭启之戈。

针对上表,有关墓主人的一些信息需要再说明如下:

(一)"申公彭宇"

其人不见于文献记载。楚国一县之长皆称公,"申公",楚申地县公;彭宇,人名,彭,氏称,宇,其名。关于彭宇的出身,何浩先生推测:"(申公彭宇)很有可能是申俘彭仲爽之子或孙。因其原为申人,熟悉申情,故以之治理申县。大约这与彭仲爽曾设县申、息也有关系……或者就是申县的第一任县尹。"③又徐少华先生:"如果申公彭宇为彭仲爽之后人,很可能是其子,即楚文王取申置县后的第一任申公,任职于楚文王后期至成王初年……彭仲爽协助楚文王取申、息以为县,楚文王则任用曾为申人的彭仲爽之子为申县县公,管辖申国故地,意在安抚申国的臣民,以便为楚所用,是完全可

---

① 张丹:《南襄盆地出土两周时期铭文研究》,武汉:武汉大学博士学位论文,2012 年 5 月,第 136 页;田成方:《东周时期楚国宗族研究》,第 147—148 页。

② 柴中庆、乔保同、王凤剑:《河南南阳八一路楚彭氏家族墓》,中国文物信息网,网址:http://www.ccrnews.com.cn/100027/100028/100034/22498.html,发表时间:2009-02-17。

③ 何浩:《楚灭国研究》,第 105 页。

能的。”[①]又张丹先生认为:“彭仲爽与彭宇应为同时代人。”[②]

上三说,徐少华先生观点为是。

又楚系青铜器有“彭子仲盆”(《集成》10340),现仅存盆盖,建国初期由湖南省博物馆在外征集所得[③]。盖内铸铭5行29字(又重文2):

> 隹八月初吉丁亥,彭子中(仲)择其吉金,自作𩞁盆,其眉寿无疆,子子孙孙永宝用之。

报道者指出:“铭极规整清秀。由其花纹及铭文风格看来,应是春秋时期之物。”[④]徐少华先生指出此器盖类型与洛阳中州路所出土的一件相似,可定为春秋中期器[⑤]。器主人“彭子仲”,彭,氏称,子,男子美称、敬称,仲,器主之名或者名之字。“彭子仲”的身份来历,田成方先生言:“彭子中与彭宇同时而略晚,两人约为同辈之人,或父子、叔伯关系。因彭宇曾担任地方重要的县公,在家族中无疑是族长级的人物。而彭子中称‘子’,反映了他或许只是彭仲一支的宗长。”[⑥]

彭子仲生活的时代略晚于申公彭宇,可视为彭宇之子辈。

(二)“彭无所”

“彭无所”其人亦不见于文献记载,铜铭自称或谓“申公之孙”,

---

① 徐少华:《彭器、彭国与楚彭氏考论》,《古文字与古代史》(第二辑),第287页。

② 张丹:《南襄盆地出土两周时期铭文研究》,武汉:武汉大学博士学位论文,2012年5月,第42页。

③④ 湖南省博物馆:《介绍几件馆藏周代铜器》,《考古》1963年第12期。

⑤ 徐少华:《彭器、彭国与楚彭氏考论》,《古文字与古代史》(第二辑),第289页。

⑥ 田成方:《东周时期楚国宗族研究》,第144页。

或谓“彭公之孙”，“申公”“彭公”无疑俱指申公彭宇，前者系据职官来讲，后者则从宗族姓氏而言。

关于“彭无所”的身份，董全生、李长周两位先生有两点推断[①]：一者，从随葬的青铜器数目看，无所的地位相当于大夫一级的官吏。从字的本义看，“所”具有建筑意义，与宇字的意义有相同之处。疑无所即是《左传》记载中的“无宇”。无宇又叫申无宇，芋尹无宇[②]。二者，无所是申公彭宇的孙，林丽霞、王凤剑二位先生有类似的观点：“从(彭)无所墓与彭宇墓同在一个墓地，时代上有早晚来看，无所很有可能是申公彭宇之孙。”[③]

上学者对于“彭无所”身份的认定，有如下两点疑问：

第一，申无宇，是楚灵王时期(前540—前529年在位)的著名政治人物。前535年，楚灵王建章华之台，有贼逃往，申无宇入台抓贼。楚灵王责申无宇无礼，申无宇强调其系依法办事，灵王为藏匿罪犯。前531年，楚灵王灭陈、蔡二国，以弟王子弃疾为蔡公，申无宇预言王子弃疾必成尾大不掉之势。单纯从时间上来看，申无宇、彭无所二人皆活动于春秋晚期早段，确实比较接近，言二者为一人似有合理之处。然“所”“宇”二字终异形而殊。且“彭无所”墓在南阳申地，证明其采邑亦当在此，而“申无宇”见于《国语·楚语上》作“范无宇”，云：“灵王城陈、蔡、不羹，使仆夫子皙问于范无宇。”韦昭注：“子皙，楚大夫仆皙父也。范无宇，楚大夫芋尹申无宇也。”汪远逊曰：“范，楚邑。无宇或食邑于范，故称范无宇。”[④]可信。因此，“申无宇”“彭无所”二人的采邑非在一地，据此可判定

---

①② 董全生、李长周：《南阳市物资城一号墓及其相关问题》，《中原文物》2004年第2期。

③ 林丽霞、王凤剑：《南阳市近年出土的四件春秋有铭铜器》，《中原文物》2006年第5期。

④ 徐元诰撰，王树民、沈长云点校：《国语集解》(修订本)，第497页。

《传》文记载中的“申无宇”与“彭无所”应非一人。

第二，“彭无所”与“申公彭宇”有血缘关系，此可确定，然据铭文“申公之孙”“彭公之孙”进而言二者为祖孙关系，略显牵强。铜铭“某人之孙”的“孙”字，示某人后代之意，非局限于祖孙关系，且具有特殊的历史蕴含。黄锦前先生言：

> 南土铜器铭文凡言“余某某之孙”等追忆先人诸文字者，其多为入楚之诸侯国王室之遗老遗少之作、或为为楚之臣属国贵胄之文……这些充满了对先祖怀思的文字，昭显了他们在入楚或臣服后境遇的悲凉；但在这哀鸣的同时，似乎也不能忽视，这套语的弦外之音，乃是表明自己虽已沦落为遗老遗少，但仍为贵胄之遗孙，昔日的荣光虽已不再，但他们血管里，流淌的仍是高贵的血液。[①]

“彭宇”“彭无所”二人，一生活在春秋早期晚段（约前680年左右），一生活在春秋晚期早段（约前560年左右），间隔差不多一百一、二十年，为祖、孙的可能性几乎不存在，应间隔二代至三代[②]。

（三）“彭子射”

上表彭子射诸铜铭中，“彭子射”有多种称谓，或“彭子射儿”，或“彭子射”，或“彭射”，或径称“射”，分析此诸多称谓，“彭”，氏称；“射”，人之名；“子”，敬称、美称。

又“彭子射儿”称谓中的“儿”字当如何理解呢？吴镇烽先生指出：

---

① 黄锦前：《楚系铜器铭文研究》，合肥：安徽大学博士学位论文，2009年5月，第104页。

② 张丹：《南襄盆地出土两周时期铭文研究》，武汉：武汉大学博士学位论文，2012年5月，第85页。

> 单字铭中有一种儿化的人名，即在一个表义的字后面加上尾词“儿”字，如：丁儿（见丁儿鼎盖）、三儿（见三儿簠）、者儿（见者儿觶）、庚儿（见庚儿鼎）、昜儿（见昜儿鼎）……等，这种儿化的名子称叫起来简单上口，而且多含有亲昵的意味，在金文中目前所见均是自称。[①]

又张丹先生解释道：

> 彭射自称彭子射儿为孤例，不见其他彭氏家族的人用这样的自称作器，或许与彭射所处的时代有关，也或许与彭射在彭氏家族中的特殊地位有关。[②]

“彭子射墓”系春秋晚期早段，田成方先生将其进一步精确化，认为“彭子射墓”出土的器物与淅川下寺 M2 出土器物相似，则年代可判定在公元前 550 年前后[③]。又张丹先生认为“彭子射”所处的时代在公元前 540 年左右[④]。又前述“彭无所”的时代是春秋晚期早段，约公元前 560 年左右，故从时间上看，“彭无所”与“彭子射”如非父子即是兄弟关系，再根据整个墓区所见彭氏成员仅有“彭子射”可加代表特殊意义的“儿”称，大胆推测二人或者是兄弟关系，彭无所为兄，彭射为季弟。

---

① 吴镇烽：《金文人名汇编》（修订本），第 453 页。

② 张丹：《南襄盆地出土两周时期铭文研究》，武汉：武汉大学博士学位论文，2012 年 5 月，第 92 页。

③ 田成方：《东周时期楚国宗族研究》，第 147 页。

④ 张丹：《南襄盆地出土两周时期铭文研究》，武汉：武汉大学博士学位论文，2012 年 5 月，第 86 页。

(四)"彭子寿"

彭寿夫人墓(南阳市八一路 M44)当中有 2 件"蔡侯申簠",器内底铸 6 字铭文:

蔡侯申之飤匿。

蔡侯申,春秋晚期蔡国国君蔡昭侯,名申(一作甲),蔡灵侯之孙,隐太子友之子,蔡悼侯弟。蔡悼侯三年(鲁昭公二十三年,公元前 519 年)六月,蔡悼侯去世,申继任蔡国国君之位,公元前 491 年(鲁哀公四年,蔡昭侯二十八年)被杀。蔡昭侯自作器何以会出现在彭子寿夫人墓中呢?张亚初先生曾言:"春秋中晚期,楚、蔡关系密切。两国基于政治上的考虑,常互为婚姻。"①乔保同、李长周先生申之:"蔡侯申簠是蔡与楚申县联姻的媵器。"②即彭子寿娶了蔡昭侯之女,可从。根据彭子寿夫人为蔡昭侯之女及蔡昭侯的生活时代(前 518—前 491 年在位),张丹先生推测彭子寿大体生活在公元前 491 年左右③。

彭子寿墓尚出土一件"𩰫(申)公寿簠"(《铭图续》0498),器盖同铭,4 行 20 字:

𩰫(申)公寿择其吉金,自作飤匿,其眉寿无期,永宝用之。

据引铭,知彭子寿官拜申公。又《左传》鲁哀公四年(前 491):"夏,楚人既克夷虎,乃谋北方。左司马眅、申公寿余、叶公诸梁致蔡于

① 张亚初:《蔡国青铜器铭文研究》,《文物研究》第 7 辑,合肥:黄山书社 1993 年版,第 32—34 页。

② 乔保同、李长周:《南阳发现蔡侯申簠》,《中原文物》2009 年第 2 期。

③ 张丹:《南襄盆地出土两周时期铭文研究》,武汉:武汉大学博士学位论文,2012 年 5 月,第 135 页。

负函，致方城之外于缯关。”引文当中的“申公寿馀”，田成方先生指出：“申公寿馀与申公彭子寿均活跃在春秋晚期，官职相同、名字相近，应是同一个人。”[①]又“彭寿”“彭子射”的世系关系，彭子射生活在公元前550年左右，彭寿生活在公元前491年左右，二者间隔约60年，按一世三十年算，60年恰好两世，则“彭寿”“彭子射”中间尚有一代人。

（五）“彭启”

彭启其人亦未见于文献记载，其生活的年代，田成方先生据“彭启墓”出土器物分析当为春秋晚期偏晚，又据彭氏家族墓“由北到南、时代愈晚”的时空格局特征，“年代或晚至战国初期”，“彭启与彭子寿，应该是连续的两代人”[②]。可从。

综上，可将南阳彭氏墓群所见彭氏成员的世系关系排列如下：

彭宇—彭子中—彭某某┬彭无所
　　　　　　　　　　└彭子射—彭某某—彭子寿—彭启

再结合文献资料，可对上世系作以下几条补充：

（一）前已论证彭宇之父概为《左传》鲁哀公十七年（前478）记载的“彭仲爽”，曾在楚文王时期任职“令尹”。

（二）彭无所与彭子射生活在公元前550年前后，《传》文中所见“彭名”，生活年代是在公元前597年至公元前569年，恰好处于“彭子中”与“彭无所”“彭子射”之间，大胆推测彭名宜为彭无所、彭子射的父辈。且前面依据《传》文记载，彭名身份并不低，始担任楚王车御一职，后累功升迁至楚国申县县公。既然彭名与其先祖彭宇一般曾任申公一职，必然是彭氏直系世系中不可缺少的一代。

（三）彭子射（生活在前550年左右）与彭子寿（生活在前491

① 田成方：《东周时期楚国宗族研究》，第147页。

② 田成方：《东周时期楚国宗族研究》，第148页。

年左右)中间的“彭某某”,按时间推算,有可能是见于《左传》鲁昭公四年(前538)的“彭生”。

因此,将传世文献记载与新出考古发现相结合,暂将春秋时期的楚国彭氏世系排列如下:

彭仲爽—彭宇—彭子中—彭名┬彭无所
　　　　　　　　　　　　　└彭子射—彭生—彭子寿—彭启

又《铭图续》0205著录一件“彭子疾鼎”,春秋晚期器,为某收藏家所藏,器、盖同铭,计26字:

> 唯正月初吉丁亥,彭子疾择其吉金,自𬐚𩞁(鬻)①,其眉寿无期,永宝用之。

该器为典型的“抓把盖”楚式鼎,子口圆腹,子口下与盖沿各一道箍棱,附耳,圜底,盖上有七柱圈形把手,三蹄足,上端有兽头装饰,器形与南阳市八一路中原机械工业学校建设工地M6所出“养子曰鼎”(《铭图》02310)极似。器主彭子疾,当系楚彭氏成员。

(3) 竹简当中所见楚彭氏成员

到目前为止,竹简当中所能够见到的彭氏成员可以确定的有三人:彭围(见包山简2)、彭怿(见包山简133)、彭定(见新蔡葛陵简甲一:5、24、25、41,甲三:133、168等)。重点介绍彭怿及其相关历史地理问题。

湖北包山二号楚墓所出简牍133有如下一段记载:

> ……子宛公命郾右司马彭怿为仆笺志,以舍阴之敷客、会

---

① 按,器铭漏铸“作”字。

鄎之庆李百宜君，命为仆捕之……[①]

按，简文的内容大体是说"子宛公命令鄎司马彭怿以舒庆之诉状（舒庆告状事见前简）转录成官方公文，将案情转给阴之勬客（官名），责成阴之勬客断案"[②]。上简文中所见"鄎右司马"之"鄎"字当如何训定，学界有不同的观点。何琳仪先生训"鄎"为"归"，云："楚简鄎，读归或夔，地名。……《史记·楚世家》'灭夔'，索隐：'谯周作灭归。归，即夔之地名归乡也。'在今湖北秭归。"[③]又刘信芳先生释"鄎"为"威"，云："（鄎）字应读为'威'……愄大夫即威大夫乃墓区中管理楚威王墓地的大夫，鄎右司马与愄大夫同例。"[④]又陈颖飞先生释"鄎右司马"为"楚威王氏族的司马"[⑤]，亦以"鄎"通"威"。

揆诸史料，以上诸学者之说皆有其不合理之处。

（一）"鄎"系楚国一邑名分析

"鄎""威"二字，读音相同，单从此点来看似有互通的可能。然再稽于字形、字义，"鄎"，从"邑"，"畏"声；"威"，姑也，从女从戌，二者形、义皆泾渭分明而绝不相同。包山简 133 中的"鄎"字，仍当以地名为宜，何琳仪先生之说为是。然何说过于简略，现补充证明如下。

实际上，在包山简文本身及传世文献的记载中，若出现"（左、右）司马"＋"人名"的称谓方式，在"（左、右）司马"之前往往以某地名冠之。此种情况并不鲜见。

包山简 24 有如下的记载：

---

① 朱晓雪：《包山楚简综述》，第 445 页。

② 刘信芳：《包山楚简近似之字辨析》，《考古与文物》1996 年第 2 期。

③ 何琳仪：《战国古文字典》，第 1187 页。

④ 刘信芳：《包山楚简解诂》，第 130 页。

⑤ 陈颖飞：《楚官制与世族探研——以几批出土文献为中心》，第 152 页。

□（邔）司马豫之州加公李逗、里公隋得

按，□字，亦见于鄂君启节舟节，多数学者将其隶定为邔，即文献记载之郧①。邔地地望，徐少华先生言："邔为楚地，……战国中期的楚郧县，位于今湖北钟祥县北境。"②

简 24 从语句结构上可断为两部分，如下：

邔司马豫之州/加公李逗、里公隋得

重点分析前半段"邔司马豫之州"的语辞格式，其在结构上又可断为两部分，即：邔司马豫/之州。"州"，罗运环先生言："州是一种民户编制，凡州前冠以人名和官名的都是一种食税州。食税者没有土地占有权及民政、司法权力，应属于封建官僚。"③陈伟先生观点与之相似："州与里、邑一样，为官府确定居民所在的具体单位，……在简书出现的 41 处州中，冠以官爵名的高达一半以上，其中有的仅书官爵名，有的还带有人名，彼此应无大的区别。……带有官名的州，很可能就是这些官员的俸邑。"④据罗、陈二位先生的研究成果，"州"作为官员俸邑的一级行政单位，简文中其前常常冠以官爵名与人名。具体到包山简 24，很显然"豫"为人名，"邔司

---

① 殷涤非：《〈鄂君启节〉两个地名简说》，《中华文史论丛》第 6 辑，北京：中华书局 1965 年，第 82—179 页；徐少华：《包山楚简释地八则》，《中国历史地理论丛》1996 年第 4 期；何琳仪：《古兵地名杂识》，《考古与文物》1996 年第 6 期；颜世铉：《包山楚简地名研究》，台北：台湾大学中国文学研究所硕士学位论文，1997 年，第 137 页；吴良宝：《战国楚简地名辑证》，第 206 页。

② 徐少华：《包山楚简释地八则》，《中国历史地理论丛》1996 年第 4 期。

③ 罗运环：《论包山简中的楚国州制》，《江汉考古》1991 年第 3 期。

④ 陈伟：《包山楚简初探》，第 86—92 页。

马”，官爵，顾名思义是楚国邳县司马。合之，“邳司马豫”四字即是采用了“地名(邳)”+“司马”+“人名(豫)”的书写格式。

再征于传世文献，《左传》鲁昭公二十年(前522)载有楚平王执杀伍奢一事，云：

> 费无极言于楚子(楚平王)曰：“(大子)建与伍奢将以方城之外叛，自以为宋、郑也，齐、晋又交辅之，将以害楚，其事集矣。”王信之，问伍奢。伍奢对曰：“君一过多矣，何信于谗？”王执伍奢，使城父司马奋扬杀大子。未至，而使遣之。三月，大子建奔宋。

分析上则史料，在“城父司马奋扬”六字称谓中，“城父司马”，官职；“奋扬”，人名。关于职官“城父司马”，清代学者顾栋高言：“《周礼·夏官》有都司马。郑云：‘都，王子弟所封及三公采地也，司马主其军赋。’昭十九年(前523)传云大城城父而置太子焉，则此城父司马即《周礼》都司马之职也。”[①]据此，楚国官制有都司马一职。“都”，当非仅限于“王子弟所封及三公采地”。《左传》鲁庄公二十八年(前666)载：“凡邑，有宗庙先君之主曰都，无曰邑。”实际上，通而言之，古之城邑皆可谓都，都、邑互通。都可称为邑，如春秋时期鲁国三桓，季孙氏之费、孟孙氏之成、叔孙氏之郈，立鲁桓公庙，皆称为邑。邑亦可称为都，《孟子·公孙丑下》记孟子之言：“王之为都者臣知五人焉。知其罪者惟孔距心。”孔距心为平陆宰，平陆，下邑，而曰都。又《礼记·月令》：“(孟夏之月)命司徒巡行县鄙，命农勉作，毋休于都。”此都即四井为邑之邑，而曰都。

---

① (清)顾栋高辑，吴树平、李解民点校：《春秋大事表》卷一〇《春秋列国官制表》，第1144—1145页。

稽上之诸佐例，再来考察包山简 133 所见“鄖”字，其无疑当指的是楚国鄖邑，“鄖右司马”即是楚国鄖邑的右司马。“鄖右司马彭怿”六字，采用了常见的“地名(鄖)”＋“(左、右)司马”＋“人名(彭怿)”的书写格式。

(二) 楚“鄖邑”地望所在分析

另外一个需思考的问题是楚国“鄖邑”地望何在？上何琳仪先生将其确定在今湖北秭归，不确。

包山简 133 记载的内容是“子宛公命令鄖右司马彭怿”做某事。在“子宛公”三字称谓中，“子”，身份敬称，宛公，职称，陈伟先生言：

> 楚宛郡当因宛地而得名，郡治约在今河南南阳市。“子宛公”……其身份是楚宛郡长官。以子宛公代表的宛郡，是我们在出土文字材料中所见到的第一个楚郡，……楚国的宛，既是郡名又是县名；“子宛公”也许在担任宛郡长官同时，兼任宛县长官。……楚郡长官实际上是由郡治所在的县公来兼任。①

陈伟先生上论，甚有见地。郡作为一级行政单位，最早产生于春秋末年的晋国，《左传》鲁哀公二年(前 493)记载，晋国范氏、中行氏联合郑、齐二国进攻赵氏，这就是所谓的铁(在今河南省清丰县南)②之战，赵简子战前发布誓辞，云：“克敌者，上大夫受县，下大夫受郡，士田十万，庶人工商遂，人臣隶圉免。”具体到楚国之有郡，当与春秋晚期楚一县之长官同时兼领或统摄相邻几县的历史事实

---

① 陈伟：《包山楚简中的宛郡》，《武汉大学学报(哲学社会科学版)》1998 年第 6 期。

② 马保春：《晋国地名考》，第 95 页。

有关[①]，至战国中晚期，楚郡多见，计有汉中郡、新城郡、黔中郡、巫郡、上蔡郡、江东郡、淮北郡、巴郡、洞庭郡等[②]。诸郡当中，诚如陈伟先生上引文所言宛郡是在出土文字材料中所见到的第一个楚郡，征于文献资料，亦是如此。《说苑·指武》载："吴起为苑守，行县，适息。""苑"当作"宛"，二字互通[③]，以战国时期诸国郡长官称"某(地名)守"之例来看，苑(宛)字显然系楚郡名。又《史记·孙子吴起列传》记载吴起是在楚悼王治国末年由魏至楚主持变法的[④]，则战国时期的楚国宛郡，至迟在楚悼王时(前401—前381年在位)已设置。其治理区域，以南阳市的宛城为中心，向北可逾伏牛山与桐柏山之间的方城隘口至黄淮大平原南端，东南方达淮河上游的河南息县一带[⑤]。楚怀王二十八年(前301)，齐、韩、魏诸国联合伐楚，在垂沙(地在沘水南岸支流蔡河，即今河南泌阳县附近)[⑥]大败楚军，宛郡遂为韩有。

据上，在包山简文所载史事的时代(前316年之前)，宛郡正处于楚国掌控之下。从楚宛郡长官"子宛公"能够命令"鄵右司马"做事来看，"鄵右司马"当为宛公之属官。既然"鄵右司马"是"宛公"属官，则其所任职的"鄵"邑理当在宛郡治理之下，即在以南阳市为中心，大致北起黄淮平原南端，向南至河南息县的广大区域之内。

(三) 清华简所见"鄵山"与楚国"鄵邑"

"鄵"字，又见于清华简《楚居》篇。《楚居》开篇即言："季连初

① 陈伟：《楚"东国"地理研究》，第194—202页。

② 杨宽：《战国史(增订本)》，第678—679页；陈伟：《楚"东国"地理研究》，第199—200页；左鹏：《楚国历史地理研究》，第104—105页。

③ (汉)刘向撰，向宗鲁校证：《说苑校证》，第367页。

④ (汉)司马迁：《史记》卷六五《孙子吴起列传》，第2168页。

⑤ 石泉主编：《楚国历史文化辞典》，第265页。

⑥ 徐少华：《周代南土历史地理与文化》，第342—345页。

降于鄅山。""鄅山"一地,整理者:"疑即騩山,《山海经》中有楚先世居騩山之说。"[①]李学勤先生申之:"鄅山应是《山海经·中山经》内《中次三经》的騩山,也即《中次七经》的大騩之山,就是今河南新郑、密县一带的具茨山。"[②]此观点为多数学者所接受。我们认为见于包山简 133 的楚国"鄅邑"应与《楚居》篇所见"鄅山"有所关联,其地望或者就在新郑、密县一线以南某地。

考诸包山简文所显示时代的楚国历史,楚国国势尚强,北部疆域(即宛郡治理区域的北端)确实可触及新郑、密县一带。

包山楚简,是湖北省荆沙铁路考古队于 1987 年 1 月为配合地方铁路建设,在南距纪南城 16 公里的荆门十里铺镇王场村包山岗地所发掘的二号楚墓中发现的。墓主人昭𠢊,官居楚国左尹,死时年龄约为 35 至 40 岁左右,下葬于楚怀王十三年(前 316)楚历六月二十五日[③]。据此,则包山简本身的刻写时间及简文所记内容发生的时间当皆在楚怀王十三年(前 316)楚历六月二十五日之前。

公元前 316 年以前的数十年,正当楚宣王(前 369—前 340 年在位)、楚威王(前 339—前 329 年在位)治国及楚怀王(前 328—前 299 年在位)统治的前期,对楚国国祚造成致命影响的丹阳之战、蓝田之战等尚未发生[④],楚国国力强盛,地方五千里,带甲百万,

① 清华大学出土文献研究与保护中心编,李学勤主编:《清华大学藏战国竹简(壹)》,第 182 页。

② 李学勤:《论清华简〈楚居〉中的古史传说》,《中国史研究》2011 年第 1 期。

③ 湖北省荆沙铁路考古队:《包山楚简》,第 1 页。

④ 按,楚怀王十六年(前 313),张仪以商於之地六百里诓骗楚怀王,次年(前 312),楚怀王派大将屈匄与秦军会战于丹阳,楚大败,秦斩杀楚甲士 8 万,俘获屈匄及裨将军逢侯丑 70 余人,占领楚汉中地。次年(前 311),楚悉起全国之兵复伐秦,与秦师战于蓝田,楚又大败,从此楚国地位一落千丈。

《战国策·楚策一》记载张仪之言:“凡天下强国,非秦而楚,非楚而秦。”当是时,楚在北方前线亦频频出手,逼近新郑、密县一带。楚宣王十六年(前354),魏围赵都邯郸,赵求救于齐、楚,宣王“使景舍起兵救赵”,遂取魏“睢(水)、濊(水)之间”土地,在今(河南)商丘(古睢阳)、宁陵、睢州一带①。楚威王七年(前333),伐齐,与齐申纪遇于泗水之上而大败之,遂有泗水流域土地。《史记·楚世家》又云:“威王卒(前329),子怀王熊槐立。魏闻楚丧,伐楚,取我陉山。”张守节《正义》引《括地志》云:“陉山在郑州新郑县西南三十里。”②今人赵炳清先生申之:“陉山当在今河南禹州市东北陉山镇。”③在楚国新旧王更替的特殊时刻,楚地陉山一度为韩国占有。由陉山地望所在可推知,战国中期楚威、怀二王与韩国在今新郑附近有过激烈争夺,亦说明楚国势力确实曾经深入到颍、汝上游一带的大片地区。这又在包山简文当中得到证实,简193记楚有“阳翟人缪贤”,阳翟,楚怀王时为楚邑,在今河南禹州市,而禹州市即北靠新郑与密县,徐少华先生指出其大概是楚在公元前342年至公元前333年从韩国夺得④。又简112、119、193记载有“易陵”,刘信芳先生指出其在颍水以北的今许昌西北⑤,吴良宝先生同⑥,亦距新郑不远。

撮上论大要,既然楚势在宣、威二王及怀王前期可将宛郡治理区域的北端触及清华简《楚居》篇所载的“鄀山”一带(新郑、密县附

① (汉)刘向集录,范祥雍笺证,范邦瑾协校:《战国策笺证》,第760页。

② (汉)司马迁:《史记》卷四〇《楚世家》,第1721页。

③ 赵炳清:《楚国疆域变迁之研究》,上海:复旦大学博士学位论文,2013年6月,第183页。

④ 徐少华:《周代南土历史地理与文化》,第322—323页。

⑤ 刘信芳:《包山楚简解诂》,第104页。

⑥ 吴良宝:《战国楚简地名辑证》,第168页。

近)，则宛郡下辖的“鄍邑”与“鄍山”当存在某种内在的联系。推测楚国“鄍”邑概因“鄍山”而得名，其地望可具体到“鄍山”(今河南新郑、密县一线)之下、方城之外的某地，此地恰好是楚与韩展开长期拉锯、争夺的地方。

3. 彭氏之族与楚国申县

综上论，彭氏与楚国申县关系密切，主要体现在以下几个方面：

其一，彭氏系由申仕楚者。在楚灭房县彭国之后，部分族人辗转迁徙至申国，以国为氏，是为彭氏，成为申国大族。在楚文王灭申的过程中，彭仲爽为楚人俘虏，转而与楚人合作，从此以后彭氏即成为楚国治理申地的重要依靠力量，为楚王所重用。如彭仲爽是春秋楚国历史当中唯一官至令尹的外姓人，功勋显著，徐少华先生指出这“固然是楚文王任人唯贤的结果，但亦与彭仲爽个人杰出才能及其在申国所受到的文化教育密不可分”。[①]

有一点需格外注意，彭氏即使在申国亦属外姓，而非土生土长之申国姜姓贵族，何以会在并不是很长的时间段内于申地迅速打开局面、且成为申国一支不可忽视的重要力量呢？由于历史的久远及史料的缺乏，这些皆已不可具考。然从彭氏入楚的一系列表现来看，当与彭氏成员在国家接连覆亡之后，于颠沛流离的逃亡生涯中所培育出的成熟、圆润之政治品质有相当的关联。

其二，楚灭申置县后的第一任县公是彭氏成员彭宇。为了保持北方重镇申县的稳定，楚国在灭申设县选择第一任申公的过程中显得非常慎重，其重用了彭仲爽之子彭宇作为治理申县的第一人，所看重的还是彭氏在申地的政治力量而加以笼络，欲快速平息申地政治变动后的混乱局面，结果如设想般一样，申地在彭宇之后，成为楚国稳定的根据地。

---

① 徐少华:《周代南土历史地理与文化》，第 39 页。

尹俊敏先生言:“楚在灭申后,曾任命申国的贵族彭仲爽为楚国的令尹,其子孙彭宇也当上了申县的县尹,可见楚对申人是比较宽厚的。”[①]楚对彭氏固然较为宽厚,然更多系政治考量的结果。

楚王重用彭氏以治理申地,然并不想彭氏在申地势力一家独大,以形成尾大不掉之势。如前所述,彭宇之后担任申县县公者多是出身王室的王子、王孙,由此可见楚王对于彭氏在申地的发展存有一定的警戒,不放心将此咽喉要地交于一族之手。

其三,彭氏宗族墓地及其宗族采邑皆在申地。入楚后的彭氏,对楚国家发展作出了杰出贡献,故楚王虽对其发展进行了一定程度的限制,仍有相当程度的赏赐。

田成方先生指出:彭氏在申国时应该有申君所与之采邑,这样才能保持其经济来源与贵族身份;入楚之后,楚王应该有扩大其采邑面积的可能[②]。可从。

要之,终春秋之世,彭氏皆是申地旺族,对申地有很大的影响力。

五、潘氏

潘氏作为楚国异姓世族,在楚国历史发展当中亦占有一席之地。

1. 己姓番国历史与楚国潘氏

关于楚国潘氏的族源,学界意见不一:

其一,潘氏出于姬姓。宋邓名世《古今姓氏书辩证》“潘,出自

① 尹俊敏:《楚申、息之师考》,《楚文化研究论集(第四集)》,第 363 页。

② 田成方:《东周时期楚国宗族研究》,第 150—151 页。

姬姓。"[①]唐林宝《元和姓纂》则更加具体,云:"潘,周文王子毕公高之后,子伯季,食采于潘,因氏焉。……有潘父。"[②]何琳仪先生:"番,姓氏,出自姬姓。"[③]

其二,潘氏出于芈姓。南宋郑樵《通志·氏族略三》:"潘氏,芈姓,楚之公族,以字为氏。"[④]清张澍《姓氏寻源》:"楚公族芈姓之后,以字为氏,潘崇是也。"[⑤]今人屈会涛先生观点同[⑥]。

其三,潘氏出于己姓番国。"潘"字,见铜器铭文及竹简文字,或做"番",或作"鄱",吴其昌先生《金文世族谱》中列"番氏"于"己(妃)姓"之下[⑦]。徐少华先生进一步指出,楚国潘氏当是己姓番国贵族之仕楚者[⑧],巫雪如先生亦言:"楚之潘氏或即潘国之后。"[⑨]

上三说,笔者倾向于第三说,即潘氏出于己姓潘国。

又田成方先生在徐少华先生观点基础上,提出新的看法。将目前所见的番国青铜器细分为三类:(1) 番君(伯、子)器,包括番伯官曾鐳(《集成》09971)、番伯者孙鬲(《集成》00630)、番君酟伯鬲(《集成》00732－00734)、番君匜(《集成》10271)、番伯酓匜(《集成》

① (宋)邓名世撰,王力平点校:《古今姓氏书辩证》,第124页。

② (唐)林宝撰,岑仲勉校记:《元和姓纂(附四校记)》,第512页。

③ 何琳仪:《战国古文字典》,第1061页。

④ (宋)郑樵撰:《通志》,第462页。

⑤ (清)张澍:《姓氏寻源》,第147页。

⑥ 屈会涛:《春秋时代的卿族政治》,上海:华东师范大学博士学位论文,2014年3月,第313页。

⑦ 吴其昌:《金文世族谱》卷二,台北:"中央研究院"历史语言研究所专刊之十二1991年影印本,第39页。

⑧ 徐少华:《周代南土历史地理与文化》,第132页。

⑨ 巫雪如:《包山楚简姓氏研究》,台北:台湾大学硕士学位论文,1996年,第118页。

10259)、番君召簠(《集成》04582－04587)等;(2) 番仲器,包括番仲吴生鼎、番仲荣匜(《集成》10258)、番仲作伯皇戈(《集成》11261);(3) 番叔器,有河南信阳平西村 M5 所出的番叔□俞壶(《新收》02797)。依据上青铜器分类,田先生对于楚国潘氏族源,提出以下观点:

> 番国公族在春秋时期至少分出有三支:番伯(国君)、番仲、番叔。文献记载的楚潘氏,应是番叔之后仕楚者。楚穆王之师潘崇,又称"师叔"(《左传》文公十四年,前 611)[①],师是其所任之官,叔是"番叔"的简称。庄王时期的太师潘尪,亦被尊称为"师叔"(《左传》宣公十二年,前 597)。邲之战、鄢陵之战中以善射著称的潘党,又称"叔党"(《左传》宣公十二年),是潘尪之子。潘崇、潘尪、潘党,均以"叔"字相称,三人都排行叔字的可能性较小,应是出自番国公族小宗番叔的缘故。[②]

按,田成方先生上说,将楚国潘氏族源归于"番叔",观点新颖。立论依据是潘崇、潘尪、潘党三人皆以"叔"字相称,"叔"字不可能为家中排行,应与"番叔"联系起来。潘崇、潘尪、潘党三代人皆以"叔"字相称,或有其他内在原因。

征于古籍文献,春秋时代,某些世族各世代的宗子有时其称谓确实可一致,而径称为"某孟(或伯)""某叔""某季"。以晋国赵氏为例,其在春秋时期的世系关系如下:

---

① 按,此处田先生偶疏,前 611 年,当《左传》鲁文公十六年。

② 田成方:《东周时期楚国宗族研究》,第 153 页。

叔带……赵夙①—赵衰┬赵盾②—赵朔—赵武—赵成—赵鞅—赵无恤
├赵同③
├赵括④
└赵婴⑤

春秋晋国赵氏世系图

在上赵氏世系图所列成员中，直接被称为“赵孟”者有四人，赵宣子赵盾、赵文子赵武、赵简子赵鞅、赵襄子赵无恤。分析赵氏称“赵

---

① 按，关于赵夙与赵衰的关系，文献记载颇有抵牾之处，计有三种观点：1. 父子说。《世本》：“公明生孟及赵夙，夙生成季衰。”洪亮吉、杨伯峻等同。2. 兄弟说。《国语・晋语四》：“赵衰，其先君之戎御赵夙之弟也。”顾栋高、童书业等同。3. 祖孙说。《史记・赵世家》：“夙生共孟，当鲁闵公元年也。共孟生赵衰，字子馀。”靳生禾先生同。参见（汉）宋衷注，（清）秦嘉谟等辑：《世本八种・秦嘉谟辑补本》，第 170 页；（清）洪亮吉：《春秋左传诂》，第 263 页；徐元诰撰，王树民、沈长云点校：《国语集解》，第 329 页；（清）顾栋高：《春秋大事表》，第 1249 页，童书业：《春秋左传研究》，第 140 页。靳生禾：《先赵人物述论》，《山西师范大学学报（社会科学版）》1993 年第 2 期。

② 按，自赵衰开始，赵氏明显的分为两支。（1）赵盾一支。《左传》鲁僖公二十三年（前 637）载，赵衰从公子重耳出奔至狄，狄人伐廧咎如，获其二女叔隗、季隗，公子重耳娶季隗，而以叔隗妻赵衰，生赵盾。（2）赵同、赵括、赵婴一支。《左传》鲁僖公二十四年（前 636）载，晋文公重耳归国得政，“妻赵衰，生原同、屏括、楼婴”，竹添光鸿云：“文公以女妻之也。”赵盾出于赵衰之妾狄女叔隗；同、括、婴之母则是晋文公女、赵衰正妻赵姬，称“君姬氏”，竹添光鸿：“君姬氏犹曰君母氏，自妾言之，谓之女君，自妾子言之，谓之君母。”赵氏二分支之间嫡庶大小关系是很明确的，赵盾当无任何机会继承赵宗，然事实却有所偏差。《左传》鲁僖公二十四年（前 636）载：赵姬贤德，以赵盾为才，固请于赵衰“以为嫡子，而使其三子下之”。也就是说，在赵姬的强烈要求之下，赵氏大、小宗易位，赵盾完成了由庶子到嫡长子身份的转变。从此赵盾一支成为赵氏直系大宗。参见（日）竹添光鸿：《左氏会笺》，第 545、829 页。

③ 按，赵同食邑于原，故又谓之赵原同。原，在今河南济源西北。杨伯峻：《春秋左传注》（修订本），第 417 页。

④ 按，赵括食邑于屏，故又谓之赵屏括。屏，可能在晋中一带，然具体地望不确。马保春：《晋国历史地理研究》，第 210 页。

⑤ 按，赵婴食邑于楼，故又谓之赵楼婴。楼，今山西隰县永和县南十里有楼山城。（日）竹添光鸿：《左氏会笺》，第 545 页。

孟”的案例，冠以“赵孟”之名者，皆在赵氏直系成员当中，其他如赵同、赵括、赵婴等旁系成员，无有称“赵孟”者。直系成员称“赵孟”，始于赵盾，赵盾之父、祖赵衰、赵夙无称“赵孟”的记录。为何晋国赵氏宗子从赵盾以降世称“赵孟”呢？《左传》鲁成公八年（前583）晋“赵氏孤儿案”爆发[①]，晋灭赵氏，韩厥（韩献子）为赵武求情时，言：“成季（赵衰）之勋，宣孟（赵盾）之忠，而无后，为善者其惧矣。”突出强调赵衰、赵盾业绩。“成季”二字，“成”，赵衰谥号；“季”，赵衰之字。据此分析“宣孟”二字，“宣”，赵盾谥号；“孟”，赵盾之字。赵盾又称为“赵孟”是氏称与其名之字的组合。赵盾以前，赵氏在晋国仅可称为稳步发展中的一般世族，《左传》鲁僖公二十五年（前635），赵衰为原大夫，尚无卿位；鲁僖公三十一年（前629），晋蒐于清原，作五军，赵衰始为卿，将新上军，诸卿排行第七；鲁僖公三十二年（前628），赵衰佐上军，诸卿排行第四；鲁文公二年（前625），赵衰佐中军，位列诸卿第二。至赵盾，赵氏发展到巅峰。《左传》鲁文公五年（前622）：“赵成子（赵衰）……卒。”次年（前621），赵盾为卿任职中军将，柄晋国之国政，将宗族权力与政治权力集于一身。《左传》鲁宣公八年（前601）：“郤缺为政。”杜预：“代赵盾也。”[②]推知赵盾此年已卒。在赵盾秉政的二十年中，即公元前621年至公

---

① 按，“赵氏孤儿案”又称为“下宫之难”。关于“赵氏孤儿案”，《左传》与《史记·赵世家》所言颇为相戾。其一，“赵氏孤儿案”发生的时间。《赵世家》记在晋景公之三年（前597），《左传》记在晋景公十七年（前583），即鲁成公八年。其二，波及的范围。《左传》鲁成公八年仅书杀赵同、赵括；《赵世家》又增以赵朔、赵婴。其三，《史记》较《左传》又增有屠岸贾欲灭赵氏，程婴、公孙杵臼共匿赵孤等事。前辈学者多以《史记·赵世家》为谬，历辨其诬，不赘述。参见（清）梁玉绳：《史记志疑》，第1050—1051页；郝良真、孙继民：《“赵氏孤儿”考辨》，《中国史研究》1991年第2期；白国红：《“下宫之难”探析》，《史学集刊》2006年第2期。

② （晋）杜预注，（唐）孔颖达疏：《春秋左传正义》，第1874页。

元前 601 年，赵盾逐狐氏（狐射姑），弑灵公，以异姓为公族，势压晋国公室与其他诸卿族，即使在赵盾卒后，藉其余荫赵势不减，至《左传》鲁成公五年（前 586）赵同、赵括藉赵婴通于侄媳庄姬而将其放诸齐，赵氏内乱。在这一时期内一门多卿，其势在诸卿族中首屈一指。推测，赵盾以后的赵氏宗子基于赵盾对赵氏宗族发展所做出的杰出贡献，遂袭用其号而世称“赵孟”。

稽赵氏称“赵孟”之例，来考察“潘氏”宗子世称“师叔”之事。潘崇，字叔，辅佐楚穆王践祚，立有大功，官拜太师，故其又可称为“师叔”。潘崇是潘氏宗族得以在楚国崛起的关键人物，故后世子孙冒用其称号而形成“师叔（或叔）”的家族称谓。

综上，潘氏世袭“师叔”之称源于潘崇，当与信阳平桥 M5 墓器铭所见“潘叔”无关联。楚国潘氏系出己姓番国，再具体的信息囿于史料的缺乏，可存疑待考。

关于楚国潘氏所源出之番国的历史，徐少华先生作了系统考查，至迟到西周晚期（周厉王时期），番族业已立国[①]，己姓[②]。立国之初，番国地望应该在北方中原地区，或可具体到河南焦作南部的温县一带。二十世纪七八十年代在河南信阳平桥区、浉河区附近发现番国墓葬，出土不少番器。如 1974 年，平桥区长台关彭岗村墓葬出土“番伯酓匜”（《集成》10259），春秋早期前段器。1979 年，浉河区吴家店杨河村墓葬出土“番昶伯者君鼎”（《集成》02617、

① 按，又金荣权先生认为番之立国至迟在西周中期。参见徐少华：《周代南土历史地理与文化》，第 131 页；金荣权：《番国青铜器及其历史地理论考》，《信阳师范学院学报（哲学社会科学版）》2013 年第 1 期。

② 按，有“王作番妃鬲”（《集成》00645），折口沿处内壁有 12 字铭文：“王作番妃齍鬲，其万年永宝用。”器年代为西周晚期。铭文内容说的是周王为其配偶“番妃”作自用食器，祈其长寿。“番妃”二字，“番”，父国名，“妃”，父国姓。由此可知，古番国为妃姓之国，“妃”“己”二字又相通，故番为己姓。

02618)、“番昶伯者君盘”(《集成》10140)、“番昶伯者君匜”(《集成》10268),春秋早期器。1986 年,又浉河区五星乡平西村 M5 出土“番叔□匬壶”(《新收》02797),春秋早期器。诸多春秋早期的番器在信阳平桥、浉河出土,说明至春秋早期,番国不知何许原因已南迁至平桥、浉河一线的淮河两岸地区。春秋早期以降,由于楚国势力在淮水上中游的扩展,番国又由淮河上游的平桥、浉河向东南方迁徙约 200 公里,至今河南固始县西境与潢川、光山、商城等县之间,此区域恰好又处于楚出方城、东进淮域的要道上,因此大概在楚文王后期、楚成王前期,番国成为楚之附庸,而大量番公族遂仕楚①,以故国为氏,是为楚国潘氏。由此潘氏亦开始在楚国崭露头角而成为楚国异姓的重要组成部分。

2. 史料所见楚国潘氏成员

目前所见楚国潘氏成员,集中见于传世文献与竹简材料当中。

(1) 文献资料中的潘氏成员

潘崇,系文献资料中所见楚国潘氏第一人。《左传》鲁文公元年(前 626)载,潘崇是太子商臣(即楚穆王)之师,二人共谋弑杀楚成王,“穆王立,以其为大子之室与潘崇,使为大师,且掌环列之尹”。潘崇有两个行政职务,即大师与环列之尹,环列之尹前已论证为楚中央王庭高官“连尹”,为楚王侍卫总长。平时列兵环卫王宫,战时则帅“两广”部队随王出征,官爵显赫。潘崇一人两职,深受宠信。又《左传》鲁文公十一年(前 616)潘崇伐麇,“至于锡穴”;鲁文公十四年(前 613),楚庄王初立,潘崇亦是辅佐大臣,是年与令尹子孔(成嘉)伐群舒。在以上记载中潘崇一直是以军事将领身份出现的,当与其担任连尹(即环列之尹)一职有关。又《左传》鲁文公十六年(前 611)有如下一条记载:

---

① 徐少华:《周代南土历史地理与文化》,第 123—150 页。

楚大饥,戎伐其西南……庸人帅群蛮以叛楚,麇人率百濮聚于选,将伐楚……乃出师……自庐以往,振廪同食。次于句澨……庸人逐之,囚子扬窗,三宿而逸,曰:“庸师众,群蛮聚焉,不如复大师,且起王卒,合而后进。”师叔曰:“不可。姑又与之遇以骄之,彼骄我怒,而后可克,先君蚡冒所以服陉隰也。”……遂灭庸。

上史料当中所提到的“师叔”其人,杜预注:“楚大夫潘尪。”[①]杨伯峻先生同:“由宣十二年《传》文,知师叔即楚大夫潘尪。”[②]田成方提出“师叔”很可能指的是潘崇,公元前613年,潘崇刚帅师伐群舒,距离此年仅间隔一年,且败庸之役中,师叔担任前线指挥,运筹于帷幄,显然是经验丰富,久经沙场的老将。较之年轻的潘尪,太师潘崇更可能充当此任[③]。可从。

潘尪,宋程公说《春秋分记》未有明言潘崇与潘尪之间的关系[④],而清陈厚耀《春秋世族谱》[⑤]列潘尪之名于潘崇之下,且以表示父子世系关系的竖线连接,显然认为潘尪系潘崇之子。潘尪参加了《左传》鲁宣公十二年(前597)晋楚第二次大决战——邲之战,《传》文记载:

十二年春,楚子(楚庄王)围郑……进复围之,三月,克之。……退三十里而许之平。潘尪入盟,子良出质。

---

① (晋)杜预注,(唐)孔颖达疏:《春秋左传正义》,第1859页。

② 杨伯峻:《春秋左传注》(修订本),第618页。

③ 田成方:《东周时期楚国宗族研究》,第154页。

④ (宋)程公说:《春秋分记·世谱五·楚公子公族诸氏世谱》卷一四,《四库全书珍本初集》经部20集,第10431页。

⑤ (清)陈厚耀:《春秋世族谱》,《文渊阁四库全书》第178册,第384页。

“潘尪”条下，杨伯峻先生注：“潘尪据下《传》，字师叔。”[1]所谓下《传》指的是同年晋下军佐栾书所发表的战前言论：“子良，郑之良也；师叔，楚之崇也。师叔入盟，子良在楚，楚、郑亲矣……郑不可从。”潘尪，又称之为“师叔”，杨伯峻先生认为“师叔是其字”，田成方先生认为是因为潘尪“在潘崇之后继续担任太师一职，况且是潘叔的后代”[2]。两说似皆不妥。首先，潘尪几乎没有担任太师的可能。楚国官制，除去一些特殊职业，如占卜、乐师等，上至令尹、司马，下至县公诸吏，皆无世袭的传统。具体到太师一职，史料当中目前所能确定的春秋时期楚国太师计有三人：邓义慎（见楚太师钟、镈）、潘崇（见《左传》鲁文公元年，前 626）、子谷（《左传》鲁哀公十七年，前 478），分属不同的宗族，看不出内部存在世袭关系，且太师为非常时期所设职官，非楚国常备官员，有临时的性质。其次，“师叔”二字，亦非潘尪名之字，“师”字明显出于潘尪之父“潘崇”所担任的“太师”一职，属以父辈官职为号之例，“叔”字，亦源出于潘崇。潘崇，字叔。从潘崇始，潘氏宗子，皆以“师叔”为称，系因潘崇对于潘氏在楚国崛起的推动作用。

潘党，亦见于邲之战，《传》文记载：

> 晋魏錡求公族未得，而怒，欲败晋师。请致师，弗许。请使，许之。遂往，请战而还。楚潘党逐之，及荧泽，见六麋，射一麋以顾献，曰：“子有军事，兽人无乃不给于鲜？敢献于从者。”叔党命去之。

引文中的“潘党”，又见于鲁成公十六年（前 575）晋、楚第三次大决

---

① 杨伯峻：《春秋左传注》（修订本），第 720 页。

② 田成方：《东周时期楚国宗族研究》，第 154 页。

战——鄢陵之战，当是时“彭名御楚共王，潘党为右”，杜预注：“潘党，潘尪之子。”①上引文当中“叔党”条下，杨伯峻先生注：“叔党即潘党。”②从上下文意考证，确然。“潘党”何以又称为“叔党”而不冠以“师叔”之号呢？推测“潘党”作为潘氏直系嫡子，其当亦可以“师叔”称之，然见于邲战，其父潘尪亦在戎事，父子同在军中，其父业已称呼为“师叔”，为加以区分，故《传》文特在“师叔”二字称谓基础上，于“叔”在后面添加其名“党”字，又省去“师”字，而径称为“叔党”，以示父子有别。

又文献资料及出土器铭中屡见“潘子”的称谓。《左传》鲁昭公十二年(前530)：“楚子(楚灵王)狩于州来，次于颍尾，使荡侯、潘子、司马督、嚣尹午、陵尹喜帅师围徐以惧吴。”杜预注：“五子，楚大夫。”③即“荡侯”“潘子”“司马督”“嚣尹午”“陵尹喜”五人皆为楚臣。程公说《春秋分记·世谱五》以“潘子”为潘党之子④，竹添光鸿先生同：“潘子，叔党子也。”⑤又王恩田先生提出异议，认为“番(潘)子”当系潘国之君⑥，徐少华先生申之：“与《经》、《传》所载胡子、沈子、顿子、徐子同类。‘潘君’称‘子’，并与楚大夫等列，说明进入春秋晚期以后，番国地位进一步削弱，已完全沦为楚之附庸，与春秋中期以前称‘伯’、称‘君’形成鲜明对比。”⑦田成方先生观

① (晋)杜预注，(唐)孔颖达疏：《春秋左传正义》，第1881页。

② 杨伯峻：《春秋左传注》(修订本)，第736页。

③ (晋)杜预注，(唐)孔颖达疏：《春秋左传正义》，第2063页。

④ (宋)程公说：《春秋分记·世谱五·楚公子公族诸氏世谱》卷一四，《四库全书珍本初集》经部20集，第10431页。

⑤ (日)竹添光鸿：《左氏会笺》，第1827页。

⑥ 王恩田：《河南固始“勾吴夫人墓”——兼论番国地理位置及吴伐楚路线》，《中原文物》1985年第2期；黄盛璋：《当阳两戈铭文考》，《江汉考古》1982年第1期。

⑦ 徐少华：《周代南土历史地理与文化》，第132页。

点同①。仔细分析《传》文，与“潘子”并列的“荡侯”“司马督”“嚣尹午”“陵尹喜”四人，“陵尹”，“掌楚王陵地”；“嚣尹”，“掌禁喧嚣”②，故“午”“喜”二人系楚大臣无疑。“司马督”，从《春秋左传注》的句读形式来看，显然是以“司马”为氏，“督”，其名，亦为楚臣。“荡侯”，遍征古籍，春秋时期无有名荡的古国，“荡侯”当为人名，石泉先生：“荡侯，春秋时楚臣。氏、名不详，或谓即令尹子荡（薳罢）。”③与“潘子”并列之四人，排序前的“荡侯”为楚臣，排序后的“司马督”“嚣尹午”“陵尹喜”亦为楚臣，则置身四人中间的“潘子”，当为楚臣，其是否系潘党之子，尚有待确定。然从时间上看，潘子见于鲁昭公十二年（前 530），潘党活动于前 597 年至前 575 年，相距五六十年，为祖孙尚可，为父子则时间跨越太大。

又鲁定公六年（前 504）：“四月己丑，吴大子终累败楚舟师，获潘子臣、小惟子及大夫七人。”田成方先生指出：“传文将‘潘子臣’‘小惟子’与楚大夫七人并列，表明他们的身份与通常的楚大夫有别，当是附庸国之君……例同文献和铜器中见到的养子、黄子、顿子等。”④

与上论相异，传统观点认为“潘子臣”为楚臣，杜预注：“（潘子臣、小惟子）二子楚舟师之帅。”⑤基于二人为帅的原因，《传》文记载才将二人与另外为吴所俘的七位楚国大夫分开来讲，杨伯峻先生观点同⑥。征于《传》文，此类书写方式常见。《左传》鲁僖公十年（前 650）：“（晋）杀丕郑、祁举及七舆大夫，左行共华、右行贾华、

① 田成方：《东周时期楚国宗族研究》，第 152 页。
② 左言东编著：《先秦职官表》，第 333 页。
③ 石泉主编：《楚国历史文化辞典》，第 287 页。
④ 田成方：《东周时期楚国宗族研究》，第 153 页。
⑤ （晋）杜预注，（唐）孔颖达疏：《春秋左传正义》，第 2140 页。
⑥ 杨伯峻：《春秋左传注》（修订本），第 1557 页。

叔坚、骓歂、累虎、特宫、山祁，皆里、丕之党也。”清沈钦韩：七舆大夫即指的是“左行共华”等七人[①]。丕郑、祁举、共华、贾华等九人皆为晋臣，丕郑、祁举作为罪首故单独罗列于前。据此，“潘子臣”“小惟子”二人当为楚臣。“潘子臣”称谓中，“潘”，氏称；“子”，美称；“臣”，人名。程公说《春秋分记》且认为“潘臣”系“潘子”（鲁昭公十二年）之子[②]，从二人生活的时间仅隔二十年左右来看，可从。

又有“鄱子成周编钟”（《新收》0283 - 0291），春秋晚期器，1978年河南省固始侯古堆M1出土，一套九件，形状相似而大小递减，李学勤先生指出：“（器物）接近于寿县西门蔡墓而稍晚，估计为战国前期偏早。”[③]器主人“鄱子成周”，王恩田先生认为番国国君，“成周”，国君之名[④]。李学勤先生认为潘子成周大约是楚的封君[⑤]。又徐少华先生指出“鄱子成周”即《传》文记载的“潘子臣”[⑥]，依据有二：其一，二人生活的时代相近；其二，“臣”“成”一音，铭文作“成周”为其本名，《传》文作“臣”应是同音相假。可从。

综上，春秋时期楚国潘氏世系可整理排列如下：

潘崇—潘尪—潘党—？—潘子—潘臣

---

① （清）焦循、沈钦韩撰，郭晓东、郝兆宽、陈岘点校：《春秋左传补疏 春秋左传补注》，第140—141页。

② （宋）程公说：《春秋分记·世谱五·楚公子公族诸氏世谱》卷一四，《四库全书珍本初集》经部20集，第10431页。

③ 李学勤：《东周与秦代文明》，第98页。

④ 王恩田：《河南固始“勾吴夫人墓”——兼论番国地理位置及吴伐楚路线》，《中原文物》1985年第2期。

⑤ 李学勤：《东周与秦代文明》，第98页。

⑥ 徐少华：《周代南土历史地理与文化》，第132页。

(2) 竹简资料中的潘氏成员

包山楚简当中有诸多潘氏成员，可详析如下：

简 41：八月乙未，龔(共)夫人之夫＝(大夫)番赢受⿱，九月戊申之日……

按，番(潘)赢，又见包山简 48，官职为“共夫人之大夫”，胡雅丽先生：“共夫人之大夫，即指爵为大夫而附于共夫人并实际管理共夫人食邑者。”[①]刘信芳先生：“楚国于先王夫人之亲属及其仆役，设有专门的居住地，有专门的职官管理。在先夫人去世后，此类人等继续留居，侍奉陵寝，被称之为‘某夫人之人’。”[②]

简 46：九月甲辰之日，越异之司败番𧻚受⿱……

简 64：十月乙亥之日，越异之司败番𧻚受⿱……

简 167：……邸阳君之人番𧻚……

简 175：……邸阳君之人番𧻚……

简 186：……邸阳君之人番𧻚……

按，番𧻚，简 46、64 皆显示其官职为“越异之司败”，刘信芳先生：“越异即渡灾，作为官府名，‘越异’应是楚特设的救灾机构。”[③]司败，文献中多见，《左传》鲁文公十年(前 617)“臣归死于司败也”条下，杜预注：“陈、楚名司寇为司败。”[④]潘𧻚所任职的“越异之司

① 胡雅丽：《包山楚简所见“爵称”考》，《楚文化研究论集(第四集)》，第 518 页。

② 刘信芳：《包山楚简解诂》，第 51 页。

③ 刘信芳：《包山楚简司法术语考释》，《简帛研究》(第二辑)，第 31 页。

④ (晋)杜预注，(唐)孔颖达疏：《春秋左传正义》，第 1848 页。

败”当是楚国救灾机构中的稽查监督及刑罚单位。

又简 167、175、186 言番赒为“郘阳君之人”，即潘赒系“郘阳君”后裔。1978 年，湖北江陵天星观 M1 中出土大量卜筮祭祷简，据简文知墓主人是楚国封君“郘阳君”潘胜，年代在公元前 350 年前后①。包山简的年代约公元前 316 年左右，从时间上看，潘赒上距潘胜约 35 年，猜测潘赒宜“郘阳君”潘胜孙辈人物。又“郘阳”地望所在，学界有争议，田成方先生认为在今湖北老河口一带②。

简 52：九月己酉之日，越异之司败番豫受旮……

按，“番（潘）豫”，任职“越异之司败”，与“潘赒”同，据此，刘信芳先生认为二者系一人③。又夏渌先生认为两人同姓，可能是父子或兄弟、同宗关系④。可存疑。

又简 85 有“番班”⑤，仅知人名，职官、事迹等史料中皆无详细记载。

简 98：十月新丑之日，许䵻以讼郘阳君之人𨛭（芳）公番申以賕（责—债）……

① 湖北省荆州地区博物馆：《江陵天星观 1 号楚墓》，《考古学报》1982 年第 1 期。

② 田成方：《东周时期楚国宗族研究》，第 158 页。

③ 刘信芳：《包山楚简解诂》，第 55 页。

④ 夏渌：《读〈包山楚简〉偶记“受贿”“国帑”“茅门不败”等字词新义》，《江汉考古》1993 年第 2 期。

⑤ 朱晓雪：《包山楚简综述》，第 61 页。

按,“邸阳君之人”示潘申亦系邸阳君潘胜之后。潘申任职“偬(芳)公”,颜世铉先生认为不可径予认定为楚县[①]。刘信芳先生:“偬为邸阳君私邑。”[②]吴良宝先生观点同:“‘化(即偬)公’,我们认为也应属邑公类型。邸阳君的封地有多大,目前还无法判断。假如为整个邸阳县,‘化公’作为‘邸阳君之人’就没有是县公的可能,而只能是邑公;即使邸阳君的封地有数县之大,作为其封地私邑上的‘公’,是否能等同于楚国的‘县公’,也还是一个未知数。”[③]

3. 楚国潘氏宗族余论

撮上论大要,春秋早中期楚国对外扩张中,由北方南迁至淮河流域的古番国被纳入楚国势力范围,其部分公族成员遂入仕楚廷,且在较短时间内崛起,关键人物为潘崇。潘崇在楚穆王登基过程中立有大功,这为潘氏在楚国的发展奠定了最深厚的政治基础。潘崇以降,潘氏宗子潘尫、潘党等以“师叔”自称,世代不更,亦显示了潘氏与楚王的特殊关系。或认为,鄢陵之战(前575),楚共王被晋军射箭中目,作为共王车右的潘党难辞其咎,之后潘氏在楚国世微[④]。潘党以后,潘氏尚有潘子、潘臣等,皆为军事将领,不能说潘氏衰微。且见于鄢陵之战,对于楚国战败负主要责任者系司马公子侧(子反),战后子反自缢以谢罪,依据楚共王执政风格,广泛牵连治罪的可行性不大。再者,当是时,彭名御戎,潘党为右,若楚国追究潘党之责,与潘党并列的彭名不可能独善其身,然据南阳彭氏宗族墓地所见彭氏家族成员及其所任官职来看,彭氏并未受鄢陵之战影响而衰落,潘氏亦当未被追责。

---

① 颜世铉:《包山楚简地名研究》,台北:台湾大学硕士学位论文,1997年,第117页。

② 刘信芳:《包山楚简解诂》,第92页。

③ 吴良宝:《说包山简中的“阳城公”》,《中国文字学报》2010年第3辑。

④ 田成方:《东周时期楚国宗族研究》,第154页。

潘氏作为楚国外姓重要的一支，从春秋中期偏早，迄战国晚期，活跃在楚国政治舞台上三百余年。

六、伍氏

春秋晚期的伍子胥因其传奇经历而家喻户晓，而其所属之世族即是楚国外姓伍氏。

1. 楚国伍氏族源问题分析

关于伍氏的族源，学界观点不一。

郑樵《通志·氏族略》云："伍氏，芈姓，楚大夫伍参之后也。"[①]又程公说《春秋分记》、王符《潜夫论·志氏姓》、孙曜《春秋时代之世族》等在其所列的楚公族姓氏当中将"伍氏"，与"斗""成""屈""芳"等并列[②]。据此，伍氏也应当是楚同姓公族。此说不知史料依据是什么，或为臆测，林宝《元和姓纂》"伍"氏条下仅云："楚大夫伍恭（参），生举，举生奢……。"并未提出伍氏系楚公族[③]，而后诸多学者多持伍氏为楚公族的观点。刘秉忠、李丽两位先生认为："伍氏家族姓氏自成体系，但不知源于哪个楚君"，并推断"伍参与楚国国君的血缘关系已经很疏远了"[④]。刘信芳先生对包山楚简中所见"五"字进行了考释，指出"五"通"伍"，是楚之公族，伍氏宗族最著名者，莫过于春秋末年的伍子胥，"伍子胥带吴师入郢"，楚几亡

① （宋）郑樵撰：《通志》，第466页。

② （宋）程公说：《春秋分记·世谱五·楚公子公族诸氏世谱》卷一四，《四库全书珍本初集》经部20集，第10431页；（汉）王符著，（清）汪继培笺，彭铎校正：《潜夫论笺校正》，第544页；孙曜：《春秋时代之世族》，《民国丛书·历史地理类》第三编第63册，第186页。

③ （唐）林宝撰，岑仲勉校记：《元和姓纂（附四校记）》，第952页。

④ 刘秉忠、李丽：《楚国公族姓氏考略》，《江汉考古》1999年第1期。

国，而楚国之所以“未绝伍氏，实因伍氏本为楚之公族”[①]。又何光岳[②]、王洪强[③]、郑威[④]、屈会涛[⑤]诸先生皆赞同伍氏为楚国公族的观点。

立足于文献资料，应当将伍氏归类于楚国“外姓”（或称为“庶姓”）之受重用者。

伍氏一族最早见于《传》文记载者系楚庄王时期的伍参。鲁宣公十二年（前597）楚、晋邲之战，伍参的身份是“嬖人”“嬖臣”。关于“嬖臣”，日本学者增渊龙夫先生在《春秋战国时代的社会与国家》一文中有精辟概述，言：

> 自春秋中叶以降，君权强大，以对抗顽强的世族权力，各国君主不再参与宗族的身份秩序，多重用身边能干武勇的侍卫家臣，压抑世袭贵族权力的倾向乃大显著。注重公与卿大夫士之宗法身分秩序的《左传》，对这种新功能的近侍家臣有所记述，每每称之为“嬖臣”。[⑥]

伍参既然系楚王身边能干武勇的“嬖臣”，且楚庄王时期所极力抑

① 刘信芳：《〈包山楚简〉中的几支楚公族试析》，《江汉论坛》1995年第1期。

② 何光岳：《楚源流史》，第361—362页。

③ 王洪强：《伍子胥思想研究》，武汉：华中师范大学硕士学位论文，2009年5月，第13页。

④ 郑威：《西周至春秋时期楚国的采邑制与地方政治体制》，《江汉考古》2009年第3期。

⑤ 屈会涛：《春秋时代的卿族政治》，上海：华东师范大学博士学位论文，2014年3月，第313页。

⑥ （日）曾渊龙夫：《春秋战国时代的社会与国家》，杜正胜编：《中国上古史论文选集（下册）》，台北：华世出版社1979年版，第851页。

制的恰好是若敖氏等公族势力，故伍参应非公族。

又《左传》鲁襄公二十六年（前547）：“伍举娶于王子牟。”西周乃至春秋时代，由于强调婚姻对于种族繁衍的重要性，实行严格的“同姓不婚”制度，《左传》鲁僖公二十三年（前637）：“男女同姓，其生不蕃。”《礼记·曲礼》：“买妾不知其姓，则卜之。”在“同姓不婚”这个大原则之下，王子牟为楚王室公子，属公族，陈伟先生藉伍举娶于王子牟之事，指出：“恐伍氏应起于庶姓。”[①]田成方先生观点同，伍氏非楚公族，且对于伍氏族源提出创新性观点，认为楚国伍氏很可能是陈公子佗（字五父）之后，公子佗后人或为逃避陈国内乱，出奔至楚，以先祖之字获氏遂为楚国伍氏[②]。此观点可备一说。然考于楚国其它外姓，观、邓、养、彭、潘皆是以旧国为氏，则伍氏之获氏疑也源于国名或邑名。

前述楚昭氏成员见于包山简者有“郚公子春”，郚系楚国郚邑，地望在今河南省鄢陵县以南[③]。“郚”邑之“郚”字，见于包山简有两种写法：

郚公子春（包山简200、203、214、240）

鄱公子春（包山简206）

伍（五）氏之获氏是否与楚国郚（鄱）邑有某种内在联系？或者说伍氏基于某种缘故由它国仕楚，楚赏赐郚（鄱）地作为其采邑，遂以邑为氏，称伍氏。当然，此种推测尚祈以后的出土材料能够为我们提供更加充分的佐证。

---

① 陈伟：《楚“东国”地理研究》，第192页。

② 田成方：《东周时期楚国宗族研究》，第174—175页。

③ 黄盛璋：《试论三晋兵器的国别和年代及其相关问题》，《考古学报》1974年第1期；吴良宝：《战国楚简地名辑证》，第186页。

2. 楚国伍氏成员与伍氏简史

伍参是伍氏成员最早见于史料记载的人物。《左传》鲁宣公十二年(前597)晋、楚邲战当口,关于伍参有甚为有意思的一段记载,如下:

> 楚子北师次于郔……(楚)闻晋师既济(黄河),王(楚庄王)欲还,嬖人伍参欲战。令尹孙叔敖弗欲,曰:"昔岁入陈,今兹入郑,不无事矣,战而不捷,参之肉其足食乎?"参曰:"若事之捷,孙叔为无谋矣。不捷,参之肉将在晋军,可得食乎?"令尹南辕、反旆,伍参言于王曰:"晋之从政者新,未能行令。其佐先縠刚愎不仁,未肯用命。其三帅者,专行不获,听而无上,众谁适从?此行也,晋师必败。且君而逃臣,若社稷何?"王病之,告令尹乘辕而北之,次于管以待之。

分析上引史料,(1) 在是否与晋决战的问题上,楚庄王犹豫未决,令尹孙叔敖与伍参看法不同,古人状痛恨某人特甚,常曰食其肉不足,如《左传》鲁僖公三十三(前627)文嬴请秦三帅(百里孟明视、西乞术、白乙丙),曰:"寡君(秦穆公)若得而食之,不厌。"从孙叔敖言"参之肉其足食乎"来看,二人的冲突必相当激烈。孙叔敖官拜令尹,伍参有底气与之意见相左,在于其"嬖人"的身份。(2) 伍参对于晋、楚两国战前局势把握的非常精准,认为晋国内部不靖,楚战而必胜,这都在后面的《传》文记载中得到验证。且伍参劝谏的语言颇具针对性与技巧性,对孙叔敖,言:"(战而)不捷,参之肉在晋军,可得食乎?"对楚庄王,云:"以君避臣,若社稷何。"凡此种种,皆显示了伍参胆大幽默、机智绝伦的个性,涂又光先生言:"伍参概后来东方朔一流人物。”[①]确然。大胆推测邲战当口若无伍参的极力谏言，楚庄王概不会与晋军决战进而成就春秋霸业。

伍参在邲战之时，立有大功，而楚庄王是楚国历史当中不多见的明君，当时人与后人有高度评价。晋随会曰：“德立、刑行、政成、事时、典从、礼顺，若之何敌之。”[②]司马迁曰：“庄王之贤，乃复国陈；既赦郑伯，班师华元”，“嘉庄王之义，作《楚世家》第十”。在对全部楚史的十四句评价中，称赞庄王的占四句，最后点名《楚世家》之作是“嘉庄王之义”。[③] 吕思勉先生：“春秋五霸，齐桓而外，当以楚庄之兵力为最强，其为人亦最正。”[④]韩席筹先生则认为：“其风度雍容，视桓文有过之而无不及。”[⑤]

伍参藉“嬖人”的身份，又挟邲战之功，再征于庄王为君之道，战后伍参获得赏赐是必然之事，然而，《传》文等史料当中无此内容的记录，且伍参其人邲战以降亦不再现，然依据相关史料可推知，伍参在邲战以后的二三十年，尚活跃在楚国政治舞台之上（详下）。宋邓名世云：“伍氏出自春秋时楚庄王嬖人伍参，以贤智升为大夫。”[⑥]言伍参积功至大夫爵，不无道理。既获得大夫官爵，当有对应级别的采邑，只是不见于记载罢了。

概而言之，伍参是伍氏得以在楚立足、崛起的关键人物，取得安家立宗之官爵与采邑。

伍参之后，伍氏成员继而见于史料记载者为伍举。其人主要活动在楚康王（前 559—前 545 年在位）、楚灵王（前 540—前 529

① 涂又光：《楚国哲学史》，第 147 页。

② 杨伯峻：《春秋左传注》（修订本），第 725 页。

③ （汉）司马迁：《史记》卷一三〇《太史公自序》，第 3309 页。

④ 吕思勉：《先秦史》，上海：上海古籍出版社 2005 年版，第 170 页。

⑤ 韩席筹：《左传分国集注（下册）》，第 658 页。

⑥ （宋）邓名世撰，王力平点校：《古今姓氏书辩证》，第 363 页。

年在位)时期。

《左传》鲁襄公二十六年(前547)、《国语·楚语上》皆载有“蔡声子论楚才晋用”之事,内容涉及伍举,其中《传》文记载如下:

> 初,楚伍参与蔡大师子朝友,其子伍举与声子(蔡声子,子朝之子)相善也。伍举娶于王子牟。王子牟为申公而亡,楚人曰:“伍举实送之。”伍举奔郑,将遂奔晋。声子将如晋,遇之于郑郊,班荆相与食,而言复故。声子曰:“子行也,吾必复子。”
>
> 及宋向戌将平晋、楚,声子通使于晋,还如楚。令尹子木与之语,问晋故焉,且曰:“晋大夫与楚孰贤?”(此处蔡声子历数楚材析公、雍子、屈巫、苗贲皇诸人出奔至晋对于楚国所造成的严重伤害)声子曰:“今又有甚于此者。椒举娶于申公子牟,子牟得戾而亡,君大夫谓椒举:‘女实遣之。’惧而奔郑,引领南望,曰:‘庶几赦余!’亦弗图也。今在晋矣,晋人将与之县,以比叔向。彼若谋害楚国,岂不为患?”子木惧,言诸王,益其禄爵而复之。声子使椒鸣逆之。

分析上引史料,伍氏世系,由引文“伍参与蔡大师子朝友,其子伍举与声子相善”,知伍举显系伍参之子。伍参,始见于鲁成公十二年(前597),与伍举始见于《传》文的鲁襄公二十六年(前547),中间间隔五十年,父子二人活动的时代相距如此之长,甚为罕见。合理的解释是公元前597年伍参始见记载时其年龄并不很大,或者正处青壮年,其子伍举宜当在此前后出生,至公元前547年,已有四五十岁,所生子嗣亦当成年。“椒鸣”条下,杨伯峻先生注:“椒鸣,伍举之子,伍奢之弟。”[1]据伍鸣可被委派出国迎逆其父来看,已经

① 杨伯峻:《春秋左传注》(修订本),第1123页。

成年，与上推测吻合。

“伍举”又称“椒举”，“伍鸣”又称“椒鸣”，韦昭注：“椒，邑也。”[①]显而易见，伍者，氏称；椒者，宗族采邑之名。又徐元诰指出：“椒，《旧音》作‘湫’，椒与湫古字通。”[②]椒(湫)邑，是目前为止能够准确知道地名的伍氏第一个采邑。关于椒(湫)邑地望所在，学界有不同的观点。《左传》鲁庄公十九年(前675)有关于“湫”地的记载：

> (巴人伐楚)楚子(楚文王)御之，大败于津。还，鬻拳弗纳，遂伐黄。败黄师于踖陵。还，及湫，有疾。夏六月庚申，卒。鬻拳葬诸夕室，亦自杀也，而葬于绖皇。

上引史料“湫”字条下，杜预注：“南郡鄀县东南有湫城。”[③]竹添光鸿先生又云：“湫今在襄阳府宜城县西南。楚灵王时为伍举采邑。”[④]杨伯峻先生申之：“《清一统志》谓湫在湖北省钟祥县北，《春秋大事表》谓在湖北省宜城县东南，其实一也。”谭其骧先生观点同[⑤]。上诸家皆将“湫”地地望确定在汉水中游的湖北省宜城市以南、钟祥以北地区。

郑威先生提出新的观点，云：

> 《水经注·淮水》有“焦陵陂”，杨守敬引《新唐书·地理志》“汝阴南三十五里有椒陂塘”，又引《元丰九域志》“汝阴有

---

①② 徐元诰撰，王树民、沈长云点校：《国语集解》，第493页。

③ (晋)杜预注，(唐)孔颖达疏：《春秋左传正义》，第1773页。

④ (日)竹添光鸿：《左氏会笺》，第293页。

⑤ 谭其骧主编：《中国历史地图集(第一册)·春秋·楚吴越》(精装本)，第29—30页。

> 椒陂镇”认为椒陂之“椒、焦音同,即此陂也”,应在今阜阳市南;《淮水》篇复有“淮水又北,左合椒水”的记载,熊会贞按云:“椒水即今之焦冈湖,今县西南五十里淮北岸鲁家沟。”在今凤台县西南……“焦陵陂”与“椒水”都在淮河北岸,地望相去不远,伍举采邑有可能在这一区域,即今淮河以北阜阳至凤台一线附近。①

将“椒(湫)”地地望定位在淮河以北阜阳至凤台一线,田成方先生作了进一步的补充证明,补充材料有二:其一,包山简185有“芙邑人五子竮”,“五”,即“伍”;“芙邑”,“五子竮”籍贯所在,据颜世铉先生考证,其地在今安徽省六安县东北以北、安丰塘水库以西,接近淮北的椒水、椒陂塘。其二,《嘉庆一统志》记载“伍奢墓”在“阜阳县东二里”。春秋时期贵族卒后,大都安葬在其宗族采邑附近,而伍奢所葬之阜阳去椒水、椒陂塘甚近。②

此外,王洪强先生认为“椒”地应该在今天安徽省东部的全椒县③。

以上三说,当以传统“湖北宜城说”为是。

“椒举”又作“湫举”,可追溯至班固《汉书·古今人表》④,“椒”“湫”二字互通,可信度高。再细究鲁庄公十九年(前675)《传》文中关于“湫”地的记载,其地望就当在宜城附近。

---

① 郑威:《西周至春秋时期楚国的采邑制与地方政治体制》,《江汉考古》2009年第3期。

② 田成方:《东周时期楚国宗族研究》,第175—176页。

③ 王洪强:《伍子胥思想研究》,武汉:华中师范大学硕士学位论文,2009年5月,第7页。

④ (汉)班固:《汉书》卷二〇《古今人表》,第923页。

黄,《史记·陈杞世家》索隐引《世本》云:“江、黄二国并嬴姓。”[①]诸多青铜器器铭亦证明黄为嬴姓国[②]。春秋时期黄国地望,学界意见一致,在今河南省潢川县[③]。上世纪90年代,河南省信阳市考古工作者在潢川县西北约十二里的隆古乡发掘了一座城市遗址,城址略呈长方形,四周长大约6 700米,墙垣残高5—7米,城址外有壕沟遗址。在墙垣夯土层中,出土有鼎、敦、壶、鬲、盂、豆、罐等器物残片,时代可判定为西周至春秋时期,应该即是古黄国都城所在。鲁庄公十九年(前675)《传》文所载楚文王征伐黄国的行军路线,当是回郢都被鬻拳拒纳后,遂从郢都出发,概东北行逾直辕、大隧、冥阨三塞,最后直达黄国边境,进而败黄师于踖陵。踖陵,杨伯峻先生注:“黄国地名,当在今潢川县西南境。”[④]在黄国都城以南[⑤],而黄国都城更在淮河以南。楚文王在淮河以南的踖陵击败黄国军队后,“还,及湫”,有疾而卒。“还”者,《尔雅·释言》:“还,复,返也。”宋邢昺疏:“皆回返也,《春秋》书师还又曰至河乃复

---

① (汉)司马迁:《史记》卷三六《陈杞世家》,第1586页。

② 按,青铜器有“黄君簋”(《集成》04039),西周晚期器,盖内铸铭22字(又重文2):“黄君作季嬴賸媵簋,用易眉寿,黄耇万年,子子孙孙永宝用享。”说的是黄国君主为其女“季嬴”作媵器。“季嬴”之名,按照古代女子的称谓方式,“季”为家中排行,“嬴”为黄国国姓。又有“黄大子白克盘”(《集成》10162),有33字铭文:“唯王正月初吉丁亥,黄大子白克作仲嬴□媵盘,用旛眉寿万年无疆,子子孙孙永宝用之。”“仲嬴”,亦属“排行(仲)”+“国姓(嬴)”的组合。

③ 谭其骧主编:《中国历史地图集(第一册)·春秋·楚吴越》(精装本),第29—30页;杨伯峻:《春秋左传注》(修订本),第210页;徐少华:《周代南土历史地理与文化》,第110页。

④ 杨伯峻:《春秋左传注》(修订本),第211页。

⑤ 谭其骧主编:《中国历史地图集(第一册)·春秋·楚吴越》(精装本),第29—30页。

之类是也。”[1]则《传》文当中所谓“还，及湫”说的是楚军原路班师回郢都的过程中途经“湫”地，则湫地不可能远至淮水北岸阜阳至凤台一线，而当在楚文王时期的郢都(在今湖北宜城)附近。

伍举在楚康王治国时期，受姻亲王子牟的影响而逃离楚国，虽在蔡声子及楚国令尹屈建(字子木)的佐助之下最终归楚，然亦可看出其人与楚康王应有一定的嫌隙，这也为伍举在楚灵王治国时期受到重用埋下了伏笔。

楚灵王弑楚君郏敖(楚康王子)而践祚，登基前后与康王一系存有龃龉的伍举得到重用，主要体现在外交与纳谏两个方面。《左传》鲁昭公元年(前541)，伍举就以副使身份随尚担任令尹一职的公子围(即楚灵王)出访郑国。待灵王弑君自立，伍举再次使郑，其擅长外交的才能更是显露无疑，《传》文记载：(楚灵王)使赴于郑，伍举问应为后之辞焉。对曰：“寡大夫围。”伍举更之曰：“共王之子围为长。”又鲁昭公四年(前538)，楚灵王合诸侯于申地，伍举又多有谏言，屡次强调礼的重要性，如下：

> 六月丙午，楚子合诸侯于申。椒举言于楚子曰：“臣闻诸侯无归，礼以为归。今君始得诸侯，其慎礼矣。霸之济否，在此会也。夏启有钧台之享，商汤有景亳之命，周武有孟津之誓，成有岐阳之蒐，康有酆宫之朝，穆有涂山之会，齐桓有召陵之师，晋文有践土之盟。君其何用？宋向戌、郑公孙侨在，诸侯之良也，君其选焉。”王曰：“吾用齐桓。”……
>
> 楚子示诸侯侈，椒举曰：“夫六王、二公之事，皆所以示诸侯礼也，诸侯所由用命也。夏桀为仍之会，有缗叛之。商纣为黎之蒐，东夷叛之。周幽为大室之盟，戎狄叛之。皆所以示诸

---

[1] (晋)郭璞注，(宋)邢昺疏：《尔雅注疏》，第2581页。

侯汰也,诸侯所由弃命也。今君以汰,无乃不济乎?”……

秋七月,楚子以诸侯伐吴,宋大子、郑伯先归,宋华费遂、郑大夫从。使屈申围朱方,八月甲申,克之,执齐庆封而尽灭其族。将戮庆封。椒举曰:“臣闻无瑕者可以戮人。庆封唯逆命,是以在此,其肯从于戮乎?播于诸侯,焉用之?”王弗听,负之斧钺,以徇于诸侯,使言曰:“无或如齐庆封弑其君,弱其孤,以盟其大夫。”庆封曰:“无或如楚共王之庶子围弑其君—兄之子麇—而代之,以盟诸侯。”王使速杀之。

遂以诸侯灭赖。赖子面缚衔璧,士袒,舆榇从之,造于中军。王问诸椒举,对曰:“成王克许,许僖公如是。王亲释其缚,受其璧,焚其榇。”王从之。

以上史料当中,伍举劝谏灵王要以礼待诸侯,以德服人,勿过于奢侈骄纵等,灵王亦多有采纳。

要之,伍举当是灵王时期的外交与谏言大臣,伍氏实力得到进一步的发展、壮大。

灵王没世,弟平王即位,伍氏见于记载者为伍举之子伍奢及伍奢诸子。伍奢当是时担任二职,即连尹与太子傅。连尹实为楚中央高官,位居中枢,是楚王的侍卫总长,非王之亲信不可获任此职。太子傅亦地位颇高,且可与储君建立密切关系,必是未来国君之心腹。伍奢实简在王心,服务楚王及储君,这亦表明伍氏业已崛起于楚国,是楚国政坛的一支重要力量。

《左传》鲁昭公二十年(前522)、《史记·伍子胥列传》及《吴越春秋》诸书皆载伍奢生有二子,一为“慈温仁信”[①]的伍尚,一为“少

---

① (汉)赵晔撰,徐天祜音注:《吴越春秋》,第16—17页。

好于文，长习于武，文治邦国、武定天下”的伍员（伍子胥）[①]。

后伍奢由于受到馋臣费无极的构陷，处境日益艰难，最终几乎族灭，仅有伍子胥得脱，事情的经过集中见于《左传》的鲁昭公十九年（前523）、二十年（前522），伍氏式微，尤其后来又经历了伍子胥帅吴师伐楚且鞭平王尸等事件，伍氏在楚国发展遇挫。

清华简《系年》简81记载有“伍之雞”：

> 景平王即位，少师无极谗连尹奢而杀之，其子伍员与伍之雞逃奔吴。伍雞将吴人以围州来……

整理者：“伍奢二子，伍之雞应属伍氏另一支。”[②]即“伍之雞”与伍子胥同宗，二人一起奔吴、复仇，其人不见于文献记载。又白显凤先生言：“伍奢之子伍之雞。”[③]视“伍之雞”为“伍奢”之子，概曲解了整理者之意。

包山简中，以五（伍）为氏者计有六人，即五皮（简33）、五庆（简173）、五阳（简181）、五子嫥（简185）、五佗（简191）、五生（简209、211、229、232、233、245、246），田成方先生指出除伍奢一支或绝灭，或出逃以外，伍氏另有宗支尚留在楚国内[④]，或为伍奢弟伍鸣一支。

3. 春秋楚国“棠”地地望补证

《左传》鲁昭公二十年（前522）记载，伍氏重要成员伍尚任职

---

① （汉）赵晔撰，徐天祜音注：《吴越春秋》，第17页。

② 清华大学出土文献研究与保护中心编，李学勤主编：《清华大学藏战国竹简（贰）·系年》，第172页。

③ 白显凤：《出土楚文献所见人名研究》，长春：吉林大学博士学位论文，2017年6月，第102页。

④ 田成方：《东周时期楚国宗族研究》，第178页。

楚"棠君",杜预注:"棠君,(伍)奢之长子(伍)尚也,为棠邑大夫。"[①]陆德明《经典释文》:"棠君尚,君或作尹。"[②]顾颉刚先生申之:"'君'与'尹'本是一字……'君'和'公'又同属于见纽,可以通用。"[③]徐少华先生亦言:"古文献中'君'和'尹'通假的例证多有,楚县尹称'君',也并非只此孤例。"[④]上诸多学者皆视"棠"为楚县,"棠君"为楚棠县县公,可从[⑤]。

"棠",系楚国县名,多数学者持此看法。至于楚"棠"究竟在何处,前辈学者业已作过深入的探讨,由于历史文献不足征,书缺有间,颇有争议。

(一)前贤关于楚"棠"地望的已有观点

迄今为止,学界关于楚"棠"地望所在大致有三种不同的观点,即"江苏六合说""河南遂平说""安徽六安说",详列如下:

观点一:江苏六合说。

《括地志》:"扬州六合县,本春秋时棠邑,伍尚为大夫也。"[⑥]

---

① (晋)杜预注,(唐)孔颖达疏:《春秋左传正义》,第2090页。

② (唐)陆德明撰,张一弓点校:《经典释文》,第434页。

③ 顾颉刚:《春秋时代的县》,《顾颉刚古史论文集》卷五,第235页。

④ 徐少华:《春秋时代楚国县制的性质问题》,《江汉论坛》1990年第2期。

⑤ 按,杨宽先生指出:"近人因为'君'字是从'尹'字发展而来,认为楚的县尹也可称为县君,这是一种误解。春秋时代楚国县尹没有称'君'的,称'君'的当是封君性质。"视"棠君"为"棠"地封君。郑威先生指出:"'棠君'是对棠邑管理者伍尚的尊称,他有可能是棠县县尹,也有可能是在棠邑有封地的封君。"笔者认为,楚国封君至战国时期始大量出现,春秋晚期所出现的"棠君"称谓,似将其理解为棠县县公更加合理一些。参见杨宽:《春秋时代楚国县制的性质问题》,《中国史研究》1981年第4期;郑威:《楚国封君研究》,第8—9页。

⑥ (唐)李泰撰,贺次君辑校:《括地志辑校》,第215页。

《路史·国名纪三》:“堂,棠也。伍尚封号棠君,今扬之六合。”[①]《嘉庆重修一统志》卷七四:“棠邑故城,在六合县北,春秋时,楚棠邑,……又伍尚为棠邑大夫。”又日本学者竹添光鸿、今人刘信芳先生观点同[②]。

对“江苏六合说”,前辈学者多有驳斥。杨伯峻先生云:“恐不确。”[③]指出问题而未加以考证,石泉先生申之:

> 棠邑果在今江苏六合县境,则楚地且深入吴之内地矣。夫即以旧说为据,则今巢湖以南、无为以至长江皆尝目为吴楚兵争之地矣,而楚安得复于吴边境之后据有棠邑?果有之,则将为吴人腹心之疾,吴人当屡攻此地以绝后顾之忧,而史所载吴楚战役仅此一见(按,《左传》鲁襄公十四年:“子囊师于棠,以伐吴。”),明其非冲要之区也。夫楚之鸠兹、衡山并不能在江南,棠之不能在江苏六合,理同也。[④]

按,《史记·刺客列传》:“专诸者,吴堂邑人是也。伍子胥之亡楚而如吴也,知专诸之能。”是吴国亦有“棠”邑,今江苏六合应该是吴“棠”所在,非楚“棠”。

观点二:河南遂平说。

《左传》鲁定公五年(前505)载有吴国夫概王奔楚为“堂谿氏”一事,“堂谿”条下,杨伯峻先生注:“堂谿在今河南遂平县西

---

① (宋)罗泌撰:《路史》,《文渊阁四库全书》第383册,第287页。

② (日)竹添光鸿:《左氏会笺》,第1938页;刘信芳:《包山楚简解诂》,第45页。

③ 杨伯峻:《春秋左传注》(修订本),第1408页。

④ 石泉:《古代荆楚地理新探·续集》,第313—314页。

北，……《广韵》作‘棠谿’，‘堂’‘棠’字通。”[1]诸多学者皆以“堂(棠)谿”来释“棠君”之“棠”。清沈钦韩在《左传》鲁昭公二十年(前522)“棠君(伍)尚”条下，云：“《方舆纪要》：‘棠谿城，在汝宁府遂平县西北百里。’”[2]吴树平先生云：“楚伍尚为棠邑大夫，即棠谿也。”[3]徐少华先生亦力主此说[4]。

观点三：安徽六安说

是说由著名历史地理学家石泉先生最早提出。《左传》鲁襄公十四年(前559)载有楚国令尹子囊(公子贞)伐吴一事，如下：

> 秋，楚子(楚康王)为庸浦之役故，子囊师于棠，以伐吴。吴人不出而还。子囊殿，以吴人不能而弗儆。吴人自皋舟之隘而击之。楚人不能相救。吴人败之，获楚公子谷。

石泉先生分析此条史料，大致有两点结论：其一，上“子囊师于棠”之“棠”系楚“棠”，正是伍尚所任职的“棠”地，与《史记·刺客列传》所载专诸居住的吴“棠”(江苏六合)非一地。其二，概从楚师行军路线来看，楚“棠”当在今安徽六安以北之地，“皋舟之隘”，“当在棠邑左近也”[5]。

郑威先生对于石泉先生之说有所补证，指出在今安徽六安地区以“皋”“皋陶”命名者不少，且古时六安州下白沙城实际包含白沙、六

① 杨伯峻：《春秋左传注》(修订本)，第1552页。

② (清)沈钦韩：《春秋左氏传地名补注》，《清经解 清经解续编(拾壹)》卷九五，第3017页。

③ (汉)应劭撰，吴树平校释：《风俗通义校释》，天津：天津人民出版社1980年版，第482页。

④ 徐少华：《周代南土历史地理与文化》，第281页。

⑤ 石泉著：《古代荆楚地理新探·续集》，第314页。

合二城，二城遥相呼应，中间或有隘口，恰好即是“皋舟之隘”[1]。

(二) 楚“棠”在“安徽六安说”辨析

检于史料，春秋时期径以“棠”字命名的都邑并不鲜见，除去楚、吴二国外，齐国亦有。《左传》鲁襄公二十五年(前 548)：“齐棠公之妻，东郭偃之姊也。”杜预注：“棠公，齐棠邑大夫。”[2]杨伯峻先生：“棠，江永《考实》谓即十八年《传》之郿棠，疑在今山东平度县东南。《大事表》则以为在今之堂邑镇(堂邑废县治)。”[3]齐“棠”与楚“棠”、吴“棠”悬隔殊远，便于区分；而楚“棠”与吴“棠”基于地理形势相近的缘故，则易于混淆。

楚、吴二国各自的棠邑，如上所述，集中见于三条史料：1.《左传》鲁昭公二十年(前 522)伍尚任职“棠君”。2.《左传》鲁襄公十四年(前 559)楚国子囊伐吴“师于棠”。3.《史记·刺客列传》记载专诸出生于“棠邑”。

第 1 条、第 3 条史料所显示的“棠”邑分别归属于楚、吴二国，无疑义，关键问题在于第 2 条史料当中“子囊师于棠”之“棠”地，究竟是何国之“棠”？石泉、郑威二位先生将其视为楚“棠”，似可商。详析鲁襄公十四《传》文：“秋，楚子(楚康王)为庸浦之役故，子囊师于棠，以伐吴。”仅据字面逻辑来看，很容易得出楚令尹子囊帅师驻扎之“棠”地系楚邑的结论，然考于《左传》的语辞格式，不尽如此。

《左传》鲁文公九年(前 618)记载有楚穆王(前 625—前 614 年在位)伐郑一事，云：

> 范山言于楚子曰：“晋君(晋灵公)少，不在诸侯，北方可图

① 郑威：《楚国封君研究》，第 107 页。
② (晋)杜预注，(唐)孔颖达疏：《春秋左传正义》，第 1983 页。
③ 杨伯峻：《春秋左传注》(修订本)，第 1095 页。

也。”楚子（楚穆王）师于狼渊，以伐郑。囚公子坚、公子龙及乐耳。

引文当中出现的“狼渊”一地，杜预：“颍川颍阴县西有狼陂。”[①]杨伯峻先生指出：“狼渊当在今河南省许昌市西，《天平寰宇记》谓之狼沟，《水经·溵水注》谓之狼陂，云：‘陂南北二十里，东西十里，《春秋左传》曰楚子伐郑师于狼渊是也。’”[②]显而易见，“狼渊”属郑地。“楚子（楚穆王）师于狼渊，以伐郑”与“子囊师于棠，以伐吴”句法结构类似，既然“狼渊”为郑地，则“棠”宜为吴地。子囊伐吴至“棠”旋班师返国，《传》文云：“子囊殿，以为吴人不能而弗儆。”意思是说，子囊为全军殿后，本应保持戒备，由于轻视吴人而放松警惕。假若前辈学者鲁襄公十四年（前559）“棠”为楚邑且在安徽六安的说法成立，则楚师在国内行军何需主帅殿后，且需全军戒备？若“棠”为吴地，就易于理解了。子囊伐吴，深入吴境乃及吴国棠地（江苏六合），“吴人不出”而被迫从棠地撤军，由于最起始一段回师路程是行走在吴国境内的，故主帅子囊亲自殿后以防吴军偷袭就是很正常的军事行为了。

既然《左传》鲁襄公十四年（前559）所见之“棠”确定为吴地，则一方面，楚“棠”在安徽六安的说法似佐证不足；另一方面，吴国不太可能有两“棠”邑。因此，上史料2、史料3所见之“棠”当为一地，皆在今江苏六合，

（三）“伯彧”组器铭文所见历史地名分析

“江苏六合”“河南遂平”“安徽六安”三种观点中，“六合”是吴“棠”所在，“六安说”的立论佐证似不足，则楚“棠”地望宜在今河南

---

① （晋）杜预注，（唐）孔颖达疏：《春秋左传正义》，第1847页。

② 杨伯峻：《春秋左传注》（修订本），第573页。

遂平。前辈学者虽有主“遂平说”者，然仅在行文中偶有提及，寥寥数语过于简略，此处可作进一步的补证。

1975年3月，陕西省扶风县法门公社庄白大队西周墓葬出土了18件青铜器，罗西章、王世民、彭裕商诸先生从器形、纹饰、铭文字体诸方面考证此组器系西周穆王时期之物[①]，可从。有铭文的11件，器主之名作“𢦚”（或“伯𢦚”）者有8件，方鼎2（《集成》02789、02824），圆鼎1（《集成》02074），簋2（《集成》03849、04322），甗1（《集成》00837），壶2（《集成》06454、06455）。其中，𢦚簋（《集成》04322）盖内铸铭132字（又重文2），择要摘铭如下：

> 唯六月初吉乙酉，在堂𠂤（师），戎伐□，𢦚率有司、师氏奔追御戎于棫林，搏戎䜴（胡）。……获馘百，执讯二夫，俘戎兵：盾、矛、戈、弓、箙、矢、裨、胄，凡百又卅又五款，捋戎俘人百又十又四人。……

上器铭是说在周穆王某年六月的乙酉日，“戎”伐西周“□（柬）”[②]地，伯𢦚从堂地率领官吏与师氏急赴御“戎”于棫林之地，搏击“戎”于䜴（胡）地，战果丰硕。“戎”，𢦚方鼎（《集成》02824）作“淮戎”，当即淮夷。

刘体智旧藏有一件录𢦚卣（《集成》05419），现藏台北故宫博物院，器内底铸铭计6行49字，所述史事与𢦚簋（《集成》04322）铭文

---

① 罗西章、吴镇烽、雒忠如：《陕西扶风出土西周𢦚诸器》，《文物》1976年第6期；王世民、陈公柔、张长寿：《西周青铜器分期断代研究》，北京：文物出版社1999年版，第60页；彭裕商：《西周青铜器年代综合研究》，成都：巴蜀书社2003年版，第301—308页。

② 周博：《伯𢦚组器铭文释地二则》，《古籍整理研究学刊》2016年第3期。

所载周与淮夷的战争有密切关联，摘录如下：

> 王令𢦚曰："叡！淮尸（夷）敢伐内国，汝其以成周师氏戍于古𠂤（师）。……"

铭文大意说的是周穆王命令𢦚率领成周师氏在古地戍守，以防御胆敢内侵的淮夷。

在上所引𢦚簋（《集成》04233）、录𢦚卣（《集成》05419）两篇铭文中，先后出现了"堂""（束）""棫林""𢦒（胡）""古"五个地名。"堂"，𢦚伐淮夷的驻屯之地，宜与后世所见伍尚任职的楚"棠（堂）"邑系一地。原因有二，一者地名相同；再者大致范围皆在淮水流域。"（束）"，为淮夷所侵的西周东南边鄙之地，可具体到汝水上游的泜水流域一带①。又"棫林""𢦒（胡）"两地地望，一个在今河南叶县东北，一个在河南郾城②。"古"，系周王朝防御淮夷的战略军事要地，宜与《左传》鲁昭公二十九年（前513）所见的楚之"固城"为一地，在今淮水上游的河南息县一带③。

合之，"（束）""棫林""𢦒（胡）""古"四地俱位于今河南南部、汝水中游及入淮水处附近。既然如此，则与上四地在军事地理上有密切关联的"堂（棠）"，其大体位置亦当在淮河中上游以北而泜水以南的区域范围内，断不会远到江、淮间的安徽六安。揆诸舆图，不难发现遂平恰好处在叶县（"棫林"）、郾城（"胡"）至息县（"古"）南北一线的中间位置上，故西周金文所见之"堂（棠）"与《左

---

①③ 周博：《伯𢦚组器铭文释地二则》，《古籍整理研究学刊》2016年第3期。

② 裘锡圭：《裘锡圭学术文集·金文及其他古文字卷》，上海：复旦大学出版社2015年版，第36—38页。

传》记载中的楚“堂（棠）”，地望俱当在今河南遂平。

（四）春秋楚国伍氏蒙难事件分析

除去铭文材料佐证外，可再对伍奢、伍尚父子二人蒙难一事作详细考证。便于说明，将《左传》鲁昭公十九年（前523）、二十年（前522）所载相关史料详录如下：

> 1. 十九年：（楚平王）生大子建……使伍奢为之师，费无极为少师，无宠焉，……费无极言于楚子曰：“……若大城城父，而置大子焉，以通北方，王收南方，是得天下也。”王说，从之。故大子建居于城父。
>
> 2. 二十年：费无极言于楚子曰：“建与伍奢将以方城之外叛……”王信之……王执伍奢。……无极曰：“奢之子材，若在吴，必忧楚国……”王使召之……棠君尚谓其弟员曰：“尔适吴，我将归死。……”

分析上面两条史料，史料1中提及太子建离开楚郢都，镇守城父。城父地望，杜预注：“城父，今襄城城父县。”[①]定位在今河南襄城西南。史料2费无极言太子建与伍奢将以方城之外叛，关于楚方城，杜预注：“方城山在南阳叶县南。”[②]《汉书·地理志》“南阳郡”之“叶县”条下：“楚叶公邑，有长城，号曰方城。”[③]结合考古资料所见楚长城遗迹，大体上方城北端在古叶县南一带，南端应接于淮水北岸一线[④]。以地理形势考之，城父所在的河南襄城，南距叶县、淮水间的楚方城不远，言太子建以方城之外叛，有其可能；而伍奢身

① （晋）杜预注，（唐）孔颖达疏：《春秋左传正义》，第2087页。
② （晋）杜预注，（唐）孔颖达疏：《春秋左传正义》，第1793页。
③ （汉）班固：《汉书》卷二八上《地理志上》，第1564页。
④ 左鹏：《楚国历史地理研究》，第159页。

处郢都，为何费无极以“方城之外叛”来诬陷他会大获成功呢？若联系到伍奢之子伍尚所任县公的棠地在今河南遂平，恰好就在楚方城以东不远处，就易于理解了。伍尚、太子建二人在楚方城外一东一西，近相呼应，朝中伍奢又可做内应，故楚平王对费无极言太子建、伍奢以方城之外叛一事深信不疑。

又史料2显示，楚执伍奢于郢都之际，伍尚、伍胥兄弟二人并未奉父左右，由“我将归死”之语，可断定二人当皆在伍尚担任县公的棠地。伍尚在棠地系职责所在，易于理解，伍胥何以亦在棠地？是闻父有难逃奔至棠地吗？那他又是从何处逃奔而来？此处可细加推敲。

征于史料，伍胥有多重称谓，或称为“伍子胥”，或“子胥”，或“伍员”。员，其名；胥，名之字。而见于《国语·吴语》《国语·越语下》、《越绝书》、《楚辞·九叹·惜贤》[①]诸文献资料，以及湖北江陵张家山汉墓竹简《盖庐》篇[②]中，“伍胥”又皆谓“申胥”，韦昭解释到：“鲁昭二十年（前522），奢诛于楚，员奔吴，吴子与之申地，故曰申胥。”[③]对此田成方先生业已驳斥：“伍员奔吴，起初不受重用，‘耕于鄙’。阖闾篡位后，亦未见封子胥于申的记载。”且引用《说苑·奉使》指出“早在伍子胥奔吴之前，伍氏盖已有申氏之称”，进而认为“或因后人混淆伍子胥与申包胥，进而产生误会。或与楚伍氏曾食采、居住在申地等有关”[④]。

---

① 徐元诰撰，王树民、沈长云点校：《国语集解》，第537、581页；李步嘉：《越绝书校释》，武汉：武汉大学出版社1992年版，第112、282页；黄灵庚：《楚辞章句疏证》（增订本），第2802页。

② 张家山二四七号汉墓竹简整理小组编著：《张家山汉墓竹简［二四七号墓］（释文修订本）》，北京：文物出版社2006年版，第161—168页。

③ 徐元诰撰，王树民、沈长云点校：《国语集解》，第537页。

④ 田成方：《东周时期楚国宗族研究》，第176—177页。按，《左传》鲁定公四年（前506）载：“初，伍员与申包胥为友。”

“伍胥”又称为“申胥”似可有另外一种解读，即伍胥为官于申地。推测在伍奢蒙冤遇难之时，伍胥与其兄伍尚皆有官职在身，一在南阳申县，一在遂平棠县，两地相距不远，这就是二人没有与其父俱被执于郢都的原因所在。申地较棠地距郢都为近，概伍胥先闻听其父之事，进而逃奔至其兄所在的棠县与其商议，这才有鲁昭公二十年《传》文所载两兄弟之间的对话，最终伍尚归死赴难，而伍胥选择逃亡复仇。

关于伍胥的逃亡路线，《史记·伍子胥列传》记载的非常详细，如下：

>……伍胥遂亡，闻太子建之在宋，往从之。……伍胥既至宋，宋有华氏之乱，乃与太子建俱奔郑。郑人甚善之。……

伍胥由棠地出逃，首选目的地是中原的宋、郑二国，除去太子建的因素之外，应该尚有棠(河南遂平)北距宋、郑甚近之地理形势的考量。假若棠地在今江苏六合或者安徽六安，从安全角度出发，伍胥投奔之国当系吴而非中原之宋、郑。

撮上论大要，通过对出土材料及传世文献记载的细致考辨，判定《左传》鲁昭公二十年(前 522)所载伍尚任职的楚国“棠”地，其地望宜在今河南遂平县附近。

第八章　战国时期楚公族情况简述

历史进入战国，杨宽先生言："春秋、战国之交是古今一大变革之会。"[①]楚公族社会也相应地出现了一些变化。

变化一，世族公族中的若敖氏、薳氏、阳氏、沈尹氏等，至战国时代或族灭，或式微沉寂，史料中不再见其宗族成员的记载；而源出于楚平王之景氏，楚昭王之昭氏，却日渐发展壮大，外加源出楚武王之屈氏，形成三族与政的局面。

变化二，春秋时期，楚公族采邑受到楚王诸多限制，至战国则演变为封君制，楚封君的身份亦大都为楚之公族。

楚封君制度，性质上近似于宗法性的"授土授民"，封邑、封号可父子代代世袭，封君临土治民。何浩先生考证楚之封君与中原诸国比较有三大特点：一者，楚实行封君制度最早，时间最长。肇端于楚惠王早期，至楚亡之时，前后盛行两百多年。二者，封君数量于诸国之中亦最多，合计有六十二。三者，分布地域最广，东至海，南达五岭山脉，西至今鄂西北的均县等，北至彭城。且分布最集中之处，恰为楚南北边鄙之内人口众多、生产发达、文化先进的

① 杨宽：《战国史（增订本）》，第 4 页。

江汉、淮河流域等统治腹心[①]。

封君封邑的上述特点，与春秋楚公族采邑多处于边鄙之县，且数量少、规模小形成鲜明对比。

变化三，终春秋之世，楚公族总体而言是一积极力量，从长期看也并未造成楚政下移、“礼乐征伐自大夫出”的局面。从某种程度上讲，公族可以代表当时楚之国力大小。至于战国，情况有所改变。

楚疆域核心区域大量存在着的公族封君，直接掌控着各自封邑领地内的政治、经济等大权，这一方面严重消耗了楚之物力、财力与人力，另一方面亦使更为先进的、有利于中央集权的郡县制在楚境内并未得到普遍推行。二者结合使楚王直接握有的资源大为减少，公族封君成为国弱的主因。实力强大的封君甚至对楚君构成巨大威胁。

《史记·春申君列传》载，春申君虽名为相国，实为楚王；其臣下朱英即曾劝其在楚考烈王死后，代立当国，南面称君[②]。

《韩非子·和氏》篇载吴起之言，云：“（楚）大臣太重，封君太众，若此则上逼主而下虐民，此贫国弱兵之道也。”[③]楚悼王为革除封君弊政，任用吴起为令尹，主持变法，内容包括“使封君之子孙三世而收爵禄”[④]“损不急之枝官，以奉选练之士”[⑤]“衰楚国之爵而平其制禄，损其有余而绥其不足”[⑥]、“令贵人往实广虚之地”[⑦]等，一

---

① 何浩：《战国时期楚封君初探》，《历史研究》1984 年第 5 期；何浩：《楚国封君封邑地望续考》，《江汉考古》1991 年第 4 期；何浩：《论楚国封君制的发展与演变》，《江汉论坛》1991 年第 5 期。

② （汉）司马迁：《史记》卷七八《春申君列传》，第 2397 页。

③④⑤ （清）王先慎撰：《韩非子集解》，第 103 页。

⑥ 何宁撰：《淮南子集释》，第 862—863 页。

⑦ （战国）吕不韦著，陈奇猷校释：《吕氏春秋新校释》，第 1483 页。

定程度上实现了国富兵强的目的。然变法行之期年,楚悼王即卒,吴起为楚封君大臣攻杀,封君制在楚国继续发展蔓延,直至楚亡。

以上,简要概述了楚公族在战国时期的演进情况,并分析了其与春秋时期的不同之处。

参考文献

一、基本古籍(含今人对古籍的整理及注释,按作者汉语拼音排序,下同)

(汉)班固撰,颜师古注:《汉书》,北京:中华书局,1962年版。

常璩撰,刘琳校注:《华阳国志校注》,成都:巴蜀书社,1984年版。

程公说:《春秋分记》,《四库全书珍本初集》编委会:《四库全书珍本初集》,沈阳:沈阳出版社1998年版。

程俊英、蒋见元著:《诗经注析》,北京:中华书局,1991年版。

陈立撰,吴则虞校对:《白虎通疏证》,北京:中华书局,1994年版。

陈厚耀:《春秋世族谱》,《文渊阁四库全书》第178册,台北:台湾商务印书馆,1986年影印本。

陈直:《楚辞拾遗》,《楚辞四种》,香港:广智书局,1962年版。

陈直:《汉书新证》,天津:天津人民出版社,1979年版。

邓名世撰,王力平点校:《古今姓氏书辩证》,南昌:江西人民出版社,2006年版。

董说:《七国考》,北京:中华书局,1956 年版。

董增龄:《国语正义》,成都:巴蜀书社,1985 年版。

杜佑撰,王文锦等点校:《通典》,北京:中华书局,1988 年版。

杜预撰,林尧叟注:《左传杜林合注》,《文渊阁四库全书》,台北:商务印书馆,1986 年影印本。

杜预注,孔颖达疏:《春秋左传正义》,阮元校刻:《十三经注疏》(附校勘记及附语),杭州:浙江古籍出版社,1998 年影印本。

段玉裁撰:《说文解字注》,北京:中华书局,2013 年版。

范宁集解,杨士勋疏:《春秋谷梁传注疏》,(清)阮元校刻:《十三经注疏》(附校勘记及识语),杭州:浙江古籍出版社,1998 年影印本。

范晔撰,李贤等注:《后汉书》,北京:中华书局,1964 年版。

方诗铭、王修龄撰:《古本竹书纪年辑证》,上海:上海古籍出版社,2005 年版。

高士奇:《左传纪事本末》,北京:中华书局,1979 年版。

高士奇:《春秋地名考略》,《文渊阁四库全书》第 176 册,台北:台湾商务印书馆,1983 年影印本。

高士奇:《春秋左传姓名同异考》,《续修四库全书》第 121 册,上海:上海古籍出版社,2001 年版。

公羊寿传,何休解诂,徐彦疏:《春秋公羊传注疏》,阮元校刻:《十三经注疏》(附校勘记及附语),杭州:浙江古籍出版社,1998 年影印本。

顾栋高辑,吴树平、李解民点校:《春秋大事表》,北京:中华书局,1993 年版。

顾颉刚、刘起釪:《尚书校释译论》,北京:中华书局,2018 年版。

顾炎武撰,徐德明等校点:《左传杜解补正 五经同异 九经误字》，上海：上海古籍出版社，2012 年版。

顾炎武著，黄汝成集释，栾保群、吕宗力点校：《日知录集释》（全校本），上海：上海古籍出版社，2013 年版。

顾祖禹撰，贺次君、施和金点校：《读史方舆纪要》，北京：中华书局，2005 年版。

郭璞注，邢昺疏：《尔雅注疏》，阮元校刻：《十三经注疏》（附校勘记及附语），杭州：浙江古籍出版社，1998 年影印本。

郭庆藩撰，王孝鱼点校：《庄子集释》，北京：中华书局，2012 年版。

韩非著，陈奇猷校注：《韩非子新校注》，上海：上海古籍出版社，2000 年版。

韩席筹编注：《左传分国集注》，南京：江苏人民出版社，1963 年版。

何建章：《战国策注释》，北京：中华书局，1990 年版。

何宁撰：《淮南子集释》，北京：中华书局，1998 年版。

洪亮吉撰，李解民点校：《春秋左传诂》，北京：中华书局，1987 年版。

洪兴祖补注：《楚辞补注》，北京：中华书局，1983 年版。

黄怀信、张懋镕、田旭东撰，黄怀信修订，李学勤审定：《逸周书汇校集注（修订本）》，上海：上海古籍出版社，2007 年版。

黄灵庚：《楚辞章句疏证》（增订本），北京：中华书局，2018 年版。

焦循撰，沈文倬点校：《孟子正义》，北京：中华书局，1987 年版。

焦循、沈钦韩撰，郭晓东、郝兆宽、陈岘点校：《春秋左传补疏 春秋左传补注》，上海：上海古籍出版社，2016 年版。

江永：《春秋地理考实》，阮元、王先谦编：《清经解 清经解续编

(附索引)》(贰),南京:凤凰出版社,2005年版。

金开诚、董洪利、高路明著:《屈原集校注》,北京:中华书局,1997年版。

孔广森:《大戴礼记补注》,北京:中华书局,1985年版。

乐史撰,王文楚等点校:《太平寰宇记》,北京:中华书局,2007年版。

郦道元撰,杨守敬、熊会贞疏:《水经注疏》,南京:江苏古籍出版社,1989年版。

郦道元著,陈桥驿校证:《水经注校证》,北京:中华书局,2007年版。

黎翔凤撰,梁运华整理:《管子校注》,北京:中华书局,2004年版。

李吉甫撰,贺次君点校:《元和郡县图志》,北京:中华书局,1983年版。

李步嘉:《越绝书校释》,武汉:武汉大学出版社,1992年版。

李民、王健:《尚书译注》,上海:上海古籍出版社,2004年版。

李泰等著,贺次君辑校:《括地志辑校》,北京:中华书局,1980年版。

李宗侗:《春秋左传今注今译》,台北:商务印书馆,1984年版。

梁履绳:《左通补释》,阮元、王先谦编:《清经解 清经解续编(附索引)》(拾),南京:凤凰出版社,2005年版。

梁玉绳:《史记志疑》,北京:中华书局,1981年版。

梁玉绳:《史记汉书诸表订补十种》,北京:中华书局,1982年版。

林宝撰,岑仲勉校记:《元和姓纂(附四校记)》,北京:中华书局,1994年版。

何宁撰:《淮南子集释》,北京:中华书局,1998年版。

刘向撰,向宗鲁校正:《说苑校证》,北京:中华书局,1987年版。

刘向编著,石光瑛校释,陈新整理:《新序校释》,北京:中华书局,2009年版。

刘文淇:《春秋左氏传旧注疏证》,北京:科学出版社,1959年版。

刘熙撰,毕沅疏证,王先谦补:《释名疏证补》,北京:中华书局,2008年版。

吕不韦著,陈奇猷校释:《吕氏春秋新校释》,上海:上海古籍出版社,2002年版。

陆德明撰,张一弓点校:《经典释文》,上海:上海古籍出版社,2012年版。

罗泌撰:《路史》,《文渊阁四库全书》第383册,台北:商务印书馆,1986年影印本。

毛亨传,郑玄笺,孔颖达疏:《毛诗正义》,阮元校刻:《十三经注疏》(附校勘记及附语),杭州:浙江古籍出版社,1998年影印本。

毛奇龄:《经问》,阮元、王先谦编:《清经解 清经解续编(附索引)》(壹),南京:凤凰出版社,2005年版。

马骕撰,王利器整理:《绎史》,北京:中华书局,2002年版。

马骕著,徐连城校点:《左传事纬》,济南:齐鲁书社,1992年版。

缪文远:《战国策考辨》,北京:中华书局,1984年版。

欧阳询撰,汪绍楹校:《艺文类聚》,上海:上海古籍出版社,1965年版。

欧阳修、宋祈撰:《新唐书》,北京:中华书局,1975年版。

钱大昕:《十驾斋养新录》,上海:上海书店出版社,2011年版。

沈钦韩:《左传补注》,阮元、王先谦编:《清经解 清经解续编(附索引)》(拾壹),南京:凤凰出版社,2005年版。

沈钦韩:《春秋左氏传地名补注》,阮元、王先谦编:《清经解 清经解续编(附索引)》(拾壹),南京:凤凰出版社,2005 年版。

沈玉成:《左传译文》,北京:中华书局,1981 年版。

司马迁:《史记》,北京:中华书局,1959 年版。

司马迁撰,泷川资言考证,杨海峥整理:《史记会注考证》,上海:上海古籍出版社,2015 年版。

宋衷注,秦嘉谟等辑:《世本八种》,北京:中华书局,2008 年版。

宋翔凤:《过庭录》,北京:中华书局,1986 年版。

史游撰,颜师古注,王应麟音释,毛晋订:《急救篇》,明崇祯时期毛氏汲古阁刊本。

孙星衍:《问字堂集》,王云五主编:《丛书集成初编》,上海:商务印书馆,1937 年版。

孙诒让:《墨子间诂》,北京:中华书局,2001 年版。

脱脱等撰:《宋史》,北京:中华书局,1977 年版。

王符著,汪继培笺,彭铎校正:《潜夫论笺校正》,北京:中华书局,2014 年版。

王夫之著:《船山全书(第十四册)·楚辞通释》,长沙:岳麓书社,2011 年版。

王念孙:《广雅疏证(附索引)》,北京:中华书局,2004 年版。

王先谦撰,沈啸寰、王星贤点校:《荀子集释》,北京:中华书局,2013 年版。

王先谦:《汉书补注》,上海:上海古籍出版社,1993 年版。

王先慎撰:《韩非子集解》,北京:中华书局,2013 年版。

王引之撰:《经义述闻》,南京:凤凰出版社,2000 年版。

王应麟著,翁元圻等注,栾保群、田松青、吕宗力校点:《困学纪闻》(全校本),上海:上海古籍出版社,2008 年版。

王聘珍撰，王文锦点校：《大戴礼记解诂》，北京：中华书局，1983 年版。

王贵民、杨志清编著：《春秋会要》，北京：中华书局，2009 年版。

闻一多：《离骚解诂》，上海：上海古籍出版社，1985 年版。

吴琯编著，温显贵点校：《楚史梼杌》，《湖北地方古籍文献丛书》，武汉：湖北教育出版社，2002 年版。

谢承仁主编：《杨守敬集 · 水经注疏》（第三册），武汉：湖北人民出版社 湖北教育出版社，1997 年版。

谢无量：《楚辞新论》，陈引驰、周兴陆主编：《民国诗歌史著集成》（第十三册），天津：南开大学出版社，2015 年版。

许嘉璐主编，李林点校：《马叙伦全集 · 庄子义证 庄子天下篇述义》，杭州：浙江古籍出版社，2019 年版。

徐元诰撰，王树民、沈长云点校：《国语集解》，北京：中华书局，2002 年版。

阎若璩：《四书释地》，阮元、王先谦编：《清经解 清经解续编（附索引）》（壹），南京：凤凰出版社，2005 年版。

杨伯峻：《列子集释》，北京：中华书局，1979 年版。

杨伯峻：《春秋左传注》（修订本），北京：中华书局，2009 年版。

杨伯峻：《白话左传》，长沙：岳麓书社，1993 年版。

杨伯峻：《论语译注》，北京：中华书局，2009 年版。

杨朝明、宋立林主编：《孔子家语通解》，济南：齐鲁书社，2009 年版。

杨天宇：《周礼译注》，上海：上海古籍出版社，2004 年版。

姚际恒著，顾颉刚标点：《诗经通论》，北京：中华书局，1958 年版。

应劭撰，吴树平校释：《风俗通义校释》，天津：天津人民出版社,1980 年版。

应劭撰,王利器校注:《风俗通义校注》,北京:中华书局,1981 年版。

于鬯:《香草校书》,北京:中华书局,1984 年版。

袁珂校注:《山海经校注》,上海:上海古籍出版社,1980 年版。

曾运乾:《尚书正读》,上海:华东师范大学出版社,2011 年版。

张澍:《姓氏寻源》,长沙:岳麓书社,1992 年版。

张涛:《列女传译注》,济南:山东大学出版社,1990 年版。

张清常、王廷栋:《战国策笺注》,天津:南开大学出版社,1993 年版。

赵晔撰,徐天祜音注:《吴越春秋》,南京:江苏古籍出版社,1999 年版。

郑樵撰:《通志》,杭州:浙江古籍出版社,2000 年版。

郑玄笺,孔颖达疏:《毛诗正义》,阮元校刻:《十三经注疏》(附校勘记及附语),杭州:浙江古籍出版社,1998 年影印本。

郑玄注,贾公彦疏:《周礼注疏》,阮元校刻:《十三经注疏》(附校勘记及附語),杭州:浙江古籍出版社,1998 年影印本。

郑玄注,孔颖达疏:《礼记正义》,阮元校刻:《十三经注疏》(附校勘记及识语),杭州:浙江古籍出版社,1998 年影印本。

苏舆撰,钟哲点校:《春秋繁露义证》,北京:中华书局,1992 年版。

韩婴撰,许维遹校释:《韩诗外传集释》,北京:中华书局,1980 年版。

朱熹:《四书章句集注》,北京:中华书局,1983 年版。

竹添光鸿:《左氏会笺》,成都:四川出版集团 巴蜀书社,2008 年版。

二、考古与出土文献资料(以集体作品为主)

成都文物考古研究所:《成都“老官山”汉墓》,《中国文物报》,2013 年 12 月 20 日第 4 版。

成都文物考古研究所、荆州文物保护中心:《成都市天回镇老官山汉墓》,《考古》2014 年第 7 期。

陈梦家编著:《美国所藏中国铜器集录(增补本)》,北京:中华书局,2019 年版。

陈佩芬编著:《中国青铜器辞典》,上海:上海辞书出版社,2013 年版。

端方:《陶斋吉金录》,清光绪三十四年(1908)拓本。

故宫博物院编,罗福颐主编:《古玺汇编》,北京:文物出版社,1981 年版。

郭沫若著:《郭沫若全集·考古编·两周金文辞大系图录考释》,北京:科学出版社,2016 年版。

河南博物院:《盛鼎中华——中国鼎文化》,郑州:大象出版社,2012 年版。

河南省文物研究所、河南省丹江库区考古发掘队、淅川县博物馆:《淅川下寺春秋楚墓》,北京:文物出版社,1991 年版。

河南省文物考古研究所:《信阳楚墓》,北京:文物出版社,1986 年版。

河南省文物研究所、南阳地区文物研究所、淅川县博物馆:《淅川县和尚岭春秋楚墓的发掘》,《华夏考古》1992 年第 3 期。

河南省文物考古研究所:《新蔡葛陵楚墓》,郑州:大象出版社,2003 年版。

河南省文物考古研究所等编:《淅川和尚岭与徐家岭楚墓》,郑州:大象出版社,2004 年版。

河南省文物考古研究所:《固始侯古堆一号墓》,郑州:大象出版社,2004 年版。

湖北省博物馆:《湖北枝江百里洲发现春秋铜器》,《文物》1972 年第 3 期。

湖北省博物馆:《楚都纪南城的勘查与发掘(下)》,《考古学报》1982 年第 4 期。

湖北省博物馆:《襄阳山湾东周墓葬发掘报告》,《江汉考古》1983 年第 2 期。

湖北省荆州地区博物馆:《江陵天星观 1 号楚墓》,《考古学报》1982 年第 1 期。

湖北省荆州地区博物馆:《江陵雨台山楚墓》,北京:文物出版社,1984 年版。

湖北省荆沙铁路考古队:《包山楚简》,北京:文物出版社,1991 年版。

湖北省荆沙铁路考古队包山墓地整理小组:《荆门市包山楚墓发掘简报》,《文物》1988 年第 5 期。

湖北省宜昌地区博物馆、北京大学考古系:《当阳赵家湖楚墓》,北京:文物出版社,1992 年版。

湖北省宜昌地区博物馆:《当阳曹家岗 5 号楚墓》,《考古学报》1988 年第 4 期。

湖北省文物考古研究所等:《襄阳王坡东周秦汉墓》,北京:科学出版社,2005 年版。

湖北省文物考古研究所、北京大学中文系:《望山楚简》,北京:中华书局,1995 年版。

湖南省博物馆:《介绍几件馆藏周代铜器》,《考古》1963 年第 12 期。

湖南省博物馆:《湖南衡南、湘潭发现春秋墓葬》,《考古》1978年第5期。

胡厚宣主编:《甲骨文合集》,北京:中华书局,1982年版。

荆州地区博物馆:《江陵岳山大队出土一批春秋铜器》,《文物》1982年第10期。

荆州博物馆、钟祥市博物馆:《湖北钟祥黄土坡东周秦代墓发掘报告》,《考古学报》2009年第2期。

刘雨、卢岩:《近出殷周金文集录》,北京:中华书局,2002年版。

刘雨、严志斌:《近出殷周金文集录二编》,北京:中华书局,2010年版。

罗振玉编纂:《贞松堂集古遗文》,北京:北京图书馆出版社,2003年版。

吕大临等著:《考古图(外五种)》,上海:上海书店出版社,2016年版。

吕章申主编:《中国国家博物馆百年收藏集萃》,合肥:安徽美术出版社,2014年版。

马承源主编:《商周青铜器铭文选》,北京:文物出版社,1988年版。

马承源主编:《上海博物馆藏战国楚竹书》(四),上海:上海古籍出版社,2004年版。

马承源主编:《上海博物馆藏战国楚竹书》(六),上海:上海古籍出版社,2007年版。

马王堆汉墓帛书整理小组编:《战国纵横家书》,北京:文物出版社,1978年版。

南阳市文物研究所、桐柏县文管办:《桐柏月河一号春秋墓发掘简报》,《中原文物》1997年第4期。

南阳市文物考古研究所:《河南南阳春秋楚彭射墓发掘简报》,《文物》2011 年第 3 期。

清华大学出土文献研究与保护中心编,李学勤主编:《清华大学藏战国竹简(壹)》,上海:上海文艺出版集团、中西书局,2010 年版。

清华大学出土文献研究与保护中心编,李学勤主编:《清华大学藏战国竹简(贰)·系年》,上海:上海文艺出版集团 中西书局,2011 年版。

阮元、朱为弼编录:《积古斋钟鼎彝器款识(附稿本)》,杭州:浙江古籍出版社,2019 年版。

山东省博物馆编:《山东金文集成》,济南:齐鲁书社,2007 年版。

山西省考古研究所、北京大学考古系:《天马——曲村遗址北赵晋侯墓地第四次发掘》,《文物》1994 年第 8 期。

四川省博物馆、新都县文物管理所:《四川新都战国木椁墓》,《文物》1981 年第 6 期。

随州市博物馆:《随州均川出土铭文青铜器》,《江汉考古》1986 年第 2 期。

武汉大学、湖北省文物考古研究所、宜城市博物馆编著:《湖北宜城跑马堤东周两汉墓地》,北京:科学出版社,2017 年版。

武汉市文物商店:《武汉市收集的几件重要的东周青铜器》,《江汉考古》1983 年第 2 期。

吴镇烽:《商周青铜器铭文暨图像集成》,上海:上海古籍出版社,2012 年版。

吴镇烽:《商周青铜器铭文暨图像集成续编》,上海:上海古籍出版社,2016 年版。

薛尚功:《历代钟鼎彝器款识法帖》,北京:中华书局,1986 年版。

郧阳地区博物馆:《湖北郧县肖家河春秋楚墓》,《考古》1998年第4期。

张家山二四七号汉墓竹简整理小组编著:《张家山汉墓竹简[二四七号墓](释文修订本)》,北京:文物出版社,2006年版。

钟柏生、陈昭容、黄铭崇、袁国华:《新收殷周青铜器铭文暨器影汇编》,台北:艺文印书馆,2006年版。

中国社会科学院考古研究所:《长沙发掘报告》,北京:科学出版社,1957年版。

中国社会科学院考古研究所山东队、藤县博物馆:《山东滕县古遗址调查简报》,《考古》1980年第1期。

中国科学院考古研究所编:《美帝国主义劫掠的我国殷周铜器集录》,北京:科学出版社,1962年版。

中国社会科学院考古研究所编:《殷周金文集成》(修订本),北京:中华书局,2007年版。

中国社会科学院考古研究所编:《殷周金文集成释文》,香港:香港中文大学中国文化研究所,2001年版。

三、近人今人学术著作(含论文集)

白国红:《春秋晋国赵氏研究》,北京:中华书局,2007年版。

曹锦炎:《鸟虫书通考》,上海:上海书画出版社,1999年版。

岑仲勉:《两周文史论丛(外一种)》,北京:中华书局,2004年版。

晁福林:《霸权迭兴——春秋霸主论》,北京:生活·读书·新知三联书店,1992年版。

陈槃:《春秋大事表列国爵姓及存灭表撰异》,上海:上海古籍出版社,2009年版。

陈槃:《不见于春秋大事表之春秋方国考》,上海:上海古籍出版社,2009 年版。

陈伟:《楚“东国”地理研究》,武汉:武汉大学出版社,1992 年版。

陈伟:《包山楚简初探》,武汉:武汉大学出版社,1996 年版。

陈伟主编:《楚地出土战国简册[十四种]》,北京:经济科学出版社,2009 年版。

陈伟:《新出楚简研读》,武汉:武汉大学出版社,2010 年版。

陈絜:《商周姓氏制度研究》,北京:商务印书馆,2007 年版。

陈颖飞:《楚官制与世族探研——以几批出土文献为中心》,上海:中西书局,2016 年版。

程涛平:《楚国农业及社会研究》,武汉:湖北教育出版社,2012 年版。

楚文化研究会编:《楚文化研究论集》(一),武汉:荆楚书社,1987 年版。

楚文化研究会编:《楚文化研究论集》(二),武汉:湖北人民出版社,1991 年版。

楚文化研究会编:《楚文化研究论集》(三),武汉:湖北人民出版社,1994 年版。

楚文化研究会编:《楚文化研究论集》(四),郑州:河南人民出版社,1994 年版。

楚文化研究会编:《楚文化研究论集》(五),合肥:黄山书社,2003 年版。

楚文化研究会编:《楚文化研究论集》(六),武汉:湖北人民出版社,2005 年版。

楚文化研究会编:《楚文化研究论集》(七),长沙:岳麓书社,2007 年版。

楚文化研究会编:《楚文化研究论集》(八),郑州:大象出版社,2009年版。

楚文化研究会编:《楚文化研究论集》(九),上海:上海古籍出版社,2011年版。

楚文化研究会编:《楚文化研究论集》(十),武汉:湖北美术出版社,2011年版。

楚文化研究会编:《楚文化研究论集》(十一),上海:上海古籍出版社,2015年版。

董楚平:《吴越徐舒金文集释》,杭州:浙江古籍出版社,1992年版。

杜正胜编:《中国上古史论文选集》,台北:华世出版社,1979年版。

杜正胜:《编户齐民——传统政治社会结构之形成》,台北:联经出版社,1990年版。

段志洪:《周代卿大夫研究》,台北:文津出版社,1994年版。

傅斯年:《傅斯年全集》,长沙:湖南教育出版社,2000年版。

高至喜:《楚文化的南渐》,武汉:湖北教育出版社,1996年版。

葛志毅:《周代分封制度研究》(修订本),哈尔滨:黑龙江人民出版社,2004年版。

顾颉刚:《顾颉刚全集·顾颉刚古史论文集》,北京:中华书局,2011年版。

顾德融、朱顺龙:《春秋史》,上海:上海人民出版社,2004年版。

顾铁符:《楚国民族述略》,武汉:湖北人民出版社,1984年版。

顾久幸:《楚制典章——楚国的政治经济制度》,武汉:湖北教育出版社,2001年版。

郭沫若:《屈原研究》,《郭沫若全集》卷四《历史编》,北京:人民出版社,1982 年版。

郭沫若:《中国古代社会研究》,北京:人民出版社,1982 年版。

郭仁成:《楚国经济史新论》,长沙:湖南教育出版社,1990 年版。

郭德维:《楚系墓葬研究》,武汉:湖北人民出版社,1995 年版。

何怀宏:《世袭社会及其解体——中国历史上的春秋时代》,北京:生活·读书·新知三联书店,1996 年版。

何浩:《楚灭国研究》,武汉:武汉出版社,1989 年版。

何光岳:《楚源流史》,长沙:湖南人民出版社,1988 年版。

何光岳:《楚灭国考》,上海:上海人民出版社,1990 年版。

何琳仪:《战国古文字典》,北京:中华书局,1998 年版。

何琳仪:《古币丛考》,合肥:安徽大学出版社,2002 年版。

河南省考古学会、河南省博物馆、河南省文物研究所编:《楚文化觅踪》,郑州:中州古籍出版社,1986 年版。

侯志义:《采邑考》,西安:西北大学出版社,1989 年版。

黄德宽、何琳仪、徐在国著:《新出楚简文字考》,合肥:安徽大学出版社,2007 年版。

黄盛璋:《历史地理论集》,北京:人民出版社,1982 年版。

黄锡全:《湖北出土商周文字辑证》,武汉:武汉大学出版社,1992 年版。

黄锡全:《古文字与古货币文集》,北京:文物出版社,2009 年版。

黄崇浩:《屈子阳秋》,武汉:湖北人民出版社,2003 年版。

湖北省楚史研究学会、武汉师范学院学报编辑部合编:《楚史研究专辑》,1982 年版。

湖北省社会科学院组编,刘玉堂主编:《楚学论丛》第一辑,武汉:湖北人民出版社,2011 年版。

湖北省社会科学院组编，刘玉堂主编:《楚学论丛》第二辑，武汉:湖北人民出版社，2012 年版。

湖北省社会科学院组编，刘玉堂主编:《楚学论丛》第三辑，武汉:湖北人民出版社，2014 年版。

湖南省楚史研究会:《楚史与楚文化研究》，长沙:《求索》杂志社，1987 年版。

姜亮夫:《姜亮夫全集(八)·楚辞学论文集》，昆明:云南人民出版社，2002 年版。

金景芳:《中国奴隶社会史》，上海:上海人民出版社，1983 年版。

孔令远:《徐国的考古发现与研究》，北京:中国文史出版社，2005 年版。

李学勤:《失落的文明》，上海:上海文艺出版社，1997 年版。

李学勤:《东周与秦代文明》，上海:上海人民出版社，2014 年版。

李零:《入山与出塞》，北京:文物出版社，2004 年版。

李零:《待兔轩文存·读史卷》，桂林:广西师范大学出版社，2011 年版。

李守奎:《楚文字编》，上海:华东师范大学出版社，2003 年版。

李玉洁:《楚国史》，开封:河南大学出版社，2002 年版。

刘俊文主编，黄金山、孔繁敏等译:《日本学者研究中国史论著选译·上古秦汉(卷三)》，北京:中华书局，1993 年版。

刘彬徽:《楚系青铜器研究》，武汉:湖北教育出版社，1996 年版。

刘彬徽、刘长武:《楚系金文汇编》，武汉:湖北教育出版社，2009 年版。

刘玉堂:《楚国经济史》，武汉:湖北教育出版社，1996 年版。

刘信芳:《包山楚简解诂》，台北:艺文印书馆，2003 年版。

刘信芳:《楚系简帛释例》,合肥:安徽大学出版社,2011 年版。

罗运环:《楚国八百年》,武汉:武汉大学出版社,1992 年版。

罗运环:《纵横捭阖——楚国历史发展概况》,武汉:湖北教育出版社,2001 年版。

罗运环:《出土文献与楚史研究》,北京:商务印书馆,2011 年版。

吕文郁:《周代的采邑制度》(增订本),北京:社会科学文献出版社,2006 年版。

吕思勉:《吕思勉文集·先秦史》,上海:上海古籍出版社,2005 年版。

马保春:《晋国历史地理研究》,北京:文物出版社,2007 年版。

马保春:《晋国地名考》,北京:学苑出版社,2010 年版。

马世之:《中原楚文化研究》,武汉:湖北教育出版社,1995 年版。

马卫东:《春秋时期贵族政治的历史变迁》,长春:吉林大学出版社,2011 年版。

求索杂志社、湖南省楚史研究会编:《楚史与楚文化研究》,1987 年版。

裘锡圭:《裘锡圭学术文集·金文及其他古文字卷》,上海:复旦大学出版社,2015 年版。

钱穆:《国史大纲》,北京:商务印书馆,1999 年版。

钱宗范:《周代宗法制度研究》,桂林:广西师范大学出版社,1989 年版。

钱杭:《周代宗法制度史研究》,上海:学林出版社,1991 年版。

瞿同祖:《中国封建社会》,上海:上海人民出版社,2005 年版。

饶宗颐:《楚辞地理考》,上海:商务印书馆,1946 年版。

上海人民出版社编,姜义华点校:《章太炎全集 春秋左传读 春

秋左传读叙录 驳箴膏肓评》,上海:上海人民出版社,2014 年版。

沈长云等著:《赵国史稿》,北京:中华书局,2000 年版。

石泉:《古代荆楚地理新探》,武汉:武汉大学出版社,1988 年版。

石泉主编:《楚国历史文化辞典》,武汉:武汉大学出版社,1996 年版。

石泉:《古代荆楚地理新探·续编》,武汉:武汉大学出版社,2004 年版。

石泉:《石泉文集》,武汉:武汉大学出版社,2006 年版。

宋公文:《楚史新探》,开封:河南大学出版社,1988 年版。

宋公文、张君:《楚国风俗志》,武汉:湖北教育出版社,1995 年版。

宋杰:《先秦战略地理研究》,北京:首都师范大学出版社,1999 年版。

宋杰:《中国古代战争的地理枢纽》,北京:中国社会科学出版社,2009 年版。

宋华强:《新蔡葛陵楚简初探》,武汉:武汉大学出版社,2010 年版。

孙飞燕:《清华简〈系年〉初探》,上海:中西书局,2015 年版。

孙曜:《春秋时代之世族》,《民国丛书·历史地理类》第三编第 63 册,上海:上海书店,1935 年影印本。

谭介甫:《屈赋新编》,北京:中华书局,1980 年版。

谭黎明:《春秋战国时期楚国官制研究》,北京:社会科学文献出版社,2017 年版。

汤余惠:《战国铭文选》,长春:吉林大学出版社,1993 年版。

唐嘉弘主编:《先秦史研究》,昆明:云南民族出版社,1987 年版。

唐嘉弘:《先秦史新探》,开封:河南大学出版社,1988 年版。

唐嘉弘主编:《先秦史论集——徐中舒教授九十诞辰纪念论文集》,郑州:中州古籍出版社,1989 年版。

滕壬生:《楚系简帛文字编》,武汉:湖北教育出版社,1995 年版。

田成方:《东周时期楚国宗族研究》,北京:科学出版社,2016 年版。

童书业撰,童教英导读:《春秋史》,上海:上海古籍出版社,2003 年版。

童书业著,童教英校订:《春秋左传研究》(校订本),北京:中华书局,2006 年版。

涂又光:《楚国哲学史》,武汉:湖北教育出版社,1995 年版。

王国维:《观堂集林(附别集)》,北京:中华书局,1959 年版。

王国维:《古史新证——王国维最后的讲义》,北京:清华大学出版社,1994 年版。

王光镐:《楚文化源流新证》,武汉:武汉大学出版社,1988 年版。

王世民、陈公柔、张长寿:《西周青铜器分期断代研究》,北京:文物出版社,1999 年版。

尾形勇著,张鹤泉译:《中国古代的"家"与国家》,长春:吉林文史出版社,1998 年版。

文崇一:《楚文化研究》,台北:东大图书股份有限公司,1990 年版。

吴良宝:《战国楚简地名辑证》,武汉:武汉大学出版社,2010 年版。

吴镇烽:《金文人名汇编》(修订本),北京:中华书局,2006 年版。

武汉大学历史地理研究所编:《石泉先生九十诞辰纪念文集》,武汉:湖北人民出版社,2007年版。

徐中舒编注:《左传选》,北京:中华书局,1985年版。

徐中舒著:《先秦史论稿》,成都:巴蜀书社,1992年版。

徐中舒:《徐中舒历史论文选辑》,北京:中华书局,1998年版。

徐中舒著,徐亮工编:《川大史学·徐中舒卷》,成都:四川大学出版社,2006年版。

徐少华:《周代南土历史地理与文化》,武汉:武汉大学出版社,1994年版。

徐少华:《荆楚历史地理与考古探研》,北京:商务印书馆,2010年版。

夏曾佑:《中国古代史》,石家庄:河北教育出版社,2000年版。

谢维扬:《周代家庭形态》,哈尔滨:黑龙江人民出版社,2004年版。

杨宽:《古史新探》,北京:中华书局,1965年版。

杨宽:《战国史(增订本)》,上海:上海人民出版社,2003年版。

杨宽:《西周史》,上海:上海人民出版社,2003年版。

杨宽:《杨宽古史论文选集》,上海:上海人民出版社,2003年版。

杨权喜:《楚文化》,北京:文物出版社,2000年版。

杨华:《楚国礼仪制度研究》,武汉:湖北教育出版社,2012年版。

杨鸿勋:《宫殿考古通论》,北京:紫禁城出版社,2009年版。

杨树达:《积微居小学述林全编》,上海:上海古籍出版社,2007年版。

杨树达:《积微居金文说》,上海:上海古籍出版社,2007年版。

叶自成:《春秋战国时期的中国外交思想》,香港:香港社会科学出版社有限公司,2003 年版。

尹弘兵:《楚国都城与核心区探索》,武汉:湖北人民出版社,2009 年版。

于省吾:《双剑誃吉金文选》,北京:中华书局,2009 年版。

赵伯雄:《周代国家形态研究》,长沙:湖南教育出版社,1990 年版。

赵奎夫:《屈原与他的时代》,北京:人民文学出版社,2002 年版。

赵辉:《楚辞文化背景研究》,武汉:湖北教育出版社,1995 年版。

张淑一:《先秦姓氏制度考索》,福州:福建人民出版社,2008 年版。

张光直:《中国青铜时代》,北京:生活·读书·新知三联书店,1999 年版。

张政烺:《张政烺文集·甲骨金文与商周史研究》,北京:中华书局,2012 年版。

张正明主编:《楚史论丛》,武汉:湖北人民出版社,1984 年版。

张正明:《楚文化史》,上海:上海人民出版社,1987 年版。

张正明:《楚文化志》,武汉:湖北人民出版社,1988 版。

张正明:《楚史》,武汉:湖北教育出版社,1995 年版。

张亚初、刘雨:《西周金文官制研究》,北京:中华书局,1986 年版。

詹·乔·弗雷泽:《金枝》,北京:中国民间文艺出版社,1987 年版。

郑威:《楚国封君研究》,武汉:湖北教育出版社,2012 年版。

中国先秦史学会秘书处编:《中国古代史论丛》第 8 辑,福州:福建人民出版社,1983 年版。

朱凤瀚:《商周家族形态研究》(增订本),天津:天津古籍出版社,2004 年版。

朱晓雪:《包山楚简综述》,福州:福建人民出版社,2013 年版。

邹芙都:《楚系铭文综合研究》,成都:巴蜀书社,2007 年版。

左鹏:《楚国历史地理研究》,武汉:湖北教育出版社 2012 年版。

左言东编著:《先秦职官表》,北京:商务印书馆,1994 年版。

四、近人今人学术论文

Axel Schuessler, Minimal Old Chinese and Later Han Chinese: A Companion to Grammata Serica Recensa. University of Hawai'i Press, 2009。

安倍道子:《关于春秋时代的楚王权——从庄王时代到灵王时代》,湖北省楚史研究会、武汉师范学院学报编辑部合编:《楚史研究专辑》,第 244—263 页。

白国红:《世族的崛起与春秋政治格局的演变——以晋国赵氏为个案》,《青海社会科学》2006 年第 1 期。

白国红:《"下宫之难"探析》,《史学集刊》2006 年第 2 期。

白松梅:《春秋时期楚王对采邑的控制》,《山西大同大学学报(社会科学版)》2011 年第 3 期。

蔡靖泉:《楚国的"莫敖"之官与"屈氏"之族》,《江汉论坛》1991 年第 2 期。

曹辉、陶亮:《上蔡郭庄一号楚墓"竞之朝"鼎铭文及其相关问题试析》,《中原文物》2019 年第 3 期。

曹菁菁:《新蔡葛陵楚简所见的祖先系统》,《中国典籍与文化》2009 年第 1 期。

曹兆兰:《金文女性称谓中的古姓》,《考古与文物》2002 年第 2 期。

柴中庆、乔保同、王凤剑:《河南南阳八一路楚彭氏家族墓》,中国文物信息网,网址:http://www.ccrnews.com.cn/100027/100028/100034/22498.html,发表时间:2009-2-17。

陈朝霞:《从近出简文再析鄀国历史地理》,《江汉考古》2012 年第 4 期。

陈隆文:《向寿戈再考》,《考古》2008 年第 3 期。

陈上岷:《湖北江陵发现战国木椁墓》,《文物》1959 年第 2 期。

陈伟:《淅川下寺二号楚墓墓主及相关问题》,《江汉考古》1983 年第 1 期。

陈伟:《包山楚简所见邑、里、州的初步研究》,《武汉大学学报(哲学社会科学版)》1995 年第 1 期。

陈伟:《包山楚简中的宛郡》,《武汉大学学报(哲学社会科学版)》1998 年第 6 期。

陈恩林:《关于周代宗法制度中君统与宗统的关系问题》,《社会科学战线》1989 年第 2 期。

陈恩林:《先秦两汉文献中所见周代诸侯五等爵制》,《历史研究》1994 年第 6 期。

陈建梁:《从文献与考古学角度论〈左传〉的"大屈"》,《江汉论坛》1995 年第 8 期。

陈松长:《湖南张家界新出战国铜矛铭文考略》,《文物》2011 年第 9 期。

陈昭容:《故宫新收青铜器王子䣄匜》,《中国文字》新 25,1999 年。

陈民镇:《清华简〈楚居〉集释》,上海:复旦大学出土文献与古文字研究中心,网址:http://www.gwz.fudan.edu.cn/SrcShow.asp? Src_ID=1663,发表时间:2011-9-23。

程欣人:《随县涢阳出土楚、曾、息青铜器》,《江汉考古》1980年第1期。

程涛平:《春秋时楚国贵族对土地的占有及所受的限制》,《中国社会经济史研究》1984年第2期。

丁有国:《鬻熊是楚国先祖杰出的政治家》,《鄂州大学学报》2008年第6期。

董楚平:《〈楚王领钟〉跋》,《江汉考古》1995年第2期。

董全生、张晓军:《从金文羕、郝看古代的养国》,《中原文物》1996年第3期。

董全生、李长周:《南阳市物资城一号墓及其相关问题》,《中原文物》2004年第2期。

董珊:《向寿戈考》,《考古》2006年第3期。

董珊:《出土文献所见"以谥为族"的楚王族——附说〈左传〉"诸侯以字为谥因以为族"的读法》,复旦大学出土文献与古文字研究中心编:《出土文献与古文字研究(第二辑)》,上海:复旦大学出版社,2008年版。

董珊:《竞孙鬲、壶铭文再考》,上海:复旦大学出土文献与古文字研究中心网站,网址:http://www. gwz. fudan. edu. cn/SrcShow. asp? Src_ID=1882,发表日期:2012-6-4。

段渝:《楚人先民的世系和年代》,《江汉论坛》1983年第10期。

段渝:《荆楚国名问题》,《江汉论坛》1984年第8期。

段渝:《论周、楚早期的关系》,《社会科学研究》1986年第5期。

段渝:《论新都蜀墓及所出"卲之飤鼎"》,《考古与文物》1991年第3期。

段渝:《西周时代楚国疆域的几个问题》,《中国史研究》1997年第4期。

段渝:《楚公逆编钟与周宣王伐楚》,《社会科学研究》2004 年第 2 期。

范舟游:《从楚“王族三姓”论屈原之出身》,《海南大学学报(哲学社会科学版)》2006 年第 3 期。

冯汉骥:《关于“楚公豪”戈的真伪并略论“巴蜀”时期的兵器》,《文物》1961 年第 11 期。

冯华:《包山楚简成套卜筮辞中的“习卜”研究》,《中国史研究》2012 年第 1 期。

冯永轩:《说楚都》,《江汉考古》1980 年第 2 期。

付强:《养姬匜铭文考释》,《出土文献》2018 年第 2 期(十三辑)。

高应勤、夏渌:《王孙雹簠及其铭文》,《文物》1986 年第 4 期。

高崇文:《清华简〈楚居〉所载楚早期居地辨析》,《江汉考古》2011 年第 4 期。

高至喜:《“楚公豪”戈》,《文物》1959 年第 12 期。

高至喜、蔡季襄:《对“楚公豪戈辨伪”一文的商讨》,《文物》1960 年第 8、9 期。

高仲达:《湖北当阳县赵家塝楚墓发掘简报》,《江汉考古》1982 年第 1 期。

顾铁符:《周原甲骨文“楚子来告”引证》,《考古与文物》1981 年第 1 期。

顾久幸:《春秋楚、晋、齐三国县制的比较》,河南省考古学会等编:《楚文化觅踪》,郑州:中州古籍出版社,1986 年版。

顾久幸:《楚国的任官制度与其强大和发展》,《理论月刊》2002 年第 11 期。

郭德维:《关于寿县楚王墓椁室形制复原问题》,《江汉考古》1982 年第 1 期。

郭仁成:《试探楚工官》,《益阳师专学报(哲社版)》1987年第4期。

韩朝、刘海洋:《新见楚国铭文兵器》,《南方文物》2004年第4期。

韩连琪:《春秋战国时代的中央官制及其演变》,《文史哲》1985年第1期。

韩连琪:《春秋战国时代的郡县制及其演变》,《文史哲》1986年第5期。

韩自强:《新见六件齐、楚铭文兵器》,《中国历史文物》2007年第5期。

韩晓玲、曾文晖:《129枚战国楚简正式入藏武大》,《湖北日报》,2013-1-16。

郝良真、孙继民:《"赵氏孤儿"考辨》,《中国史研究》1991年第2期。

何光岳:《古罗子国》,《江汉论坛》1981年第3期。

何光岳:《荆楚的来源及其迁移》,《求索》1981年第4期。

何光岳:《濮族的来源和迁徙——兼论楚并濮地》,《贵州社会科学》1984年第3期。

何浩:《羕器、养国与楚国养县》,《江汉考古》1989年第2期。

何浩:《春秋战国时期楚屈氏世系考述》,《中南民族学院学报(哲学社会科学版)》1984年第4期。

何浩、张君:《试论楚国的君位继承制》,《中国史研究》1984年第4期。

何浩:《战国时期楚封君初探》,《历史研究》1984年第5期。

何浩:《〈楚屈叔沱戈〉考》,《安徽史学》1985年第1期。

何浩:《楚官师、傅、保及太师新解》,《湖北大学学报(哲学社会科学版)》1988年第5期。

何浩:《论楚国封君制的发展与演变》,《江汉论坛》1991 年第 5 期。

何浩:《文坪夜君的身份与昭氏的世系》,《江汉考古》1992 年第 3 期。

何浩:《季荀盘与楚季氏》,《荆州师专学报》1993 年第 4 期。

何浩:《"王子某""楚子某"与楚人的名和字》,《江汉论坛》1993 年第 7 期。

何琳仪:《长沙铜量铭文补释》,《江汉考古》1988 年第 4 期。

何琳仪:《古兵地名杂识》,《考古与文物》1996 年第 6 期。

何琳仪:《楚王領钟器主新探》,《东南文化》1999 年第 3 期。

何琳仪:《楚王熊丽考》,《中国史研究》2000 年第 4 期。

贺官保、黄士斌:《信阳长台关第 2 号楚墓的发掘》,《考古》1958 年第 11 期。

胡刚:《有"鄀"铜器与鄀国历史新论》,《文物》2013 年第 4 期。

胡方恕:《关于春秋时代的"室"与其相关的问题》,《东北师大学报(哲学社会科学版)》1983 年第 5 期。

胡礼兴:《楚郢新说》,《江汉论坛》1991 年第 12 期。

黄锦前:《郭庄楚墓出土竞孙鬲、方壶铭试释》,《国学学刊》2017 年第 1 期。

黄盛璋:《试论三晋兵器的国别和年代及其相关问题》,《考古学报》1974 年第 1 期。

黄盛璋:《当阳两戈铭文考》,《江汉考古》1982 年第 1 期。

黄盛璋:《鄝器与鄝国地望及与楚之关系考辨》,《江汉考古》1988 年第 1 期。

黄盛璋:《新发现的"蒹陵"金版及其相关的兼器、曾器铭文中诸问题的考索》,《出土文献研究续集》,北京:文物出版社,1989 年版。

黄灼耀:《县制的形成与发展》,《华南师范学院学报(社会科学版)》1982 年第 4 期。

黄锡全:《楚器铭文中“楚子某”之称谓问题辨证——兼述古文字中有关楚君及其子孙与楚贵族的称谓》,《江汉考古》1986 年第 4 期。

黄锡全、刘森淼:《“救秦戎”钟铭文新解》,《江汉考古》1992 年第 1 期。

黄文新、赵芳超:《湖北宜昌万福垴遗址出土甬钟年代及相关问题研究》,《江汉考古》2016 年第 4 期。

黄崇浩:《“州屈”不在湖南而应在河南》,《云梦学刊》2007 年第 5 期。

黄奇逸:《甲金文中王号生称与谥法问题的研究》,《中华文史论丛》1983 年第 1 辑。

黄咏欢:《略谈春秋的楚县和晋县》,《肇庆学院学报》2007 年第 1 期。

黄凤春:《新见楚器铭文中的“竞之定”及相关问题》,《江汉考古》2008 年第 2 期。

贾连敏:《古文字中的“祼”和“瓒”及相关问题》,《华夏考古》1998 年第 3 期。

蒋波:《楚人申包胥与包姓渊源小考》,《中原文化研究》2013 年第 4 期。

姜涛:《河南省叶县旧县 1 号墓的清理》,《华夏考古》1988 年第 3 期。

靳生禾:《先赵人物述论》,《山西师范大学学报(社会科学版)》1993 年第 2 期。

金荣权:《养国青铜器与养国历史考察》,《中州学刊》2011 年第 2 期。

金荣权:《番国青铜器及其历史地理论考》,《信阳师范学院学报(哲学社会科学版)》2013 年第 1 期。

孔令远:《王子婴次炉的复原及其国别问题》,《考古与文物》2002 年第 4 期。

来国龙:《清华简〈楚居〉所见楚国的公族与世系》,武汉:武汉大学简帛研究中心 简帛网,网址:http://www.bsm.org.cn/show_article.php? id=1588,发表日期:2011-12-3。

雷英:《小议养器与养国》,《中原文物》2007 年第 1 期。

李家浩:《楚王熊璋戈与楚灭越的年代》,《文史》第 24 辑。

李家浩:《包山卜筮简 218——219 号研究》,长沙市文物考古研究所编:《长沙三国吴简暨百年来简帛发现与研究国际学术讨论会论文集》,北京:中华书局,2005 年版。

李家浩:《楚简所记楚人祖先"鬻熊"与"穴熊"为一人》,《文史》第 3 辑。

李家浩:《包山竹简所见楚先祖名及其相关的问题》,《文史》第 42 辑。

李学勤、王宇信:《周原卜辞选释》,《古文字研究》第 4 辑,北京:中华书局,1980 年版。

李学勤:《论汉淮间的春秋青铜器》,《文物》1980 年第 1 期。

李学勤:《谈祝融八姓》,《江汉论坛》1980 年第 2 期。

李学勤:《曾侯戈小考》,《江汉考古》1984 年第 4 期。

李学勤:《论包山简中一楚先祖名》,《文物》1988 年第 8 期。

李学勤:《论包山楚简鲁阳公城郑》,《清华大学学报(哲学社会科学版)》2004 年第 3 期。

李学勤:《论葛陵楚简的年代》,《文物》2004 年第 7 期。

李学勤:《论"景之定"及相关史事》,《文物》2008 年第 2 期。

李学勤:《楚国申氏两簠读释》,《江汉考古》2010 年第 2 期。

李学勤:《论清华简〈楚居〉中的古史传说》,《中国史研究》2011

年第1期。

李学勤:《试谈楚季编钟》,《中国文物报》2012年12月7日第6版。

李衡眉:《先秦继承制为选择继承说》,《学术月刊》1987年第10期。

李零:《楚国铜器铭文编年汇释》,《古文字研究》第13辑,北京:中华书局,1986年版。

李零:《包山楚简研究(占卜类)》,《中国典籍与文化论丛》第1辑,北京:中华书局,1993年版。

李零:《楚国族源、世系的文字学证明》,《文物》1991年第2期。

李零:《再论淅川下寺楚墓》,《文物》1996年第1期。

李零:《楚景平王与古多字谥——重读"秦王卑命"钟铭文》,《传统文化与现代化》1996年第6期。

李零:《读〈楚系简帛文字编〉》,《出土文献研究》第五集,北京:科学出版社,1999年版。

李零:《"三闾大夫"考——兼论楚国公族的兴衰》,《文史》2001年第1辑。

李瑾、徐俊:《论先秦楚国职官名称及其有关问题》,《华中师院学报(哲学社会科学版)》1982年第6期。

李瑾、曾昭岷:《楚器〈中子化盘〉作器年代管窥》,《湖北省考古学会论文选集》,武汉:武汉大学学报编辑部,1987年版。

李守奎:《出土楚文献文字研究综述》,《古籍整理研究学刊》2003年第1期。

李守奎:《释包山楚简中的"彭"》,武汉大学简帛研究中心主办:《简帛》(第一辑),上海:上海古籍出版社,2006年版。

李守奎:《论〈楚居〉中季连与鬻熊事迹的传说特征》,《清华大学学报(哲学社会科学版)》2011 年第 4 期。

李守奎:《〈楚居〉中的楚先祖与楚族姓氏》,《出土文献研究》第 10 辑,北京:中华书局,2017 年版。

李天虹:《〈包山楚简〉释文补正》,《江汉考古》1993 年第 3 期。

李晓杰:《春秋晋县考》,《历史地理》第 16 辑,上海:上海人民出版社,2000 年版。

李乔:《从〈景云碑〉看景氏起源及汉代以前的迁徙》,《中原文物》2009 年第 4 期。

李玉洁:《论任人惟亲制度对楚国的负面影响》,《河南大学学报(社会科学版)》2003 年第 5 期。

梁中实:《"楚国之举,恒在少者"试释》,《江汉论坛》1988 年第 3 期。

林维纯:《关于屈原与楚王的姓氏及其它》,《学术研究》1983 年第 2 期。

林丽霞、王凤剑:《南阳市近年出土的四件春秋有铭铜器》,《中原文物》2006 年第 5 期。

刘昌银:《钟祥出土的邓子盘》,《江汉考古》1993 年第 4 期。

刘乐贤:《楚文字杂识(七则)》,《第三届国际中国古文字研讨会论文集》,香港:香港中文大学,1997 年版。

刘先枚:《楚官源流考索》,《江汉论坛》1982 年第 8 期。

刘翔:《王孙遗者钟新释》,《江汉论坛》1983 年第 8 期。

刘彬徽:《试论楚丹阳和郢都的地望与年代》,《江汉考古》1980 年第 1 期。

刘彬徽:《江陵楚墓出土龙凤纹铜尊》,《江汉论坛》1980 年第 6 期。

刘彬徽:《楚国有铭铜器编年概述》,《古文字研究》第 9 辑,北京:中华书局,1984 年版。

刘彬徽:《湖北出土两周金文国别年代考述》,《古文字研究》第13辑,北京:中华书局,1986年版。

刘彬徽:《上鄀府簠及楚灭鄀问题简论》,《中原文物》1988年第3期。

刘彬徽:《楚系青铜器研究绪论》,《湖南省博物馆馆刊》2010年第7辑。

刘彬徽:《关于清华简〈楚居〉的思考之二——楚族起源及其地域变迁》,《湖南省博物馆馆刊》2011年第8辑。

刘彬徽:《楚季编钟及其他新见楚铭铜器研究》,《湖南省博物馆馆刊》第9辑,长沙:岳麓书社,2012年版。

刘涛:《清华简〈楚居〉中所见巫风考》,上海:复旦大学出土文献与古文字研究中心网站,网址:http://www.gwz.fudan.edu.cn/SrcShow.asp? Src_ID=1558,发表时间:2011-06-19。

刘玉堂:《沈氏族属初探》,《江汉论坛》1987年第4期。

刘玉堂:《论西周时期楚的社会经济形态》,《中南民族学院学报(哲学社会科学版)》1995年第1期。

刘玉堂:《楚国社会经济演进轨迹鸟瞰》,《江汉论坛》1996年第3期。

刘玉堂:《楚公族先祖考索》,《江汉论坛》2000年第4期。

刘玉堂、曾浪:《楚先君名号与楚公族姓氏》,《民族研究》2019年第1期。

刘信芳:《〈包山楚简〉中的几支楚公族试析》,《江汉论坛》1995年第1期。

刘信芳:《包山楚简司法术语考释》,《简帛研究》第2辑,北京:法律出版社,1996年版。

刘信芳:《包山楚简近似之字辨析》,《考古与文物》1996年第2期。

刘信芳:《新蔡葛陵楚墓的年代以及相关问题》,《长江大学学报(社会科学版)》2004 年第 1 期。

刘信芳:《释葛陵楚简"暮生早孤"》,济南:山东大学文史哲研究院简帛研究网站,网址:http://www.jianbo.org/admin3/HTML/liuxinfang02.htm,发表时间:2004－1－11。

刘信芳:《楚简"三楚先""楚先""荆王"以及相关祀礼》,《文史》2005 年第 4 辑。

刘秉忠、李丽:《楚国公族姓氏考略》,《江汉考古》1999 年第 1 期。

刘钊:《包山楚简文字考释》,《东方文化》1998 年第 1、2 期。

吕全义:《申俘彭仲爽和春秋初楚灭申、治申方略》,《天水师范学院学报》2014 年第 6 期。

吕文郁:《春秋时期晋国的采邑制度》,《山西师范大学学报(社会科学版)》1991 年第 2 期。

罗运环:《论楚国家的形成》,《江汉论坛》1986 年第 7 期。

罗运环:《论包山简中的楚国州制》,《江汉考古》1991 年第 3 期。

罗运环:《楚国的太子制度研究》,《江汉论坛》2000 年第 7 期。

罗运环:《论先秦两汉时期的荆楚巫术文化》,《鄂州大学学报》2007 年第 4 期。

罗西章:《陕西周原新出土的青铜器》,《考古》1999 年第 4 期。

骆瑞鹤:《楚连尹为主车之官说》,《江汉论坛》1984 年第 6 期。

马卫东:《春秋楚国政不下移原因新探》,《郑州大学学报(哲学社会科学版)》2009 年第 3 期。

马卫东:《春秋公族政治述论》,《社会科学辑刊》2009 年第 5 期。

彭邦本:《晋国诸法的历史考察》,《先秦史研究动态》1989 年第 2 - 3 期合刊。

彭邦本:《从曲沃代翼后的宗法组织看晋国社会的宗法分封性质》,《中国史研究》1989 年第 4 期。

彭邦本:《“执秩之法”与晋国春秋中期的霸业》,《河南大学学报》1992 年第 1 期。

彭裕商:《谥法探源》,《中国史研究》1999 年第 1 期。

裴明相:《“弃疾簠”与“析鼎”释略》,《中原文物》1989 年第 4 期。

皮筱蔚:《三头凤试释》,《江汉考古》1989 年第 4 期。

蒲百瑞:《春秋时代楚国政体新探》,《中国史研究》1998 年第 4 期。

蒲百瑞:《春秋时代楚王宗族世系疏证》,武汉大学历史地理所编:《石泉先生九十诞辰纪念文集》,武汉:湖北人民出版社,2007 年版。

乔保同:《最新考古发现:南阳楚彭氏家族墓》,《文史知识》2009 年第 6 期。

乔保同、李长周:《南阳发现蔡侯申簠》,《中原文物》2009 年第 2 期。

裘锡圭:《谈谈随县曾侯乙墓的文字资料》,《文物》1979 年第 7 期。

曲英杰:《说郢》,《湖南考古辑刊》1994 年第 1 期。

屈守元:《屈原氏族考》,《江汉论坛》1998 年第 2 期。

容庚:《鸟书考》,《中山大学学报》1964 年第 1 期。

商承祚:《“楚公豪戈”真伪的我见》,《文物》1962 年第 6 期。

邵炳军:《春秋时期楚国世族作家群体考略》,《中州学刊》2013 年第 1 期。

沈长云:《鬻熊“为文王之师”解》,《江汉论坛》1983 年第 6 期。

沈仲常:《新都战国木椁墓与楚文化》,《文物》1981 年第 6 期。

石志廉:《“楚王孙渔”铜戈》,《文物》1963 年第 3 期。

石泉:《湖北宜城楚皇城遗址初考》,《江汉论坛》1963 年第 2 期。

施谢捷:《释楚器中的人名“赤目”、‘墨膂”》,《江汉论坛》1995 年第 4 期。

守彬:《从清华简〈楚居〉谈“×郢”》,武汉:武汉大学简帛研究中心 简帛网,网址:http://www.bsm.org.cn/show_article.php?id=1377,发表时间:2011-1-9。

守彬:《读清华简〈楚居〉季连故事》,武汉:武汉大学简帛研究中心 简帛网,网址:http://www.bsm.org.cn/show_article.php?id=1382,发表时间:2011-1-10。

束世徵:《爵名释例——西周封建制探索之一》,《学术月刊》1961 年第 4 期。

舒之梅、吴永章:《从楚的历史发展看楚与中原地区的关系》,《江汉论坛》1980 年第 1 期。

宋公文:《春秋前期楚北上中原灭国考》,《江汉论坛》1982 年第 1 期。

宋公文:《春秋时期楚令尹序列辨误》,《江汉论坛》1983 年第 8 期。

宋公文:《春秋时期楚司马系列考述》,《江汉论坛》1986 年第 6 期。

宋华强:《〈离骚〉“三后”即新蔡简“三楚先”说——兼论穴熊不属于三楚先》,《云梦学刊》2006 年第 2 期。

宋华强:《试论平夜君成即平夜文君之子》,武汉:武汉大学简帛研究中心 简帛网,网址:http://www.bsm.org.cn/show_article.php? id=344,发表时间:2006-5-17。

宋华强:《清华简〈楚居〉1-2号释读》,武汉:武汉大学简帛研究中心 简帛网,网址:http://www.bsm.org.cn/show_article.php?id=1391,发表时间:2011-1-15。

宋华强:《清华简〈楚居〉"比隹"小议》,武汉:武汉大学简帛研究中心 简帛网,网址:http://www.bsm.org.cn/show_article.php?id=1393,发表时间:2011-1-20。

宋杰:《春秋战争之地域分析与列国的争霸战略(上)》,《首都师范大学学报(社会科学版)》1999年第2期。

宋杰:《春秋战争之地域分析与列国的争霸战略(下)》,《首都师范大学学报(社会科学版)》1999年第3期。

苏建洲:《〈楚居〉简7楚武王之名补议》,上海:复旦大学出土文献与古文字研究中心,网址:http://www.gwz.fudan.edu.cn/SrcShow.asp?Src_ID=1380,发表日期:2011-1-13。

孙重恩:《楚始受封者——鬻熊》,《江汉论坛》1981年第4期。

孙华:《楚国国都地望三题》,《华中师范大学学报(人文社会科学版)》2005年第4期。

孙启康:《楚器〈王孙遗者钟〉考辨》,《江汉考古》1983年第4期。

孙晓春:《春秋时期宗族组织的经济形态初探》,《史林》1986年第2期。

谭黎明:《论春秋战国时期的楚国官制》,《社会科学战线》2007年第4期。

汤雄平:《关于春秋时代的"室"——与徐喜辰先生商榷》,《史学月刊》1987年第6期。

唐友波:《"大市"量浅议》,《古文字研究》第22辑。

唐嘉弘:《释"莫敖"》,《江汉论坛》1984年第11期。

唐嘉弘:《论楚王的继承制度——兼论先秦君位传袭的演变》,

《中州学刊》1990 年第 1 期。

唐嘉弘:《试谈周王和楚君的关系》,《文物》1985 年第 7 期。

陶亮、于璐:《淅川楚墓与楚国鬬氏》,《中原文物》2015 年第 4 期。

滕鸿儒、王洪明:《山东海阳嘴子前街村春秋墓出土铜器》,《文物》1985 年第 3 期。

田成方:《从新出文字材料论楚沈尹氏之族属源流》,《江汉考古》2008 年第 2 期。

田成方:《春秋时期“澨”的分布区域及其人文地理学内涵》,《襄樊学院学报》2009 年第 9 期。

田成方:《皋浒之战地理考析》,《江汉考古》2010 年第 4 期。

王光镐:《当阳赵家塝楚墓略析》,《江汉考古》1983 年第 1 期。

王辉:《也说崇源新获楚青铜器群的时代》,《收藏》2007 年第 11 期。

王世民:《西周春秋金文中的诸侯爵称》,《历史研究》1983 年第 3 期。

王兰仲:《试论春秋时代宗法制与君主专制的关系》,《中国史研究》1984 年第 1 期。

王恩田:《河南固始“勾吴夫人墓”——兼论番国地理位置及吴伐楚路线》,《中原文物》1985 年第 2 期。

王恩田:《跋楚国兵器王子反戈》,《江汉考古》1989 年第 4 期。

王红星:《楚都探索的考古学观察》,《文物》2006 年第 8 期。

王少泉:《襄樊市博物馆收藏的襄阳山湾铜器》,《江汉考古》1988 年第 3 期。

王儒林:《河南桐柏发现周代铜器》,《考古》1965 年第 7 期。

王儒林、崔庆明:《南阳市西关出土一批春秋青铜器》,《中原文物》1982 年第 1 期。

王伟:《清华简〈楚居〉札记——楚人女性祖先和古史传说》,上海:复旦大学出土文献与古文字研究中心网站,网址:http://www.gwz.fudan.edu.cn/SrcShow.asp? Src_ID=1527,发表时间:2011-6-9。

王准:《春秋时期晋、楚公族职官比较初探》,《求索》2011年第4期。

魏启鹏:《读三峡新出东汉景云碑》,《四川文物》2006年第2期。

吴永章:《楚官考》,《中华文史论丛》1982年第2辑。

吴静安:《"帝高阳之苗裔兮,朕皇考曰伯庸"解——屈原先世考》,《南京师大学报(社会科学版)》1983年第1期。

吴静渊:《谥法探源》,《中华文史论丛》1979年第3辑。

吴良宝:《包山楚简释地三篇》,武汉:武汉大学简帛研究中心简帛网,网址:http://www.bsm.org.cn/show_article.php? id=136,发表时间:2005-12-19。

吴良宝:《说包山简中的"阳城公"》,武汉:武汉大学简帛研究中心 简帛网,网址:http://www.bsm.org.cn/show_article.php? id=1139,发表时间:2009-9-5。

吴良宝:《说包山简中的"阳城公"》,《中国文字学报》2010年第3辑。

吴汝祚、万树瀛、高平:《山东滕县古遗址调查简报》,《考古》1980年第1期。

吴浩坤:《西周和春秋时代宗法制度的几个问题》,《复旦大学学报(社会科学版)》1984年第1期。

吴郁芳:《包山二号墓墓主昭佗家谱考》,《江汉论坛》1992年第11期。

吴郁芳:《楚史三题》,《荆州师专学报(社会科学版)》1996年第 3 期。

吴毅强:《夫人养姬匜及相关历史问题探微》,《出土文献与商周社会学术研讨会论文集》,上海:华东师范大学历史系,2019 年 10 月 18 日,第 333—341 页。

伍士谦:《王子午鼎、王孙诰钟铭文考释》,《古文字研究》第 9 辑,北京:中华书局,1984 年版。

吴镇烽:《竞之定铜器群考》,《江汉考古》2008 年第 1 期。

武家璧:《"楚季"其人与"楚季钟"的年代》,武汉:武汉大学简帛研究中心 简帛网,网址:http://www.bsm.org.cn/show_article.php? id=1729,发表时间:2012-8-22。

徐中舒、唐嘉弘:《古代楚蜀的关系》,《文物》1981 年第 6 期。

徐喜辰:《春秋时代的"室"和"县"》,《人文杂志》1983 年第 3 期。

徐少华:《鄀国铜器及其历史地理研究》,《江汉考古》1987 年第 3 期。

徐少华:《〈水经注·丹水篇〉错简考订——兼论古析县、丹水县的地望》,《中国历史地理论丛》1988 年第 4 期。

徐少华:《关于春秋楚县的几个问题》,《江汉论坛》1990 年第 2 期。

徐少华:《邓国铜器及其历史地理与文化》,《华夏考古》1996 年第 1 期。

徐少华:《包山楚简释地八则》,《中国历史地理论丛》1996 年第 4 期。

徐少华:《包山楚简释地十则》,《文物》1996 年第 12 期。

徐少华:《论近年来出土的几件春秋有铭邓器》,《古文字研究》第 25 辑。

徐少华:《从包山楚简论楚之始封立国——兼论有关周原卜辞

的年代和史实》，武汉：武汉大学简帛研究中心 简帛网，网址：http://www.bsm.org.cn/show_article.php?id=75，发表时间：2005-11-13。

徐少华：《羕国铜器及其历史地理探析》，《考古学报》2008年第4期。

徐少华：《彭器、彭国与楚彭氏考论》，《古文字与古代史》第二辑，台北："中央研究院"历史语言研究所，2009年。

徐少华：《夒国历史地理与文化遗存析论》，《中国史研究》2012年第2期。

徐敏：《从祝融之兴到熊绎建国的再考察》，《中国社会科学院研究生院学报》1986年第3期。

徐俊：《"鬻熊始受周封"刍议——与孙重恩同志商榷》，《江汉论坛》1982年第4期。

薛金玲：《谥法起源浅析》，《西北大学学报（哲学社会科学版）》2000年第1期。

夏渌、高应勤：《楚子超鼎浅释》，《江汉考古》1983年第1期。

夏渌：《铭文中所见楚王名字考》，《江汉论坛》1985年第4期。

夏渌：《读包山楚简偶记——"受贿""国帑""茅门不败"等字词新义》，《江汉考古》1993年第2期。

谢明文：《竞之㝬鼎考释》，《出土文献》2016年第9辑。

谢维扬：《〈楚居〉中季连年代问题小议》，《社会科学》2013年第4期。

晏昌贵：《春秋楚王权与楚国政治地理结构》，《江汉论坛》1998年第3期。

闫华军：《汉阳陵馆藏"熊相胜胡"铜印印文的姓名学探析》，《文博》2010年第1期。

杨朝明：《鲁国礼乐传统研究》，《历史研究》1995年第3期。

杨宽:《春秋时代楚国县制的性质问题》,《中国史研究》1981年第4期。

杨宽:《西周时代的楚国》,《江汉论坛》1981年第5期。

杨升南:《是幼子继承制,还是长子继承制?》,《中国史研究》1982年第1期。

杨权喜:《襄阳山湾出土的鄀国和邓国铜器》,《江汉考古》1983年第1期。

杨善群:《论春秋战国间的世卿制》,《求是学刊》1988年第5期。

杨范中、祝马鑫:《春秋时期楚国集权政治初探》,《江汉论坛》1981年第4期。

杨采华:《屈原身世及官职新说》,《云梦学刊》1992年第6期。

杨文胜:《春秋时代"礼崩乐坏"了吗?》,《史学月刊》2003年第9期。

叶其峰:《战国官玺的国别及有关问题》,《故宫博物馆院刊》1981年第3期。

殷崇浩:《春秋楚县略论》,《江汉论坛》1980年第4期。

殷崇浩:《春秋战国时楚国土地制的变革》,《江汉论坛》1985年第4期。

殷滌非:《关于寿县楚器》,《考古通讯》1955年第2期。

殷滌非、罗长铭:《寿县出土的"鄂君启金节"》,《文物参考资料》1958年第4期。

尹俊敏、刘富亭:《南阳市博物馆藏两周铭文铜器介绍》,《中原文物》1992年第2期。

尹俊敏:《南阳出土的彭伯壶》,《文物》1997年第12期。

尹俊敏:《〈南阳市西关出土的一批春秋青铜器〉补记》,《华夏考古》1999年第3期。

尹弘兵:《鬻熊史事解析》,《江汉论坛》2008 年第 5 期。

尹弘兵:《楚沈尹戌族氏族属考》,湖北省社会科学院组编,刘玉堂主编:《楚学论丛(第一辑)》,武汉:湖北人民出版社 2011 年版,第 73—83 页。

尹弘兵:《从〈楚居〉看季连与穴熊的关系》,武汉:武汉大学简帛研究中心 简帛网,网址:http://www. bsm. org. cn/show_article. php? id=1711,发布时间:2012 - 6 - 18。

俞伟超、高明:《周代用鼎制度研究(上)》,《北京大学学报》1978 年第 1 期

俞伟超、高明:《周代用鼎制度研究(中)》,《北京大学学报》1978 年第 2 期。

俞伟超、高明:《周代用鼎制度研究(下)》,《北京大学学报》1979 年第 1 期。

俞伟超:《关于楚文化发展的新探索》,《江汉考古》1980 年第 1 期。

于省吾、姚孝遂:《"楚公彖戈"辨伪》,《文物》1960 年第 3 期。

余秀翠:《当阳发现一组春秋铜器》,《江汉考古》1983 年第 1 期。

虞云国:《春秋县制新探》,《晋阳学刊》1986 年第 6 期。

虞同:《读〈楚居〉札记》,武汉:武汉大学简帛研究中心 简帛网,网址:http://www. bsm. org. cn/show_article. php? id=1464,发表时间:2011 - 4 - 24。

袁延胜:《新出〈汉景云碑〉及相关问题》,《中原文物》2007 年第 3 期。

原海兵:《楚人后裔的天府之殇:生物考古视角下的老官山墓》,《中国社会科学报》2014 年 9 月 17 日第 A05 版。

臧知非:《论县制的发展与古代国家结构的演变——兼谈郡制

的起源》,《中国史研究》1993 年第 1 期。

曾昭岷、李瑾:《曾国和曾国铜器综考》,《江汉考古》1980 年第 1 期。

张丹:《〈左传〉及楚简所见彭氏家族人物考》,《社会科学论坛》2011 年第 8 期。

张龚:《清华简〈楚居〉与楚族起源》,《中原文物》2014 年第 2 期。

张正明:《楚都辨》,《江汉论坛》1982 年第 4 期。

张正明、滕壬生、张胜琳:《凤斗龙虎图象考释》,《江汉考古》1984 年第 1 期。

张正明:《豫西南与楚文化》,楚文化研究会编:《楚文化研究论集》(四),郑州:河南人民出版社 1994 年版,第 22—27 页。

张君:《试论楚国的宗族制及其特点》,《武汉师范学院学报》1984 年第 4 期。

张君:《论楚国宗族制解体的历史原因》,《安徽史学》1984 年第 6 期。

张君:《楚国"兼室"论略》,《求索》1984 年第 6 期。

张君:《楚国斗、成、薳、屈四族先世考》,《楚文化觅踪》,郑州:中州古籍出版社 1986 年版,第 175—186 页。

张晓军、尹俊敏:《谈与"申"有关的几个问题》,《中原文物》1992 年第 2 期。

张新俊:《新蔡葛陵楚墓竹简文字补正》,《中原文物》2005 年第 4 期。

张亚初:《淅川下寺二号墓的墓主、年代与一号墓编钟的名称问题》,《文物》1985 年第 4 期。

张亚初:《论楚公豪钟和楚公逆镈的年代》,《江汉考古》1984 年第 4 期。

张亚初:《蔡国铜器铭文研究》,《文物研究》第7辑。

张剑、赵世刚:《河南省淅川县下寺春秋楚墓》,《文物》1980年第10期。

张剑:《淅川下寺楚墓的时代及其墓主》,《中原文物》1992年第2期。

张连航:《楚王子王孙器铭考述》,《古文字研究》第24辑,北京:中华书局,2002年。

张光裕:《新见楚式青铜器器铭试释》,《文物》2008年第1期。

赵锡元:《论商代的继承制度》,《中国史研究》1980年第4期。

赵逵夫:《楚屈子赤角考》,《江汉考古》1982年第1期。

赵奎夫:《屈氏先世与句亶王熊伯庸——兼论三闾大夫的职掌》,《文史》第25辑。

赵逵夫:《莫敖子华〈对楚威王〉考校》,《青海师专学报》1996年第2期。

赵世纲、刘笑春:《王子午鼎铭文试释》,《文物》1980年第10期。

赵平安:《试释〈楚居〉中的一组地名》,《中国史研究》2011年第1期。

赵平安:《〈楚居〉的性质、作者及写作年代》,《清华大学学报(哲学社会科学版)》2011年第4期。

赵平安:《“三楚先”何以不包括季连》,《邯郸学院学报》2011年第11期。

赵平安:《〈楚居〉“为郢”考》,《中国史研究》2012年第4期。

赵庆淼:《〈楚居〉“为郢”考》,《古籍整理研究学刊》2015年第3期。

郑殿华:《县郡渊源考》,《北京图书馆馆刊》1995年第1、2期。

郑殿华:《论春秋时期的楚县与晋县》,《清华大学学报(哲学社会科学版)》2002年第4期。

郑之问:《屈姓源流及其分布》,《三峡文化研究》第10辑。

郑威:《楚"东陵"考》,武汉:武汉大学简帛研究中心 简帛网,网址:http://www.bsm.org.cn/show_article.php? id=771,发表时间:2008-1-4。

郑威:《西周至春秋时期楚国的采邑制与地方政治体制》,《江汉考古》2009年第3期。

朱小丰:《屈原身世考》,《天府新论》2005年第6期。

朱凤瀚:《士山盘铭文初释》,《中国历史文物》2002年第1期。

朱凤瀚:《关于耶路撒冷国家博物馆所藏楚大师编镈》,罗运环主编:《楚简楚文化与先秦历史文化国际学术研讨会论文集》,武汉:湖北教育出版社2013年版,第45—54页。

周宏伟:《楚人源于关中平原新证——以清华简〈楚居〉相关地名的考释为中心》,《中国历史地理论丛》2012年第4期。

周博:《伯戋组器铭文释地二则》,《古籍整理研究学刊》2016年第3期。

周凤五:《包山楚简〈集箸言〉析论》,《中国文字》新21期。

周世荣:《湖南楚墓出土古文字丛考》,《湖南考古辑刊》1982年第1辑。

周苏平:《春秋时期晋国的县制》,《史学月刊》1986年第2期。

周晓陆、纪达凯:《江苏连云港市出土襄城楚境尹戈读考》,《考古》1995年第1期。

周振鹤:《县制起源三阶段说》,《中国历史地理论丛》1997年第3期。

周书灿:《春秋时期"县"的组织形式和管理形态》,《江海学刊》2003年第3期。

周笃文:《屈原的首丘情结及屈氏封地考略》,《云梦学刊》2007

年第5期。

周维衍:《河南西峡县古城遗址的考证》,《考古》1961年第8期。

周亚:《楚大师登编钟及相关问题的认识》,《上海博物馆集刊》2008年第11辑。

朱活:《古币三谈——谈我国先秦货币的龟贝、珠玉、金银》,《中国钱币》1983年第2期。

子居:《清华简〈楚居〉解析》,济南:山东大学文史哲研究院 简帛研究网,网址:http://www.jianbo.org/admin3/2011/ziju001.htm,发表时间:2011-3-30。

左言东:《楚国官制考》,《求索》1982年第2期。

五、学位论文

白显凤:《出土楚文献所见人名研究》,长春:吉林大学博士学位论文,2017年6月。

黄锦前:《楚系铜器铭文研究》,合肥:安徽大学博士学位论文,2009年5月。

吕西红:《春秋时期宋国公族研究》,开封:河南大学硕士学位论文,2008年6月。

屈会涛:《春秋时代的卿族政治》,上海:华东师范大学博士学位论文,2014年4月。

王冠涛:《铜器铭文所见楚君名号集证》,郑州:郑州大学硕士学位论文,2018年5月。

王颖:《包山楚简词汇研究》,厦门:厦门大学博士学位论文,2004年4月。

王准:《春秋时期晋楚家族比较研究》,武汉:华中师范大学博士学位论文,2008 年 9 月。

王洪强:《伍子胥思想研究》,武汉:华中师范大学硕士学位论文,2009 年 5 月。

文炳淳:《包山楚简所见楚官制研究》,台北:台湾大学中国文学研究所硕士学位论文,1997 年。

巫雪如:《包山楚简姓氏研究》,台北:台湾大学中国文学研究所硕士学位论文,1996 年。

许全胜:《包山楚简姓氏谱》,北京:北京大学硕士学位论文,1997 年。

颜世铉:《包山楚简地名研究》,台北:台湾大学硕士学位论文,1997 年。

赵晓斌:《春秋官制研究——以宗法礼治社会为背景》,杭州:浙江大学博士学位论文,2009 年 4 月。

曾祥文:《楚屈景昭三氏起源及其政迹考述》(手稿),成都:四川大学硕士学位论文,1986 年。

赵炳清:《楚国疆域变迁之研究》,上海:复旦大学博士学位论文,2013 年 6 月。

张莉清:《东周楚国高级贵族墓地制度探研》,武汉:武汉大学硕士学位论文,2003 年。

张新俊:《上博楚简文字研究》,长春:吉林大学博士学位论文,2005 年 4 月。

张丹:《南襄盆地出土两周时期铭文研究》,武汉:武汉大学博士学位论文,2012 年 5 月。

周建忠:《屈原考古新证》,上海:上海师范大学博士学位论文,2004 年 4 月。

六、工具书

白于蓝编著:《战国秦汉简帛古书通假字汇纂》,福州:福建人民出版社,2012 年版。

冯其庸、邓安世纂著:《通假字汇释》,北京:北京大学出版社,2006 年版。

方诗铭:《中国历史纪年表》,上海:上海辞书出版社,1980 年版。

国家文物局主编:《中国文物地图集·河南分册》,北京:中国地图出版社,1991 年版。

国家文物局主编:《中国文物地图集·湖南分册》,长沙:湖南地图出版社,1997 年版。

国家文物局主编:《中国文物地图集·湖北分册》,西安:西安地图出版社,2002 年版。

广东、广西、湖南、河南辞源修订组,商务印书馆编辑部编:《辞源(修订本)》(1-4 合订本),北京:商务印书馆,1988 年版。

李学勤主编:《字源》,天津:天津古籍出版社,2013 年版。

谭其骧主编:《中国历史地图集》(精装本),北京:中国地图出版社,1982 年版。

王辉:《古文字通假字典》,北京:中华书局,2008 年版。

徐中舒主编:《汉语大字典》(缩印本),成都:四川辞书出版社,武汉:湖北辞书出版社,1993 年版。